HISTOIRE

DE

THONON & DU CHABLAIS

DÈS LES TEMPS LES PLUS RECULÉS

JUSQU'A

LA RÉVOLUTION FRANÇAISE

PAR L.-E. PICCARD

MEMBRE DE L'ACADÉMIE SALÉSIENNE

(Extrait du tome V des *Mémoires et Documents* de l'Académie Salésienne).

ANNECY

ANCIENNE IMPRIMERIE BURDET

J. NIÉRAT & Cie, SUCCESSEURS

1882

Imprimatur :

Annecii, die 5ᵃ Julii 1882.

† Aloysius,

Episcopus Anneciensis.

ABRÉVIATIONS :

M. D. S. : Mémoires de l'Académie de Savoie.
M. D. G. : Mémoires de la Société d'histoire et d'archéologie de Genève.
D. S. S. : Mémoires et Documents de la Société d'histoire et d'archéologie de Chambéry.

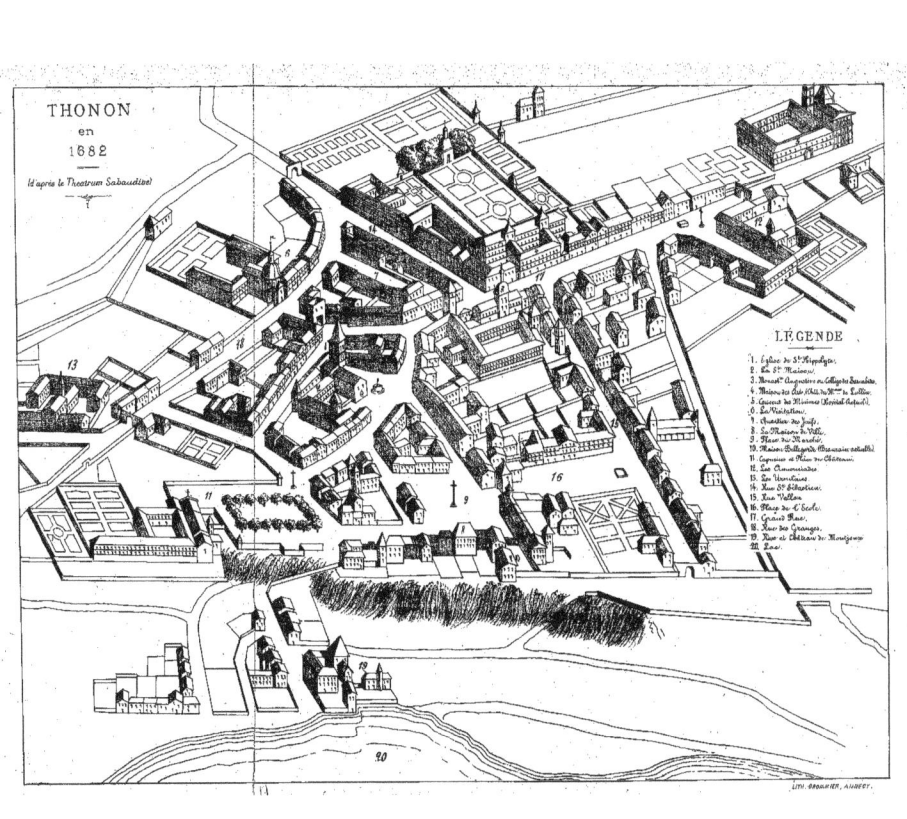

INTRODUCTION

« Le Chablais, dit Bertholotti, est la perle la plus petite, mais la plus brillante de la couronne ducale de Savoie. »

Envisagée sous le rapport topographique, cette province mérite l'éloge de l'appréciateur italien ; elle n'a rien à envier aux cantons suisses les plus vantés, ni pour la beauté des sites, ni pour la fertilité du sol, ni pour les curiosités naturelles. Elle ne le cède à aucun des anciens départements français les plus favorisés de la nature. De quelque contrée que nous arrivent les touristes, qu'ils gravissent Memise ou le Voiron, ils restent émerveillés. Ils ont à leurs pieds la riche plaine du bas Chablais et le Léman, cette petite mer des Alpes, autour de laquelle s'étagent les cantons de Vaud et de Genève, le pays de Gex et, plus haut, la chaîne du Jura servant de fond à ce superbe tableau.

Contemplé de la rive suisse, le Chablais apparaît encore plus beau. Au premier plan se présente ce lac si capricieux de contours, sillonné en tous sens par d'élégantes nacelles, des barques aux voiles blanches ou de magnifiques bateaux volant sur sa surface azurée avec les ailes de la vapeur. Plus loin se déploient des vignes, des vergers, des champs, des prairies au milieu desquels s'élèvent d'innombrables habitations champêtres. Au troisième plan se dessinent le plateau de Saint-Paul, si bien baptisé *Belle-Vue*; les collines de Féternes, d'Allinges, de Boisy, de Ballaison et de Langin, puis les gracieuses sommités d'Hermone et des Moises aboutissant à l'incomparable Voiron. A l'arrière-plan, pour encadrer ce tableau, on voit se profiler dans le lointain, au levant, la cîme sourcilleuse d'Oche et les Cornettes de Bise, puis, plus au midi, le Forchier et d'autres montagnes, tantôt âpres et rocheuses, tantôt couvertes de forêts et de pâturages, qui séparent le Chablais du Faucigny. C'est entre ces hautes pyramides que s'ouvrent les trois vallées d'Abondance, de Saint-Jean d'Aulps et de Bellevaux, défrichées par des moines et arrosées par trois affluents qui forment la Dransé chablaisienne au pied de Reyvroz.

Si, quittant ces hauteurs, le touriste redescend sur la rive méridionale du Léman, il trouve la ville d'Evian qui tire son nom et sa célébrité de ses eaux thermales et qui s'élève en amphithéâtre, comme pour se mirer dans la limpidité de son lac; Amphion, séjour délicieux, dont le nom, apparemment hellénique, intrigue les savants; plus loin, à l'extrémité d'un autre cap, apparaît Yvoire, jadis petite ville, fière de ses franchises et de son poste avancé dans le Léman. Mais, sans se porter encore si loin, le voyageur aimera à s'arrêter à Thonon, qu'il trouve installé sur une hauteur, comme pour commander le Léman français, et dont les environs, Ripailles, les Allinges, la forêt de Losnes ne sont pas moins beaux à contempler, que leurs souvenirs historiques ne sont intéressants à étudier.

Parsemées sur le sol du Chablais, apparaissent les ruines séculaires de nos châteaux féodaux, que le lierre étreint de ses touffes toujours vertes. Parfois, les ruines elles-mêmes ont disparu et il ne subsiste plus que des souvenirs, souvent altérés par la légende ou par l'oubli.

Où sont aujourd'hui ces puissants seigneurs, escortés de leurs vassaux et de leurs serfs, et ces fiers guerriers pliant sous leur armure de fer, qui faisaient jadis résonner les dalles du bruit de leurs hallebardes ou de leurs haches d'armes ? Tout a disparu au souffle des révolutions et des siècles.

C'est la tâche de l'historien de ressusciter ce passé disparu ; car le Chablais n'a pas que de grands spectacles à présenter à l'admiration du poète et du touriste, il a aussi de grands souvenirs à offrir à la plume du chroniqueur et de l'archéologue.

Aux heures solennelles, le pays de Chablais, non moins que les autres provinces de la Savoie, a fourni des grands hommes, des preux, des héros qui toujours, depuis qu'il figure dans l'histoire jusqu'à nos jours, portèrent haut et glorieux le drapeau de la patrie.

Au seizième siècle, les montagnards, comme des Titans chrétiens, entassèrent des rochers pour s'en faire des remparts contre le protestantisme qui vint échouer au pied de ces formidables redoutes ; et si, sous la violence de l'hérésie armée et dans la privation de tout secours, l'habitant du bas Chablais dut courber la tête devant les envahisseurs huguenots et fut momentanément arraché du sein de l'Eglise catholique, on le verra, à la voix de son Apôtre, revenir bientôt la réjouir par le plus consolant retour.

On ne s'étonnera pas, qu'un enfant du Chablais ose offrir à son pays le fruit de ses premières études historiques, comme prémices de sa jeune plume.

A tous les cœurs biens nés que la patrie est chère.

J'ai cédé, comme une foule de devanciers et de contemporains, à ce grand mouvement qui pousse la génération présente à fouiller le passé pour en évoquer les souvenirs. Sans sortir de ce Chablais et surtout de ce Thonon, dont j'ai dessein de retracer l'histoire, et sans remonter à cette pléiade d'anciens écrivains de Thonon mentionnés dans le *Dictionnaire* de Grillet, je trouve devant moi et autour de moi des modèles, des maîtres et les plus précieux auxiliaires.

On sait quelle place distinguée s'est faite dans l'archéologie M. le comte A. de Foras, à l'obligeance duquel je dois de nombreux documents pleins d'intérêt. Non moins précieuse a été pour mon travail la collection de matériaux faite pour l'histoire du pays par feu M. le Chev. Joseph Rollier, si avantageusement connu dans les lettres et dont le manuscrit m'a été communiqué par le digne héritier de son nom. Il m'a aussi été donné de profiter des manuscrits de MM. J. Guyon et de feu le docteur Lochon, ravi par une mort trop précoce, et tous deux antiquaires, numismates et naturalistes de mérite. J'ai d'ailleurs entre les mains les travaux historiques de feu M. Joseph Dessaix. Outre ces cinq enfants de Thonon, il est quelques auteurs de nos environs, dont j'ai aussi utilisé, pour mon travail, les consciencieuses publications. Ce sont les abbés Mercier, chanoine; Gonthier, curé et feu R^d Vittoz, ancien vicaire de Thonon.

Mais, malgré tout le profit que j'ai tiré de ces sources diverses, j'ai dû élargir davantage la sphère de mes recherches et enrichir mon répertoire d'autres documents empruntés aux archives de Genève, de Berne et de Turin, où se trouvent nos plus précieuses chartes. J'ai pu cependant recueillir dans le pays plusieurs pièces inédites et en recevoir d'obligeants correspondants. A tous ma reconnaissance.

Après avoir ainsi recueilli, analysé et classé des centaines de titres et documents divers, j'ai essayé de les grouper dans des fascicules qui puissent fournir les premiers éléments à des monographies particulières. Mais, en attendant ces notices sur les principales localités du Chablais, il m'a paru convenable de donner la première place à Thonon, sa capitale, autour de laquelle gravitent toutes nos autres paroisses. Cet aperçu général ne peut que jeter par anticipation une utile lumière sur les institutions ou événements de détail.

Ma première pensée fut d'enregistrer en forme de *Regeste chablaisien* le texte ou simplement le précis des chartes et documents de toute nature relatifs à l'arrondissement de Thonon. Cependant il me parut qu'un pareil travail, naturellement aride, ne présenterait ni assez d'ordre et d'ensemble, ni assez de vie et de couleur locale, pour intéresser le public auquel j'offre mes études.

Dès lors, cédant à des conseils de personnages aussi compétents que bienveillants, je me décidai à ranger sous la forme historique tous les faits et documents relatifs à mon sujet, et sans me faire illusion sur les difficultés de cette tâche, j'ai consacré, à défaut de loisirs, de longues veilles à poursuivre ce but.

Et aujourd'hui, voilà l'*Histoire de Thonon et du Chablais*, sinon achevée, du moins terminée.

Si, comme rédaction, mon travail ne satisfait pas toujours à toutes les exigences littéraires de l'histoire, il aura du moins le mérite de l'exactitude historique, m'étant appliqué à ne marcher qu'appuyé sur des documents ou des autorités sérieuses, citées dans leurs sources.

D'un autre côté, ma devise constante sera : *vérité* et *impartialité*.

A la faveur de ces assurances, jointes à l'indulgence du lecteur, je me permets d'espérer que cet essai historique recevra un accueil favorable.

L.-E. PICCARD.

CHAPITRE PREMIER

ÉPOQUE ANTÉROMAINE

(De l'arrivée des premiers habitants à l'an 121
avant J.-C.)

ÉPOQUE CELTE

SOMMAIRE : Les premiers habitants du Chablais. — Thonon primitif et les autres cités lacustres. — Cimetières antiques de Thonon et des environs. — Armes, refuges, camps retranchés, monnaies. — Divinités adorées dans nos contrées.

Les premiers habitants que l'histoire assigne à notre bassin chablaisien sont les Allobroges.

Avant eux qui habita ce pays ? Des Egyptiens, des Sidoniens, des Grecs, des Celtes, des Ibères ? Les Allobroges, comme les autres Celtes gaulois, descendaient de cet audacieux Japhet, fils de Noé, dont Horace chanta la valeur et l'intrépidité.

Naturalistes, géologues et antiquaires ont commencé depuis quelques années à scruter les temps les plus reculés de l'histoire ; les uns, le marteau à la main, ont fouillé les montagnes, le sol des cavernes, recueilli des fossiles, découvert des instruments en pierre, des têtes curieuses ; d'autres ont exploré les dolmens de nos bois, sondé les profondeurs de nos lacs, et révélé, dès 1854 surtout, de nombreuses stations lacustres, offrant aux chercheurs d'inépuisables trésors.

Les musées publics et les collections particulières prirent un grand développement, et l'archéologie s'ouvrit de nouveaux horizons.

Il ne peut entrer dans notre plan de tenter ici une histoire préhistorique : ce serait une contradiction dans les termes (1); mais il est permis de recueillir les découvertes modernes faites dans notre pays, et qui jettent quelque jour sur nos anciens Allobroges, ou sur les populations qui auraient antérieurement occupé notre région.

Il est constaté que le Léman, comme d'autres lacs, portait des habitations flottantes et possédait sur ses deux rives plusieurs stations lacustres.

Ces populations voisines du Léman choisirent d'abord les rives en pente plus ou moins douce de Thonon, Coudrée, Excenevex, Nernier, Beauregard, Chens-Cusy, Amphion et Evian ; puis des bas-fonds même assez éloignés de la terre ferme, et enfoncèrent des pilotis destinés à recevoir une plate-forme de bois à l'abri des plus hautes crues.

La station de Coudrée (Sciez) est située en face du château à 100 mètres de la rive. On y a trouvé en 1874, 12 haches en pierre polie, la plupart en serpentine et de petite dimension ; celle d'Excenevex est à l'ouest du moulin Pâquis à 150 mètres du bord ; sous 3 mètres d'eau, il existe un fond peuplé de pilotis et semé de pierres. Vers la limite de Sciez, lieu dit aux Sablons, une station lacustre touche le bord, et les pilotis s'étendent jusque dans le champ voisin; deux haches en pierre y ont été recueillies ; de plus une autre station s'étend à 40 mètres en avant de la pre-

---

(1) La science, soit l'archéologie dite préhistorique, dont nous ne voulons point discuter la valeur, ne saurait avoir aucune application pratique dans notre travail à cause du théâtre restreint qui en fait l'objet. Quelques chercheurs ont rangé en trois catégories les objets antiques dus aux découvertes modernes concernant l'archéologie, savoir : l'âge de pierre, l'âge de bronze et l'âge de fer ; lorsque nous citerons ces âges, nous le ferons sous la responsabilité des auteurs auxquels nous empruntons nos citations.

mière. Celle de Nernier est située à 600 mètres à l'ouest du village et à 150 mètres du bord. Des pêcheurs y recueillirent vers 1872, une longue épingle à tête sphérique, une douzaine d'autres, un petit couteau à soie, un anneau de bronze, une pointe de lance, etc. Au même lieu, une station se trouve envahie par les atterrissements de la grève; on y voit des pilotis dont le diamètre atteint 30 centimètres; selon Troyon, des pieux ont été découverts à 55 pas à l'ouest de l'Église, en creusant un puits. Furent recueillis dans le lac, le long de la rive : un marteau en pierre polie, des petites haches en serpentine, des lamelles de silex, des fusaioles en pierre, des os travaillés en manches. Sur la *pointe* de Messery existe encore une station de l'âge de bronze. Chens-Cusy présente un quadruple établissement : 1° station du Moulin ou de la Vie-à-l'Ane, à 130 m. du rivage; 2° station de la fabrique Canton; 3° station du creux de Tougue, à 100 m. du rivage; 4° station de Beauregard. Parallèles au rivage, elles se suivent de très près sur un espace de 3 kilomètres. Ce sont des établissements appartenant à différents âges. On y a trouvé des haches de pierre polie surtout en serpentine, des pierres à broyer, des soucoupes, des écuelles à anses, des soupières, des fusaioles, des épingles à cheveux, deux bracelets, des faucilles, des couteaux à douille et à lame ondulée et à soie, une hache à main et une tête de lance. A Publier, Evian, on ne signale que quelques traces d'habitations lacustres. — Comme objets de l'âge de pierre, citons encore une hache trouvée à Chens-Cusy en 1869 à l'entrée du champ Montillet, une hache polie à Meillerie, un polissoir en serpentine à Allemand (Lugrin). A Douvaine, furent découverts, en 1838, les bronzes suivants (Musée de Genève) : une longue hache à rebord sans talon, une plus petite à rebords droits et à talon ; 4 fragments de faucilles, une lame de poignard brisée aux extrémités, 3 tronçons d'épées à deux tranchants, une épingle à tête épaisse, 4 morceaux de bronze fondus; entre Douvaine et Thonon une épingle longue de 24 centimètres ; à Chens-Cusy, a été trouvé en 1854, sur la colline des Forches, un grand vase antique; à Veigy-Foncenex, 6 débris divers, entre autres une tête d'épingle.

Les bourgades quelquefois très considérables n'étaient pas à une grande distance du rivage.

Elles communiquaient avec lui au moyen d'un pont dont plusieurs tabliers mobiles pouvaient intercepter le passage.

La plate-forme, en madriers ou en bois ronds, recevait une couche de terre glaise et devenait le sol de la bourgade, qui se divisait en îles ou quartiers reliés par des petits ponts.

Les maisons, souvent spacieuses, de forme circulaire, portaient un toit conique ouvert par le sommet.

C'était la cheminée du foyer placé au centre de l'habitation.

Les murailles se composaient d'un fort treillage enduit à l'extérieur d'une épaisse couche d'argile; une cloison intérieure, construite comme la précédente, courait parallèlement.

On remplissait de mousse l'intervalle vide.

Les toits étaient recouverts de chaume, de roseaux, de bardeaux en écorce, quelquefois de peaux de bêtes fauves tuées dans les environs.

Par là l'orage et l'incendie avaient moins de prise.

A l'intérieur, une trappe se soulevait pour puiser de l'eau, se livrer à la pêche ou se débarrasser des immondices. Telle est approximativement la description que nous font des cités lacustres, les auteurs qui les ont le mieux étudiées.

THONON PRIMITIF

Son étymologie gaëlique, *ton*, sur, *on*, l'eau, *Don-on*, ville de l'eau (1), exprime très bien la situation antique de notre bourgade assise au centre du golfe charmant formé par nos deux promontoires de Mont-Joux et de la Fleschère, remarquables par leur agréable position.

(1) *Questions archéologiques*, par M. Ducis, p. 234; Blavignac, I, p. 87.

Etudions les données que nous possédons.

Le poids des terrassements, exécutés en 1862 pour la création du nouveau port, souleva un bas-fond marneux formant un long rectangle couvert de pilotis.

Il était alors à 20 mètres du rivage de Rive et se trouve aujourd'hui en partie comblé.

Les objets recueillis sont : 1° des poteries grises, débris de grands vases à fonds arrondis, à petites anses pleines (1) ; 2° une hache en serpentine (2), une autre en schiste noir, une lamelle de silex, des fusaioles en micachiste (3) ; 3° quelques petits vases en terre grossière et très fendillée (4).

Au-delà de cette première station, s'en dégage une autre traversée dans toute sa longueur par la jetée construite en 1862.

Elle est parallèle à la rive et occupe un espace très étendu à trois ou quatre mètres sous l'eau.

Les objets découverts consistent d'abord en un splendide couteau de bronze, long de 30 centimètres ; la lame se trouve ornée de lignes ondulées ; elle contient plus d'étain que le manche (5) ; c'est encore un couteau à manche de bronze, avec goupilles pour fixer deux plaques en bois de cerf (6) ; la lame porte gravés des cercles concentriques, puis un couteau à douille dont la lame est parcourue par des points disposés en lignes ondulées (7), et enfin deux couteaux à soie (8).

Parmi les haches, les unes, dit M. Revon, sont simplement à ailerons (9) ; d'autres ont en outre un anneau latéral (10); quatre à ailerons avec anneau latéral furent trouvées

---

(1) Découverts par MM. Genoud et Revon. (Musées d'Annecy et de Thonon.) Voy. *la Haute-Savoie avant les Romains*, Revon, pp. 24 et suiv.
(2) Trouvée par M. Jahard en 1864.
(3) Musée d'Annecy.
(4) Recueillis par Frédéric Troyon (Musée de Lausanne).
(5) Découvert par M. Forel, de Morges (collect. Forel).
(6) Découvert par M. Carrard (Musée de Lausanne).
(7) Découverte de M. Revon, à qui nous empruntons notre récit (Musée d'Annecy).
(8) Musée de Lausanne.
(9) *Ibid.*
(10) Musée d'Annecy, Collections Forel, Monod, Thiolly, *la Haute-Savoie*, Revon, p. 36.

par un cultivateur en 1867 dans une vigne, près du lieu dit *chez Pioton*, entre Ripaille et la Dranse ; puis un fragments de couteau de bronze à la gorge de la Dranse, dans les travaux de la route *des Vallées*.

La base des faucilles présente un trou, probablement pour passer une goupille et fixer le manche à la faucille (1).

Une tête de lance en bronze porte dans sa douille un fragment de la hampe (2) ; une épreuve de lance plus petite analysée par M. Bischoff (3) semble indiquer l'existence d'une fabrication locale.

Les épingles à cheveux ne sont pas nombreuses, il est vrai ; mais elles se distinguent par leur longueur et la grosseur de leur tête, qui est le plus souvent percée de trous bordés de lignes concentriques (4).

Indiquons en passant un magnifique anneau qui, au lieu de suivre la forme circulaire, est rentré d'un côté en courbe légère et destiné à être tenu dans le poing, comme insigne. C'est, selon certains archéologues, l'anneau du serment (5).

La dimension des bracelets les fait classer dans les anneaux de jambes, les uns sont lisses, les autres ornés ; il en est un surtout qui est couvert de points, de chevrons, de parallèles, de lignes concentriques et de capricieux méandres (6).

Un double anneau à stries supporte deux autres anneaux ; citons encore de petites boucles, une pendeloque triangulaire (7), un singulier bronze pêché par M. Carrard, con-

---

(1) Musée de Lausanne (Voy. *ibid.*)

(2) Découverte de M. Carrard.

(3) Il a reconnu un alliage : de plomb, 70 ; étain, 18 ; arsenic, 3 ; des traces de fer et de cuivre.

(4) Coll. Forel.

(5) Propriété de M. Carrard, de Lausanne ; sur la partie en demi-cercle sont gravés des chevrons alternant avec des parallèles, et l'autre portion présente quatre groupes de triples côtes (Revon, *la Haute-Savoie avant les Romains*, p. 25).

(6) Musée de Lausanne ; Revon, *ibid.*

(7) Collect. Revilliod et Forel.

sistant en un disque ovale, formé de feuilles de bronze retenues par une bordure coulée à moulures (1).

Ont été aussi découverts : Une pierre à aiguiser, des ossements de ruminants, une portion de petit vase à renflements percés pour un fil de suspension (2); des débris d'assiettes creuses et d'écuelles gracieuses, des fragments de grands vases en terre brune, ornés de torsades et chevrons tracés au poinçon (3); un vase de terre noire dont la partie inférieure, terminée en pointe, nécessitait un support en terre cuite (4).

Cette énumération paraîtra un peu longue, et ce n'est cependant qu'à l'aide de ces objets, qu'on peut étudier l'histoire industrielle, artistique et morale de nos antiques populations.

Nos anneaux ornés, nos bracelets, nos épingles et nos vases de terre brune prouvent les goûts esthétiques de l'époque.

La nourriture des habitants ne se composait pas exclusivement de poissons; elle était aussi abondante que variée. La carbonisation nous a transmis des poires, des pâtisseries de cette époque; leur venaison n'avait rien à envier à notre viande de boucherie; les salaisons étaient un objet d'exportation. Fruits secs, pommes et poires abondent dans les ruines des habitations lacustres (5).

Ils avaient les fruits nécessaires pour faire de la bière et du vin; l'histoire des Gaulois nous apprend qu'ils savaient poisser les tonneaux et parfumer le produit de la vigne de plusieurs herbes aromatiques.

Mais quelle pouvait être l'utilité des cités lacustres? Les populations chinoises de nos jours et les tribus océaniennes jettent des habitations identiques au milieu des rivières et

---

(1) Indicateur d'antiquités suisses. Forel, octobre 1876.
(2) Trouvaille de M. Revon, Musée d'Annecy.
(3) *Idem.*
(4) Musée de Lausanne. On a trouvé plusieurs de ces torches-supports.
(5) Voyez : *Origine de Lausanne et de la nation Vaudoise*, par M. A. Blanchet, qui donne une nomenclature étendue des végétaux et animaux connus de ces peuples.

des lacs, afin de se livrer plus commodément à la pêche et de se garantir contre les animaux malfaisants ou les invasions ennemies. Comme elles, nos populations se servaient aussi de pirogues en troncs d'arbres façonnés et creusés ; la ville lacustre de Morges en a fourni une à l'archéologie. Les os d'ours, de sangliers, de rongeurs de toute espèce découverts sous les eaux, nous prouvent que l'habitation, établie à distance de la terre ferme, s'était imposée comme un moyen nécessaire de préservation (1).

CIMETIÈRES ANTIQUES DE THONON

Naturellement le cimetière de notre Thonon lacustre doit se trouver sur le coteau qui est à proximité.

Plusieurs tombeaux ont été en effet mis au jour, au levant de la ville, sur le bord du lac, selon Troyon ; ils contenaient des couteaux en silex (2) et des instruments en pierre.

De plus, entre le hameau de Rive et le château de Concise-La-Fleschère, aujourd'hui couvent des RR. PP. Capucins, s'étend une vigne inclinée vers le rivage, appartenant à la famille Colly.

Le 12 février 1869, cinq tombeaux y furent découverts sur une seule rangée, espacés de 2 à 4 mètres. Le fond présentait un pavé de cailloux.

Les parois se composaient de quatre dalles brutes en grès vert, recouverte d'une énorme pierre non taillée (3).

---

(1) La tradition d'après laquelle les habitations lacustres étaient élevées contre les bêtes féroces du voisinage, s'est conservée sur le rivage chablaisien.

(2) La fabrication des instruments en silex annonce une dextérité rare.

(3) Une espèce de monnaie fruste et deux petits anneaux de bronze ont été recueillis, selon les uns, *à côté des ossements*, selon d'autres, *dans l'emplacement*. Peut-être sont-ils étrangers aux sépultures. Des narrateurs indiquent l'orientation est-ouest ; d'autres la direction nord-sud.

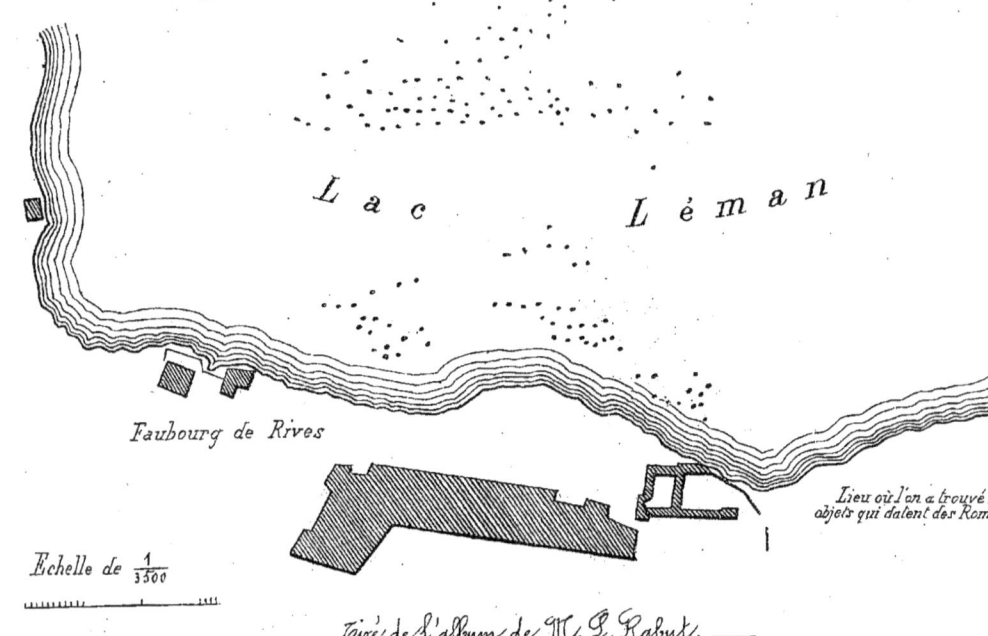

Ils mesuraient 1 mètre de longueur, 50 cent. de largeur et 40 de profondeur.

Trois loges contenaient des squelettes d'adultes; un cercueil plus petit réunissait deux têtes d'enfants.

Thonon présente encore, à deux pas de ses stations lacustres, des sépultures qu'on suppose appartenir à l'âge de bronze ; elles paraissent être de la même époque que les tombeaux rencontrés sur la plage et pente de Rive à Concise.

Un cimetière situé au levant de la ville, et décrit par Frédéric Troyon, contenait, avec des corps étendus dans le sol sans incinération, un tombeau renfermant une grande pendeloque triangulaire en bronze avec anneau de suspension (1).

En janvier 1862, dans les nivellements opérés à Rive, on découvrit, à côté de nombreux cadavres étendus sans ordre apparent, un squelette de grande taille renfermé dans un tombeau en pierre. Il fut tiré de deux mètres sous le sol, de la moraine de sable déblayé pour l'établissement du port, à quelques mètres en contre-bas des cinq tombes rencontrées sur une ligne parallèle en 1869.

Aux pieds, ils portaient deux larges anneaux de bronze parcourus de cercles concentriques, de parallèles et de chevrons (2).

Au printemps 1868, des ouvriers exploitèrent à *Séchey*, sur Thonon, à la lisière des bois de la ville, un bloc de protogine erratique de 60 mètres cubes recouvrant une cavité

---

(1) Elle est en outre ornée d'une arête médiane de demi-cercles et points sur les bords. Musée de Lausanne. (Revon, *ibid.*, p. 40.)

(2) Des ornements identiques figurant sur une pendeloque triangulaire à boucle (Musée de Thonon). Une agrafe ou baudrier de 30 cent. était posée, dit-on, sur la poitrine. En tout cas, sur le front avait roulé une agrafe de ceinturon en bronze, dont une extrémité se courbe en crochet précédé de 3 petits anneaux servant de boucles, et l'autre montre un trou et deux griffes en dessous destinés à retenir la ceinture de cuir qui, en tombant en poussière, a été prise pour une bande de fer. M. le comte Amédée de Foras possède un pectoral provenant de ces tombeaux. Plusieurs anneaux de verre ayant servi de bracelets, tombèrent en poussière sous les mains d'ouvriers avides.

ou grotte remplie d'ossements. Deux squelettes humains furent reconnus ; les os étaient disséminés dans le sable et les cailloux roulés. Les crânes sont dolichocéphales, à mâchoire prognathe, et les molaires usées circulairement, comme limées et creusées au milieu de la surface lisse de leur couronne. L'os frontal d'un crâne d'adulte se trouve franchement divisé en deux parties par une suture suivant la ligne médiane (1).

Au lieu dit *sur les Plans,* commune de Chens-Cusy, un plateau s'étend entre Hermance et Vérêtre, en face des stations lacustres offrant des sépultures à peu près identiques à celles de Thonon. Elles y furent découvertes par M. Mayor et M. Revon en 1869 (2).

Citons en passant aux futurs explorateurs le *tumulus* de Maxilly (près d'Evian) semé de blocs erratiques dans une disposition circulaire et soutenu du côté du lac, par de gros blocs disposés de mains d'hommes. Maxilly, Neuvecelle, Amphion et plusieurs autres localités possèdent des terrasses ondulées en forme de tumulus; elles attendent des amateurs. — Le tumulus du Chatelard (à Ballaison), remarquable par ses longs cercueils en dalles de molasse, et classé par Saussure et Albanis de Beaumont parmi les sépulcres de guerriers Allobroges, présente, selon M. Revon, tous les caractères de *cimetière burgonde.* Les *tumuli* de Sciez, sous Etraz, Massongy, Douvaine, rentrent dans la même catégorie.

---

(1) Cette description est du docteur Lochon, qui ajoutait qu'une pareille confrontation ne se constatait jamais que dans les races européennes actuelles, sinon pendant la vie fétale. Il se trompait, car la suture frontale persiste dans beaucoup de crânes de Savoyards adultes conservés au Musée d'Annecy. M. Hovelacque, auteur du *Crâne Savoyard* (Paris, Lerouz, 1877), affirme que ce signe a perdu l'importance qu'on lui attribuait (Revon, p. 89).

(2) M. Mayor découvrit, à 30 cent. de profondeur, une tombe en dalles renfermant un squelette de femme, et M. Revon trouva une hache en pierre polie, puis de nombreuses tombes en dalles de schiste micacé.

ARMES, REFUGES, CAMPS RETRANCHÉS, MONNAIES

Les armes de nos premières populations, des Allobroges (1), étaient vraisemblablement l'épée, la lance, le bâton ferré, le javelot, la fronde, le couteau, le poignard. Le combattant se garantissait par le bouclier allongé, le casque de bronze et la cuirasse en cuir bardés de fer. Les camps celtiques, Allobroges, rappellent les constructions en pierres sèches alternant avec des poutres fixées par de longues chevilles de fer décrites par César (2). Sur la place du château de Thonon les Allobroges n'auraient-ils point construit un camp retranché destiné à défendre leur bourgade lacustre? Aucune découverte ne le prouve encore; toutefois, il n'est pas rare de voir des camps celtiques devenir camps romains, puis châteaux de la féodalité (3).

Les échanges en nature disparaissent et font place à la monnaie; l'écriture nous transmet des noms et la gravure nous révèle les figures, les emblèmes des chefs et des peuples établis sur notre sol. On possède, en effet, des monnaies allobroges aussi variées que nombreuses.

Celles des montagnards représentent, à l'envers, une tête d'homme laurée, imitation des types grecs; au revers, un chamois ou bouquetin bondissant, avec un espèce de fleuron.

Celles des riverains du Léman, des populations lacustres

---

(1) Suivant les uns, *allobroge* signifie peuple inconstant, léger; suivant d'autres, peuple belliqueux, peuple montagnard, peuple possédant *beaucoup de ponts ou d'habitations sur l'eau* : *all* beaucoup *bro* ponts.
(2) *Commentaires*, chap. XXIII, liv. 7.
(3) Nous avons un souvenir de ces constructions dans le rempart des Allobroges, au sommet du Petit-Salève, mur colossal de terre et de fragments de roches de 15 à 50 pieds d'épaisseur; et peut-être dans le mur en pierres sèches, long d'un quart-d'heure, sur la partie du plateau limité par les chemins de Champanges à Marin, et de Champanges à Publier. Ce dernier décrit un trapèze; la base est au nord, à la limite des pentes étagées dans la direction du Léman. Revon, *ibid.*, p. 46. On croit avoir découvert des traces de camps celtiques dans les environs de Servoz.

de Thonon, Sciez, Excenevez, Chens-Cusy figurent, d'un côté, une tête d'homme imberbe regardant à droite, coiffée d'un casque déprimé, que surmonte une large aigrette d'où pendent deux plumes ondulées; de l'autre, un hyppocampe ou cheval-marin (1).

On recueillit, à deux pas de notre ville, il y a quelques années, une anépigraphe des Allobroges, en potin, qui figure maintenant à Genève dans la collection Griolet.

Ripaille fournit aussi une monnaie du même genre, offrant, sur la face une tête coiffée d'un casque rond, et au revers, un cheval grossièrement tracé entouré de six points (2).

Nous parlerons ailleurs du camp du Lyaud, paroisse voisine de Thonon.

DIVINITÉS ADORÉES DANS NOS CONTRÉES

Plus religieux que les Romains qui vénéraient les dieux protecteurs du crime et du vice, les Allobroges adoraient le soleil, la lune, le Léman aux plaines d'azur, le Rhône puissant dans son cours, le Mont-Blanc à la cîme vierge du pas humain. Au-dessus de tout cela, planait le *Vuodan* tout puissant qui envoie et rappelle l'orage, qui règle la marche des flots et qui lance ou retient l'avalanche.

Le *Neptune* allobroge (Netune, Niton,) a laissé des souvenirs de son culte sur notre rive chablaisienne. On trouve, en effet, à proximité de Genève, la pierre *Niton* émergeant des eaux; au fond du golfe de Coudrée (à Sciez), le mas ou champs *Niton*.

Devant Yvoire, à 60 mètres du château, apparaît au-

---

(1) (Voy. Revon, *ibid.*, p. 48.) Dans les plus nombreux spécimens, l'homme et l'animal regardent à gauche. L'argent compose les unes; le potin les autres.

(2) Collect. Ducis, Voy. *ibid.* Lugrin a donné, par l'intermédiaire de M. de Saulcy, à la Bibliothèque nationale de Paris, une belle monnaie d'or frappée par les Salasses, provenant du hameau de la Tour-Ronde, proche d'Evian. M. de Longpérier suppose que le type singulier des monnaies d'or de ce peuple représente « les instruments qui servaient au lavage de l'or, opération importante du pays, qui causa ses guerres. »

dessus des ondes la pierre d'*Equarroz* où, selon la tradition, les riverains offraient des sacrifices à Neptune ou Niton. Les offrandes devaient être d'une certaine valeur, car on dit que « la dot des filles d'Yvoire est sous la pierre. » Les druides ou druidesses, prêtresses des Allobroges, célèbres par leur science, jouaient un rôle important. Leur souvenir vit encore dans les légendes et traditions populaires sous le nom de *fées ;* citons le château des fées à Massongy, les pierres des fées de *Crevy* à Veigy-Foncenez, la grotte des fées-ternes, Féternes, à laquelle se rapporte une histoire de trésor caché ; la tanne des fées de Vailly, etc.

Les Nornes ou parques celtes, ont aussi laissé leur nom sur les deux rives du Léman : Une vigne de l'arrondissement de Gex se nomme Nerney ; le Jura vaudois a un cimetière du nom de *Narneçan* (champ des Nornes), et le village de Nernier, jadis station lacustre et romaine, signifie d'après son étymologie *village des Nornes*, *Norn, aria* (1).

Sur le plateau du Chatelard, à Ballaison, se dresse un gneiss erratique dit Pierre à Martin. *Martine* est le nom d'un démon apparaissant sous la forme d'un martre (Revon, Janv. 1874). Le Jupiter romain et allobroge (Jovis) a laissé aussi chez nous le *Mont-Jou, Mons-Jovis*, près de Boëge, etc.

Les autres divinités adorées par les Allobroges étaient :

Esus, vénéré comme un Dieu suprême modérateur de toutes choses.

Teutatès, ayant beaucoup de rapports avec Mercure, et à qui on immolait des victimes humaines.

Osiris, que l'on appelait encore *Apis* et *Serapis*, représenté sous la figure d'un bœuf.

Isis, divinité égyptienne.

Pen, aussi adoré sur le grand et le petit Saint-Bernard, avant Jupiter (2).

---

(1) Blavignac, *Etudes sur Genève*, t. I, p. 85.

(2) Grillet, *Notice des Dieux adorés en Savoie*. Chambéry, J. Lullin, 1788.

CHAPITRE II

DOMINATION ROMAINE

ARTICLE PREMIER

De 121 avant J.-C. à l'an 422 de l'Ère chrétienne

SOMMAIRE : L'Allobrogie et le pays de Gavot. — Les Ancitavones ou les habitants d'Amphion et le lac Léman. — Ville à l'embouchure de la Drance : Armoy-Lyaud, Tully. — Les Romains et les voies romaines à travers le Chablais. — Thonon romain, Ripailles, trésor monétaire de Tully, vestiges romains.

L'ALLOBROGIE ET LE PAYS DE GAVOT

On ne sait depuis quel temps les Allobroges occupaient notre pays quand, 218 ans avant Jésus-Christ, Annibal le traversa pour descendre en Italie.

L'Allobrogie comprenait la région limitée par les Alpes Graïes, la rive gauche du Rhône, la frontière orientale du Chablais et du Faucigny, puis enfin par l'Isère jusqu'à l'endroit où il opère sa jonction avec le Rhône en amont de Valence (1).

Blavignac, lui, ajoute la petite zone dite plus tard pays de Gex (2).

Selon quelques auteurs, le pays de Gavot, soit le Chablais situé sur la droite de la Dranse, aurait été occupé par les Nantuates. C'est plus que douteux ; car, comme nous le

---

(1) Ducis, *les Allobroges à propos d'Alesia*. Blavignac, passim.
(2) Blavignac, *Etud. sur Genève*, p. 124. Mercier, *Souvenirs hist. d'Annecy*, p. 182.

verrons plus loin, ces derniers étaient cantonnés dans le Bas-Valais entre Saint-Maurice et le lac Léman.

Tout notre Chablais actuel faisait donc partie de l'Allobrogie.

PASSAGE D'ANNIBAL

L'an 218 avant J.-C., Annibal part des Pyrénées, remonte la rive droite du Rhône, traverse ce fleuve, franchit l'Isère et arrive dans l'île des Allobroges, c'est-à-dire au confluent de cette rivière avec le Rhône. (1). De là, il suit la rive gauche, toujours harcelé par les Allobroges, les bat, et en fait un grand carnage sur les revers du Mont-Sion, à deux pas de Chaumont.

Plus libre après ce fait d'armes, il continue sa marche sans trop d'obstacles, et, pour éviter Genève, il prend la direction d'Annemasse et de Machilly jusqu'aux bords de la Dranse, qu'il ne faut pas confondre avec la *Druentia* de Tite-Live, quoiqu'elle ait le même radical (2). C'est en ce lieu qu'arrivent les députés d'une peuplade voisine probablement des Nantuates avec des rameaux verts, symbole de la paix.

Ils assurent le général carthaginois de leurs pacifiques intentions.

Celui-ci, sans trop se fier à leurs démonstrations, fit bonne contenance, et accepta leurs gages, surtout quantité de bestiaux, nécessaires à la sustentation de son armée.

Bientôt complètement rassuré par la confiance que lui inspirent ces députés, il les utilise pour diriger la marche de ses troupes.

(1) L'itinéraire d'Annibal, si longtemps débattu, a été complètement élucidé par l'abbé Ducis, dit Blavignac, p. 123, t. I. Malgré l'autorité de MM. Ducis et de Rivaz, beaucoup d'écrivains patronnent d'autres sentiments.

(2) M. Ducis s'appuie sur Polybe qui n'avait pas à parler du passage de la *Durance*, vu qu'Annibal passa de la droite à la gauche du Rhône, à près de 40 kilomètres en amont de l'embouchure de la Durance. (Ducis, *Passage d'Annibal*, p. 21, *Les Alpes graïes, pœnines et cottiennes*.)

Mais mal lui en prit, car, au deuxième jour, cette peuplade en armes cerne son arrière-garde, au moment où son armée suivait un défilé rocailleux, le long d'une roche escarpée (1).

Annibal fait aussitôt avancer les convois afin de les conserver sous la protection de la cavalerie ; puis range en bataille son infanterie qui repousse le premier choc et sauve les munitions.

Néanmoins les ennemis, maîtres des hauteurs, roulent des blocs énormes sur les lignes carthaginoises ; Annibal dirige la défense en personne et passe la nuit séparé de sa cavalerie et de ses bagages, près d'un roc taillé à pic que Polybe appelle *Leucopetron, pierre blanche* (2). Il est facile de reconnaître ici la route de Meillerie à Saint-Gingolph avec ses accidents de *Railletaz*, *mâpas* (mauvais pas) et le roc du *Leucon*. Nous n'avons pas à suivre maintenant l'illustre Africain jusque dans les fertiles plaines de l'Italie ; mais son passage en ce lieu semble confirmer quelques données de notre histoire (3).

Il existait donc probablement là, un chemin celtique

---

(1) Polybe, liv. III, ch. 5.

(2) *Ibid.*, ch. 53, parce que, dit M. l'abbé Ducis, « il n'y avait peut-être pas très longtemps que les blocs rocailleux du chemin s'en étaient détachés. » page 24.

(3) *Les chroniques du Pays de Vaud* font venir *Hercules, fils de Jupiter*, sur les bords du Léman. Or, l'extrémité orientale du Chablais, soit pays de *Gavot*, portait au IXme siècle de notre ère le nom de *Finage d'Hercule. Finis* était la subdivision du *pagus* qui lui-même était une division de *civitas*. De fait, dans plusieurs donations faites à l'église de Lausanne en 890 et 892 on lit : *In pago Genovensi, in fine hercolanâ, in villâ Mustiniaco, ad Ladrinio, ad Logrino, etc. (Cibrario Doc... 70. Regest. Gen.*, n° 109.) Il s'agit évidemment de Montigny, Larringe et Lugrin. Hercule était honoré dans la plupart des passages des Alpes. Cette dénomination de *Finage d'Hercule* dénote une immigration grecque sous les ordres d'un chef nommé *Hercule;* peut-être est-ce une trace du général carthaginois lui-même, car le nom grec *Hercule, Heraclès*, signifie un héros célèbre. Les chefs d'expéditions ou d'immigrations montaient vite, sous le paganisme, au rang des demi-dieux. De plus l'influence grecque dans les arts est évidente de la Méditerrannée à nos montagnes : nos patois, nos inscriptions conservent encore plusieurs mots helléniques, tels que *Léman*, etc. L'étude suivante sur Amphion ou Ancion confirme notre thèse.

— 17 —

transformé plus tard par les Romains en ligne stratégique.

Nous entrons dans l'époque de la domination romaine ; auparavant élucidons une question : Quelle est la peuplade qui attaqua Annibal et qui occupait nos parages ?

LES ACITAVONES OU HABITANTS D'AMPHION,

ET LE LAC LÉMAN

Selon quelques auteurs, avons-nous dit, les Nantuates occupaient le haut Chablais (1). Nous sommes d'un avis contraire ; nous allons en exposer les principales raisons.

L'inscription de la Turbie sur Monaco donne les noms des quatre cités rustiques du Valais : Les Vibères, les Sédunois, les Véragres et les Nantuates (2).

Leur territoire devait être circonscrit par les montagnes encadrant le bassin du Rhône, par conséquent par le Trelon près de Saint-Gingolph.

Les évêchés ont en principe l'étendue des cités romaines ; or, l'évêque d'Octodure, soit du Vallais, n'eut jamais de juridiction sur le Haut-Chablais, qui dépendit toujours de l'évêque de Genève et conséquemment du territoire allobroge (3).

Une inscription provenant des fouilles de Saint-Pierre de Genève présente les noms des deux personnages suivants : *Novellius Amphio* et *Cornelius Amphio*.

Amphio paraît être un nom hellénique.

Ce sont probablement deux Grecs de la colonie de Marseille, amenés à Genève pour leur commerce (4).

Leurs villas respectives peuvent se reconnaître dans les

---

(1) Entre autres Dessaix, Macé, etc.
(2) Boccard, *Histoire du Valais*, p. 396. Pline, *Histoire nat.*, III, 20. Sergius Galba, en quartier d'hiver en Vallais, se voit obligé, sous la pression des Véragres, de descendre chez les Nantuates et de passer chez les Allobroges, c'est-à-dire en Chablais. (César, *Comment*. 31. Ducis, page 27.)
(3) Voir note de la page précédente : *In pago Genovensi*.
(4) *Questions archéologiques*, 29, et *Pièces justificatives*, n° 26.

deux Amphions, situés l'un au bas de Publier, l'autre sous le Lyaud, villas auxquelles ils auraient donné leur nom.

Les deux propriétaires étant membres de la même municipalité, dit M. Ducis, les deux rives appartenaient donc également au territoire allobroge de la cité de Genève (1).

Le lac Léman, appelé par Strabon et Ptolémée (2) Limena, vient du grec Limme, *étendue d'eau*. Ainsi César et Pline le dénomment-ils Lemanus (3) et les anciens Grecs, selon *F. Avienus*, Assion, *limoneux* (4).

Au moyen âge, le lac recevait son nom des villes ou localités riveraines les plus importantes ; ainsi, comme on dit aujourd'hui le *Lac de Genève*, les chartes du moyen-âge disent le *Lac de Thonon*, les itinéraires d'Antonin et de Théodose, *Lac de Lausanne,* et les anciens Grecs, le *Lac Accion*, selon *Festus Avienus* (5).

VILLE A L'EMBOUCHURE DE LA DRANSE, ARMOY-LYAUD, TULLY

N'exista-t-il donc point une ville de ce nom près de l'embouchure de la Dranse, ville dont nos deux Amphion seraient un vestige (6). Les Romains recherchaient les

(1) *Questions archéolog.*, p. 31.
(2) Geogr., 4, 2, 5.
(3) *De bello Gallico*, 1, 3. — *Hist. nat.*, 2, 103.
(4) Ora maritima. — Avienus paraît une autorité douteuse.
(5) *Ibid.* Dans ce sentiment, on renonce aux deux Amphio de la colonie grecque de Marseille.
(6) Le voisinage d'*Amphion* et des moulins du Liaud donnera peut-être une solution. Cette dernière localité a conservé la tradition d'un camp romain : il aurait été marqué par de vieux murs. A peu de distance s'élevait la chapelle la plus ancienne du pays ; or, on y a découvert 3 trépieds en bronze réunis ensemble et fermés comme des parapluies *(Quest. arch.* Ducis, p. 35), un granit creusé, un fragment de bouclier, des débris de vases, des ossements, des briques. Peut-être est-ce là, dit M. Ducis, que les débris de l'armée de Lucius Cassius, poursuivis par les Tigurins *(De bello Gallico*, 1, 7.) sur notre territoire, passèrent sous le joug. *Armoë*, en Gallois, signifie *victoire ;* (souvenir de l'indépendance gauloise contre la domination étrangère) et *Lyau, Lyaud, serment (ibid.*, p. 37, 237). Les champs de bataille sont ordinairement proches de centres plus ou moins fortifiés, servant de point d'appui...

stations thermales. Aujourd'hui, il existe un *Amphion-les-Bains*.

Des Religieux avaient érigé au bord du lac, à quelques cents mètres du village d'Amphion actuel, une chapelle portant dans les chartes des xiiime, xivme, xvme, xvime et xviime siècles les noms *Ancion, Oncion* (1).

Le changement du C en F s'explique par l'aspiration du dialecte local, ainsi *Cerisier* est devenue *Frezi*, etc.

L'*Accion* de Festus Avienus, qui écrivait au vme siècle, serait donc devenu l'Ancion du moyen-âge, l'Anfion du xvime siècle, puis l'Amphion moderne.

Mais pour donner son nom au lac, *Ancion* dut avoir l'importance d'une ville comme Genève, Lausanne et Thonon (2).

Festus Avienus a pu dire lac d'Accion, au même titre que la carte de Peutinger, lac *Lausonnien* (3).

La Dranse n'aurait-elle point renversé dans ses débordements, une antique cité de ses bords dont nos deux Ancion ont perpétué la trace ?

N'avons-nous pas deux Seyssel, deux Pont-Beauvoisin séparés par le Rhône ?

Détruit par le même accident, le *pont* jeté plus haut, en face de Tully, devient le centre d'une agglomération de maisons qui eut son église et devint paroisse du Pont, nom

---

(1) Le courant d'eau de l'Oncion qui descend d'Allinges à Ripailles, en contournant Thonon (dont il battait jadis les remparts), portait aux xvie et xviie siècles le nom d'*Eau d'Anfion*. *(Délibérations municipales,* 1580. — Voy. *Régime intérieur,* chapitre VIII, art. 1er.)

(2) Toutes ces villes avaient déjà reçu leur nom de leur voisinage : Lausanne, *Lau, Laus,* lac, *eau,* rivage. — Genève, Gen, pointe, tête, avon, eau — *Accion, Amas d'eau, rivière.* — *Evian, Yvoire, Eva, Eau, Aria, Village.*

(3) L'espace triangulaire enserré par le lac Léman et la route du Haut-Chablais, depuis le pont de Vongy jusqu'aux eaux d'Amphion, et mesurant environ 5 kilomètres carrés, porte, dans le cadastre de 1730, le nom d'*Ancion,* ainsi que le village central et l'établissement thermo-minéral. Cette orthographe est d'accord avec la prononciation locale ; car les anciennes chartes du moyen-âge écrivent *Ancion.* Comme, à l'époque païenne, la divinité protectrice de chaque localité en portait le nom, peut-être la déesse *Anciona,* signalée par Greppo, *Etud. archéol.,* p. 268, était-elle aussi là, l'objet d'un culte... (Ducis, p. 236.)

qui s'attacha à la seigneurie du *Chatelard* sur le coteau de la rive droite.

Le torrent l'emporta de nouveau, et les habitants durent guéer longtemps et même transborder les passagers, d'où leur est venu le nom de *Mariniers*, et à leurs villages les noms de *Marin* et *Marinel* (1).

Epouvantés, les indigènes, pour se mettre alors à l'abri de ces crues d'eau, auraient fixé leurs habitations sur les côteaux d'Armoy-Lyaud, à *Tully*, puis de l'autre côté, à Amphion-les-Bains (2).

Nous aurions ainsi cette peuplade introuvable que Pline a conservée dans l'inscription de la Turbie, parmi les 40 peuplades que soumit Auguste entre l'Océan et la Méditerranée (3).

Chassée par les Allobroges, elle se serait repliée dans les hautes vallées de la grande et petite Dranse, où elle figurait encore au vi^e siècle sous le nom d'*Acitavones Faucignerani*.

Soumise aux Allobroges, elle dut être confondue avec eux dans l'empire Romain. Il serait aussi permis de penser que, protégée par les remparts naturels des vallées qu'elle occupait, elle put conserver une certaine indépendance.

Pline énumère d'abord les quatre peuplades du Vallais, puis les Salasses touchant les Veragres par l'Alpe pennine, puis les *Acitavones* (4).

---

(1) M. Ducis ne s'est fait l'écho que des traditions locales.

(2) Entre l'ancienne chapelle d'Armoy-Lyaud et celle d'Ancion-Publier il n'y a que 6 kilomètres. Entre Amphion et la Dranse, est le village d'*Avonex* qui peut rappeler les *Acitavones*, comme le pays de *Gavot* peut désigner les mêmes peuples sous le nom de *Gavones*. Le peuple abrège les noms trop longs.

(3) Blavignac, *Etudes sur Genève*, t. i, p. 106. Selon l'abbé Ducis, *Acitavons* pourrait aussi venir du gallois *Ax*, eau; *Taobs*, bord, lieu habité, soit *Axitaobs*, ou *Axitavon*, habitants des bords de l'eau, latinisé par les Romains en Acitavones. *(Questions archéologiques*, p. 42.)

Ne sont-ce point les Acitavons, ou habitants du pays de Gavot, qui auraient attaqué Annibal près de Meillerie ?

(4) Des auteurs placent cette peuplade chez les Grisons ou dans le Tyrol ; d'autres y voient les Centrons; Joseph Dessaix, *la Savoie historique*, t. i, p. 33, leur assigne la Maurienne ; Ducis, la vallée de Locarno, *Quest.*, p. 164.

Les fouilles ultérieures pratiquées à Amphion, au Lyaud, aux *tumuli* de Lugrin, Machilly, Neuvecelle, aux anciens cimetières de Massongy, Messery, Sciez, Douvaine, nous diront si ces faibles conjectures jetées dans l'arène, pourront prendre place un jour dans les fastes de notre histoire.

LES ROMAINS ET LES VOIES ROMAINES A TRAVERS LE CHABLAIS

L'an 629 de Rome, 125 avant J.-C., les Romains, à la sollicitation des Marseillais, déclarèrent, pour la première fois, la guerre aux Gaulois transalpins et le consul, M. Fulvius, fait subir une défaite aux Salluviens ou Salvyens (peuple au nord de Marseille). Deux ans plus tard, le proconsul C. Sextius les attaque de nouveau, distribue leurs terres aux Marseillais et fonde la ville d'Aix (en Provence), appellée de son nom *Aquæ Sextiæ*.

Les Allobroges ayant donné asile à Teutomalius, roi des Salluviens, et s'étant en outre réunis aux Arvernes (peuple de l'Auvergne) commandés par leur roi Bituitus, pour faire la guerre aux Eduens (peuple des environs d'Autun), les Romains s'allient avec ces derniers et promettent de les secourir. Cneius Domitius, en qualité de proconsul, défait les Allobroges et leurs alliés dans un combat livré à Vindalium (bourg près d'Avignon). Puis le roi Bituitus, ayant reformé son armée et s'étant de nouveau réuni aux Allobroges, ils sont définitivement vaincus par Q. Fabius Maximus, consul, dans une bataille livrée à l'ouest du Rhône, en face de la jonction de l'Isère avec ce fleuve. Le succès de Fabius lui valut le surnom d'*Allobrogicus* (1).

Le vainqueur s'attache la nation conquise en lui donnant les droits de la cité romaine et en l'incorporant à la tribu *Voltinia* (2).

(1) *Regeste Genevois*, nos 2 et 3, de 122 à 131 avant J.-C.
(2) *Regeste Genevois*, nos 4, 5 et suiv.

Aussi (l'an 107 avant J.-C.), les Allobroges devinrent-ils un rempart contre l'irruption des Cimbres. Mais, bientôt ils regrettent leur indépendance, et secouent le joug étranger l'an 62 avant J.-C. Heureux dans plusieurs combats, ils sont, à la fin, complètement défaits et le vainqueur assure la soumission du pays en envoyant des colonies romaines à Grenoble, Vienne et Genève.

C'est dans cette dernière ville, dénommée pour la première fois de cette manière par Jules César, que ce grand conquérant vient s'opposer au passage des Helvètes qui voulaient émigrer et s'établir chez les *Santons*, au nord de la Gironde (1).

En 57 (avant J.-C.), Sergius Galba, envoyé pour s'assurer du passage des Alpes, se voit battu à Martigny par les indigènes.

Il incendie cette ville et passe chez les Allobroges.

Selon M. l'abbé Ducis, César, retournant en Italie, après la soumission des Gaules, aurait longé le Léman jusqu'à Lugrin, gagné le plateau d'Abondance par Thollon et Bernex, puis atteint la vallée pennine par Morgins et Monthey.

Mais M. Ducis a modifié cet itinéraire et reconnu la rive gauche du Léman comme ancienne (2).

Si les Allobroges demeurent sourds en 52 aux messages de Vercingétorix et donnent la préférence à Pompée sur César pendant la guerre civile, c'est qu'ils servent ainsi les intérêts de leur liberté et de leur patrie (3).

En effet, ce dévouement ne dure pas. Ne pouvant sup-

---

(1) Sur le territoire de Douvaine, *Tougues*, selon Blavignac, est un ancien port où abordèrent les Tougs ou Tugères, l'une des quatre peuplades principales de l'Helvétie aux temps de Jules César. *(Dict. univ. d'hist. et de géograph.*, par une société de professeurs.) Peut-être les Allobroges, touchés de compassion pour des voisins malheureux après leur défaite d'Autun, permirent-ils à quelques-uns de s'établir en Chablais.

(2) Ducis, *Quest. archéol.*,, 1871. p. 285. Dans son opuscule de l'année suivante, cet auteur fait passer Galba par Meillerie et Saint-Gingolph. *(Les Alpes Graïes*, etc., 1872, p. 16.)

(3) J. César, *de Bello Gallico*, t. VII, p. 64, 65.

porter le joug de fer des dominateurs, ils se soulevèrent. Mais César reparaît soudain, les bat et se fait décerner les honneurs du triomphe l'an 46 avant J.-C. (1).

Après la mort de ce dernier vainqueur, ils secouent encore la servitude et chassent les Romains de Vienne, dernière et stérile tentative; il fallut céder à la force et au nombre.

Dès lors, les Allobroges subirent la domination étrangère pendant 468 ans (de 46 avant J.-C. à 422 de notre ère), régis par leurs lois et coutumes particulières, entre indigènes, et par les lois romaines dans les rapports avec leurs conquérants (2).

La corruption de la métropole altéra singulièrement les mœurs simples et patriarcales de ce peuple; mais la culture utilisa nos plaines, les défrichements reculèrent les limites des forêts, et les stations lacustres, ou habitations flottantes, selon quelques auteurs, furent abandonnées (3).

Les Allobroges, naturellement guerriers (4), étaient fiers de leur nation qui ne le *cédait en puissance et en valeur à aucun peuple des Gaules* (5); jadis ils *entreprirent*, au nombre de plusieurs myriades, des expéditions belliqueuses (6); leur civilisation, leur opulence les plaçait à la tête des provinces (7).

Depuis Auguste, un proconsul romain gouverna l'Allobrogie, ayant sous ses ordres un lieutenant (*legatus*) et un questeur chargé de l'administration financière (8). Pour l'exploitation de notre bassin et le service des armées

---

(1) *Reg. Genev.*, n° 15. *Les Allobroges à propos d'Alesia.*
(2) Blavignac, *Etudes sur Genève*, p. 129. — Mercier, *Souv. hist.*, p. 3.
(3) Strabon nous apprend que « maintenant ils cultivent les plaines et les vallées qui se trouvent dans les Alpes. » *Reg. Genev.*, n° 19.
(4) Salluste. (Naturâ gens bellicosâ.)
(5) Tite-Live. (Nullâ gallicâ gente opibus aut formâ inferior.) Grillet, t. 1, p. 257.
(6) Strabon. *Géographie* (Voy. *Reg. Genev.*, n° 19.)
(7) *Hist. Nat.*, t. III. ch. 5; *Reg. Gen.*, n° 22; l'Allobrogie, comme province de la Narbonaise, est appelée : *Italia verius quam provincia.*
(8) *Reg. Genev.*, n° 17.

romaines, la métropole ouvrit des routes jalonnées de stations militaires (1).

César, retournant en Italie, en établit probablement une, comme nous l'avons dit, dant le Haut-Chablais (2).

Mais n'en existait-il point une autre passant par Thonon et reliant Genève au Vallais par la ligne la plus courte?

Il est très probable, en effet, que les Romains l'avaient trouvée déjà ouverte, avant la pacification du Vallais (3).

Cette étude nous fournira l'occasion de discuter l'emplacement de Thonon romain, et de signaler les principaux vestiges de la domination de Rome sur la rive chablaisienne.

Les tronçons de voies romaines observées, d'une part, à Veigy, Douvaine, Massongy, Sciez; de l'autre, à Vouvry, Porte-de-Saix, sur la rive gauche du Rhône (en Vallais), supposent nécessairement une jonction dans le cœur de notre province.

Le souvenir des Brandobriges, dont nous parlerons bientôt, le prieuré de Meillerie, le commerce de nos contrées avec Saint-Maurice, la pierre itinéraire de Sion (4); au xviii° siècle, les réclamations multipliées de nos intendants, comme au temps de César (5), au sujet des dégâts et obstructions faites sur cette route par les riverains en vue de transborder voyageurs et marchandises sur leurs barques (6); tout confirme notre proposition. Ajoutons que le choc incessant des vagues, joint à l'extraction des bois et des pierres, a dû contribuer à sa dégradation. Comment expliquer autrement les deux inscriptions de pierres mil-

---

(1) Trois sont marquées sur le territoire de l'Allobrogie par l'itinéraire d'Antonin, de Milan à Strasbourg : Casuaria (Ugine); Bautas (Annecy); Genava (Genève) et plusieurs autres stations, par la table de Peutinger figurant le trajet de la Provence au Léman. *(Reg. Genev.*, n°s 24 et 25.)

(2) Voy. Ducis, *Quest. archéol.*, p. 11, 12 et 14, 25, 224.

(3) Ducis, *Questions archéologiques*, 224, 285.

(4) Boccard, *Histoire du Vallais*, p. 367.

(5) Causa mittendi (d'envoyer Sergius Galba) fuit quod iter per Alpes, quo magno cum periculo, magnisque portoriis mercatores ire consueverant patefieri volebat. (De *bello Gall.*, t. 1.)

(6) Rapports intendantiels, 1761, 1762, 1776, etc. *(Arch. département.)* Voyez *Pièces justificatives*, n° 32.

liaires découvertes à Messery, puis à Crevy (Veigy) (1). Ouvrez le cadastre; au nord de Veigy, s'allongent deux mas, appelés, l'un, la *Rue*, l'autre *Vaudestra* ou *val de la Strata*. Or, ce nom a été généralement donné aux pièces de terres, dans lesquelles se sont conservés le plus longtemps des tronçons de *strata via*, ou voies romaines.

Sur cette route se rencontrent encore de nombreux mas de ce nom : le hameau de *Sous-Estraz*, à Massongy, berceau des familles Détraz *(de stratâ viâ)*, de Chablais, et les *Estraz*, situés au nord de Sciez, vers le pont de Foron, puis à l'entrée de Thonon (2).

En sortant de Douvaine, cette route traverse le champ dit *en les Voyes*.

Ce dernier bourg, autrefois considérable, ainsi que l'attestent les mas qui l'enveloppent sous les noms des *Fins*, des *Portes*, des *Murailles*, etc., conserve le votif suivant :

JOVI ET MARTI †
DIUL-CAPITO
EX VOTO,

Soit votif à Jupiter et Mars par Decius Julius Capito (3).

(1) Revon, *Inscriptions de la Haute-Savoie*, p. 46. La première porte : *Imperatori Cæsari Septimio Severo pio pertinaci Augusto*, etc., IV, *(Quartum milliarium.)* Or, en partant de l'ancienne Genève, les quatre milles romains arrivent entre la *Capite* et Saint-Maurice, d'où elle a été transportée à Messery. La seconde énonce : *Imperatori, Cæsari, Flavio, Valerio, Constantio pio*, etc., etc., VII. *(Septimum milliarium)*. Or, il y a précisément sept milles romains, un peu plus de dix kilomètres, de Genève au pont jeté sur l'Hermance.

Ducis, *Quest. archéol.*, p. 225, 226. La route de Meillerie-Thonon-Genève portait, aux XIVe et XVe siècles, le nom de route impériale, comme nous le verrons au chapitre IVe.

(2) Elle sert encore de limite, au moins partielle, à quelques communes qu'elle traverse, ce qui est une preuve de son antiquité (Bergier, *les Grands Chemins de l'Empire Romain*, l. XIX, XX), Ducis, p. 227.

(3) Le nom du même personnage et celui de son fils se voient sur deux inscriptions placées, l'une à Genève, l'autre à Vienne (Revon, *Inscript.*, p. 37, Chorier, Vienne, 5). Il appartenait à la tribu Voltinia et avait été flamine de Mars, augure, tribun militaire, etc. — M. Ducis fait venir *Douvaine* de *Dovain*, fosse, à cause d'un accident de terrain de ce genre, appelé depuis Bachella, signifiant pièce d'eau, fossé oblong rempli par les pluies et rendu aujourd'hui à l'agriculture..., puis *Sciez* de *Scia*, aile, extrémité, pointe du lac.

Cette route, la plus régulière portée à l'ancien cadastre, était bien la ligne la plus courte entre Genève et Thonon.

Elle décrit une seule courbe pour contourner le coteau de Ballaison.

THONON ROMAIN, RIPAILLE, TRÉSOR MONÉTAIRE DE TULLY, VESTIGES ROMAINS

La voie romaine, en arrivant à Thonon, s'arrête devant l'artère principale de cette ville qu'elle atteint à un angle de 120/60. Un pâté de maisons s'étant élevé en cet endroit, par suite des agrandissements de Thonon par Amédée VIII au xve siècle, ne laisse qu'une courte impasse, dernier vestige de cette route que nous retrouvons cependant à l'extrémité méridionale de la *rue Saint-Sébastien*.

C'est bien l'entrée primitive de notre antique bourg.

Mais ici se présentent deux tracés partant du même point, enserrant le mas *des Romanies* (1), se dirigeant, l'un par Thuiset, Vongy, le bord du lac, Amphion, Evian, Meillerie, Saint-Gingolph; l'autre remontant vers les limites de Thonon et d'Armoy à un étranglement de la Dranse, qui permit l'assise d'un pont, et de là, descendant probablement la rive droite jusqu'à la rencontre du tracé précédant, en face de Vongy.

Nous avons dit qu'une crue d'eau put emporter, un beau jour, territoire, pont et village, et que les habitants se retirèrent sur les hauteurs voisines; la route détruite en cet endroit remonta à mi-côte pour continuer à l'est, et se rattacher à la précédente, près d'Avonex.

(1) Selon M. Ducis encore, à qui nous laissons le mérite et la responsabilité de ce que nous venons d'avancer sur ces voies, ainsi que sur Amphion, les Acitavones, et le passage d'Annibal, *Vongy* vient du kimrique *Von-gy*, maisons du bord, du rivage; *Locon* signifie, en gaël : cabane; Trelon : transport; Meillerie : montagne, roc; Lugrin, Lugrin : lac, rivière; ce qui témoignerait de l'époque reculée où cette rive possédait déjà des habitants. — Le mas des Romanies est évidemment une trace de la domination romaine.

De cette paroisse dite du Pont *(de Ponte)* (1), un embranchement assez régulier allait directement à *Concise* (2), qu'il faut reconnaître peut-être aussi ancien que Thonon ; car c'est là que l'on a découvert des monnaies romaines, et un fragment d'inscription rappelant un monument élevé à un père par son fils qui avait été tribun du peuple, et questeur dans la province du Pont et de la Bithynie.

Voici cette inscription, rapportée par Revon, p. 37, et acquise au Musée d'Annecy :

TRIB-PLEBIS
NTO-ET-BITH
PATRI-PIEN

(Patri pientissimo)

Ripaille, à son tour, a fourni des tombeaux avec coupes en verre pleines d'ossements, des monnaies de Néron et des médailles gallo-romaines avec l'effigie d'un cheval (3).

Une ligne routière assez large partait de Concise en longeant le cimetière actuel, montait dans la direction des Allinges et se rattachait à Genève au moyen de la route d'Annemasse, où elle aboutissait par Perrignier, Bons, Machilly.

Elle a formé l'artère principale de Thonon. C'est sur ses bords que sont venus s'échelonner, selon toute apparence, des groupes de maisons formant d'abord un simple

---

(1) La paroisse du Pont devint considérable ; elle était complètement distincte de celle de Tully aux XIIIe, XIVe et XVe siècle.

(2) Concise est le nom de deux villages situés précisément en face de deux stations lacustres : l'une sur le lac Léman ; l'autre sur le lac de Neuchatel (Ducis, *Quest. archéol.*, p. 232). *Concisa* signifie : *bois, taillis*. Ce fut probablement le premier village de terre ferme, bâti au milieu de la forêt par les habitants de Thonon lacustre.

(3) *Mém. de la Société Savois. d'hist. et d'archéol.*, t. VI, p. 2. Le mot Ripaille ne trahit pas une origine *celte*, mais bien *romaine*. Il n'indique rien autre chose que le voisinage du lac. « A Ripâ Lemani lacus Ripalia, » dit avec vérité le P. Labbé. En français : *De la rive* du lac Léman, appelé Rivaille.

Il n'y a pas lieu à objecter *Ripa-alia*, sous prétexte que de l'autre côté de Thonon se trouve le hameau de *Rive*, Ripa ; Ripaille est un fréquentatif de *Rive* comme *rivage*, de *Rivaticus*.

village, puis se développant et esquissant la première enceinte du Thonon de la terre ferme.

Suivie, selon M. Ducis, par l'armée carthaginoise, cette voie paraît antérieure à toute autre. Fréquentée avant et après la domination romaine, jalonnée d'un nombre de villages double de celui de la voie romaine par Sciez, Douvaine, elle a fourni son contingent d'antiquités en substructions, tombeaux, fragments d'architecture, monnaies, etc.

Les inscriptions de Bons, de Ville-lagrand, d'Annemasse, de Chignan, égalent celles de Douvaine, Nernier, Messery (1).

Tout porte à croire que c'était la grande voie de l'antique Ancion ou Anfion, situé à l'embouchure de la Dranse.

La tradition de nos villages est d'accord sur ce point avec l'archéologie.

Si l'Etat voulait prendre la chose en considération, il faudrait tenter des fouilles sur la côte de Saint-Disdille, de Ripaille, de Vongy à Tully, au mas des Romanies; elles seraient certainement fructueuses, comme elles l'ont été à Nernier, Corsier, etc. (2).

Après les grandes défaites des Allobroges, notre pays dépeuplé se couvrit en effet de colonies romaines. Dès lors, ces fiers conquérants couvrent notre rivage chablaisien de

---

(1) Celle de Bons, trouvée dans les démolitions de son ancienne église, porte un monument élevé par un Sabinius. « Sabinius faciendum curavit ; » celle de Ville-lagrand rappelle le culte de Mars. « Julius Saturninus Marti votum solvit libens merito » (Revon, *Inscript.*, p. 34) ; celle d'Annemasse « Firmus Hilari filius Martis pro Meritis Caio ateio capitone et Caio vibio postumo consulibus. » Ces consules dateraient du 2e trimestre de la 5e année du commencement de l'ère chrétienne *(Rev. Savois.*, 1861, p. 68, 75). Celle de Chignan fut transportée à Bons, puis à Genève, etc.

Serait-il vrai qu'une colonie de Romains fût allée défricher l'*essert des Romains* du moyen âge, soit *Essert-Romans*, au-dessus de Saint-Jean d'Aulps? (Ducis, p. 235. *Revue savoisienne*, 1880, 108 ; 1881, 32.)

(2) Les bords du lac sont riches en antiquités. En 1840, dans les réparations de l'église de Nernier, on a découvert plusieurs tombeaux dénotant un certain luxe, des urnes à ossements, des mosaïques, des plaques de marbre de diverses couleurs, des débris de statues, des bas-reliefs, des monnaies romaines collectionnées par l'abbé Favre *(Rev. Savois.*, 1865, p. 91, 97).

leurs villas, de leurs maisons de plaisance. Ces sites où le luxe de la ville s'unit aux charmes de la campagne, ces arbres séculaires, ce murmure des eaux étaient bien faits pour amortir les haines politiques qui déchirèrent la République romaine et plus tard l'Empire. Et cependant n'est-ce point aussi dans ces asiles du rivage, dans ces abris reculés que, pendant les guerres civiles, de grands citoyens vinrent ourdir leurs conspirations contre la mère-patrie et préparer l'œuvre destructive des barbares? On voit, en effet, que ces derniers (cent ans avant J.-C.), sous les noms de Teutons, d'Ambrons ou de Cimbres, descendaient du nord, forçaient les frontières de la République et essuyaient une terrible défaite près d'Orange et de Verceil. La vengeance fut ajournée. Moins d'un siècle plus tard, Arminius exterminait les légions romaines et la fière capitale put trembler à son tour (1).

Du nord de l'Europe, des plateaux de l'Asie, des hordes barbares se succèdent incessamment et fondent comme l'avalanche sur l'Empire; les aigles mutilées disparaissent, la terreur est partout.

« De l'an 235 de notre ère, dit Blavignac, datent les invasions presque toujours victorieuses des hommes du nord (2). Il faut placer à cette époque, ajoute M. Revon (3), (de 235 à 282) une grande cause de troubles, née des invasions des barbares ou révoltes militaires, qui porta les thésauriseurs de la Haute-Savoie à confier leurs richesses à la terre. »

On peut attribuer à cette cause l'existence du trésor monétaire trouvé le 17 novembre 1875, dans une vigne située au clos dit des Tissotes, près du hameau de Tully. C'était une amphore pleine de monnaies romaines en cuivre, en potin et en argent. On en a compté plus de 2000. Sous des types assez variés, ces monnaies appartiennent aux empereurs Gordien-le-Jeune, Philippe, Gallien, Postumus un des

---

(1) *Souven. histor. d'Annecy*, p. 9.
(2) *Etudes sur Genève*, p. 167.
(3) *Rev. Savois.*, 1875, n° 5.

trente tyrans, Claudius II et à l'impératrice Salonia. Celles de Gallien et de Postumus sont les plus nombreuses. Leur millésime varie donc de 238 à 268 avant J.-C. (1).

En 1862, à Rive, près des anciens tombeaux découverts au bord du lac, ont été recueillis quelques vases en terre brune conservés dans le Musée de Thonon ; ils paraissent appartenir à l'époque romaine, ainsi que de grandes amphores, gargoulettes, jattes à lait, tuiles tirées du même lieu.

---

(1) Voir *Léman*, 21 novembre 1875 ; docteur Lochon. Monsieur le juge A. Duplans, numismate distingué d'Evian-les-Bains, a bien voulu, avec son obligeance ordinaire, me transmettre l'énumération succincte des monnaies de ce trésor, dont il a fait l'acquisition de M. Dunant. En voici la nomenclature :

O. Valerianus (Pater) (190-263) ; Gallienus (218-268) ; Cornelia Salonia (268) ; Salonius (242-259) ; Postumus (Pater) (267) ; Quietus, fils de Macrien, élu auguste en 260, tué en 262 *(pièce unique)*.

Donc, l'enfouissement de ce trésor dut avoir lieu vers la fin de 268.

ARTICLE II

SOMMAIRE : Etablissement du christianisme et fin de la domination romaine. — Premier royaume de Bourgogne de 422 à 534 ; partage des terres : Allinges, Mesinges, Boisy, Massongy, la vallée de Boëge. Etymologie du mot Chablais, nouvelle extension de la foi, tombeau de Lugrin, chapiteau antique de Thonon. — Domination franque (534-888). Fin du second royaume de Bourgogne, 1032 ; chute de Tauredunum, S. Colomban et les Ordres monastiques, invasions des Sarrasins et des Hongrois, châteaux forts du Chablais.

ÉTABLISSEMENT DU CHRISTIANISME ET FIN DE LA DOMINATION ROMAINE

Pendant la période d'invasions et de bouleversements que nous avons décrite dans l'article précédent, notre pays n'eut pas d'historien.

On ne peut que trop présumer par les massacres opérés ailleurs, quels flots de sang durent arroser les ruines de nos villes chablaisiennes.

Les premières lueurs de la foi avaient dû pénétrer dans nos contrées ; car, comment admettre que le Chablais, traversé par les voies romaines que nous avons signalées, n'ait pas vu les évangélisateurs du Christ, puisque, au second siècle, au rapport de saint Justin et de saint Irénée, Celtes, Ibères et Germains les possédaient déjà ?

Mais la persécution commença furieuse, puis dut se continuer avec quelques intermittences, sous l'influence des édits généraux de proscription ; c'est de l'édit de Constantin le Grand, en 313, qu'il faut dater l'exercice public de la vraie religion dans nos vallées.

La croix parut avec honneur, et les centres populeux élevèrent des temples chrétiens.

Néanmoins, les épreuves survinrent encore ; l'Arianisme pénétra dans nos terres, divisa le troupeau et facilita l'œuvre impie de Julien l'apostat, qui rétablit les idoles à Genève et promena sur nos campagnes la terreur, l'exil et le massacre.

En 363, paraissent Gratien, puis Théodose, et l'année 377 consacre l'existence du culte chrétien officiellement reconnu.

La crypte de Saint-Hippolyte de Thonon fait présumer l'existence d'une crypte antique probablement de cette époque (1).

Le chapiteau inférieur central rappelle la chute du paganisme dans nos contrées ; il porte en effet deux personnages grimaçants, figurant les démons, les idoles et les vices écrasés sous les colonnes de l'Eglise (2).

Cette liberté ne suffit pas pour détacher de leurs anciennes divinités, toutes nos populations perdues dans les replis de nos vallées et de nos montagnes.

Les campagnes ne se convertirent au Christ que lentement et le paganisme ne fut totalement déraciné dans le diocèse de Genève que vers l'an 422 de notre ère.

PREMIER ROYAUME DE BOURGOGNE
(De 422 à 534)

Mais bientôt les aigles mutilées des Césars disparaissent à jamais devant le flot montant des invasions.

Les Burgondes, peuple de race gauloise, établis dans la Germanie, franchirent le Rhin en 407 et se répandirent comme un torrent débordé sur la province viennoise, de 413 à 416. Le faible Honorius leur abandonna en 422, l'Allobrogie tout entière, d'ailleurs écrasée sous le joug,

---

(1) Voyez à la fin de l'*Hist. de la Sainte-Maison: l'église de Saint-Hippolyte et sa crypte.*
(2) Voy. *ibid.*

les impôts et les exigences de la fiscalité romaine. Les Burgondes étaient chrétiens.

Gondicaire, le roi de ces conquérants, fit de Vienne la capitale de son royaume, mais Gondebaud, l'un de ses successeurs, transporta à Genève le siège de son gouvernement (1).

Notre territoire fut alors divisé d'un commun accord, entre les Burgondes et les habitants du pays. Les conquérants eurent les deux tiers des terres et un tiers des esclaves colons.

Sous la domination romaine, de nombreux villages s'étaient assis dans nos plaines ou sur le rivage du Léman, en face des stations lacustres ou dans la direction des anciennes et des nouvelles voies créées par les maîtres du monde. Tels furent Douvaine, Sciez, Nernier, Sous-Estraz (Massongy), Bons, Annemasse, Concise, Ripailles, Tully, etc.

Les nouveaux venus prirent possession des terres qui leur échurent dans le partage, et formèrent une propriété commune destinée au pâturage des troupeaux et aux établissements futurs (2).

Telles furent les collines : des Allinges (dont le radical germanique *Allelith, Alinges* signifie *communis* ou propropriété commune), de Boisy, ou Boésy, la vallée de

---

(1) Gundioc, fils de Gondicaire, eut quatre fils : Gondebaud, Godégisèle, Chilpéric et Godemar. Gondebaud, meurtrier des deux derniers, vit Godégisèle s'allier à Clovis, roi des Francs, qui le vainquit. Mais, un rapprochement avec le roi Clovis survint, et Godégisèle fut tué dans une église de Vienne. Gondebaud demeura ainsi seul maître de la Burgondie.

(2) Peut-être les vallées d'Abondance, d'Aulps, de Vailly, Bellevaux, reçurent-elles des colonies burgondes, « car nous y retrouvons, dit Ménabréa *(Chartreuse de Vallon)*, une population toute Burgonde, au sein de laquelle règnent encore de nombreuses coutumes germaniques. » Toutefois, les droits fiscaux dont se prévalurent sur ces vallées, les autres races et petits dynastes qui succédèrent aux Burgondes : Francs, Rodolphiens, Comtes de Savoie, de Blonay, de Ballaison, de Langin, de Rovorée, de Cervens... prouvent qu'elles furent adjugées comme domaine soit propriété fiscale aux rois burgondes et à leurs capitaines. Ainsi, ils en détacheront plus tard, suivant leur gré, des parcelles pour des œuvres pies, pour la fondation des monastères d'Abondance, d'Aulps, de Vallons-Bellevaux.

Boëge, dont le radical *Boë* indique un pays de bois et de pâturages, etc. (1).

Ils divisèrent le territoire qu'ils occupaient en districts ou pagi. Le Chablais fut appelé le district d'Allinge, *pagus Allingiensis ;* il comprenait la rive méridionale du lac, de Saint-Gingolph à Douvaine. Les montagnes de la rive droite de la Menoge le séparaient du Faucigny (2).

Albanis de Beaumont affirme que Thonon, embelli par les maîtres du monde, se vit complètement rasé par les Burgondes, et qu'il ne demeure aujourd'hui aucun vestige des édifices de la première ville. Que Thonon ait péri à l'époque des invasions du nord, c'est très-possible, et l'enfouissement du trésor monétaire de Tully semble le prouver ; l'inondation des hordes dévastatrices balayait villes, villages et habitants pour ne laisser que des ruines ; c'est peut-être à la même cause qu'il faudrait attribuer la ruine de notre ville d'*Ancion*, si jamais elle a existé.

Mais les Burgondes en auraient-ils été les destructeurs ?

La critique historique a fait justice des historiens qui les représentaient comme des peuplades féroces, ne s'établissant que par le fer et le feu. Ils étaient incommodes, grossiers, mais non cruels et méchants.

Au lieu d'abattre et de détruire, comme les Vandales, ils aimaient à construire des villages et des bourgs (3).

Nos petites villes et nos hameaux paraissent s'être mul-

---

(1) Mesinges, Massingy, Massongy ne tireraient-ils pas leur nom du radical *Messen*, Massungen, terrain mesuré pour être partagé au vainqueur, par opposition au territoire commun ?

(2) Selon Walcknaër *(Géographie comparée des Gaules,* I, 115), Dessaix (son *Hist.*), notre pays fut habité avant la domination romaine par les *Chablici*. M. Ducis *(Quest. arch.*, p. 45), semble écarter cette supposition. L'*Ager caballicus*, pays fertile en chevaux, ou pays séditieux, à cabales, désignait, paraît-il, le Chablais occidental (*Ibid.*). Le champ est encore ouvert aux étymologistes. — Sous les rois du 2e royaume de Bourgogne, on retrouve, en effet, ce comté de la tête du lac, ayant pour limites Evian, sur la rive gauche du lac, et la Veveyse, sur la rive opposée. La capitale en était Saint-Maurice, et Chillon, la clef. Plus tard la maison de Savoie recula ses frontières jusqu'à l'Arve. (Voy. Boccard, *Hist. du Vallais*, p. 384.)

(3) De là, Orose affirme que le nom de Burgonde vient de Bourg (Grillet, *Dict.* vol. II, p. 9.)

tipliés sous leur domination ; car les nom d'Allinges, Mesinges, Bissinge, Cursinge, Puplinge, Pessinges, etc., décèlent une origine germanique.

Il est possible, le Thonon romain une fois détruit, que les rois Burgondes y aient élevé un castel en vue d'exploiter leurs domaines, et de protéger leurs sujets contre les invasions étrangères.

Ce fut le noyau et le rempart de nombreuses habitations qui seront venues se grouper à l'ombre du donjon protecteur, et ébaucher les rues abandonnées de l'ancienne ville. Le nom teutonique ou burgonde, *Town*, Thonon, ville, semble désigner notre bourg comme station burgonde du ve siècle ou du commencement du vi^e (1).

Sigismond, fils de Gondebaud, embrassa le catholicisme, contribua beaucoup à la conversion de ses sujets et fonda avec 500 religieux la *laus perennis* au monastère d'Agaune. La loi Gombette, vrai monument de législation pour cette époque, lui est aujourd'hui attribuée, au moins en partie, quoiqu'elle porte le nom de son père. Bien qu'empreinte des bizarreries de l'époque, elle est un pas véritable vers la civilisation chrétienne.

Saint Avit, évêque de Vienne; saint Maxime, évêque de Genève, transformaient les temples païens en églises chrétiennes (522) (2).

« Les Allobroges, écrivait Charles-Auguste en 1634, embrassèrent entièrement la foi et religion chrétiennes du temps de Gondégisèle et de Domitien (3), qui fut le prédécesseur de saint Maxime dans l'épiscopat de Genève. »

« Sous le sceptre florissant de la puissance catholique,

---

(1) Le Chablais actuel ne fut point le Chablais primitif. Selon les itinéraires romains (Peutinger, *Reg. Gen.*), il existait à l'extrémité du lac, une station du nom de *Penno lucos*, signifiant en gallois *Tête du lac*, dont le chef-lieu Penni locus (Noville) garda le nom. Aussi, les actes latins le traduisent-ils par *Caput-laci*. Le moyen âge en fit un comté ou *Pagus*. Mais le peuple, dans sa langue romane, dit d'abord *Capo-lai*, puis *Cabo-lay*, puis avec l'aspiration bourguignonne *Chablay*, d'où est venue l'expression moderne de Chablais, de même que *Castellum* a donné Chatel dans la vallée d'Abondance. Ducis, *Questions archéol.*, p. 44.

(2) Blavignac, *Etudes sur Genève*, p. 269 et 288.

(3) *Ibid.*, p. 246.

s'écriait saint Avit, dans le discours qu'il prononça le jour de la consécration de l'église d'Annemasse en 522, on voit se multiplier les lieux de prières, les temples des martyrs, les sacrés parvis ; les bourgades se parent d'églises non moins que de *patrons*, ou, pour mieux dire, d'illustres personnages ; des bourgades font des villes (1). »

De fait, notre pays était dès lors, entièrement distribué en paroisses.

Aussi présentent-elles toutes, comme titulaires, un saint des cinq premiers siècles chrétiens, tels que : saint Jean-Baptiste, saint Etienne, saint Pierre, saint Maurice, saint Hippolyte, etc...

Seules, les paroisses formées plus tard par démembrement, font exception à cette règle.

Des monuments nous sont demeurés comme témoins de l'évangélisation de notre diocèse dès les premiers siècles ; par exemple, le tombeau du *jeune chrétien* Brovaccus, mis à jour récemment, entre Lugrin et Evian (2).

« Le Musée de Thonon, dit Blavignac, possède un cha-
« piteau d'ordonnance corinthienne qui présente tous les
« caractères du style latin employé au VIe siècle ; il cou-
« ronnait une colonne octogone de quinze pouces de
« diamètre ; sa hauteur est de vingt et un pouces. Suivant
« l'usage du temps, il est divisé en deux étages qui repré-
« sentent douze scènes de la parabole de l'Enfant prodi-
« gue. Celle où il mange dans l'auge, où sept pourceaux
« lui disputent l'immonde nourriture, est pleine de vie ;

(1) Blavignac, *Etudes sur Genève*, p. 241.
(2) Voici la traduction de son épitaphe (p. 242) : « Dans ce tombeau repose Brovacus, de bonne mémoire, qui vécut treize ans et quatre mois. Il trépassa le cinq des kalendes de septembre, Mavurtius étant unique consul, les Brandobrices reçurent la liberté (ou la solde) du roi Gondemard. » Les Brandobrices, originaires probablement des bords de la Moselle (itinéraires romains), restèrent donc à la solde de Gondomar jusqu'en 527, date que nous donne cette inscription. Il résulte de là, qu'à cette époque, notre Chablais devint le théâtre des guerres entre les Burgondes et les Francs, mais à quelle occasion ? Est-ce après la bataille de *Viruntia*, où succomba Clodomir, roi des Francs ? Gondomar était frère de saint Sigismond. (M. Ducis essaie cette solution, *Quest. archéol.*, p. 221, 223.)

« l'emplacement des volutes angulaires est occupé par une
« coquille marine mise au-dessus d'un cadavre enveloppé
« d'un suaire, image probable du pèlerinage terres-
« tre (1). »

Ce chapiteau, réuni à un second de l'époque romane, indiquerait un monument de l'époque burgonde (2).

Le roi Sigismond se vit bientôt arraché de l'abbaye de Saint-Maurice par l'un des fils de Clovis, envahisseur de ses Etats, et jeté avec sa femme, dans un puits où ils furent impitoyablement lapidés.

Son frère et successeur Gondemard trouva la mort dans une dernière bataille, où les Francs mirent fin au premier royaume de Bourgogne. C'était l'an 534.

DOMINATION FRANQUE (534-888). FIN DU SECOND ROYAUME DE BOURGOGNE (1032)

Tous les Etats de la Burgondie passèrent en 561, entre les mains de Gontran, fils de Clotaire Ier; ce prince fut pieux et équitable.

La religion adoucit son caractère naturellement barbare.

Grâce à la double influence civilisatrice de l'Eglise et du pouvoir civil, la fusion des races s'opérait graduellement.

Aussi, les arts romains semblèrent-ils refleurir aux pieds de nos montagnes.

Des fouilles opérées récemment sur le parcours de l'ancienne voie romaine, dite le *chemin vieux* (3), ont mis à découvert trois cônes en terre rouge, trois débris de vases d'une certaine grandeur, d'un galbe élégant; l'un porte le nom de l'artisan : ANUS. F. (Anus fecit.)

---

(1) Musée de Thonon. Blavignac, p. 243.
(2) M. le comte Amédée de Foras le croit d'une époque beaucoup plus rapprochée.
(3) Voir l'ancien Cadastre.

Un magnifique lacrymatoire exhumé sur l'emplacement actuel de la gare des marchandises (en 1880), au milieu de nombreux ossements humains, semble dater de la *même époque* (1).

L'année 563 rappelle le souvenir d'une épouvantable catastrophe, à laquelle Thonon et le Chablais ne furent point étrangers. La cause de ce désastre fut l'éboulement d'une montagne appelée *Tauredon*, *Tauredunum*, dans l'ancien Chablais (2), qui se précipita dans le lit du Rhône, entraînant avec elle une multitude de maisons et leurs habitants.

Les eaux refluèrent alors en formant un lac de plusieurs lieues d'étendue ; mais quand cette masse énorme put s'ouvrir une voie, les flots s'élancèrent dans le Léman comme des montagnes mouvantes, semant la désolation et la mort sur les deux rives.

Une foule de personnes perdirent la vie.

Les survivants effrayés s'éloignèrent des rives du lac, et établirent leurs habitations sur les hauteurs.

On entrait en plein moyen âge ; les invasions continuelles paralysaient incessamment les progrès de nos bourgs.

Les Francs, moins généreux que les Burgondes, en s'emparant de notre contrée, s'adjugèrent la propriété du sol et inaugurèrent le régime féodal.

Toutes les terres et châteaux des rois burgondes passèrent au prince franc comme domaine direct ; le reste fut distribué aux seigneurs ou guerriers, en fief ou en franc alleu.

Les indigènes, nos pères, tombèrent dans le servage ; attachés à la glèbe comme serfs ou colons, ils attendirent paisiblement les revendications de l'Evangile.

Saint Colomban, sorti à cette époque même des soli-

---

(1) Musée de Thonon.

(2) La connaissance de ce cataclysme nous a été transmise par les récits des historiens Marius d'Avenches et Grégoire de Tours. Quant à l'emplacement de cette montagne, les savants l'ont fait voyager en *Bas-Vallais* ou ancien Chablais ; dans le Chablais savoyard, etc. (Voy. Besson, p. 5 ; Sirmond, t. I, p. 352 ; Dom Bouquet, t. II, p. 7.)

tudes d'Irlande, vint prêcher la pénitence sur nos rivages et rappeler aux puissants du jour que les serfs et les pauvres étaient leurs frères en Jésus-Christ, qui naquit et mourut, pour mériter aux hommes la vraie liberté des enfants de Dieu.

Suivant une tradition, il se serait réfugié, accompagné de quelques disciples, dans la vallée d'Abondance.

Mais, on peut l'affirmer, appuyés sur des documents irréfutables classés dans nos archives publiques et privées, ce furent nos maisons religieuses, nos monastères d'Abondance, d'Aulphs, de Vallon, de Filly, nos prieurés de Thonon, de Douvaine, de Burdignin qui, les premiers, préludèrent aux affranchissements de leurs sujets, et qui transformèrent le joug féodal en une domesticité paternelle qui n'avait rien de bas et d'humiliant.

Quant aux redevances, elles étaient si minimes qu'elles n'avaient rien de comparable avec cette foule de servitudes et d'impôts de toute nature qui, aujourd'hui, enchaînent et écrasent les habitants de nos campagnes.

Rien ne nous est parvenu de cette période franque, si malheureuse, à bien des points de vue. Thonon, selon toute apparence, demeura stationnaire ; son importance était inférieure à celle des Allinges qui, sous les premiers rois burgondes, donnait son nom au Chablais actuel, sous la dénomination de *Pagus Allingiensis*.

Le xe siècle (de 924 à 960 de notre ère) nous amena l'invasion simultanée des Sarrasins et des Hongrois. Nos populations consternées échappaient à ces bandes dévastatrices, en groupant leurs maisons autour des forteresses et en les protégeant par des murs d'enceinte.

Dans la plaine, en effet, des villages entiers se voyaient surpris, égorgés ou entraînés captifs. Aussi se pressait-on vers les bourgs ou gros villages, pour élever à la hâte, des retranchements de défense contre ces terribles envahisseurs (1).

(1) Menabréa, *Montmélian et les Alpes*, passim. Beaucoup de *castrum* romains devinrent châteaux de défense au xe siècle, et châteaux féodaux du moyen âge.

Les anciens *castra* romains ressuscitèrent de leurs décombres et le Chablais, hérissé de ses châteaux-forts des Allinges, de Ballaison, de Langin, de Lullin, de Féternes, de Larringes, etc., etc., put se mettre à l'abri contre ces hordes de brigands. Chaque village pourvut à sa sûreté.

Notre château, élevé sur une magnifique plateforme dominant le lac, contribua probablement à développer considérablement Thonon primitif, et à en faire un bourg muré. Ainsi, ces invasions, si funestes aux campagnes, auraient fait la fortune de notre ville ; des pierres, appelées encore aujourd'hui les *Pierres* des Maures ou Sarrasins, soit *Pirrà Maurâ*, nous rappelleraient le souvenir des tentatives de ces barbares sur Thonon (1). Les maçonneries de l'époque romaine, renouvelées dans la construction de nos châteaux-forts du xe siècle, selon Ménabréa (2), nous montrent les pierres placées comme les grains d'un épi couché (Opus spicatum) ou comme les mailles d'un filet (Opus reticulatum). Or, ces signes caractéristiques se voient à notre tour en ruines du clocher de Notre-Dame de Saint-Bon, soit clocher de la chapelle actuelle du cimetière, et aux châteaux vieux d'Allinges et de Langin (3).

Boson, roi de Bourgogne et d'Arles (de 879 à 888), conserve parmi nos pères le régime féodal.

Après lui, notre pays fait partie du royaume de Bourgogne transjurane, fondé par Rodolphe Ier, depuis 888 à 1032, époque de la mort du dernier de ses rois, Rodolphe III.

---

(1) Ces pierres se trouvent du côté de Corzent.
(2) *Montmélian et les Alpes*, passim.
(3) C'était l'imitation des tresses en paille et des treillis diagonaux qui entraient dans la construction des maisons gauloises (Blavignac, *Etudes sur Genève*, t. 1, p. 159). Selon Grillet, etc., ce fut Rodolphe II, second souverain du royaume de Bourgogne transjurane, qui bâtit le fort des Allinges, vers l'an 920 (t. 1, p. 253),

CHAPITRE III

SOMMAIRE : Humbert aux Blanches-Mains; origines de la puissance de la Maison de Savoie en Chablais; la trêve de Dieu; l'empereur Henri IV à Vevey; les Croisades; le Chablais érigé en duché (1238). — Pierre le Petit-Charlemagne; victoire de Bret; la bataille de Chillon; conquête du pays de Vaud; hostilités en Vallais; traité; le vieux Chablais, le Chablais savoyard, le petit Chablais. — Mort de Pierre de Savoie et querelles pour sa succession; hostilités en Chablais; perte de la moitié de Thonon; trêve de Sciez; ce qu'était Thonon à cette époque (1269); Philippe, nouvelles hostilités (1285); construction du château de Thonon; état de cette ville (1290).

HUMBERT AUX BLANCHES-MAINS

Rodolphe III mourut en 1032, laissant ses Etats à Conrad le Salique.

Bientôt survinrent des complications. Ernest, duc de Souabe, puis Eudes, comte de Champagne, neveu de Rodolphe III par sa mère, élevèrent tour à tour des prétentions sur les possessions de la couronne rodolphienne. Alors apparaît dans l'histoire un général de l'empire, Humbert aux Blanches-Mains, qui, à la tête d'une armée, emporte le passage de Mont-Jou, descend en Vallais, et fait triompher les armes de Conrad (1). Aussi reçut-il, en

(1) Boccard, *Hist. du Val.*, p. 43,

1034, de ce dernier, l'investiture du Chablais et de la terre de Saint-Maurice en Vallais (1).

Dès 1040, Aymon, un de ses fils, est en même temps évêque de Sion, abbé commendataire de Saint-Maurice et comte de Chablais (2).

A la faveur des temps troublés, les seigneurs s'emparèrent des terres et juridictions, s'assujettirent des vassaux, et devinrent petits souverains de quelques contrées dont ils ne possédaient auparavant que l'administration civile et militaire et rendirent leurs droits héréditaires. Pour maintenir leur état, ils s'emparèrent des châteaux-forts et se créèrent des retraites capables d'assurer l'indépendance commune et de résister soit au suzerain, soit aux entreprises d'ennemis étrangers ou d'ambitieux rivaux. De toutes parts, les vieux châteaux-forts s'armaient; de nouveaux s'élevaient en des lieux naturellement fortifiés, et insensiblement l'autorité des empereurs d'Allemagne devint purement honorifique et nominale.

Ce fut au milieu de ces guerres intestines et de ces contestations de seigneurs à seigneurs, que l'Eglise, toujours attentive aux vrais intérêts de l'humanité, essaya

---

(1) *Hist. de Sav.*, par Victor de Saint-Genis, t. 1, p. 168, 173, 175, 182.
Le Chablais, avons-nous dit, s'étendait alors dans le Bas-Vallais jusqu'à Martigny. — Louis della Chiesa affirme néanmoins que pendant la vacance de l'empire, après la mort d'Henri V, Amé III s'empara du Chablais et de la vallée d'Aoste. Conrad le Salique n'en aurait-il donné que l'administration temporaire à nos premiers souverains ; Amé III les aurait-il considérés comme dépendants des marches d'Ivrée et de Suze, puisque le même auteur cite une charte de 1064 où Adélaïde de Suze prend le titre de duchesse de Chablais? Dans ce cas, la maison de Savoie aurait eu le Chablais tout simplement par droit d'héritage. (Voy. Frezet, *Hist. de la M. de Savoie.*) — Vers la fin du XIe siècle, fut établi dans la transjurane, le *tribunal des Seigneurs*, soit tribunal arbitral composé de magnats choisis dans l'assemblée de leurs pairs... On les appelait *Principes provinciæ. primates, principes laicorum*, ainsi que le prouve la charte de fondation de l'abbaye d'Abondance, où Amédée de Blonay et Boson d'Allinges sont désignés sous ce dernier titre. — Or, l'abbé de Saint-Maurice figurait dans ces assemblées comme *comte de la province d'Agaune ou du vieux Chablais*. (*Mém. et Doc. de la Soc. d'hist. de la Suisse romande*, t. 1, p. 20, 21, 22.)

(2) De Saint-Genis, *Hist. de Sav.* p. 186. Selon Boccard, *Hist. du Val.*, p. 44, il a été chargé de l'administration du comté de la tête du lac.

d'arrêter le progrès du mal en publiant la *Trève de Dieu*.

C'était une espèce de suspension d'armes qui réduisait à environ 95 le nombre des jours d'hostilités, durant le cours d'une année. Hugues, évêque de Lausanne, la fit adopter aux évêques de Genève et Sion, au concile de Mont-Rion (1037-1038).

L'empereur Henri IV, excommunié par le pape Grégoire VII, allait à Rome implorer le pardon du Vicaire de J.-C. ; il arriva à Vevey dans les premiers jours de l'an 1077. Il y fut solennellement reçu par son beau-frère Amédée II, comte de Maurienne, et sa mère Adélaïde de Suze ; mais ceux-ci ne lui ouvrirent le passage des Alpes, que moyennant la donation d'une *fertile province* que quelques auteurs ont cru être le *vieux Chablais* (1).

Mais nous avons vu qu'ils possédaient cette province dès 1034.

D'ailleurs, déjà en 1070, Adélaïde de Suze accorde des reliques des martyrs thébéens à saint Annon, archevêque de Cologne, et semble disposer à volonté des biens de l'abbaye de Saint-Maurice ; acte qui prouve la suzeraineté de la Maison de Savoie à cette époque.

« Son fils Amédée II en est abbé, et son petit-fils Humbert nomme à cette place Aimon de Briançon, vicomte de Tarentaise (2). »

C'est encore du consentement d'Amédée III, que le monastère de Saint-Maurice érige le prieuré d'Abondance en abbaye (1108) et en reçoit la propriété.

Bientôt, l'Occident s'ébranla au grand mouvement des croisades, et ce prince, avec ses vassaux du Chablais et

---

(1) Guichenon, *Savoie*, t. I, p. 209. De Vignet, M. D. S., ser. I, t. III, p. 294. Cibrario, *Storia... di Savoia*, I, 237. Dessaix, *Sav. hist.*, I, 275. — La province d'Agaune, soit vieux Chablais, s'étendait de Vevey à Martigny. Elle avait jusqu'alors formé, nous dit Frédéric de Gingins, *Rectorat de Bourgogne*, p. 28, 30, 31, l'apanage des abbés royaux de Saint-Maurice dont les comtes de Maurienne devinrent dès lors commendataires ou gardiens héréditaires (Advocati, haut-justiciers). Lambertus, *Schaffu. apd Bourg*[1] XI. — « M. Cibrario a assez prouvé, dit M. J. Dessaix, qu'il s'agit du vieux Chablais. » Or, M. Cibrario n'a prouvé cela nulle part.

(2) Boccard, *Hist. du Val.*, p. 47.

de ses autres Etats, suivit le roi de France, Louis VII, au-delà des mers.

A la mort du comte Thomas Ier (1233), Aimon, le second de ses fils, obtint en apanage le pays compris entre le grand Saint-Bernard, le lac Léman, la Veveyse et l'Arve (1). C'est bien le Chablais.

Au mois de février 1238 l'empereur Frédéric II fut reçu avec beaucoup de pompe à Turin par Amé IV.

Aussi érigea-t-il en duché le Chablais et le val d'Aoste pour remercier son hôte des services passés et de ses bons procédés du moment (2). Amé, premier duc de Chablais, régna de 1233 à 1253.

Boniface, son fils, qui monta sur le trône, reçut de lui Thonon en apanage (1252), comme il en conste par les comptes de la châtellenie, qui existent à Turin (3).

PIERRE LE PETIT-CHARLEMAGNE

A cette époque, Pierre, autre fils de Thomas, surnommé le Petit-Charlemagne, guerroyait dans le vieux Chablais. Voici à quel sujet : La Maison de Savoie avait épousé les intérêts de Frédéric II contre le Pape ; elle partagea aussi la disgrâce de l'Empereur.

L'évêque de Sion, Henri de Rarogne, crut devoir profiter de la circonstance pour anéantir les droits de la Maison de Savoie qu'il haïssait. Il envahit le Bas-Vallais, soit vieux Chablais qui, depuis la mort d'Aimon, appartenait à Pierre, retenu momentanément en Angleterre. Guillaume de Hollande, concurrent de Frédéric, favorisait cette entreprise en envoyant dans cette province un gouverneur, Ebe-

---

(1) Guichenon. Il mourut cinq ans plus tard à Coex, près de Monthey. (Voir, au sujet des limites du Chablais, un peu plus loin.)
(2) Ibid.
(3) Turin, Archives de la Chambre des Comptes.

rard de Nidan, chargé d'assurer la conquête (1). La victoire rendit ce dernier fier et hautain (2).

Il viola le droit des gens en incarcérant les ambassadeurs du comte. L'un d'eux mourut en prison, les autres payèrent de fortes rançons (3).

Amédée IV et son frère jurent de tirer vengeance.

Mais déjà le gouverneur s'est hâté d'appeler 3000 hommes du Haut-Vallais et de prendre position à deux pas de Meillerie sur un pan de rocher nommé *Bret*, ou le *pas* de Genève (4). Les mesures sont arrêtées ; Amédée pénètre dans le val d'Aoste à la tête d'une armée, tandis que Pierre vole aux frontières du Chablais et s'avance jusqu'à Evian (26 mai 1242). Arrivé en face de ses ennemis, occupant à Bret une position inexpugnable, il détache une partie de ses troupes qui, gravissant les hauteurs de Saint-Paul, Vacheresse et Abondance, contournent les monts, redescendent dans la plaine par le val de Morgin et tombent sur les derrières de l'ennemi (5). Attaqué des deux côtés, celui-ci se débande et ne se rallie qu'à Port-Vallais, dans la plaine du Rhône. Là, ce n'est pas un combat, mais une boucherie ; le gouverneur, Jean d'Alberg, deux fils du sire d'Aven-

---

(1) Wurstemberger ne trouve pas d'Eberard dans la généalogie des comtes de Nidan, mais ce n'est pas une preuve. *Chillon*, note 24.

(2) « Le dernier (gouverneur) se montra fort tyran, superbe, rogue et si difficile qu'à grand'peine pouvait-on traiter avec lui d'aucune affaire... » Prévost, *Chronique d'Evian*. — Ce manuscrit de Prévost existant à la Bibliothèque cantonale de Lausanne, et à Evian même, chez M. Laurent, ancien conseiller de la Cour d'appel de Chambéry, renferme dans ses 872 pages des détails fort étendus sur la conquête du Chablais. Mais elle doit être consultée avec précaution, car les erreurs et les fables abondent dans l'histoire des premiers princes de Savoie. Cependant, des historiens sérieux, tels que M. Vulliemin, lui accordent quelque valeur. Elle a donc droit à des extraits là où l'étayent d'autres documents. Pour ces derniers faits, voyez aussi Boccard, *Hist. du Val.*, p. 61.

(3) Prévost, *Chronique d'Evian*. Parradin, Champier, *Chronique de Savoie*, publiées par le Dr Provais dans les *Monumenta historiæ patriæ*.

(4) *Chillon*, par Vulliemin, note 25.

(5) Les ennemis « gardèrent le mal-pas de Bret. Pierre, ne pouvant forcer, divisa ses gens pour attaquer du côté des montagnes d'Abondance ; il prit les Valesans des deux côtés... » Prévost, *Chron. d'Evian*. Ce fut lui qui « bastit à Evian une forteresse et chateau à quatre grandes et bonnes tours en 1237. » (*Ibid.*)

ches et plusieurs autres nobles trouvent la mort en fuyant. Profitant de la terreur générale, le vainqueur poursuit ses succès, renverse les portes de Sion qui a voulu résister, prend Loëche d'assaut et massacre sa garnison, détruit les manoirs environnants et va promener ses drapeaux triomphants jusqu'aux sources du Rhône (1). Au retour de cette campagne, Pierre reçoit un des anneaux de Saint-Maurice qui fut, pendant de longs siècles, le signe de l'investiture des Etats.

L'accord ne pouvait s'établir ; il y avait trop d'humiliation d'un côté et trop d'ambition de l'autre ; les hostilités ne firent que sommeiller.

Aussi, sur la fin de 1259 ou en janvier 1260, le comte assiège tout à coup le château de Martigny et le prend. Celui de Crest a le même sort. La décision de ce différend est remise à l'archevêque de Tarentaise, aux abbés de Saint-Maurice, de Saint-Jean-d'Aulps et à quatre autres abbés qui déterminèrent la Morge de Conthey, comme ligne de démarcation, entre les possessions de l'évêque et celles du comte (1260, septembre) (2).

Pierre avait déjà pris pied dans le pays de Vaud par l'acquisition de quelques seigneuries. Mais on le redoutait ; Moudon, Romont, Yverdon le désiraient loin de leurs frontières. Pour paralyser l'influence de Savoie, Hartmann le jeune, comte de Kybourg, gouverneur impérial (3), appelle sous son drapeau les comtes de Neuchatel, de Gruyères, de Nidau, d'Arberg, les sires d'Estavayer....., en un mot, la noblesse de la Suisse occidentale et vient assiéger Chillon (1260).

Pierre est à Turin ; il franchit les monts à la hâte avec une partie de ses gens, dérobe sa marche, cache ses troupes à Villeneuve et dans les environs, et se rend aussitôt par

---

(1) Boccard, *Hist. du Val.*, p. 63.
(2) Boccard, *Hist. du Val.*, p. 64, 65. *Chillon*, par Vulliemin, p. 74, 75, 76. Prévost, *Chron. d'Evian*.
(3) Les chroniques l'intitulent mal à propos duc de Chiphlungen, de Cophingen, ou Zophingen.

le lac au château de Chillon réparé depuis peu et pourvu d'une garnison fidèle.

Du haut de la grande tour il contemple l'armée ennemie sans ordre ni discipline, dispersée dans les villages, ne songeant qu'à se divertir dans les métairies d'alentour.

Jugeant d'un coup-d'œil la situation, il hâte son retour, tombe à l'aube du lendemain sur les coalisés et les met dans une déroute complète avant qu'ils aient eu le temps de se reconnaître (1). Les simples soldats souffrirent beaucoup; la plus grande partie des chefs tombèrent entre les mains du vainqueur. Profitant de ses succès, il prend Moudon, Romont, Morat et Yverdun après quelque résistance, et traite de la rançon de ses nobles prisonniers qu'il élargit pour la plupart, après avoir exigé d'eux foi et hommage. Cet acte de vasselage lui soumettait le pays. Quelques années plus tard il réduisit encore à néant une nouvelle coalision vaudoise (2).

Henry, évêque de Sion, recommença les hostilités contre le Vieux-Chablais en 1264 et prit Martigny.

Il y eut trêve le 27 février 1265. A peine expirée, la guerre recommença furieuse, et se termina en 1266 par une bataille sanglante où triompha le drapeau de Savoie.

La mort du comte Pierre (1268) termina toutes ces luttes.

Philippe, son frère, plus pacifique, signa à Martigny.

(1) Voyez le premier fragment de la chronique de Champier dans le *Conservateur*, t. VII, p. 89, etc.

(2) *Mém. et doc. de la Soc. de la Suisse romande.* — *Notice hist. sur le comte et les premiers comtes de Gruyères*, par P.-I. Bridel, t. I, p. 261, 262, 263. Selon M. Vulliemin, la bataille de Chillon aurait eu lieu vers 1265 (*Chillon*). Tous furent délivrés moyennant promesse de laisser Pierre tranquille possesseur du pays de Vaud (*Ibid.*). Ruchat dit avoir lu le récit de cette bataille dans une chronique de 1280. Cibrario voit dans le vaincu de Chillon, Rodolphe d'Habsbourg lui-même et M. Villemain un lieutenant de Rodolphe (*Ibid.*). Voy. aussi *Chron. de choses arrivées au pays de Vaud*, Mss. Pescatore, Prévost. *Chron. d'Evian.* Ce récit, qu'on a essayé de révoquer récemment en doute (Voy. *Mém. et doc. de la Soc. d'hist. de la Suisse romande*, t. X, p. 76, *Hist. du comté de Gruyères)*, a le tort, aux yeux de nos voisins d'Helvétie, de ne faire pas partie des exploits légendaires d'un Guillaume-Tell d'Helvétie. Pourquoi aussi Pierre, le Petit-Charlemagne, n'est-il pas né Suisse?

avec l'évêque Henry, le 14 novembre, un traité qui rétablissait les choses dans leur situation antérieure à 1260.

Les limites du Chablais étant ainsi reculées, les historiens désignèrent sous le nom de *vieux Chablais* ou *Chablais primitif* la partie qui s'étendait depuis la tête du lac et le long de la rive gauche du Rhône, soit le Bas-Vallais actuel; et sous le nom de *nouveau Chablais*, ou Chablais savoyard, la partie correspondant au Chablais actuel. Ils appellèrent *Chablais vaudois* les possessions enclavées aujourd'hui dans le canton de Vaud; et *petit Chablais* le territoire compris entre Vevey et Chillon.

Laissant aux historiens vallaisans le soin de retracer les différentes phases de notre nationalité sur leurs territoires respectifs, nous nous attacherons désormais particulièrement au Chablais savoyard qui répond au Chablais actuel ou à l'arrondissement de Thonon. C'est d'ailleurs notre champ de travail déterminé par le titre de cet ouvrage.

MORT DE PIERRE DE SAVOIE ET QUERELLES POUR LA SUCCESSION

Dès 1268, 16 mai, Pierre de Savoie disparaît de la scène politique où il figurait glorieusement depuis quarante ans. Sa veuve, Agnès, ne lui survécut que peu de mois; elle mourut le 11 août 1268.

Leur succession, concernant le Faucigny, suscita entre leur fille unique, Béatrix, épouse de Guigues Dauphin, et la Maison de Thoire-Villars (appuyée par Philippe, comte de Savoie), une série de luttes auxquelles Thonon ne demeura point étranger.

Agnès, mère de Béatrix, par un dernier testament du 9 août 1268, institua la dite Béatrix sa fille, son héritière universelle; elle légua à son frère utérin, Simon de Joinville, sire de Gex, le château de Versoix et ses possessions jusqu'à La Cluse, près de Collonges, entre le Rhône et le Jura; à sa sœur Béatrix, dame de Thoire et de Villars, ses châteaux de *Credo* et de *Cosimieu* (Bresse), etc. (1).

La famille de Thoire-Villars se trouvait donc représentée par Béatrix, sœur d'Agnès qui, malgré une renonciation antécédente, faite trente-trois ans auparavant, revendiqua ses droits sur le Faucigny.

Pendant que l'on pût espérer que Pierre aurait un fils ou qu'il survivrait à Agnès pour transmettre à la maison de Savoie cette belle contrée et ses nombreux fiefs du pays de Vaud, la renonciation de la dame de Thoire-Villars fut constamment invoquée.

Mais, quand le Dauphin de Viennois, ancien rival de nos princes, vint arborer sa bannière sur nos Alpes dans le but de s'emparer de la moitié du pays, le comte Philippe, frère du comte Pierre, comprit qu'il fallait changer de conduite et favoriser Béatrix de Faucigny (2). Aussi, par un traité du 11 août 1268, promit-il solennellement de soutenir ses prétentions, moyennant la promesse de reconnaître tenir de lui tout ce qu'elle pouvait espérer de l'héritage paternel et le remboursement des dépenses nécessaires (3).

Cette conduite, disons-le, n'était pas loyale. Les hostilités commencèrent aussitôt. Les personnes vivant à Genève sous la protection du comte de Savoie et de son châtelain, quittèrent la ville pour ce motif (4). La guerre s'alluma dans le Chablais, puis survint une trêve suivie d'une autre guerre et d'une nouvelle trêve (5).

Sous prétexte de représailles, les deux partis incendiè-

---

(1) Arch. de Turin. Arch. de Cour. test. des Princes de Savoie, p. 1, n° 15, et *Mém. de la Soc. d'hist. et d'arch. de Gen.*, t. VII, p. 257 et suiv. Evidemment, c'était pour assurer la position de sa fille.

(2) En 1250, le château d'Allinges appartenait à Pierre de Savoie, à qui il était parvenu par la succession de son frère Aimon ; c'était une chose décidée pendant le règne de Pierre, que son frère Philippe lui succéderait au comté. En 1265, les châtelains des deux Allinges promettaient de remettre ces deux châteaux à Philippe en cas de la mort de Pierre (Cibrario, *Storia*, t. II, p. 145, 146 ; t. VIII, p. 255).

(3) Arch. de Cour., Turin, Faucigny, p. 1, n° 8 et Wurstemberger, Peter. IV.

(4) *Mém. de la Soc. d'hist. et d'arch. de Gen.*, p. 260, t. VI.

(5) Cibrario, *Storia della Reale Casa di Savoia*.

rent mutuellement villages et hameaux (1). Or, durant les hostilités, Philippe s'était emparé de la moitié de la ville de Thonon, relevant de la Maison de Faucigny.

Le Dauphin, de son côté, soutenait que cette occupation avait eu lieu pendant la trêve (2).

Le différend fut exposé à Sciez le 22 janvier 1269.

Cependant, un jour auparavant (21 janvier), dans la même localité, les arbitres, Aimon, évêque de Genève, Marguerite, reine de France, épouse du roi saint Louis, etc..., avaient ordonné une trêve comprenant le château de Beaufort, le prieuré de Thonon et les biens du prieuré, *salvâ tamen juridictione si quam dalphinus habet in eis* (3); trêve qui devait être observée suivant les bonnes coutumes des diocèses de Genève, Lausanne et Sion.

Les garants du comte sont : Guillaume, seigneur d'Allinge; Guillaume, seigneur de Langin; Richard, de Duingt; Guillaume, de Ballaison; Guillaume, de Rovorée; Raymond, de Compey ; etc... Parmi ceux du dauphin figurent Raymond, de Fillinge, et Guichard, de Ballaison.

Enfin, une nouvelle sentence, rendue par les mêmes arbitres, remit cette partie de Thonon entre leurs mains, en attendant un jugement définitif de la contestation, avec promesse de la rendre au comte Philippe, si la paix ne se concluait pas.

Le dauphin se plaignait de la rupture de la trêve : « per occupationem dimidie partis *Oppidi* Tononis que ad *Albergum* fucinianense pertinebat » par l'occupation de la moitié de la ville forte de Thonon appartenant à l'*alberge*, ou apanage Faucigny.

Ce texte est un trait de lumière : 1° Thonon était *Oppidum ;* 2° la Maison de Faucigny avait dans notre ville un

---

(1) Voir à ce sujet les arch. de Cour de Turin, comptes des châtelains de Chablais.

(2) Wurstemberger, Peter IV, p. 451, n° 781 et *Regeste Gen.*, n° 1042.

(3) Au moyen âge Hermance appartenait au seigneur de Faucigny; et Ballaison au comte de Genevois (*Mém. de la Soc. d'hist. et d'arch. de Gen.*, t. VII, p. 182). — En 1269, Allinge-le-Vieux et Hermance appartenaient au dauphin (Cibrario, VII, p. 260-263).

ensemble de possessions considérables, désigné sous le mot d'*alberge ;* Allinges-le-Vieil, Hermance et portion de la juridiction de Thonon dépendaient en effet du Faucigny. Allinges et Hermance envoyaient des députés aux Etats de Cluses, mais Thonon, comme possession de date récente, se gouvernait selon ses coutumes immémoriales (1).

Voilà pourquoi, la veille, le dauphin se réservait sa juridiction déjà contestée, *si quam habet in eis ;* voilà pourquoi, l'année précédente (1268), le comte Philippe donna aux habitants de Thonon des franchises pour la partie qui est de son ressort, *pro parte nobis contingente* (2).

La trêve durait-elle encore ou la guerre était-elle rallumée quand un grave évènement vint changer la face des choses ? On ne le sait.

La dame de Thoire-Villars saisit sa nièce la dauphine avec son fils unique Jean et renferma étroitement dans le château de Brion ces illustres prisonniers (3).

Philippe, d'ennemi, devint médiateur : il obtint, le 15 novembre 1269, la mise en liberté des captifs, mais à condition qu'ils remettraient entre ses mains comme gage les châteaux de Faucigny, Toisinges, Aubonne, Allinges ; et entre celles de la dame de Villars, les châteaux de Bonne, Monthoux, Hermance et Credo.

Une sentence définitive du 3 août 1271 acquit à Philippe la suzeraineté de la partie du Faucigny concédée à la dame de Thoire-Villars et son hommage pour Aubonne et les possessions vaudoises.

La dauphine reconnut aussi tenir Hermance et autres terres situées à l'est, en fief du comte de Savoie (4).

En 1282 Amédée, comte de Genevois, désireux de relever la fortune politique de sa maison, voulut profiter de la guerre du comte de Savoie contre Rodolphe de Habsbourg, nouveau roi des Romains, ainsi que de l'antago-

---

(1) Grillet.
(2) Voy. *Franch. et pièc. justificat.*, n° 2.
(3) Cibrario et d'autres l'appellent château Vigne.
(4) Cibrario. — *Mém. et doc. de la Soc. d'hist. et d'arch. de Gen.*, t. VII, p. 261.

nisme toujours croissant entre ce prince et sa nièce Béatrix de Faucigny.

Cette dernière ordonnait, la même année, à ceux qui devaient les devoirs féodaux au défunt comte Pierre, à raison de la gagerie des fiefs qu'il tenait du comte de Genevois, de les rendre désormais au comte de Genevois, auquel elle les avait rétrocédés (3 juin 1282); elle désigna les seigneurs de Langin et de Ballaison (1).

Amédée conclut à Versoix une première alliance avec cette princesse et son fils Jean, dauphin de Viennois.

La lutte, imminente, fut retardée par la mort subite, à Bonneville, du jeune dauphin.

Celle de Philippe, survenue le 15 août 1285, devint le signal des hostilités.

Amédée IV eut d'abord à satisfaire son frère Louis de Savoie. Celui-ci, non content des terres dont il était apanagé dans le pays de Vaud, réclama une plus large part et obtint, par voie d'arbitrage, les châteaux et fiefs de Montreux, Féternes, Evian, Allinges, Thonon, La Tour-de-Vevey. Cette transaction, datée de 1287, rétablit la paix.

Amédée IV acheta 60,000 florins cet apanage en acquerrant plus tard pour ce prix tous les droits de Catherine de Savoie, comtesse de Namur, sur le pays de Vaud (2).

Amédée V, son successeur, vit Amédée, comte de Genève, et Béatrix, renouveler entre eux, à Chatillon-sur-Cluses, l'alliance de 1282.

Le prince savoyard s'empare de Genève, puis rend cette ville, le 25 septembre 1285, grâce à l'intervention amicale de l'évêque de Lausanne; mais, pendant l'automne, le comte de Genevois avait envahi le Chablais et porté ses ravages jusqu'à Thonon et au-delà de la Dranse (3).

Un traité de paix, passé à Annemasse le 20 novembre 1287, n'amena qu'un simple armistice, en statuant, entre autres conditions, que si les châteaux de Genève et de Bal-

---

(1) *Mém. de la Soc. d'hist. et d'arch. de Gen.*, t. VII, p. 344.
(2) Guichenon.
(3) *M. D. G.*, t. VIII, p. 228.

laison n'étaient pas du fief de l'Eglise de Genève, le comte de Genevois reconnaîtrait les tenir du comte de Savoie.

Mais, remarque Guichenon, ces princes avaient des intérêts trop opposés pour demeurer longtemps en paix ; les traités n'étaient que de simples armistices que rompait le moindre prétexte.

Ainsi, les hommes du château-neuf d'Allinges venaient de mettre à mort un sujet du dauphin ; celui-ci envoie aussitôt une nombreuse troupe à son château-vieux d'Allinges (1289, juillet) ; le châtelain augmente les ouvrages de défense et fait garder les fossés de Thonon par des soldats d'Allinges et Féternes (1). Les hauteurs sont défendues, mais la plaine est ouverte aux excursions ennemies. Le comte de Savoie fortifie Thonon, creuse des fossés depuis le lendemain de la Trinité (1290) (2) pendant trente-huit jours, et acquiert des citoyens Jean-le-Vieux, Jean-Christin, Etienne de Bodio, Jean, fils d'Alliod, et Girod Chevelut différents choseaux ou différentes habitations rustiques et leurs terres pour la construction d'un château-fort qui pourrait être notre ancien château (3). *(Pro hedificio castri Domini in Thononio.)*

S'agit-il d'une construction proprement dite, ou d'agrandissements considérables ? Le second sentiment paraît à peu près certain, puisqu'il existait un châtelain dans notre ville en 1285 (4).

Nous pouvons constater à cette époque la première enceinte de Thonon. Elle comprenait les rues actuelles de Lort, Chante-Coq, du Marché, de l'Hôtel-de-Ville, reliées par la grande rue dite rue du Château.

(1) Turin. Arch. de la Chamb. des comptes (comptes de Guillaume du Solier, avril-juillet 1290).

(2) Cessaverunt molendina de *Thonuns* per xxxij dies a crastino Trinitatis, per defectum aque quia fiebant fossata ville (comptes de Guillaume du Solier, 1289-1290).

(3) Libr. Johanni Veteris. Joh. Christini, Stephano de Bodio et Joh. filio Alliodi in exolutionem cxvj. librarum pro casalibus suis emptis pro hedeficio castri domini in Thononio, 58 librar. — N. Girodo Cheveluti pro quodam casali in quo situra est castrum in exolutionem lx librar, 16 modia frumenti (comptes d'Anthelme Portier, 1290-1291).

(4) *Regeste Gen.*, n° 1228.

C'était le noyau du Thonon moderne.

Elle se fermait par un mur fortifié qui montait à l'impasse des Terreaux (ou fossés creusés en 1290), s'arrêtait à la porte *Chancot* (Chante-Coq) et, de là, se prolongeait en suivant les fossés, derrière la rue du Marché, jusqu'au château de Bellegarde (maison Beaurain actuelle) (1).

Du côté de Rive, un mur partait du château, descendait à l'ancien port, aboutissait au château de Mont-Joux commandant la porte de *Bassu* (2).

Abandonnant ensuite la Tour-des-Langues (3) il remontait à la maison Bellegarde.

Thonon était emprisonné dans cet étroit espace.

Il n'existait encore, du côté d'Allinges (ou de la Croix) qu'une modeste croix, probablement élevée par les Bénédictins du prieuré de Saint-Hippolyte, autour de laquelle se groupaient quelques auberges et quelques rustiques pour l'exploitation des campagnes environnantes. Ceci est devenu le faubourg de la Croix.

D'après les documents que nous connaissons, tel était Thonon aux XIIIe et XIVe siècles.

L'emplacement de notre château ne pouvait être mieux choisi pour surveiller la plaine et le lac; car, d'un coup-d'œil jeté du sommet de l'antique donjon, on embrassait facilement le tout.

Le temps, les guerres et les orages du XVIe siècle ont tour à tour démantelé cette antique forteresse, dispersé ses matériaux, changé la destination que lui assignent ses derniers vestiges, et tellement bouleversé l'état primitif des choses, qu'il est impossible, d'après le peu qui existe encore, de nous faire une idée exacte de sa situation et de son importance stratégique.

---

(1) L'inspection des lieux, jointe aux données d'anciennes chartes que nous donnerons plus loin, confirme tout ce que nous avançons ici.

(2) De *Bassu*, probablement primitivement de *Passu*. Porte du *pas* ou de la *rampe* de Rive, comme on dit le *pas*; sous le pas d'Abondance, etc.

(3) Elle tirerait son nom, selon le docteur Lochon, d'une redevance que les bouchers payaient à ses possesseurs (Mss Lochon).

Toutefois, l'art militaire seconda et compléta merveilleusement les avantages naturels du terrain.

Défendue d'un côté par le lac et la rampe fortifiée de Rive, isolée des terres en même temps que de la ville par les profonds fossés de 1290, elle couvrait non-seulement le plateau actuel, dit place du *Château*, mais encore la terrasse du *Petit-Château*, soit le clos Anthoinoz tout entier et la pente de Rive jusqu'au lac.

L'inspection des lieux et les archives de la Chambre des comptes de Turin semblent même indiquer qu'elle s'appuyait par un de ses avant-murs ou fortins, sur les anciens moulins de la ville (aujourd'hui battoirs Maigroz) en enserrant l'église du cimetière (1).

La comptabilité des châtelains d'Allinges-Thonon qui se sont succédé de 1289 à 1291 pendant les luttes de nos comtes avec les comtes de Genevois et princes de Faucigny, mentionne des approvisionnements de tout genre et dénote une vigilance sévère à la garde de nos murs, afin d'éviter toute surprise.

Ils avaient raison, ces précautions ne devaient point être inutiles.

Nous le verrons bientôt.

Ainsi, Thonon ébauché sous les rois burgondes dut, en grande partie, ses agrandissements successifs aux guerres que nous venons de signaler.

Thonon est assis sur une petite élévation, en face du pays de Vaud, au centre d'un golfe charmant formé par deux promontoires couverts d'arbres, de vignes et de

---

(1) Les comptes de 1299 (Arch. de la Ch. des comptes), après avoir énuméré les revenus de la châtellenie de Thonon, provenant de la mistralie de Concise, de l'amodiation des fours de la ville, de différents laods, etc., assignent 39 livres *in camerâ juxtà Capellam et in aliâ camerâ juxtà turrim reficiendis in muro facto à turri usquè ad mantellum*. Cette chapelle mentionnée ne serait-elle point celle de Saint-Bon, défendue par un *Mantellum* ou *manteau* sur la route de Concise ? On appelait *manteau*, *mantellet*, d'énormes parois formées de solives juxtaposées en vue de protéger les portes, les engins, de masquer les arbalètes, ou d'abriter les gens de trait. Montées sur des roues, elles mesuraient jusqu'à trente pieds de hauteur et quarante de longueur.

prairies verdoyantes ; aussi les comtes de Savoie, attirés par la beauté du site, ne crurent-ils pas trouver en Chablais, un endroit plus enchanteur et plus digne de leur résidence (1).

C'est le sentiment de nos historiens nationaux.

---

(1) « Yolande de France fit bâtir le plaisant château de Thonon pour la garde des avenues de Ripailles où elle demeurait avec son fils. Ce château était tout bâti à voûtes et crottes fort magnifiques ; il fut renversé par l'armée française en 1591. » Prévost, *Chronique d'Evian*.

CHAPITRE IV

SOMMAIRE : Le prieuré de Saint-Hippolyte et la paroisse de Thonon (1138); de qui dépendait le prieuré ? — La transaction de 1266 avec le comte Pierre. — Les villages naissants : Tully, Concise, Vongy, Marclaz, Corzent. — Les Prieurs et l'Eglise de Thonon. — Visite de 1413. — Agrandissement de la ville ; Eglise Saint-Sébastien. — Tully, Concise et leurs Chapelles ; les nommés de Tully et de Concise. — Nouvelle transaction. — Visite de 1443. — Visite de 1471. — Population de Thonon en 1412, 1471, 1516 ; Rd Messire Guillaume Seydesii et l'Eglise de Thonon. — L'Hôpital. — Rd Duplâtre et l'inventaire du prieuré. — Les Moines. — Ecoles populaires, de Thonon. — L'instruction du Peuple aux bords du Léman dès le XIVe siècle.

Si la ville de Genève entendit la prédication de l'Evangile dès le premier siècle de l'ère chrétienne, suivant la savante dissertation de Blavignac (1), Thonon, à raison de sa proximité, ne dut pas attendre de bien longues années, avant de participer à la même faveur. Cependant nous manquons de documents pour établir ce dernier point (2). Nous avons tout lieu de croire que la première Eglise

---

(1) *Le Christianisme à Genève*, imprimerie Chanard, 1872.

(2) Voyez Epoque romaine. Grillet, dans son dictionnaire historique (p. 411, art. 3,) mentionne une charte de Conrad le Salique de l'an 1038 touchant un couvent bénédictin et une église dédiée à la Vierge, existant à Thonon ; ce diplôme n'est autre que celui de Conrad le Salique (Besson, pr. n° 5), dans lequel il est parlé d'un *Curtis de Thonono simul cum Monasterio Sanctæ Dei Genitricis Virginis Mariæ*. Grillet, évidemment, n'indique pas de source, et il a raison, car dans cet acte (qui n'est autre que celui de l'union du diocèse de Maurienne à celui de Turin) il ne s'agit nullement de Thonon en Chablais, mais bien plus probablement de Tournon entre Albertville et Grésy, soit *Thornon* selon les vieilles chartes, qu'une lecture viciée ou une faute d'impression ont dénaturé.

catholique construite à Thonon fut placée sous le vocable de saint Hippolyte, dont le martyre avait eu lieu l'an 258. Il était officier romain, et sa fête est fixée au 13 août dans le martyrologe.

Un prieuré de Bénédictins fut construit sur l'emplacement du presbytère actuel. L'origine de ce prieuré se perd donc dans la nuit des temps, comme celle de la paroisse. Fut-il primitivement une colonie du prieuré de Bénédictins de saint Jean l'Evangéliste de Genève hors les murs (1) ? Une certaine communauté d'intérêts et de relations semble le prouver. Le plus ancien titre qui nous signale, avec certitude, son existence, est une donation faite par les seigneurs de Ballaison en 1138, en faveur du prieuré de Bellevaux. Parmi les témoins de cette charte figure : *Fulgerius, prior Thononensis ;* Fulgerius, prieur de Thonon (2).

Le pape Eugène III, en prenant sous sa protection le monastère de Genève, le 1er mars 1153, lui confirme diverses possessions de nos contrées, parmi lesquelles : Les églises de Saint-Hippolyte...... et de Genevray en Chablais (3). La Bulle réserve les droits canoniques de l'évêque diocésain et la suprématie de l'abbaye d'Ainay (4). Notre prieuré dépendait donc, à cette époque, de Saint-Jean de Genève et d'Ainay. Cette dernière maison

---

(1) Quelques mémoires citent ce dernier comme de l'ordre de saint Augustin, Besson le dit de l'ordre de saint Benoît au xve siècle, et possédé par des moines au xiie.

(2) Ménabréa, *Notice sur la Chartreuse de Vallon.* p. 60. Ce document est précieux à nos yeux, car c'est le premier signalant l'existence d'un Thonon situé sur la terre ferme.

(3) *Mém. de la Soc. d'hist. de Gen.*, t. xiv, p. 8, n° 12; *Reg. Gen.*, n° 331. Les auteurs du *Regeste Genevois* cherchèrent d'abord l'église de Saint-Hippolyte, près de Scionzier, mais ils opinèrent pour Thonon dans les deux documents suivants.

(4) Le monastère d'Ainay, à Lyon, fut fondé au ive siècle par saint Badoul; rebâti au viiie siècle par Brunehaut; détruit par les Sarrazins et reconstruit par Amblard, archevêque de Lyon, au xe siècle. Il suivit jusqu'au xiie siècle la règle de saint Martin et ensuite celle de saint Benoît. (Colonia, *Hist. lit. de Lyon*, t. ii, p. 18.).

vit encore sa juridiction ratifiée par bulle d'Innocent IV du 2 des kalendes de novembre 1250 (1).

Mais voici un acte plus important qui contient en germe l'explication de plusieurs points de l'histoire religieuse et féodale de Thonon : Le 29 novembre 1266 survient un échange entre Pierre dit le Petit-Charlemagne, comte de Savoie, et révérends Guillaume, prieur de Thonon, et Jean, prieur de Bellevaux. Ceux-ci cèdent, à leur souverain, une vigne située au-dessous de la ville (Thonon), lieu dit à la Bézière; les leydes (2) et autres droits dus à notre prieuré les jours de marché, et tous les servis qui leur appartiennent sur différents biens, maisons et hommes taillables qui en dépendaient, à Thonon et dans les environs (Infra clausuras Thononii) (3).

De son côté, le comte relâche aux deux religieux (4) la chapelle des *Silinges* et ses taillables au pont de la Dranse et ailleurs. On comprend pourquoi notre monastère se trouve encore, à l'époque de l'invasion bernoise, 1536, en

---

(1) *Mém. de la Soc. d'hist. de Gen.*, t. XIV, p. 29. On rencontre dans ce document une église de Ste-Ypolito de Villâ. Si l'on sépare le premier nom du second on a l'église de Saint-Hippolyte de Thonon, puis celle de *Ville*. C'est évidemment le plus sûr moyen de faire disparaître un doute soulevé à ce sujet par les auteurs du *Reg. Gen.*, n° 827, puisque à nos portes les églises de Concise, Marclaz dépendaient aussi d'Aïnay.

(2) La leyde était un droit seigneurial perçu sur les marchandises et bestiaux vendus dans l'étendue du fief. (Pour ce mot, et la *taillabilité*, voy. *franchises.)* Cet impôt représentait l'indemnité revenant au seigneur qui fournissait la *maison* et l'*enceinte* du marché, en surveillant l'approvisionnement et le bon ordre. Aussi, trouve-t-on dans les comptes de notre châtelain, en 1299 (Arch. de Turin), une certaine somme *pro domo mercati de Thonon, que desinerat per medium et unâ molâ...* pour la maison du marché de Thonon qui s'est écoulée, pour une meule placée au moulin du seigneur de Thonon, etc.

(3) Parmi les taillables, je remarque des noms bien connus à Thonon : tels que Guillaume de *Comba*, des *Buttet*, des *Doliaz*, etc. (Arch. roy. de Turin).

(4) Un révérend Guillaume Abraham, prieur de Thonon, est déjà témoin le 26 janvier 1209 à une confirmation faite à la chartreuse de Vallon par Aimon, seigneur de Faucigny *(Mém. de l'Ac. de Sav.*, Ménabréa, sér. 2, t. II, p. 279). Un Guy ou Guillaume est encore prieur en 1215, *(Reg. Gen.*, n° 557). La chapelle des *Silinges* se trouvait près du pont de la Dranse. *(Reg. Gen.*, n° 1006.)

possession de tant de droits féodaux qui prouvent son antique splendeur (1).

Les documents l'attestent : au xiiiᵉ siècle, notre prieuré se trouve dans son complet épanouissement. Comme les barons du voisinage, il a ses amphithéotes, ses taillables ou serfs attachés à la glèbe qui formeront, avec ceux des seigneuries limitrophes, le noyau des villages environnants. Leurs habitations, d'abord éparses, se groupent rapidement. Les chapelles de Tully, Concise, Vongy, Marclaz, Corzent sont érigées en paroisse et desservies par les Moines.

De nouvelles concessions accrurent les revenus du prieuré.

La comptabilité de nos châtelains assigne, en 1282, au prieur de Thonon, 20 sols annuels sur la leyde du marché (2).

Les années 1322-1323 mentionnent 40 sols genev. remis au révérend messire Jacques de Clermont, prieur (priori

---

(1) Voir plus loin : Domination bernoise.

(2) Turin, Arch. de la Ch. des comptes (Thonon). Ces revenus étaient multiples. Aimon de Lucinges, damoiseau, en se reconnaissant le 10 septembre 1293 homme-lige d'Amédée, comte de Savoie, lui fait hommage pour tout ce qu'il perçoit dans la paroisse de Concise (in parochiâ de Concise) sur la mense ou habitation rurale de Jean Magnin, de Tully, avec les dépendances à lui assignées par le dit comte, et pour les droits qu'il perçoit sur le *marché de Thonon* (selon le *Reg. Gen.* n° 1382), *in maczello de Thonons*. Ne serait-ce point sur la *boucherie de Thonon ?* M. Lecoy de la Marcne *(Notice de Ripailles*, p. 9; traduit : *petit mas.)*

Nos foires et marchés étaient déjà considérables, conséquence nécessaire de la situation centrale qu'occupe notre ville ; en 1289, quatre soldats d'Allinges et de Féternes descendent, à ce sujet, pendant deux jours *(pro stipendiis quatuor clientium de Alingio et Feternâ custodientium nundinas Tononii per duos dies)*. (Turin, Arch. de la Ch. des comptes).

Notre mesure dominait : Le 8 juillet 1240, il est attesté que messire Etienne de Mont a donné à l'abbaye de Bonmont, 3 coupes de froment, *mesure de Thonon*, à recevoir annuellement des marguilliers d'Anthy (Matricularii, *Reg. Gen.*, n° 732). — Il existe à notre Musée deux pierres, dans lesquelles sont taillées *deux excavations* que l'on dit être des anciennes mesures de Thonon, pour le grain.

Thononii, cui prioratui debebantur per annum) (1). L'année 1326 apporte les mêmes revenus, et révérend messire Thomas Bérard, prieur en 1353-1354, reçoit encore ses 40 sols des mains du châtelain.

Le service du prieuré et celui de la paroisse avaient probablement lieu dans une seule et même église, celle des moines bénédictins, qui durent vraisemblablement être les curés de Thonon dès leur établissement. Du reste, à raison des origines encore faibles de notre bourgade, l'édifice du culte était fort restreint; il ne comprenait qu'une partie de l'Église actuelle (2). R^d Humbert du Pont, curé de Thonon, y exerçait déjà les fonctions pastorales le 6 décembre 1298 (3); Eimeric ou Henry de Chissy lui avait succédé dès 1300, 9 juin; en 1303, 24 novembre, il figure encore en la même qualité (4).

Au commencement du xve siècle (1413, 15 juin), le personnel de notre maison religieuse n'est pas nombreux. Il ne comprend que le prieur R^d Messire Guillaume de la Fleschère et deux moines de l'ordre d'Ainay (5).

---

(1) Turin, Arch. de la Ch. des comptes (Thonon-Allinges). Cette année (1322), 40 nouveaux bancs sont placés sur la place du Marché (infrâ alam fori Thonon) et le toit de la halle est réparé. On les louait; et déjà en 1302, on trouve 26 livres 6 sols 8 deniers : *De exitu domûs mercati Thononis*, provenant de la *maison du marché de Thonon*. Cette maison longeait l'habitation Bouquin actuelle, en faisant angle avec l'Hôtel-de-Ville.

(2) Voy. l'*Église de Thonon et ses tombeaux*, et les différentes visites pastorales où sont consignés les agrandissements successifs de l'église de Saint-Hippolyte.

(3) *Reg. Gen.* n° 1449.

(4) *Ibid.* n°^{s} 1465, 1473, 1478, 1520, 1522.

(5) Les arch. de Genève contiennent 4 vol. mss. in-4° renfermant : 1° Les visites pastorales des églises et cures du diocèse de Genève, de l'an 1411 à l'an 1413 sous Mgr de Bertrand; 2° celles de l'an 1470-1471; 3° celles de l'an 1481-82-83; 4° celles de l'an 1516-18. Voici la première : Die quartâ junii (1413) visitavit parochialem ecclesiam de Tonon habentem circâ centum focos... in quâ est prior Dominus Guillemus de Flescheria ordinis Athen. habens secum duos monachos... Curatus videlicet Dominus Antonius Boyssond...

Le curé, Messire Antoine Boysson, comme ses successeurs, a été accepté sur la présentation du prieuré (1).

Le procès-verbal de la visite pastorale de 1413 (4 juin) est un document des plus complets sur l'état de notre ville à cette époque.

La munificence des fidèles avait érigé et doté un grand nombre de chapelles qui ornaient l'Église. Destinées à la célébration de messes annuelles en faveur des fondateurs, elles servaient ordinairement de tombeau de familles.

Les principales sont : 1° Celle de la Bienheureuse Vierge Marie (2) ;

2° Celle de Saint-Théodule ayant 406 messes annuelles et deux recteurs : R^{ds} Pierre Bruni et Jean Tétaz (3) ;

3° Celle de la Sainte-Croix, annexée au prieuré ;

4° Une autre de la Sainte-Croix fondée par messire Pierre Servon (4) ;

---

(1) *Cujus vicaria est de patronatu prioratûs.* — Donc en 1413 la paroisse de Thonon, soit l'anc. ville (sans les villages de Concise, Vongy, Tully, Morsy, Marclaz, Corzent), comptait environ 100 feux. Le curé est présenté par le prieuré. Le pape Alexandre III, par son décret *ad Audientiam*, statua que l'établissement fondateur d'une paroisse aurait le privilège de présenter comme curé ou vicaire le premier sujet capable qu'il lui plairait. Cette disposition tendrait à prouver que le prieuré fonda la paroisse de Thonon.

(2) Fondée par Pierre Ravaysii ; le recteur en était Antoine Boysson, moine du prieuré en 1471, 19 mars. On trouve une chapelle de N.-D. de *Compassion* dont le patron est N^e et p^t François *Ravaisii* en 1482.

Le 31 août 1392, à Thonon, devant la maison d'Aymonet d'Anty, en présence de N^e Pétroman Ravais, Jacquemet d'Avully, Perrod de Versoye et Etienne de Ruaz et Etienne Eygron, notaire et bourg^s de Thonon ; François Chivillier reçoit de N. Jean Ravais 116 florins d'or pour la moitié de la *Chapelle* qu'ils ont fondée ensemble dans l'église de Saint-Hippolyte de Thonon. (Note de M. A. de Foras.).

Je remarque encore dans la première visite (1413) une chapelle de la Sainte-Vierge élevée près de Thonon, puis une autre (sans vocable désigné) nouvellement fondée par l'illustre prince de Savoie et desservie par le prieuré de Ripailles.

(3) Messire Jean *Monterichardi* (de Mont-Richard ?) en est le patron le 19 mars 1471. (Arch. de Genève, visites susdites.)

(4) N^{es} Jacques de Bellegarde et Amédée Servon, patrons, le 19 mars 1471. *(Ibid.)*

— 63 —

5° Celle de Saint-Etienne, fondée par Etienne de Ruaz. Pierre Prin, recteur, etc. (1).

Mais bientôt (13 mars 1429) Amédée VIII fonde, hors les murs de la ville (extra muros), l'église de Saint-Sébastien qu'il confie à des chanoines réguliers de Saint-Augustin (2). C'est un vase spacieux, d'une seule nef, destiné à suppléer à l'insuffisance de l'église de Saint-Hippolyte, en faveur des paroissiens qui s'y réunissaient pour entendre la prédication de la parole de Dieu et assister au service divin. Les deux églises étaient utilisées et entretenues simultanément. Parmi les défauts signalés en 1413 est le suivant : *Campaniles incompleti*, clocher (du prieuré) incomplet (3).

Les plans d'embellissement d'Amédée VIII avaient ouvert la rue de Vallon, sur l'emplacement d'une vigne des chartreux de Vallon frontant les fossés du côté de Bassu (4). Ce fut d'abord un bourg indépendant de la cité, le quartier noble inféodé à divers seigneurs de la cour (5).

Au commencement du xviie siècle, la ligne des bâtiments de droite longeant les remparts appartenait, en entier, aux nobles Rebut et Mathieu (6).

L'église de Saint-Sébastien devint l'église de ce quartier.

En 1443, la visite pastorale du diocèse de Genève est faite par Mgr Barthelemi, évêque de Corneto et Montefiascone, au nom de révérend François de Mez, du titre de S.

---

(1) Autre, à l'autel inférieur fondé par les nommés Mellon et Cornuz, une fondée par Girard Crepo; autre autel par un certain Richat, duquel dépendent terres et vignes appartenant au recteur François Dorena, prêtre séculier, et Pierre Parvini, moine. (*Ibid.*)

(2) Voy. plus loin Amédée VIII.

(3) Visit. pastoral. (Arch. de Genève.).

(4) Contr. d'échange du 3 juin 1430 (Arch. de Turin, Chambre des comptes). Dans les confins de reconnaissances féodales pour biens à Thonon, figure une pièce de terre située : loco dicto *en Bassu*, juxta iter publicum tendentem de *burgo Rippe* (du bourg de Rives) versùs *Vernetum* à lacu, et affrontat vinee hospitalis Thononii a monte superius, vineam heredum Anthonii de Ponte (Arch. Thuiset.). Ce mot est probablement une altération de *Passu*.

(5) Arch. royales de Turin. Thonon. « La dite place n'a jamais été inféodée qu'avec les dites maisons, inféodées par ces princes à diverses personnes tant de leur suite qu'autre...» *Ibid.*

(6) Plan de Thonon trouvé à Ripailles.

Marcel, cardinal-prêtre de l'Eglise romaine, évêque et prince de Genève. Le prélat visiteur arrive à Thonon, le 6 novembre, revenant de Genève, où il avait été appelé par le pape (Félix V). Il visite le prieuré de Saint-Hippolyte dont est prieur, Jean de Neuvecelle, résidant avec deux moines et un troisième qui remplit les fonctions de sacristain, Antoine de Vara, demeurant alors avec notre seigneur le Pape.

Annexée à ce prieuré, l'église paroissiale est sous le vocable de saint Hippolyte ; la population est de deux cents feux et au-delà ; ses revenus sont de la valeur annuelle de soixante-cinq florins.

Est curé, soit vicaire perpétuel, de cette paroisse et de sa filleule (Marclaz), révérend Guillaume Fedesi, ou Seydesii, demeurant à Turin pour ses études, et desservant la paroisse par son vicaire, Pierre de Verreria, prêtre.

Furent visitées successivement les chapelles existant dans l'église, savoir : de Sainte-Marie et de Sainte-Croix, de Saint-Théodule, de Saint-Gras, fondée par les paroissiens ; la chapelle de Saint-Michel, dont les patrons sont les frères Jacques et Claude Dupont ; de Sainte-Croix, de Saint-Etienne, de Saint-Georges, de Saint-Anthoine et de Saint-Jacques. Chaque jour on doit chanter Matines, Vêpres et Complies. A cette même date, eut lieu la visite de l'église paroissiale de Marclaz, filleule et annexe de l'église de Thonon. Elle compte cinq feux.

Le lendemain, 7 novembre, Monseigneur visita la chapelle des saints apôtres Pierre et Paul, fondée dans l'hôpital de Thonon, de la présentation du Prévôt de Mont-jou et des syndics de la ville ; ses revenus sont de 18 florins annuels ; le recteur est M. Jean Passaques, chanoine régulier, qui la fait desservir par Guillaume Conrardini.

Après avoir prescrit la construction d'un mur du côté du lac, et quelques autres dispositions touchant l'administration temporelle de l'hôpital, l'évêque visiteur ajoute :

« Exhortans demum syndicos villæ et Burgenses omnes et parochianos Thononii per viscera misericordiæ Dei nostri Jesu Christi et ipsum Hospitale et pauperes Christi recommissos habeant et concedimus omnibus ibidem porrigentibus manus adjutrices dies quadraginta veræ indulgentiæ (1). »

Lors de la visite de 1471, la population de la paroisse de Thonon est de 200 feux, comme à l'époque précitée de 1443 ; elle en comptera 280 le 30 octobre 1516 (2). La statistique de 1412 ne mentionnait que 100 feux environ.

D'après le procès-verbal de cette même visite de 1471, le prieur de notre monastère bénédictin, révérend messire François de Neuvecelle, docteur ès décrets (decretorum), a trois moines sous sa juridiction : révérends Pierre de Saint-Paul, sacristain, Pierre de *Livronis* (de Livron); et Raymond *Rostegii*.

Le curé, ou vicaire perpétuel, révérend messire Guillaume Seydesii, dessert la paroisse par lui-même ainsi que l'église de Marclaz, annexe de celle de Thonon, érigée sous le vocable de saint Marcel ; elle a quatre feux, soit environ 24 paroissiens (3).

Malgré la construction récente de l'église de Saint-Sébastien (du collège), en face de nos remparts, l'ancienne église

---

(1) « Enfin nous exhortons les syndics de la ville et tous les bourgeois et les paroissiens de Thonon, par les entrailles de la miséricorde de Jésus-Christ notre Dieu, à porter une sollicitude particulière à cet hôpital et aux pauvres du Christ, et nous accordons 40 jours d'une vraie indulgence à tous ceux qui fourniront quelques secours à cet établissement. » L'extrait de cette visite pastorale de 1443 est emprunté aux Mémoires et Documents recueillis par Mgr Magnin, évêque défunt d'Annecy. Ils sont collectionnés au Séminaire.

(2) En supposant 6 individus par feu, l'on a 600 habitants en 1413 ; 1200 en 1471 ; 1680 en 1516. (Arch. cant. de Genève. Visites past.)

(3) Visitavit ecclesiam paroch. de Marcla sub vocabulo sancti Marcelli habentem quatuor focos. Le 20 janvier 1482 elle n'a toujours que quatre feux *(ibid.)*.
Le nom de *Marcla, Marcela* ne viendrait-il point de cette chapelle ou oratoire primitif de *Saint-Marcel ?* Le curé retire 60 florins du bénéfice de Thonon en 1471, et 80, en 1516. Les successeurs de Guillaume Seydesii furent révérend Peronet (Pierre) *Butli* (1482, 24 janvier), et révérend Hippolyte Grand-Mère *(Magnematris)*, (30 octobre 1516), etc.

est encore trop étroite, et l'évêque ordonne la construction d'un nouveau chœur (1471) (1).

De nouvelles chapelles se sont encore élevées sur ses côtés latéraux.

C'est d'abord celle de Saint-Sébastien (patron, N° Jean *Cuvacti*); celle de Saint-Grégoire (patron, N° Jeanne *Testi*, veuve de Discret François Baillart); puis celles de Saint-Jacques (patron, N° Berthod de Neuvecelle); de Saint-Nicolas, de Saint-Georges (patron, Jean Regard); des SS. Crépin et Crépinien, desservie par *Bellidesii* (patron, Jean Revais, héritier de messire Jacquemet de *Mistral* (Métral?); de Saint-Antoine, où le prieur célèbre quatre messes hebdomadaires (1471) (2).

Notre hôpital renfermait la chapelle des S. Pierre et S. Paul, fondée par nos syndics.

Parmi les obligations rappelées le 24 janvier 1482 au prieur révérend messire André de Malvendà, docteur *in utroque*, vicaire-général du diocèse de Genève, on remarquera celle de chanter à l'église *Matines, Vêpres et Complies*.

On voit figurer une nouvelle chapelle : celle de Saint-Jean l'Evangéliste (patron, Jacques Gastardi) (3).

Le prieuré se maintint dans toute sa ferveur, jusqu'à l'invasion bernoise.

En 1505, le prieur R^d Louis Duplâtre, assisté du sacris-

(1) *(Fiet chorus novus.)* Peut-être l'ancien chœur tombait-il de vétusté, indice de l'ancienneté de notre crypte. Il prescrit aussi des réparations à différents objets du culte : custode, ornements, graduels, etc.

(2) Le procès-verbal de la visite du 30 octobre 1516 ne nous apprend pas de grandes innovations. Le prieur se nommait Rd Marsens *de Asinariis*, et possédait trois moines sous ses ordres. Les chapelles sont celles du Rosaire, de Saint-Laurent (patron, Jean Bucti, ou Buet); de Saint-Jacques-le-Majeur (patron, messire Girard *Brocterii*); de Saint-Jacques-le-Mineur (patron, Placti et Pierre *Michaud*); de l'Annonciation (patron, Henry Mistrecti); des Sts Nicolas et Catherine (patrons, François Joly et Georges Petin, recteur, Rd Bon Joly); de la Vierge Marie (patron, Claude Joly); des Sts Grégoire, Etienne, Michel, de la Sainte-Croix (patrons, N^{ts} Claude et Aymon de Bellegarde); de Saint-Jean l'Evangéliste, etc.

(3) En 1516, 30 octobre, Rd messire Girard *Brocterii*, soit Brotier, en est recteur. En 1474, Sixte, pape, nommait un recteur à la chapelle des Sts-Nicolas et Catherine, contiguë à l'église paroissiale de Thonon (Arch. Thuiset).

tain R^d messire Jean Don Villier, dressa l'inventaire de l'église du prieuré, soit de l'église paroissiale, en présence des syndics de Thonon.

Elle renfermait alors de véritables trésors, ainsi qu'on pourra s'en convaincre par la lecture du procès-verbal, dressé à cette occasion (1).

R^d Hippolyte Grand-Mère (Magnematris), curé de Thonon (1513-1515), possédait une vigne à *Bassu*, sur la route neuve, près de la grande porte de la ville (2).

Une chapelle de Saint-Antoine s'élevait dans l'église de Saint-Hippolyte (3) ; ses recteurs, vénérables messires Louis Duplastre et Lancelot Chatrier, religieux du prieuré, possédaient, en cette qualité, des vignes à Tully (4).

De 1512 à 1515, sont très souvent signalés, dans les reconnaissances, les cimetières de Saint-Hippolyte (5), des frères Augustins de Thonon, de Concise et de Tully (6).

Tully, probablement l'ancien Thonon romain, avait réparé les ruines des invasions. Il possédait, le 4 juin 1413, dix-neuf feux, soit environ 114 habitants (7).

(1) Voir *Pièce justif.*, n° 5.
(2) In viâ novâ juxtà magnam portam ville de Thononio (Arch. Thuiset).
(3) Super *lobias*, sur les loges ? (*Ibid.*).
(4) Rd Jacques de Morsier, curé de Tully, était remplacé par Rd André de Morsier en 1515 (*ibid.*). Rd messire dom Louis Mariglier figure à cette époque comme recteur de la chapelle des SS. Juste et Christophe, fondée dans l'église de Tully (*ibid.*).
(5) *Ibid.*
(6) Celui-ci était en partie abandonné en 1580 ; car le citoyen Pierre Fontenaz en réclamait une partie qu'il croyait être cour de sa maison (Délibérat. municipales).
(7) Peut-être l'ancien Tully eut-il une paroisse avant Thonon ? Un acte de 1303 est passé *infrà Ecclesiam Beate Marie prope pontem Drancie* (Arch. Thuiset). — Il est vrai cependant qu'en 1345 Jean de Chignan et Jacquemet de Cervens, bourgeois de Thonon, étaient recteurs de la Confrérie du Saint-Esprit, érigée dans notre église de Saint-Hippolyte (*ibid.*). — Du côté de Féternes existait un lieu (peut-être emporté par la Dranse) appelé *in plano ponte!* — Près de là devait se trouver, en effet, la paroisse du *Pont*, qui avait son curé au xive siècle. En 1376, dans son testament, François de Greysier, de Féternes, chevalier, fit des legs au curé du *Pont* et au curé de Tully (*ibid.*). L'année suivante (1377), Dom Jean Riberii, curé de Notre-Dame-du-Pont, comme recteur de la maladière de ladite cure, recourt au comte de Savoie pour obtenir justice contre un feudataire qui refusait de payer des cens, et le prince en ordonne

L'église de Concise est annexée à la sienne. Toutes deux sont du patronage du prieuré, comme en 1471. Il lui manque cependant encore une sacristie, des fonts baptismaux, l'image de la Vierge, etc. (1).

Son curé, R^d Jean Borgési, est signalé comme un prêtre exemplaire.

Il existait, à la fin du xiiie siècle, une famille dont le nom patronymique était *de Tully*. Ainsi, la comptabilité de nos châtelains mentionne, en 1299, un Anserme de Tully acquéreur de forêts dans le mas de Lonnaz (2).

Il vend, trois ans plus tard (1302), une maison à Girard de Douvaine (de Dogveno) (3).

Guichenon cite un *Foulques de Concise* (Falcon) présent, le 5 décembre 1170, à la confirmation que fit Humbert III de Savoie aux religieux d'Abondance, de tout ce qu'ils avaient acquis à Larringe et à Charmey (4).

Boson de Concise, chevalier, signe au bas de deux chartes le 4 avril 1208 et le 22 août 1210 (5).

---

le paiement... (*Ibid.*). — Le Chablais possédait alors quatre maladières, ou hôpitaux, ouverts par la charité monastique: celles de Lugrin, du Pont, d'Allinges-Mesinges et de Douvaine. (Voyez l'histoire de ces différentes localités.) — Le 19 mars 1471, Tully n'a que 17 feux et 15 florins de revenu; mais son église a une chapelle rurale, sa fille (filiolam) et une autre chapelle de la sainte Vierge, dont Jean et Louis *Morgerii* sont patrons. Le curé de cette dernière époque était Rd messire *André* (Andréas). Vers 1512, elle possédait une Confrérie du Saint-Esprit dirigée par le curé, R^d messire Jacques de Morsier (Arch. Thuiset).

(1) Il manque une travée (ala) à celle de Concise; toutes ces réparations sont à la charge des patrons, soit du prieuré *ad annum*. On se souviendra de ce qui a été dit plus haut au sujet du patronage.

(2) Turin, (Archives de la Ch. des comptes, art. Thonon). Avait-il donné son nom à la localité ou en avait-il reçu le sien? Nous inclinons pour cette dernière hypothèse qui s'appliquerait aussi à d'autres noms. Nous avons déjà vu un Pierre *Thonon* dit Lombar. En 1299 (*ibid.*) Girard Chastanex paie un laod de 31 sols pour maisons achetées de *Louis de Thonon* et de Jean (de Champingio) de *Champanges*. En 1303-1304, Humbert de *Pessinge* paie une amende pour vol *pro banno furti*; figurent pour ban du sang Girard Laglena et Anserme *Ruphy* (*ibid.*). On trouve dans nos vieilles chartes des nobles d'Allinges, de Messinges, de Margencel, d'Anty de Nernier, de Jussy, de Ballaison, d'Avully, d'Evian, de Lugrin, etc.

(3) *Ibid.*

(4) Guichenon, t. I, fol. 236.

(5) *Regeste Genevois*, n°s 507 et 520.

R^d messire Guillaume de Concise, chanoine de l'abbaye de Filly, accomplit la même formalité le 25 juin 1290, et le 18 août 1311 (1).

Le lundi après la Chaire de Saint-Pierre, 1286, messire Jacques, fils de feu messire Ponce de Concise, chevalier, passe une transaction avec Jean Quagnat de la *Pierre d'Ancion*, son homme libre.

Béatrix et Antoinette, ses sœurs, et Falquet de Concise, mari d'Antoinette, approuvent le tout.

Un messire Girard de Concise figure parmi les arbitres (2).

Hugonin de Concise, damoiseau, donne quittance de la dot de sa femme, fille de messire Pierre Alard d'Allinges, le 21 novembre 1343 (3).

Celle-ci, devenue veuve et tutrice testamentaire, par acte du 26 février 1351 (4), échange, le 10 juillet suivant, avec l'abbaye d'Aulps, différents biens situés au Biot (5).

Ses enfants sont Bonne, Françoise, Jean, Nicolarde...

Nombre de rentes et fiefs s'enchevêtraient déjà, au XIIIe siècle, sur le territoire de Concise-Vongy (6).

---

(1) *Ibid.*, n°s 1315 et 1686.
(2) Arch. de M. le comte A. de Foras.
(3) *Ibid.*
(4) Guichard, notaire.
(5) Inventaire de l'Abbaye d'Aulps. Le nom des N. seigneurs de Concise se rencontre très souvent dans nos vieilles chartes avec celui des nobles seigneurs de Ravorée. Ceux-ci possédaient à Thonon le château de Rive ou de Mont-Joux (1405) (Voyez chapitre XIII, article 4) et la plus grande partie des bâtiments de la rue actuelle du Marché, appelée pour cela *rue Rovorée*, avec maisons derrière le monastère des Augustins (ancien collège). — Déjà, le 10 avril 1326, N^e Nicod de Rovorée passe, en faveur de Girod de Margencel, une obligation de 13 livres genevoises, prix d'une cession à lui faite sur la maison de Michel Bailly de Thonon (inventaire inédit de l'Abbaye d'Aulps) le 13 mars 1324. Cette habitation s'élevait devant le château (*ibid.*). Un Perissod Bailly avait vendu une petite maison, avec terres, au *Vuard*, au-dessus de Thonon (15 octobre 1222) sous grâce de rachat. Nicod de Rovorée l'acquit le 2 juillet 1325.
(6) Le château et fief de Concise passa : 1° aux nobles de la Fleschère, par le mariage de Bonne de Concise avec N^e Guillaume de la Fleschère, qui vivait en 1415 (une N^e de Chamembo en posséda une partie); 2° au XVIIe siècle, aux nobles Deprez et aux nobles Marin, seigneurs de Loisinge; 3° au XVIIIe siècle par alliance, aux nobles de Foras, puis aux

Plusieurs hommes dépendaient même de l'hospice de Saint-Bernard du Mont-Joux, le 11 juin 1286.

Le procès-verbal de la visite pastorale du 19 mars 1471 nous apprend que l'église de Concise était fille ou annexe de celle de Tully, qu'elle portait le vocable de saint Jean-Baptiste et renfermait une chapelle de Saint-Michel, dont N° Amédée de la Fleschère possédait le droit de patronage (1).

Le quartier de Saint-Bon, appuyé contre les remparts de la ville, avait une chapelle ou oratoire de ce nom. Ce sanctuaire, consacré à la Mère de Dieu, était desservi, à cette époque, par un recteur issu d'une puissante famille du Chablais, R^d François-Jacques de Châtillon (2). Elle fut réparée et considérablement agrandie. En 1510, elle portait le nom d'église paroissiale de Notre-Dame de Saint-Bon (3).

C'est à la libéralité du prieur des chevaliers de Ripailles,

---

nobles de Lort, par le mariage de N° Louise, née de Loisinge, veuve de Foras, avec N° Amable de Lort; 4° enfin, au XIX° siècle, par héritage aux N°° de Foras, qui vendirent le château de Concise aux RR. PP. Capucins. (Note de M. A. de Foras).

Un autre fief s'étendait sur le territoire de Concise et appartenait, au XVI° siècle, à la famille de Morsy. Il arriva à la famille de Brotty d'Antioche, originaire de Concise, par le mariage d'honorable Pierre Brothier avec Ayma, fille de Louis de Morsier, 1511. Son fils, Louis de Brothier de Concise, albergea ou afferma des seigneurs de Berne un bois situé lieu dit *les îles Brigands*, près de la Dranse. Les communautés de Tully, Vongy et Concise eurent beau s'y opposer, le bailli de Chablais maintint ledit N° de Brotty en possession de cette propriété, 24 septembre 1543. Son fils Charles épousa demoiselle Percevalle, fille d'illustre seigneur François de Saint-Jeoire, dit d'Antioche, seigneur d'Yvoire et de Nernier; veuve, elle se remaria avec N° Charles Fornier de Thonon, qui devint ainsi co-seigneur d'Yvoire et de Nernier.

Les dépendances de ce fief furent acquises plus tard par les familles Laperouzza et Quiblier, qui les possèdent encore.

Quant aux châteaux et fiefs de Thuiset, de Marclaz, de Morsy, etc., voy. *Pièces justificatives* n°° 20 et 33.

(1) Arch. de Genève. Visites pastorales. — A l'église de Tully le procès-verbal attribue le vocable de saint Étienne.

(2) Visite. past. de 1471, 19 mars : « Item visitavit capellam seu oraculum loco dicto *in Bono* sub vocabulo sanctæ Mariæ Virginis. »

(3) Arch. de la Ch. des comptes (Thonon), et Arch. de la Sainte-Maison.

que le prélat visiteur attribue la fondation de la chapelle de Sainte-Marie, sur le territoire de Tully (1).

Le procès-verbal de la visite pastorale du 4 juin 1413 nous révèle un point extrêmement important, surtout à notre époque.

Il prouve que Thonon avait deux écoles populaires, ouvertes sous le patronage de Saint-Hippolyte (2).

Au moyen âge, les moines de nos montagnes défrichaient, cultivaient les terres et traçaient de nouvelles routes à Saint-Jean-d'Aulps, à Bellevaux, à Abondance, à Vallon et à Filly.

Mais, outre leur propre perfection morale et l'évangélisation du peuple, les religieux ou moines se livraient encore à des recherches savantes, à des travaux littéraires. Ils recueillaient, conservaient et multipliaient, par des copies exactes, les œuvres des grands génies des siècles passés, qui sans eux auraient certainement disparu en grande partie au milieu de la barbarie. Ils répandaient l'*instruction au milieu du peuple;* instituteurs capables, ils consentaient à se dévouer bénévolement à ce pénible et important ministère (3).

On peut prouver, à l'aide d'un enchaînement de documents incontestables que, du xive au xviiie siècle, le clergé tant séculier que régulier de notre Savoie, fut le seul corps qui fonda des écoles destinées à l'éducation de nos pères.

Et cependant quelques pamphlétaires de nos temps le représentent comme le fauteur de l'obscurantisme!

Bien avant l'apostasie de Genève, toutes nos petites villes assises au bord du Léman, telles qu'Evian, Yvoire, Hermance, avaient des écoles ouvertes sous la bienfaisante influence de la religion : Me Jean de Ville était recteur

---

(1) « In territorio de Tullier fundatam, ut asseritur a priore Ripaille ». Il s'agit probablement d'une restauration.

(2) Parmi les *defectus* on lit cette phrase : ... *portatilis imaginis sancti Ypoliti, patroni duarum scholarum* (Arch. de Genève).

(3) Arch. de Genève. Visites pastorales.

des écoles d'Evian en 1341 (24 mars) (1), et R⁴ M° Claude Romain, maître ès arts, ordonné diacre le 18 décembre 1507, puis prêtre le 18 mars 1508, remplissait les mêmes fonctions à Thonon en 1507 (2).

En 1523, Claude Longet figure comme maître des écoles d'Hermance dans un acte passé entre discrets Pierre Dufour et F. Charvet de Massongy (3).

La religion catholique n'a jamais redouté la science. Elle en est au contraire l'initiatrice et le guide.

Aussi les célèbres Jean de Brogny, Eustache Chapuis, saint François de Sales n'élevèrent-ils pas, tour à tour, des collèges, des universités à Thonon, à Annecy, à Avignon, à Louvain ?

Ce fut encore un religieux, Pierre-Jérôme de Lambert, abbé de Saint-Jean-d'Aulps, qui fonda le collège d'Evian et lui assigna 100 écus d'or annuels sur sa mense abbatiale, pour l'entretien des régents de grammaire. Emmanuel-Philibert, en 1575, et Grégoire XIII, par bulle de 1576, autorisèrent cette disposition. Plusieurs bourgeois augmentèrent ces revenus. Les syndics obtinrent, en 1735, du roi Charles-Emmanuel III, une chaire de rhétorique. « Celle de philosophie fut établie en 1740 par les soins de l'avocat François Chessel et de Noël Joudon. Ayant parcouru, par ordre du Conseil d'Evian, tout le diocèse de Genève, ils obtinrent des ecclésiastiques et de S. E. Dom Louis de

---

(1) *Armorial de Savoie*, par M. A. de Foras, livre XXIV. Le 7 février 1377, Amédée, comte de Savoie, approuve une acquisition faite en faveur de Pierre Tribuli, recteur des écoles de Thonon. La vente est de 1377. (Arch. de Thuiset.)

(2) Arch. Episcop. d'Annecy. Au sujet de nos écoles populaires, voyez encore le chapitre VIII.

(3) Voyez les histoires de ces différentes communes. En 1676, la régente Christine de Savoie ordonne à Monseigneur d'Aranthon d'Alex de fonder des écoles dans toutes les paroisses qui n'en étaient pas encore pourvues *(Revue Savoisienne*, 1881, p. 33). Aussi, le préfet révolutionnaire du Mont-Blanc (qu'on ne peut certes soupçonner de partialité) écrivait-il à Paris en 1803: « En Savoie, avant 1792, il existait peu de communes rurales où il n'y eût un instituteur, ordinairement ecclésiastique, servant en même temps de vicaire de la paroisse. » Inutile d'ajouter que la Révolution emporta, dans sa haine aveugle, prêtres et instituteurs. Ainsi parle l'histoire.

Blonay, chevalier de l'Annonciade, les capitaux nécessaires à une chaire de théologie, pour la fondation de laquelle l'avocat Bordet légua 2,000 livres en 1773 (1). »

Nos deux écoles tenues par le prieuré au commencement du xv° siècle appuyent indirectement la supposition exprimée plus haut, que notre monastère bénédictin forma le premier noyau de Thonon.

Il est probable, en effet, que l'ancienne population n'étant plus suffisante pour cultiver ses domaines qu'agrandit la libéralité de nos princes, le prieur appela de nouveaux serfs qu'il employa en qualité de cultivateurs, bergers, bûcherons ou manœuvres.

Pendant quelques années de service, ils recevaient une éducation *physique et morale* par les soins du Prieuré, comme à Saint-Jean-d'Aulps et Abondance, puis se voyaient rendus à une liberté pleine et entière (2).

Ces monastères étaient des écoles de vraie *liberté*, d'*égalité*, de *fraternité*, mots sublimes enfantés par le christianisme, que la Révolution s'efforce de dénaturer.

Aussi, l'esclavage, qui est le résultat nécessaire de la suppression des principes religieux, disparaissait insensiblement de nos terres ; le moine savait soumettre les volontés, sans enchaîner les personnes ; il savait que l'homme doit être éclairé dans sa conscience et sa raison avant d'entrer dans l'indépendance civile, si l'on veut éviter les désastres que notre siècle a constatés parmi les tribus de l'Amérique et de la Russie.

Comme fruit de l'éducation populaire, tout le bassin de Thonon est en travail et en activité; l'agriculture reçoit

---

(1) Arch. d'Evian. — Grillet. L'abbaye de Tamié renferma un collège jusqu'à la suppression de l'Ordre (*Hist. de Tamié*, par L. Burnier, p. 51).
Le P. Monet, jésuite, né à Bonneville, fut encore le fondateur du collège de Thonon (*ibid.*). Et les religieux n'aiment pas la science ?

(2) Je conseille à celui qui pourrait douter de la vérité de ces assertions, d'aller aux Archives départementales d'Annecy et de compulser, comme je l'ai fait, les cartons de nos maisons religieuses du Chablais ; les redevances exigées étaient si minimes qu'on ne peut établir aucune comparaison avec les prix actuels.

une nouvelle impulsion. Les safranières abondent au xv⁰ siècle; la vigne, connue sous le nom de *plan savoyan*, donne d'excellents vins; plus tard le duc Louis, fils d'Amédée VIII, nous apporta les plans d'Orient; le bétail devient une branche importante du commerce; par des défrichements successifs, la fève et le blé noir se cultivent partout; des fabriques de drap recherché s'établissent, la prospérité règne dans nos vallées.

CHAPITRE V

FRANCHISES DE THONON

ARTICLE PREMIER

(1268-1512)

SOMMAIRE : Les Burgondes, les Francs et les libertés. Le Servage et la Civilisation. — Ce qu'étaient les franchises, leur rôle. — Les villes libres du Chablais. — Texte des franchises de 1268. — Le droit de Bourgeoisie, la taillabilité; leyde, péages, fours et moulins. — Taxe des marchandises. — Droit de vin, foires et marchés. — Texte des franchises de 1301. — Exemption de la main-morte. — Les vins étrangers. — Traité entre Thonon et Evian. — Esprit de famille thononien. — Nouvelles limites du droit de pêche. — Droit de forage. — Traité entre Genève, Ripailles, Concise et Thonon. — Les *Statuta Sabaudiæ*, en face des franchises.

FRANCHISES ET LIBERTÉS DE THONON

Après la chute du premier royaume de Bourgogne (534) le Chablais, avons-nous dit, passa sous la domination *des Francs*, et fit ensuite partie du royaume de Bourgogne transjurane. Fondé par Rodolphe I, il dura de 888 à 1032, année où mourut Rodolphe III, le dernier de ses souverains.

Peu après, apparaît dans notre histoire, Humbert aux Blanches-Mains, le fondateur de la dynastie de Savoie. Les Francs, moins généreux que les Burgondes, s'adjugèrent la propriété de toutes les terres; leurs chefs eurent la plus grosse part à titre de suzeraineté; leurs guerriers jouirent d'un *castel* entouré d'un domaine plus ou moins étendu qui les constituait vassaux; en un mot, la domination franque imposa à nos pères le joug rigoureux du régime féodal. Au-dessous de ces grands suzerains et de leurs puissants vassaux, qu'y avait-il ? Des colons, des serfs, c'est-à-dire le peuple, la multitude. Ce n'était pas l'esclavage abrutissant de Rome païenne, mais un servage onéreux, dont l'abolition était réellement à désirer. Du reste, protégé et relevé par les principes du christianisme, le serf, d'abord attaché à la glèbe, devait recouvrer peu à peu sa liberté et sa dignité.

L'esclavage et le servage disparurent insensiblement chez nous, à mesure que la civilisation chrétienne s'infiltrait dans les masses.

La charité savait aussi adoucir et humaniser le pouvoir. C'est dès lors que nous voyons les habitants des bourgs ou centres les plus populeux, prendre leur essor vers les professions libérales, et obtenir des *libertés* ou *franchises* qu'ils avaient méritées, soit par leur fidélité, soit par leur culture intellectuelle et morale.

Thonon jouit de ce privilège qui lui fut commun avec plusieurs autres petites villes du Chablais, telles que Evian, Yvoire, Allinges et Hermance. Le plus ancien texte de nos franchises remonte au premier décembre 1268. Tout porte à croire, qu'en principe, elles ne furent point écrites ; elles naquirent des besoins des peuples et s'imposèrent par la coutume (1). Les Franchises n'étaient pas un code complet de la législation ou des coutumes autorisées pour les sujets devenus *bourgeois libres*, mais seulement un recueil des privilèges dérogeant à la législation générale, en faveur de quelques villes ou bourgs. De là leur brièveté.

Leur rôle s'étendait aux codes civil, pénal, de procédure criminelle et civile, d'administration, de finances, de police et d'hygiène. Les cas non prévus sont réglés par la loi générale (2).

---

(1) Le terme de franchises (Franchisiæ) adopté dans les chartes qui les octroient, a évidemment une origine franque. Mais en est-il de même de la *chose* ?

(2) Exemple : Articles 5 et 6 des franchises d'Annecy. Mercier, *Souven. hist. d'Ann.*, p. 34.

Les articles qui limitent l'autorité du seigneur, en dérobant la bourgeoisie jurée à *son bon plaisir*, sont les premiers remparts de la liberté municipale. Essentiellement paternelles, les franchises sont des inspirations visibles de la religion. Les amendes et les peines infligées à l'adultère, au maléfice, à l'usure, à la calomnie, au scandale public, protègent, en même temps, la réputation individuelle par des mesures admirables de sagesse. Plusieurs historiens modernes en jugent la pénalité trop fiscale. Ce n'est partout, dit-on, qu'amendes pécuniaires ; l'amende remplace la prison, etc. Ce reproche est mérité ; mais constitue-t-il une accusation bien grave ? Alors, les coupables remplissaient le trésor public ; nos énormes impôts actuels étaient inconnus et les honnêtes citoyens se trouvaient dégrevés des frais que nécessite le rouage de l'État et de la cité, c'est-à-dire récompensés (1). Quoi de plus rationnel et de plus juste ? Le droit du faible et de l'accusé, la liberté et la sûreté individuelles ne furent jamais mieux sauvegardés que dans les bourgs francs.

Dans les codes de franchises, suivant la remarque judicieuse du grand Joseph de Maistre, on ne s'étudia jamais à déterminer les bases du pouvoir politique, mais simplement à restreindre l'exercice de ce même pouvoir. A peu près partout, la confirmation des franchises devait être accordée tous les sept ans et à l'avènement de chaque prince. Nos bourgeois et souverains juraient de les observer. Où trouver un moyen plus facile de rappeler au bourgeois ses devoirs de respect à l'autorité, et de le préparer à une liberté plus complète ?

Les communes libres, assises au bord du Léman, telles que Thonon, Evian, Yvoire, Allinges, Hermance, entretenaient entre elles des relations utiles, sous tous rapports. Les populations avoisinantes jalousaient les privilèges de ces petites cités et cherchaient à y acquérir domicile.

Pour nous, Savoyards, nos franchises ne sont pas seu-

---

(1) Mercier, *Souv. Hist.*, p. 35 et 36.

lement un monument du passé échappé aux ravages des temps, mais elles sont encore un témoin irrécusable de notre antique foi, mère de notre civilisation.

Texte des plus anciennes franchises de Thonon. Leurs confirmations et leurs développements successifs.

Le plus ancien texte de nos franchises a été rédigé dans la langue officielle de l'époque, en latin. Elles sont inédites (1). Nous les avons traduites aussi fidèlement que le permettent certains termes vieillis, annotées et expliquées aussi clairement, qu'il nous a été donné de le faire, pour en faciliter l'intelligence à nos lecteurs. « Nous, Philippe (2), comte de Savoie et de Bourgogne, faisons savoir à tous ceux qui verront les présentes lettres, que pour nous et nos successeurs, nous donnons et accordons à nos hommes de Thonon, qui ont leur habitation et domicile dans ladite ville ou qui voudront y demeurer, *dans la partie qui est de notre ressort (a), la liberté (b)* et les franchises ci-dessous ténorisées. »

a) Cette clause *de notre ressort*, clause restrictive, indique qu'il y avait à Thonon, quelque lieu ou quelques personnes qui ne relevaient pas de l'autorité du prince (3).

b) Il donne à ses hommes de Thonon *la liberté*, et non les libertés. Il semble résulter de là que cette charte est le premier pas vers l'affranchissement, et que les autres n'en furent que les développements successifs.

---

(1) Je donne ici les deux premiers textes qui sont d'une importance radicale. Voyez les deux textes latins originaux de 1268, 1er décembre, et 1301. (*Pièces justificatives*, n° 1).

(2) Il était petit-fils du Bienheureux Humbert et frère du B. Boniface, et de Pierre II, surnommé le Petit-Charlemagne, auquel il succéda. Ce dernier avait déjà donné à la ville d'Evian son code municipal en 1265, en la déclarant franche et libre. De plus, ce fut lui qui la dota de son château-fort, de ses murs et de ses fossés. En 1298, Amédée V confirma ces franchises. Edouard en augmenta les revenus et pourvut à l'entretien de ses fortifications.

(3) Voyez plus haut, trêve de Sciez, 1269.

« Celui qui, après le serment (à la ville), sera demeuré dans ses murs *un an et un jour (a)* sans plainte ni réclamation devra, dans la suite, être tenu pour bourgeois. »

« Si, dans le cours de l'année et du jour, il a été réclamé et convaincu d'appartenir au réclamant, la ville ne doit pas le retenir. Or, la preuve se fera comme suit :

« D'abord, le réclamant doit établir que cet homme est *son taillable (b)*, ou bien s'il ne l'est pas, qu'il lui appartient à titre d'héritage, d'achat, de dot ou de donation, en prêtant serment devant trois témoins *idoines* ou avec deux qui affirmeront par serment l'avoir ainsi vu et appris. »

« Nos hommes taillables ne doivent pas être admis au serment de ladite ville, sans notre consentement spécial (1)*(c)*. »

a) La prescription du droit de bourgeoisie est d'un an et un jour, parce que la saisie s'acquiert par cet espace de temps. Le bourgeois d'une ville franche obtenait la liberté de sa personne et pouvait changer de domicile à son gré; il n'était plus attaché à la glèbe, ni taillable *quoad personam*.

b) La taille était un impôt ou une servitude qui affectait les personnes et les choses ; cet impôt nous apparaît *illimité* pour les taillables à miséricorde et exploitables haut et bas. Au seizième siècle, outre cette taille réservée au seigneur, une autre fut établie et réglée par l'Edit de 1584, réservée au souverain et pesant sur chaque particulier. Répartie par paroisses, la quantité de biens-fonds de chacun en déterminait le taux ; seuls les anciens nobles et autres privilégiés surent s'en affranchir.

c) Le prince voulait leur donner la liberté, et les laisser entrer dans la *bourgeoisie jurée* par grâce et faveur, et non leur voir prendre des moyens détournés à cet effet.

(1) Article confirmé par le comte Amé en 1301 ; par le Conseil souverain le 15 septembre 1400. *Livre-maître* de Thonon, fol. 4, 42, 44.

L'Etranger achetait le droit de bourgeoisie (placet de Thonon de 1742, p. 76). Au XVIIIe siècle, tout bourgeois était tenu de résider dans la ville, au moins six mois de l'année, afin qu'ayant part aux avantages, il supportât les charges ordinaires, telles que logement de troupes du souverain, etc. (*Ibid.*)

« *Item* les bourgeois peuvent tester et instituer tels héritiers qu'ils veulent, sauf les usuriers notoires, dont tous les biens par décès, passent à la disposition du seigneur (comte), à moins que le défunt n'ait un fils ou une fille issu de légitime mariage, et dans ce cas, le fils ou la fille aura les biens immeubles, et le seigneur aura les biens meubles à sa disposition *(a)*. »

« Le seigneur percevra la leyde, à savoir : du blé, mais dans la proportion et mesure de perception accoutumée jusqu'à ce jour ; sur un bœuf et une vache, le seigneur a droit à un denier pour la leyde ; sur un cheval, un mulet, une jument, quatre deniers ; sur un porc, une brebis, un mouton, un bouc et une chèvre, une obole ; sur un veau, un *cabri*, un agneau, s'il se vend deux sols et plus, une obole ; s'il se vend moins, rien (n'est pour la leyde). Sur les étoffes, toiles, marchandises et autres articles qui se vendent au poids sur le marché, attendu que les marchands fripiers payeront (d'ailleurs), il n'est pas perçu une autre leyde pour ces objets *(b)*. »

a) Très souvent le pouvoir féodal confisquait, à son profit, tout l'actif des successions de ceux qui étaient accusés ou soupçonnés d'avoir pratiqué l'usure. Le précepte évangélique : *Mutuum date nihil inde sperantes, prêtez sans exiger d'intérêts*, était alors suivi dans toute sa rigueur, au grand profit de la société, ainsi que l'a catégoriquement prouvé l'abbé Morel dans son savant ouvrage : *le Prêt à Intérêt* (chez Lecoffre, Paris, 1872). Cette ingérence, de la part du pouvoir, avait engendré des abus que toutes les franchises tendent à détruire. Voyez les franchises d'Adhémar Fabri. Celles d'Yvoire, datée du 2 mars 1324, sont moins sévères.

b) Leyda, Leyde, signifie impôt sur les choses vendues dans les foires et marchés. Il représentait l'indemnité due au seigneur qui fournissait la maison et l'enceinte du marché, en surveillait l'approvisionnement et le bon ordre. Sur les grains, la leyde se payait en nature ; sur les animaux ou autres marchandises, elle se percevait en argent.

« Si quelqu'un, après avoir vendu une marchandise sur laquelle il doit la leyde, se retire de la place du marché sans l'avoir livrée, il paiera au seigneur soixante sols d'amende, à moins qu'il ne la rapporte dans la nuit. »

« Le seigneur possède les fours et moulins dans la ville ; les bourgeois doivent moudre dans ces moulins et cuire dans ces fours (a). »

« En foi de quoi nous avons fait apposer notre sceau aux présentes lettres. Donné et posé à Chillon, le lendemain de la Saint-André, apôtre, l'an du Seigneur mil deux cent soixante-huit. »

Tel est le seul et unique texte primitif des franchises de Thonon découvertes jusqu'à ce jour. Nous lisons dans les manuscrits Pescatore : « Par patentes du comte Philippe de Savoie, datées de Chillon 1268, il défend à la ville de recevoir comme bourgeois ses taillables, sans son consentement, exempte les bourgeois, vendant ou achetant, de

---

a) Il s'agit évidemment ici du droit de *banalité* par lequel les habitants d'une localité étaient tenus de se servir, *moyennant une certaine redevance*, des foulons, moulins, pressoirs et fours du seigneur.

Ces moulins étaient situés *subtus Thonon*, sous Thonon, au nombre de deux (Arch. de Turin ; Ch. des comptes, 1455-1456) et le four banal, encore assez connu, occupait à peu près le centre de l'ancienne ville. Nous en parlerons longuement aux comptes annuels des châtelains.

La Révolution, qui nous a affranchis de cet impôt féodal, l'a remplacé par les *octrois* et les *contributions indirectes* qui ne sont guère plus populaires. Voyez les franchises d'Yvoire, d'Annecy, Evian, au sujet des étoffes. Les sujets du seigneur de Coudrée étaient exempts de toute leyde et péage dans les Etats de Savoie. Une curieuse querelle éclata à ce sujet, en 1513, entre un homme d'Allinges et l'exacteur de la leyde à Thonon (1).

(1) Voy. *Pièc. justificat.*, n° 30.

payer la leyde, ordonne à celui qui vendra sa maison de lui payer douze deniers ; à celui qui l'achètera treize, se réservant le pouvoir de la prendre au prix de celui qui l'aura achetée, quinze jours après qu'il sera instruit de la vente d'icelle (maison). Permet aux bourgeois de tester ; aux cabaretiers bourgeois de vendre du vin toute l'année, sauf le mois d'août, en payant l'*octane* du vin ; permet aux bourgeois (de vendre) leur vin, sauf ledit mois ; ordonne à ceux qui vendront ou achèteront aux marchés, à tous ceux qui viendront, de se mettre sous sa garde et celle de la ville ; ceux qui ne voudront livrer la leyde payeront 60 sols. Il *accorde* une foire le jeudi après la Saint-Martin, devant durer trois jours ; une autre après l'octave de l'Ascension. Il se réserve les moulins et fours, défend aux bouchers de vendre la viande corrompue sous peine de vingt sols » (folio 4 du *Livre-maître* de la ville de Thonon).

Le texte primitif des franchises a été évidemment tronqué ; car le manuscrit Pescatore est trop sérieux pour être jamais révoqué en doute (1). Mais ce lambeau d'un glorieux passé, c'est un diamant dont les facettes à demi-brisées réfléchissent dans toute leur limpidité les mœurs, habitudes, faits et gestes de nos pères ; c'est là qu'apparaissent en germe nos institutions politiques, judiciaires et administratives. Voilà pourquoi nous avons voulu lui laisser toute sa fraîcheur. On vénère les reliques ; on n'y touche pas.

Voyons maintenant ce que nous apprend de nouveau le résumé de Pescatore :

1° Les bourgeois sont exempts de payer la leyde ; la taxe des marchandises énumérées ci-dessus ne s'applique qu'aux étrangers ;

2° Le comte se réserve des droits sur les ventes de bâtiments ;

3° Le droit de vendre du vin pendant le mois d'août

---

(1) Pescatore, intendant du Chablais, mourut à Thonon le 3 août 1792 ; il fut enterré sous le marchepied du maître-autel de l'église des Barnabites (église de l'ancien collège). Not. de M. A. de Foras. — *Reg. paroiss.*

(voyez 1336), réservé au seigneur, est rappelé de nos jours par le monopole du *sel* et du *tabac*. Ce monopole, qui ne s'appliquait qu'à la vente en détail, était compensé par la *pleine liberté* de la vente, le reste de l'année. Bonne aubaine, il nous semble !

4° *Il accorde*, ces mots prouvent que ces deux foires n'existaient pas auparavant et que Thonon était monté depuis peu au rang de *ville* du Chablais.

Le droit d'établir des foires et marchés était un droit régalien ou de souveraineté.

La première foire avait lieu le jeudi après la Saint-Martin ; la seconde après l'octave de l'Ascension ;

5° Il défend aux bouchers de vendre de la chair corrompue, sous peine de 20 sols d'amende.

Voici la traduction exacte du second texte des franchises concédées à notre ville (1301) (1) :

« Nous, Amédée Comte de Savoie (2), faisons savoir à tous ceux qui verront les présentes lettres, qu'ayant l'intention de manifester les effets de notre bienveillance et faveur à nos discrets et fidèles bourgeois de la ville de Thonon, nous voulons pour nous et nos successeurs, et nous octroyons à ces mêmes bourgeois, pour eux et leurs successeurs, à perpétuité, *l'affranchissement et l'exemption* de la main-morte ; nous voulons que, à chaque décès, qui surviendrait parmi nos dits bourgeois et leurs descendants ou quelqu'un d'entre eux, leurs biens quels qu'ils soient, qui à raison du vice d'usure ou à l'occasion des inculpations de contrats usuraires de leur vivant, seraient en quelque façon saisis (sequestrés) par nous ou nos gens, que leurs héritiers ou descendants ne puissent en aucune façon, être par nous ou par nos gens, molestés, empêchés ou même troublés, à raison de ce que dessus, et s'il venait à se commettre quelque chose de contraire, nous voulons et statuons dès aujourd'hui,

---

(1) Je crois qu'il est dans son intégrité. Voy. *Pièc. justificat.* n° I.
(2) Amédée V ou le grand était neveu de Pierre dit le Petit-Charlemagne et de Philippe auquel il succéda avec éclat.

comme dès lors, que cette entreprise soit tenue pour nulle et de nul effet. »

« Mandons par la teneur des présentes, et ordonnons à nos baillis et juges de Genevois (Genève) (1) à notre châtelain de Thonon actuellement en exercice ou qui y seront à l'avenir, d'observer inviolablement notre présente concession et liberté, de ne pas tenter ou présumer de ne rien faire de contraire. »

« Confessons avoir reçu et pleinement perçu de nos dits Bourgeois, en retour de la dite concession et liberté, la somme de 40 livres genevoises (2) dont nous nous tenons pour pleinement satisfaits. »

« Donné à Chambéry, le lundi après la fête de saint Grégoire, l'an du Seigneur mil trois-cent-un. »

« Expédié par M. Amblard (3). »

Par lettres patentes du 5 février 1324, datées de Chillon, le comte Edouard concède, à la ville de Thonon, la permission de vendre du vin *en gros*, pendant le mois d'août (4). Auparavant toute vente en gros et en détail était donc interdite. Par là, il déroge au droit réservé au seigneur, à peu près dans toutes nos franchises savoyennes. Dans cette faveur ne sont pas compris ceux qui habitaient hors des murs de la ville ; tels que les habitants de Tully, Concise, Marclaz. Aussi leur défend-il d'user de cette concession (5). Les hameaux obtiendront, plus tard, des privilèges (1440).

Mais voici qui est plus important : Par la même charte, il prohibe dans nos murs ou dans les limites des franchises, l'entrée du vin étranger, récolté hors du territoire de la ville (6). « Item volumus, dit-il, et eisdem burgen-

---

(1) Il possédait, à Genève même, le Château de l'Ile et le Vidomnat, c'est-à-dire la force et la justice.
(2) Comme on le voit, le souverain trouvait une bonne source de revenus dans ces concessions de franchises ; car elles entraînaient, de la part des bourgeois, un correspectif pécuniaire.
(3) *Livre-Maître*, folio 3. Mss. Pescatore.
(4) Mss. Pescatore. *Livre-Maître*, de la ville de Thonon, p. 29.
(5) *Ibid.* Ibid. p. *Ibid.*
(6) *Ibid.* Ibid. p. 7.

sibus concedimus quod nemo quicumque sit apportet vel ei apportare liceat intra dictam villam vel limites franchesiarum dicte ville vina aliqua que creverunt extra territorium dicte ville. Quod si aliquis contravenit, volumus quod pro quolibet modio vini extranei et interius *pro rota* (?) apportato ibidem solvere teneatur apportans quatuor solidos Gebenn. applicandos communi usui ditorum burgensium (1). »

Le contrevenant se voyait frappé d'une amende de deux sols genevois par muid de vin importé du dehors. Thonon acquérait, par là, un avantage immense ; car il s'assurait pour toujours le débit de sa récolte, à un taux élevé ; tandis que les vins savoureux de Crépy, Marin, d'une qualité bien supérieure, demeuraient dans le voisinage, réduits au plus bas prix. Aussi explique-t-on par là, le peu d'étendue de ces vignobles renommés sous la féodalité.

Le comte Aymon, par ses lettres patentes, datées d'Évian, le 12 février 1336, transféra *le ban* ou *octroi du vin* (car telle est ici la signification de ce mot *bannum vini*), du mois d'août au mois de mai. Naturellement il se réservait l'octane nommée en 1268. Ce droit du seigneur de vendre seul du vin, pendant un espace de temps déterminé de l'année, est fixé partout au mois de mai, dès le quatorzième siècle (2).

Thonon et Evian vivaient en bonne harmonie. Ces deux villes, assises au bord du Léman, se tendaient bien cordialement la main, comme deux sœurs, pour se soutenir mutuellement dans leurs intérêts communs. Plusieurs faits le prouvent, entre autres le suivant : Par transaction entre ces deux cités, sous la date du 14 mai 1332, les bourgeois de Thonon peuvent acheter et vendre aux marchés d'Evian, sans payer aucun tribut ; en retour, les bourgeois de cette dernière ville, jouiront des mêmes

---

(1) *Livre-Maître*, de la ville de Thonon.
(2) Mss. Pescatore communiqués par M. Guyon Jules. — *Livre-Maître* de la ville de Thonon. — Voyez franchises d'Annecy, Yvoire, La Roche, Evian.

— 86 —

avantages chez nous. Toutefois, les tributs, usages et commerce *réciproques* sont réservés et maintenus (1).

Nous avons déjà signalé la construction du château d'Evian, par le comte Pierre en 1237, selon Prévost. Ce prince, auteur du code municipal de cette ville, lui concéda aussi, par lettres patentes de 1265, le droit de navage, soit de transporter seule les marchandises par le lac. Mais, il s'en réserve le quart-denier, droit que les Vallaisans abandonnèrent à la ville, en 1540, époque où ils rebâtirent son château (2). Le mois de mai 1279 vit mourir dans ses murs, la comtesse Alix (3). Le comte Philippe accordait aux habitants d'Evian, le 22 juin de la même année, plusieurs privilèges non compris dans leurs franchises antérieures, entre autres : 1° Celui d'élire, parmi eux, quatre prudhommes chargés de percevoir les contributions librement imposées, avec rendement de compte, sans l'intervention de son châtelain ou de son métral ; 2° la jouissance des pâturages communs, dans toute sa seigneurie, depuis le lac jusqu'à Urine ; et de la Dranse, à la forêt de Brest, etc. (4).

Evian, étant au xiiie siècle, la résidence habituelle de nos princes, n'avait alors rien à envier à Thonon.

En 1352, Bonne de Bourbon permit aussi à la capitale du pays de Gavot, de naviguer sur le Léman, sans payer de droit au fisc (5).

Amédée VI (26 avril 1364), Bonne de Bourbon et Amédée VII (17 octobre 1384) ; Amédée VIII (25 avril 1399) récompensèrent tour à tour la fidélité de Thonon, en confirmant ses antiques privilèges (6). Bonne de Bourbon obligea, par lettres patentes datées de Ripailles, le 29 octobre 1385, tous les juges-mages et autres officiers de

---

(1) *Livre-Maître* de la ville de Thonon, folio I et mss. Pescatore.
(2) *Chronique d'Evian*, par Prévost. (Archiv. de Lausanne.) Une copie de cette chronique existe chez M. Laurent, ancien conseiller de la cour d'appel de Chambéry demeurant à *Evian*.
(3) Cibrario, *Tabl. général.*, p. 73.
(4) Prévost. *Ibid. Regest. Genev.*, n° 1161. M. D. G. t. xiii, p. 10
(5) De Saint-Genis, t. i, p. 489.
(6) *Livre-Maître* de la ville de Thonon, folio 7, mss. Pescatore.

justice prenant possession de leur charge, au serment solennel, en présence *de nos syndics et conseil*, de ne rien innover aux dépens de nos privilèges (1). C'est bien à nos franchises, qu'il faut attribuer cet esprit de famille qui caractérisa, dès cette époque reculée, les habitants de notre ville libre. Le forain n'était point un ennemi ; mais il était étranger aux faveurs de la cité, et regardé comme tel, jusqu'au moment où il acquérait les droits de la bourgeoisie par un séjour pacifique d'un an et un jour.

Le 2 janvier 1410, le comte Amédée VIII donne à Thonon de nouvelles preuves de son affection. En vertu d'anciennes lettres patentes, la ville avait le *droit de pêcher*, du noyer Colomb au nant de Marclaz, et du rivage au milieu du lac (2). La faculté de pêcher fut, de tout temps, un droit seigneurial.

Le Prince recule ces premières limites jusqu'à la Dranse, et au château de Roveriaz (Ravorée), (3) avec la ligne de démarcation primitive, divisant le Léman en deux parties égales (4).

Louis, fils d'Amédée, devenu lieutenant général des Etats de Savoie, établit à Thonon le droit de *Forage*, par lettres patentes du 24 avril 1435. C'était une taxe imposée « sur ceux qui faisaient encaver ou décaver des tonneaux de vin en ville, ou charger sur les chevaux (5). » Plus tard, notre ville passa reconnaissance de ce revenu en faveur

---

(1) Placet de 1742, p. 72. — Le tout confirmé par le duc Charles, dans les chapitres et règlement des Etats de Savoie assemblés à Chambéry, le 4 août 1489. (Arch. Picard). Dominique et Jean Suchet, et Claude Dorlier, juges mages de Chablais (3 juin 1570 — 2 janvier 1579 — 15 octobre 1580) durent se soumettre à ces exigences bourgeoises *(Ibid)*.

(2) Le nant de Marclaz est connu, mais on ignore l'endroit ou se trouvait le noyer Colomb.

(3) Le château de *Rovêriaz* (ainsi est-il orthographié dans les vieilles chartes, et prononcé actuellement par les habitants du rivage chablaisien) était un ancien manoir féodal, situé sur un promontoire dominant le lac entre Yvoire et Excenevex. Sa double enceinte de fossés est encore très-reconnaissable. Il fut assiégé en 1307. (Voy. les cartes de Mercator en 1633 et de Placide en 1691).

(4) *Livre-maître* de la ville de Thonon, folio 9, mss. Pescatore.

(5) *Livre-Maître*, fol. 39 et 40. Placet de 1742, p. 18 et 80.

de Charles-Emmanuel, à cause de son fief du château (de Thonon) en s'engageant à solder 60 livres de servis annuel (1). En 1437, le même duc Louis nous affermait aussi ses fours, moulins, et bois, sous la cense de 12 muids, soit 144 coupes de froment (2); le muid était de douze coupes.

Le duc Amédée VIII, devenu pape, sous le nom de Félix V, n'oublia pas son cher Thonon qu'il avait agrandi et enrichi. Genève, que son importance rendait prépondérante dans le commerce sur lac Léman, s'arrogeait fréquemment certains droits contestés par les autres villes riveraines. C'est pourquoi, à la suite d'un interminable procès, entre le procureur épiscopal, les syndics et le conseil de Genève d'une part, et les syndics et conseil de Thonon d'autre part, Félix V rendit le 18 août 1446, au couvent de Saint-Dominique hors les murs (à Genève), une sentence arbitrale sur cet objet. Il déclara que les habitants de notre ville, ainsi que ceux des villages de Ripailles et de Concise, seraient exempts de leydes, gabelles, péages, impôts sur les rues, rivages, ponts, pour toutes les marchandises qu'ils transporteraient, par terre ou par eau, chez les Genevois. Ceux-ci devaient jouir, de leur côté, d'une franchise réciproque (3). Son fils, le duc Louis, approuva cette décision, par lettres patentes datées de Chambéry, le 19 mars 1451 (4).

Cependant le même Amédée VIII porta une première atteinte à nos franchises en édictant son code des *Statuta sabaudiæ* qui inaugura la centralisation.

Philibert-Emmanuel et Charles-Emmanuel devaient achever cette œuvre.

---

(1) *Livre-Maître*, fol. 18. Mugnier, not^{re}.
(2) Placet, p. 81.
(3) *Livre-Maître* de Thonon. fol. 15. mss. Pescatore. Titre des Archives de l'Intendance de Thonon transporté aux archives départementales d'Annecy.
(4) *Livre-Maître*, folio 17. — Mss. Pescatore Par sentence du Conseil de Savoie du 6 avril 1399, les bourgeois d'Evian, nos voisins, avaient déjà été maintenus dans la possession de naviguer sur le lac, sans payer aucun droit dans les ports de Vaud et du Chablais.

En attendant, Amédée IX, le bienheureux, grand ami du peuple et des pauvres, dont la naissance est une gloire pour notre ville (3 janvier 1469), et Blanche de Savoie, tutrice de Charles II (2 avril 1490) renouvelèrent aussi la confirmation de nos libertés (1).

---

(1) Par lettres patentes aux dates susdites. — *Livre-Maître* de la ville de Thonon, folios 9 et 88. — Voy. aussi Mss. Pescatore et arch. départementales, à Annecy.

LIBERTÉS, PRIVILÈGES ET FRANCHISES DE THONON

ARTICLE II

(1512-1792)

SOMMAIRE : *Le Papegai.* — Origine du papegai. Amédée VIII, Charles III et Berne. — Noble Georges Joly, capitaine de la jeunesse. — Querelle. — Charles-Emmanuel accorde 30 écus au roi du tir. — Nouvelles difficultés. — Victor-Amédée Ier. — Grand émoi au sujet de Philippe Charrière. — Les Chevaliers de l'Arquebuse de Thonon et d'Evian. — Ferment de discorde. — Annales chevaleresques de Thonon et d'Evian. — Saint Sébastien, patron des tireurs ; cérémonial du tir.

PAPEGAI

Les Princes de Savoie favorisèrent, en Chablais, une institution fort goûtée de nos populations : L'établissement du tir au papegai et le concours aux prix francs. Suivant M. Vulliemin, il faudrait en faire remonter l'origine aux temps de Pierre de Savoie. Amédée VIII l'autorisa par ses statuts de 1430 ; Emmanuel-Philibert, Jacques de Savoie confirmèrent, tour à tour, ces réjouissances publiques, où l'agréable s'accordait si bien avec le besoin de former des citoyens plus aptes à défendre leurs foyers. Ces exercices développaient l'adresse et l'esprit militaire. Nos bourgeois, qui suivaient leur souverain dans les combats, avaient acquis par l'usage de l'arc, de l'arbalète ou de l'arquebuse une rare précision à atteindre l'oiseau perché dans les airs. Les hourras enthousiastes de la foule acclamaient le vainqueur.

Le 18 octobre 1512, Charles III, duc de Savoie, confirmant un droit coutumier, exempta de toutes impositions royales ou municipales (telles que dons, subsides, fortifications, gabelles, tributs, leydes, etc...), le roi de l'arquebuse ou du papegai, « pendant l'année qu'il estoit roy » (1). Berne avait reconnut cet usage le 15 juin 1542 (2).

En 1574, le bruit se répandit à Thonon que le duc Emmanuel-Philibert, informé de l'élection de noble Georges Joly comme capitaine de l'abbaye de la jeunesse, avait octroyé le 25 novembre 1572 des lettres de porte-enseigne à messire Amé Sachet, et défendu aux syndics et audit capitaine de ne plus jamais s'ingérer dans cet exercice (3). A cette nouvelle, une supplique est adressée au prince par notre municipalité (4). Le souverain accorde la révocation des lettres Sachet, se réservant toutefois le droit de constituer *les cappitaines et aultres gens de sa milice sans préjudice des ordonnances d'icelle selon qu'il lui semblera convenable;* il laisse à notre ville l'élection du chef de la jeunesse et de son porte-enseigne, selon son coutumier. C'était le 27 janvier 1574.

Charles-Emmanuel fit plus; il augmenta les privilèges de ces compagnies; à la demande de messire Etienne de

---

(1) Turin, *Arch. roy.* paquet 1, additions, n° 1.

(2) Turin, *Ibid. Livre-maître* de la ville de Thonon, fol. 14 et Mss Pescatore. « Le roi sera exempt des charges ès dittes lettres mentionnées, toutefois la charge de la guerre réservée. » Sachet, notaire.

(3) Turin, *Arch. roy.* paq. 1, n° 17. *Mém. et doc. de la Soc. d'Hist. et d'Arch. de Chambéry,* t. VI.

(4) Les Bourgeois déclaraient n'avoir jamais procédé à aucune élection de capitaine ou porte-enseigne, mais seulement que suivant leurs « anciennes coutumes et usages les compagnons harquebousiers et aultres jeunes gens de la ville de Thonon *au mois de may pour l'exercice....* étaient coustumiers de nommer et eslire ung chief qui conduict la compagnie tant audict jeu de l'harquebouse tirant au papegai, que aultres honorables exercices, lequel chef est nommé des ungs abbé, des aultres cappitaine de l'abbaye. »

Compoix, gouverneur du château (de Thonon) (1), il accorda une récompense de 30 écus de trois livres (2) au roi du tir de l'harquebuse (14 février 1581). En 1602, la ville, de son côté, fournissait annuellement, pour le tir au papegai, un char (3) de vin blanc, pris sur les dîmes du prieuré de Saint-Hippolyte et de la cure de Tully, et six écus d'or. Environ trente ans plus tard, des difficultés surgirent à ce sujet. Noble Antoine Deprez, Michel Brigand et Noble Maurice de Brotty, conseigneur de Nernier, proclamés rois en 1610, 1611 et 1612, ne reçurent point le prix octroyé par les lettres patentes de 1581. De plus, le procureur patrimonial les renvoya au jugement du Souverain par ses conclusions du 25 mai. Celui-ci s'empressa de statuer, de sa ville de Turin (26 décembre 1612), qu'à l'avenir, chaque roi devrait aussitôt recevoir la dite récompense sans dilation ni difficulté (4).

Victor-Amédée I (28 novembre 1632) et Charles-Emmanuel II (3 octobre 1670) ratifièrent les privilèges (5) du papegai. Ce dernier, en vertu de lettres patentes, datées de Turin, le 5 février 1667, avait nommé Philippe Charrière (de la ville de Thonon), ancien gentilhomme archer de sa garde, *sergent-major* des provinces de Chablais, Ternier et Gaillard « avec pouvoir d'exercer cette charge,

(1) Le même qui assista à la bataille de Saint-Quentin.
(2) Lesdits 30 écus étaient assignés sur les deniers casuels et extraordinaires du Chablais, et sur les amendes provenant des usurpations de l'eau de Ripailles. *Livre-maître* de Thonon, fol. 15. Arch. de la Chambre des Comptes, Lett^{es} pat^{es}, 1581-1582 n° 14, p. 28. — Mss Pescatore. *Mém. et doc. de la Soc. d'hist. et d'arch. de Chamb.*, t. VI, doc. 43, p. 18, etc.
(3) Le char était de 12 setiers de 50 litres. — Les conventions passées en 1602 entre la Sainte-Maison et les Nobles syndics et conseil de Thonon portent : « *Item* qu'il sera annuellement employé un chart de vin blanc, de celui des dîmes du prieuré et cure de Tully et six écus d'or pour le tirage du papegeai des arquebusiers, suivant la coutume de tout temps observée. *Item* que le roi des arquebusiers de ladite ville sera exempt et franc du paiement de tout laod, dîmes, cens et fermage, dépendant de ladite communauté, aussi comme est accoustumé du passé. »
(4) *Livre-maître*, fol. 15. Mss Pescatore. Chambre des Comptes, Turin, Lett^{es} pat^{es}, 1612-1615, n° 26, p. 108. *Mém. et doc. de la Soc. d'hist. et d'arch. de Chamb.* t. VI, p. 26.
(5) *Livre-maître* de Thonon, fol. 37 et 57, Mss Pescatore.

commander l'exercice du mousquet et de la pique... dresser les jeunes gens et autres sujets propres à porter les armes » (1). En cette qualité, il prétendit exercer l'abbaye de la jeunesse, aux jeux publics. La connaissance de cette nomination cause un grand émoi dans la ville; on répond à Charrière par un refus énergique de soumission. La Charte de 1574 laissait à Thonon le libre choix de l'abbé, soit chef de la compagnie et de son porte-enseigne ou banderet. Charrière y voit un empiètement (2); il se plaint d'une injure publique que lui aurait infligée l'abbé, qui, en qualité de major élu de la ville et de la bourgeoisie, avait osé lui commander une année auparavant, et le reléguer ainsi au second rang (3). Charrières dut abandonner ses prétentions, comme contraires aux franchises.

Toutes ces réjouissances publiques se prolongèrent avec la paisible possession de leurs privilèges, jusqu'à la Révolution française. Victor-Amédée II les confirma, à Turin, le 29 novembre 1686 et le 30 avril 1726 (4). L'intendant Pescatore les vit encore en plein exercice de 1781 à 1792, époque où il mourut (5).

(1) Turin, *Arch. royal.* Thonon, paq. 1, n° 17. *Mém. et doc. de la Soc. d'hist. et d'arch. de Chamb.* t. VI, p. 40.

(2) « Il est très véritable, dit-il, que lorsque la jeunesse s'arme, les chefs de famille en font de même jusques aux syndics et conseillers qui marchent, l'espée au coté et en corps et en bataille, drapeau déployé, et font publier auparavant, par tous les carrefours, que chacun ait à porter les armes à peine d'amende, non seulement pour l'assemblée du papegeai, mais encore pour celle du guay de leur foire, dont n'est fait aucune mention dans ladite patente (de 1574). »

(3) Turin, *Arch. roy.* paq. 1, n° 17. *Mém. de la S. d'hist. et d'a.* de Chamb., *id.* Il existait donc, outre le sergent-major de la province, un *major milicien*, et un major de mandement; car, le 26 février 1676, la duchesse Marie-Jeanne-Baptiste nomme monsieur de Brotty pour commander les habitants du mandement de Thonon, sous la direction du marquis de Coudrée *(Reg. des délibérations municip. de Thonon* et Mss Pescatore.). Déjà par lettres patentes du 16 juin 1667, Charles-Emmanuel avait chargé M⁶ Maurice Melchior de Brotty d'Antioche de tout ce qui regardait la défense de la ville, en faisant prendre les armes et exerçant ceux qui étaient en état de les porter. Nommé colonel, celui-ci commanda les habitants de Thonon, sous la direction du marquis de Coudrée. La ville formait quatre compagnies bourgeoises. *(Ibid.)*

(4) *Livre-maître* de Thonon. — Mss. Pescatore et Mss. de la Sainte-Maison.

(5) En marge de ce privilège, il a écrit de sa main : « On en jouit. »

LES CHEVALIERS DE L'ARQUEBUSE DE THONON
ET D'ÉVIAN

La ville d'Evian possédait, elle aussi, depuis longtemps, sa société de tir, quand Marie-Jeanne-Baptiste de Savoie-Nemours, mère et tutrice de Victor-Amédée II, l'autorisa à élever un papegai (par lettres patentes du 17 décembre 1675), et lui accorda une prime annuelle de 100 florins pour le roi de l'arquebuse. Thonon, Evian, les Allinges, Douvaine, Filly, etc. rivalisaient de courtoisie et d'adresse, et s'invitaient mutuellement à leurs concours aux prix francs (1). Un incident fâcheux faillit cependant rompre l'harmonie des deux premières villes citées. Les ferments de discorde entre Evian et Thonon existaient dès 1475 ; cette même année, la ville de Thonon était devenue le siège de la judicature de Saint-Maurice ; en 1639, malgré les réclamations de sa voisine, son titre de capitale du Chablais lui fut officiellement confirmé. Evian cacha son dépit derrière ses murs féodaux, sans renoncer à la primauté (2).

L'année 1684 les réjouissances du tir eurent lieu à Chambéry ; de nombreuses invitations furent adressées aux Sociétés de Savoie et des provinces voisines. Thonon ne répondit pas à l'appel ; mais Evian y envoya spectable Josué Bordet, avocat au Sénat, bourgeois d'Evian et son roi de tir. La compagnie de la jeunesse de Bourg-en-Bresse préparait, à son tour, une fête prochaine ; elle remit donc à Messire Bordet des lettres adressées au *Roy et Capitaine de Chablais*. Celui-ci les transmit à son capi-

---

(1) Les chevaliers tireurs de Thonon furent invités par lettres au grand concours de prix franc qui devait avoir lieu à Lyon, à l'occasion du passage des ducs de Bourgogne et de Berry, le 18 mars 1701. *(Mss. de la Sainte-Maison et Délibérat. municipal.)*

(2) La lettre de Christine de France (1639) statuant que le titre de capitale du Chablais accordé à Thonon, ne pouvait préjudicier aux privilèges d'Evian, produisit dans cette dernière ville, une tempête dont les mss. de l'époque présentent de nombreuses traces.

taine d'Evian, Guillaume de Varax, seigneur de Neuvecelle. Notre abbaye, informée de ce fait, s'en montra indignée. Pourquoi ces missives n'avaient-elles pas été transmises à notre ville ou au moins ouvertes en commun ? Claude Joseph Michaud était, alors, roi de Thonon. Son père adressa, le 23 juillet 1684, la lettre suivante à un abbé Frézier, probablement commensal ou chapelain de M. de Varax (1). « Vous avez vu le temps qui a empêché M. Pioton et moi d'aller dîner chez M. de Varax, et messieurs nos tireurs de concourir au prix. L'excuse est légitime. Si ces messieurs d'Evian veulent bien transférer le tir à mardi prochain et nous avertir demain, notre présence leur est assurée. »

« La Lettre (de Bourg) arriva seulement mardi dernier ; arrivée samedi, elle eût été portée à Thonon dimanche, puis ouverte au tirage. Tels sont vos paroles de vendredi dernier. Or, soit dit entre nous, nous savons de bonne part, même d'un bourgeois évianais, qu'elle était chez vous il y a samedi huit jours. Et cependant, elle s'adressait au roi et capitaine de la province de Chablais. Pour le maintien de la paix et de l'union il fallait donc l'ouvrir de concert dans nos murs, car de tout temps nous avons joui du papegeai, tandis qu' « Evian ne le possède que depuis huit ans (2). »

« Monsieur de Varax, grâce à sa justice et à son équité, ne partagera pas les sentiments de quelques esprits brouillons, heureux de rompre la bonne intelligences de nos deux cités et d'empêcher notre participation aux réjouissances publiques de Bourg. »

« Si j'étais maître de la situation, je ne choisirais en tout ceci d'autre juge arbitre que M. de Varax ; mais, vous savez à qui nous avons à faire ici.... »

« Je vous en prie donc, usez des moyens et tempéraments convenables, afin que la paix se conserve et

---

(1) Cette correspondance publiée avec le style de l'époque dans *le Chablais* (n°ˢ 20, 21, 22, 23 — 1878), m'a paru trop aride, je me suis permis de l'habiller sans la moindre altération du sens.

(2) Comme *autorisé (ut suprà)*.

croyez-moi votre très-humble et obéissant serviteur et compère. » — MICHAUD.

(Thonon, 23 juillet 1684).

L'abbé Frézier communiqua seulement le premier article de cette lettre. De là survint une suite de malentendus et de petites rivalités qui déterminèrent une assez longue correspondance où l'acrimonie perce de part et d'autre, et dont le résultat, quant à l'objet du litige, demeure incertain faute de plus amples documents (1).

SAINT SÉBASTIEN, PATRON DES TIREURS

La Religion intervenait dans les divertissements du tir. Nos braves chevaliers avaient choisi pour patron, saint Sébastien. De là notre chapelle de *Saint-Sébastien,* qui leur servait de lieu de réunion (2).

La fête s'y célébrait solennellement ; tous les chevaliers devaient assister à la messe, à l'office et appartenir à la confrérie. Les blasphèmes qui se seraient proférés, durant les jeux du tir, étaient punis d'une forte amende.

CÉRÉMONIAL DU TIR, QUALITÉS, HONNEURS ET CHARGES
DES ARQUEBUSIERS ET DE LEUR ROI

L'Hôtel-de-Ville fut, de tout temps, le rendez-vous d'où partait le cortège, pour le tir solennel. Le capitaine donne le signal ; aussitôt trois arquebusiers ouvrent une marche militaire, une flèche à la main droite. Une arme semblable est portée de la même façon, par chacun des

---

(1) Voy. *Pièces justificatives,* n° 28.
(2) La chapelle de Saint-Sébastien, fondée dans l'église de Thonon, possédait différents biens-fonds, entre autres, en 1512, une maison, à la rue dite de Saint-Sébastien. (Arch. de la cure de Thonon). Le 11 septembre 1596, Frantz Neguæli, advoyer de Berne, en qualité de procureur de Berne, qui était très avide des revenus, des fondations et institutions patriotiques de nos pères, l'afferma à M. Pierre Joly de Thonon.

membres et un arc ou une arbalète repose sur le bras gauche. On se dirige d'abord vers la place du château, pour remonter ensuite vers le quartier de la Croix. L'étendard précède le cortège; arrivé sur la place de Crête, lieu du tir, il est plié et rapporté à la Maison commune.

Un serviteur de ville vêtu de son manteau porte l'oiseau quelques pas en avant, sur le parcours, le prince ou la princesse sont salués à leurs balcons et fenêtres, par un abaissement commun de la flèche et de l'oiseau perché. Le roi de l'année précédente ouvre le concours; il doit lancer la première flèche. Des maîtres d'armes chargent les arquebuses.

A la chute du papegai, les acclamations, les applaudissements et les hourras éclatent; l'enthousiasme se répand de toutes parts; on court reprendre l'étendard à l'Hôtel-de-Ville et le cortège s'organise pour rentrer en ville dans le même ordre qu'il était sorti. En passant devant l'Eglise, tous entrent dans le saint lieu, et le roi va offrir l'oiseau abattu à *saint Sébastien, patron des tireurs* (1).

Aussitôt après, banquet, danses et réjouissances se succèdent; on tire des fusées et des pétards; les prix, marqués au sceau de la ville, sont distribués par les syndics (2).

Ne pouvaient prendre part à ces tirs, que les bourgeois résidant en ville, depuis un temps déterminé (3).

A la fin du xviie siècle, de lourdes charges s'imposaient au roi du papegai. Le soir même du concours, il servait une

---

(1) Mercier, *Souven. hist.*, p. 245.

(2) *Arch. de la municipalité.* — De là, grande émulation pour le maniement des armes; ces exercices nous expliquent comment les levées de troupes, si fréquentes en Chablais, trouvaient toujours des soldats exercés,

(3) Cette loi s'observait avec une scrupuleuse exactitude. Ainsi le 8 juillet 1561. « *La compagnie des nobles bourgeois de Thonon* traversait la place Château, quand N[e] Jean Joly remit l'étendard à son frère George qui le porta à travers la cité. Ce dernier habitait Ambrunel. N[e] Jean Philibert Bonnet se plaignit amèrement de cette infraction au règlement. L'affaire fut portée à Berne qui acquitta le coupable *(Arch. de Berne, Savoie.* p. 2.) Le droit de bourgeoisie était fixé en 1728 à 40 flor., sauf à augmenter ou diminuer cette somme suivant les facultés de celui qui était présenté. » (Mss. Picard).

brillante « collation » à ses compagnons d'armes, et le lendemain, un somptueux dîner était offert au Conseil de ville et aux mousquetaires qui l'avaient accompagné la veille après son triomphe, depuis la place de Crête.

Le Conseil, voyant cette institution décliner, par délibé-bération du 10 avril 1698, mit fin à cet usage devenu trop onéreux (1). Les bannerets même qui n'étaient pas toujours fortunés devaient supporter des dépenses assez lourdes.

On désignait, sous ce nom, le capitaine général à qui le châtelain confiait la grande bannière ou le principal étendard ; car chaque quartier de la ville avait son capitaine. Du vivant de l'intendant Pescatore, quelques années avant la Révolution française de 1792, le banneret déployait annuellement devant son habitation le grand étendard de la ville, le jour de la fête du Corps-Dieu. Les gentilshommes de la province recherchaient volontiers cette charge.

Elle est occupée en 1665 par Maurice Melchior de Brotty; en 1701 par N° Jacques Mari de Genève ; en 1717 par Jeorges Rivolat ; en 1718 par Louis Vignet ; en 1726 par le baron d'Yvoire, etc.....(2).

---

(1) A cause des dépenses, plusieurs ne se souciaient plus de tirer à l'oiseau. Mss. de la Sainte-Maison. Aussi avait-on accordé en 1580 un quart de livre de poudre à chaque arquebusier *(Délibérat. municipal.)*

(2) On trouvera de nouveaux détails au sujet du papegai au chapitre VIII, où nous décrivons le régime intérieur de la cité à la fin du xvi° siècle.

FRANCHISES

ARTICLE III

Sommaire : *Foires* (1268-1477-1514-1598). — Impositions sur les étrangers. — La halle. — Démêlé commercial. — La vente sur place. — Privilèges de Philibert-Emmanuel. — La population allemande. — La lanterne tournante de Thonon — Confirmations de Charles-Emmanuel. Confirmations subséquentes et *placet* de 1742.

Nous avons vu, en 1268, le comte Philippe de Savoie, accorder à Thonon deux foires annuelles : l'une le jeudi après la Saint-Martin ; l'autre, le jeudi après l'octave de l'Ascension. — Le comte Philibert, et la duchesse Yolande sa mère, nous gratifièrent à leur tour, en 1477, de trois foires de la durée de trois jours chacune (1). C'était là une véritable source de commerce et de prospérité. Aussi notre ville l'a-t-elle compris. A sa demande, Charles III (8 août 1514), lui permet de tenir celle de Crête, dans le mois de septembre, et la déclare franche (2). Le 12 novembre 1598, une nouvelle et précieuse faveur est octroyée.

Le Chablais et sa capitale ayant été, « dès longtemps espuisés d'argent et moïens, tant pour cause des fraccatz

---

(1) *Livre-Maître*, folio 24, mss. Pescatore. A partir de cette date nos foires et marchés sont *déclarés francs*, selon le placet de 1742, présenté par Thonon au souverain. *(Soc. d'hist. et d'arch.* de Chambéry, t. VI, Doc., 50 p. 78.)

(2) *Livre-Maître*, folio 14, mss, Pescatore.

de la guerre, que pour mancquement de commerce et trafficque » Charles-Emmanuel accorde, à notre cité, l'établissement de quatre foires franches annuelles, de quinze jours chacune. Elles se tiendront, tous les trois mois, les quinze premiers jours des mois de *mars, juin, septembre* et *décembre*.

Pendant ce temps, tout achat, toute vente sont prohibés en dehors des dites foires, sous peine de confiscation des marchandises, au profit de l'hôpital et des pauvres de notre bourg franc.

En revanche, exemption des péages et *pontonnages* (soit impôt sur les ponts) pour l'aller et le retour ; immunité, exemption de la prison, au sujet des dettes civiles (1) seront hautement proclamées, à la face des exacteurs menacés d'une amende de mille livres, si jamais ils osent contrevenir à l'ordre du souverain. Thonon percevra encore la leyde des grains, bétail et marchandises arrivant de l'étranger (2).

Ces revenus serviront à la construction d'une halle, d'un collège et à la réédification de l'église « *ruinée par lesd*ᵗˢ

---

(1) Telle est la teneur de la charte primitive. Mais la coutume, ou d'autres décrets interprétèrent la loi ; car le placet de Thonon, en 1742, porte : « Aucun bourgeois ne pourra être mis en prison, pour dettes civiles, *ni être ouï en matière d'ajournement personel pour injures légères* ; mais il sera mis *aux arrêts dans l'Hôtel-de-Ville* et entendu dans ses réponses, et, en cas d'infraction d'arrêt, conduit dans les prisons ducales. »

(2) « Sur les étrangers tant seulement, assavoir le Coupponage des dᵗˢ grains quest ung *pochetton* (petite poche) pour sac revenant à la trencte sixiesme partie d'une mesure pour chascung quintal de marchandises qui se passeront ; deux quarts, pour la vente d'un beuf, vache, mouje (moje ou moige, en patois, signifie génisse) et chevalline ung quart, comme aussi d'exiger et retirer des bouchers et autres vendants chair... assavoir pour chascun beuf, 2 sols, pour chascune vache 1 sol, pour chascun veau et mouthon deux quarts, ensemble sur chasque tonneaux de vin qui se vendra et débitera au dict lieu 10 souls, à la charge d'employer les dᵗˢ deniers à l'achept de quelque place, en la quelle sera batie et construite *une halle* et banc pour tenir les dᵗᵉˢ foires auquel lieu soient observés les poids et mesures accoustumés et usés en la dᵗᵉ ville de Thonon. » *(Mém. et doc. de la Soc. d'hist. et d'arch.* de Chambéry t. VI, doc. XLIV). Arch. de la ch. des Comptes, d'où j'ai tiré un résumé exact. *Let. pat.* 1601-1604. Vol. n° 23, p. 221.)

gens de guerre (1). » Où fut bâtie la halle de 1598 ? La duchesse Christine, tutrice de Charles-Emmanuel, à la requête de syndics et bourgeois de Thonon, leur abandonna, par lettres patentes datées de Turin, le 1ᵉʳ juillet 1643, la place du château de Thonon « en l'estat qu'elle se treuve à présent, pour y fabriquer une grenette à tenir les bleds et autres marchandises (2). » Après trois ans, si le nouvel établissement n'est pas élevé, la ville est privée du bénéfice de cette donation (3).

Toutes ces foires étant franches, on pouvait y vendre des marchandises : étoffes, toiles, friperie, etc., apportées de Genève, de Suisse et autres lieux. Or, vers 1740, au grand préjudice du pays, les étoffes de laine et friperie furent prohibées (4). De là, réclamations énergiques de la part des trois syndics : de Brotty, Guyon et Vignet, qui, dans un placet de 1742, 10 mars, réclamaient du souverain la confirmation des privilèges que nous avons énumérés (5). L'obtinrent-ils ? Nous ne le savons point.

Rappelons qu'aux jours de marché, personne ne pouvait vendre ni acheter blé, fruit, beurre, volaille ou autre chose, hors de la place *du marché* sous peine de confiscation contre les acheteurs, et d'amende contre les vendeurs (6). Cet article accordé par le comte Philippe, con-

---

(1) Le premier objet est désigné expressément ; les deux derniers entrent dans les préliminaires.

(2) Le couvent des capucins devait donc subsister.

(3) Turin, *Arch. royales*, art. *Thonon*.

(4) Au préjudice du pays, dis-je : car (1° les finances de la douane éprouvèrent une baisse considérable ; 2° les marchands genevois et suisses vendaient à meilleur marché ; 3° l'argent qu'ils retiraient activait le commerce par des achats immédiats de porcs et châtaignes du Chablais : (Placet de 1742, p. 82.)

(5) Ce document, que nous avons déjà cité et que nous citerons encore, se trouve au tome vɪᵉ des *Mém. et doc. de la Soc. d'hist. et d'Arch.* de Chambéry.

(6) *Livre-Maître* de Thonon. Mss. Pescatore et *Placet* de 1742, p. 79.

En 1532, sous les peines comprises dans les franchises, il était défendu d'acheter à une demi-lieue de distance de la ville si les denrées à vendre n'avaient été présentées dans la halle de la place de Thonon, soit devant l'église de Saint-Hippolyte. (Archiv. de Thuiset.)

firmé par Amédée VIII le 15 mai 1430, rendait les prix accessibles à tous, en attirant les marchandises.

Berne confirma purement et simplement nos libertés antiques le 9 mars 1540 (1).

Non content de les confirmer, le 15 septembre 1567, Philibert-Emmanuel les augmenta encore, en accordant les articles de police suivants (2) :

1° Les syndics et bourgeois ont la permission et pouvoir de préserver les biens d'un chacun, par imposition de peines et d'amendes de cinq florins et au-delà. Ils peuvent ordonner, à tout habitant, le maintien des clôtures de toute propriété sise au territoire de la ville, et statuer des peines, aussi bien contre le propriétaire récalcitrant, que contre le délinquant surpris à les briser (3).

2° Aucun habitant, de quelle qualité qu'il soit, ne vendangera ses vignes avant le jour déterminé par les syndics et conseillers (4).

3° Tout bétail, vache, porc ou autre animal causant dommage dans les prés, vignes et autres terres, malgré les défenses et proclamations préalables, demeurera comme garantie des amendes statuées.

4° Toutes les fois que besoin sera, après avertissement

---

(1) *Livre-Maître*, folio 108, mss. Pescatore. Les principales foires existantes en Chablais en 1573, étaient celles *de Crête* à Thonon 16 août, celle de Lullin le 30 septembre et encore celle de Thonon le 18 novembre (Voy. *Rev. savois.* 1867, n° 7).

(2) On sent, ici, le peuple renaître à son ancienne liberté ; c'est pourquoi nous rapportons ce document *in extenso*.

(3) Ces droits et juridiction du conseil dans les intérêts de la ville et de la police, sont anciens. Plus que probablement, ils ont commencé comme *Us et coutumes;* car déjà les franchises de 1268 (le lendemain de la Saint-André) mentionnent des amendes établies et confirmées par les dites lettres (*Livre-Maître* de Thonon, folio 4 et suiv.) Le comte Amé (26 avril 1364), Bonne de Savoie, Amé son fils (17 octobre 1384, folio 7), 25 avril 1399 ; le duc Amé (3 janvier 1469 fol. 9), au prix de quinze florins, et Yolande de Savoie (1er 1477) les renouvelèrent, les augmentèrent et confirmèrent tour à tour. Nous verrons Charles-Emmanuel se montrer encore plus libéral, en 1669. — Ces amendes étaient appliquées à l'hôpital, (texte de confirmation de 1567, 15 septembre).

(4) Il s'agit évidemment ici *des bans* au préjudice, est-il ajouté, des criées par temps immémorial accoustumées à faire. Le règlement des vendanges est signalé le 2 septembre 1584. (*Délibérat. municip.*)

public, chacun nettoiera sa place respective de la rue, et réduira en lieu retiré, les ordures, druges et fumiers, afin d'éviter toute infection dans l'enceinte de la ville.

5° Aucun bourgois ne doit donner permission à personne d'habiter dans sa maison ou autres édifices lui appartenant, sans l'acceptation des syndics, conseillers, et surtout du gouverneur (1).

6° Les syndics et conseillers contraindront les individus, infectés de la peste, à suivre les mesures par eux prises en vue d'éviter la contagion.

7° Le Conseil conserve ses droits sur les boulangers, hôtes et hôtesses. Selon le *placet* de 1742, il jouit du droit séculaire d'inspection et de juridiction sur cette classe de citoyens, depuis les patentes du comte Philippe, datées de Chillon, le 1er décembre 1268 (2).

Boulangers, hôtes et cabaretiers ne pouvaient donc exercer leur métier, sans la permission du conseil, et sans le versement exact des droits accoutumés.

Ces droits s'expliquent facilement pour les boulangers, voici comment : La ville affermait ses deux fours, moyennant une somme annuelle déterminée; elle fournissait les bois nécessaires au chauffage pris dans les forêts communes, et se chargeait des réparations (3). Or, dès le XVIe siècle, Thonon fournissait du pain, non seulement à ses habitants, mais à la province tout entière (4). Les forêts communales devenaient insuffisantes et les répara-

---

(1) Nous constatons, sous la domination Bernoise, l'anéantissement de cet article par ces deux mots : « Ce que ci-devant, serait assez mal observé. » Voy. à ce sujet : *Régime intérieur de la cité*, chap. VIII, art. I.

L'étranger augmenta notre population de recrues malsaines et tyranniques, dont le but était l'affermissement de la puissance allemande dans le bassin du Léman. Le Placet de 1742 *(Mém. et doc. de la Soc. d'hist. et d'arch. de Chamb.* t. VI, p. 78), nous apprend que tout étranger devait présenter une attestation de ses vie, mœurs et religion catholique, apostolique et romaine. En face de Genève hérétique, dont les doctrines répandaient, de toutes parts, la division, le sang et la dévastation, avouons que ce moyen était prudent et sage. (Voy. chap. VIII, art. I.)

(2) *Ibid.*, p. 72-73.
(3) Placet 1742, p. 73.
(4) *Ibid.*

tions dispendieuses (1). Rien donc de plus équitable que cet usage et coutume, passés à l'état de loi reconnue par nos souverains.

Les syndics déterminaient aussi le taux de certaines marchandises : telles que pain, vin, viande, poissons, etc., et frappaient d'amende, ceux qui vendaient de la chair corrompue, qui usaient de faux poids ou fausses mesures, en un mot, tout individu contrevenant aux règlements de la ville. Aucun juge de police n'existant chez nous, l'équité et le bon ordre avaient depuis longtemps constitué cet état de choses ; car les patentes du comte Amé, datées de Morges, le 8 septembre 1375 (2), et celles de la duchesse Yolande données à Chambéry, le 1er février 1477 (3) confirment ces ordonnances naturellement réclamées par l'utilité publique.

Nous l'avons vu, le droit de bourgeoisie s'acquérait par un séjour pacifique d'un an et un jour ; les étrangers, pour s'établir dans nos murs, avaient besoin d'une attestation de vie sans tache et d'une autorisation du conseil (4). Or le dernier article des lettres patentes de 1567 (qui nous occupent), révèle l'anéantissement de la puissance municipale, sous la domination étrangère de Berne, tant « à cause de la multitude du peuple de la ville qui est peuplée de presque la moitié de plus qu'avant la conquête faite par

---

(1) *Ibid.*
(2) D'après le *placet*, 1742, le comte Amé leur *accorda* alors le droit de déterminer le taux des denrées, p. 77. *Livre-maître*, fol. 46.
(3) *Livre-maître*, fol. 65.
(4) La Ville obligeait de temps immémorial les habitants *non bourgeois* à payer 5 florins anciens annuels valant en 1742, 3 liv. 6 sols. Yolande de Savoie semble confirmer ce droit dans ses lettres patentes données à Chambéry le 1er février 1477, droit qui, d'après nos registres existants (Voy. 1579, 1581, 1602, 1740, etc.) a toujours été perçu.
Par là, Thonon se dégrevait des dépenses extraordinaires et éloignait de son sein les vagabonds et les mendiants sans feu ni lieu.
Cet usage se relâcha au XVIIIe siècle (1743) sous le joug étranger et donna lieu à de nombreuses réclamations. (Placet, p. 74.)
D'après la teneur des lettres patentes, datées d'Evian le 12 février 1336, données par le comte Aymon de Savoie, les non-bourgeois, propriétaires fonciers rière le territoire de la ville, contribuaient comme les bourgeois aux nécessités communes,

Messieurs de Berne, que par ce, les peines imposées n'appartiennent aux syndics, vu qu'ils n'ont cru soy ranger et obéir à la dite politique. »

Le Duc prescrivit une grande sévérité contre les infractions à ces règlements. Mais il fallait une sanction.

Malgré la restitution du Chablais à ses anciens possesseurs, les Allemands (Bernois) accourus comme des vautours, à la suite du drapeau réformé, non contents de violenter les consciences, partageaient les biens de nos pères tyranniquement proscrits, et demeuraient implantés chez nous. Leur règne avait été de 28 ans. Ceci explique le surcroît de population, signalé dans les lignes précédentes.

Dénués de ressources qui leur fussent propres, les Bernois restés dans le pays, se livraient, pour la plupart, au vagabondage et à la mendicité, après avoir exercé le métier de délateurs et de traîtres sous la domination hérétique. Ils étaient une grande plaie pour le pays. Ils dérobaient tout ce qui tombait sous leurs mains : raisins, fruits et légumes ; ils détruisaient également le gibier, les bois particuliers, les forêts communales et la garène ducale, renversaient les clôtures et recouraient aux menaces pour intimider les habitants des campagnes qui s'opposaient à leurs déprédations. Inutile de leur imposer une amende, ils ne possédaient rien ; les incarcérer devenait une incommodité et un fardeau.

Emmanuel-Philibert, informé de cet état de choses, confirma, par lettres patentes datées de Turin du 9 février 1568, le supplice de la *lanterne tournante* de Thonon (1).

Devant l'église de Saint-Hippolyte (église paroissiale actuelle), à deux pas de la fontaine publique, se dressait

---

(1) En cela il confirma une coutume : « les (habitants de Thonon) *auraient accoustumés* par *cy devant* de condamner les délinquants, pilleurs et voleurs à demeurer dans une lanterne tournante de toutes parts.... érigée en manière de prison publique devant l'église de Saint-Hippolyte, auprès du grand borneau... »

Emmanuel-Philibert donna aussi à la ville d'Evian « le pouvoir de mettre à la lanterne les pillards, vagabonds, voleurs de fruits et de vigne, comme ont coutume de faire ceux de Thonon ». Mss Prévost, *Chronique d'Evian.*

un arbre surmonté d'une espèce de cage, à laquelle on pouvait communiquer un mouvement très rapide de rotation au moyen d'un appareil mécanique. Le coupable, condamné par le Conseil, pour un délit de police, tel que rupture de clôture, violation de propriétés communales, était hissé dans cette prison d'un nouveau genre, en expiation de son délit et de son insolvabilité. Alors, un officier municipal, ou un garde champêtre, imprimait à la lanterne le mouvement circulaire qu'il prolongeait une, deux, trois heures ou plus longtemps, suivant la gravité de la faute (1). Le coupable, d'abord souriant et moqueur, ressentait bientôt de violents tournoiements de tête; son regard se troublait, les édifices voisins semblaient disparaître dans des mouvements vertigineux et le sol se dérober sous ses pieds ; il tombait enfin évanoui sous l'influence de ce supplice. Cependant, il ne résultait de ce châtiment aucun danger de mort, ni aucune note d'infamie pour le patient, mais seulement une honte salutaire qui le portait à s'amender et à se corriger. Le placet de 1742, 10 mars, adressé au Roi par notre municipalité, en demande le maintien comme d'un privilège précieux ; il était contraire cependant aux ordonnances des *Royales constitutions* (2). La lanterne tournante était tombée en désuétude dès 1724; on ne sait si elle fut jamais rétablie (3). Comme on le voit, cette lanterne de Thonon était bien différente de cette fameuse lanterne, où la Révolution française fit périr, plus tard, tant d'innocents.

Les fiefs du château de Thonon se trouvaient à vendre le 11 octobre 1579 ; le conseil s'empressa de demander à Turin, le privilège, pour les bourgeois, de posséder des

---

(1) Telle est la teneur des *lettres patentes* de 1568.
(2) Placet. *Ibid.*, p. 70.
(3) *Arch. particulières de ma bibliothèque*. Le syndic Vernaz ayant condamné à ce supplice Gaspard Mugnier, un nommé Symon Suchet vint à son domicile l'accabler d'injures en se portant à des voies de fait ; le syndic tira son poignard, terrassa l'insolent et demanda au conseil général de le priver du droit de bourgeoisie, selon la teneur des franchises *(Délibérations municipales,* 5 juillet 1584.)

fiefs nobles et l'abolition des censes des moulins de la ville.

On envoya successivement différents présents pour se concilier la bienveillante entremise des seigneurs de Saint-Cergues, de la Chambre et de Tardy. Afin d'obtenir la faveur demandée, on offrit, une première fois, le prix de mille florins (1). Le résultat de ces démarches nous est demeuré inconnu.

Charles-Emmanuel confirma encore nos franchises à Turin, le 2 mars 1582; et le 2 avril 1584, non content de prohiber, comme l'un de ses prédécesseurs, l'entrée dans notre ville « de tout vin crû hors le pourpris et dimerie dudit Thonon (2), » il confirma la coutume qui frappait le contrevenant de confiscation de ses vins et de 25 écus d'amende (3).

Quelques années plus tard (1607, 27 juillet), Marie de Bourgogne, duchesse de Savoie, accorda le privilège de la chasse dans les confins qu'elle désignait, à tous les bourgeois de Thonon (4).

Le duc Victor Amed I, en vertu de lettres patentes datées de Turin (le 28 novembre 1632), approuva et confirma les immunités, libertés et franchises de Thonon, ainsi que

(1) Dix-huit vacherins furent expédiés au seigneur de la Chambre et à Messire de Tardy (1579) à qui l'on remit encore un écu d'or ; fol. 398. Le 22 mai 1578, le président du Chatelard s'étant occupé de la diminution de la taille de Thonon, on lui fait présent de deux fromages « afin quil aye memoyre de nous ! » Ibid.
(2) Voyez plus haut les lettres patentes du comte Edouard, en 1324 5 juin.
(3) Le conseil statuait une amende, une peine qu'il faisait ensuite confirmer. Le placet de 1742 s'appuye faussement à ce sujet sur les dites lettres patentes du comte Edouard. (Ibid.) Il paraît cependant que la duchesse de Yolande avait déterminé 25 livres d'amende par lettres datées de Chambéry le premier février 1477 (Livre-Maître, fol. 65, 5°). Thonon (nous dit le placet, p. 71), ayant peu de champs à semer qui ne suffisent pas à beaucoup près pour entretenir les habitants, mais beaucoup de vignes... c'est le seul moyen par lequel il peut faire d'argent pour payer les subsides. Voilà donc Thonon au xviii° siècle. Voyez le cadastre de 1743 et le Theatrum Sabaudiæ : Art. Thonon. — Les lettres de Philibert-Emmanuel datées de Coni 2 avril 1584, furent entérinées au Sénat de Savoie le 27 juin de la même année (Nos Archives).
(4) Archives de M. le comte Amédée de Foras à Thuiset (Thonon).

les droits de tir, foires, péages, leyde, et élection libre de l'abbé de la jeunesse (1). Le dernier avril 1634, il exempta de la taille les maisons, granges et jardins de notre ville (2).

De tout temps, Thonon enregistra dans ses chartes de libertés, le droit de battre la caisse pour rendre publiques les ordonnances de police (3).

Victor Amédée II, le 29 octobre 1686, confirma nos précieux privilèges, par lettres, datées de Turin et entérinées seulement le 18 mars 1687 (4).

En 1742, 10 mars, Thonon réclama la confirmation de ses franchises, dans un placet détaillé signé de Brotty, Guyon et Vignet (5).

---

(1) *Livre-Maître*, fol. 37 ; signé Duplans, secrétaire.
Ceux qui ne voulaient payer la leyde étaient frappés d'une amende de 60 livres. C'était là une source de revenus considérables ; car, Emmanuel-Philibert, par lettres données à Chambéry, le 4 octobre 1569, albergea, *sous la finance de 240 écus d'or*, ce droit à notre ville.
(2) Ces lettres patentes sont datées de Chambéry. Mss. Pescatore. Droit confirmé par lettres patentes du 3 octobre 1670, datées de Turin *(Arch. Piccard.)*
(3) Placet de 1742.
(4) *Arch. Piccard.*
(5) *Mém. et doc. de la soc. d'hist. et d'arch. de Chambéry*, t. VI, p 65.

FRANCHISES

ARTICLE IV

Histoire de la Municipalité de Thonon

SOMMAIRE : *Régime de la cité.* — Le système municipal et les hommes libres. — La Commune. — Les Procureurs ou Syndics, leurs fonctions. — Les Secrétaires du Conseil. — Syndics de Thonon. — Le Conseil général. — Officiers du Comte de Savoie : le Châtelain, les juges du Chablais. — Audience à Evian. — La bannière et le banneret. — Le bailli du Chablais, les gouverneurs, le mistral ou métral. — Organisation nouvelle du Conseil général de Thonon (1639). Plaintes, favoritisme. Nouvelle organisation en 1681.

Avant de terminer l'exposé de nos franchises, voyons quel fut le gouvernement intérieur de la cité que nous étudions. Le régime municipal organisé chez les anciens peuples, respecté par les Romains, sombra sous la double pression des barbares et de la féodalité (1). Au XIIe siècle, il renaquit de ses cendres pour ne plus mourir.

(1) A quelle époque commencèrent les municipalités ? S'il s'agit de la chose plutôt que du nom, on peut répondre avec assurance : à l'origine des sociétés ; car, pour posséder des biens en commun et conjurer l'ennemi, les premières familles sentirent nécessairement le besoin d'une administration et d'une police communes. « Sous Charlemagne, chaque bourgade avait son tribunal présidé par le maire que le seigneur y plaçait ; tout le canton était convoqué pour les affaires importantes. L'assemblée se tenait en plein air ; quiconque possédait un fonds de terre de 7 pieds devant et derrière sa maison avait droit d'y siéger : les vieillards avaient la préséance. » Muller, t. I, ch. x ; Boccard, *Hist. du Vallais*, p. 28.

C'est en effet à l'époque des Croisades que nous voyons poindre des corps d'affranchis sous les dénominations de *Conjuration, Communio, Communia*, d'où le nom *Commune* (1). Quand les hommes libres furent assez nombreux pour fonder une administration particulière et se maintenir dans leur indépendance, ils fondèrent la commune. Aussi les petites villes et bourgs du Chablais, tels que Thonon, Evian, Allinges, Yvoire, Hermance, constituèrent-ils des communautés dès une époque reculée, parce que les hommes libres y étaient plus nombreux (2). Plus tard, elles acquirent des privilèges qui contribuèrent puissamment à leur développement. La commune n'était point organisée comme aujourd'hui. Les hommes libres de chaque village formaient une communauté jouissant de biens et droits particuliers. Mais bientôt ces corps se réunirent pour acquérir plus de consistance. Primitivement, tous les chefs de famille en faisaient partie; devenus trop nombreux, ils déléguèrent un ou plusieurs d'entre eux pour constituer un conseil unique. Ces délégués furent appelés *procureurs* ou *syndics* (3).

Les syndics avaient des fonctions obligatoires qui les exemptaient du *commun* ou de l'impôt communal; ces fonctions consistaient à surveiller les intérêts de leurs

---

(1) Comte de Loche, *Hist. de Grésy-sur-Aix*.

(2) L'édit ducal du 21 octobre 1561 hâta la création des communes rurales en permettant de se rédimer en argent des servitudes réelles et personnelles. Elles se rachetèrent en foule (Voy. nos hist. ou monographies de communes), au tarif variant de 5 à 40 pour 100 de l'actif inventorié, suivant le degré de taillabilité. Le conseil municipal n'existant que d'une manière partielle, fut rendu obligatoire par l'édit royal du 15 septembre 1738, dont l'article 5 porte : « L'expérience ayant fait connaître qu'on ne saurait bien gouverner un corps de communauté et pourvoir à la consécration de ses droits et de ses intérêts sans un conseil qui soit chargé de ce maniement, nous ordonnons que ce conseil soit établi généralement avec la même autorité et les mêmes obligations dans toutes les paroisses qui n'avaient pas jusqu'à présent un règlement si convenable au bien public. » — En 1739, parurent des règlements qui constituèrent définitivement les communes de Savoie.

(3) D'après une ordonnance de 1775, il ne pouvait exister qu'un syndic et six conseillers dans les villes, quatre dans les communes moindres et deux dans les petites ; les feudataires étaient exclus.

concitoyens, à faire l'exaction de la taille pour le compte du suzerain, à porter les deniers perçus aux receveurs et aux trésoriers généraux, à prendre part à l'élection du banneret (1). Les secrétaires du conseil, presque tous notaires, étaient, dans nos communes, l'âme de l'administration municipale. De leur propre autorité, ils convoquaient le conseil, rédigeaient les actes consulaires et les mutations de propriétés, correspondaient directement avec l'intendant de la province et gardaient les archives : aussi, pour découvrir les documents concernant telle ou telle localité, informez-vous des familles ayant fourni des secrétaires.

Tel paraît avoir été le régime intérieur de notre cité sous les comtes et les ducs de Savoie. Nos syndics étaient élus chaque année par la population, au nombre de deux. Ils prêtaient serment de gérer fidèlement, avec l'assistance d'un conseil choisi de tous, et de discuter les intérêts communs ; chaque syndic appelait auprès de lui un conseiller soit adjoint pour le seconder dans ses travaux. Avec le châtelain, ils formaient le pouvoir exécutif de la ville. Le conseil, de concert avec ses syndics (2) affermait la boucherie et la *pastourerie* (3) au plus offrant, déterminait le taux des marchandises et des journées d'ouvriers, nommait les métraux, les missiliers et les gardes forestiers dont il exigeait le serment de fidélité, réparait l'église, le pont de la Dranse, etc. ; admettait les forains à la bourgeoisie moyennant certaines conditions, établissait les revenus de la ville, dirigeait le collège de 12 élèves de Thonon de la fondation du seigneur François Echerny (4), acceptait ou rejetait les étrangers à la cité, commandait aux guets, etc. Dans les grandes circonstances, quand il s'agissait de dépenses ou de graves

---

(1) *Délibérat. municipales*, 17 mars 1577). (voy. le chap. VIII, art. II.)

(2) *Délibérat. municipal.* fol, 44, 45 (1576).

(3) Pastourerie ou garde des pourceaux, 1576, *(Ibid).*

(4) Il appelait lui-même les instituteurs de son choix et nommait les élèves de la fondation (1575), fol. 351, 393, etc. *(Ibid)* Voy. chap. VIII, Art Ier : *le Régime* intérieur de la cité.

résolutions à prendre (1), on en référait au conseil général de la ville composé de tous les chefs de famille. Ils étaient convoqués au son de la grande cloche et présidés par le châtelain ou le juge mage (dès 1475), dont l'autorité assurait l'exécution des mesures arrêtées.

A côté des hommes que la commune choisissait pour la gestion de ses affaires, nous voyons les dépositaires de l'autorité du Prince, les officiers du comte de Savoie. — Charlemagne, selon Grillet, divisa la Savoie en sept districts appelés Pagi. Ces cantons avaient des gouverneurs sous le titre de comtes, de barons, en qui se trouvaient réunies la magistrature civile et l'administration militaire. Ils furent en partie remplacés par le châtelain du moyen-âge. Ce dernier, très-souvent nommé : châtelain d'Allinges, de Thonon, était un personnage important réunissant les attributions militaires, administratives et judiciaires ; il convoquait le ban et l'arrière-ban, conduisait les hommes au combat, percevait les amendes, droits et revenus du seigneur, etc. ; enfin, il jugeait seul, ou avec l'assistance d'un juge et des hommes libres, les affaires tant civiles que criminelles qui demandaient une expédition sommaire, et cela d'après la jurisprudence romaine, les usages et coutumes du lieu, les statuts et les franchises. Au xive siècle, on appelait de son tribunal à celui du Juge de Chablais, dont il relevait touchant les actes de justice (2). Ce dernier, fréquemment qualifié de

---

(1) Nous voyons un exemple de ces réunions générales pour l'établissement de la Sainte-Maison le 10 octobre 1602 « étant les nobles et honorables syndics, conseil et bourgeois de la présente ville de Thonon, excédant les deux parts, les trois faisant le tout des bourgeois de la dite ville, assemblés *en conseil général* au son de la grande cloche, en la maison de ville, en la présence et assistance de Monsieur le Juge-mage de Chablais aux fins de faire nouvelle élection des syndics conseillers et autres officiers et autres administrateurs du bien public, suivant la coutume, après avoir invoqué le saint nom de Dieu, etc. » *(Mss. Pescatore et délibérat. municipales.).*

(2) Ainsi en 1302, N. Humbert de Salla, juge du Chablais, cassa une transaction passée par Guillaume Renard, *châtelain d'Allinges-Thonon* et Amé de Châtillon, *châtelain d'Evian*, entre les prieurs de Vallon et de Bellevaux. (*Arch. de Ripailles et Mss. Pescatore.*)

Juge de Chablais et Genevois, jusqu'à la fin du xivme siècle, résidait ordinairement à Saint-Maurice, notre ancienne capitale, comme le prouvent de nombreux titres publiés dans la *Gallia Christiana* (1).

Ils y étaient même obligés, suivant les Statuts de Savoie du 17 juin 1430. Les Valaisans s'étant emparés de Saint-Maurice en 1475, le siège de la judicature du Chablais fut transporté à Thonon. Par arrêt du Sénat de Savoie (10 juin 1633) il fut ordonné aux juges du Chablais (2) de tenir leurs audiences publiques tous les lundis et vendredis non fériés (3). Les lettres patentes du 3 octobre 1569 les obligeaient à se transporter chaque semaine dans la ville d'Evian « pour y instruire et vuider les causes tant en première instance qu'en rappel relativement à plusieurs terres (4). »

Primitivement le châtelain devait posséder un château et avoir vingt-quatre feux au moins, c'est-à-dire vingt-quatre pères de famille lui prêtant hommage (5). Il avait

(1) Instrumenta ecclesiæ sedun. — Supplément au Ms. Pescatore.

(2) Bailly, Recueil des édits, p. 128. Dans les châtellenies pourvues d'un juge, celui-ci avait avec lui un greffier et des huissiers dont les attributions étaient à peu près ce qu'elles sont aujourd'hui.

(3) Recueil des édits de Savoie publié en 1780, p. 55. Amédée VI, dit le Comte Vert, se trouvait à Evian, le 21 janvier 1356 pour y rendre la justice ; il était, le 18 mars, à Pont-d'Ain ; le 21, à Montluel ; le 8 mai, de nouveau à Pont-d'Ain ; le 22 août, à Genève ; le 19 novembre à Rivoli, etc. C'est ainsi que nos anciens comtes parcouraient sans cesse leurs Etats, dans le but d'administrer la justice, de recevoir les plaintes des sujets, et de punir les coupables. Où est donc ce terrorisme féodal dont on nous fait un épouvantail ?

(4) Déjà le 26 juillet 1392, Bonne de Bourbon, régente pendant la minorité d'Amédée VIII, ordonnait que les juges d'Evian, avant d'entrer dans leur charge, prêtassent serment entre les mains des syndics de respecter leurs privilèges ; que les bourgeois ne pourraient jamais être appelés en jugement dans le château, mais qu'ils seraient jugés sur la place publique en la présence et assistance des magistrats municipaux (*Hist.* mss^{te} d'Evian-les-Bains). En 1770 fut établi à Evian un lieutenant de première instance nommé pour trois ans.

(5) Pourquoi cette clause ? Pour répondre au souverain des rentes et revenus de son domaine dans le rendement annuel de ses comptes en présence du conseil souverain et de la Chambre des Comptes qui les approuvait ou rejetait. Les comptes des châtelains d'Allinge-Thonon, Chillon, Evian-Féternes, Ballaison, Yvoire-Nernier, Hermance, existent aux archives de cour à Turin.

droit de justice sur ses vassaux et les commandait en temps de guerre ; c'était une compagnie dite *bannière*, d'où le mot *banneret*, qui demeura longtemps aux gentilshommes pouvant lever bannière ou compagnie de gens (1). La bravoure et l'habileté devaient le distinguer aux yeux de tous (2).

Maintes fois, nos châtelains de Chablais se portent garants dans les traités de nos princes. Ainsi, le traité du 15 des Kalendes de juin 1233, conclu entre Aymon de Savoie et Landry, évêque de Sion, fut juré par les châtelains de Chillon et de Saillon (3). Leurs successeurs devaient accomplir la même formalité (4). Obligés à la résidence sous peine de privation de leurs appointements, ils gardaient les prisonniers (5), entretenaient, défendaient le château et exécutaient les traités conclus, ainsi qu'on peut le voir par la donation du Cha-

---

(1) Capré, *Hist. de la Chambre des Comptes de Sav.*, p. 130.

(2) C'était lui, avons-nous dit, qui conduisait les hommes au combat. Voyez en effet le traité conclu en 1285, le lundi après la saint Michel, entre le comte Amédée V de Savoie et la ville de Genève : « Illi qui pro tempore praedictorum locorum fuerint castellani jurent ad requisitionem vestram quod vos et villam vestram cum omnibus vestris juvabunt ubique, et defendent ab omnibus et contra omnes, et in secursum vestrum et ville vestre Gebenn. venient per aquam et per terram, cum effortitio gentis nostre, et cum expensis nostris, cum necesse fuerit. »

(3) Rappelons encore une fois que Chillon faisait partie du Chablais. Grillet, *Dict. hist.* Art. Chablais. Cibrario, *Mém. de l'acad. de Turin*, t. XXXVI, p. 39, énumère comme anciennes châtellenies de Chablais : Versoye, Yvoire, Allinge et Thonon, Evian et Féterne, Saint-Maurice d'Agaune, Saxon et Entremont, Contege (Conthey) et Saillon, Chillon, la tour de *Vévraci* (Vevey), château de Saint-Denys *in fruentia Perniaci et Mureti* soit Payerne et Morat.

(4) Gallia Christiana, t. XII. Supplément; instrumenta Ecclesie sedun, n° 17, p. 502. Le traité déjà cité de 1285 entre Amédée V de Savoie et la ville de Genève porte aussi qu'il sera juré par les châtelains surtout ceux de Thonon, Evian, Allinges, Ballaison, Chillon et Vevey (Spon, *Hist. de Genève*, t. III, n° 23, p. 110).

(5) D'après l'acte d'inféodation du Vidonnat de Genève accordé à ce prince par l'évêque Guillaume (19 septembre 1290), le châtelain était encore chargé de la garde des prisonniers (*Ibid.* n° 24). Voy. aussi, art. 8 et 35 des statuts de la Chambre des Comptes de 1389 donnés par Bonne de Bourbon, comtesse de Savoie.

blais qu'Amédée IV fit en 1240 à Thomas II son père au cas où il mourrait sans enfants (1).

Le châtelain de Thonon relevait aussi du *bailli de Chablais* (2) résidant ordinairement à Chillon, où il gouvernait par lui-même cette châtellenie, la plus considérable du Chablais. Ce dernier personnage, le plus important de tous, avait la haute surveillance de la justice, des châteaux, et du repos du peuple ; il commandait en l'absence du prince et des lieutenants généraux (3). Outre le châtelain, il envoyait aussi dans nos murs, comme aux Allinges, à Evian et à Ripailles, des gouverneurs spécialement chargés de la défense des forteresses où ils résidaient (4). Par le règlement civil du 13 mai 1536, les Bernois établirent un bailli à Thonon. On appelait de la justice inférieure à la sienne en payant 3 florins. En dernier ressort venaient le trésorier du pays et les commissaires envoyés chaque année de Berne ; l'appel à ces derniers coûtait cinq florins (5).

Sous les ordres du châtelain venait le *mistral* ou *métral,* officier chargé particulièrement de la police, de la perception des impôts, des amendes ; au-dessous se trouvaient les bâtonniers, banniers, messiers, champiers, salteurs ou sautiers, dont les attributions répondaient à celles de nos gardes forestiers, gardes champêtres, cantonniers, garde-chasse, etc.

(1) Guichenon, *Hist. général.*, t. I, p. 300. Voyez aussi (*Ibid.*, p. 157) le mariage de Hugues, dauphin seigneur du Faucigny, avec Marie de Savoie, fille d'Amédée V.

(2) « Les souverains donnèrent la plupart de leurs patrimoines en fief avec justice haute, moyenne et basse à des seigneurs justiciers.... qu'ils appelèrent *baillifs* comme leur ayant baillé leur autorité ou du mot latin *Bajulus,* gouverneur, ou officier chargé de rendre la justice dans un certain district appelé Bailliage. » Mss. Pescatore.

(3) *Ibid.*

(4) A l'occupation de 1536, les Valaisans établirent des gouverneurs dans la vallée d'Aulps qui résidaient à l'abbaye. (Voy. les listes générales des gouverneurs et des baillis de Chablais, à la fin du vol. *Pièc. justif.* n° 3.)

(5) Voyez liste des baillis de Chablais *(Ibid.)* Les baillis Bernois étaient nommés pour cinq ans (Mss. Prévost), et ceux que le Vallais établit à Evian, pendant l'occupation de 1536, changeaient tous les deux ans (*Ibid.*).

Les impôts au profit du fisc ou du seigneur, consistaient dans les droits de la leyde et du péage, dans l'impôt des habitations calculé sur la toise de façade, dans le ban ou gabelle du vin, dans la taxe sur certaines professions, telles que boulangers, hôteliers, etc., enfin dans le produit des amendes encourues par la violation des franchises ou du code pénal.

La ville trouvait des ressources dans les albergements des domaines ducaux, dans ses biens communaux, et dans les tailles ou impositions votées par le conseil général.

Voyons maintenant quelle était la dernière organisation municipale de Thonon, qui précéda le système de centralisation établi au dix-huitième siècle par les derniers souverains de la Maison de Savoie. La ville continua d'être administrée par deux syndics de son choix et son conseil. Le 9 mars 1540, Berne, en confirmant nos franchises, autorisa la formation d'un conseil communal de douze membres : « Leur avons octroyé (aux bourgeois) d'élire douze conseillers, lesquels auront puissance de conseiller sur les affaires du bien publique seulement, non touchant notre authorité, lesquels ils pourront rassembler pour les dites affaires, comme bon leur semblera, sans évoquer notre baillif, sous peine de notre mal grâce. » On sent la patte de l'ours! Plus tard (1575, 1576, etc.) le conseil général se tient régulièrement le dimanche après la saint Michel afin de nommer soixante « des plus notables et consciencieulx » chargés d'administrer les intérêts de la ville (1).

Dans certaines circonstances, telles que le 19 novembre 1575 (où il s'agissait d'accorder au duc un subside de 1600 florins), il se rassemblait extraordinairement à l'église de Saint-Hippolyte (2).

Charles-Emmanuel, par lettres patentes, du 23 février 1669, créa un *conseil général* différent de l'ancien, dans les conditions suivantes :

1° Tous les chefs de famille réunis à l'Hôtel-de-Ville

---

(1) *Délibérat. municipales.*
(2) Quelques jours plus tard, il est convoqué pour le même motif à la maison de ville (*Ibid*).

au nombre des deux tiers au moins, sous la présidence d'un officier ducal gradué, devaient élire soixante conseillers tant de noblesse que du tiers-état : c'était le nouveau conseil général.

2° Celui-ci à son tour s'assemblait annuellement audit Hôtel-de-Ville en présence d'un officier comme dessus, et choisissait deux syndics, un gentilhomme et un bourgeois, en exprimant les suffrages à haute voix, comme à Chambéry (1).

3° De plus, il élisait douze conseillers pris dans son sein, savoir : Quatre gentilshommes, quatre *de lettres* et quatre bourgeois ou marchands, un procureur et un secrétaire de ville, qui, réunis aux deux syndics, formaient le *Conseil ordinaire* de la cité.

C'est à lui qu'appartenait la gestion et administration de toutes les affaires et intérêts de la ville, de l'hôpital et de la police. Il ne pouvait toutefois effectuer aucune vente ou aliénation de biens, ni contracter des emprunts, sans la participation du conseil général dernièrement constitué.

4° Le conseil ordinaire n'admettait pas de proches parents (2) ni des personnes suspectes ou comptables de la ville et de l'hôpital.

5° Les deux syndics ne demeuraient en charge qu'une année, à moins de confirmation expresse du souverain. En se retirant, ils rendaient compte de leur administration.

6° Le conseil général remplaçait par l'élection ses membres décédés et ceux du conseil ordinaire.

7° Les syndics possédaient le privilège de faire battre la caisse pour publier les affaires de ville ou de police.

8° En vue de rehausser l'éclat de ce corps vénérable, le duc permettait aux syndics de « porter une robe de cérémonie violette doublée de noir, tant aux processions, parades, séances, qu'autres fonctions publiques (3). »

---

(1) *Hist. de Chambéry*, Menabréa.
(2) Par là on entendait jusqu'au 4ᵉ degré (Arch. de Turin, Chambre des Comptes.)
(3) Donné à Turin. *Ibid.* et *délibérat. municipales.*

Mais, bientôt la faveur, l'ambition, l'égoïsme pénétrèrent dans le gouvernement intérieur de la cité; aux conseils siégeaient des parents à un degré prohibé, et des comptables désireux d'échapper aux charges domiciliaires (1). De là des plaintes du juge-mage, plaintes acerbes contre l'esprit de famille favorisé par le petit nombre des habitants (2). Aussi le duc Victor-Amédée réduisit-il, le 19 décembre 1681, le conseil général (de 60 membres) à 36 conseillers, plus un avocat et un procureur de ville. De ce corps remanié sortait encore le conseil ordinaire, qu'il augmenta de trois membres : un gentilhomme, un lettré (3) et un bourgeois. Il faut encore adjoindre à ce dernier l'avocat, le procureur et le secrétaire de ville. Le souverain rappelle aux deux premiers l'ordre d'assister aux séances « pour faire des représentations et remontrances », et, au troisième, l'obligation d'écrire les délibérations. Nul d'entre eux n'avait voix délibérative, si ce n'est au conseil général. Tel fut sommairement le régime intérieur de notre cité jusqu'à la Révolution française.

---

(1) Arch. roy. de Turin.
(2) *Ibid.*
(3) Arch. de la municipalité de Thonon.

CHAPITRE VI

1291-1323

ARTICLE PREMIER

SOMMAIRE : Hostilités (1291), lutte des châteaux, traité. — Les guerres de 1297 à 1298 selon Prévost. — Nouvelles fortifications de 1300. — La sentinelle, boulets de pierre, travaux de défense. — Le Château de Lullin et son siège (1305). — Machines de guerre. — Trêve, nouvelles hostilités, traité de paix. — Encore la guerre; terreur des campagnes et de Thonon. — Peste et Disette. — Escarmouches des Allinges (1324). — Edouard de Savoie et le Château de Mont-Forchiez. — Bataille sous les Allinges. — Châteaux de Brens, d'Allinges et d'Hermance incendiés. — Ce qu'étaient l'ancien bourg des Allinges et la famille de ce nom. — Armements, siège. — Querelle de Genève. Incendie de Jussy ; Procès (1351). — Les hostilités valaisannes.

La construction du château de Thonon et les mesures de défense prises en 1290 n'étaient pas, avons-nous dit, des précautions inutiles. Le Dauphin ayant en effet refusé l'hommage au comte Amédée pour certains fiefs, la guerre recommença bientôt avec une nouvelle vigueur. Le comte de Genevois et le Dauphin attaquent subitement Genève, brûlent un de ses faubourgs (16-18 août 1291), ravagent le Genevois et une partie du Chablais. La plaine se couvre de sang et de flammes, les châteaux se défendent avec courage et Thonon est assiégé, selon toute probabilité, du vendredi après l'octave de l'Assomption à la fête de la

Toussaint (1). Les deux châteaux rivaux des Allinges luttèrent corps à corps aux grands dommages de l'un et de l'autre, tandis que notre château de Thonon vomissait sur les ennemis des carreaux d'arbalète et des charges de cailloux. Enfin, le 26 mai 1293, Béatrix, dame de Faucigny, donne à son cousin Amédée, comte de Savoie, les châteaux et terres de Faucigny, Bonne, Monthoux, Allinges-le-Vieux, etc., et les fiefs de Châteaufort, Rovorée et Nernier que le comte lui restitua à titre d'inféodation (2). Un second traité du 10 décembre de la même année termine ces luttes en abaissant le comte de Genevois au rôle de vassal d'Amédée V (3). Celui-ci, victorieux de ses voisins, vint à Ripailles se livrer au plaisir de la chasse (4), et s'en alla plus tard guerroyer en Flandre (1297).

Selon Prévost, en 1297-1298, le comte de Genevois fit en Chablais de « grands ravages et oppression de guerre par brûlement et dévastation du plat pays ». Il n'y eut de résistance qu'à Evian. Les ennemis s'emparèrent du bourg de la Touvière ; mais bientôt ils en furent chassés. Le fort des Allinges les avait repoussés avec perte. Enfin la guerre continua encore et « plusieurs bonnes villes et villages furent détruits et mis à sac, les labourages des champs empêchés et intermis plusieurs années, dont s'ensuivit grande famine et mortalité.... La paix fut conclue à l'entremise du Pape, du roi d'Angleterre et du duc de Bourgogne en 1298 (5). » Le 2 avril 1298, le dauphin Humbert, Béatrix de Faucigny, Léonette, dame de Gex et Guillaume de Joinville s'étaient effectivement alliés en vue d'une guerre prochaine.

Charles de Valois, qui traversait les Alpes pour descen-

---

(1) Item dederunt pro eo quod molendina cessaverunt a die veneris post octavas Assumptionis B. Mariæ Virginis quando incepta fuit guerra et inimici substraxerunt aquam usque ad festum omnium sanctorum. (Comptes. Arch. de Turin.) S'agit-il ici d'un véritable siège? tout le fait présumer.
(2) Wurstemberg, Peter IV, p. 509.
(3) *M. D. G.*, VIII, 272.
(4) *Notice sur les Allinges*, p. 26, Gonthier.
(5) Prévost, *Chroniq. d'Evian*. (Mss. aux Arch. de Lausanne.)

dre en Italie, suspendit un moment les hostilités en conseillant une trêve ; mais, à peine était-il parti qu'elles recommencèrent et furent signalées par la prise et reprise du château de Monthoux (1). Les années suivantes (1299-1300), on voit à Thonon de nouvelles fortifications s'élever et de nouvelles machines de guerre se construire : Ce sont d'abord de grands engins, *magna ingenia,* auxquels ont travaillé Nicod de Palverès, Etienne de Boëge, Jean de Margencel, Pierre et Anserme de Thonon, dit *Lombar* (2), Guillaume de Viry..., *ingeniatores.* La sentinelle, Jean Bondaz, fait avec soin la garde et le guet (3). Des montagnes au lac, de toutes parts, retentissent la hache et le marteau. En 1302, les truies et autres machines de guerre demandent des projectiles : deux cent dix ouvriers sont occupés à extraire des pierres au-dessus du château des Allinges, soit du côté d'Hermone, devant la maison de Michel de Compois (4). Ces pierres sont aussitôt taillées, et deviennent ces énormes boulets que nous retrouvons, en si grand nombre, à Thonon et aux villages d'Allinges et Mesinges (5). Vingt-huit livres de fer se transforment en coins et marteaux, et un four à chaux est établi au-dessus de Mogny (6). Les comptes de Rodolphe de Montmayeur, bailli du Chablais, mentionnent une visite qu'il a faite en 1303, pour s'assurer des forces des divers châteaux, parmi

---

(1) Guichenon, I, 356. Prévost a-t-il voulu parler de cette guerre? Je n'ai pu le constater.

(2) Comptes de 1299-1300. (Turin.) On trouve aussi un Pierre *Tonon*, dit *Lombar*. (C. de Jean Renard, châtelain.) 77 deniers sont remis à Humbert de Greysy et Michel de Compey pour munitions. En 1300, les dits Pierre et Anserme de Thonon *capiunt in taschia ingenia Allingii...* prennent à tâche les réparations des *engins* d'Allinges. Le mot engin, aujourd'hui générique, désigna dès le xiie siècle, une variété de machines à tir parabolique, une catapulte d'une grande puissance.

(3) Il reçoit 25 sols pour l'introge de la garde « pro introgio garde » Comptes; Turin. En 1302, Hugon et Girard de Brédillon lui ont succédé. *(Ibid.)*

(4) Cette carrière était ouverte depuis longtemps; car, selon le docteur Lochon, les dalles des tombeaux antiques d'Orcier, Jussy, etc., sortent du même lieu.

(5) Voir le Musée de Thonon.

(6) Comptes; Turin.

lesquels ceux de Thonon et d'Allinges (1). Les travaux de défense se continuent avec ardeur à Thonon et aux Allinges (1303); 188 ouvriers font retentir la carrière d'Allinges du bruit de leurs marteaux (2).

Un traité de paix avait été conclu le 7 mai 1304. Le fils d'Amédée V, Edouard, conduisit des troupes au secours du roi de France. Le comte de Genevois, profitant de son absence, éleva la *bastie* de Gaillard en juillet 1304, et fit des incursions sur les terres de Savoie.

A cette nouvelle Hugues, seigneur de Faucigny, voulut aussi pourvoir à la défense de ses États, par la création d'une forteresse qu'il éleva sur le tertre ou *molard* de Lullin, dans une de nos vallées qui s'ouvre, au côté septentrional, sur un massif de montagnes séparant le Chablais et le Faucigny. Le versant dominant notre province lui appartenait, car la *Tule* de Lullin est un affluent de la Dranse. Le château était achevé le 7 janvier 1305.

Le comte Amédée de Savoie y vit une menace contre ses possessions; aussi résolut-il de faire aussitôt acte de vigueur en envoyant son fils aîné, Edouard (qui venait de se distinguer à la bataille de Mons-en-Puelle), mettre le siège devant Lullin, malgré la rigueur de la saison au milieu de nos montagnes. Des troupes arrivent du pays de Vaud par le lac, et surtout du Chablais. Genève envoie des volontaires. Après onze jours de siège, Lullin succombe (24 janvier 1305) (3). Edouard répare, fortifie et munit le château de machines de guerre; il y établit une garnison de 30 hommes, renouvelables toutes les trois ou quatre semaines; car alors l'impôt tyrannique du sang, inauguré par les armées permanentes, était inconnu; plus sages, nos pères ne consentaient à quitter le foyer que pour un temps déterminé et de courte durée. Parmi les nobles qui conduisirent des hommes à ce siège, figurent le bailli du Chablais, Rodolphe de Montmayeur,

---

(1) *M. D. G.*, t. IX, p. 198.
(2) Comptes de Turin, ut supra.
(3) Fasciculus temporis *M. D. G.* IX, p. 300 (Chambre des Comptes de *Turin.)*

Pierre de Blonay et 25 hommes de la seigneurie de Féternes (1).

Thonon et les forts des Allinges ne demeurèrent point spectateurs indifférents à la lutte. Les châtelains augmentent les engins, les munitions et les garnisons; ils dirigent de nombreux boulets de pierre sur Evian, et commandent une grande quantité de chanvre, probablement pour des cordes d'arbalète ou de truie (2); car le principe moteur de ces engins provenait tout entier de la torsion des câbles. De là, ces gros achats de chanvre portés dans toutes les comptabilités du moyen-âge. Substituez, à la cordelette d'une scie, des câbles tordus avec force, chargez d'une pierre, la clef plus ou moins longue ; en lui imprimant un demi tour en arrière, la détorsion lancera la pierre à une certaine distance. Telles étaient les anciennes machines de guerre divisées en deux grandes classes : les unes à tir parabolique, semblables à nos mortiers; les autres, à tir rasant, comme celui de nos canons. La truie et l'engin rentrent dans la première classe, l'arbalète à tour et la baliste des anciens, dans la seconde (3). Mille moyens étaient imaginés pour nuire à l'ennemi : on remplissait des caisses de reptiles venimeux qui, une fois mis en liberté, jetaient dans les rangs la terreur et le désordre. Ainsi quelques années auparavant (1285), un inventaire des munitions du castel d'Allinges mentionne : *Une fiole de feu grégeois et la machine pour le lancer* (4).

La guerre continuait en d'autres lieux. Edouard réunit

---

(1) *M. D. G.*, t. IX, p. 200.

(2) Cette dernière machine, mentionnée dès 1155, semble avoir pris son nom, dit Blavignac, d'une certaine analogie de forme avec la hure du sanglier.

« C'estoit, dit Frossard, qui écrivait à la fin du XIVe siècle, un engin de telle ordonnance, qu'il jettoit une pierre de faix, et se pouvoient bien cent hommes d'armes, ordonner dedans, et en approchant assaillir la ville. »

Les Gaulois, selon Apollodore, l'employaient déjà 150 ans avant J.-C. et la désignaient par l'expression locale de *Trias*.

(3) Voyez *Mém. sur l'artillerie des anciens*,.... par G. H. Dufour, et *Etudes sur le passé et t'avenir de l'artillerie*, par Louis-Napoléon.

(4) Turin, comptes du châtelain.

le 10 avril (1305) une armée à Brens, et, reprend au seigneur de Faucigny le château de Bauges. Une trêve conclue le 21 juillet, n'aboutit point à la paix ; le châtelain d'Allinges-le-Neuf tient de nouveaux clients dans sa forteresse, du 17 mai au 20 février 1306, et envoie pendant trois jours à Thonon, 59 hommes d'armes, aux environs de la Saint-Barthélemy (1). Un nouveau compromis, du 21 février 1306, procura à nos campagnes quelques mois de repos. L'année 1307 transporta les hostilités aux environs de Genève. Le comte de Genevois et le Dauphin attaquent la ville, prennent le château de Ville-la-Grand, tandis que le bailli du Chablais détruit la maison forte de Rovorée, près d'Yvoire (27 août), et s'empare du château de Gaillard.

L'année suivante (1308), les ennemis font le siège du château-neuf d'Allinges. Enfin, la paix fut conclue à Montmélian le 16 août 1308 : Hugues et Beatrix renoncèrent à toutes prétentions sur le comté de Savoie, de la succession du défunt comte Pierre ; Hugues promit, en outre, de prêter hommage à Amédée V, pour les châteaux de Bonne, Monthoux, Allinges-le-Vieux, Lullin, etc. et pour les fiefs de Rovorée, Nernier, Gex, etc. (2). D'autre part, une alliance perpétuelle fut conclue avec le comte de Genevois, le 23 octobre 1308.

De 1308 à 1316, le Chablais goûta les douceurs de la paix. Le châtelain Mermet d'Arbignon ne négligea pas néanmoins les précautions ni les intérêts de notre cité. Il agrandit et renouvelle nos moulins (1312), il y emploie 120 chars de pierres ; et les machines de guerre figurent encore largement au budget, *pro compedibus factis in castro Thonuns*, pour *cordes* ou *chaînes* (?) forgées au château de Thonon (3). En 1316, il envoie un important secours à Louis, baron de Vaud, qui traverse le lac, d'Evian à Lausanne, sur 200 barques amenées d'Yvoire, pour soutenir la guerre avec le comte de Genevois et les évêques de Bâle et de Lausanne.

Une difficulté surgit, vers la fin de cette année, entre les

---

(1) *Ibid.* Comptes de Jean Renard 1305-1306, 17 mai, 20 février. Turin.
(2) Valbonnais, 2, p. 139, 141.
(3) Comptes de Turin.

hommes du seigneur de Faucigny et ceux d'Allinges-le-Neuf (1316). Mais, au lieu de recourir aux armes, on remit la décision du différend à l'arbitrage de M^{res} P. de Sarsonaz et Girod de Nicoday, clercs, et de Mermet de Saint-Jeoire, de Pierre de Chissi, Vuillelme de Compeys, Jean de Rovorée, chevaliers, et d'Amed Dardel. Plusieurs enquêtes eurent lieu à Thonon et aux Allinges (1). La guerre éclate néanmoins en 1320 avec le comte de Genevois ; le château du Bourg-de-Four est démoli, la dévastation et l'incendie sont promenés dans les mandements de Gaillard et de Ballaison. L'année suivante, le Dauphin prend part à la lutte.

Jean II, le Dauphin précédent, était mort (1319) laissant deux fils en bas âge : Guigues et Humbert, sous la tutelle de son père Henri, élu évêque de Metz. Celui-ci aimait le fracas des batailles.

Hugues, baron de Faucigny, ayant cédé sa baronnie aux fils de Jean II (25 février 1321), Henri, leur tuteur, accourt à la tête d'une armée. La guerre devient générale.

Amédée III, comte de Genevois, son oncle Hugues d'Anthon et le sire de Faucigny réunis, ravagent les environs de Genève, et portent l'incendie jusque dans la ville.

Amédée V, laissant la défense de Genève au bailli du Chablais, se jette sur le Dauphiné et prend les châteaux de Saint-Germain, d'Ambérieu et de la Corbière (28 décembre) (2).

De son côté le châtelain d'Allinges augmente les garnisons de Thonon, d'Yvoire et des Allinges (3) et dirige ses

---

(1) Comptes d'Humbert de Montmayeur (1316-1317), de Jean de Monthey (1317-1318) et d'Humbert de Viry (1317-1319). Libr.... ad expensas Girodi de Nicoday, et Magistri Aymonis de Bona..... facientium inquestas apud Alingium et apud Thonuns pro dissenssionibus hinc inde ortis (1317-1318). En 1317, le bailli de Chablais retient 4 hommes sous les armes à Thonon pour dissensions intestines (*Ibid.*)

(2) *M. A. S.* 13. *M. D. G.*, IX, p. 305.

(3) ... Libr... in stipend. datis pluribus clientibus de Fisternâ et de Thononio... Humberto de Collumberio cui dedebantur pro stipendiis suis cum armis et unius socii... existencium in garnisione villæ Thononii à primâ die mensis februarii... libr. Aymoni de Draillens... pro stipendiis suis et... duorum clientum... in munitione burgi subtùs villam de Thonuns, etc. (Comptes de F. du-Mont Châtelain, 1322-1323).

excursions tantôt dans les montagnes, tantôt dans la plaine, pour repousser l'ennemi qui brûlait et ravageait les environs.

Partout la terreur était au comble. Personne ne voulut affermer la leydê de Thonon, ni les revenus de la leyde d'Orcier, durant la première moitié de l'année 1322 (1).

A ces calamités vinrent se joindre la peste et la disette : La coupe de froment se vendait 15 sols. En face de tant de malheurs, on comprit la nécessité de la paix. Elle était faite depuis quelques mois, quand Amédée V mourut à Avignon le 16 octobre 1323. A cette nouvelle, le châtelain Jean Dumont augmente la garnison de Thonon de 30 clients, celle d'Allinges de 7 et celle d'Yvoire de 10. Les deux châteaux rivaux des Allinges se livrent des escarmouches continuelles ; on s'empare de part et d'autres de quelques sujets qui demeurent prisonniers jusqu'en mars 1324 (2). Ces luttes sourdes paralysent tout commerce, et cette année la leyde de Thonon ne rapporte rien (3).

Un autre évènement allait donner à la lutte une extension nouvelle.

Edouard, comte de Savoie, venait de succéder à son père l'illustre Amédée V (1323).

Il avait six sœurs dont Agnès, qui épousa Guillaume III, comte de Genève, et Marie, qui épousa Hugues, soit Guigues, dauphin, sire de Faucigny. Ce dernier avait bâti un château sur le mont Forchiez. Edouard se plaignit amèrement de cette violation du droit ; cette terre étant de la juridiction de Savoie, il lui ordonna de le raser dans l'espace d'un mois. — Le terrain, répond le beau frère, fait partie de la seigneurie de Faucigny, le château ne peut, par conséquent, vous appartenir. Je m'en rapporterai d'ailleurs au témoignage des voisins, s'ils le déclarent de

---

(1) Quià per dictum tempus non invenit qui ipsam ledam acciperet ad firmam propter guerram illuc existentem *(Ibid.)* Ces documents ont été en partie publiés dans la *Notice des Allinges*, p. 34, 35, par M. l'abbé Gonthier.

(2) Comptes, 6 février 1324-1324. 1ᵉʳ mars, Turin.

(3) *Ibid.* Compte du 5 avril au 7 déc. 1325. *Ibid.* Peronet Barbier de Thonon reçoit 112 deniers genevois pour 56 jours de garnison à Genève et Yvoire (Comptes 1324-1325).

— 127 —

Savoie, je le démolirai le premier. Edouard, peu satisfait de cette réponse, lève une armée, assiège Mont-Forchiez, le prend au bout de 12 jours et le rase jusqu'aux fondements (13 mai 1325).

Le gouverneur du Faucigny, au nom du Dauphin, demande le secours des armes de son suzerain et de Guillaume, comte de Genève. Tous trois mettent le siège devant la forteresse des Allinges ; leurs efforts échouent. Edouard renforce aussitôt son armée et vient au secours de la place. A la vue des assiégeants, il commande au maréchal de Savoie de ranger ses hommes en bataille dans la plaine au bas du château. Aussitôt les ennemis abandonnent leur poste et descendent à la rencontre d'Edouard déjà sous la cornette, le casque sur la tête et l'arme au poing. Alors le Comte adresse à sa troupe la harangue suivante (1) :
« L'ardeur dont je vous vois animés, mes seigneurs et
« amis, me fait espérer qu'aujourd'hui le nom de Savoie
« sera consacré à l'immortalité, non seulement par votre
« valeur et votre victoire, mais encore par le sang de ceux
« qui rendront leurs âmes à celle qu'ils aiment, c'est-à-
« dire, à leur patrie. Et je suis assuré qu'elle sera grande-
« ment reconnaissante tant à ceux qui survivront qu'à ceux
« qui mourront sur le lit d'honneur. Prenons avec joie
« cette occasion de gloire immortelle, persuadés qu'il n'est
« pas possible de faire plus d'honneur à la patrie, ni plus
« de gloire à nos parents et amis que de vaincre aujour-
« d'hui trois grands et puissants ennemis, ce qui nous est
« aisé si nous nous rappelons que ce sont les mêmes que
« nous avons vaincus autrefois. Et, s'ils sont plus nom-
« breux que nous, il faut penser qu'ils n'ont pas plus de
« cœur, et que le plus grand nombre ne donne pas toujours

---

(1) *Chronique de Savoie*, par M. Guillaume Paradin, page 257 et suivantes. *Hist. monum.* t. ɪ, p. 234. Les comptes du Vidome de Genève, Hugues de Filins, mentionne une entreprise contre Allinges et Hermance, à la date du 10 mai 1325. « Ad cremandum et vastandum ante Alingium et ante Hermanciam. » *(Mém. de la Soc. d'hist. de Genève*, t. ɪx, p. 317). Les comptes de 1324, 1325, ne faisant aucune mention de ce siège, je regarde comme certain que la bataille d'Allinges n'a pas eu lieu en 1324, comme l'affirment plusieurs, mais en 1325 (Comptes de Turin). *Ibid.*

« la victoire, que le plus souvent au contraire une grande
« multitude sans cœur a été défaite par une petite troupe
« courageuse et bien exercée. Ne souffrons pas que la
« céleste croix blanche dont la vue a souvent fait trembler
« tout l'Orient, soit aujourd'hui maculée, humiliée et
« déshonorée, ce qu'à Dieu ne plaise. » Ces mots dits, il
fait sonner les trompettes ; l'avant-garde, composée de gens
de pieds, s'avance disposée en pointe. Tous avaient déjà
prouvé leur valeur dans de récents combats. L'action commence aussitôt, puis la bataille devient furieuse. L'ennemi
fait de vains efforts pour pénétrer dans ce bataillon et le
rompre. Les vieux soudards, immobiles comme des statues,
ne reculent pas d'un pas.

Le Dauphin, à cette vue, se retire lentement avec ses
troupes et les dispose en demi-cercle. L'avant-garde
d'Edouard pouvait se précipiter dans ce milieu et se voir
étreindre dans ces bras de fer. Tel était le but du Dauphin.
Les Savoyards ne quittent pas leur poste. Sur le champ, le
Dauphin divise sa cavalerie en quatre escadrons et commence l'attaque sur divers points. Les Dauphinois étaient
trois contre un. Le comte Edouard, au contraire, lance
toute sa cavalerie réunie contre celle de son adversaire; c'est
un ouragan de fer qui écrase les différentes bandes ennemies
les unes après les autres et disperse l'infanterie. Ainsi
l'honneur de la bataille reste au comte de Savoie.

Le dauphin Hugues, vassal du Faucigny, et le comte de
Genève courent les plus grands dangers en voulant rallier
les fuyards.

Edouard fait enterrer les morts et expédie sur Genève
les nombreux blessés qui demandent des soins spéciaux.
Sans quitter son camp, il appelle ensuite des troupes du
pays de Vaud, renforce son armée et assiège le châteauvieux d'Allinges encore au pouvoir de l'ennemi (1). Le
blocus commence, la famine survient terrible dans la place

---

(1) Ce nouveau siège du Château-Vieux et sa destruction sont une erreur probable, commise par Paradin, car les Comptes des châtelains (Arch. de Turin) n'en parlent nullement.

qui se rend et disparaît sous les efforts du levier démolisseur.

L'autre château des Allinges (dont il a la suzeraineté) est fortifié, et muni de provisions, pour parer à tout évènement (1).

Le Dauphin, malheureux en Chablais, transporte le théâtre de la guerre dans le midi de la Savoie en attaquant les châteaux des Bauges. Edouard vole sur ses pas et le bat ; mais, d'autres troupes aux ordres du Dauphin ravagent en même temps le Chablais, assiégent quelques châteaux, entre autres celui de Brens, parce que leurs seigneurs soutiennent le comte de Savoie. Elles reçoivent par le lac, leurs armes et munitions de guerre ; elles fondent sur Thonon et Evian qui sont saccagés, et se répandent comme un torrent dévastateur dans les environs. (*Guillaume Paradin*).

Les deux partis continuent la lutte pendant trois mois, détruisent les châteaux, incendient les hameaux (2), dé-

---

(1) L'ancien bourg des Allinges, situé au pied de la colline, était, dans le xe siècle, le lieu le plus considérable du Chablais ; les évêques de Genève y établirent un décanat rural qui, au xive siècle, comprenait 51 églises paroissiales et 5 prieurés ; le doyen tenait le premier rang dans les séances du clergé convoqué en synode. — *Mémoires et documents* publiés par l'Académie salésienne, tome II, p. 120.

On ne sait si c'est le bourg des Allinges qui a donné son nom à la noble famille d'Allinges, ou s'il l'a reçu d'elle.

Il est prouvé par titres authentiques que les anciens rois de Bourgogne firent avec les seigneurs d'Allinges, des échanges, et que ceux-ci reçurent de grandes possessions en récompense de services importants qu'ils avaient rendus. Un Guiffred d'Allinges était grand-maître des Templiers en 1285.

Cette famille s'est perpétuée par 26 générations depuis l'an 1012 jusqu'à M. Jh-Prosper-Gaëtan d'Allinges-Coudrée, mort en 1843. Voici les nombreux titres de cette famille « Marquis de Coudrée, Lullin, Ternier, de la Chambre, de Seyssel, comte de Langin, de la Val d'Isère, d'Heuille d'Apremont, de Montréal, vicomtes de Tarentaise, barons de Larringes de Montfort, de Mont-Falcon, seigneurs d'Allinges, Cervettes, Ballaison, Loisin, la Rochette en Chablais et la Rochette en Savoie, la Cour, Chevenoz, Publier, Gresier, maisons fortes de Longefans et de Mouxy, d'Albens, de Grésy, de Ste-Hélène et des Millières, etc., etc., etc. *Armorial de Savoie*, par A. de Foras, art. *Allinges*.

(2) Le bailli de Chablais et le vidomne de Genève munissent les forts de Thonon et d'Allinges-le-Neuf, et, appellent de vaillants hommes d'armes, tels que Jean de Beauregard, Guerri de la Baume, Vautier de Presilly, Henri et Nicolet de Gresy, Nicolet d'Aulps, Richard de la Chapelle, Guillaume de Châtillon, Jean de Compeis, etc. Ceux-ci portent l'incendie aux

ciment la population dans le Chablais, les pays de Gex et de Vaud. La victoire reste à Edouard ; mais la fortune devait le trahir devant la forteresse du Varey, sur le bord du Rhône dans le Bugey. Il y est battu le 7 août 1325.

Pendant cette lutte, Thonon avait monté ses engins sur les remparts, abaissé ses ponts-levis et doublé sa garnison. Les comptes du châtelain de Thonon du 5 avril 1325 au 7 décembre 1326 mentionnent 20 livres et 14 sols genevois pour la solde de cinq cavaliers appelés pendant 18 jours en garnison à Thonon, jusqu'au 5 juillet 1325 (1).

La même année (1326) reçoivent leur solde à Thonon le chevalier P.... de Margencel et Aymonet de Cervens, etc. (2), qui prenaient part à cette lutte. Le baron de Faucigny et les alliés, dit Prévost (3), firent de grands dégâts dans le Chablais. Ils parurent devant Évian en 1326, sur des bateaux construits à Hermance, et l'assiégèrent vivement par eau et par terre. « Il y eut grand carnage et tuerie de part et d'autre ; car ceux de la ville et du château faisaient des sorties de cavalerie. Le Dauphin l'ayant prise, la mit à sac, et brûla le château, ce qui ennuya beaucoup Édouard, car, c'était une bonne place. D'Évian (4), au mois d'août 1326, les ennemis faisaient des excursions en bateau, pour ravager le Chablais..... Aymon fit la paix avec le Dauphin qui lui rendit Évian, *en 1339* (5). »

Édouard avait failli tomber entre les mains de ses

Gets, à Hermance, aux environs de Genève, autour d'Allinges-le-Vieux, à Cillens, près de Lullin, en surveillant les mouvements de l'ennemi par des espions, hommes et femmes, qui rôdaient à la faveur de la nuit dans les bois qui séparaient Thonon et Allinges-le-Vieux. Ces hostilités durèrent pendant l'été tout entier, et le châtelain, pour apaiser les habitants d'Allinges-le-Neuf, leur distribua 170 coupes de froment. Les comptes du 5 avril au 7 déc. 1325 (Turin) énumèrent les différents renforts envoyés à Thonon, Évian, Yvoire et aux Allinges.

(1) Turin, Arch. de la Ch^{re}; Comp. du châtel. d'Allinges, Thonon, 1325, 1236.

(2) *Id.* « Pro stipendio P. de Margencelle et Aymonetis de Cervens *Quitum in armis* » (Compt.)

(3) Mss. *Chronique d'Evian*, par Prévost (Arch. de Lausanne).

(4) Au dire de Prévost, ce fut Amé VI qui, en 1375, releva les fortifications d'Evian et rebâtit son château.

(5) Au lieu de cette date que donne Prévost, il faut lire 7 mai 1334.

ennemis au moment de sa défaite près du château de Varey. Aussitôt, il fait un pressant appel à ses vassaux, aux seigneurs de Blonay, de Gruyères, etc., et envoie son châtelain d'Allinges surprendre Hermance. Il arrive lui-même devant cette dernière ville le 1er mai 1326 pour en faire le siège. Mais ses efforts échouent. Une courte paix suivit cette entreprise. Dès le mois de juillet, la lutte recommence et se prolonge jusqu'à la fin de mars 1328. Pendant cette période, les moulins de Thonon ne fonctionnent plus faute d'eau, les moissonneurs sont gardés par des cavaliers parmi lesquels figurent : Henri de Grésie, Aymon de Cervens, Mermet Compey, etc. Le châtelain achète 6 balistes en 1326, puis deux grands engins que 20 chars transportèrent. Sur le lac, les hommes d'Hermance attaquaient ceux de Nyon et de Versoix. La guerre, arrêtée un instant par le traité de 1328 et la mort d'Edouard (1329), reprit de plus belle sous le comte Aymon (1330). Mais celui-ci, fatigué de la lutte, finit par conclure à Lyon, avec le nouveau dauphin, Humbert II, un traité qui procura vingt ans de paix; 7 mai 1334.

En mai 1343, un différend s'éleva à Genève au sujet d'un bourgeois de cette ville qu'avait arrêté, de nuit, Rolet de Saint-Jeoire. Le bailli du Chablais sort de Thonon, et accourt à Genève pour apaiser le trouble qui s'était élevé (1). Nous ignorons l'issue de cette querelle entre le Vidomne, l'Évêque et les citoyens; mais trois ans plus tard une question semblable se présenta. Un laïque coupable de vols commis dans la cour de l'official est saisi par l'Évêque et réclamé par le Comte auquel il est enfin remis (2); 1346, 3 mai. De là un arbitrage pour décider de ce prisonnier et statuer sur les dommages d'un incendie allumé à Jussy par les hommes du Comte au milieu de ces rixes incessantes (3) ; 1346, 19 mai.

(1) *Mém. et doc. de la Soc. d'Hist. de Genève*, t. XVIII. Néanmoins, le 5 juillet (1343) le comte Amédée VI, en exécution du test. de son père Aymon, donne à l'église de Genève 100 sols de gros tournois assignés sur les leydes de Thonon. *(M. D. G.* t. XVIII, p. 389).
(2) Turin, Arch. de Genève et *Mém. de la Soc. d'Hist. de Genève.*
(3) Arch. de Genève. Gr. Penney, t. I, fol. 99 et id.

À cette époque, les voies de fait suivaient de près les différends. Aussi les gens des châtellenies d'Allinges, Thonon, Evian et Féternes avaient-ils déjà porté, au mois de mai, l'incendie et la désolation dans les terres de Jussy, village dépendant de l'évêché de Genève. Une première enquête s'ouvre sous la direction des nobles seigneurs Humbert Proveyns et Rolet de Saint-Jeoire (1). Septante-trois plaignants ou témoins paraissent pour raconter les scènes d'incendie et de pillage et réclamer diverses indemnités (2). Elles parurent de beaucoup trop élevées ; car, le 21 juillet suivant, 1346, le comte Amédée de Savoie, de l'avis de ses tuteurs, donna ordre au seigneur d'Entremont, bailli du Chablais, de procéder à une nouvelle enquête, et à une estimation plus équitable des dommages.

L'affaire traîna encore en longueur, et les parties, à cause des difficultés qui survinrent, ne tombèrent pas si vite d'accord ; car le 16 mars 1348, le comte Amédée, sur le vu d'une nouvelle enquête du 17 février 1348, prescrit définitivement à ses commissaires de terminer ce long démêlé (3). Une première somme de 538 livres et 5 sols, et une seconde de 80 livres, 3 sols, 3 deniers devaient être comptées aux Jussaciens.

En 1351, quelques hostilités recommencèrent avec le Dauphin. La peste les fait cesser en 1352. Mais, l'année suivante, la guerre devient acharnée. Amédée VI venait à peine de s'emparer de Sion et du château de Tourbillon pour comprimer une révolte en Vallais (4), qu'il eut à sou-

---

(1) Ad inquirendum de dampnis datis et illatis per gentes castellaniarum Alingii, Tononis Aquiani, et Fisterne gentibus dicti loci Jussiaci, pro et de incendio ibidem apposito et facto, et in dampnis ibidem illatis per gentes castellaniarum predictarum mense maii nuper preterrito (Arch. de Gen. Piec. *Hist.* n° 244. *M. D. G.* xviii, p. 203, 204).

(2) Depuis la valeur de 17 livres pour une maison brûlée jusqu'à celle de 4 sols pour un porc tué. Parmi les habitants de Jussy on trouve plusieurs familles ayant des ramifications en Chablais, telles que les Borel, Bron, Davet, Humbert, La Lèchère, Lulliod, La Place, Dunant, la Rue, Gerdil, Dupuits, Pittar, Sautier, Vuibert, etc. (Arch. de Gen. P. hist. 244. *M. d. G.* t. xviii, p. 204).

(3) Arch. de Gen., P. 2, n° 252. *M. d. G.*, t. xviii, p. 215.

(4) Compt. d'Amed de Viry 1352-1353 (Turin).

tenir une lutte contre le roi de France et Hugues de Genève seigneur d'Anthon. Les Dauphinois ravagent le Bugey, et Hugues, les environs de Genève, Versoix, Monthoux, Allinges, Thonon. Les Savoyards, sous la conduite de Mermet d'Aulps, Rolet de Blonay, Girard du Crest, Mermet Duflon, Falquet d'Evian, mettent à feu et à sang Corsier, Conches et la châtellenie d'Allinges-le-Vieux (1), tandis qu'Amédée défait complètement le comte Hugues aux Abrès. Le traité du 5 janvier 1355 mit à jamais un terme à ces querelles entre les comtes de Savoie et les Dauphins. Le Comte-Vert abandonna à ces derniers le Viennois contre la suzeraineté de Gex, de Genève, plusieurs châteaux en Bugey et la baronnie de Faucigny dont dépendaient Allinges-le-Vieux et sa châtellenie (2).

---

(1) Libr... in stip. 24 armatorum quos tenuit apud Thonuns pro 35 diebus... finitis die quintà augusti... in stip. decem armatorum equitum quos tenuit apud Thonuns ultrà garnizionem solitam, etc. (Comptes du 26 février 1353 au 2 juin 1354 (Turin).

(2) Les deux châteaux d'Allinges dépendirent, dès lors, du même seigneur, et les deux châtellenies fondues en une seule relevèrent d'un seul châtelain ou gouverneur.

La forteresse semblait appelée à un rôle glorieux dans nos fastes militaires. Le contraire arriva. Thonon, devenu la résidence des princes de Savoie, va grandir successivement, et devenir la capitale de la province. *Les Allinges*, par M. Gonthier, 48.

ARTICLE II

1378-1433

Sommaire : Amédée VII, ses exploits militaires. — Sa chute dans la forêt de Lonnes. — L'Ermitage ; son histoire. — Amédée VIII. Duel entre le comte de Grandson et Girard d'Estavayé. — La Régence. L'Empereur Sigismond et la Savoie érigée en duché. — Compagnie du *Cygne noir*. — Fondation du monastère de Ripailles (17 juin 1410). — Cérémonie imposante. — La justice du prieuré. — Situation matérielle ; nouvelles concessions. — Les prieurs et les élections. — Le château de Thonon, agrandissement. — Fondation (1429) de l'église de St-Sébastien (soit de l'ancien collège), confiée à 17 chanoines de St-Augustin. Cérémonie de leur installation. — Ouverture de la rue Vallon. — Fortifications du Château et les frères du Pont. — Echange avec le prieuré de St-Hippolyte. — Les faubourgs de la Croix, de St-Sébastien et le quartier des Juifs. — Usures et châtiments. — Mariage du roi de Sicile, Louis III. — Naissance d'Amédée IX.

En 1375, des bandes armées, dites grandes-compagnies, parcouraient la France. Amédée VI, dit le Comte-Vert, prit des mesures de prudence, et envoya des commissaires visiter les châteaux des Allinges, de Thonon, et tous les passages et les villes de sa domination, depuis Chillon jusqu'à la Clusaz (1).

(1) Dans son testament, le Comte-Vert donna 400 florins pour la construction du pont de la Dranse. « Item fabrice pontis Drancie inter Thononium et aquianum quatercentum floren. veteris semel. » (Guichenon). Selon M. Frédéric Charrières, le mot *Dranse* vient de *Draco*, par allusion aux ravages de cette rivière ; selon d'autres, de *Durvent-ui*, rivière rapide. Quoi qu'il en soit, l'ancien pont de la Dranse était bâti en bois selon Pescatore, à un quart de lieue au-dessus de l'actuel. Amédée VIII, nous dit Prévost, construisit « un beau et grand pont de pierre sur la Dranse, de dix-sept arches de grande et belle manufacture. Bien auparavant la paroisse *du Pont* était venue se grouper dans le voisinage des vignes, appelées encore aujourd'hui du Pont, là où le lit de cette rivière se trouvait assez resserré pour permettre l'assise d'un pont.

Il fut emporté, par la peste, le 2 mars 1383, laissant à son épouse, Bonne de Bourbon, les châteaux, villes et seigneuries d'Évian, de Féternes, de Thonon, de Ripailles, d'Hermance et des Allinges, avec l'usufruit et administration générale de ses Etats. Il se montra aussi bon administrateur que vaillant guerrier ; Évian possédait avant 1371, un hôpital fondé par ses bourgeois. Il s'empressa de l'autoriser par lettres patentes du 26 mars 1371, comme l'avait déjà fait le pape Clément VII, six ans auparavant (bulle de 1365).

Son successeur, Amédée VII, mourut à Ripailles le 1er novembre 1391. Ce prince, surnommé le Comte-Rouge, à cause de sa chevelure, ou de la couleur du costume qu'il portait dans les tournois, fut un modèle de valeur chevaleresque. Il rendit d'importants services à Charles VI roi de France, son cousin-germain, dans les guerres contre les Anglais et les Flamands. A la tête de 700 lances de purs Savoisiens, selon l'expression d'une vieille chronique, il s'était couvert de gloire, en 1382-1383, à la sanglante bataille de Rosbecque, dans la lutte soutenue à l'occasion du Beaujolais, et au siège de Bourbourg. On l'appelait le plus franc et le plus adroit des chevaliers de l'armée. Il traita avec le Haut-Vallais en 1384, et soumit le marquis de Montferrat et de Saluces en 1384 (1).

Il aimait à se reposer de ses fatigues, au château de Thonon. Passionné pour la chasse, il poursuivait un jour, dans la forêt de Lonnaz, entre Thonon et le Lyaud, un énorme sanglier devenu la terreur du pays.

Amédée VII, à la tête de vaillants chasseurs, ne craint pas de se mesurer avec cet ennemi redoutable. Une lutte

---

(1) Guichenon, I, 426. En échange de ces possessions, Amédée VII céda à sa mère le 18 juillet 1383, la jouissance de toute la terre et baronnie de Faucigny avec tous ses châteaux, châtellenies et mandements, savoir : Hermance, Bonneville, le Châtelet du Credo, Samoëns, Chatillon et Cluses, Montjoie, Sallanches et Flumet ; et dans le Chablais et Genevois, les châteaux, les châtellenies et mandements de *Thonon*, d'Allinges-le-Vieux, d'Allinges-le-Neuf, d'Évian, de Féternes (Charte appartenant à M. l'abbé Gonthier).

terrible s'engage (1) et le monstre succombe enfin sous les coups d'un chasseur, Jean Advanchier (2). Au même moment, le Comte, emporté par son coursier, heurte violemment contre la racine d'un arbre et, tombant à la renverse, se blesse à la jambe. Il remonte aussitôt ; mais son cheval effrayé l'emporte dans la plaine, avec la rapidité de l'éclair. C'était le 21 octobre 1391.

Il expira à Ripailles peu de jours après, le 1er novembre 1391, à l'âge de 31 ans. Son testament est daté de la maison de Ripailles, dans la chambre où a coutume de coucher le seigneur Comte (3). La Savoie le pleura longtemps. Cette mort imprévue fit croire à un empoisonnement de la plaie (4), et amena un duel célèbre entre deux

(1) La bête hurée, racontent les chroniqueurs, entra dans une si grande fureur qu'elle écumait, ronflait et martelait des dents, « avec le poil si hérissé que bien semblait avoir le dos couvert d'aiguilles et d'alènes, avec les yeux embrasés, plus que vif charbon, et plus rouges que gouttes de sang. » (Dessaix).

(2) La légende s'empara de cet animal et en fit le sanglier fameux qui avait jadis blessé le sire de Langin sur la montagne du Voiron... Voir Besson, *Mémoires*, p. 107. Charles-Auguste de Sales, *Vie de saint François...*, livre ix. Dessaix, *Évian et Thonon*, p. 172. Grobel, *Notre-Dame de Savoie*, p. 172.

(3) Guichenon, p. 232.

(4) Le prince jura sur son âme qu'il était empoisonné par son médecin. Au mois de juin 1391, un aventurier charlatan, Jean de Grandville, se disant avoir étudié la médecine à Paris, lui administra les remèdes les plus énergiques pour lui faire croître les cheveux qui lui manquaient. Il était confident, dit-on, de Bonne de Bourbon et de Bonne de Berry, et fit retomber, au milieu de la torture, sur la tête de la première, le crime dont on l'accusait. Son apothicaire, Pierre Fabri de Lompnes, fut condamné à mort, pendu et écartelé à Bourg-en-Bresse, le 18 juin 1392. Trois ans plus tard, le 3 avril 1395, le conseil du comte de Savoie reconnut son innocence et réhabilita sa mémoire. Le châtiment du médecin, relégué seulement au fort de Mont-Brison, fait supposer que ses complices étaient sur les marchepieds du trône (V. Guichen. p. 232 et *Le sanglier de la forêt de Lonnes*, par F. Reilat). C'est probablement en souvenir de ce funeste accident qu'Humbert de Savoie, comte de Romont, fils naturel du Comte-Rouge, fondait quelques années plus tard le couvent connu sous le nom d'*hermitage* de Lonnaz, où il établit six ermites vivant sous la règle de saint Benoît, en leur assignant 80 flor., 5 sols et 8 den. de revenu annuel, plus 12 liv. lausannoises dans le village de Ramboz, des censes sur les biens d'Henry de la Ravoire et de dame Françoise de Villars, sa femme... Amédée VIII y ajouta plus tard 20 coupes de blé, à retirer des moulins d'Évian et de Féternes et du péage des

chevaliers, le vieux comte de Grandson et Girard, seigneur de Stavayé, accusateur du premier.

Le duel eut lieu à Bourg, six ans après la mort du Comte-Rouge, en présence du nouveau souverain le comte Amédée VIII et de toute la noblesse. L'issue de la lutte devint horrible ; de Grandson jeté dans la poussière au premier choc, tendit les mains au vainqueur en demandant *merci ;* mais de Stavayé les abattit d'un coup d'épée et le bourreau les brûla le jour même comme celles d'un traître. Plus tard, l'innocence de Grandson devint pleinement manifeste ; la mémoire du vaincu fut réhabilitée, et, en souvenir de ce douloureux évènement, Amédée VIII abolit pour toujours, dans ses États, cette sorte d'épreuve judiciaire à laquelle les parties avaient voulu recourir.

Amédée VIII entrait dans sa huitième année à la mort de son père. Les États généraux assemblés nommèrent un conseil et donnèrent la régence, non à Bonne de Berry, mère du jeune prince, mais à Bonne de Bourbon, son aïeule, selon les dispositions du Comte défunt.

A l'âge de 17 ans (1401), Amédée se rendit à Paris, accompagné d'une suite nombreuse, pour y recevoir Marie, fille de Philippe-le-Hardi, duc de Bourgogne. Son père lui destinait cette épouse, depuis le berceau. C'est là qu'il recueillit l'héritage si convoité de Robert, dernier comte de Genève, plus connu sous le nom d'*Antipape Clément VII.*

---

dits lieux et 50 flor. pour un anniversaire (Turin, comptes de 1511). — Guichenon, t. I, p. 469, a confondu l'ermitage de Lonnaz avec le prieuré de Ripailles, en parlant de l'acte du 21 octobre 1430. — Le 6 novembre 1438, Amédée lui fait encore don de terres sises à Tully (près de l'église), et d'autres dans le village de Concise (Comptes, *ibid*). On sait que le droit de moulins, fours et pressoirs était un privilège qu'avait le seigneur de pouvoir obliger ses vassaux à ne se servir que de ses moulins, fours et pressoirs. De là, des revenus considérables. (Ainsi, le mardi avant la fête de sainte Madeleine 1278, le comte de Savoie cède à Mre Wilfred de Perignier un muid et demi de froment sur les moulins de Thonon, *ibid).* En 1525, l'ermitage qui nous occupe était habité par les RR. PP. Antoine Truffat, prieur, Jacques de Vigny, Pierre de Planchant et Jean Garnier. Le 10 sept. (1525) ils choisirent pour prieur Rd Louis Duplatre, religieux du prieuré de St-Hippolyte de Thonon, à condition que l'élu prît l'habit des ermites de Lonnaz, « ne propter diversitatem habituum, difformitas in eodem eremo oriretur *(Ripailles,* par M. l'abbé Ganthier, p. 50).

Pendant ses 400 ans d'existence, la monarchie savoyarde avait acquis le Chablais, le Faucigny, la Tarentaise, le comté de Genève, une partie de la Suisse romande, la Bresse et le Bugey. Elle s'étendait jusqu'aux portes de Lyon, de Valence et de Grenoble, et possédait au-delà des Alpes presque tout le Piémont. Aussi, l'empereur Sigismond, passant à Chambéry, érigea-t-il la Savoie en duché souverain (1416). Des joûtes, des tournois, des fêtes magnifiques, eurent lieu à l'occasion de cet évènement.

Vers cette même époque, Amédée s'occupa de plusieurs fondations chevaleresques, entre autres de la compagnie du *Cygne noir*, où l'on voit figurer Berlion de Foras (1).

Les principales charges de sa cour étaient celles de grand écuyer, de grand chambellan, de grand maître d'hôtel. Les premiers titulaires de ces fonctions furent deux chablaisiens : Robert Rouër de Saint-Séverin et Guillaume de Genève, seigneur de Lullin.

Cependant le souvenir de la mort funeste de son père venait souvent se présenter à l'esprit religieux du comte Amédée VIII. Le 10 juin 1410 (suivant Cibrario), il fit bâtir à l'endroit où son père lui fut enlevé le prieuré des chanoines de Ripailles. Amédée VIII céda pour le monastère sa maison ou son manoir de Ripailles *(domum seu maners de Ripalliâ)* avec toutes les dépendances contenues dans l'enceinte des remparts ou clôture qui l'enfermaient, et tout autour, une étendue de terrain de 40 pieds de comte (2). L'acte de fondation désigne Ripailles en ces termes : *fundavit in loco suo Ripallie*. Vraisemblablement, il n'y avait là qu'un simple manoir ou rendezvous de chasse construit, on ne sait à quelle époque, avec un entourage de murs et de dépendances. Le notaire public, Guigonet Maréchal, de Chambéry, reçut cet acte sous la date du dimanche 23 février 1410, première année du

---

(1) Voy. *Pièc. justificat.* n° 33.
(2) Inventaire et terrier des abbayes d'Aulps et d'Abondance *(Arch. départem.*, Annecy). Ces détails et ceux qui suivent sont tirés de la *Notice sur Ripaille*, par Lecoy de la Marche.

pontificat d'Alexandre V (1), et non le 23 avril 1411, comme le dit Besson, p. 103. Il fut stipulé dans la chambre du parement *(in camerâ paramenti)* de la demeure de Jean Ranays, secrétaire du comte de Savoie.

Sont présents comme témoins, des personnages illustres : R^d Hugues d'Arens (mentionné en 1402 par Besson, sous le nom de Hugues de Larc), prévôt de Mont-joux, Humbert, bâtard de Savoie ; Guichard Marchand, chancelier de Savoie ; François de Menthon ; Amédée de Challant, chevaliers ; Aymon, seigneur d'Apremont ; Hugonard Chabot, docteur ès-lois (2) ; Pierre Andrevet, maître-d'hôtel du prince, conseillers ; et Jean Boubat de Divonne, autre secrétaire d'Amédée VIII (3). Donnons brièvement la constitution de ce prieuré.

Placé sous le double vocable de Notre-Dame et de Saint-Maurice, le couvent comptait quinze chanoines réguliers, y compris le prieur. Ils suivaient la règle de saint Augustin, portaient l'habit et obéissaient aux statuts de l'abbaye de Saint-Maurice d'Agaune. Le Prince s'était réservé la nomination du premier prieur. Les chanoines devaient élire les prieurs suivants, les présenter au Comte, et celui-ci à l'abbé de Saint-Maurice, chargé de confirmer l'élection. Le prieur qui serait le premier en charge pouvait choisir et recevoir ses quatorze confrères, les revêtir de l'habit, les installer dans le chœur et le chapitre ; mais ensuite, le prieur devait partager avec le Comte le privilège de remplir, tour à tour, les places vacantes. Le premier demeurait encore chargé de l'administration des personnes, des biens du monastère et d'un compte-rendu annuel qui serait fait en présence du chapitre assemblé.

---

(1) *Ibid.*

(2) Il y figure comme juge de Thônes, Rumilly et autres lieux en Genevois *(Revue sav.,* 15 févr. 1862). Amédée VIII est le premier qui introduisit la bourgeoisie savoisienne dans les conseils du souverain (Lecoy). Ce fut le même qui fit rédiger à la fin du xive siècle les franchises de Thônes.

(3) M. Lecoy en a reproduit le texte entier ; la première partie d'après un double déposé aux archives de la Haute-Savoie ; la seconde, d'après un cartulaire de l'abbaye St-Maurice ; le bas du parchemin dans la première de ces pièces est coupé ou déchiré.

Entre ses mains était, en outre, le droit de justice ecclésiastique et séculière sur tout le personnel demeurant dans l'enceinte du couvent : chanoines, familiers et serviteurs. Peu importait le lieu de la faute ou le délit du coupable.

Venait ensuite, par rang de dignité, le sacristain ou trésorier (sacrista) à qui était confié le soin de tout ce qui concernait l'église conventuelle. Le prieur le nommait, à vie ou pour un temps déterminé, du consentement des autres chanoines. Douze ou au moins dix des religieux devaient être prêtres. Ils chantaient, selon leurs obligations, les heures au chœur, et lisaient aux quatre-temps de l'année, leurs statuts et règlements dans un ou plusieurs volumes déposés au sanctuaire. La célébration de six messes journalières (dont deux grandes en temps ordinaire, et trois en carême) ; divers offices, l'un entre autres, chaque lundi devant le maître-autel, pour le repos de l'âme des comtes de Savoie, devaient avoir lieu suivant les intentions expresses du fondateur (1). Telle était l'organisation intérieure.

L'abbaye de Saint-Maurice, avait une certaine autorité sur le prieuré ; elle confirmait le prieur ; en cas de plainte du comte de Savoie ou des chanoines elle jugeait les contestations, etc., en tout temps, elle devait veiller à l'observance des statuts disciplinaires. Suivant la teneur de l'acte, le prieuré est exempt de toute juridiction, excepté de celle de la Cour romaine ; il se *régira* par son administration propre, sans pouvoir passer, dans la suite, en commende ou autrement, à aucun dignitaire ou corps moral, église, prélat, etc., pas même à l'abbaye de Saint-Maurice.

L'an 1417, Martin V le reçut sous la protection de Saint-Pierre et le déclara également indépendant de l'archevêché de Vienne, et du monastère d'Agaune, sous la réserve cependant des attributions précitées. Pour assurer la dotation du couvent, Amédée abandonne aux religieux Augustins ses droits sur le domaine de Ripailles et 1000

---

(1) A ce même autel brûlaient perpétuellement, en l'honneur de Jésus-Christ, de la sainte Vierge et de saint Maurice, deux cierges du poids de trois livres chacun.

florins annuels (monnaie de Savoie) (1). Toute aliénation de la propriété est interdite, sauf les cas réservés par la législation contemporaine. L'ancien manoir, n'étant pas approprié à sa nouvelle destination, Amédée s'engage à construire et à livrer, le plus vite possible, au prieur, dans un état de parfait achèvement, une église et les autres bâtiments nécessaires. De plus, les livres, vêtements, ustensiles, meubles, cloches et d'autre objets du service divin ou de l'entretien des pères, sont à sa charge.

Les travaux commencèrent aussitôt et se poursuivirent activement. Aussi, le 17 septembre de la même année, Jean Bertrand, évêque de Genève, consacra-t-il solennellement l'église des Augustins en présence d'Amédée, de Bonne, princesse d'Achaïe et de Jeanne sa sœur (2).

Le Pape Jean XXIII, par bulle du 3 juin 1410, chargea Guillaume Challant, évêque de Lausanne, d'approuver la fondation du prieuré de Ripailles ; ce qu'il fit le 1ᵉʳ mai suivant (3). Martin V, nous l'avons vu, confirma à son tour le monastère dans ses diverses prérogatives et le prit sous sa protection au mois de février 1417. Amédée les étendit encore, en concédant aux religieux : 1° La pleine liberté de construire un moulin sur l'Oncion (là où il leur serait le plus agréable ou utile), sans aucune charge en redevance ; 2° 150 poses de bois comme affouage, sises

---

(1) La rente allouée se composait de divers cens ou servis en argent ou en nature, cédés en emphytéose par le fondateur. Leur constatation par reconnaissances des débiteurs devait s'opérer au plus tôt et aux frais du comte. S'ils dépassaient mille florins, l'excédant augmentait les revenus du nouvel établissement. La nomenclature détaillée terminant ce document nous apprend que 644 flor. se percevaient en argent, et que les 356 autres étaient représentés par 246 coupes de blé, 130 coupes d'avoine, 296 setiers et demi de vin et 25 charrettes de foin ; le tout pris sur les châtellenies de Thonon, d'Évian, de Féternes, d'Hermance, de Villeneuve, de Chillon, de la Tour, de Vevey, de Morges, d'Entremont, de St-Maurice et de *Rota?* Sur cette somme, 10 florins devaient être payés, à chaque religieux, le jour de la saint Michel ; 20 au sacristain, 30 au prieur, pour les dépenses respectives de leur vestiaire (Lecoy, p. 17).

(2) *Mém. de la Soc. d'Hist. de Chamb.*, t. v, page 8. Besson se trompe en plaçant cette consécration le 10 décembre et en l'attribuant à l'évêque de Lausanne.

(3) *Mém. de la Soc. d'Hist. de Chamb.*, t. v, p. 7.

— 142 —

à la forêt de Lonnaz ; 3° la chapelle de Saint-Bon. Cette union se fit le 20 mai 1416 (1).

La même année, les Augustins obtenaient, par droit d'héritage, de Félice Bailly, les biens d'Hugonet Bailly son aïeul, comprenant une rente provenant de différents fiefs d'Hermance, de Conche, de Massongy, de Cusy, et d'autres communes du voisinage.

Le comte Amédée ajouta à ces dotations « certains hommes, hommages, cens, servis » répandus sur les paroisses des alentours, que Jean Daniel tenait antérieurement en fief.

Enfin, ils achetèrent d'autres biens, meubles ou immeubles de divers particuliers, entre autres de Bertholet de Neuvecelle et de sa dame Jacquemette, fille de N° Jean de Saint-Jeoire (2). Telle fut la fondation du couvent de Ripailles, construit à deux ou trois cents mètres de distance du Lac, dont la magnifique enceinte comptait plus de cent hectares (3) de terres.

Les Allinges, Armoy, Marin et Thonon lui réservèrent dans leurs riches territoires un domaine d'une contenance presque égale (4) ; Évian, Féternes, Maringe, Marmotel, Morsy, Thollon, Tully virent passer en sa possession quantité de prés, vignes et bois.

De nombreuses localités plus ou moins tributaires lui apportaient des servis annuels en fruits, vins, blés ou argent... Ce sont les suivantes : Allinges, Corsier, Evian, Fessy, Féternes, Larringes, Lugrin, Machilly, Neuvecelle, Publier, Thollon, Thonon, Veigy, Cilliens, Choisy, Conches, Cusy, Douvaine, Hermance, Mesinge, Morsy, Moisy, Périnier, Anière, Anthy, Brecorens, Brens, Buchiliolaz,

(1) M. Lecoy de la Marche, p. 18. D'autres lettres patentes du même mois leur accordèrent la faculté d'acquérir de nouvelles rentes « jusqu'à concurrence de 2,000 écus d'or, sans paiement d'aucun laod. »

(2) *Sommaire des fiefs Chabl. Vallon et Ripailles*, (Arch. départem.)

(3) C'est-à-dire, ajoute M. Lecoy, le terrain qui formera un jour la propriété des Chartreux, plus la portion aliénée avant l'établissement de ces derniers, p. 19.

(4) Echues, plus tard, à l'Ordre des SS. Maurice et Lazare, comme provenant du prieuré de Ripailles (Déclarat. des biens de l'ancien patrimoine de l'Église *(Arch. départem.*, Annecy).

Buez, Champéry, Chapinin, Genève, Lajoux, Lamma, Les Crestels, Les Planteaux, Loisin, Lully, Lyez, Margencel, Massilier, Maychia, Messery, Monthey, Nernier, Oytroz, Rissier, Rossières, Saint-Maurice, Trois-Torrents, Tully, Varlangnier, Verrier, Verrière, Yvoire (1). Il possédait plusieurs maisons à Thonon, entre autres une près de la Halle (2).

Le premier prieur de cette maison religieuse fut Jean Borgesy, qui mourut en 1428. Pour la nomination de son successeur, on se conforma, avec une scrupuleuse exactitude, aux dispositions du fondateur. Les chanoines élurent unanimement prieur, R^d Pierre Mouton (sacristain), « homme recommandable par son intégrité et sa science (3) ». C'était le 14 février 1428. Le procès-verbal d'élection fut dressé par devant notaire, et R^d Pierre Grantier, chanoine, alla aussitôt porter cette nouvelle à la maison-mère, et solliciter des lettres de confirmation.

Amédée VIII, averti à son tour, écrit à l'abbé de Saint-Maurice et lui adresse le candidat élu. Mais le siège abbatial de ce dernier monastère se trouvait vacant. Aussitôt le chapitre s'assembla, et, dès le 26 du même mois, sur l'instance de R^d Pierre Grantier, vu la recommandation du prince et l'heureux résultat de l'enquête, il approuva et ratifia le tout (4). « Obéissez en toutes choses licites et

---

(1) *Som. des fiefs* et *Décl. des servis. Ibid.* Plusieurs de ces localités appartiennent aujourd'hui à la Suisse. Les Augustins reconnurent, à diverses reprises, tenir le tout en fief ou emphytéose perpétuelle des princes de la Maison de Savoie.

(2) En 145... Rd messire Jean Bar, curé de *Thone* et recteur de la chapelle de Saint-Nicolas... (fondée dans l'église de Thonon) devait à notre couvent, le prix d'une maison située près de la Halle (in allâ fori). Il donna en hypothèque, comme garantie de cette dette : 1° La dite maison qui s'élevait *in alâ fori, juxtà domum et hortum hospitalis Thononii à borea ; domum nobilis Guilielmi Servonis et Francisci Fabri à vento ; carreriam publicam ante, et fossalia ville Thononii à lacu ;* 2° Un pré situé sur le Martinet, — *suprà martinetum, juxtà iter publicum tendens versus Alingium à monte...* (*Arch. de Thuiset*).

(3) Les pièces relatives à ces deux nominations se trouvent aux archives de l'abbaye de St-Maurice (Lecoy de la Marche).

(4) En 1440, Pierre Mouton est promu à la prévôté de Saint-Gilles. Les chanoines de Ripailles passaient, sans difficulté, dans un établis-

honnêtes, » ajouta-t-il en finissant. Les mêmes formalités furent observées à la nomination de Jean Baru, troisième prieur (1). Une fois établi et doté, le monastère vécut longtemps sans modifications importantes (2). Nos Religieux Augustins avaient pris part à la joie des fêtes qui eurent lieu à Thonon en l'honneur de Philippe-le-Bon, duc de Bourgogne. Mais bientôt à la joie succéda la tristesse. Amédée VIII venait de recevoir le dernier soupir de son épouse Marie de Bourgogne, morte au château de Thonon, le 2 novembre 1422 (3).

La douleur du souverain redoubla à la nouvelle que la peste venait d'éclater à Turin. Ces coups imprévus imprimèrent à son esprit le dégoût des choses d'ici-bas, dégoût qui le détermina plus tard à descendre du trône et à se retirer dans la solitude. Bientôt l'attrait de son esprit pour la vie religieuse paraît au grand jour. Le 13 mars 1429, il fonda, à Thonon, hors les murs, l'église de Saint-Sébastien et la confie à des chanoines réguliers de Saint-Augustin qui se hâtent d'en prendre possession (4). Le 28 juin de la même année, dix-sept religieux dont dix de chœur et sept frères, arrivent au château de Thonon. Ils sont présentés au duc assisté de son conseil, par Révérend Pierre Robin, docteur en théologie et chef de la province religieuse de Narbonne et de Bourgogne. Après avoir fait une salutation respectueuse au souverain et à son entourage, ils prennent place sur les bancs rangés le long des murs, pour entendre la lecture de l'acte renfermant les obligations imposées par le prince.

Voici les principales dispositions de cette pièce : « Ils

---

sement étranger. Ainsi, Guillaume Villiens se vit nommé par Amédée VIII recteur de l'hôpital de Villeneuve (Lecoy de la Marche, p. 22).

(1) *Ibid.*, *Ibid.*

(2) En 1430, d'après Guichenon, Aimé, qui penchait à la dévotion créa, le 21 octobre de cette année, l'ermitage de Ripailles, de l'Ordre de Saint-Augustin, auquel la piété d'Humbert, bâtard de Savoie, avait donné commencement, p. 469. Ici Guichenon s'est trompé, comme nous l'avons dit en parlant de l'ermitage de Lonnaz.

(3) Guichenon, I., 460.

(4) Guich., *Hist. de Sav.* I, 467.

devaient célébrer chaque jour deux messes, selon l'intention et l'intense dévotion *(intensam devotionem)* du fondateur, l'une à l'aurore *submissa voce* et l'autre chantée ; de plus, à tous les Quatre-Temps, un anniversaire pour le repos de l'âme de Marie de Bourgogne et des deux enfants du Duc (1) déjà décédés ; puis une autre le 2 novembre de chaque année, jour anniversaire de la mort de la Duchesse. Ils étaient aussi obligés d'accompagner à sa dernière demeure tout membre de la maison de Savoie mourant à Thonon, et de reconnaître tenir du Duc toutes les terres même allodiales de future acquisition. Le prieur, Jean de Passier, et ses religieux, souscrivirent à ces conditions et à quelques autres ; puis ils jurèrent de les observer fidèlement en plaçant la main sur la poitrine, selon l'usage des religieux, *sub votum eorum ordinis, manum ad pectora ut moris est religiosorum ponendo*. La salle d'apparat, aux murs couverts de tapisseries historiées, fut probablement le théâtre de cette cérémonie (2). Amédée siégeait sur un trône recouvert de drap d'or. On voyait autour de lui, revêtus de la livrée violette d'Amé, le chevalier Jean de Beaufort ; Louis, bâtard d'Achaïe, seigneur de Pancalière ; Raconis et Jean de Compey, châtelain d'Évian et de Féternes. Trois jurisconsultes, membres du conseil ducal, furent témoins de cette prise de possession : Urbain Cérisier, Antoine de Dragons et Jean Oddinet. Tous ces personnages signèrent l'acte en compagnie de Robert de Mont-Vuagnard, maître d'hôtel du Duc et de l'un de ses ses écuyers, Guigues Gerbaix, des seigneurs de Sonnaz. Plusieurs copies furent faites par des religieux qui les emportèrent (3).

Amédée VIII ne se borna point à nous doter de nouvelles maisons religieuses ; il restaura le clocher de l'église de

---

(1) Antoine, mort en 1408, âgé de deux ans ; et Marguerite, morte nubile en 1407 (Cibrario, *Généalogie*).

(2) M. Cibrario donne la liste des tentures du nouveau pape, partant pour Bâle (*Economia politica*, 4ᵉ édition, 371).

(3) L'église de Saint-Sébastien, malgré les ravages des révolutions et du temps, existe encore au milieu de notre ville. Voyez sa description, *Pièc. justif.*, n° 2.

Saint-Hippolyte, et augmenta considérablement les fortifications du château, dans lequel il faisait, paraît-il, sa résidence habituelle (1). Peronet du Pont, bourgeois de notre ville, châtelain de Thonon et d'Allinges, fut chargé de la direction des travaux et reçut, à cet effet, du prince, des sommes considérables. Malheureusement, il mourut sans pouvoir donner aucun compte ; Jacques et Claude du Pont, ses héritiers, assistés de leurs curateurs Berthod Trolliet, Jacques Vulliquin, Berthod et Pierre de Morsy notaire, constatèrent 26,000 florins reçus, dont 19,000 seulement dépensés. On prétexta des omissions et l'on supplia le prince d'avoir pitié des orphelins, vu que le patrimoine paternel ne pouvait atteindre les 7,000 florins réclamés.

Le prince prêta une oreille favorable, et abandonna la différence constatée entre les recettes et les dépenses, aux conditions suivantes (20 décembre 1431) :

1° Les frères du Pont paieront tous les ouvriers qu'employa leur père, dans les constructions de Ripailles et réparations de l'Abbaye du Lieu, du château et du couvent des Augustins de Thonon.

2° Les matériaux achetés et non employés appartiendront au Duc.....

3° Ils achèveront le chemin de ronde des remparts, derrière la chapelle du château ; compléteront les deux embrasures de la tour antérieure, et les deux meurtrières (2).

4° Ils paieront 300 florins destinés à la construction de la flèche du clocher de l'église paroissiale de Thonon (3),

---

(1) Il y signa, en 1427, un traité avec le marquis de Montferrat, puis, une alliance en 1436 et convoqua dans ses murs (1432) les États généraux de Savoie.

(2) « Item quod dicti fratres teneantur et debeant compleri facere ipsorum sumptibus et expensis *reborsamenta que restarent complenda in ambulatorio* murorum retro capellam castri nec non duos *fornellos* turris anterioris, ac duos *veretos* greye existentes juxta turres anteriorem et posteriorem à parte ville. » (*Arch. roy. Chablais*, paquet 1, n° 7). Ce document a été publié par le colonel Dufour dans les *Mém. de la Soc. d'Hist. et d'Archéol. de Chamb.*, t. 7.

(3) Florenos parvi ponderis implicandos in constructione *cacuminis* seu *acus campanilis* ecclesie parrochialis dicte ville nostre Thononii *(Ibid.)*.

qui s'achèvera, avant la prochaine Nativité de N.-S. J.-C. ouvrant l'année 1433 (1).

5° Ils assigneront au prieur et secrétaire (de Thonon), 10 florins annuels formant le revenu de la chapelle de Saint-Désiré ou Didier (2), sur les terres de notre mandement et de celui d'Allinges.

6° Item aux religieuses du Lieu, 14 florins annuels pour l'anniversaire de Marie de Bourgogne, épouse d'Amédée VIII (3).

7° Enfin ils solderont 200 florins à son peintre Jean, 50 à celui qui a dressé le compte, et tiendront leur beau-père, secrétaire du duc, délié d'une dette de 200 florins (4).

Ses projets d'agrandissements du château et de la ville se poursuivirent sur une large échelle, de la place de Crête au lac. Les Chartreux de Vallon possédaient, au couchant

---

(1) En Chablais, on commençait encore, indifféremment, l'année à Noël ou au 1er janvier en 1575, 1580 *(Délibérat. municip.* de Thonon).

(2) Debeant assignare infra mandamenta nostra Thononii et Allingiorum... pro recompensatione capelle sancti Desiderii... decem florenos... in censâ annuâ, de quâ merito ipsi prior et sacrista debeant contentari sic, quod de illis decem florenis annuis quos eisdem assignaverimus *super firmâ furni nostri Thononii*... Où était cette chapelle de saint Didier fondée par nos souverains ? Je n'ai pu la placer ailleurs qu'à St-Disdille.

(3) Il ne s'agit pas ici de religieuses de Thonon, ainsi que l'a avancé le colonel Dufour *(Mém. et Doc. de la Soc. d'Hist. et d'Arch. de Chamb.*, t. VII, p. 33), mais bien de celles du Lieu ; le contexte le prouve évidemment.

(4) *(Ibid)*. Un long procès précéda cet arrangement entre les frères du Pont susdits et leur sœur Jeannette, femme de François Morel, toujours au sujet de l'héritage Peronet du Pont. Une sentence du conseil ducal, prononcée le 24 janvier 1431, semble avoir tranché le litige (Turin, *Arch. roy.*). Les familles du Pont et de Morsy furent aux XIVe, XVe et XVIe siècles des plus marquantes du Chablais, tant par les charges qu'elles remplirent que par les nombreuses ramifications qu'elles eurent au loin dans les communes des alentours. Le procès-verbal de la visite pastorale de 1471 (19 mars), mentionne la chapelle de saint Michel dont les patrons sont Nes Michel et Jacques du Pont, Nes François Morelli et Jean Servion. Les de Morsy possédaient un fief à Concise (Voy. chap. 4). A la même époque, Discret Pierre de Morsier, fonde celle de saint Jean-Baptiste, dont Janus de Morsy devient patron en 1516.

Le 11 juillet 1523, Rd Jacques de Morsier, curé, et Janus, son frère, vendent à Mtre Etienne Gravernel, de Thonon, et à Marguerite, sa femme, une partie de maison située rue Vallon, au prix de 36 flor. d'or (Turin, *ibid.*).

de l'église Saint-Sébastien, un vaste espace planté de vignes. Amédée, désireux d'agrandir la ville de ce côté, leur offrit, en échange, dix journaux de vigne situés dans un autre lieu. La proposition fût acceptée (1) et le duc ouvrit aussitôt, sur le terrain acquis, la rue dite encore aujourd'hui de Vallon, en souvenir des anciens propriétaires du sol.

Il avait acquis récemment des bourgeois Jean Burlat, Dupont, Jaillat, Pierre Bergoën, Gastard, Marchand, Duclos, divers bâtiments, places et vergers contigus à notre forteresse (2) grevés de censes appartenant au prieuré ; et surtout, de Guillaume Servion, une maison avec curtil et petite vigne dont il fit l'ancienne *Rue de 'Saint-Bon*, tendant à l'Église ou chapelle de ce nom vers la porte de *Chancoz* (Chante-coq) (3).

Une transaction avec le prieur de Saint-Hippolyte, Guillaume de la Fléchère, datée du 6 novembre 1433, indiction 2me, transféra ces redevances au duc, en échange d'autres tributs de même nature (4).

La pente de Rive réclamait, à son tour, des murs avancés pour se défendre en cas de siège ; Amédée y pourvut, il obtint, en même temps, le pourtour du château de différents particuliers, entre autres du bourgeois Jean

---

(1) La permission du prieur de la Grande-Chartreuse accordée aux Chartreux de Vallon en vue de l'échange proposé par le duc (pro utilitate publicâ locum Thononii suum circumclausum volens augmentare), pour développer notre bourg du côté de Vallon, soit *Bassu*, est datée du 12 mai 1433 (Turin, *Arch. roy.*, Thonon).

(2) Prope castrum de Thononio (*Ibid.*, p. 1, n° 8).

(3) « Domum curtim et peciolam vinee in quâ est ad præsens carreria publica tendens ab ecclesia S^{ti} Boni versus portam *de Chanco* » *Ibid.* n° 9. Un nommé Piney, puis Pierre Vachet, vendirent aussi des biens fonds à St-Bon à la même fin (*Ibid.*).

(4) *Ibid.* n° 9. Les comptes de notre châtelain (1455-1456), attribuent à Vén. Messire Guillaume de la Fléchère, prieur de Thonon 16 deniers, de rente annuelle dus : dicto priori et prioratui... ex eo quod ipse dux noster plateas, domos, curtilia vineas et alias possessiones pro et super quibus dicti reditus et servicia debentur... tradidit remisit et applicari fecit in plateis curtinis et viridario circum circà castrum Thononii existent, (*Arch. de la Chamb. des Comp.*, de Turin. *Thonon*, Jean Borgésii et Jean le Vieux, notaires).

Vailly, une maison touchant au lac, au prix de 50 florins (1) (10 novembre 1433) ; et six ans plus tard (26 mai 1439), de Laveron Antoine une habitation, s'élevant en face de la porte de son cher castel, devenu sa demeure favorite, pour 250 florins (2).

Les faubourgs de la Croix et de Saint-Sébastien, qui se trouvent dans la direction de la montagne, participèrent, à leur tour, aux agrandissements et aux améliorations de l'intérieur de la ville. Jean Dunand, alias Joly, bourgeois de Thonon, albergeait ou affermait, le 9 mai 1431 (indiction 9me), à Pierre Brunaz et D... Gastard, syndics, une tour enserrant dans ses murs la porte de Genève, située proche de l'église des Augustins (3). A cette construction fortifiée, tenait une galerie jetée par-dessus les fossés, pour arriver plus facilement à la berge opposée. Le dit Jean dut s'engager à la renverser, au premier signal de guerre (4).

Tel fut le premier pont entre l'ancien et le nouveau

---

(1) *Ibid.*, n° 10. Le 11 novembre, il acquiert encore au dessus de la ville (confins effacés) un bâtiment de Jean Vallin au prix de 37 flor.(*ibid.*), puis le 7 août 1438 de Guillaume et Pierre de Neuvecelle, frères, la boucherie de la ville, avec tous ses droits et émoluments, pour 250 flor. d'or. (Exceptâ plateâ seu casali in quo nunc Thononii ipsum marcellum tenetur, Bertrand Charna, N^{res} (*ibid.* n°s 12 et 13).

(2) *Ibid.*, n° 14. L'année précédente (1438, 19 nov.), il remit à N° Antoine de Muris ses revenus et droits seigneuriaux à Clairfort et Tresserve contre ceux que possédait ce gentilhomme savoyard aux Allinges et Drusilly, localités voisines de notre ville, où les charmes de la montagne, l'ombre des arbres séculaires, et le murmure des eaux se mariaient admirablement au luxe de ces maisons rustiques qu'il affectionna toujours. Dès 1429, ces échanges sont multiples. Je remarque entre autres une transaction du même genre, datée du 9 juin 1429, par laquelle il cède à Odon, seigneur de Langin, toutes ses possessions de Langin, Ballaison et Allinges contre celles de ce dernier à Thonon (Turin, *ibid.*)

(3) ... Existentem à porte Gebennis propè Ecclesiam Beati Augustini... (*Arch. de la Chamb. des Compt.* de Turin.) Le 24 mai 1400 le comte Amé de Savoie investissait N° Etienne de Greysier d'une certaine maison nommée la Tour du bourg de la rue de Thonon et de tous les fiefs et rière fiefs qu'il tenait de lui. Peut-être s'agissait-il de la même tour de la rue des Augustins (Turin, *Arch. de la Chamb. des Compt.*, p. 70).

(4) « Sub condicione quod quotiescumque casus guerre seu quodammodo alius evenerit casus... in eo casu ipse Johannes et sui dictam logiam destruere et remurare penitùs et confestim teneantur. » (*ibid*).

Thonon. La rue de Vallon se construisait; notre ancien bourg comblait ses fossés, et ouvrait une seconde enceinte en ébauchant la rue Saint-Sébastien et la rue des Augustins soit grand'rue (1) actuelle.

Aussi, le Duc s'empressa-t-il de construire d'autres fours qu'il inféoda à la commune même de Thonon, le 21 décembre 1437 (2).

C'est à l'année suivante (1438) qu'il faut rattacher la construction définitive du quartier juif à Thonon. Il y avait fort longtemps qu'une colonie juive était établie chez nous. Le comte Édouard convoqua, au commencement du xiv° siècle, à Chambéry, les États généraux de Savoie, en vue de mettre un terme à la rapacité usurière des fils d'Israël.

Maîtres du numéraire et du commerce, ils faisaient payer cher au peuple catholique le crime de croire au Christ rédempteur du monde; leurs immenses richesses étaient comme un filet à mailles serrées dont ils étreignaient l'État tout entier, le château comme la cabane du pauvre. C'était une puissance redoutable dans nos montagnes.

Aussi, la répression devint-elle une nécessité.

L'Assemblée leur affecta un quartier spécial dans chaque ville, en les taxant de manière à retarder leur marche envahissante (3).

(1) Le monastère de St-Augustin s'élevait *extrà muros*.

(2) L'ancien four banal était au milieu de l'ancienne ville; un nouveau s'éleva dans la rue Vallon sur la limite du jardin des Augustins, plus tard des Barnabites. Au commencement de 1760, le Conseil ayant transféré ce dernier, sans avis préalable, sur la place Vallon dite place de l'Ecole, ou plutôt l'ayant voulu remplacer par deux nouveaux sur la dite place, une requête partit de Thonon le 29 mai, représentant au roi le danger de cette translation « vù que, la dite place étant environnée de granges, les étincelles et braises des cheminées des dits fours ne manqueront pas d'incendier tout le quartier, etc. »

Ce n'est qu'en 1512 que furent construits de nouveaux moulins (*Arch. de la Chamb. des Compt.* de Turin). En 1322-1326, les anciens s'amodiaient au prix de 53 livres genevoises annuelles (*ibid.*), ou de 16 muids de froment (*ibid.*, 1326).

Boson Mugnier affermait les fours en 1298 2 (?) livres genev.(*ibid.*).

(3) Déjà en 1310, ils servaient annuellement au châtelain une surimposition considérable par l'intermédiaire d'Abraham de *Chamuont* (de Samoëns?) *scriptore judeorum* (*Arch. de la Chamb. des Compt.*, Thonon.) Les comptes de 1326-1455 mentionnent encore les cens et péages des

A Thonon, on les confina à deux pas des antiques fossés, dans la Grand'Rue, depuis l'extrémité sud du collége jusqu'à la Visitation.

La comptabilité de nos châtelains mentionne, du 29 mai 1352 au 26 février 1353, l'emprisonnement et la confiscation des biens de vingt-quatre Juifs, par ordre du souverain (1). En 1348, ils sont encore incarcérés (2). Avaient-ils conspiré avec les ennemis du dehors ou profité de la peste qui sévit cette année, pour pratiquer l'usure sur une plus large échelle ? Nous ne le savons.

A cette époque (1348), ce fléau, joint à la famine, dépeupla presque entièrement notre ville. Les céréales manquaient. Pour y suppléer, nos pères élevèrent une grande quantité de porcs qu'ils nourrirent avec des châtaignes. Allinges se vit réduit à dix familles ; cinq ou six restèrent seulement dans les villages de Marin et Publier.

Juifs et Lombards de Thonon (*ibid.*). Pour les impositions particulières aux Juifs, voyez *Condition des Juifs en Savoie*, par Costa de Beauregard, Vuillermin-Chillon, *notes*, p. 320. Ce n'est donc pas le comte Edouard qui les appela en Chablais vers 1320, comme l'affirme M. Costa.

(1) « ... Cum dictus castellanus viginti quatuor judeos et quatuor custodes de mandato vestro (c'est le châtelain qui s'adresse au comte) apud Tonon, captos tenuit per certum tempus, et quorum judeorum bona habuistis... » (Turin, *Arch. de la Chamb. des Compt.,* Thonon-Allinges). Quelques difficultés étant survenues à ce sujet, le comte remit la sentence à la Chambre des Comptes de Savoie (*ibid.*). — Vers le milieu du xive siècle régnait à Chillon une peste qui décimait la population (1348). On accusa les Juifs d'avoir empoisonné les eaux. Mis à la torture, ils avouèrent leur crime, dit la chronique, et les coupables furent pendus ou roués. Comme il en restait dans les cachots de Chillon, la populace de Villeneuve, un jour, enfonce les portes et les brûle sans autre forme de procès. Le comte de Savoie, indigné, inflige à ceux de Villeneuve une amende de 100 flor. grd. poids (*Promenades hist. autour du Léman*, Emile Douillon). Ils sont massacrés à la même époque à Chambéry (De St-Genix, *Hist. de Sav.*, p. 353, 354). Ils devaient payer le support, la demeure, la faculté de négocier, le stage ou droit de demeurer dans des lieux déterminés, le droit de tester (Vuillermin-Chillon, *notes*, p. 320). — Ainsi, le compte d'Aimon de Sestenay, de 1285 (châtelain de Genève) dit qu'il n'a rien reçu des Juifs qui payaient redevance en tant qu'ils demeuraient à Genève, *pro stagio, de Judœis nihil, quia non solvebant domino, nisi Aginus qui moratur apud Thonon.* (Cibrario, t. vii, p. 328.)

(2) *Ibid.*

Concise fut préservé par l'intercession de saint Sébastien (1).

Près de trois siècles plus tard, au milieu des ravages de la peste (1639), nous verrons les juifs accusés d'empoisonner les fontaines, subir un vrai siège dans leur quartier. Amédée VIII, en les séquestrant, en 1438, du reste du peuple, semblait prévoir et conjurer d'avance les dangers et les maux dont ces hôtes détestés devaient être les artisans. Le 16 janvier 1432, il transige, au château de Thonon, avec Jean V, (fils de N° Pierre de Bertrand,) archevêque de Tarentaise, pour l'exercice de leur juridiction respective (2).

Le 3 août 1432, Amédée assistait, dans nos murs, au mariage de sa fille Marguerite avec Louis III d'Anjou, roi de Sicile et de Jérusalem. La bénédiction nuptiale fut donnée aux époux par le même Jean de Bertrand, archevêque de Tarentaise, et en présence des RR. Messires François du Crest, abbé de Filly et de Jean de Arciis, prévôt de Montjoux. Le 1er février 1435, vint au monde, dans le château de Thonon, l'enfant qui devait plus tard, porter le nom d'Amédée IX et mériter les honneurs de la béatification (3). Il fut porté, trois jours après, aux fonts baptismaux de l'église de Saint-Hippolyte. La joie de la naissance de ce petit-fils ne put effacer du cœur d'Amédée VIII le souvenir de la duchesse, l'épouse qu'il pleurait depuis quelques années.

Pendant le séjour prolongé de ce religieux prince à Thonon, cette ville fut sans qu'elle s'en doutât, le berceau de l'importante réforme qui renouvela, au xv° siècle, les familles de Saint-François d'Assises et de Sainte-Claire, quelque peu déchues de leur ferveur primitive.

On sait que cette réforme fut l'œuvre de sainte Colette,

---

(1) Dessaix, *Évian-les-Bains et Thonon*, p. 25. Une première peste déjà signalée sévit chez nous, en 1298, apportée des Croisades (*Mss.* du docteur Lochon). La procession qui se fait annuellement à Thonon, le jour de la fête de ce saint, semble, dit M. Lochon, perpétuer le souvenir de la délivrance de Concise.

(2) Besson, *Mém.*, p. 215.

(3) Voy. *Pièc. justif.*, n° 3.

mais, ce qu'on sait moins, c'est que c'est à Thonon même qu'ont été approuvées les constitutions de la sainte réformatrice. C'est là que se tenait en 1434, le Chapitre général de l'Ordre des Frères-Mineurs, lorsque la Sainte ayant achevé de rédiger ses constitutions, les envoya au dit Chapitre général de Thonon, avec prière de les approuver. Nous avons la lettre, datée de *Thonnon en Savoye, le 28 septembre 1434*, par laquelle R⁴ Guillaume de Casal, ministre général de l'Ordre, déclare à la réformatrice qu'après des hésitations et délibérations au Chapitre général, il déclare, non pas seulement confirmer, mais *établir et authoriser* ses constitutions, tant en vertu de son office et du Chapitre général, que de l'*authorité apostolique*. En voici le texte :

Dattée de Thonnon en Savoye, le 28 septembre 1434.

A ma tres religieuse fille en J.-C. et tres devote sœur Collette, de l'Ordre de Sainte-Claire, fondatrice de pleusieurs couvents, a Besançon,

Ma tres devote fille en J.-C., j'ai entendu de frere Pierre, votre envoyé, sur l'approbation et confirmation des Constitutions, que de prime abord semblent assez difficiles en certains en droits. Mais comme sur ce sujet j'étais assez en peine, metant facheux d'un côté de ne pas complaire votre devotion qui tend et affectionne le zele de Dieu et le salut des ames, d'autre côté doutant que je n'impose a vos sœurs et filles un poids très pesent, j'ai remis mon dessein a Nôtre S^gr et aux merites et prieres de saint Antoine de Padoüe, auquel plaise a Dieu que je sois digne devot et enfan ; je me suis perssuade par les dits merites que c'est ici une œuvre spéciale de Dieu ; c'est pourquoi je n'ai pas seulement confirmé, mais j'ai établi, déclaré et authorise vos Constitutions, et ainsi je vous les envoye, et a vos filles, comme déclarées et confirmées, tant de l'authorité de mon office, et du Chapitre general que de l'authorite apostolique, icelles munies du sceau pendant de l'Ordre, avec les autres solemnités exortant vos filles presentes et avvenir, a ce quelles recevent ces Constitutions avec devotions, s'humilient a leurs observances et si disposant en obéissant, ne doutant point que par les merites de notre Père saint François, le guide et l'autheur de votre sainte Regle et de la sainte vierge Claire, premiere plante de ce champ fertile, vous ne receviez par leurs observances de grandes recompenses dans la vie eternelle, priant vos filles et vous en premier lieu, dont j'estime beaucoup les suffrages, de supplier humblement Dieu pour moi en ayant un grand besoin. Hors je declare que vous ma tres chère fille en J.-C., n'ètes auculnement obligée à ces Constitutions, afin que vous pussiez accomplir les choses pour lesquelles vous avez été appelée par J.-C. Car l'apôtre a dit que ceux qui sont conduits par un plus haut esprit de Dieu ne sont pas sous la loi.

Guillaume de CASAL,
ministre général de l'Ordre des Frères-Mineurs.

Extrait d'une *Vie* manuscrite de sainte Colette, par l'abbé dom de St-Laurent, écrite avant 1747 (Bibliot. de feu Mgr Magnin).

CHAPITRE VII

ARTICLE PREMIER

CONSPIRATION CONTRE LE DUC AMÉDÉE VIII ET
ÉXECUTION CAPITALE A THONON

1434-1436

Sommaire : Antoine de Sure, ses antécédents.— Son ami Aynard de Cordon. — Traité. — Sentence de confiscation.— Les conspirateurs se réfugient chez Charles de Bourbon. — Projet de se saisir d'Amédée VIII. — Complot des conjurés.— Le comte de Clermont recule.— Lâcheté d'Aynard de Cordon.— Arrestation d'Antoine de Sure; confrontation des coupables. — Le prévenu au château d'Évian, la torture. — Condamnation et exécution à Thonon. — Biens du condamné. — Bolomier récompensé.

Tandis qu'Amédée VIII résidait paisiblement à Thonon, un gentilhomme projetait l'emprisonnement de son souverain. Il s'appelait Antoine de Sure, dit *Le Galois*, seigneur du Châtelard (1). L'enquête dirigée contre lui, au moment où il fut arrêté, révéla ses tristes antécédents; elle le représente comme adonné, depuis vingt ans, à tous les excès, enlevant et violant les femmes sur les chemins

(1) Ce chapitre est tiré des *Souvenirs du règne d'Amédée VIII*, par M. Costa de Beauregard (p. 95 et suiv.)

publics, dépouillant les voyageurs et les torturant pour leur arracher une rançon. Ainsi, en juillet 1431, à l'aide de plusieurs complices, il arrêta, près de Saint-Symphorien d'Ozon, deux nobles habitants d'Avignon, les accabla d'outrages, les traîna captifs en divers lieux du Dauphiné et de la Savoie, pour échapper, par ces déplacements continuels, aux poursuites de la justice.

Il retint pendant plusieurs mois, sans cause et par violence, dans les prisons de son château du Châtelard, un malheureux nommé Poyal et forma le projet d'*apatiser*, c'est-à-dire de surprendre un des plus puissants feudataires de la Bresse, Pierre de la Beaume, seigneur de Montrillond. Lié d'une étroite amitié avec un de ses voisins, Aynard de Cordon, seigneur des Marches et de la Barre, il en partageait les instincts pervers. Ces deux petits tyrans, en se jurant fidélité et assistance dans toute entreprise, devinrent par leurs excès la terreur du pays qu'ils habitaient. Ils figurent comme les auxiliaires de François de la Pallud, seigneur de Varembon, dans ses exactions. Le crime a souvent pour mobile ou pour excuse, l'orgueil, l'ambition, la vengeance ; mais Antoine de Sure et Aynard de Cordon ne s'y livraient que pour satisfaire une insatiable avidité. Personne ne connaissait mieux la manière de torturer un prisonnier pour l'amener à composition. Tant d'excès ne pouvaient demeurer impunis. Maintes fois appelés devant le conseil souverain pour répondre à de nombreuses accusations, ils recevaient ces sommations avec arrogance et refusaient d'obéir. Une sentence de confiscation réunit leurs biens aux domaines de la couronne ducale. D'après cet arrêt, les châteaux des Marches, du Châtelard et de la Barre devaient être rasés jusqu'aux fondements, afin d'enlever aux coupables tout asile à l'avenir. Exaspérés par ces justes rigueurs, ils jurèrent d'en tirer vengeance et se réfugièrent sur les terres de Charles de Bourbon, comte de Clermont, dont ils connaissaient l'animosité contre le duc Amédée.

Ce fut au commencement de 1423, époque où ce dernier faisait des préparatifs en vue de repousser les agressions du comte de Clermont, que de Cordon et de Sure formèrent l'odieux projet de se saisir de la personne d'Amédée et de le livrer à son ennemi contre une forte récompense. Ils entraînèrent dans leur complot quelques seigneurs français, entre autres le comte de Clermont, qui accueillit avec joie leurs propositions et promit de les assister. Certains, dès lors, de trouver toutes les ressources pour assurer le succès de leur entreprise, les conjurés songèrent à en presser l'exécution. De fréquents conciliabules eurent lieu dans le Beaujolais, où le comte de Clermont s'était rendu. Plusieurs voulaient surprendre le souverain de Savoie dans son château de Thonon, s'appuyant sur cette considération digne d'un chef de brigands, « *qu'on pouvait s'emparer du trésor du prince en même temps que de sa personne.* » De Cordon et de Sure firent prévaloir un autre avis ; leur plan, combiné avec audace et intelligence, fut arrêté à l'unanimité, à la suite d'une longue discussion.

Le Duc devait se rendre à Pierre-Châtel, aux obsèques solennelles de Gaspard de Montmayeur, maréchal de Savoie. Pierre-Châtel était un monastère de l'Ordre des Chartreux fondé par Bonne de Bourbon, selon les pieuses intentions du Comte-Vert, son époux ; il servait d'asile à quinze religieux qui célébraient chaque jour les saints Mystères, pour le repos des chevaliers de l'Ordre du Collier, dormant sous les dalles glacées de leur église. Bâti sur une roche escarpée dominant le Rhône, il favorisait merveilleusement par sa situation, la surprise méditée. Voici leur plan : Aynard de Cordon devait construire, à Seyssel, une barque pontée, la faire amarrer au port du monastère, sous prétexte d'attendre un chargement pour le Midi ; puis s'y introduire secrètement, la veille du jour des funérailles, avec un certain nombre d'individus armés, fournis par ses autres complices. En même temps, douze hommes déguisés et sans armes, aux ordres d'Antoine de Sure, pénètreraient dans le couvent, demandant à prendre part aux pompes religieuses du lendemain. Ceux-ci étant entrés, bientôt un homme d'armes en habit de moine, se serait présenté comme supérieur de l'Ile-Barbe, venant assister à cette solen-

nité, avec un cortège de vingt à vingt-cinq cavaliers. C'était le moment attendu. Les douze conjurés de l'intérieur, conduits par de Sure, se précipiteraient alors sur la porte, l'ouvriraient de force à leurs complices, et tous ensemble, faisant irruption dans l'abbaye, enlèveraient le duc de Savoie, avec les principaux seigneurs de son entourage, en le forçant à monter sur le navire préparé par de Cordon, qui aussitôt devait lever l'ancre, et entraîner l'illustre captif, loin de la frontière de ses États. Mais il était nécessaire, pour le succès de l'entreprise, que les conjurés fussent exactement informés de l'époque fixée pour les obsèques du maréchal et qu'ils connussent le jour de l'arrivée d'Amédée à Pierre-Châtel, ce qu'ils ne savaient pas. On modifia donc le projet. Antoine de Sure, sous prétexte de plaider auprès du prince, contre un écuyer ducal, devait se rendre à Thonon, accompagné de quatre hommes « dont l'un devait être des
« gens de mon dit seigneur de Clermont, pour savoir et leur
« notifier le jour que mon dit seigneur partirait pour aller
« audit Pierre Châtel, et pour ce faire, mons. de Clermont
« au dit Galois debvait bailler deux bonnes places au
« royaulme jusqu'à la valeur chacune de 500 fl. par an,
« et l'y debvait bailler à son tor à mon dit seigneur de
« Clermont pour fer son plaisir, deux belles et fortes
« places au pays de Savoie, et le dit Galois debvait avoir
« la moytié de ce que le dit seigneur des Marches debvait
« avoir en argent et prisonniers. » Il avait été promis aux deux traîtres, de la part de Charles de Bourbon, le prix de la rançon de leurs prisonniers, sous la réserve de la personne du souverain et de plus de 40,000 écus d'or.

Tout semblait assurer le succès du complot, mais le comte de Clermont recula devant l'infamie d'un acte aussi déloyal. « Je ne prendrai part à votre entreprise, annonça-t-il aux conjurés, qu'après une déclaration de guerre entre le duc et moi. » Un des seigneurs français (Chabannes), dans le vif regret de voir échapper une si riche proie, excitait de toute ces forces les deux premiers conspirateurs à réaliser leur projet sans le concours du prince : « Vous trouverez facilement, leur disait-il, hommes et argent !

D'ailleurs, assura-t-il à de Sure en tentant sa cupidité : votre part de prise ne comprendra pas moins de 50,000 écus d'or. — Sans l'assistance du comte de Clermont, répondit celui-ci, le succès est impossible. » Aynard de Cordon, à son tour, se montrait découragé. En vain les seigneurs français, Chabannes et Lamolières, firent-ils de nouvelles instances en vue de vaincre les scrupules du seigneur de Clermont ; il resta inébranlable. Enfin un nommé Salidot, député par les trois chevaliers, se rendit à Vimieux (1) et prévint Aynard de Cordon que l'entreprise était manquée et tout parti rompu. Ce dernier conspirateur était le plus coupable ; à lui revenait la première idée du complot ; c'était lui qui avait déterminé Antoine de Sure à y entrer ; mais, dès qu'il vit sa vengeance et sa cupidité trompées, son but fut d'obtenir son pardon et de rentrer dans les bonnes grâces de son souverain, en trahissant son complice. Il voulut d'abord intéresser en sa faveur Claude Dusaix, président de la Chambre des comptes, aux conférences de Vimieux qui rétablirent la paix entre Amédée VIII et Charles de Bourbon. Rebuté sans doute par ce loyal serviteur, il envoya au conseil ducal à Annecy un mémoire de sa main, relatant tous les détails de la conspiration. Evitant de compromettre aussitôt de Sure dans cet exposé, il dissimula soigneusement toutes les circonstances de la coopération de ce seigneur. « Mais, dit-il dans son interrogatoire, de Sure continuant ses relations avec les seigneurs français, peut-être se livre-t-il de nouveau à quelque machination coupable ; dès lors, je l'accuse d'avoir trempé dans le complot. »

Ce dévouement soudain, pour un prince qu'il trahissait naguère avec tant de perfidie, fut évidemment le voile dont Aynard voulut couvrir une vengeance particulière.

Quoi qu'il en soit, il demanda auprès d'Amédée VIII un sauf-conduit et une audience ; le refus fut péremptoire. Il s'adressa donc à Guillaume Bolomier, secrétaire ducal, jouissant de la confiance de son souverain. Bolomier

---

(1) Aujourd'hui Belleville-sur-Saône ou Belleville-les-Dames.

entendit tout et de Sure fut arrêté en janvier 1434 par Pierre de la Baume, et écroué, le 3 février suivant, dans les prisons du château d'Annecy, pour être chargé de chaînes et veillé nuit et jour. On lui confronta son dénonciateur en présence d'Antoine de Vulpillères, vice-châtelain d'Annecy ; de Jean d'Epagny, juge du Genevois ; de Guillaume d'Avanchy et de Lambert d'Orcier (1).

Les commissaires ducaux les autorisèrent à parler en toute liberté. Alors Aynard de Cordon, interpellant son complice, renouvela les accusations contenues dans son mémoire au secrétaire Bolomier. Antoine opposa les démentis les plus formels, le défia d'oser lui présenter le gage de bataille, et finit par accompagner ces provocations de grossières injures.

« Etes-vous prêts à tenter le jugement de Dieu, demandèrent les commissaires ? — Nous l'acceptons, répondirent-ils, en présence de notre souverain et aux conditions que fixera le maréchal de Savoie. »

De Sure réclamait la liberté, en offrant un cautionnement supérieur à la valeur de sa personne et de ses biens, et demandait l'arrestation du seigneur des Marches, qui se reconnaissait coupable.

Aynard de Cordon, de son côté, exigeait un sauf-conduit pour se présenter au maréchal de Savoie, et, de plus, un ôtage. Ce dernier devait être immédiatement relâché, s'il succombait dans le combat. Les commissaires ducaux soumirent le tout à la décision d'Amédée.

L'issue d'une affaire aussi grave ne devait point dépendre d'une épreuve absurde et barbare. Le prince se souvint du funeste combat qui avait ensanglanté les débuts de son règne, et où de Grandson innocent et victime d'une calomnie, était tombé sous les coups de Girard de Stavayé. Par ordre du conseil souverain, le procès d'Antoine de Sure s'instruisit. Après quatre-vingts jours de détention dans le châ-

(1) Après cette confrontation, Aynard de Cordon affirme qu'Antoine de Sure et Jacques de Chabannes voulaient qu'on surprît le duc à Thonon, mais qu'il fut d'un avis contraire, ainsi que Guillaume Reignault, la Mollière, Salidot (*Souv. hist.*, p. 98.)

teau d'Annecy, le prévenu fut transféré dans celui d'Évian, sous l'escorte du châtelain, d'Eustache de Sales, syndic d'Annécy, et de quelques gardes.

Antoine de Dragons et Rodolphe de Fesigny, membres du Conseil résident, se chargèrent de cette cause importante. Les interrogatoires et enquêtes commencèrent le 13 mai et continuèrent, avec les formalités d'usage, pendant plus de huit mois. On entendit une multitude de témoins à charge ; peu parlèrent en faveur de l'accusé. Toutefois, la défense jouit de la plus grande liberté. Les juges, convaincus de la culpabilité de l'accusé, ordonnèrent de lui infliger la torture. Le terrible appareil est dressé dans la grande salle du château d'Évian, d'où l'œil embrasse la plaine azurée du lac Léman, dans toute son étendue.

Au banc des juges siégent Antoine de Dragons et Rodolphe de Fesigny, Pierre de Cartery, procureur fiscal ; Jean des Avernières, secrétaire ducal ; Pierre Lugrin, vice-châtelain d'Évian ; Jean d'Epagny et Lambert Dorier. Ce dernier lit à l'accusé la sentence du conseil qui rejette son appel en autorisant la question. En face des instruments de supplice, de Sure proteste de nouveau de son innocence, jurant qu'il parlera contre la vérité, s'il modifie ses premières réponses. Par ordre de Fesigny, l'exécuteur lui lie les mains, serre ses jambes dans des entraves de fer et se met en devoir de lui donner l'estrapade. Le malheureux brave les apprêts de la torture ; mais, soudain, son obstination est vaincue lorsque, suspendu au-dessus du sol, il se voit au moment de recevoir la première secousse : « Merci ! merci ! s'écrie-t-il, je révèlerai tout, si vous m'épargnez la question. » Le tribunal satisfait ordonne sa descente. Ses mains sont déliées, il jure sur l'Evangile de dire la vérité tout entière et fait l'aveu détaillé de son crime, en face de ses juges. Enquêtes, interrogatoires, audition de témoins, se prolongent encore cinquante jours. Enfin, accablé par d'écrasantes dépositions, il renonce à tout système de défense, invoquant comme dernière ressource la clémence de son Souverain. Tardif repentir, aussi inutile que ses prières !

Convaincu du crime qui lui est imputé, il est condamné à avoir la tête tranchée par la hache aux fourches patibulaires de Thonon. L'arrêt portait que sa tête devait rester sur le gibet, au lieu même de l'exécution, et que « les « quatre quartiers de son cadavre seraient transportés par « les maîtres des œuvres à Chambéry, à Bourg-en-Bresse, « à Saint-Maurice et à Moudon, pour ces hideux lam- « beaux, y être exposés en un lieu apparent, afin d'ins- « pirer l'horreur du crime et la terreur du châtiment » (1).

Cette sentence, dont la rédaction offre un modèle du style ampoulé de l'époque, fut rendue le 21 octobre 1434, et aussitôt publiée par Jean des Avernières, sur une des places de Thonon, en présence d'une foule immense. L'exécution eut lieu le même jour. Les bourreaux d'Aubonne et de Genève, appelés à cet effet, reçurent avec leur salaire, *le don d'une paire de gants* (2). Le compte du trésorier ducal énumère longuement le prix du roussin qui transporta les membres du supplicié, celui des barils de sel employé à leur conservation, celui de la hache, du gibet et de tous les instruments nécessaires pour la circonstance.

Cette exécution rappelle dans ses détails, celle de Jean de Lompnes, condamné, quarante ans auparavant, comme auteur de la mort d'Amédée VII. Les biens du conspirateur furent dévolus à la couronne, ainsi que le prescrivait la sentence. Jean Gacon, commissaire ducal, employa vingt jours pour en rédiger l'inventaire qu'il remit au duc, à Thonon, le 15 novembre 1434.

Amédée VIII récompensa Guillaume Bolomier : pour avoir signalé le coupable aux investigations de la justice, il lui inféoda la seigneurie de Sure. Bolomier en jouit jus-

---

(1) Ut ipsius pœna, cæteris talia patrare anelantibus, terridum per transeat in exemplum (*Souv.*, p. 109).

(2) Cet usage était généralement répandu au xv⁕ siècle. Un fait à ce sujet : vers 1480, dans la ville de Caen, une truie dévore un enfant au berceau. Condamnée à la pendaison, le maître des œuvres reçoit pour ce, outre son salaire, une *paire de gants*. (*Essais chronolog. sur les usages de Bourgogne,* p. 68).

qu'au moment où, accusé de félonie, il expia ses prévarications par une mort cruelle (1).

Aynard de Cordon, plus coupable que son complice, obtint la vie et la liberté comme prix de son faux repentir et de ses révélations. Ses domaines et ceux d'Antoine son frère, furent cependant séquestrés deux ans plus tard ; on n'en connaît pas le vrai motif.

Suivons maintenant Amédée VIII dans sa solitude de Ripailles.

---

(1) voir Cibrario (*Notice sur le procès et la mort de Guillaume Bolomier.*)

ARTICLE II

1435-1451

Sommaire : Amédée VIII, Thonon et Ripailles. — Amédée VIII se retire à Ripailles avec six seigneurs (1434). — Lieutenance générale du Duché confiée à son fils Louis. — L'ordre de Saint-Maurice. — Occupations des Chevaliers. — Amédée dans sa solitude. — Amédée n'a pas dit adieu aux affaires d'État. — Évènements à Ripailles et Thonon. — La paix d'Arras. — Le duc Louis au château de Thonon. — Arrivée à Ripailles de 25 Pères du Concile de Bâle (1439). — Scène imposante. — Résistance et larmes d'Amédée, son consentement. — Jugement sur cet acte. — Il prend le nom de Félix V, et tient chapelle papale à l'église de Saint-Hippolyte de Thonon ; ses serviteurs Chablaisiens. — Départ pour Bâle, sa première messe. — État de Ripailles : Le château, le parc. — Sa Daterie à Genève. — Mort d'Eugène IV (1447). — Amédée renonce au Pontificat, conditions. — Joie du monde chrétien. — Il revient à Ripailles. — Sa mort, ses armoiries et son tombeau.

AMÉDÉE VIII

Amédée, menacé dans ses jours, détaché du monde, continuellement sous le poids d'un deuil profond, choisit enfin Ripailles pour retraite : il y bâtit, près du couvent, un château composé de sept appartements et flanqué de sept tours. Le 7 novembre 1434, fut le jour de son abdication solennelle : à cette fin, il avait convoqué les principaux prélats et seigneurs de ses États (1). Dans la grande salle, magnifiquement décorée, était préparé un trône autour duquel d'illustres personnages vinrent

(1) V. Guichenon, t. II, p. 480, etc...

prendre place sur une rangée de sièges disposés en demi-cercle. Un air de satisfaction et de joie tempérait la grave majesté d'Amédée. La couronne ducale reposait sur son front et sa main portait le sceptre. Un manteau, à franges d'or, entourait ses reins et venait s'attacher à une agrafe d'or, sur son épaule gauche. Ses deux fils Louis et Philippe étaient à ses côtés ; à ses pieds, se tenaient Humbert, son frère et les deux maréchaux de Savoie. Le silence régnait dans toute l'assemblée. Le duc prit la parole en ces termes : « Princes, Prélats, et vous tous
« Seigneurs, ici réunis, il est temps que je vous fasse
« part d'une décision prise après de mûres délibérations.
« La mort de mon épouse bien-aimée a, vous le savez,
« jeté mon âme dans une profonde mélancolie. Désabusé,
« en outre, de la vanité des grandeurs, j'ai résolu de
« m'ensevelir dans la solitude et de donner la lieutenance
« générale de mes États à mon fils aîné, le prince Louis.
« La marche actuelle des affaires affermit encore ma
« résolution. Le schisme récent de quarante années vient
« d'ouvrir la porte au libertinage d'un grand nombre
« d'ecclésiastiques ; les guerres civiles ont corrompu le
« peuple, et jeté le débordement dans la noblesse. J'ai vu
« les sanglantes tragédies que les factions de France et
« d'Angleterre ont suscitées ; j'ai vu le misérable état de
« la Castille sous le sceptre d'un jeune roi et la tyrannie
« d'un insolent favori : j'ai vu l'indigne conduite d'une
« reine de Naples ouvrant le chemin d'Italie aux Ara-
« gonnais ; je vois encore l'Allemagne, la Bohême et
« d'autres provinces cruellement déchirées par les guerres
« que suscitent les erreurs des Hussites.

« Au milieu de tant de troubles, de divisions et de crimes,
« il m'a été donné de maintenir nos États dans une longue
« paix et dans la prospérité la plus florissante. Cependant
« toujours quelque revers de fortune peut arriver : c'est la
« crainte de mon cœur ; c'est pourquoi, je veux gagner
« le port avant l'arrivée de la tempête. Les incommodités
« de l'âge, la jeunesse de mes enfants, le danger de mes
« États enviés par de puissants voisins, sembleraient peut-

« être demander une autre conduite ; mais je n'abandonne
« pas complètement le gouvernail du Duché. Mon fils sera
« là, je le dirigerai par mes conseils et mon expérience.
« Il apprendra l'art de gouverner ; son père une fois dis-
« paru, sa main ne sera pas novice pour tenir les rênes
« de l'État. Ainsi, quoique retiré dans cette solitude, je
« demeure toujours à la tête du gouvernement. Le nouvel
« ordre de chevalerie religieuse et militaire dont vous
« voyez en ma personne le grand-maître, et les six
« membres ici présents, deviendra très-utile à mes peuples
« et à leur souverain. Ici, débarrassé du vain éclat des
« grandeurs, éloigné des cabales et de l'esprit de faction,
« nous nous occuperons gravement des affaires et du
« bonheur des sujets, parce que nous ferons profession
« d'allier la prudence avec la piété, et la sainteté intérieure
« avec l'utilité publique. »

« Ces paroles prononcées, il appelle le prince Louis dit
« comte de Genève. Celui-ci se met à genoux, reçoit
« l'Ordre du Collier de Savoie, l'accolade paternelle et
« l'épée, selon la coutume du temps, puis le secrétaire
« Bolomier lit les lettres souveraines le créant prince de
« Piémont et lieutenant-général des États de la Maison
« de Savoie. Ensuite Philippe, son frère cadet, est nommé
« comte de Genève. Mon fils, ajoute l'illustre démission-
« naire, défendez l'Église, maintenez-vous en bonne
« harmonie avec vos parents et alliés, gardez inviola-
« blement la foi, rendez justice à chacun. Je me réserve
« expressément dans le gouvernement ma participation
« directe et celle des six chevaliers mes conseillers. Leur
« conduite dans les affaires importantes sera d'autant plus
« heureuse qu'elle est accompagnée de l'expérience et de
« la piété ! »

Il étendit alors les mains sur ses deux fils agenouillés,
leur donna la bénédiction et congédia l'illustre assemblée.

Les six chevaliers qui le suivaient dans sa retraite
étaient : Henry de Colombier, seigneur de Vufflans ; Claude
du Saix, seigneur de Rivoire, en Bresse ; Lambert
Oddinet, président du conseil de Chambéry ; François,

seigneur de Bussy ; Amé de Champion, et Louis, seigneur de Chevelu. A peu près de son âge, ils avaient pris, avec lui, part aux affaires de l'État (1). Ils devaient être six, outre le grand maître ; descendre de parents nobles, montrer des mœurs irrépréhensibles et garder la continence. Saint Maurice, le patron de la Savoie, donna son nom à cet Ordre, dès lors *appelé de Saint-Maurice*. Emmanuel-Philibert lui joignit celui de Saint-Lazare, beaucoup plus tard.

Le lendemain, le Duc et ses compagnons se rendirent à l'Église, et prirent l'habit d'ermite, des mains du prieur du monastère. C'était une longue robe de drap gris avec le chaperon de même. Ils devaient porter la barbe et paraître en public, avec leur bâton noueux et une croix d'or de Saint-Maurice sur la poitrine, comme marque de dignité. Les exercices d'une sincère piété s'alliaient chez eux à cet air de grandeur particulier aux anciennes cours.

Amédée consacrait régulièrement deux jours par semaine aux pratiques de piété ; les autres étaient employés aux affaires de l'État qu'il gouvernait toujours du fond de sa retraite, avec cet esprit de sagesse et de prudence qui l'a fait appeler le *Salomon de son siècle*.

Il n'avait pas cessé de s'occuper des affaires d'État, comme l'a cru Guichenon lui-même (p. 28). Médiateur de la fameuse paix d'Arras (1435), de sa retraite de Ripailles, il travailla activement à faire sortir les Anglais de la France, après la levée du siège d'Orléans, et à mettre fin aux désordres qui ensanglantaient cette contrée depuis plus d'un siècle. En abdiquant, il conservait l'autorité souveraine ; le prince de Piémont agissait comme lieutenant. Plusieurs documents prouvent surabondamment cette vérité. Ainsi, le 7 août 1435, il négocia

---

(1) Guichenon, II, p. 180. Les chanoines réguliers de Saint-Augustin, dont la fondation n'avait pas été faite sans une arrière-pensée pour l'avenir, devaient être les directeurs des chevaliers, qui partageaient leur temps entre les affaires de l'État et le service de Dieu. Ils ne prononçaient pas de vœux, conservaient des domestiques et un revenu annuel de 200 florins chacun, sauf le doyen qui en avait 600 (Æneas Silvius : *De concilio Basiliense*).

— 168 —

le mariage de Louis, marquis de Saluces, avec Isabelle de Montferrat, à laquelle il donna 1500 florins d'or : le 12 juin 1436, il passa à Thonon un traité avec le marquis de Montferrat (1) ; le 21 juillet de la même année, il reçut à Thonon l'hommage de son ancien ennemi le comte de Clermont, devenu duc de Bourbon et Dauphin d'Auvergne (2) ; en 1437, 15 septembre, il délivra un sauf conduit à Jean Paléologue, empereur d'Orient et au Patriarche des Grecs, obligés de traverser ses États pour se rendre au concile de Bâle (3) ; le 23 décembre de la même année, se célèbra à Ripailles le mariage d'Aimée de Montferrat avec Jean de Lusignan, roi de Chypre, de Jérusalem et d'Arménie (4). Enfin, il prit tous ses titres officiels dans un jugement rendu par lui (20 juin 1438), entre l'abbaye d'Aulps et la ville de Samoëns (5).

Le duc Amédée et ses compagnons, au milieu du recueillement de la retraite, exerçaient donc *l'art difficile de bien gouverner*. Ce prince fut l'auteur des *Statuta Sabaudiæ* et la sagesse de sa législation lui attira l'admiration universelle.

Son intention expresse était de créer dans ses chevaliers de Saint-Maurice, un conseil permanent, un Sénat recruté parmi les plus hauts personnages de ses États, selon l'expression du P. Monod, Sénat auquel les ducs ses successeurs devaient recourir dans tous les cas importants (6). Comment donc Voltaire, le patriarche menteur, a-t-il pu écrire :

> Au bord de cette mer où s'égarent mes yeux
> Ripailles, je te vois. O bizarre Amédée,

(1) Guic., édit. de 1780, t. II, p. 59.
(2) Capré. *Traité de la Cham. des Compt. de Savoie*, p. 145.
(3) Senebier. *Catalogue raisonné des manuscrits de la Biblioth. de Genève* (1779) p. 91.
(4) Guich., *ibid.*, II, p. 59.
(5) Il se dit duc de Savoie, de Chablais et d'Aoste, marquis en Italie, comte de Piémont, de Genève, de Valentinois, de Diois.
(6) *Addidit...* multas exceptiones, ut authoritatem suam sartam tectam conservaret, ut que integra administratio, dum in vivis esset, ad ipsum pertineret (*Amedeus pacificus*, par le P. Monod, p. 65. Voy. aussi Guich., t. II, p. 59).

Est-il vrai que dans ces beaux lieux,
Des soins et des grandeurs écartant toute idée,
Tu vécus en vrai'sage, en vrai voluptueux.

Voilà bien Voltaire !

Le duc Louis fut nommé lieutenant des États de son père à l'âge de 32 ans. Entouré de sa cour, il habita le château de Thonon, dont il préférait le séjour à celui des autres villes de sa domination. Le duc Amédée et les siens venaient de goûter cinq ans de paix et de tranquillité, lorsque le 20 décembre 1439, une barque cinglait, à pleines voiles, de Lausanne vers la côte chablaisienne. Elle jeta l'ancre dans le port de Ripailles. Vingt-cinq vieillards en descendirent, accompagnés d'une suite nombreuse. Leur attitude et leur maintien grave, leurs figures nobles annonçaient une visite extraordinaire. C'étaient vingt-cinq prélats venus de Bâle, conduits par le cardinal d'Arles et Æneas Sylvius Piccolomini, plus tard pape sous le nom de Pie II. Amédée averti, accourt aussitôt, suivi de ses chevaliers et de ses gens. « Prince, dit lentement le cardinal, vous voyez les « députés du Concile de Bâle. Ils viennent de sa part, « vous apprendre votre élection à la papauté et vous prier « d'y consentir. Ce n'est qu'après avoir longtemps prié « l'Esprit-Saint d'établir l'union dans le conclave, et de « placer à sa tête un homme sachant la conduire avec « piété et zèle, que l'Église assemblée à Bâle nous a envoyés « près de vous (1). » Dans la trente-huitième session, le 5 novembre dernier, tous les suffrages se sont réunis pour élever sur la chaire de saint Pierre, un prince qui mérite si bien le nom de *Salomon de son siècle*, en devenant l'arbitre des différends des rois et princes de l'Europe. Amédée, interdit, les accueillit avec de grands honneurs ; puis il fixa son audience au troisième jour.

Cette même salle où, cinq ans auparavant, il avait fait connaître aux grands de sa cour sa résolution de quitter

---

(1) Au nombre des pères de ce concile figure l'abbé d'Abondance et de Filly, François Ducret, garde du conclave. (Mss. Rollier ; — Guichenon ; — P. Monod, *Amedeus pontificus* ; — *Histoire du concile de Bâle*).

le monde, devint encore le théâtre d'évènements plus considérables. Ce prince si heureux alors, paraissait en ce moment consterné au milieu de ses six chevaliers, tristes comme lui. Les prélats vivement émus se regardaient en silence. Enfin le Cardinal se leva, présenta au Duc, au nom du Concile, l'acte d'élection et entreprit de démontrer la validité de cette assemblée : « Le Concile
« œcuménique de Constance, dit-il, décida un concile à
« Bâle, le Pape Martin V et Eugène IV lui-même, l'ont
« convoqué en vue de réunir les peuples de l'Allemagne
« séparés de l'Église, d'apaiser les guerres entre les
« princes chrétiens et d'opérer une réforme générale dans
« l'Église. Le grand Gerson, ajouta-t-il, attribue ouvertement
« l'autorité suprême au Concile ; la France, l'Espagne, une
« grande partie de l'Allemagne et les États de Savoie le
« reconnaissent comme légitime et œcuménique.

« Eugène IV a tenté de le dissoudre, dans la crainte de
« voir disparaître certains privilèges temporels. Les
« nations, animées d'un saint zèle pour la réforme, se
« rendent en foule à Bâle, à la suite d'un grand nombre
« de prélats et de docteurs. Les hérétiques de la Bohême,
« invités, désirent de bonne foi connaître et embrasser
« la vérité. L'Eglise Grecque tend les bras à l'Eglise
« d'Occident, la chrétienté a les yeux sur nous, attendant
« avec impatience le rétablissement de l'ancienne disci-
« pline. Or, si le Concile est dissout, les hérétiques
« triomphent ; par notre fuite nous approuvons leurs
« erreurs. Si, au contraire, nous les condamnons, ils pu-
« blieront partout *que nous les avons condamnés sans les*
« *entendre*. De là scandale parmi les fidèles ; à leurs yeux,
« nous aurons reculé devant les erreurs des Hussites. Ce
« Concile étant donc légitime, il vous a élu chef du troupeau
« de Jésus-Christ. Refuser votre adhésion à la demande
« de l'Église faite par notre bouche, c'est désobéir à J.-C. »

Amédée s'excusa sur son indignité et son inexpérience dans les affaires ecclésiastiques. « Vous m'offrez, répondit-il,
« une dignité vénérée de tous, désirée de plusieurs, re-
« doutée d'un trop petit nombre. Persuadé que ce fardeau

« est redoutable aux Anges mêmes, je vois une dispro-
« portion infinie entre le Souverain-Pontificat et ma per-
« sonne. Jetez les yeux sur quelqu'un plus digne de
« cette éminente charge. »

Les prélats, prévoyant ce refus, avaient aussi préparé la réponse. « Comme il y a de la témérité, répliquèrent-ils, à
« se croire assez de vertu pour exercer un ministère aussi
« saint, il est toujours plus sûr de refuser ; mais, convenez-
« en, l'obstination en face des desseins de Dieu est une
« opiniâtreté blâmable. Le refus vient de la crainte ; l'ac-
« ceptation, de la soumission aux ordres du Très-Haut,
« manifestés par les conseils de tant de personnages ver-
« tueux et éclairés ; clergé et peuple vous souhaitent, par
« conséquent Dieu vous appelle. »

« J'ai embrassé la vie solitaire, désabusé des grandeurs
« et de la vanité des honneurs, répond Amédée ; y rentrer,
« c'est s'exposer de nouveau aux tentations attachées aux
« grandes dignités ; je me crois donc obligé à ne prendre
« aucun engagement contraire à mon salut éternel (1). »

Les débats furent longs ; car la proposition du Concile trouva plus d'un obstacle dans le conseil du Duc. Enfin, voyant ces prélats inflexibles, Amédée répand un torrent de larmes et donne son consentement, pleinement convaincu que son élection a pour but le bonheur de la chrétienté et d'opérer une réforme générale dans le clergé et l'Église (2).

(1) *Ibid.*
(2) Le consentement d'Amédée VIII, direz-vous, est *un acte de faiblesse ;* Eugène IV occupant alors la chaire de Saint-Pierre, l'Ermite de Ripailles a réellement occasionné un schisme, et maintenant toute l'Église le nomme le dernier des antipapes. Ceci est évident ; on peut cependant croire à la bonne foi d'un prince sans théologie, mais religieux, à qui on avait persuadé que, vu son illustration dans le siècle et sa haute réputation de vertu, ainsi que le dit M. le chanoine Mercier, il grouperait aisément autour de lui, toute la chrétienté, surtout les cours catholiques, et qu'ainsi il mettrait fin aux troubles du moment. Il est difficile, avouons-le, en face de ces diverses circonstances, de suspecter sa bonne foi et de le taxer d'ambition ; mais on ne saurait trop flétrir ces ambitieux et ces courtisans qui, pour pêcher en eau trouble, trafiquaient et de la paix de l'Eglise et du pieux repos d'un grand chrétien.
Aussitôt qu'il reconnaît ses illusions, il abdique, sacrifie la tiare, et

Aussitôt il revêt la robe blanche des papes ; mais, il refuse de couper sa longue barbe. Puis, prêtant le serment accoutumé, il fait sa profession de foi genoux à terre.

Salué pape, sous le nom de Félix V, il reçoit l'anneau du pêcheur, précédé de la croix il entre en grande pompe, dans l'ancienne Église du monastère, au chant du *Te Deum*, monte sur le grand autel, reçoit serment d'obéissance et donne sa bénédiction solennelle (1).

Le lendemain, 24 décembre, veille de la fête de Noël, il tient chapelle papale aux vêpres, dans l'église du prieuré de Saint-Hippolyte de Thonon ; il coupa sa barbe qui déplaisait à la multitude. Il revient ensuite à Ripailles, rédige son testament le 6 décembre, donne le Comté de Romont à son frère, recommande au prince de Piémont ses compagnons et ses chers chevaliers de Saint-Maurice (2) fait des legs à la duchesse de Milan et à la reine

engage ses partisans du concile de Bâle à se rendre à celui de Lausanne, afin de reconnaître le véritable pape. Il existe une version plus sévère, il est vrai, touchant son attitude du 9 juillet 1439 et du 17 décembre suivant, touchant certaines réserves, certaines susceptibilités d'amour-propre en face de l'abdication, touchant aussi sa détention et démission des évêchés de Lausanne et de Genève en faveur de son petit-fils Pierre de Savoie, enfant de neuf ans ; mais tout ceci ne prouve rien contre sa bonne foi.

(1) Son intronisation se fit en grande pompe, dans la dite église des Augustins de Ripailles, et non, comme le disent Guichenon et d'autres auteurs, dans l'abbaye Saint-Maurice-en-Valais. Cette méprise vient de la mauvaise lecture du procès-verbal disant que celle-ci eut lieu « à l'église du *monastère St-Maurice*, de l'ordre de St-Augustin, fondé dans la solitude, » c'est-à-dire dans celle de Ripailles. Voyez Guichenon, p. 316.

(2) Voici les pensions qui leur furent accordées plus tard, après sa mort :

1° Feaz de Féternes, portier de Félix V, jouit d'une pension d'un muid de froment et autres tributs annuels, prélevés sur Ripailles (Acte du 25 nov. 1456).

2° Etienne de Maglona, son serviteur, perçoit un muid et 12 florins, dans la châtellenie d'Allinges-Thonon (D'après acte du 16 septembre 1456).

3° Jean Bochard, fournier de l'Hôtel ducal, retira semblablement un muid de froment et du vin (23 nov. 1456).

4° Etienne Fortis alias Cournet, son panetier (par acte du 22 nov 1456). Maurice Portier, jardinier du château de Thonon (par acte du 13 sept. 1456), Pierre Lurion alias Bottolier (1453), Sordat François (4 oct. 1453) possèdent encore différents revenus, et ce dernier, la mestralie d'Orcier. (Turin, Chambre des comptes : Thonon).

— 173 —

de Sicile, ses filles, cède le Comté de Genève et la seigneurie de Faucigny à son fils Philippe, nomme son héritier universel Louis de Savoie, son fils aîné, et abdique en sa faveur la souveraine puissance.

Avant de quitter le Chablais, Félix V, par bulle du 4 janvier 1440, nomma doyen des chevaliers de Saint-Maurice de Ripailles, Claude du Saix, seigneur de Rivoire, régla leur mode d'élection et genre de vie. Ces dispositions se trouvent dans son testament (1).

Par deux actes datés du 6 du même mois, donnés à Thonon, il émancipa ses fils Louis et Philippe et créa le premier, Duc de Savoie, Chablais et Aoste : c'était cette fois une véritable abdication (2).

On vit alors affluer à Ripailles et à Thonon les ambassadeurs et les Prélats qui venaient lui prêter obédience. Selon Grillet, la France, l'Angleterre, la Castille, Milan, les cantons suisses, l'Autriche, la Hongrie, la Bohême, la Savoie, le Piémont et les chevaliers de l'Ordre teutonique le reconnurent pape. Cet auteur exagère beaucoup (3).

(1) Cette pièce importante, que Guichenon n'a publiée qu'en partie, réglait l'avenir de Ripailles ; nous empruntons les articles omis, à l'*Amedeus pacificus* du P. Monod, p. 37.

« D'après son ordre, le monastère et la maison des chevaliers, seront désormais compris dans une même clôture, fermée par un mur, ou par une forte haie entourée d'un fossé ; l'élection des chevaliers, quand elle aura lieu, est réservée à lui et à ses successeurs, assistés du conseil des autres membres de l'Ordre; les nouveaux membres seront choisis parmi les gens d'honneur, d'un âge avancé, d'une prudence et d'une probité consommées, devenus célèbres auparavant dans le fracas des batailles, dans les conseils des princes ou dans les affaires importantes de la politique. Ils auront un libre accès, pendant l'office divin, à l'église du monastère de Ripailles ; dorénavant les chanoines seront leurs directeurs spirituels. Il (Amédée VIII) lègue aux chevaliers, pour un entretien conforme à leur condition, 1800 florins d'or annuels (de la valeur de 12 gros sous chacun) soit 600 au doyen et 200 à chacun des autres. »

« Le doyen élu du prince, prescrira aux chevaliers leur genre de vie, fournira la substance et le salaire des domestiques, entretiendra les édifices. »

« Enfin, si le testateur meurt avant l'accomplissement des dispositions relatives aux revenus, à la clôture et aux fossés, son héritier universel les exécutera dans le délai de deux ans » (*Ibid*).

(2) *Amedeus pacificus*, p. 164 et 167. Guichenon ne parle pas de ces actes. V. Lecoy de la Marche. *N. de Rip.*, p. 43.

(3) Le roi de France, Charles VII, protesta contre l'élection de Félix V,

Félix V partit pour Bâle, accompagné de ses deux fils, des ambassadeurs et de 300 gentilhommes de Savoie, du Genevois, des cantons de Vaud, de Berne, de Fribourg, de Soleure et de 200 ecclésiastiques, archevêques, évêques, abbés et prieurs et de quelques ermites de Ripailles. Son entrée solennelle a lieu le 24 juin 1440 ; 4000 personnes à cheval lui font cortège. Monté sur une petite cavale blanche, couverte de velours rouge, dont les rênes sont tenues par des seigneurs allemands, il s'avance sous un dais. Il porte une cape d'or battu ciselé, et son front est ceint de la tiare. Deux cardinaux et le marquis de Saluces marchent devant lui ; cinquante mille personnes accourues de toutes parts à cette cérémonie éclatent en cris de joie et de triomphe. Le 24 juillet suivant, il reçoit les Ordres sacrés et le cardinal d'Arles le couronne avec toute la pompe et la magnificence imaginables. Ses deux fils servent sa première Messe. Un banquet solennel réunit plus de deux mille convives ; les deux princes y remplissent les fonctions d'échansons.

Pendant trois ans Félix réside à Bâle ; il vient ensuite à Genève, où il établit sa daterie (1). Il crée 23 cardinaux en quatre promotions différentes, sans jamais conférer cette dignité à ses parents ou alliés. Toutefois, au sein de sa nouvelle puissance, il n'oublie pas Thonon, ni Ripailles (2),

---

dans l'assemblée tenue à Bourges le 2 septembre 1440, et défendit à ses sujets de le reconnaître pape (*Baronii continuatio*, an 1439). Le roi d'Angleterre, Henri VI, écrivit de Windsor au concile de Bâle, pour l'exhorter à ne pas se séparer d'Eugène IV (Cette lettre est à la bibliothèque de Genève. — Senebier, *Catalogue raisonné*, p. 104, etc.) La majeure partie de la chrétienté resta fidèle à ce dernier. En 1445, le 5 décembre, le dauphin défendit aussi de le reconnaître ; le duc de Bourgogne *réservait toujours le fait de l'Eglise*, dans ses traités avec le duc. *Mém. et Doc. de la Soc. d'hist. et d'arch. de Chambéry*, t. VII.

(1) Voy. pour tout ce qui précède: Guichenon ; preuves 318, 319. *La manière comment le pape Félix fut reçu en la ville de Bâle.*

(2) Félix V (Amédé VIII) voulant accroître les revenus du prieuré de Ripailles, lui fit donation de quelques biens dépendants du prieuré de *Peillonay* et du doyenné de *Seysercier*. « Actendentes igitur quod fructus, redditus et proventus ipsius prioratus juxta quod dudum nobis in minoribus constitutis, ob singularem devotionis affectum quem ad eumdem... gerebamus, solitudinem nostram in spiritu humilitatis et habitu simplici

ni Concise dont il augmente en 1446 considérablement les libertés et franchises (1). Le 6 novembre 1448, le prieuré des Augustins est érigé en abbaye et les évèques de Belley et de Sion avec l'abbé d'Abondance en sont nommés les conservateurs et les juges : *conservatores et judices* (2).

ut quietius et liberius possemus Altissimo famulari. » (Note fournie par M. le comte Amédée de Foras).

(1) Voy. Franchises.

(2) Bulle donnée à Lausanne, à l'époque que l'on a déjà indiquée (Lecoy de la Marche, p. 45). Voici la description de Ripailles à cette époque, tirée des plans dressés au siècle dernier. « Le château s'élevait vis-à-vis et au midi de l'église des Augustins. Des fossés peu profonds l'enveloppaient ; sa façade principale, située au nord-est du côté opposé à Thonon, était flanquée de sept tourelles rondes, alignées sur le même plan, distantes de 29 pieds de Savoie les unes des autres, couronnées d'un encorbellement crénelé, et engagées à moitié dans la construction. Un logement uniforme attenait à chacune d'elles, et le tout se reliait à l'intérieur par un long corridor. Leur hauteur, avec la toiture cônique qui les surmontait, atteignait 58 pieds, leur diamètre 8, et l'épaisseur de leurs murs deux et demi. Il n'y avait exception que pour la première du côté du lac qui avait 15 pieds de plus que les autres et était un peu plus large. Cette dernière touchait à un grand pavillon carré, qui était comme la tête de ce long corps de bâtiment. C'était l'habitation du doyen qui comprenait, au premier étage, une chapelle en forme de rectangle voûtée d'arêtes, une chambre à coucher, ornée d'une cheminée monumentale ; enfin, la grande salle qu'on trouve dans tous les châteaux féodaux, qui servait aux réunions. Au-dessus étaient les logis des servants de la maison, et au-dessous, les cuisines, les écuries et autres dépendances. Les fenêtres de la chapelle, au nombre de deux seulement, présentaient un cintre brisé ; toutes les autres étaient rectangulaires et petites, sauf une vaste et belle croisée, soit une ouverture divisée par deux traverses de pierre, disposées en croix (Lecoy de la Marche). Elle était percée dans la grande salle. La façade postérieure donnait sur sept jardins, affectés à chacun des sept logements, et séparés par un mur. Dans l'enclos du couvent, qu'enserrait une muraille continue, s'étendait le parc, vaste terrain planté de chênes, où étaient entretenues différentes espèces de gibier, coupé en tous sens de larges allées distribuées en étoiles irrégulières (Voy. *Descript. de la Savoie*, par Alphonse Delbène, et *Mém. de la Soc. d'hist. et d'arch. de Chamb.*, IV, p. 42). Sous ces ombrages, les chevaliers venaient deviser ou méditer aux heures de réunion, en portant leur costume distinctif. A l'extrémité de chaque avenue, ils apercevaient un bourg ou une ville du canton de Vaud ; et, en deçà, l'immense plaine bleue du Léman. Site enchanteur, bien fait, en vérité, pour la vie contemplative, qui a perpétué jusqu'à nos jours ce dicton populaire en Savoie :

« Qui n'a vu Thonon et Ripailles
« N'a rien vu qui vaille. »
(Lecoy de la Marche: *Not. de Ripailles*).

Mais, les frais nécessaires au maintien de sa nouvelle dignité épuisaient le trésor. Il avait en outre prêté à son fils Louis 77,840 florins pour la dot de Marguerite de Savoie. En 1445, il reçut en paiement de cette somme, les lieux d'Evian, de Féternes, de Thonon, des Allinges, de Ballaison, de Troche, d'Hermance, avec des revenus annuels sur les péages de Nyon, Vevey, etc. (1).

Oger, évêque de Maurienne, avait été présent à Ripailles, le 7 novembre 1434, lorsqu'Amédée VIII créa son fils Louis lieutenant général des États de Savoie ; il expira à Thonon en revenant du Concile de Bâle, le 11 janvier 1440. Son tombeau existait dans cette ville (2).

Eugène IV meurt en 1447, et Nicolas V lui succède paisiblement sur le siège de Rome ; Félix V, à ce moment, perd ses illusions, et, contrairement à l'avis de plusieurs de ses conseillers, renonce au souverain pontificat. Une conférence eut lieu dans la ville de Lyon ; Nicolas V, Félix V, les rois de France et d'Angleterre, la Savoie et les électeurs d'Allemagne délèguent des ambassadeurs. Voici les clauses admises : « Félix, reconnu cardinal-évêque, légat et vicaire du Saint-Siège en Lombardie, Savoie, Piémont, Suisse, Allemagne, aura le premier rang après le pape ; celui-ci, à son entrée, se lèvera de son siège, afin de le recevoir. Il conservera les habits et les ornements de la papauté, excepté l'anneau du pêcheur, le dais, la croix sur la chaussure et l'accompagnement de la Sainte-Eucharistie. Toutes les nominations et tous les actes de son pontificat sont confirmés. »

Félix V transfère alors le concile de Bâle à Lausanne, sous la présidence du cardinal légat Calandrini ; il part de Ripailles et reçoit un solennel accueil de l'auguste assemblée (commencement d'avril 1449). Enfin, le 7, il renonce publiquement à la papauté dans la cathédrale, en présence des Pères émus, et sa démission est acceptée au nom de

---

(1) St-Genis: *Hist. de Savoie*, t. I, p. 488, et *M. D. S.*, t. VII, 1860-1861.
(2) Besson : *Mémoires*, etc., p. 299.

— 177 —

l'Église universelle. La dernière réunion, du 19 avril suivant, ratifia les articles de la conférence de Lyon.

Il reçoit, à Ripailles, le cardinal-légat et plusieurs prélats, les traite splendidement pendant dix jours; puis, il envoie à Paris le patriarche d'Antioche, et à Rome, Jean de Grolée, prévôt de Montjou, qui portèrent la nouvelle de ce grand acte. La joie fut immense. Le schisme était définitivement éteint; on publia de toutes parts la modération de l'illustre démissionnaire. Jamais évènement ne causa une allégresse plus vive et plus universelle. Amédée conserva l'administration des évêchés de Lausanne et de Genève, et passa encore 18 mois dans sa chère solitude de Ripailles, au milieu de ses chevaliers de Saint-Maurice qu'il édifia par ses vertus (1). Il mourut à Genève le 7 janvier 1451 (2), à l'âge de 70 ans; son corps, transporté à Ripailles (3), reposa dans le magnifique tombeau de

(1) Après son élection à la papauté, il avait pris pour armoiries *trois couronnes* : une de comte, une de duc et une tiare surmontée d'une auréole de bienheureux avec ces mots : *Pluribus hæc carior una: Cette seule m'est plus chère que toutes les autres*. Après son retour à Ripailles, il prit un bâton de pèlerin, surmonté d'un chapeau de cardinal, soutenu par une main sortant des nues, avec ces mots : *Ductore Deo : Dieu pour guide*.

(2) Il avait exprimé le désir que son corps fût transporté à l'abbaye d'Haute-Combe, et son cœur, dans l'église de Ripailles.

(3) Le séjour d'Amédée VIII dans sa retraite de Ripailles, a donné lieu à un proverbe assez répandu et diversement interprété : *Faire Ripailles*. Dans son acceptation la plus naturelle, et la seule vraie, cette locution signifie un air pur, un site enchanteur, la jouissance des plaisirs innocents de la campagne, la paix et la tranquillité jointes à une aisance assez grande, même seigneuriale. Tel était bien le caractère de Ripailles habité par le duc Amédée, avec ses chevaliers entourant leur souverain, comme des conseillers assidus. Ce train, modeste en lui-même, pouvait encore paraître considérable, en comparaison des autres conditions assez humbles du pays. Telle est la version généralement donnée par les écrivains les mieux informés et les plus judicieux (Moreri, dans son *Dictionnaire historique*, art. *Ripailles*; Guichenon, dans son *Histoire de la Maison de Savoie*, p. 478; Sénébier, *Histoire littéraire de Genève*, t. I, p. 55; *Mém. et Doc. publiés par la Soc. sav. d'hist. et d'arch*. années 1860-1861). Quelques auteurs ont cru devoir attribuer à la locution : *Faire Ripailles*, un sens odieux : celui de faire bonne chère, de mener une vie de bien-être matériel, semblable à celle que recherchent les hommes vivant délicatement dans le siècle. Cette interprétation, peu bien-

12

marbre blanc que les Bernois brisèrent environ un siècle plus tard, dans l'espérance d'y trouver des trésors. La famille de Merlinge recueillit en secret ses ossements. Ils furent religieusement conservés à Evian par des mains pieuses. Emmanuel-Philibert ; selon d'autres, Charles-Emmanuel, les transporta solennellement à Turin et les fit inhumer dans la métropole de Saint-Jean.

L'époque qui suit est malheureuse. Elle comprend une période de 100 ans. De la mort d'Amédée VIII à Emmanuel-Philibert, on compte huit règnes de désordres et d'infortunes.

---

veillante, en tant qu'elle se rapporte au train de vie du duc Amédée VIII, a le grave inconvénient d'être en contradiction avec la vérité historique. Des historiens, estimables d'ailleurs, se sont laissés égarer à ce sujet; ils ont été, sans le savoir, les échos trop serviles du philosophe Voltaire, qui ne s'est jamais montré bien soucieux de la vérité. Voir, sur ce sujet, la savante dissertation de M. Lecoy de la Marche dans sa *Notice sur Ripailles*.

ARTICLE III

SOMMAIRE : *Exécutions et noyades.* — Guillaume Bolomier, ses ennemis, son jugement. — Il est noyé dans le lac Léman. — Le duc Louis et Anne de Chypre. — Caractère de cette dernière. — Les jeunes seigneurs. — Philippe-Sans-Terre. — Complot au château de la Chapelle, près de la Dranse (château de Blonay actuel). — Embuscade aux portes de Thonon. — Combat au château. — Mort de Messires de St-Sorlin et de Valpergues. — Châtiment des Cypriotes. — Mort d'Anne de Chypre. — Ligue du bien public. — Amédée IX; son caractère. — Ses adieux à la Savoie; sa mort. — Sa béatification et son premier autel à Thonon; son culte.

Le duc Louis, après la cérémonie de l'abdication d'Amédée VIII, revint à son château de Thonon. Il conserva au pouvoir le favori de son père, Guillaume Bolomier, vice-chancelier de Savoie, qui avait reçu les premiers aveux d'Aynard de Cordon au sujet du complot d'Antoine de Sure. Mais il le perdit bientôt. Voici comment. Homme de mérite, Bolomier, arrivé aux plus hautes dignités, avait excité trop de jalousies, froissé trop d'intérêts; aussi un concert d'accusations s'éleva-t-il contre lui. Son ennemi personnel, le sire de Varembon, siégeait au conseil créé par le duc Louis pour la réforme de l'État; il profita de son influence, le fit incarcérer au château de Chillon en 1445, en lui imputant *des crimes et délits atroces*, demeurés inconnus. Bolomier, coupable d'avoir voulu se défendre, fut condamné au dernier supplice (1). Le 9 septembre Hugonin Leydier, vice-châtelain de Chillon, fit monter le prisonnier dans une barque. Arrivé près de l'embouchure du Torrent de *Tinier*, qui se jette dans le Léman entre

(1) Cibrario, *Procès de Guillaume Bolomier.*

Chillon et Villeneuve, le bourreau de Lausanne le saisit, lui mit au cou une énorme pierre et le précipita dans les eaux du lac. Ainsi finit cet homme, jadis conseiller intime de l'un des plus illustres princes de Savoie. La confiance dont l'honora Amédée VIII, la haine conçue par Varembon contre celui qui l'avait fait punir, le soin mis à cacher « *les crimes atroces* » imputés au vice-chancelier, tout nous porte à croire qu'il mourut martyr du devoir.

Quelques années plus tard, le château de Thonon devint le théâtre d'un autre drame. Le duc Louis, à l'âge de 31 ans, avait épousé Anne de Lusignan, fille de Jean Lusignan, roi de Chypre et de Charlotte de Bourbon. C'était un de ces princes faibles et timorés, qui supportent plus volontiers le joug d'une multitude de favoris que le fardeau du pouvoir. D'un caractère froid, sans expansion, minutieux, plein de scrupule et d'idées puériles, il était d'un abord désagréable, et peu capable de bien gouverner. Anne de Chypre, au contraire, montrait beaucoup de vivacité, d'esprit et de grâce. Elle était admirablement belle, si belle que les historiens du temps prétendent *qu'aucune princesse ne pouvait lui être comparée.*

Au moral, elle cachait un caractère altier, orgueilleux. Elle aimait la louange, mais préférait la flatterie ; possédait l'instinct de tout ce qui est beau, la passion de l'imprévu. Sèche, nerveuse, versatile, ses caprices variaient à chaque instant du jour. A peine arrivée au pouvoir, elle s'entoure de Cypriotes, chasse de leurs places les seigneurs de la cour de Savoie et les remplace par des Grecs. Le trésor est en même temps dilapidé par de folles prodigalités : Bals, tournois, fêtes et festins se succèdent continuellement. Les jeunes seigneurs de Savoie, se piquant d'émulation pour faire concurrence aux étrangers, abandonnent leurs manoirs, et viennent dissiper leur fortune sous les yeux de leur souveraine. On les vit alors, comme dit un auteur : « porter sur leurs épaules les prés et les moulins de leurs « pères. » Dans cet essaim de jeunes gentilshommes, Anne en distingua trois qu'elle admit avec empressement auprès d'elle comme favoris : le premier, Jean de Compey, fils du sire de Thorens, était beau, âgé de trente ans environ, riche et sorti de l'une des premières familles du Genevois. Elle le nomma chambellan de Savoie et grand-bailli. Les deux autres : Jacques de Valpergues, comte de Masin, grand chancelier de Savoie, et Jean de Varax, marquis de Saint-Sorlin, chevalier de Saint-Jean de Jérusalem, maître d'hôtel de la Duchesse, partagèrent ses grâces et ses faveurs. Le second devint maréchal de Savoie. Le Duc adorait sa femme et ne savait qu'obéir. Dans son amour aveugle, il lui laissait conduire les affaires à sa guise, et disposer comme elle l'entendait des grandes charges de la couronne. La jalousie, la haine, l'intrigue envahirent la cour. On conspira dans l'ombre. Jacques de Valpergues et Jean de Varax devaient disparaître. L'héritier présomptif de la couronne, Amédée quitta subitement Thonon pour aller gémir, en Bresse, sur ces désordres. Philippe, cinquième fils de la Duchesse, âgé de 24 ans, (appelé Monsieur Sans-Terre, parce que seul de ses quatre frères, il n'avait pas d'apanage), se mit à la tête de la conspiration, composée d'une multitude de seigneurs.

L'un de plus ardents était chablaisien : Philibert de Compey, seigneur de Draillant et de la Chapelle, cousin du favori Jean de Compey. Son château, d'où partit le terrible complot, est situé à l'est de Thonon, au-delà de la Drance, sur la route d'Evian (1). On convint de se réunir dans les premiers jours d'octobre 1462 au village de Thollon, au pied de la Memise et de la dent d'Oche. Les principaux seigneurs s'y rendirent en effet ; d'un autre côté, le prince, chef de la conspiration, ordonnait à un de ses complices de venir à Thonon avec quelques archers ; ce dernier devait s'introduire dans le château ducal, sous prétexte de

---

(1) *Notes et pièces justif.* à la fin du volume, note 4. — Le 24 février 1455, Charles VII, roi de France, déclare que les actes de juridiction exercés par son maître d'hôtel et le comte de Richemont, entre Thonon et Evian, ne préjudicieront point à la souveraineté du duc de Savoie sur les dits lieux (*Arch. roy.* de Turin). Ces droits étaient provisions de justice et détentions de personnes dans les environs de ce dernier château *(Ibid)*.

remettre, de sa part, des lettres au duc son père et d'en attendre la réponse. Au jour fixé, les conjurés et leur petite troupe quittent Thollon, accourent au château de la Chapelle où Philibert de Compey les attendait à la tête de trente hommes d'armes déterminés, venus de Genève sur les ordres du prince rebelle. Compey, homme de courage et d'action, est chargé avec Varembon d'enlever le chancelier Jacques de Valpergues ; il viennent tous deux à la tombée de la nuit s'embusquer aux portes de Thonon. Là, ils espèrent accomplir leur audacieuse entreprise ; mais ils comprennent bientôt, qu'avant d'arriver à leur victime, il faut violer l'asile le plus sacré, la demeure de leur souveraine. Un moment arrêtés par la voix de la conscience ou par la crainte de l'insuccès, ils s'enhardissent à la vue du chef de la rébellion et des autres conjurés qui les rejoignent pendant la nuit, et pénètrent tous ensemble à 4 heures du matin dans le château. Le fils rebelle a fait rouler les portes sur leurs gonds en déclinant son nom de *Philippe Monsieur sans Terre*. Malgré une résistance désespérée, de Valpergues et de Saint-Sorlin sont arrêtés dans la chambre même où ils assistaient à la messe, en compagnie du maréchal de Seyssel.

Tout cela n'avait pu s'accomplir sans grand tapage. Aussi le bailli de Vaud, envoyé par le Duc, vint-il sommer le prince Philippe de se rendre auprès de son père (1462). Philippe obéit, mais il ordonna de conduire le chancelier hors du château. Dépêchez le maréchal, dit-il à voix basse, en passant devant l'un des conjurés. Son ordre eut son effet ; car de Saint-Sorlin fut immédiatement poignardé (1). Louis était près de la Duchesse, alitée depuis trois mois, quand parut Philippe-Monsieur. Sa colère éclata terrible, furieuse ; il ne voulut écouter ni les observations, ni les excuses de son fils : « Si j'eusse une arme sous la main rugit-il, je te tuerais. »

Anne demanda d'une voix altérée ce qu'était devenu le maréchal de Saint-Sorlin. « Je l'ignore, madame, répondit

---

(1) Guichenon.

« le prince, mais ce que j'ai fait, je l'ai fait pour l'honneur
« de notre maison. » Valpergues, conduit au château de
Morges, vit son procès s'instruire rapidement par devant
le procureur de Vaud ; accusé d'avoir trahi les intérêts de
la Savoie et de son souverain au profit du perfide roi de
France, il souffrit quatre fois la torture, s'avoua coupable,
et entendit la sentence de la noyade prononcée contre
lui (1).

Un beau soir, deux seigneurs, Jacques de Challant et
Pierre de Chissé, vinrent dans sa prison, le prirent sous
les bras et le conduisirent au rivage du Léman, où se balançaient deux barques. Il dut monter sur l'une d'elles,
accompagné du prêtre et du sergent de justice ; ses exécuteurs le suivirent dans la seconde. Arrivé au milieu du
lac, il est dépouillé de ses vêtements, garotté, puis précipité
dans les flots, qui seize ans auparavant avaient servi de
tombeau à son prédécesseur Bolomier (2). Les conjurés ne
s'en tinrent pas là. Deux Cypriotes, Hector et Pierre d'Antioche, furent pris et conduits au château de Mont, où était
déjà détenu l'archevêque, comte de Tarentaise, Thomas de
Sure, originaire de Chypre. Le prélat obtint son élargissement en payant une rançon de deux mille écus d'or.

Toutes ces émotions frappèrent tellement Anne de Chypre qu'elle succomba à Genève sous le poids des regrets
et de la douleur (1462, 11 novembre). Elle fut peu regrettée.
Elle avait construit une magnifique chapelle sous le vocable de sainte Anne, sa patronne, dans l'église de Saint-François (à Genève) ; c'est là qu'elle reçut les honneurs de
la sépulture. En 1534, les fanatiques prétendus Réformés
profanèrent ce saint lieu.

Le duc Louis, sollicité par les ducs de Bourgogne, de
Berry et de Bretagne, d'entrer dans la ligue du bien public
contre le roi de France Louis XI, son gendre, repoussa
avec horreur leur proposition. Sa loyauté semblait lui prescrire d'avertir le monarque français. C'est en faisant une

---

(1) *Ibid.*
(2) Costa de Beauregard, *Compeys.*

démarche dans ce but, que la maladie l'atteignit et l'emporta en peu de jours à Lyon, trois ans après la mort de sa femme, l'an 1465. De son mariage étaient nés seize enfants : l'aîné, Amédée IX, mis par l'Eglise au nombre des bienheureux, monta sur le trône ducal de Savoie ; le second, Louis, épousa Charlotte, reine de Chypre, de Jérusalem et d'Arménie. Il mourut à Thonon en 1487. Janus, comte de Genève, décédé sans postérité ; Jacques, comte de Romont et baron de Vaud ; Philippe dit Sans-Terre, comte de Bresse ; Pierre, archevêque de Tarentaise ; Jean et François, successivement évêques de Genève ; Marguerite, femme du marquis de Montferrat ; Charlotte, reine de France, femme de Louis XI ; Bonne, duchesse de Milan ; Marie ; Agnès, comtesse de Dunois ; Aimon, Anne et Jeanne, morts au berceau. Les maisons souveraines venaient chercher des princes et des princesses au château de Thonon. Né dans cette ville, le 1er février 1435, le prince Amédée IX travailla de tout son pouvoir à réparer les désordres du règne précédent. Hélas ! son administration fut de trop courte durée ! Affligé par la maladie, il abandonna le gouvernement à son épouse Yolande, sœur de Louis XI. Mais si son trône ne brilla pas par l'éclat des conquêtes et des triomphes, il fut du moins grandement honoré par la splendeur de ses vertus.

Galeazzo Sforza, duc de Milan, vint un jour le trouver, et lui demanda où étaient sa meute, ses chiens et ses compagnons de chasse ? Amédée le conduisit dans une immense salle du château : « Voilà, lui répondit-il, en lui montrant ses pauvres, les compagnons de chasse avec lesquels j'espère atteindre une assez belle proie, la gloire éternelle. » Dans l'indigent il voyait un frère ; c'était la charité du Sauveur Jésus. Quelques instants avant de mourir, il appela son conseil et lui recommanda l'amour de la justice et le soin des pauvres : « *Facite,* lui dit-il, *Facite judicium et justitiam et diligite pauperes et dabit Dominus pacem in finibus vestris* » (1). Amédée était un prince doux,

---

(1) « Agissez selon l'équité et la justice ; aimez les pauvres, et le Seigneur accordera la paix à vos Etats. »

affable, patient dans ses maladies ; généreux à pardonner, il se vengeait de ses ennemis par des bienfaits sans nombre. Il chassa de la cour les bouffons, les bateleurs, les blasphémateurs, dota plusieurs hôpitaux, fit le voyage de Rome par dévotion, et vint à pied de Turin à Chambéry avec la Duchesse pour y visiter le Saint-Suaire. Ses armoiries dénotent sa piété : c'était *un sépulcre supportant les trois clous et la couronne d'épines :* avec ces mots : « *Animam corpusque hic devovi* » (1). Vers 1471, il se rendit à Verceil, afin de chercher un ciel plus doux, et pour mettre les Alpes entre lui et les embarras de France.

Ses adieux à la Savoie furent tristes et déchirants. Il la laissait en proie à tous les fléaux réunis : froids extraordinaires, inondations, épidémie, famine et guerre. Enfin l'heure de la récompense avait sonné, une gloire éternelle l'attendait ; il la reçut à Verceil, la veille de Pâques, en 1472, à sa trentième année, après un règne de huit ans. Sa sépulture eut lieu dans l'église de Saint-Eusèbe de cette ville, où l'on voit encore son tombeau. Il avait eu neuf enfants, parmi lesquels Louise, mariée à Hugues, comte de Châlon, veuve à vingt-sept ans, et morte en odeur de sainteté, au couvent de Sainte-Claire d'Orbe, le 23 juillet 1503 (2).

Quand saint François de Sales eut achevé la conversion du Chablais, il s'occupa activement de la canonisation d'Amédée. Il écrivit dans ce but au duc Charles-Emmanuel, à S. S. le pape Paul V et à la Congrégation des Rites. En juillet 1617, il consacra un autel en l'honneur de ce Bienheureux dans l'église des Capucins sur la place du Château, devenue aujourd'hui propriété Anthoinoz (3). Ce

---

(1) « C'est là que j'ai attaché mon âme et mon corps. »

(2) Cette princesse suivit l'exemple de plusieurs de ses proches parentes, plus ou moins ses contemporaines, entre autres de la bienheureuse Marguerite de Savoie, veuve comme elle et sanctifiée sous le voile des religieuses de Saint-Dominique ; de Marie de Visconti, sa cousine-germaine, morte en odeur de sainteté (1458) au couvent de Sainte-Claire, à Vevey.

(3) On la voit encore dans les bâtiments de M. Anthoinoz.

fut le premier érigé en son honneur (1). Un second s'éleva plus tard dans l'église paroissiale actuelle, dite de Saint-Hippolyte (2).

Le pape Innocent XI, après avoir constaté le grand nombre et l'éclat des miracles opérés par l'intercession d'Amédée IX, approuva la messe et l'office de ce Bienheureux pour tous les États du Duc de Savoie et pour l'Église nationale à Rome. Sa fête se célèbre dans le diocèse d'Annecy, le 31 mars.

---

(1) Le lieu ne pouvait être mieux choisi, car là était né le bienheureux, quand le château, flanqué de ses belles tours, subsistait dans son intégrité.
(2) Voy. *Notes et Pièces justif.*, n° 3.

ARTICLE IV

SOMMAIRE : *Le Vallais et le Chablais.* —Traités de 1384 et de 1392. — Suprématie temporelle de la Maison de Savoie sur le diocèse de Sion. — Causes d'une guerre désastreuse. — Hostilités de 1475. — Hostilités de 1476. — Le Chablais envahi et rançonné. — Conférence de Fribourg 1476. — Traités de Fribourg et d'Annecy, 1477. — Perte définitive du Bas-Vallais. — Commencement d'hostilités et trève de 1507.

Le traité d'échange conclu en 1260 entre le comte Pierre de Savoie et l'évêque de Sion, Henri de Rarogne, avait eu pour but de faire cesser le mélange fatal de juridictions et de fiefs enclavés les uns dans les autres, quoique dépendants de deux souverainetés différentes. Cette transaction fut annulée de gré à gré en 1268 par le comte Philippe (1) ; les choses restèrent ainsi sur l'ancien pied jusqu'aux nouveaux traités définitifs du 21 août 1384, et du 24 novembre 1392, qui réalisèrent les vues du traité de 1260 (2). Par ces deux accords, dont le second ne fut que la confirmation du premier, l'évêque et son chapitre, stipulant avec le concours des communautés du Vallais, cédèrent au comte de Savoie tous leurs droits temporels sur les terres de l'église de Sion enclavées dans le Bas-Vallais et dans le Chablais, c'est-à-dire depuis la Morge de Conthey, jusqu'au lac Léman *(a Morgia Contegii, inferius)*. Le Comte de Savoie renonça de son côté, moyennant une forte indemnité pécuniaire, à tous les fiefs mouvants de la souveraineté de sa Maison, situés

---

(1) Cibrario, *Storia della Monarchia reale di Savoia*, vol, I, p. 147.
(2) Archives de Valère à Sion.

dans les dizains du Haut-Vallais *(a Morgia Contegii, superius)*. Etaient réservées de part et d'autre, l'hommage dû par l'Evêque au Comte pour le fief du comté de Moërel et celui que le Comte prêtait à l'Evêque pour le château de Chillon. Dès lors, les limites qui séparent géographiquement le Vallais en deux régions inégales, devinrent en même temps les frontières politiques des deux États limitrophes. Le Vallais épiscopal ou Haut-Vallais s'étendit depuis la source du Rhône jusqu'au pont d'Apro, qui traverse ce fleuve à une demi-lieue au-dessous de Sion, et le Vallais savoyard ou le Bas-Vallais se prolongea depuis ce pont jusqu'à la Dranse de Martigny, où commençait le Chablais (1).

D'après les historiens les plus autorisés, il serait démontré que, à partir du onzième siècle, et jusque vers le milieu du quinzième, c'est-à-dire durant plus de trois siècles, la Maison de Savoie exerça de fait, quoique à divers titres, une suprématie temporelle sur la généralité du diocèse de Sion (2).

Sous le règne du duc Louis de Savoie, quelques litiges

---

(1) Josias Simler et les auteurs qui l'ont suivi, se servent habituellement des expressions de *Vallesia superior (Oberwallis)* et *Vallesia inferior (Unterwallis)*, pour distinguer le Vallais épiscopal du Vallais savoyard. La Morge de Conthey formait la limite commune sur la rive droite du Rhône et la montagne de Thyon, ou la Prinze de Nendaz sur la rive gauche. La Dranse de Martigny, ou plutôt la Croix d'Octans, placée entre ce torrent et celui du Trient, séparait le Bas-Vallais proprement dit de l'ancien Chablais *(Caput-Laci-Vallis, Chablesium)* qui comprenait alors les vallées de l'Entremont *(Intermontium)*, jusqu'au sommet du Grand-Saint-Bernard, les territoires vallaisans de Saint-Maurice, de Monthey et les quatre mandements d'Aigle, d'Ollon, de Bex et des Ormonts, qui aujourd'hui font partie du canton de Vaud. — Cette note et les matières qui s'y rapportent sont extraites de la brochure in-8° de M. Frédéric de Gingins la Serraz : *Développement de l'indépendance du Haut-Vallais et conquête du Bas-Vallais*, p. 8 ; Lausanne, 1844.

(2) Les lettres patentes de l'empereur Charles IV, du 12 mai 1365, qui confèrent au Comte-Vert, Amédée VI, le vicariat impérial en deçà des monts, ne paraissent pas avoir été révoquées à l'égard du diocèse de Sion, comme elles le furent à l'égard des villes de Genève et de Lausanne. — Le 27 octobre 1368, le comte de Savoie termina un différend entre l'évêque Guischard et les hauts barons de La Tour, « *tanquam vicarius imperialis.* » *(Développement de l'indépendance du Haut-Vallais*, p. 10, Fréd. de Gingins la Serraz).

préparèrent une lutte terrible qui décida du sort du Vallais savoyard et même du Chablais. Walter II Supersaxo, élu évêque de Sion le 20 décembre 1457 et mort le 2 juillet 1482, dès le commencement de son épiscopat, travailla avec une grande activité au recouvrement du Bas-Vallais qu'il prétendait avoir été usurpé sur son église par la Maison de Savoie. Un de ses premiers actes fut de priver de la seigneurie d'Anniviers Rodolphe Esperlin, héritier de la grande maison de Rarogne. Celui-ci se retira au village de Bex, dans le territoire et sous la protection du duc de Savoie. Trois cents Bernois en armes vinrent piller le château où Esperlin s'était réfugié et emportèrent toutes ses richesses. Un accommodement ménagé par le duc Louis redressa une partie des griefs, mais rompit les relations amicales qui avaient existé jusqu'alors avec le canton de Berne. L'évêque de Sion en profita pour conclure une alliance avec les Bernois, à Louèche, le 7 septembre 1474.

Depuis près de deux siècles, les habitants de la paroisse de Savièse, ressortissant de l'évêque de Sion, et ceux de la châtellenie de Conthey, sujets de la Maison de Savoie, se disputaient mutuellement la jouissance de certains pâturages alpestres enclavés dans les territoires respectifs de chacune de ces deux grandes paroisses. Les luttes sanglantes qu'elles se livraient mutuellement, amenèrent une rupture entre l'évêque de Sion et le duc de Savoie. Vers la fin de l'année 1473, le bailli du Chablais, pour prévenir de nouvelles collisions, avait défendu aux Vallaisans savoyards du mandement de Conthey de porter leurs denrées aux marchés de Sion. La Régente de Savoie révoqua la défense du bailli de Chablais, par un décret datée d'Ivrée du 15 décembre 1473. Cette mesure de modération ne satisfit pas l'évêque de Sion. Les intrigues de Louis XI, roi de France, ayant entraîné les Suisses à déclarer la guerre (25 octobre 1474) au duc de Bourgogne, les Bernois et les Vallaisans s'entendirent pour fermer le passage des Alpes (Simplon et Saint-Bernard) aux troupes auxiliaires que le duc de Bourgogne recevait d'Italie. Dans ce but il fallait s'emparer des places fortes de Yolande de

France, régente de Savoie, qui avait promis le passage aux troupes italiennes. Les hostilités ne tardèrent pas à commencer. Jean-Louis de Savoie, évêque de Genève, se rendit en Vallais pour essayer de mettre fin aux troubles des habitants de Savièse et de Conthey. Mais à peine arrivé dans le château de Conthey, il y fut incontinent assiégé par les Haut-Vallaisans, 1475 (1). Ainsi bloqué, l'évêque de Genève appela à son secours les milices savoyardes du Chablais et du pays de Vaud, qui le délivrèrent, et, de concert avec les gens d'armes de l'évêque, saccagèrent la commune de Savièse. Ces troupes investirent ensuite la ville de Sion et la sommèrent de se rendre. C'était le 10 novembre 1475. Quelques jours après se livra une bataille très sanglante. On comptait environ dix mille combattants de chaque côté. Les Haut-Vallaisans venaient de recevoir des Bernois un secours de trois mille hommes. Ceux-ci, arrivés par le mont Sanetsch, tombèrent à l'improviste sur le flanc de l'armée savoyarde, qui fut entièrement défaite et forcée de se retirer en désordre. Après leur triomphe, les Vallaisans, ne rencontrant aucun obstacle sérieux, se précipitèrent sur le Bas-Vallais, jusqu'à Martigny, brûlant et dévastant les châteaux de Conthey, de Saillon, de Saxon et d'autres que Boccard porte au nombre de seize (2). Le 29 de novembre 1475, le bourg de Martigny fut forcé de capituler et de prêter serment de fidélité à l'évêque de Sion. Après cette première expédition, les Haut-Vallaisans se retirèrent pendant quelques mois d'hiver, et laissèrent le Bas-Vallais comme abandonné à lui-même.

L'année suivante, au printemps, après la célèbre victoire de Granson, l'évêque de Sion et les Haut-Vallaisans, enhardis par leurs succès précédents, se répandirent de nouveau dans le Bas-Vallais ; ils exigèrent la soumission de la ville et du mandement de Saint-Maurice, 16 mars 1476. Maîtresses de cette place, les troupes vallaisannes se prépa-

---

(1) De Gingins la Serraz : *Développement de l'indépendance du Haut-Vallais et conquête du Bas-Vallais*, p. 57.

(2) *Histoire du Vallais*, p. 126.

raient à suivre leur marche victorieuse sur les domaines de la Maison de Savoie. Mais les députés des villes et des communes de la rive méridionale du Rhône et du lac les prévinrent en offrant leur soumission volontaire, et arrêtèrent l'invasion à prix d'argent. Monthey s'était rendu le 15 mars, avec une rançon de 1200 florins ; le 23 du même mois, Vouvry fut taxé à 50 florins et la vallée d'Abondance à 840. Evian se racheta le 17 juin, moyennant 300 florins ; Thonon, le 3 juillet, pour 800 florins. Les communes de Marin, de Féternes, de Larringes, de Publier et de Vinzier, payèrent 120 florins. Les conférences ouvertes à Fribourg, août 1476, adjugèrent aux Bernois les quatre mandements de Bex, d'Ollon, d'Aigle et des Ormonts, et décrétèrent une trêve d'une année, entre la Savoie et le Vallais, jusqu'à la Saint-Michel de l'année suivante, 1477. Dans les traités subséquents, soit à Fribourg (5 mars 1477), soit à Annecy (23 avril), il fut décidé que tout le Bas-Vallais, depuis la Morge de Conthey jusqu'à Martigny, ainsi que tout le mandement de Saint-Maurice en Chablais, resteraient à l'évêque et aux patriotes vallaisans, qui restitueraient, en retour, à la Maison de Savoie, les mandements de Monthey, du Val d'Illier et de Vouvry et tout ce qu'ils occupaient momentanément au-delà vers Genève (1).

Les habitants du Bas-Vallais avaient toujours servi avec fidélité les princes de Savoie ; et ce ne fut pas sans regret qu'ils se virent arrachés à leur souveraineté. Les vallées de Bagne et d'Entremont en fournirent un témoignage éclatant. Bientôt dégoûtées du nouvel ordre de choses, elles se soulevèrent contre les Haut-Vallaisans et arborèrent le drapeau des Ducs. Elles appelèrent à leur secours les milices savoyardes ; mais leur honorable tentative n'eut qu'un succès éphémère. Les Haut-Vallaisans dévastèrent leur pays et détruisirent leurs hameaux par l'incendie. Bagne échappa à ces désastres, en payant une rançon de 1,400 livres mauriçoises ; cette commune dut promettre en outre de solder annuellement, à chacun des sept dizains,

(1) L'ordre des évènements que nous venons d'exposer est emprunté au récit de Fréd. de Gingins la Serraz : *Développement*, etc.

une somme de 10 livres (2). Cet accord fut passé le 17 avril 1476, une année avant les traités définitifs qui incorporèrent ces vallées au gouvernement du Haut-Vallais. L'acte qui régla le mode d'administration du domaine conquis sur la Maison de Savoie et du sort futur des populations du Bas-Vallais est daté du château de la Majorie à Sion le 31 décembre 1477.

Mathieu Schiner, évêque de Sion et cardinal, siégea de 1499 à 1522. Il se montra continuellement opposé aux ducs de Savoie. Voyant la faiblesse de Charles III, il lui suscita une querelle pour les limites des deux États. Les hostilités éclatèrent ; le Vallais demanda le secours de Lucerne, d'Uri, d'Unterwald ; et le duc, celui de Soleure, de Fribourg et de Berne, qui répondirent à son appel. François de Luxembourg, vicomte de Martigues, vint à Evian à la tête de dix mille hommes. Chef sans énergie, il laisse ses troupes dans un repos lâche et pernicieux. Les confédérés obtinrent une trêve, et il s'en retourna sans coup férir, emportant une réputation exécrée. La revanche était manquée. La diète de Baden et les conférences de Bex amenèrent la paix signée à Ivrée le 3 mars 1507, paix suivie de quelques années de repos ; mais l'hérésie de Luther et de Calvin triomphante à Genève et l'invasion bernoise en Chablais, devaient bientôt susciter de nouvelles rivalités entre la Savoie et le Vallais.

---

(2) Boccard, *Histoire du Vallais*, p. 130.

CHAPITRE VIII

ARTICLE PREMIER

1472-1569

SOMMAIRE : *Invasion bernoise en Chablais et hérésie implantée par la violence.* — Situation des esprits. — Charles III ; sa faiblesse. — Louis XII et François Ier. — Le Chablais avant 1536. — Genève et nos ducs. — Les Huguenots, Prise de Genève, Diète de Thonon. — Invasion Bernoise. — Incendies et brigandages. — Le patriote Michel Gillier à Thonon. — Le Haut-Chablais et la victoire du *Deo Vero*. — Le Chablais, bailliage de la République Bernoise. — Le différend de Bellevaux-Vallon. — Chillon et de Blonay. — Le savoyard Bonnivard ; Nægueli, bailli de Thonon. — Le prédicant Christophe Fabry ; liberté religieuse, troubles. — Dispute de Lausanne, les apostats. — L'édit du 24 décembre 1536. — Le peuple et les lois draconiennes de Berne. — Les religieux. — Froment à Thonon. — Le prieuré de Douvaine ; Hermance, les Voirons, l'abbaye de Filly, Ripailles, l'Ermitage de Lonnaz. — Philibert-Emmanuel à Saint-Quentin. — Restitution. — Frontières du Chablais ; le régime intérieur de Thonon, de 1570 à 1585.

Les six règnes qui suivirent celui d'Amédée IX, dont les phases rentrent particulièrement dans l'histoire générale de la Savoie, furent loin de donner à Thonon et au Chablais la prospérité et la paix. De nombreuses régences, beaucoup de troubles signalèrent cette époque. Elle fut caractérisée par Charles III, prince bon, mais faible jusqu'à la pusillanimité. Doux, religieux, ami de l'ordre et de la justice, il eût pu, dans les temps calmes, faire le bonheur de ses peuples et l'honneur du trône (1); son règne fut très orageux, et Charles, mis à des épreuves trop fortes, succomba faute d'énergie. Monté sur le trône à l'âge de 18 ans, il trouva le trésor de l'État épuisé; de fortes pensions accordées à quatre princesses douairières absorbaient les deux tiers des revenus. Cet embarras des finances l'entraîna dans une funeste résolution: celle de regarder la paix comme indispensable, et de la conserver à tout prix. Placé entre deux puissants monarques, François Ier, son neveu, et Charles-Quint, son beau-frère; impuissant à ramener la paix entre les deux fiers rivaux dont les querelles et l'ambition causèrent tant de maux à l'Europe, Charles voulut conserver une stricte neutralité. Ce plan de conduite ne lui réussit pas; ses voisins connurent sa faiblesse et lui dictèrent leurs injustes prétentions. Ses États devinrent ainsi la proie des Français, des Allemands, des Bernois, des Genevois et des Vallaisans. Sincèrement attaché à la France, il rendit en Italie d'importants services à Louis XII et à François Ier, et négocia la délivrance de ce dernier, après la bataille de Pavie. François Ier, tout en promettant de ne jamais oublier ces services, favorisa d'abord la révolte des citoyens de Genève contre leur évêque et le duc de Savoie; puis finit par déclarer la guerre à ce dernier. Le procédé était aussi injuste que perfide. En Savoie, des vivres attendaient les troupes françaises qu'on disait devoir pénétrer en Italie; aucun préparatif de guerre, aucune munition, nulle place forte en état de défense; rien n'était prêt. Montmeillan se rendit à la première sommation, par

---

(1) Sous son règne, malgré les ferments d'indépendance que fomentait la *Renaissance*, la religion catholique demeura honorée et pratiquée dans ses Etats. Les magistrats locaux secondaient les vues du prince. Nous voyons que, en 1532, sous peine de 20 sols d'amende, il était défendu de vagabonder devant les églises pendant les offices. Cette année 1532 fut une année de misère. On défendit à Thonon la confection et la vente des biscuits et rioutes: *item quod nemo debeat facere biscuyma pro vendendo in ipso loco Thononii propter metum caristie bladorum*. On voit ainsi que nos *biscuits et rioutes* possèdent, d'ancienne date, la réputation dont ils jouissent encore (Note de M. le comte Amédée de Foras).

la trahison du napolitain François Clermont, gouverneur de la place (février 1536). Il y eut quelques résistances héroïques en Tarentaise; les Français s'emparèrent du midi de la Savoie et du Piémont.

Au moment où l'armée française allait se mettre en marche, les Bernois, excités par François Ier, déclarent aussi la guerre au malheureux duc, et les Genevois se mettent à ravager les provinces du Genevois et du Chablais. Voici le principe de cette guerre. A Genève, le pouvoir se partageait entre l'évêque, les magistrats et les ducs de Savoie (1). Ces derniers séjournaient volontiers dans cette ville. Maintes fois, dans ses murs, ils battirent monnaie, accordèrent grâce des peines capitales en qualité de Vidomnes (2), convoquèrent les Etats généraux et publièrent des lois. Charles, jaloux de ses droits et de son autorité, d'ailleurs reconnue de tous, essaya d'extirper de cette ville les germes d'indépendance politique et religieuse qui s'y produisaient ouvertement. Les révoltés crièrent à l'empiètement en accusant le prince de prétendre au titre de *maître-absolu* ; ils contractèrent une alliance avec Fribourg (3). Les citoyens Besançon et Malbuisson figurent parmi ses ennemis les plus exaltés ; ceux-ci étant un jour à Thonon sans sauf-conduit, le duc leur fit jurer sur l'autel de Saint-Hippolyte (4) de

(1) Spon., *Hist. de Genève.* — *Hist. de l'Egl. de Gen.*, par le chanoine Fleury, t. II, p. 2.
(2) M. Magnin, *Hist. de l'établ. de la Réf. à Genève.*
(3) *(Ibid.).*
(4) « Estant arrivez à Thonon en la présence du duc, la première parole qu'il leur adressa fut : s'ilz avaient leur sauf-conduit avec eux. Ils répondirent comme ils l'avaient fait au vidômne, de quoy il fut fort marry. Et les bailla en garde au prévôt de son hôtel, lui défendant ne leur souffrir personne parler à eux, sinon en sa présence, ou de leurs gardes, et, les mena le prévôt en son logis pour les examiner des secrets de la ville et en passant avec le prévôt les gentilhommes de cour crient : au lac, au lac, ces traîtres ! et après l'examen, le duc croyant qu'il ne pouvait rehavoir son sauf-conduit.... se contenta de les laisser aller, mais encore pas tant qu'il les fit jurer sur l'autel de saint Hippolyte, patron de Thonon, de ne jamais plus retourner en la bourgeoisie, ni d'icelle jamais soy aider, ni faire contre son autorité, ni faire jamais chose concernant à l'état publique de Genève sans luy demander conseil, et outre le serment, leur fit faire de grandes submissions, puis les laissa aller...» (Mss. de Bonnivard. *M. D. G.*, t. IV, p. 230.)

ne jamais rien entreprendre contre son autorité. Mais ce fut en vain ; Bonnivard soufflant la discorde, bientôt les évènements se précipitèrent. Charles apprit à Thonon la révolte de Genève. Il se mit aussitôt à la tête de quelques troupes, parut sous les murs de la ville et la somma de se rendre. Les Genevois répondirent par des protestations chaleureuses d'obéissance. Le duc y entra solennellement, suivi de trois gros de cavalerie, reçut les syndics, les clefs de la ville et de l'arsenal, brisa les chaînes des rues et logea l'armée principalement chez les partisans de l'indépendance. Les soldats du marquis d'Allinges-Coudrée prirent leur quartier au Molard (1). En même temps, les Fribourgeois s'avançaient jusqu'à Morges, où ils se saisirent d'Aimé de Genève, baron de Lullin, gouverneur du pays de Vaud. Les cantons neutres interposèrent alors leur médiation ; un arrangement survint, Fribourg évacua le pays envahi ; Genève paya 1,500 écus comme frais de cette levée de boucliers. Par arrêt du Conseil épiscopal, les prédicants apostats Guillaume Farel, Antoine Saunier, Antoine Froment prirent le chemin de l'exil. Charles, croyant le danger éloigné, retourna en Piémont. Les huguenots reparaissent aussitôt plus audacieux, et contractent une nouvelle alliance avec Berne et Fribourg (2). Le Vidomne ducal n'est plus reconnu. Alors dix mille Savoyards assiégent la ville de Genève, tentent quelques assauts et saccagent les faubourgs. Les Suisses auxiliaires arrivent, brûlant les châteaux des gentilshommes savoyards demeurés fidèles à

---

(1) *Hist. de l'Egl. de Gen.*, Fleury, Paris, 1880. Quand Genève eut reçu le droit de combourgeoisie de Berne et de Fribourg, Charles III leur envoya le hérault d'armes du Chablais pour les sommer d'ouvrir leurs portes (1518).

« Le hérault du Chablais, dit Lévrier à ce sujet, étant arrivé à Genève, on assembla le conseil ; il y entra revêtu d'un habit de cérémonie, sa cotte d'armes sur le bras gauche, une baguette dans la main droite ; il s'avança sans saluer personne, et sans se découvrir, il refusa de s'asseoir quand on l'en pria et s'assit lorsqu'on ne lui parla plus, il prit une place élevée au-dessus des chefs mêmes qui présidaient l'assemblée, le Genevois n'ayant pas voulu accorder la demande du duc, le hérault du Chablais vêtit sa cotte d'armes en signe de guerre et jeta sa baguette au milieu de la salle d'armes du conseil ».

(2) *Précis de la Réforme*, par James Fazy.

leur prince. Le traité de Payerne (1530, décembre) rétablit un peu de calme. L'alliance avec Berne et Fribourg fut maintenue, les droits de l'Evêque respectés, et le Vidomnat rendu. La paix ne dura pas; soutenu par François Ier, Genève leva encore l'étendard de la révolte, on se battit dans ses murs; il s'y commit plusieurs massacres; une partie du clergé s'enfuit, l'émigration commença. Le duc de Savoie, qui voyait repousser toutes ses demandes, malgré l'évidence de ses droits, convoqua à Thonon, le 15 septembre 1534, les députés de tous les cantons suisses; il y arriva lui-même le 26, accompagné du vicomte de Martigues, gouverneur général du duché, du comte de Chalant, maréchal de Savoie, des comtes de la Chambre, de Gruyères, de l'archevêque de Tarentaise, des évêques de Belley, de Genève et d'une nombreuse noblesse. Les novateurs se montrèrent exigeants et intraitables. En vain, les cantons catholiques s'interposèrent-ils; après un mois de négociations on n'était pas plus avancé qu'au premier jour. Il y avait dans cette audace le souffle hypocrite de François Ier, l'allié des Turcs et des protestants d'Allemagne (1). Aussi Berne, qui convoitait depuis longtemps le riche territoire du pays de Vaud, confinant avec le sien, sous prétexte de défendre ses combourgeois, nous déclare la guerre le 16 janvier 1536, et envahit cette riante contrée (2). Les lueurs de

(1) Costa, *Mém. historiques*, I, p. 323.
(2) Après avoir rappelé les traités de St-Julien et de Payerne, restés sans effet, les magistrats bernois énuméraient les mauvais traitements dont les citoyens de Genève avaient été l'objet de la part des soldats ducaux. « Ils ont été, disaient-ils, sur vos pays, molestés, puis battus, tués, leurs biens pillés, leurs maisons, possessions, granges gâtées, occupées par les brigands de Peney et autres. » A cette cause, concluaient-ils, « puisque droit et tous autres raisonnables offres n'ont point profité, nous quittons par ces présentes toutes alliances vieilles et nouvelles, particulières ou communes, trouvées ou non trouvées, vous envoyons les lettres d'icelles que présentement avons trouvées, par présent notre héraut de guerre, vous défiant par icelles ; et déclarant la guerre contre vous et les vôtres, vous avertissant que avec l'aide de Dieu, envahirons vous, vos gens, pays, et emploierons tous nos efforts, de vous dommager, et hostilement agrédir en corps et biens et par autant notre honneur bien pourvu. — Témoin, notre sceau plaqué à icelles. »
Donné dimanche 16 janvier 1536. »
(Fleury, *Hist. de l'Égl. de Gen.* tome II, p. 9.)

l'incendie éclairent bientôt la rive droite du Léman, les villes sont rançonnées ; Moudon, Payerne, Echallens, Morges tombent sous les coups des vainqueurs.

A Genève, le brigandage s'organise en grand. Les pillards fondent sur nos villages. Au premier moment, notre population exaspérée, se soulève et résiste énergiquement; mais elle est écrasée. De Verey-Næguéli, et les autres chefs réformés, sous prétexte de répandre partout les lumières du nouvel évangile, parcourent les campagnes voisines de l'Arve, ruinant, dévastant les monastères, massacrant les habitants paisibles et sans défense. Sur leur passage, on ne voit que mares de sang, cadavres mutilés et maisons incendiées ; les cris de désespoir des veuves et des orphelins n'arrêtent point ces barbares. Une fuite précipitée et l'abandon de toutes les richesses restaient l'unique moyen de salut. La boucherie fut telle qu'un de leurs chefs s'écria : « Laissez-en du moins quelques-uns pour labourer les terres » (1). Le Genevois Baudichon venge ses récents échecs, en assaillant Jussy, Gaillard, Hermance, Sacconay, Peney, etc. (2). Les députés de Thonon et des Allinges obtiennent une audience le 1er février 1536; le Chablais, abandonné à lui-même, accepte l'occupation étrangère, en stipulant le maintien de la religion catholique, de ses franchises et l'entrée de l'armée d'invasion sans aucun dégât (2 fé-

---

(1) Spon, écrivain protestant, dans son *Hist. de Gen.*, p. 268. — Voyez à ce sujet, *Vingt ans de l'Hist. de Gen.*; *Hist. de l'Etabliss. de la Réf.*, par M. Magnin ; et la récente *Hist. de l'Egl. de Gen.*, par M. Fleury, ; *Actes et gestes merveilleux de la cité de Gen.*, p. 211, 213, etc. *Précis de la Réforme*, t. I, p. 232.

(2) « Le saccagement qui estoit autour de Genève estoit admirable.... de tout coustés, l'on admenait des cloches, des blés, vins en abondance, bétails. L'on voyait brûler les châteaux et les moissons de tout coustés... tant que semblait advis par la fumée, qui n'y eust que *des nuées entre les montagnes et sur le lac*. Or pour mémoyre, je mets certains chasteaux et maisons, qui furent brûlés alors : les chasteaux de Nyon, les chasteaux d'Allemoigne, Grillier, Gex, Peney, Gaillard, la Pérrière, Jussy, Bellerive, Vilette, Cholay, Ville, la maison de Barrolis, de M. de Simon à Viry, la maison de Faulcon, de St-Julien, Saconnay et tant d'aultres au nombre de six ou sept vingts » (*Les Actes et gestes merveilleux de la cité de Gen.*, p. 242).

vrier) (1). Les envahisseurs promettent tout, quoique résolus à ne tenir aucune de leurs promesses. A Thonon, un seul bourgeois, Michel Gillier, comprend leur perfidie et ose résister ; sa maison est rasée et ses biens confisqués (2).

Les troupes de l'invasion inondent notre territoire. La Dranse de Thonon sert de point d'arrêt. Berne s'empare des biens des prieurés de Thonon, de Draillant, de Bellevaux, rançonne toutes les villes, terres et villages, et fait peindre un ours sur les portes des églises, couvents et manoirs abandonnés. Dans le haut Chablais, on organise une résistance héroïque. Frère Jean, moine, sort de l'antique église d'Aulps la bannière de l'abbaye, il rassemble sous cet étendard les hommes vigoureux des paroisses du Biot, de Morzine, de Saint-Jean, etc. et les conduit au combat. La courageuse armée vient se ranger à la Vernaz, dans un passage étroit resserré entre des rochers perpendiculaires et le lit de la Dranse. Le défilé est barricadé par de formidables retranchements au sommet desquels on place en grosses lettres, l'inscription suivante : « *Deo vero*, au vrai Dieu ». Avec ce cri de guerre mille fois répété, et au chant du *Vexilla regis* en l'honneur de la Reine des cieux, nos vaillants montagnards mettent en fuite 920 soldats bernois, sauvant ainsi leur foi et leur indépendance. C'était le pénultième du mois d'août.

« Ces voleurs de Bernois, dit un manuscrit contemporain,

---

(1) Thonon fit sa soumission le 2 février aux conditions susdites. Cette clause était nécessaire, car les Bernois, dit Besson, rançonnaient les villageois et extorquaient par la terreur des sommes considérables qui montèrent à plus de 8,250 couronnes. L'armée ennemie était à Gex quand les gentilshommes du Chablais, tels que les seigneurs de Ballaison, de Mont-fort, de Coudrée *(Chron. du pays de Vaud,* p. 65), vinrent faire leur soumission ; Thonon et la forteresse des Allinges, commandés par N^e Guillaume Perroudet, se soumirent le 2 février (Ruchat).

(2) Grillet, *Dict. hist.* La N^e famille de Guillet-Monthoux peut suivre sa filiation généalogique jusqu'à Jean Majour de Crans, qui vivait *en 1290*. Elle prit plus tard le nom de Guillet. N^e Michel Guillet, chef du parti ducal et épiscopal à Genève, était marié en 1521 et mort avant 1576. Cette famille possédait le château *Guillet-Mouthoux*, dans la rue Chantecoq, jusqu'à la Révolution. Alors il passa à la famille Delacroix. Déjà en 1567 les N^{es} Guillet vendaient une maison à la rue *Champs-cours*. On croit que ce N^e Michel *Guillet* est le Michel Gillier de Grillet ((Arch. Thuiset).

pleins d'une rage sacrilège, profanèrent horriblement les églises de Thonon et des lieux circonvoisins. Ils abattirent sur le pont de la Dranse l'image de Monsieur Saint Guérin que les bons religieux y avaient placée pour garde de la vallée. Dans de pernicieux desseins, ils voulurent entrer dans ladite vallée. Oncques ne vit-on plus grande frayeur dans les communes. Les habitants du Biot et de Saint-Jean vinrent au couvent de Monsieur Saint Guérin, se lamentant sur la ruine de leurs maisons que les hérétiques devaient brûler et détruire. Alors un vénérable religieux, Frère Jean, par l'inspiration du Saint-Esprit et de madame la Vierge Marie, s'en va prendre à l'église l'image de la dite Vierge bénie et de Monsieur Saint Guérin, c'était la bannière de l'abbaye, et sortant du couvent, il appela sous cette image et rassembla tous les hommes de la vallée, à savoir ceux du Biot, de Morzine, de Saint-Jean et des environs. Tous armés de fourches, de bâtons et de pierres, ils allèrent à l'encontre des hérétiques, jusqu'à mi-chemin entre le Biot et le pont de la rivière près de la Vernaz. Il y a un défilé à cet endroit. Les hérétiques voyant cette troupe armée de bâtons, criant moult admirablement « Deo Vero, Deo Vero, » furent merveilleusement ébahis. Les nôtres en chantant les litanies de la Vierge et le *Vexilla regis* tombèrent sur l'ennemi et le poursuivirent jusqu'à la Vernaz. Or fallut-il faire pause pour admirer la bonté de Dieu, qui nous a gardés en si grand danger contre ces méchants, qui étaient bien six vingts à cheval et huit cents marchant à pied, tandis que les nôtres étaient au nombre de trois cents. M. l'Abbé de Saint-Guérin fit chanter le *Te Deum laudamus* et pendant ce jour ce fut dans la vallée grande liesse, à cause de l'admirable et sainte protection de la bonne Vierge Marie » (1).

Les communes au-delà de la Dranse, et celles de la vallée d'Aulps, envoyèrent chacune un député à Saint-Maurice, pour traiter de l'annexion temporaire de leur pays au Vallais. La conférence eut lieu publiquement dans le verger

---

(1) Grobel : *N.-D. de Savoie*. Je possède une copie de ce mss., auquel j'emprunte ce texte ; j'en ignore l'auteur.

de l'abbaye. Les paroisses et localités représentées sont : Monthey, Trois-Torrents, Val d'Illier, Collombey, Muraz, Illarsaz, Leffion, Larringes, Champanges, Féternes, Magniaz, Publier, Evian, Amphion, Neuvecelle, Abondance, Vacheresse, La Chapelle, Chatillon, la vallée d'Aulps, Morzine, Saint-Jean-d'Aulps, Le Biot, Meyennetaz, La Forclaz, La Vernaz, Habère, Saint-Paul, Bernex, Chevênoz, la Plagne et Neydaz proche Chevênoz. Respect de l'antique foi, des franchises et coutumes, et, au cas où le duc rentrerait en possession du trône de ses ancêtres, rétrocession du pays occupé, moyennant les frais d'occupation ; telles furent les bases de ce traité, signé le 25 février, indiction neuvième de l'année de l'incarnation de Notre Seigneur 1536 (1).

Le pays annexé fut partagé en deux gouvernements : Monthey et Evian ; on démembra plus tard de ce dernier les montagnards qui constituèrent le gouvernement des Alpes ou Aulps. Les localités précitées conservèrent leurs juges particuliers, qui rendaient la justice en première instance, sous la dénomination de Chastelains (2).

Par édit de son sénat (du 31 mai 1536), Berne fit du bas Chablais un baillage de sa République (3), il en fixa le siège et les tribunaux à Thonon, organisa une chambre baillivale composée de douze assesseurs choisis parmi les notables du pays pour juger toutes les affaires contentieuses et administratives (4). Jusqu'à ce moment la ville de Saint-Maurice avait été la capitale du Chablais. Charlotte d'Orléans, mère tutrice du duc de Nemours, disputa à Berne, pendant sept ans (1536-1543), la possession de Bellevaux

---

(1) Vóy. *Pièces justificat.*, n° 34.

(2) L'année 1536 dépouilla François de Luxembourg, vic[te] de Martigues, des seigneuries d'Evian, de Féternes, de Monteil, de Vevey, de Blonay, de la Tour du Peil, qu'il avait reçues comme dot de son épouse, Louise de Savoie (Guichenon). Les religieux et religieuses se réfugiaient au pays de Gavot. En 1528, les religieuses de Ste-Claire d'Orbe arrivaient à Evian ; une colonie de Cordeliers les y suivit quelques années plus tard (1538).

(3) Le Chablais comprenait alors, outre son étendue actuelle, la vallée de St-Maurice jusqu'à Martigny, les châtellenies de Nyon, Vevey, la Tour du Peil, et Villeneuve (Grillet).

(4) Ruchat, *Hist. de la Réf.*, t. v ; Grillet, *Dict. hist.*, t. II, p. 18.

et Vallon comme propriété dépendante de la baronnie de Faucigny.

Le différend fut porté et débattu devant le Conseil du roi de France siégeant en Savoie. Le résultat demeura favorable aux Bernois (1), car un arrêt intervenu adjugea le territoire de Bellevaux et Vallon tout entier au Chablais, quoique plus de la moitié de celui de la Chartreuse situé en amont du Brévont, tirant au midi, fût réellement dépendant de la Seigneurie du Faucigny (2). La force primait le droit. Heureusement, à la faveur du litige, les religieux de Vallon avaient eu le temps de se réfugier à la Chartreuse de Pommiers, au baillage de Ternier (seul monastère qui eût échappé à la ruine) et d'y mettre en sûreté tout ce qu'ils avaient de précieux : titres, chartes et meubles.

Notre pays était sans argent, sans troupes et sans moyens de défense; nos récentes luttes l'avaient épuisé. De puissants et injustes agresseurs s'étaient précipités sur nos provinces comme un vautour sur sa proie. Cependant, au milieu des phases cruelles de la patrie mourante, un homme, vrai chevalier du moyen-âge, jeta un reflet de gloire sur nos rivages envahis. A l'extrémité orientale du lac, sur un roc battu de tous côtés par les flots, s'élève une redoutable forteresse flanquée de tourelles menaçantes ; c'est le château de Chillon. Le drapeau de Savoie flotte encore sur son massif donjon. Le 28 mars 1536, les troupes combinées de Berne et de Genève se sont concertées ; les mousquets, les coulevrines vomissent la mitraille qui ébranle ses vieux remparts. La défense est énergique ; mais que peut une poignée de braves contre une multitude d'assaillants ? Toute résistance était inutile; la nuit venue, la place se rend, et Antoine de Beaufort, capitaine de la grande-galère, cédant, paraît-il, à un mouvement de terreur, prend aussitôt le large avec une partie de ses troupes,

---

(1) *(Ibid.). Inventaire de Vallon* (Mss).

(2) Voyez la donation de 1138. *Notice sur Vallon*, par Menabrea. *Mém. de l'Acad. de Sav.* Nous conseillons à ceux qui voudraient faire un travail spécial sur ce sujet, d'aller aux archives de Berne, où existent les différentes pièces de ce procès. (Savoye, n°ˢ 2 et 3).

aborde sur la rive savoyarde à la Tour-Ronde, brûle son embarcation et se retire dans les montagnes. Voilà l'histoire écrite. Ecoutons maintenant la tradition.

Un homme n'a pas voulu se rendre : c'est un de Blonay. Pendant que tout fuit et tremble, il est là, debout, sombre, résolu ; la mort, il l'acceptera ; abandonner son poste, son prince et sa foi, jamais! Les vaisseaux ennemis enveloppent l'antique forteresse, l'assaut est donné et un combat s'engage. Son épée décrit des cercles infranchissables, les cadavres s'amoncellent, le sang coule tout autour de lui. Soudain il disparaît de la mêlée ; il ne lui reste plus qu'une issue, ce sont les flots du lac, il s'y précipite avec son coursier. Dans la forteresse on entend un bruit sourd, des froissements d'armes, des coups de feu, des cris d'étonnement et de joie féroce; Bonivard, tiré de sa prison, est proclamé *martyr de la liberté* ; sans ce coup de la fortune, on l'aurait toujours appelé de son vrai nom de vulgaire conspirateur (1). Au loin, sur le lac un point noir glisse rapidement

(1) Tout historien digne de ce nom, appuyé sur des documents indéniables, ne verra jamais dans Bonivard qu'une avarice et une cupidité sans frein, jointes à un manque complet de patriotisme. Les Genevois et les Suisses, tels étaient alors nos ennemis, et il va, *lui Savoyard*, se réfugier chez eux pour conserver les revenus de son prieuré ; voilà le patriote ! Dès lors, que fait-il ?... On ne lui trouve ni énergie ni volonté, une seule chose prime tous ses actes ; ses demandes continuelles d'argent au conseil de Genève. Ses tergiversations, d'abord entre la Savoie et Genève, puis entre Genève et Berne, selon que l'exigeaient ses intérêts du moment, l'ont fait souverainement mépriser de chaque parti comme un vaniteux et versatile mendiant (Chapponières, p. 274). François Bonivard, prieur de St-Victor (*Mém. de la Soc. d'Hist. et d'Arch. de Gen.*, t. IV ; Galiffe, *Not. gén.*, t. III ; Not. sur Bonivard, *Mém. de l'Acad. de Sav.*, 2ᵉ série, t. III). Nous conseillons à ceux qui voudraient s'éclairer, de lire ces notices sorties de toutes les opinions, et l'on se convaincra que Bonivard fut le plus grand des traîtres que la Savoie ait jamais produit : traître à sa patrie, traître à son prince, traître à l'histoire qu'il travestit, traître à sa religion qu'il rejeta, à son caractère ecclésiastique qu'il viola, traître enfin à sa femme qu'il abandonna aux tortures. Au nom de la bonne foi, au nom de la vérité historique, comment trouver un grand homme dans ce perfide sans nom ? Sa célébrité usurpée est due aux beaux vers de lord Biron, qui chanta les souffrances du prisonnier sans savoir un seul mot de son histoire, etc. Sic vates ! (Voy. *Armorial de Savoie*, par M. A. de Foras). Que la Révolution et l'apostasie en aient fait un héros, on le conçoit sans peine.

vers la berge : c'est de Blonay à qui sa monture a servi de barque de sauvetage. Le chevalier chablaisien, transporté d'un élan sublime de reconnaissance, porte à ses lèvres une poignée de sable arrachée au galet de Tour-Ronde et fait vœu à son saint patron de lui dédier là même, un autel, en témoignage de sa merveilleuse délivrance. Une chapelle sous le vocable de saint André, érigée en ce lieu, a consacré la mémoire du héros chrétien (1).

Jean Rodolphe Nægueli, général en chef de l'armée bernoise, devint le premier bailli de Thonon ; Simon Ferber le fut de Ternier-Gaillard, et Rodolphe Erbach, du pays de Gex. Ils étaient chargés « de rendre la justice de telle sorte qu'ils en pussent rendre compte au vrai Dieu, au dernier jour » (2). Les droits lésés devaient donc attendre longtemps satisfaction. Au-dessous de ces magistrats siégeaient les châtelains avec leurs attributions séculaires.

Aucun changement n'eut lieu touchant la juridiction des seigneurs haut-justiciers. Pendant les premières semaines les habitants jouirent d'une entière liberté au sujet de leur religion. Thonon possédait deux églises principales, la paroissiale actuelle, dédiée à saint Hippolyte, desservie par un prieur et trois moines bénédictins de l'ordre de Cluny, et celle des frères ermites de Saint-Augustin (soit l'ancien collège), accordée dans la suite aux Barnabites (3). Hors de la ville existaient encore deux chapelles, l'une à Concise, sous le vocable de saint Jean-Baptiste, l'autre à Tully, consacrée à saint Etienne, martyr (4). Les envahisseurs,

---

(1) Nous n'avons pas la prétention d'établir l'authenticité de chacun des incidents accompagnant ce fait traditionnel, que l'habitant du pays de Gavot ne révoqua jamais en doute ; mais le fait lui-même ne peut pas être rejeté sans que l'on ne rejette du même coup tous les faits de la tradition, tels que l'histoire de Guillaume Tell et de sa pomme *légendaire*, etc. Le peuple amplifie, embellit, mais n'invente pas. Le cheval écumant, ajoute l'imagination populaire, en touchant la rive, perdit un de ses fers dans les profondeurs du gravier, et le lendemain, on vit sourdre une source ferrugineuse à laquelle le peuple attribue des propriétés merveilleuses. Telle est l'origine de la découverte de l'eau ferrugineuse de la Tour Ronde (Voy. *Notes et Pièc. justificat.*, n° 23).

(2) Spon, *Hist. de Gen.*

(3) Archives de l'évêché de Genève, *Visites pastorales* citées plus haut.

(4) *(Ibid.)*.

avons-nous dit, promirent tout, quoique décidés à ne rien tenir. Ils appelèrent en effet à Thonon, pendant le carême de 1536, Farel, de Gap en Dauphiné, l'apôtre de la prétendue Réforme dans les villes d'Aigle et de Genève, et Christophe Fabry, surnommé Lambertet, en vue de les faire dogmatiser contre l'*antechrist de Rome* (1) et d'établir l'hérésie inaugurée par Luther moine apostat. Girard Pariat et Claude Clementini, tous deux religieux augustins, secrètement attachés aux principes des novateurs, les auraient demandés en leur donnant des espérances de succès. C'est au moins la version de quelques auteurs protestants (2). Personne ne voulut les entendre. Ces ministres de Berne ne recueillirent qu'un profond mépris. Le prieur du monastère des Augustins (3), pour montrer tout le ridicule que méritaient la personne de Farel, sa figure hâve, son attitude raide, son teint blême, donna au public une pièce comique qu'il fit jouer par ses chanoines (4). En témoignage de sa foi, Thonon applaudit ouvertement. Farel et son compagnon s'enfuirent à Genève; Berne attendait un prétexte; la garnison hérétique proféra des menaces terribles et parcourut les rues dans les accès d'une fureur délirante, provoquant les papistes au combat. Le vénérable Prieur crut tout arrêter en allant supplier les ministres de revenir dans notre ville, persuadé d'ailleurs de l'inutilité de leurs travaux et de leurs efforts. Farel reparaît un moment, mais à la vue de l'attitude ferme et courageuse des catholiques, il a peur et se retire de nouveau. Fabry de-

---

(1) Ruchat, id. Grillet, t, II, p. 19. Au commencement « ils ne innovèrent rien en la religion, ni aulx églises, *fors qu'ils vouloient que, en chascune paroisse, fust prêché l'Evangile;* mais les paysans recevoient fort mal les prédicants du nouvel Evangile, et quels maistres que messieurs de Berne fussent du pais, ils ne pouvoient garder les païsants decrier et oultrager les prédicantz de parolles ouvertement, *et si l'on les pouvoit treuver à l'escart... de verbis ad verbera* » on passait des paroles aux coups. *(Chronique des ligues,* de Stumpf, addition de Bonivard).

(2) Ruchat, *Hist. de la Réforme,* t. v, p. 641.

(3) Qu'il ne faut pas confondre avec celui du prieuré de St-Hippolyte. Ce dernier était Rd Louis Duplâtre (Besson, p. 104).

(4) Grillet, *Dict. hist.,* 11, 19. — Ruchat, passim.

meure seul pour dogmatiser sous la protection des armes bernoises (1).

Sa hardiesse faillit lui coûter cher.

Le 6 mai, il venait de commencer son prêche sur l'invitation du bailli, lorsqu'un bourgeois l'interrompit, et, au nom des serments de Genève, de la vérité, de la justice et de la liberté, lui ordonne de descendre de chaire.

Le bourgeois est arrêté et chargé de chaînes (2). Le premier il a l'honneur de souffrir pour la religion. Aussitôt, la population se soulève. On s'arme de faux, de gourdins, et au cri de *Savoie au noble duc*, le bailli se voit poursuivi jusque dans l'enceinte du château et la garnison refoulée de toutes parts (3).

Le Sénat de Berne, informé de ce tumulte, délègue sur-le-champ six commissaires. Le 6 juin, ceux-ci abattent tous les objets du culte catholique, en défendent l'exercice public et confirment Fabry dans sa fonction de premier ministre qu'il exerça pendant dix ans, « prêchant, dit Ruchat, au milieu de beaucoup de traverses de la part d'un peuple de col raide » (4).

Cette persécution religieuse suscitait journellement des troubles, des rixes et des insurrections. Les Bernois, dans l'espérance de mieux réussir, indiquèrent à Lausanne une dispute sur les matières controversées. Tous les ecclésiastiques, et spécialement ceux du Chablais, y étaient convoqués (5) pour le mois d'octobre.

---

(1) Un jour ce dernier se plaignait à Farel que la mission ne réussissait pas ; il en reçut, pour toute réponse, une lettre d'encouragement avec l'injonction suivante : « Prenez l'augustin Girard Pariat, et prêchez tour à tour. » (Ruchat, *ibid*, V. 642).

(2) Ruchat, *ibid*.

(3) Ruchat, *ibid*. Grillet, *Dict. histor.*, t. II, p. 19, ch. 3, p. 413.

(4) Ruchat, t. 5, p. 530.

(5) La pièce relatant cette séance existe aux archives de Lausanne. Voir aussi Grillet, *ibid*, p. 20. Selon ce dernier auteur, à la vue de l'exaspération des paysans, les Bernois rendirent les bannières, vases sacrés et ornements des églises aux communes qui les conservèrent religieusement. Grillet généralise probablement ici un fait particulier à quelques paroisses.

Le chapitre de la cathédrale de Lausanne refusa de se rendre à cet appel ; il représenta aux seigneurs de Berne « qu'une Église particulière n'ayant aucun droit pour « juger les doutes et les difficultés qui pouvaient s'élever « sur les matières de foi, ce jugement n'appartenait qu'à « l'Eglise universelle à qui seule Jésus-Christ avait promis « son assistance jusqu'à la consommation des siècles ; que « pour cette cause, il priait Leurs Excellences de ne « point imputer au chapitre de Lausanne, que ce fût par « imprudence, par pusillanimité ou ignorance, s'il refusait « de disputer hors du conseil général sur les très saints « Mystères de la foi catholique, parce que l'état de la « religion serait en dangereuse confusion, s'il était permis « à chacun de régler sa foi sur son esprit particulier ; que « pour ces causes il remettait la discussion des articles « proposés dans la dispute au prochain concile général « déjà convoqué, publié et ordonné » (1). Le clergé séculier et régulier du Bas-Chablais sommé de comparaître devant les commissaires et les ministres de Berne, s'y refusa courageusement.

A la seconde session publique, deux Augustins adhérèrent à la Réforme : Girard Pariat et Claude Clementini. Ils furent seuls. Le corps ecclésiastique en entier, suivant la déclaration du chapitre de Lausanne, protesta énergiquement contre toute controverse hors du concile général et contre toute décision n'émanant pas de l'Eglise universelle (2). Peine inutile, vains efforts ! la dispute se termina, comme elle avait commencé, au gré des réformés. Le but atteint, Berne ordonna d'abattre les signes du culte catholique et publia comme loi d'État l'édit du 24 décembre 1536, ainsi conçu :

1° On administrera, dans le Chablais et pays de nouvelle conquête, les seuls sacrements de Baptême et de la Cène.

2° Les ecclésiastiques romains qui embrasseront la Réforme, conserveront à vie la jouissance de leurs bénéfices.

3° Les capitaux et biens-fonds légués aux églises comme

---

(1) Ruchat, t. vi, liv. xv et archives de Lausanne.
(2) Ruchat, t. v, liv. xiv, t. 6, liv. xv, etc.

fondations, seront restitués aux familles originairement donatrices (1).

4° Les ecclésiastiques, religieux et religieuses sont autorisés à se marier.

5° On ne célèbrera d'autres fêtes que les dimanches, Noël, la Circoncision, l'Annonciation soit l'Incarnation, l'Ascension du Seigneur; il est, en outre, très expressément défendu de ne faire aucune cérémonie du culte romain, et spécialement de ne jamais sonner les cloches pour les morts, ni pour les orages et mauvais temps, sous peine de dix florins d'amende pour les hommes et cinq pour les femmes.

Les ecclésiastiques quittèrent alors la ville au milieu des larmes de nos pères (2). Thonon devint le chef-lieu de la 7me classe des églises réformées. Le synode de Lausanne (31 mai 1537) lui soumit les six pasteurs établis dans le Chablais et le baillage de Ternier et de Gaillard. L'année suivante les commissaires hérétiques établirent Froment professeur de théologie dans nos murs, et cédèrent aux bourgeois de notre cité les revenus du prieuré de Saint-Hippolyte. En revanche, la ville devait entretenir l'hôpital, les édifices publics, un ministre, un diacre et les anciennes écoles (1537) (3).

(1) Comment exécuter une pareille décision, comment remonter jusqu'aux premières donations faites à tel ou tel monastère ? C'était le vol déguisé sous le voile de l'hypocrisie ; les Bernois laissèrent leurs lois à l'état de lettre morte. Ils s'attribuèrent les fondations et les propriétés, et tout fut fini.

(2) Les Bernois, au dire de l'auteur déjà cité, ne bannirent pas de suite les prêtres, et, pendant trois ans, ils n'exercèrent aucune vexation contre les ecclésiastiques et religieux demeurant dans le pays sans troubler le nouveau culte. L'abbaye du Lieu renfermait encore des religieuses, selon Ruchat, au mois de janvier 1538. Mais à cette époque, Berne ordonna de bannir tout prêtre pratiquant, même secrètement, quelque cérémonie catholique, et d'incarcérer, puis de bannir les gentilshommes qui refusaient d'aller au prêche. D'ailleurs, le bailli chargé de l'exécution du décret susdit s'était empressé de parcourir les campagnes sous bonne escorte, et d'obliger les paysans à détruire ou faire détruire à leurs frais les chapelles, autels, statues, croix et autres insignes du culte. Berne s'arrogea le droit de disposer à son bon plaisir des biens des églises, des couvents et des nobles opposés à la Réforme. Ainsi le voulait la nouvelle religion.

(3) Arch. de la Ste-Maison.

Le Sénat bernois ratifia cette transaction le 7 août suivant. Toutes les églises du Chablais et des bailliages, à l'exception de dix-huit, furent vendues ou démolies. Les paroisses conservèrent religieusement les vases sacrés et les ornements qu'elles purent sauver, jusqu'à l'arrivée de saint François de Sales, en 1594.

Pour détruire plus sûrement l'Église catholique en Chablais, les Bernois la dépouillèrent de toutes ses ressources matérielles. Ses biens qui ne furent pas détruits et anéantis passèrent en grande partie entre les mains du gouvernement, ou reçurent une affectation particulière au gré de celui-ci, sous le prétexte mensonger de les ramener à leur destination primitive. Il suffit de constater un acte aussi odieux pour lui infliger toute la honte qu'il mérite. Monsieur Gaberel, ancien pasteur de Genève, se montre moins délicat : « Le catholicisme, dit-il, fut fortement ébranlé par cette mesure juste et chrétienne (1). » Une pareille appréciation, sous la plume d'un pasteur, qui a dû enseigner l'Evangile, a lieu d'étonner. La mesure dont il s'agit ne fut ni juste ni chrétienne. Elle ne fut point juste, puisqu'elle dépouilla un légitime possesseur, au détriment de la loi divine et naturelle proclamée par le septième précepte du Décalogue : « Vous ne ravirez point le bien d'autrui ; vous ne commettrez pas de rapines. » Cette mesure n'était point chrétienne : la loi chrétienne ordonne de rendre à Dieu ce qui est à Dieu, et à César ce qui appartient à César. Jésus-Christ et les Apôtres n'ont jamais annoncé ni pratiqué une autre doctrine. Il est vrai que Luther et Calvin ont trouvé une religion qui fait Dieu auteur du péché, et déclare innocents les hommes coupables des plus grands crimes, parce qu'ils font le mal nécessairement, et sans liberté. Il faut remonter à une religion, ainsi *réformée*, pour trouver « juste et chrétienne » la spoliation opérée par les Bernois en Chablais.

Le peuple, néanmoins, demeurait attaché à la vieille foi.

---

(1) *Hist. de l'Egl. de Gen.*, tom. II, p. 551 ; 1858, par J. Gaberel, ancien pasteur.

Au lieu d'assister au prêche, les dimanches et jours de fêtes, les catholiques demeuraient chez eux, ou allaient entendre la messe dans les paroisses voisines du Faucigny, du Genevois ou au-delà de la Dranse. C'est dans ces communes échappées à la Réforme, qu'ils allaient implorer la bénédiction de leurs mariages, le baptême de leurs nouveaux-nés, l'instruction et la première communion pour leurs enfants.

Il y eut, soit en Chablais, soit dans le pays de Vaud, une courageuse résistance à l'invasion des maximes de la Réforme; tous ne plièrent pas le genou devant l'Ours de Berne, et la foi catholique fut affirmée par le sang de quelques martyrs, en particulier par le supplice que subit à Vevey un prêtre catholique du nom de François Fau (1).

Irrités de cette noble conduite, Berne fit alors publier à son de trombe et afficha dans toutes les communes les lois draconiennes suivantes :

Il est défendu d'aller à la messe ou à toute autre cérémonie papistique, sous peine chaque fois de 10 florins d'amende pour un homme, et de cinq pour une femme.

Personne ne sera si téméraire que de porter ou faire porter ses enfants au baptême ailleurs que dans sa paroisse, auprès du ministre du lieu qui administrera ce sacrement selon le rite réformé. En cas d'infraction, le coupable payera 10 florins d'amende outre la peine portée par les statuts des redoutés seigneurs.

Chacun sera tenu d'aller au prêche dans sa paroisse, sous peine de 5 sols d'amende.

Chacun est obligé d'envoyer, à l'heure déterminée, au catéchisme et à l'instruction, ses enfants, serviteurs et servantes, sous la même peine de 5 sols.

Il est défendu d'envoyer ses enfants aux écoles papistiques, ou hors du pays de nos redoutés seigneurs, sous peine de 10 florins chaque fois.

Et défense absolue à tout hôte et hôtesse de servir à boire ou à manger pendant le prêche; défense à toute

---

(1) Voyez, *Pièc. justificat.*, n° 27, le détail de ce martyre.

personne de se trouver dans les rues pendant le prêche ; et défense de donner à boire après neuf heures en été, et après huit heures en hiver (1).

Les catholiques subirent ce joug de fer. Un grand nombre émigra vers les vallées échappées à la réforme ; d'autres se soumirent en apparence, pour éviter la ruine ; d'autres enfin, le petit nombre, se rallièrent aux novateurs. La génération nouvelle, élevée dans ces nouveaux principes, devait implanter plus sûrement le protestantisme sur notre malheureux sol.

La réforme, qui consacre comme loi suprême le caprice de chacun, n'enfantait pas seulement la division parmi nos pères, mais aussi semait la discorde parmi ses ministres et ses promoteurs les plus ardents. Calvin chassa de Genève Bolsec, qui vint se réfugier dans nos murs; Berne bannit de nos paroisses des ministres récalcitrants. C'était la discorde partout (2). L'année néfaste de 1536 accumula d'immenses ruines. Annemasse, totalement détruit, demeura cependant fidèle à la foi de ses pères. La célèbre abbaye des dames de Citeaux à Bellerive, sur la côte orientale du lac, disparut dans les flammes. Le Prieuré Bénédictin de Douvaine, qui dépendait de l'abbaye d'Ainay près de Lyon, subit à son tour le levier démolisseur. Hermance eut beaucoup à souffrir (3) ; l'abbaye de Filly (4) subit le sort des

---

(1) « Criées générales.... au mandement de Ballaison. » Mss. de ma bibliothèque dont j'ai permis l'impression dans les *Châteaux des Allinges*, de M. l'abbé Gonthier, p. 57 et 123, 124, 125, 126.

(2) Voy. *Not. et pièc. justificat.*, n° 6.

(3) Cette petite ville fut bâtie vers l'an 1025, par Hermangarde, femme de Rodolphe III. Devenue une des possessions du baron de Faucigny, elle reçut des franchises étendues, avec ses murs, ses fossés et son château-fort dont il reste aujourd'hui la tour principale.

(4) Cette maison fut fondée, selon Besson, par les rois de Bourgogne et d'Arles (xe siècle) qui la confièrent à des chanoines réguliers de Saint-Augustin, venus de Saint-Maurice en Vallais. Au xe siècle, les chanoines de Filly entrèrent dans la congrégation de Notre-Dame d'Abondance, fondée par le bienheureux Ponce de Faucigny. Il est resté un débris de cet arbre antique, la chapelle de Notre-Dame de Chavannex, dans la commune de Sciez, bâtie on ne sait à quelle époque reculée, par les chanoines; les hérétiques la profanèrent, mais ne la détruisirent pas.

Un des abbés de Filly, Claude-Louis Alardet, doyen de Savoie, devint

autres monuments créés par la foi et la générosité de nos ancêtres.

Les Bernois chassèrent aussi du monastère de Ripailles les chanoines réguliers de l'ordre de Saint-Augustin établis par Amédée VIII, cent ans auparavant. Le tombeau du prince fut brisé et violé en 1536, dans l'espérance d'y trouver des trésors.

L'ermitage de Sonnaz, situé dans la forêt de chênes dominant Thonon, fut complètement démoli (1).

A ce récit déjà long des profanations commises par les fanatiques Bernois, nous voulons ajouter la série des évènements qui eurent lieu sur la montagne des Voirons. Nous l'empruntons à Charles-Auguste de Sales (2) dans sa vie de son oncle saint François de Sales. « Le sainct Hermitage du mont de Voiron n'en fust pas exempt : les Bernois y vinrent armés comme si c'eust esté pour assaillir quelque Forteresse, mal traicterent et chasserent les Hermites, emporterent par un horrible sacrilege les vases sacrés, habits, meubles, papiers de fondations, donnations, ventes, privileges, indulgences et autres droicts, mirent le feu aux bastiments, ruinerent et demolirent entie-

---

précepteur du jeune prince Emmanuel-Philibert, puis évêque de Lausanne. Il joignait à de vastes connaissances un dévouement sans bornes à la Maison de Savoie. Son aptitude à l'enseignement le désigna pour diriger l'éducation de ce futur restaurateur de la monarchie. Peut-être le caractère énergique du maître eut-il de l'influence sur l'élève, plus tard guerrier si fortement trempé que ses contemporains et la postérité l'ont surnommé *Tête de fer*.

Il resta continuellement en relation avec son royal élève entré au service de Charles-Quint. Sa demeure était le point de ralliement pour tous les mécontents de la domination française. Aussi comparut-il devant la cour comme prévenu du crime de lèse-majesté et de conspiration contre le roi et l'Etat. Déclaré convaincu de tous ces prétendus crimes en 1552, condamné au bannissement, à la confiscation de tous ses biens, etc..., il ne perdit jamais l'estime et l'amour de nos pères ; tous rendaient hommage à la sincérité de ses convictions et à la noblesse de son caractère. Il mourut en 1565, vingt-huit ans après la ruine de son abbaye.

(1) C'était là, selon la tradition, que saint François surpris par les ténèbres dans ses retours aux Allinges, se retirait quelquefois pour passer la nuit dans les larmes et la prière.

(2) *La vie du bienheureux François de Sales*, liv. IX, p. 535, édition de 1834.

rement, jusques à faire rouler les pierres par la montagne ; quoy que Dieu ne laissa pas ces méchancetés impunies : car dans fort peu de temps après, ceux qui avaient cooperé à la démolition de ce sainct Hermitage, perirent tous miserablement. Toutesfois, la Statuë de nostre Dame, fut miraculeusement conservée. Jean Burgnard chablaisien de la paroisse et village de Brens, ayant non seulement embrassé l'heresie des Bernois, mais de plus s'estant joinct a eux pour les conduire à l'Hermitage, se jeta de prim'abord sur l'autel pour enlever la Statuë, comme il fit, et l'ayant attachée la trainoit derrière soy en descendant, avec toutes sortes d'ignominies, et disoit par mocquerie : vien apres moy, petite more, si tu as tant de pouvoir comme l'on dit, monstre-le maintenant : pourquoy te laisse tu ainsi traîner ? que ne te défends tu ? Et voilà pendant qu'il vomit de tels outrages et blasphèmes, que tout aussi tost la statuë s'arreste et demeure immobile, quoy que ce fust en un lieu ou la terre estoit egale, au milieu d'un pré. Ce misérable voyant qu'il ne la pouvoist plus tirer, tourna la teste en derriere, pour voir ce qui empeschoit ; mais par un double miracle, la teste luy demeura de la sorte contournée, et fust à mesme instant perclus et estropié d'un bras et d'une espaule, sans que jamais il peust se retourner droict : de sorte qu'il fust contrainct de laisser la statuë en ce mesme lieu, et descendit avec peine, portant sur soy, tout le reste de sa vie, la punition de son impieté, et l'evident tesmoignage du souverain pouvoir de la Reyne du ciel, et n'ayant pas voulu abjurer son erreur, mourut comme desesperé à la veuë de plusieurs personnes, entr'autres de Michel Nouvel, et Claude Hippolyte Cortager, paroissiens de Bons qui en ont déposé avec serment, et qui vivoyent en l'aage decrepite l'an mil-six-cens-vingt et neuf.

« Le Serenissime duc Charles Emmanuel estant à Thonon lorsque le Bienheureux François convertissoit le Chablais, en voulut apprendre la vérité, et commanda au Secrétaire de la ville de l'enregistrer, pour être un miracle digne de passer à la postérité. »

Nous sommes heureux de posséder une copie fidèle de

l'acte primitif relatant ce fait. Il est de 1572 et nous le reproduisons en entier :

Extrait des Archives du baron d'Avully Antoine de Saint-Michel.

Au nom de Dieu. A tous soyt notoire et manifeste que l'an de grâce courant mil cinq cent septante deux le vingt huitième jour du moys d'avril à vigueur et vertu de l'instance et postulation du sérenissime prince de Savoye par devant nous Jehan Guillet docteur es-droict juge de Langin et greyfier dans la cour de Langin se sont comparu Michel Novelli et Claude Hipolyte Cortagier de Bons. Jurés sur les saincts évangiles de Dieu ils confessent qu'ils sont souvenant et se recordent bien que au moys d'aoust mil cinq cent trente-six ils ont vu Jehan Burgnard de Brens menant une troupe de Bernoys détruisant de fonds en combles les lieux saincts du Voyron, que celui Burgnard print diableusement la Notre Dame de plane se l'attacha et se la traina en l'encontre du bas de la montagne en présence d'une troupe d'enfanssons et de grands. Cetui Burgnard huchant par moquerie disoit o noyre si tu as tant de puissance que ce dict pourquoy te laisse tu trayner, monstre ton pouvoir. — Alors Nostre Dame s'arraita soudainement. — Cetui voulant voyr la cause de s'arrester tourna la teste qui resta tourne sa vie durant, son bras et son espaule trainant nont eu ne pouvoyr ne puissance jusqu'à sa mort.

Faict en la cour de Langin en presence de Pierre Fossas de Balayson, Jehan Cortagier de Bons, Egrege Andre Quizard dyvoire et M° Charle Savoye secretaire du seigneur de Gruffy servant en ce jour nostre cour de Langin témoins a ce requis et appelles.

Signes : GUILLET et SAVOYE (1).

(1) Cet extrait se trouve dans les *Documents* recueillis par Mgr Magnin, évêque défunt d'Annecy. Nous croyons savoir qu'il le devait à l'obligeance de M. Pinget, docteur-médecin aux Villards-sur-Boëge.

Monsieur Jacquier, de son vivant curé-archiprêtre de Boëge, originaire du village de la paroisse de Brens, où a vécu la famille de Jean Burgnard, atteste qu'il a vu quelques-uns des descendants de cet homme et que tous avaient le cou tordu ainsi que la tête tournée sur les épaules, et que la tradition constante du pays est que tous leurs ancêtres ont participé au châtiment du coupable jusqu'au dernier de leur race, mort avec la tête tournée et sans postérité mâle en 1852 (1).

Cependant Emmanuel-Philibert, fils de Charles III, venait de vaincre les troupes de Henri II, à la célèbre bataille de Saint-Quentin (10 août 1557). Notre noblesse se couvrit de gloire et vengea notre patrie de ses humiliations précédentes. Etienne de Compois, nommé gouverneur du château de Thonon en 1567, y enleva un drapeau à l'ennemi (2). Le traité de Cateau-Cambrésis (1557) restitua à notre prince la Savoie occupée par la France. « Si vous rompez avec le pape, en vous déclarant réformé défenseur de l'Evangile, lui dit l'ambassadeur bernois, le Chablais et le pays de Vaud rentrent immédiatement en votre possession et vous devenez maître absolu des deux versants des Alpes ».

Le duc Philibert refusa noblement ; le 30 octobre, par le traité de Lausanne, nous rentrâmes en possession des bail-

(1) Cette note est extraite des *Documents* recueillis par Mgr Magnin, évêque défunt d'Annecy.
La chapelle des Voirons fut rétablie au commencement du xviie siècle, par deux prêtres, Jean Grillet et Jean Duverney, qui fondèrent là une congrégation d'ermites. Saint François de Sales leur donna des constitutions au synode diocésain du 6 mai 1620. Elle devint célèbre en 1639, sous son supérieur Charles-Auguste de Sales. Devenu évêque, celui-ci persuada aux religieux d'embrasser la règle de saint Dominique, qui fut observée jusqu'au 17 août 1769, où le couvent fut réduit en cendres, et sa communauté réunie aux dominicains d'Annecy. D'après Ch.-Auguste de Sales (liv. 9, passim), il y avait à l'ermitage des Voirons une cloche que l'on pouvait entendre de Genève et Lausanne (*Ibid.*, *Vie de saint François*). Voy. *Not. et pièc. justificat.*, n° 7.

(2) En récompense de cette action d'éclat, il fut par lettres datées du champ de bataille, proclamé chevalier doré et décoré du baudrier, de la ceinture militaire et d'autres ornements de cet ordre, ainsi que gentilhomme de la maison du duc et chevalier de l'O. des Saints Maurice et Lazare.

lages de Ternier, de Gaillard et du Chablais. Le pays de Vaud resta sous le joug étranger. Le Vallais, à la suite du traité de Thonon en 1569, rendit également le pays de Gavot, soit le district d'Évian, resté catholique. Il garda la vallée de Saint-Maurice d'*En-bas*, selon l'expression du pays.

La frontière vallaisanne ne fut pas facilement déterminée. Le premier chargé de pouvoirs, envoyé pour reprendre possession des terres conquises, le baron de Clisson, ne régla rien. Une réunion tenue à Nyon le 28 juin 1568, constata les désirs et les suprêmes efforts des Vallaisans, tendant à prouver la légitime possession d'une partie du pays occupé. La conférence de Rolle (23 août) aboutit enfin au traité de Thonon (4 mars 1569) qui abandonna aux réclamants le gouvernement de Monthey et rendit au duc ceux de Saint-Jean d'Aulps et d'Évian jusqu'au bout du pont de Saint-Gingolph (1). Ainsi le Chablais, redevenu savoyard, n'était plus qu'une portion de cette ancienne province démembrée des châtellenies de Nyon, Vevey, Villeneuve et du Bas-Vallais actuel. Thonon en devint la capitale.

Mais, avant d'entrer dans la période qui doit ramener Thonon et le Chablais au catholicisme, nous croyons devoir présenter un tableau succinct du régime intérieur de la cité, et des principaux évènements qui ont signalé la fin du XVIe siècle, sous l'influence de l'hérésie (2). Pendant l'année 1576, de nombreux forains reçoivent des lettres de bourgeoisie, entre autres Claude Chapuis, de Bonnatraix (Sciez), et Jacques Rebut, mais à raison de 100 florins, et « d'ung selliot de cuir de vin pour le conseil ». Une autre condition était imposée par l'intolérance protestante : « celle de vivre selon les principes de Luther et de Calvin » (3).

(1) Boccard, *Hist. du Vallais*, p. 192.
(2) Nous pouvons le faire, grâce à deux énormes vol. des délibérations municipales de la ville, comprenant un espace de dix ans (de 1575 à 1585), tirés de la bibliothèque du docteur Lochon.
(3) Voy. *Délibérat. municip.* susdites, 2 décembre 1575, 16 juillet 1576, 10 octobre 1577, 24 mars 1580, etc , etc. Le 21 août 1578, on refuse ce privilège aux ministres protestants, parce que, dit le registre « il n'y a pas moyen de les recevoir », peut-être à cause de leur conduite (*Ibid*). On le refusait aussi à Jean Pérondet (27 mai 1576) parce qu'il avait prêté serment de combourgeoisie ailleurs.

Quelques courageux citoyens, parmi lesquels Garin Mugnier, refusèrent de s'y soumettre. La chose fut portée devant le juge-mage qui réprimanda les syndics, (13 septembre 1578). Malgré ces remontrances, on ne laissa pas d'opposer le même refus les années suivantes. De 1573 à 1576, les lettres de bourgeoisie accordées avaient été si multipliées que, le 29 février de cette dernière année, le conseil refuse d'en remettre de nouvelles, « craignant l'indignation du duc pour distraire les plus riches et opulents des villages » qui échappaient ainsi à quelques impôts. Les revenus produits par la concession des lettres de bourgeoisie furent affectés à la reconstruction du clocher (octobre 1575), incendié par le feu du ciel, ainsi que les archives de la ville, qu'il renfermait (1) ; à faire des peintures murales à l'église de Saint-Hippolyte, et à la restauration de l'horloge qui y fut replacée le 29 avril 1576. La même année, de nouvelles dépenses s'imposèrent : le duc venait de faire annoncer son voyage à Thonon et en Chablais. Le 17 juin, le conseil vota, pour la circonstance, un emprunt de 500 écus. Mais, la difficulté fut de les trouver. Deux conseillers allèrent, en vain, à Lausanne et à Morges, dans le but de négocier un emprunt. Enfin, le 5 septembre, les délégués l'obtinrent en engageant les revenus de la ville (2). Le 15 du même mois, sur l'avis du seigneur du Chatelard, les syndics décident de faire présent au prince « jusqu'à deux centz escus solz..., et si possible est, d'une belle esguière et bassins de belle façon..., plus pour messire Amédée, deux tasses jusques au prix de 30 à 40 florins ». Le 20 septembre 1576, figurent les futurs dons achetés à Genève, savoir : « Ung grand tapit, deulx grandz tasses à verre d'argent, et deulx gobelletz d'argent du prix de 300 écus, un char de servagnin vieux et aultres espingues. » On offrit le 23 du même

(1 Lettres pastentes des seigneurs de Berne, datées du 9 déc. 1573, remises par M. F. Guyon. Dès lors, les archives furent conservées dans la *crotte*, soit crypte de l'église de St-Hippolyte (*Délib. municip.*, 5 déc. 1583).

(2) Le 16 septembre, le conseil général décréta que les bourgeois refusant de se porter garants de la dite somme, seraient privés du droit de bourgeoisie (*Délib. mun.*).

mois, à « l'instrument de Chant-bois », 10 florins, « s'il vient à la réception de Son Altesse. ».

Ces frais extraordinaires avaient un but intéressé. Le conseil dresse des requêtes qui seront présentées à Son Altesse et au Prince. L'une implore quelques prix pour les jeux de l'arquebuse, l'augmentation du taux du pontonage de la Dranse (1), la faculté pour la bourgeoisie de posséder des fiefs nobles ; l'autre demande que la municipalité puisse obliger les *guetz* à exécuter ses ordres, etc. Un nouvel enseigne sera fabriqué « de la devise de Monsieur le Prince, blanc, bleu et incarnat », et un peintre tracera au « portail de la ville » les armoiries du Souverain. La revue des *gens d'armes* eut lieu le dimanche suivant, Hippolyte Vernaz et François Malliot furent délégués pour préparer, dans les villages, des logis *aux gens* de S. A. (7 octobre). Le Duc demeura probablement quelques jours dans nos murs. Le 22 octobre, le conseil paie la poudre des arquebusiers et les tambours convoqués à cette occasion.

Un fléau fit alors son apparition. La peste, qui promenait la

(1) En vertu de ses lettres patentes du 4 novembre 1569, le duc Philibert-Emmanuel avait chargé la ville de Thonon de l'entretien du pont de la Dranse, en lui abandonnant en retour le pontonnage (ou droit que payaient les passagers à la maison du pontonnier), la leyde et le bois des Vuardes (Mss Pescatore). De 1575 à 1585, le conseil municipal y fit des réparations considérables (*Délib. municip.*, passim). Enfin, une partie du pont ayant été emportée par une inondation en 1595, selon Ch.-Auguste de Sales, on en construisit un en bois sur les arches écroulées, qui subsista jusqu'en 1608. A cette dernière époque, les anciennes arches furent relevées et la restauration du pont s'acheva vers 1612, aux frais et dépens du duché de Chablais, par ordre de la Chambre des comptes (Mss. Pescatore). Il fut statué en même temps que Thonon ne jouirait plus du pontonnage, et notre ville dut payer 240 écus d'or le droit de leyde. Le bois des Vuardes ayant été à peu près détruit pour le rétablissement du fort des Allinges, le roi l'abandonna momentanément au commandant de ce château *(Ibid.)*. Au sujet de ce pont, voyez chapitre VI, article 2 et fin du chapitre XI. La plus ancienne inscription qui y ait été lue mentionnait, selon MM. Lochon et Glower, un Pierre de Rosey, bailli du Chablais, avant l'invasion bernoise de 1536 (*Léman*, 10 janvier 1864). *Le pont de la Dranse*, par M. Glower, et liste des baillis, gouverneurs, châtelains... du Chablais (*Pièc. justificat.*, n° 31). Cette ancien pont était formé de 26 arches d'une longueur totale de 1160 pieds. L'ancienne route de Genève à St-Gingolph, qui le traversait, portait aux XIIIe et XIVe siècles le nom de *voie royale* (Voy. *Pièces justificat.*, n° 32.

dévastation sur plusieurs points de la Savoie et de la Suisse, ne tarda pas à se déclarer en Chablais. Le 12 mai 1577, le guet veillait depuis une semaine au clocher, et le lendemain une seconde sentinelle fut placée au pont de la Dranse « à cause de la contagion » et des larcins qui s'y commettaient. Il y eut une année de répit; les Eviannais arrivèrent le 8 août pour « prendre amitié avec la ville », et le conseil de Thonon les défraya magnifiquement. Dès lors, la cité reprit son allure ordinaire.

Probablement afin de remplacer « nos écoles monastiques renversées par la réforme », un citoyen de Thonon, François Echerny, qui vivait encore le 22 juillet 1569 (1), avait établi un espèce de collège communal avec des revenus suffisants pour l'éducation de douze enfants de la ville. Le 2 septembre 1579, cette modeste institution possédait deux ou trois instituteurs, dont *Loys Alliaud*, bachelier, fils du ministre de Moudon, se trouvait le *Recteur principal* (2). Elle était sous la direction du conseil. Ainsi, le 2 septembre, Alliaud sollicite la permission de se rendre à sa maison paternelle; ce qui lui est accordé, à condition que les leçons seront recommencées aussitôt après son retour. Deux chars de bois lui sont octroyés, à la même séance, pour lessiver « le linge des escoliers », et plus tard (1578), figurent 21 florins pour leurs livres et fournitures. Le 16 mars 1578, il prend de nouveaux engagements de deux ans, promettant de servir loyalement, selon les *capitules* à lui imposés. Les écoliers d'Evian venaient de temps en temps visiter ceux de notre ville (3). Alliaud propose la même année, à la municipalité, d'élever un tréteau, afin de jouer, suivant son bon plaisir, une pièce dramatique tirée « des saintes Écritures, ou d'ailleurs », à l'occasion de

---

(1) A cette époque, il acquit du duc de Savoie, avec le consentement de sa femme Françoise Joly, le clos de Vallon et le pré de la patinerie, au prix de 1,200 *petits écus* (Arch. Thuiset). Ces biens firent plus tard retour à la Chartreuse de Vallon (*Invent. inédit des titres de Vallon. passim.* de M. A. de Foras).

(2) *Délibér. municip.*, 2 sept. 1576; 16 mars 1578; 12 décembre 1579; 4 juillet 1584, etc., etc.

(3) *Ibid*, 1578, 16 mars.

diverses promotions. Le conseil admettait ou rejetait les sujets présentés pour remplir la fondation ; le 26 juin 1580, il accepte plusieurs enfants, à condition que les parents fourniront « couvertures, linges, habillements et autres choses requises », et qu'ils ne pourront retirer de l'école lesdits enfants, sans son consentement. Un Jacques Echerny, parent du fondateur, réclama contre les choix faits, en s'attribuant un certain patronage mal défini. Il fut exaucé. Trois élèves étaient sortis l'année précédente, l'un pelletier, le second apothicaire et le troisième marchand (1).

La ville formait ainsi les hommes nécessaires au rouage de la cité : Le 2 mars 1578, Guillaume Pernollet reçoit 26 florins par quartier, en qualité de « fifre, tamborin ou trompette public » (2) ; le 13 juillet suivant est signalée l'arrivée d'un orfèvre à Thonon, François le Grand de Laon. Vers la fin du même mois, des symptômes de peste se déclarent de nouveau ; Loys Culland paie 15 florins pour avoir passé « en lieu contagieux le 20 juillet » ; le guet fut rétabli dans la ville (13 septembre), et le chirurgien Jean Trombenat se vit sequestré : il avait saigné un pestiféré. Les pauvres remplissaient les rues, l'infection était à craindre ; on s'empressa de leur distribuer toutes les semaines des aumônes à Ripailles. La situation sanitaire ne s'améliora pas. Cependant le souverain avait fait annoncer son arrivée en Chablais, dès le 10 juillet précédent, et le 17, notre municipalité ordonnait des provisions et achetait deux chars de vin, « l'un de servagnin, l'autre de blanc pour présenter aux seigneurs de la cour ». Mais, bientôt les « barqueroz » venus dans ce but, reçoivent ordre de partir, et un certain Feugière annonce qu'on a donné « bruit de peste afin que son Altesse ne vînt pas au pays ». Les syndics le font saisir et offrent un banquet aux barqueroz avant leur départ. La foire de Thonon approchait (16 novembre 1578), les sentinelles postées à Rive et au pont de la Dranse ne laissèrent passer que les habitants d'Evian pourvus de

---

(1) *Ibid.*, 12 et 18 décembre 1579 (*Ibid*). (2) Un Jacques Sentimal recevait 10 florins annuels, le 10 juillet 1580, « pour mener le taborin demandé tous les jours comme passe temps » (*Délib. municip.*).

bonnes *bulettes* (lettre de santé) délivrées par leurs syndics, vu que cette dernière ville était atteinte du fléau. Les guets furent retirés le 2 janvier 1579. Néanmoins, on répara l'hôpital de Crête, et plusieurs citoyens, entre autres Jean Joly et Bernard Favre, furent confinés. Si la situation sanitaire s'améliora, ce progrès ne dura pas; car, le 21 avril 1580, les pères de famille retiraient à la hâte leurs enfants des écoles, et le 4 juin suivant, un sergent ducal, Pierre Duronel, allait défendre aux villages de Douvaine, Massongy, Bachelard, infectés de peste, de venir à Thonon. Les *bulettes* furent exigées partout. La situation s'aggravait donc de plus en plus, et le terrible mal dépeuplait les villes et les campagnes. Cinquante ans auparavant, le peuple, dans sa foi vive, aurait eu recours de suite au médecin du ciel, et fait des vœux à « son Saint-Sébastien ». Mais, hélas! le calvinisme avait passé sur Thonon. Cependant, dans ses séances consulaires du 11 et du 28 août 1580, le conseil défendit « à un chacun de chanter des chançons impudiques » après le couvre-feu; aux cabaretiers de servir les habitants de la ville pendant le prêche, en avisant le Conseil de mieux assister aux offices « pour apaiser l'ire de Dieu qu'elle ne s'enflamme contre nous » (1).

Le protestantisme n'avait point, en effet, conduit notre population à l'épuration des mœurs.

Les défenses de l'époque indiquent clairement les vices apportés par les prêtres apostats qui « voyaient le Christ dans les yeux d'une femme », selon la parole de Calvin lui-même. Le 9 mars 1578, on accorda d'ouvrir un débit aux conditions expresses de ne pas « servir pendant la prédication, de n'entretenir aucun jeu de sort, ni loger les putains ». Le 16 février 1580, on est contraint de bannir une famille à cause de ses désordres; le 17 mars suivant, le consistoire supplie le conseil de prohiber les danses, jeux et désordres, au moins pendant le prêche. L'année précédente, les dizainiers de chaque quartier avaient été char-

---

(1) Tiré comme tout ce qui précède des *Délib. municip.* (1575-1585) aux dates indiquées.

gés de faire rentrer chacun chez soi au couvre-feu, à cause des chants impudiques et de la corruption de la rue. La Réforme avait tout usurpé à son profit : le 10 octobre 1577, on accorde des subsides à Jean Victor pour continuer ses études et devenir ministre ; la fondation Echerny, fournissait à son tour des prédicants. Mentionnons encore d'autres faits : Les habitants d'Habères étant venus en procession jusqu'à Lullin, « chose bien étrange », s'écrie le registre des délibérations municipales du 11 août 1579, le conseil décide aussitôt d'en donner communication à la « classe réformée de Berne ou Genève », et d'envoyer un homme au gouverneur à ce sujet. Comme on le voit, les protestants du Chablais, redevenus Savoyards, obéissaient aux ordres de l'étranger ; on ne pouvait compter sur leur fidélité. Et, chose bien étrange, c'est qu'ils demandaient sans cesse la pleine liberté de la Réforme dans tous les États catholiques, comme nous le verrons plus tard, sans jamais vouloir accorder cette liberté de conscience chez eux, à Berne, à Genève et dans les autres États protestants ; ils la refusaient toujours aux catholiques du Chablais. A la même séance est cité Tyvent (Etienne) Bardet, nouveau bourgeois, qui « estant à la Saint-Laurent à Festernes, se prosterna à chapeau tiré à l'église du dit lieu ». Or à sa réception, il avait promis de vivre selon les principes de Luther. On lui retira donc ses titres de bourgeoisie qu'on fut cependant contraint de lui rendre plus tard, après amples explications (27 août 1579). Le même jour paraît Mᵉ François Feugières, accusé d'avoir avancé qu'on avait résolu « le massacre de tous les catholiques de Thonon ». Il nie d'abord le fait, et attribue ensuite ces paroles au procureur fiscal. Après une courte enquête, on cessa toute poursuite (10 septembre) contre lui, sur une simple déclaration en présence du procureur, qu'il n'avait pas entendu tel propos à Thonon.

Cette précipitation à terminer cette affaire paraît très mystérieuse (1).

---

(1) *Délib. municip.* Pour compléter cet aperçu de la tolérance réformée, voyez *Pièc. justificat.*, n° 27.

La Réforme n'était cependant pas persécutée dans nos murs ; mais Genève, habile à profiter des circonstances, désirait la guerre, comme nous allons le voir dans l'article suivant.

En attendant, Thonon recevait, le 19 décembre 1583, du marquis de Lullin « général de la milice deçà des monts », son plan de dresser deux cents enfants de la ville au maniement des armes. Le 3 juin suivant, il se trouvait en effet à leur tête pour abattre le papegai dans les communes environnantes. Quatre ans auparavant (1579), la ville de Thonon achetait « cinq aunes de taffetas jouées en passe-temps avec ceux de Bonneville et de Morges » au jeu de l'arquebuse, sans doute.

ARTICLE II

1569-1598

Sommaire : L'hérésie et ses ministres à Thonon et en Chablais. — Réclamations de Berne. — Les Genevois rompent la paix. — Combats. — Hermance, Thonon et le traître Le Clerc. — Le château. — Les défenseurs du château de la Fleschère à *Concise* ; Ripailles. — Charles-Emmanuel accourt ; victoires. — Perfidie genevoise. — Traité de Nyon. — Invasion de 1590. — Sancy aux Allinges, à Coudrée. Siége d'Evian. — Capitulation de la forteresse : bourgeois prisonniers. — Trésor de Sancy enlevé à Evian par la garnison des Allinges. — Destruction du château de Thonon.

Le Chablais vit de nouveau les troupes étrangères fouler son territoire. Le 20 avril 1573, le duc, en bon voisin, donnait avis aux Bernois que les Espagnols envoyés en Flandre par Sa Majesté Catholique, passeraient au nombre de 25 enseignes de gens de pied et quatre de chevaux (1). Berne cachait son dépit, en se préparant à profiter des nouvelles circonstances.

En vertu du traité de Lausanne, le culte protestant ne subit aucune transformation là où il était établi ; Thonon garda le même nombre de ministres. Les calvinistes des campagnes eurent trois prédicants et trois temples, savoir : à Tully, à Bons et à Nernier (2). Tous les biens de

---

(1) Arch. de Berne. Savoyen, n° 2.
(2) Grillet, *Dict. hist.*, Ruchat, t. II, p. 23. Les biens ecclésiastiques vendus furent laissés, en vertu de l'art. 5, aux nouveaux propriétaires. (Voy. *Doc. relat. à l'hist. du pays de Vaud*, par Grenu ; traité de Lausanne). Aussi voyons-nous les revenus des bénéfices ecclésiastiques, absorbés en grande partie par d'anciens moines apostats, tels que Jacques

l'ancien patrimoine de l'Église non aliénés par les Bernois passèrent en vertu d'un bref de Grégoire XIII à l'ordre des SS. Maurice et Lazare (1579) (1). Ce bref demeura en vigueur jusqu'en 1589. Après la mort d'Emmanuel-Philibert, 1580, son fils Charles-Emmanuel monte sur le trône. Les Genevois, toujours jaloux et perfides, poussent les Suisses à rompre le traité de Lausanne en s'emparant du Chablais. Cette province devient alors le théâtre d'une guerre plus désastreuse que celle de 1536.

Henri III, roi de France, cousin de Charles-Emmanuel, coopère à cette nouvelle invasion. Ces deux princes étaient en guerre au sujet du marquisat de Saluces. Le duc de Savoie, voulant extirper de ce pays l'hérésie du calvinisme favorisée par les troupes françaises de Lesdiguières, était entré dans la ligue formée contre Henri III. Celui-ci visant le nord de la Savoie, encourage les troupes de Genève et de Berne, déjà fortes de 7,000 combattants, et leur envoie Nicolas de Harlais, seigneur de Sancy, avec 3,000 hommes de secours. Le pays de Gex et une partie du Faucigny sont d'abord envahis (2) (2 avril 1589). Les ponts d'Estrambières et de Boringe sont rompus. Le château de Monthoux, les places de Bonne et de Bonneville sont emportés. Saint-Jeoire assiégé se rend. Le prieuré de Contamines est pillé, son église profanée. Hermance résiste courageusement ; la ville est réduite en cendres, son port comblé,

---

Quisard, jadis religieux de Ripailles ; Jacques Mathieu, F^s d'Eschallon, religieux de l'abbaye de Filly, Bernard Détraz, religieux du prieuré de Douvaine *(Hist. mss. de Sciez)*. Le 18 juillet 1568, Berne réclame auprès du duc : 1° La pension de 25 flor., accordée par les magnifiques seigneurs à Jean, fils de feu messire Girard Pariat, jadis moine augustin de Thonon, et depuis ministre réformé ; 2° Six muids de froment de cense annuelle assignés au ministre Jean Bellot, sur les moulins de Thonon. Notre souverain, après avoir fait observer que les biens de Ripailles avaient été injustement grevés de diverses pensions, conseille aux Bernois de renvoyer ces gens « devers ceux auxquels ils doivent recourir pour avoir justice, et leur pourvoir remède. » (Arch. cant. de Berne, n° 2.)

(1) Bref du 24 juin 1579 *(Mém. et doc. publiés par l'Académie salésienne*, t. II, p. 268.)

(2) Guichenon, de 712 à 720.

ses murs renversés, ses portes arrachées, son église paroissiale et sa maison communale démolies. Auparavant, bourgade prospère, Hermance descend au rang de pauvre village de pêcheurs (1).

Les Genevois, niveleurs de l'époque, satisfirent par ces ruines, leur basse jalousie contre cette gracieuse cité qui leur paraissait une dangereuse, quoique bien modeste rivale. Thonon sans murailles et sans fossés ne peut s'opposer à l'entrée de Sancy; le château seul oppose de la résistance (2). L'ennemi dépêche aussitôt à Genève un courrier demandant de l'artillerie pour le siége. Elle arrive par le lac; la tranchée est ouverte sur la fin d'avril 1589. Un traître, Leclerc de Thonon, dont la maison touche à la forteresse, livre aux assiégeants le passage des souterrains (3). Attaquée de tous côtés, la garnison se défend

---

(1) Grillet, art. Hermance, *Dict. hist.*

(2) On l'avait réparé quelques années auparavant; le 11 juin 1580, le conseil de ville s'engageait à fournir des manœuvres pour « la réparation de la grosse muraille quest auprès des degrés du chemin de Rivaz qui joignent à la grande tour du côté du vent; et questant la dicte muraille refaite et rehaussée, il sera facile faire une telle platteforme au devant du dict chasteau de ce costé, » ce qui embellira la ville et « fournira décente décoration au dict lieu. » De plus, comme l'eau de l'*Anfion* venait battre et dégrader la dicte muraille, on résolut de la conduire par des canaux jusqu'au bas du château, comme celle de la halle. L'eau coulant près de la muraille de la *petite place* du Château fut encore couverte par un canal *(Délib. municip.*, 1580, p. 407-409). On avait donc comblé les fossés du château du côté de la ville, en jetant au dessus une partie de la Place-Château actuelle.

(3) Le Sénat de Savoie condamna Leclerc à être pendu. Son jugement porte que son cadavre soit ensuite écartelé par quatre chevaux, et que la maison dont l'ennemi s'est servi pour attaquer le château soit rasée de fond en comble. L'endroit où était cette maison est aujourd'hui un jardin qui longe le chemin conduisant au hameau de Rives. La tradition l'appelle encore « champ du sel. » Voici la condamnation du traître Leclerc :
.... Itaque, cum quidam N. Leclerc, Tononensis, in ipso belli Genevensis primordio ad hostes profugisset, et arcis Tononensis præfectum ad deditionem summo totius Reipublicæ nostræ damno impulisset, ad furcam damnatus est, hoc etiam addito, ut ex cadavere caput amputaretur tùm reliquum cadaver in frusta quatuor per equos discerperetur: item, ut cœteras facultates doti restituendæ, cœterisque creditoribus dimittendis pares esse appareret domus ejus, quâ hostes ad arcis expugnationem usi fuerant, funditus excinderetur: aut si salvo creditorum jure commode id fieri non posset, lapide saltem parietibus infixo cum condemna-

bravement et repousse les Huguenots. Soudain, le gouverneur, M. Alexandre de Botolier, seigneur de Dingy, apprend que les vaillants défenseurs de la Tour de la Fléchère, au faubourg de Concise, ont été massacrés et pendus pour avoir refusé de se rendre (1).

Jugeant inutile de prolonger une résistance qui durait depuis dix jours, selon Grillet (2), et désirant épargner le sang de ses soldats, de Botolier capitule. L'acte de reddition porte « Tout le monde sortira l'épée et le poignard au côté, arquebuse sur l'épaule, mêche éteinte, tambour cessant et drapeau ployé » (3). A Ripailles, quelques bâtiments sont incendiés. La garnison met bas les armes le 1ᵉʳ mai. L'enceinte est démantelée, le port et une partie des fossés comblés, et les deux galères construites par Charles-Emmanuel brûlées (4). Alors le Vallais offrit à Sancy et aux Bernois, d'occuper de nouveau et à ses frais, la rive droite

---

tionibus superscripto, in perpetuam condemnati memoriæ perfidiæque infamiam, publicæ vindictæ consuleretur. (Statutum senatus Prid. Idus novemb. 1590. Ex codice Fabriano, lib. IX, tit. VI, ad legem Juliam Majestatis. — Def. 1).

(1) On voyait encore au château de la Fléchère, il y a quelques années, du côté du lac, la poutre à laquelle furent pendus ces fidèles et braves Savoyards. Tous les gens du pays connaissent cette poutre et son histoire. Les ruines de ce château, par la mort de Mlle Delort, sont échues en héritage à MM. de Foras. Le couvent des RR. PP. Capucins s'élève aujourd'hui sur ces ruines.

(2) Grillet, t. III, p. 415 ; selon Guichenon, Thonon se rendit après trois jours de siège.

(3) Accusé de lâcheté ou de connivence avec l'ennemi, on l'enferma à Miolans, dit Guichenon, p. 291, 292, 293.

(4) Ripailles, au dire de Sancy, était une place « si bonne et si bien préparée qu'elle pouvait souffrir deux mille coups de canon. » Le gouverneur, Borgo Fenero, n'avait que 100 hommes enfermés avec lui ; il essaie une défense inutile. Le duc lui expédie des renforts, savoir 1500 chevaux, 4,000 hommes de guerre et 500 arquebusiers à cheval, commandés par le comte de Martineugue. Une faible partie seulement entre dans la place, la reste est obligé de reculer. Enfin, le 1ᵉʳ mai, Fenero capitule et sort, à la tête de ses vaillants capitaines Compeys et Sinalde et de la garnison, avec tous les honneurs de la guerre. Concise paie cette résistance en devenant la proie des flammes. Ripailles en ruines logea un détachement de soldats suisses, suivant les ordres de Sancy. (Guichenon, p. 291, 292, 293).

de la Dranse ; la proposition acceptée, fut aussitôt mise à exécution (1).

Sancy oblige les habitants subjugés à jurer fidélité au roi de France.

Cependant, Charles-Emmanuel ayant traversé les monts avait réuni à Rumilly, douze mille hommes d'infanterie, deux mille cinq cents de cavalerie. Le 1er juin le duc est devant le château de Ternier qui ne tarde pas à se rendre. Suit le combat du plan des Ouates et une deuxième attaque du Pont d'Arve, à laquelle la cavalerie espagnole refuse formellement de concourir. Le duc ayant renvoyé cette cavalerie à Milan, change son plan de campagne ; il se détourne de Genève et envoie Antoine de la Baume-Montrevel assiéger le château de Bonne, défendu par quatre cents Genevois. Ceux-ci, après 120 coups de canon, demandent à capituler, mais ils ont pratiqué une mine sous le château et y mettent le feu en sortant. Une explosion terrible se produit, 90 Savoyards sont ensevelis sous les décombres ; un grand nombre d'autres sont grièvement blessés. Indigné de cette perfidie, Charles-Emmannuel poursuit les traîtres et les taille en pièces avant qu'ils aient atteint le territoire de Genève (2). Cette victoire a de promptes conséquences. En quelques semaines nos places sont reconquises, les garnisons étrangères s'éloignent de notre territoire, en y laissant toutefois d'immenses ruines. Alors Berne parle de paix. Le siége de Genève est résolu, il est vrai ; mais l'assassinat de Henri III la sauve de nos armes victorieuses, en mettant Charles-Emmanuel, comme héritier des Valois, au nombre des prétendants à la couronne de France.

Le traité conclu à Nyon le 11 octobre n'ayant pas été ratifié par Berne, ne mit pas fin aux hostilités. Tandis que Charles-Emmanuel repasse en Piémont, les Genevois, poussés par la France, sous la conduite de Sancy rentré depuis peu dans leurs murs, recommencent les hostilités. En 1590, ils s'emparent de Veigy, par la lâcheté du piémontais Batail-

---

(1) Boccard, *Hist. du Vall.*, p. 193.
(2) Grillet, Guichenon.

lin qui en était gouverneur. Le duc le fit pendre. Dom Amédée, demeuré en deçà des monts, jeta une partie de ses gens dans les vallées d'Aulps et d'Abondance, en vue de paralyser toute tentative sur le Faucigny. Le Chablais, dit Dessaix, fut frappé d'une contribution de guerre de 79,496 francs.

Sur la fin de l'année, Sancy rôde en vain autour du fort des Allinges vaillamment défendu par le célèbre baron d'Hermance (1). Ce noble exemple est suivi en 1591 par le château de Coudrée, qui rend inutiles les attaques des Genevois (2). Bientôt le siége est mis devant le château de Thonon. Le brave capitaine de Compois commandait la place. Le canon ne peut la réduire, mais bientôt une forte mine éclate. La grande tour oscille et s'écroule avec fracas (3). Le capitaine et sa garnison se retranchent alors dans les grandes cours des logis et soutiennent l'assaut. Bloqué de toutes parts, sans espoir de secours, de Com-

---

(1) Le baron d'Hermance était d'un caractère chevaleresque, dévoué, plein d'énergie et d'audace. Le duc de Savoie avait en lui la plus grande confiance et il s'en montra digne. Renfermé dans son château avec une centaine d'Italiens, il en fortifia les points faibles, fit abattre les maisons du bourg d'Allinge-Neuf, derrière lesquelles l'ennemi aurait pu s'abriter et fit si bonne garde que les Genevois n'osèrent approcher de la citadelle. Ceux-ci, ne pouvant se défaire par la force de ce redoutable adversaire, recoururent aux embûches et ne rougirent même pas de soudoyer des assassins : car le 17 mai (le 19, d'après M. Fleury), les magistrats de Genève donnèrent à M. le syndic de Villars « la charge de *faire tuer* le baron d'Hermance et les sieurs d'Avully et de Compois, parce qu'ils étaient ennemis de Genève, avec promesse aux exécuteurs d'une bonne *récompense*. » Le jour même où l'on prenait cette délibération, le gouverneur du Chablais se rendait sans méfiance des Allinges à Thonon, lorsque tout à coup des soldats genevois l'entourent, le font prisonnier et le conduisent à Genève. Le noble captif fut pendant six mois honorablement logé à l'Hôtel-de-Ville ; mais, plus tard, pour avoir tenté une évasion, il fut resserré dans l'évêché. La rançon, mise d'abord à vingt-cinq mille écus fut, à la requête des habitants de Thonon et de quelques envoyés du Vallais, réduite à huit mille ; il les paya et fut ainsi libéré au mois de février de l'année 1592. Il retourna aux Allinges où il eut le bonheur de recevoir saint François de Sales *(Mém. de l'Acad. salés. : Les châteaux des Allinges*, par M. l'abbé Gonthier, p. 157.)

(2) Guichenon, p. 294, 295, 299, 300, 303, 305 ; Spon, 1, 386, 390, 394.

(3) Selon Dessaix *(Evian-les-Bains et Thonon*, p. 28). Ce fut à la première expédition de 1589 que furent ainsi détruits en partie les murs, et à la seconde, selon Prévost *(Chronique d'Evian)*.

pois capitule, mais avec la réserve que tout le monde sortira « vies et bagages sauvés », (1) (janvier 1591). La ville d'Evian est investie tant par terre que par eau, le dimanche, 10 février 1591 (2). Sept compagnies d'infanterie la défendaient, y comprise celle du bourg même, que commandait le seigneur de Bonnevaux. Le 12 février le canon battait la grange du sieur de Verhons (3) adossée aux remparts de la Thouvière dessus. Le siège fut poussé avec vigueur pendant cinq jours, au bout desquels, les sieurs G. de Guitry et F. Sancy sommèrent les Eviannais de se rendre dans trois jours au roi de France, sous peine d'être tous passés au fil de l'épée. De Bonvillars attendait les renforts espagnols cantonnés dans la vallée d'Aulps, renforts que lui avait promis le baron d'Hermance. Malheureusement ils refusèrent de marcher à l'ennemi. Le mardi 19 mars, sur les deux heures de l'après-midi, les assiégeants s'emparèrent du faubourg de la Thouvière, puis de la ville, où ils rencontrèrent peu de résistance ; car à ce moment la garnison se réfugiait au château avec les principaux bourgeois.

On se battit, on se défendit avec ardeur les cinq jours suivants, quoique, dit Prévost, « la place, ne fût aucunement tenable ».

Tandis que s'opèrent ces prodiges de valeur, les canons sont braqués contre la forteresse, prêts à vomir la destruction au premier signal.

A cette vue, le vieux militaire rend la place par composition et sort, les larmes aux yeux, de ces pans de murs qu'il n'a pu défendre.

Tous les soldats, avait-il été stipulé, seront conduits avec

---

(1) *Chronique d'Evian.*

(2) A l'approche de Sancy, les Clarisses d'Evian s'enfuirent par le lac, emportant ce qu'elles avaient de plus précieux. Plus tard, le provincial des Frères-Mineurs fit restaurer ce couvent dont il ne restait que les quatre murailles *(Notice mss. sur les Clarisses d'Evian*, par le P. Ladislas). Ces sœurs Clarisses s'étaient réfugiées à Evian en 1528 (selon Besson, p. 107), devant les menaces des hérétiques, en abandonnant la petite ville d'Orbe, dans le pays de Vaud.

(3) Prévost, *Chron. d'Evian.*

armes et bagages au fort des Allinges, où flotte encore l'étendard de la patrie ; toutefois tout bourgeois, militaire ou non, demeurera à la merci du vainqueur.

Cette dernière clause indisposa le syndic noble de Blonay qui, assisté de ses concitoyens, faillit, dit la chronique, *faire passer le pas à Bonvillars.*

Mais déjà les Huguenots entraient secrètement dans le château, réclamant deux mille écus d'or pour la rançon des bourgeois,

On délégua le seigneur de Bonnevaux afin de négocier un emprunt au Vallais, tandis que vingt-deux des prisonniers les plus apparents, se voyaient transportés à Genève, au *logis de la Couronne*, où ils demeurèrent trois semaines et demie.

La rançon payée, ils revinrent contempler leurs foyers et leurs maisons ruinées, désertes et ensanglantées (1).

Durant six semaines encore, les troupes ennemies promenèrent sur la ville et ses environs, le pillage et l'incendie ; bétail, vivres, meubles, églises, cloches, rien ne fut épargné (2).

Enfin elles se retirèrent en ayant soin de ruiner le château et d'abattre les murs aboutissant à la porte d'Allinges.

La désolation était telle « que sans l'aide et le secours divin tout serait mort de misère ».

Sur la fin de l'hiver, les hostilités continuent et le courageux de Sonnaz est tué dans une charge de cavalerie à la bataille de Monthouz (12 mars 1591).

A la faveur de ces troubles, les déprédations se multiplièrent dans le pays, la soldatesque ne respectait plus rien. Aux derniers jours d'avril, ou au commencement de mars 1592, plusieurs syndics du Bas-Chablais et autres

---

(1) Ce fut alors qu'Evian vendit ses forêts de Brest, à elle concédées par Amédée V (Arch. municip. d'Evian).

(2) « Même les églises entièrement saccagées, les cloches prises et emmenées, jusqu'au nombre de huit grandes, avec l'horloge de la grande église de beaucoup de valeur. » (Mss. Prévost).

particuliers furent dévalisés au pont de Marclaz. Voici les dépositions de quelques-uns :

Pierre Genet, du village de Chevilly, commune d'Excenevex, mandement d'Yvoire, apportait, le 16 mars, à Thonon, 40 florins des contributions du mois de février. Arrivé audit pont, il se voit dépouillé par cinq ou six arquebusiers et gens de pied, italiens ou savoisiens, qui poursuivent jusqu'à Perrignier où les atteint le capitaine des Allinges, de Marcillie. Le même jour et les jours suivants, les syndics de Douvaine et de Massongy, Mermet Chapuis de Bonnatraix, Michel Rebut d'Anty, Antoine Morel de Ballaison, Guillaume Bertier, Jean Millacho, etc., subirent le même traitement, soit à Marclaz même, soit *au-dessus le gibet de Marcla,* de la part de divers cavaliers que les uns croient italiens, les autres de la garnison de Bonne (1).

En vain le traité de Vervins fut-il conclu le 2 mai 1598, la querelle du marquisat de Saluces, cause première, avons-nous dit, de toutes ces guerres, n'était pas terminée.

Dès 1600, le maréchal Biron, puis Créquy et Lesdiguières attaquent et prennent successivement Bourg, Montmélian, les forts de Sainte-Catherine et des Allinges (2).

Henri IV, pour hâter la paix, dit-on, livre encore notre malheureuse contrée au pillage.

A la fin de janvier 1601, la compagnie de Lesdiguières traverse le Chablais et arrive à Évian, « composée de 100 maîtres, tous braves cavaliers, la pluspart choisis d'élite, conduits par le sieur Chillion cornette de la (dite) compagnie ». La ville et les environs la logèrent et l'entretinrent jusqu'à la fin d'avril. De là nouvelle désolation ; le moindre soldat exigeait de son hôte un écu par jour. La tyrannie du sieur Chillion devint insupportable et l'on eut recours à Lesdiguières, résidant à Genève, pour y mettre un terme. Celui-ci délégua messire d'Hercules, homme débonnaire et droit, qui ne put empêcher l'arrogant vainqueur de traîner à Genève l'un des syndics d'Évian, dont il espérait une

---

(1) Arch. Thuiset.
(2) *Mém. et doc. de la Soc. d'Hist. et d'Arch. de Chamb.*, 1868. Le fort des Allinges capitula le 12 déc. 1680.

forte rançon. Heureusement l'évasion de son prisonnier due « à la faveur de quelques gens de bien » mit un terme à ces révoltantes exigences (1).

Ces démêlés laissèrent bien des ruines sur notre sol, mais Evian fut certainement l'une des localités les plus maltraitées. Au mois de novembre de l'année précédente (1600), Sancy demande à la ville et au ressort d'Evian deux ducatons par char de vin perçu ou recueilli dans l'année. Un inventaire est dressé dans les caves par son ordre, et cet impôt pèse lourdement sur la population. Le pays s'indigne en vain, quand la garnison du fort des Allinges descend par une nuit sombre, pénètre à Evian jusqu'au logis du receveur de Sancy, rompt ses coffres et emporte ses trésors. Hélas ! Evian paya ce coup d'audace. Le lieutenant du roi fit prendre du vin dans toutes les caves des particuliers, tant gentilshommes qu'autres, jusqu'à la somme de 600 écus d'or, pour le remboursement. Les habitants subirent 20 tailles et quartiers ordinaires, et trois ou quatre cents écus d'or empruntés à Lausanne absorbèrent les fermes et revenus d'Evian, qui ne se rachetèrent jamais (2). Aussi les historiens disent-ils que les soldats de Sancy enlevèrent tout à Evian, jusqu'aux portes et fenêtres des maisons.

Après la signature de la paix (1601), nos garnisons revinrent aux châteaux de Thonon et de Ripailles, et restèrent dans cette dernière place avec leur gouverneur jusqu'en 1623.

Quant à notre antique forteresse de Thonon, un incendie l'ayant détruite en partie (1626), et ruiné ses fortifications, on la rasa en entier. Elle avait environ quatre siècles d'existence. Son emplacement devint en partie place du Château, et en partie couvent des Capucins, aujourd'hui propriété Anthoinoz. Ses matériaux servirent à la construction de la Sainte-Maison de Thonon et du couvent des Ursules (3).

(1) Prévost. *Chron. d'Evian.*
(2) Guichenon ; Prévost, *Chron. d'Evian.*
(3) Prix fait de la Sainte-Maison (Arch. de la Sainte-Maison.) Voyez la Sainte-Maison, les Ursules, et les possesseurs postérieurs des revenus du château. *Pièc. justificat.*, n° 29.

CHAPITRE IX

1598-1602

Sommaire : Retour du Chablais à la foi catholique, 1598-1602. — Réflexion sur l'invasion de 1536. — Le duc et les traités. — Saint François de Sales, 1594, ses travaux, ses souffrances. — Noël de 1596. — Pierre Fornier. — Abjuration d'Allinges, de Mesinges et de Brens. — L'enfant mort du quartier St-Bon. — Le P. Chérubin et les Quarante-Heures à Thonon (1598). — Les abjurants ; cérémonial. — Réorganisation des paroisses. — Fin du protestantisme en Chablais. — Henri IV et le fort des Allinges. — Troisième invasion. — Le culte catholique en Chablais. — Jubilé de 1602.

Nous avons vu qu'en 1536 notre pays ne se soumit à la domination étrangère qu'en stipulant le maintien de son antique religion. Berne promit tout, puis viola ses promesses, chassant les prêtres, renversant églises, prieurés, monastères et imposant ainsi à nos populations le nouveau culte. Ce temps de deuil pour l'Église et la patrie dura jusqu'au traité de Lausanne, signé le 22 octobre 1564, qui rendit le Chablais au vainqueur de Saint-Quentin, le duc Emmanuel-Philibert. Qui ne sait qu'on a maintes fois accusé son fils et successeur, Charles-Emmanuel I, d'avoir manqué à la foi des traités, lorsque plus tard, de l'avis et sur le conseil de saint François de Sales, ce prince proscrivit le culte protestant dans cette province ? Il est temps de le venger de cette injuste accusation. Remontons d'abord à ce premier traité. Après la paix de Câteau-Cambrésis, Emmanuel-Philibert voulant rentrer en possession de ses États, commença avec les Bernois, à l'endroit des pays

qu'ils lui détenaient, des négociations qui traînèrent en longueur plus de quatre années. Enfin les dernières conférences s'ouvrirent à Nyon le 30 avril 1564 et, au sujet de la religion, on convint de traiter sur la base suivante (1) : « Les sujets des terres rendues au duc de Savoie demeureront en pleine et paisible possession et libre exercice de la religion que LL. EE. de Berne y ont établie..... »
En effet, le 22 octobre 1564 ce traité de paix si désiré fut arrêté à Lausanne et définitivement conclu le 30 entre tous les intéressés. Voici l'analyse de l'article de cet accord qui concerne la religion (2): « Les seigneurs de Berne rendent au duc de Savoie les seigneuries de Gex, de Ternier, de Gaillard et de Thonon et tout ce qu'ils ont conquis delà le lac et le Rhône, à condition que par rapport à la religion qui y est actuellement établie, on n'y introduise aucune nouveauté... » Évidemment cet engagement n'allait pas et ne pouvait pas aller, ni pour le Duc, ni pour ses successeurs, jusqu'à devoir interdire à leurs sujets le retour à la foi de leurs pères, si telle était leur libre volonté. Ce retour, on le désirait sans aucun doute à la Cour de Turin, on le préparait même, qui lui en ferait un crime? dans toute la mesure qui restait un droit. Ainsi diverses admonestations furent faites par l'autorité ducale en 1568, 1569, à ceux qui traitaient les catholiques d'idolâtres (3). Mais cette mesure, et même une extrême réserve pour user de son droit, on ne les dépassa jamais. Ainsi supposons que des missionnaires catholiques, en venant prêcher à ces populations, eussent déterminé quelques conversions bien libres assurément, nul doute que les Bernois se récriant aussitôt n'eussent sommé le Duc de par le traité, de s'opposer à ces prédications. On ne leur en fournit jamais le prétexte, car on ne trouve nulle part, à cette époque, l'essai d'une mission catholique en Chablais. On attendait des jours plus propices qui n'arrivèrent que sous le règne de Charles-Em-

---

(1) *Hist. du canton de Vaud*, par Verdeil, 2ᵉ édition, Lausanne, p. 115.
(2) *Ibid.*
(3) Arch. canton. de Berne: Savoie, nᵒ 1 et 2. Berne se donna le tort de réclamer à ce sujet.

manuel, en 1589. Alors les Genevois et les Français de Sancy ayant envahi les terres de Savoie, les Bernois se joignirent à eux et avec eux rentrèrent vainqueurs en Chablais. C'était bien la rupture, la fin du traité par la guerre, et dès lors Charles-Emmanuel, dégagé de toute convention, retrouvait toute sa liberté.

Il est vrai que peu de mois après, dans cette même année, le Duc contractait des engagements analogues à ceux du traité de Lausanne par suite d'un nouveau traité également préparé à Nyon; mais ce projet n'aboutit pas et ne fut jamais ratifié. Disons comment il fut conçu et aussitôt abandonné. Charles-Emmanuel, à la vérité, avait très vite reconquis le Chablais, mais cette campagne, dans son cours rapide, avait été si meurtrière et si désastreuse que le Duc et Berne, bien que pour des motifs divers, désirant la paix, convinrent enfin dans une dernière conférence tenue le 11 octobre à Nyon, de conclure la paix sur ces bases (1) :
« Les deux parties contractantes se garantissent mutuelle-
« ment leurs États. — Le duc de Savoie s'engage à auto-
« riser l'exercice du culte protestant dans trois endroits des
« provinces du Chablais et de Gex, qu'il vient de conqué-
« rir. — Berne abandonne Genève au duc de Savoie et lui
« promet son appui pour réduire cette ville. — Les articles
« concernant la religion et Genève doivent demeurer se-
« crets. »

Ces articles ne le demeurèrent pas, et « cet abandon de
« Genève (2) eut un immense retentissement dans l'Eu-
« rope protestante. Un cri d'indignation s'éleva de toutes
« parts contre les Conseils de Berne... Ces Conseils, alar-
« més par ces manifestations contre le traité, crurent devoir
« le soumettre à l'approbation du peuple. Les communes
« allemandes, celles du pays de Vaud, furent unanimes
« pour le rejet... C'est pourquoi... « après une discussion
« qui dura deux jours, les 2 et 3 mars (1590), la déci-
« sion suivante fut prise par les Conseils : L'avoyer, petit
« et grand Conseil de la ville de Berne, ayant considéré

(1) *Hist. du canton de Vaud*, déjà citée, p. 152.
(2) *Ibid.*

« les avis de ses sujets tant des pays allemands que du
« pays de Vaud, ainsi que les remontrances à eux de toutes
« parts faites, avisent et décident unanimement de renoncer
« à S. A. le duc Charles-Emmanuel et au traité conclu
« avec lui à Nyon. »

Sur ce, « les députés de Berne qui devaient venir rati-
« fier et jurer la dernière paix faite avec S. A., s'en excu-
« sèrent, disant que les principaux du peuple n'agréaient
« pas les articles (1) ». Voilà la vérité sur ce fameux traité
de Nyon qui n'eut jamais de valeur réelle, puisqu'il ne
dépassa pas les limites d'un projet ; et pour la seconde fois,
et par le fait des Bernois eux-mêmes, Charles-Emmanuel
put se dire que, dans le gouvernement de ses provinces, il
ne relevait plus que de sa conscience et de l'intérêt général
chrétiennement entendu. C'est donc à tort que des auteurs
même catholiques, tout en le justifiant, laissent cependant
entendre qu'en fait le Duc passa par-dessus les traités,
spécialement celui de Nyon, lorsqu'en 1598, il édicta
contre les protestants les ordonnances que l'on verra bientôt.

En l'état des choses, il était dès lors évident que les jours
de salut étaient enfin venus pour le Chablais. Aussi dès
1594, au rapport de saint François de Sales (2), profitant
d'une trêve et de quelques avantages à la guerre (3), Charles-Emmanuel « fit savoir à mon prédécesseur de sainte mé-
« moire, dit saint François, que son intention était qu'il
« envoyât des prédicateurs orthodoxes pour travailler à la
« conversion des peuples (4). »

(1) Guichenon, *Hist. de la Mais. de Sav.*, t. II, p. 725.
(2) 53ᵉ lettre, collection Migne.
(3) Charles-Emmanuel était rentré en possession de Thonon en 1593...
(*Mém. de l'Acad. Salés.*, tom. III, p. 158. Nous avons vu précédemment
que cette ville était retombée au pouvoir de l'ennemi, en février 1591.
(4) Dès que Mgr de Granier eut reçut cet avis de Son Altesse, « il en-
« voya un de ses prêtres nommé François Bouchut, homme zélé et ver-
« tueux... qu'il le fit curé de Tonon... Mais il n'y eust pas arresté long-
« temps, que l'heresie fit une de ses saillies ordinaires, qui tendoit à se-
« couër le joug du chasteau de Tonon qui tenoit en cervelle les Hu-
« guenots. Ce qui fut entrepris et executé par les soldats de Geneve et de
« Berne. Le prestre eut une forte appréhension... c'est ce qui l'obligea
« de porter luy-mesme la nouvelle de sa peur et de son retour à
« l'evesque. » *Vie de Mgr de Granier*, p. 159.

Le Duc promit faveurs, protection et encouragements, il délivra des lettres-patentes aux missionnaires et manda aux gouverneurs des places qu'ils eussent à les appuyer dans les fonctions de leur ministère. Le bon Mgr de Granier pleura de joie ! Que de brebis égarées dans ce beau pays du Chablais ! Mais où trouver un homme apostolique qui, après le retour si prompt de R^d Bouchut, ose affronter les périls de cette mission au milieu d'un peuple infecté, depuis 58 ans, du venin de l'hérésie ? François de Sales, prévôt du Chapitre, s'offre : il est accepté par son évêque et bientôt tout est prêt pour le départ. Le nouvel apôtre arriva sur les frontières de notre province, accompagné de son cousin Louis de Sales et d'un domestique, n'ayant d'autres armes qu'un bâton de voyage et son bréviaire. Là, il tombe à genoux et implore l'ange gardien de la contrée (1). Il se rendit d'abord au château des Allinges : c'était le 14 septembre 1594, c'est-à-dire cinquante-huit ans après la première invasion bernoise.

Il y fut accueilli avec joie par le gouverneur de la citadelle et du Chablais, François Melchior de Saint-Jeoire, baron d'Hermance.

Le 16, les deux apôtres descendent à Thonon, et présentent leurs lettres de missionnaires au procureur fiscal Claude Marin, fervent catholique, puis aux syndics de la ville. François réunit chez le premier la communauté de l'église romaine de cette ville, réduite à 14 ou 15 membres composant sept familles, dernière épave de la vraie foi échappée au naufrage universel.

Dès lors, la prédication commence (18 septembre), et l'église de Saint-Hippolyte entend le matin la parole du culte antique et le soir, celle de la réforme (2). Le cœur de François s'était serré à cette vue, comme au moment où, du haut de la forteresse des Allinges, il s'écriait en pleurant :

---

(1) Un tableau de la Visitation, dû à l'habile pinceau de M. Baud, représente cette touchante scène. Une croix élevée sur le territoire de Saint-Cergues rappelle ce lieu béni.

(2) Voir *Vie de saint François*, Hamon ; Vittoz, *Apost. de saint François à Thonon.*

« O Thonon! O Chablais! convertis-toi au Seigneur ton
« Dieu! Que ton repentir soit immense comme la mer ! ».

Aussi tous les jours il descend dans nos murs malgré la
pluie, la neige et l'ouragan. Qu'on le poursuive de huées
et des injures de la rue jusqu'à la *place de la Croix*
où, pour échapper à ses ennemis, il se jette un jour
sous un escalier en s'écriant *à la garde de Dieu* (1) ;
que les sicaires aiguisent leurs glaives pour le frapper
dans la maison de madame Dufoug, *à la rue Vallon* (2),
ou sur la route des Allinges ; que, surpris par les ténèbres, il passe la nuit dans le four du hameau de Noyer (3),
ou transi par le froid, lié à une branche du châtaignier
géant de la Chavannes (4) : n'importe! il veut rendre sa
patrie à son Dieu, à ses compatriotes la liberté et l'honneur, il se sacrifiera, il se dévouera, il mourra ; mais jamais il ne sera dit qu'il a reculé devant le désir de sauver
des frères. Lorsque l'abondance de la neige l'empêche de
remonter aux Allinges pour y passer la nuit et célébrer la
sainte messe, il ira l'offrir d'abord au village de Marin,
traversant la Dranse sur une simple planche couverte de
verglas, et plus tard, dans la chapelle des Hospitaliers du
Grand Saint-Bernard, sur les bords du lac (Montjoux).

Le 2 juillet, une excursion à la montagne des Voirons,
pour y rétablir le culte de Notre-Dame de la Visitation,
faillit lui coûter la vie ; là encore l'erreur a posté des assassins (5).

Rien n'étonne son courage d'apôtre. Il vient fixer son
domicile à Thonon chez Madame Jeanne du Maney, veuve
de noble F. Dufoug. Vers le même temps, il compose son
Traité des Controverses; il en multiplie des copies qu'il
fait afficher et répandre dans la ville, afin que l'œil reçoive
ce que l'oreille refuse d'entendre.

L'erreur a la force et le nombre : cependant elle tremble ;

---

(1) Vittoz, p. 51 (c'était le 19 février 1597).
(2) *Ibid.* p. 8 (pas de date fixe).
(3) *Ibid.*
(4) Dessaix: *Evian-les-Bains et Thonon*, p. 171.
(5) Vittoz, p. 12 ; Ch.-Auguste ; Besson, etc.

il faut pour la rassurer un serment public prêté par les principaux de la localité, de ne plus assister à aucune prédication catholique (1) (décembre 1594). Pour respecter en apparence ces engagements, c'est des portes et des fenêtres voisines, qu'on revient d'abord l'entendre (commencement de 1595). On entendait chaque jour François de Sales annoncer trois ou quatre fois la parole de Dieu dans la ville et dans les bourgades ; et pourtant ce n'était point sans avoir écrit, la nuit précédente, le canevas de ses instructions, ce qui lui demandait au moins trois heures d'études (2).

Les âmes s'ébranlent, et le 14 avril 1595, le baron d'Avully et les syndics sont sur le point de rompre le serment prêté. Dès lors, la moisson jaunit, les semences de la divine parole ont germé, l'assistance des néophytes compte dans son sein le plus savant jurisconsulte de la province, Pierre Poncet (novembre 1596) (3). L'apôtre obtient du Duc de célébrer la sainte messe, la nuit de Noël, dans l'église de Saint-Hippolyte. On s'oppose à l'érection de l'autel, une lutte s'engage même dans le lieu saint. Vains efforts, vaines tentatives d'un parti expirant : la cène calviniste va disparaître et la sainte Victime reprend possession du sanctuaire la nuit de Noël après un laps de 60 ans. La grâce a touché le premier syndic, Pierre Fornier ; il abjure hautement ses erreurs dans cet hôtel de ville où maintes fois il délibéra sur les moyens de paralyser les efforts de l'Apôtre, et il vient au pied des autels renouveler son abjuration et ébranler les consciences des plus hardis (4). Une adresse générale des nouveaux convertis, au nom des habitants de Thonon, va consoler le cœur du pape Clément VIII (5). A l'époque du carême 1597, François de Sales reçoit dans la compagnie du président Favre, au château de Marclaz, l'abjuration des habitants d'Allinges, de Mesinges et de Brens. Ceci se

---

(1) Vittoz, p. 27; Hamon, *Vie de saint François;* Charles-Aug. ; de Baudry, etc.
(2) Hamon, liv. II, ch. 3.
(3) Vittoz, p. 38.
(4) *Ibid.*, p. 47.
(5) *Ibid.*

passait en Carême 1597 (1). Ce fut dans le cours de cette année que François composa un traité malheureusement perdu. Irrité des succès du saint missionnaire, le démon s'en vengea en prenant possession de plusieurs personnes. François eut recours aux exorcismes, il délivra les unes, soulagea les autres et écrivit à cette occasion son *Traité de la Démonomanie.*

Peu après sa première conférence avec Bèze (8 avril), François partit pour Annecy. Il y conféra avec son évêque et se rendit à Chambéry. Là, une agréable surprise l'attendait. A peine arrivé, son ami le sénateur Favre lui remit des lettres patentes du Duc qui lui assuraient des revenus suffisants à entretenir et les curés déjà établis et ceux qu'on croirait nécessaires encore dans les bailliages. De retour à Thonon, François se hâta en effet de confier un certain nombre de paroisses à cinq prêtres distingués et de ses amis (2). La même année, assistant au synode, François avait aussi prié Mgr Granier de lui adjoindre quelques prédicateurs, d'autant plus qu'il avait été seul jusque là chargé de la ville de Thonon et de ses environs (3). L'évêque les lui accorda volontiers et « les tira des mêmes Ordres religieux que François suggéra ». C'étaient les PP. Chérubin de Maurienne, Esprit de Baumes, capucins et le P. Jean Saunier, jésuite. Le 28 juillet, François, avec son cousin Louis, partit d'Annecy à la tête de « cette petite esquadre qui valait une armée » et on arriva le même jour à Annemasse (4). Le lendemain 29, on tint là comme un conseil de guerre entre tous les prédicateurs des deux bailliages. La conférence terminée, le P. Chérubin fut député au duc de Savoie pour lui en donner connaissance et François se dirigea sur Thonon avec ses autres auxiliaires.

L'*Oraison des Quarante-Heures* que l'on devait célébrer à Annemasse, les 7, 8 et 9 septembre, allait commencer.

---

(1) *Apostolat de saint François de Sales à Thonon*, p. 58.
(2) *Relation abrégée des travaux de l'apôtre du Chablais*, p. 422.
(3) *Apostolat*, p. 60.
(4) *Vie de Claude de Granier*, par le P. Constantin, p. 169.

François voulut y conduire en procession les catholiques de Thonon et l'on vit ainsi passer triomphalement la croix à travers ces campagnes où elle avait été l'objet de tant de mépris ; quatre cents nouveaux convertis des alentours de Douvaine se réunirent à leurs frères sur le parcours de la procession. C'étaient les trophées de Louis de Sales, cousin de notre Saint. Les fêtes d'Annemasse eurent le plus grand succès. L'évêque les commença par la messe solennelle. « Sous son authorité François de Sales bénit la croix qui fut dressée sur le grand chemin, » et le P. Esprit fit la prédication. Le P. Chérubin lui-même avait mis tant de diligence à faire son voyage, qu'il put y être présent. Les fêtes terminées, François reprit le chemin de Thonon où les missionnaires religieux ne le rejoignirent que le 16 septembre. Désormais assisté et au besoin remplacé par eux, François pouvait plus facilement s'absenter. D'après M. Vittoz (1), il faudrait placer ici un pèlerinage au tombeau de saint Claude que François aurait fait à cette époque en compagnie de sa tante Dufoug du Maney. Une date de l'absence de l'apôtre du Chablais tout-à-fait constatée est la suivante : Dès avant Noël de cette année 1597, François partant pour Annecy quitta Thonon où il ne rentra que le 11 avril 1598 (2). Ce départ de François mit nécessairement le Père Chérubin à la tête de la mission jusqu'à son retour. A de grandes vertus, à des talents remarquables ce religieux joignait un grand zèle. Il prêcha fréquemment pendant l'Avent; mais, de l'avis du P. Thalisieu (3), parfois « ce zèle ardent et impétueux le faisait agir avec chaleur dans les affaires de la religion ». On explique ainsi le trait que nous allons raconter et que l'auteur de sa vie appelle : *Son action téméraire*.

A cette époque et à leurs heures respectives, les catholiques de Thonon assistaient aux Saints-Mystères et les

---

(1) *Apostolat...*, p. 72.
(2) *Ibid.*, p. 81, 82.
(3) Voir sur les œuvres, les travaux de ce religieux célèbre, son intéressante *Vie*, écrite par le chanoine Truchet, Chambéry, 1880.
(4) De Baudry, *Relation...*, tome II, p. 48, 49.

protestants faisaient leurs prêches dans la même église, celle de Saint Hippolyte. Cet état de choses présentait de graves inconvénients. C'est pourquoi le Père Chérubin sollicita et obtint du Duc un ordre aux réformés d'accomplir leurs offices dans celle de Saint-Augustin, ne leur laissant plus qu'un droit dans la première, celui de sonner la grosse cloche, pour annoncer leurs réunions. Encore le R⁴ Père fit-il effacer cette réserve intolérable à ses yeux, et, sans écouter les officiers ducaux qui conseillaient de retarder cette mesure irritante, il résolut d'enlever la cloche de vive force. C'était vers les fêtes de Noël 1597. Un jour que le prêche devait avoir lieu, il ferme l'église, prend le P. Esprit et deux laïques, monte au clocher, tire à lui cordes et échelles, puis attend tranquillement.

Les protestants arrivent, enfoncent les portes, envahissent le saint lieu, et montent au clocher, où ils aperçoivent le P. Chérubin qui leur déclare, du haut de la tour, qu'en vertu d'un ordre du souverain, la cloche est aux catholiques, et qu'il ne permettra pas que cet instrument consacré par l'Église demeure au service du mensonge et de l'erreur. Aussitôt, des cris de fureur retentissent de toutes parts, on s'attroupe, on court aux armes, des coups d'arquebuse sont dirigés sur les catholiques, sans les atteindre ; l'assaut est tenté, des échelles se dressent, mais se renversent sur les assiégeants ; on parle enfin de saper le clocher, quand un gentilhomme protestant, *Messire de Vallon*, fend la foule, prend connaissance de l'arrêté du prince et calme l'emportement de ses coreligionnaires.

A quelque temps de là, par une nuit sombre, les principaux bourgeois protestants allumaient un grand feu sous la même cloche qu'ils avaient vendue à un marchand de Genève, ils l'enveloppaient d'un drap épais destiné à éteindre les vibrations, et la brisaient à coups de marteau. Le P. Chérubin, toujours aux aguets, entend ce bruit, et court à la place *de l'École* en informer le procureur fiscal, Claude Marin (1).

(1) Un plan de Thonon, dressé peu après saint François, plan tiré de Ripailles, par M. Jules Guyon, met *la loge du procureur fiscal Marin* chez MM. Moynat, Plumet, *place de l'Ecole.*

Celui-ci, redoutant la fureur des sectaires, prétexte l'heure trop avancée... Mais le Père le presse tellement, qu'il se lève, et le suit vers l'église. A leur vue, les séditieux font entendre des cris féroces, et leur lancent des tisons enflammés, en criant au procureur qu'il était mort s'il approchait. Marin voulait redescendre; le vaillant missionnaire le rassure, ils escaladent le beffroi, et trouvent la cloche en pièces. Le procureur, transformé par une sainte fureur, ordonne aux mutins de rentrer dans leur domicile respectif et prend les clefs du clocher. Bien plus, il mande le capitaine de justice avec ses archers, et oblige les coupables à conduire au fort des Allinges les différents fragments dont on fît trois cloches pour les catholiques (1).

Ce coup d'autorité enhardit encore le missionnaire, qui dès lors attaque et renverse en toute occasion les sophismes des ministres, en les provoquant à une conférence publique. Il dresse sur la place de *la Halle* actuelle, en face de l'hôtel de ville, une belle croix, et, dès que le monde est assemblé pour le marché, ou toute autre occasion, il monte sur le piédestal, parle et sape, les uns après les autres, les préjugés de la foule. Ses sermons pendant le carême 1598, ont le plus grand succès et les protestants, pour l'entendre, viennent secrètement se cacher dans les maisons voisines de l'église.

Le ministre Viret, le dernier à la brèche, accepte une première dispute en présence des notabilités du parti protestant, réunies à l'hôtel de ville, et se voit réfuté si victorieusement qu'il abandonne le champ de bataille.

Hermann Lignarius, professeur de théologie à Genève, arrivé le 13 mars 1598, veille du dimanche des Rameaux, dispute quelques jours, fait litière de ses engagements et s'enfuit à son tour.

Le Père Chérubin accélère le mouvement vers le catholicisme en affichant journellement ses défis. Notre ex-syndic Deprez, fortement attaché aux principes de la Réforme,

---

(1) *Vie du P. Chérubin*, p. 75. Le clocher de St-Hippolyte possédait encore une autre cloche que réclamaient vivement les protestants (Voyez Migne : *Œuvres complètes*, t. VI ; *Hist. du P. Chérubin*, p. 94, 96, 101, etc.)

conjure encore les ministres d'ouvrir une discussion ; une entrevue dans la maison de dame Jeanne du Maney, n'avança nullement la conférence.

Du reste, le véritable apôtre du Chablais, momentanément absent de Thonon, retenu à Annecy par une maladie très grave et des affaires importantes auprès du Duc, ne tarda pas à retourner sur le théâtre de son apostolat ; c'est lui qu'attendaient ses néophytes de Thonon (1). C'est à sa douceur apostolique qu'allaient enfin se rendre les populations encore rebelles du Chablais. L'ébranlement devint général, et un miracle de premier ordre, opéré cette année même par François de Sales, n'y contribua pas peu.

A cette époque une femme du faubourg de Saint-Bon, (aujourd'hui *des Ursules*) accompagnait à sa dernière demeure, à notre cimetière actuel (2), son enfant mort. Déjà convaincue par les prédications de l'apôtre, elle a tardé à se convertir, elle est restée dans l'erreur, et n'a pas même fait baptiser son fils, et il est mort.

Elle s'en va donc, suivant lentement le cortège funèbre, la tristesse, le désespoir dans le cœur, le regard voilé de larmes, quand soudain, à l'angle du champ des morts, apparaît un prêtre : c'est François, qui vient probablement de visiter ses malades de Tully, de Concise ou de Vongy. Une idée prompte comme l'éclair lui traverse l'esprit. Rejetant son voile de douleur, elle se précipite à ses pieds : O mon père, ô mon saint, s'écrie-t-elle avec l'accent de la douleur, rendez-moi mon fils, il est mort sans être baptisé ! Rendez-moi mon fils et je me ferai catholique ! François pleure à son tour, puis, tombant à genoux, il lève vers le ciel son angélique regard : « Seigneur, dit-il, ayez pitié de la mère et de l'enfant. » Le cercueil est ouvert, le fils est rendu à sa mère ! On s'empresse, on accourt ; de toutes parts retentissent des cris de joie, d'étonnement et de terreur ; les ministres irrités parcourent les rues en forcenés,

---

(1) Nous avons dit que François rentra à Thonon le 11 avril.

(2) Il existait alors deux cimetières à Thonon : l'un autour de l'église et l'autre au faubourg de Saint-Bon. On enterrait dans les deux en 1606 (*Regist. paroiss.* de Thonon).

mais le faubourg et la ville pleurent de joie, et la chapelle actuelle de Saint-Bon est élevée en mémoire de ce prodige à l'endroit même où François s'était agenouillé (1).

Ce prodige, aussitôt divulgué, fut justement regardé comme un appel de Dieu lui-même, et la divine parole étant désormais prêchée en plusieurs lieux, ce furent les multitudes qui rentrèrent au bercail. Le ministre Viret, jugeant lui-même la place insoutenable, ne pensa plus qu'à en sortir. Il passa dans le canton de Vaud et devint ministre de Dompiène. Ses coreligionnaires de Thonon ayant aussi perdu l'église de Saint-Augustin, se réfugièrent dans un temple provisoire qu'ils se dressèrent sur la place de Crête avec quelques planches.

On était au 20 septembre, jour fixé par le Duc pour l'ouverture des Quarante-Heures. L'évêque les inaugura dans l'église de Saint-Augustin. Malheureusement ni le Légat ni le Duc n'avaient pu arriver à temps. On les attendit plusieurs jours, et dès le 1er octobre, en leur présence, on recommença les mêmes prières et les mêmes solennités. Le grand intérêt de ces fêtes fut dans l'abjuration publique que firent le ministre Petit, les gentilshommes de la province et les autres convertis, aux pieds du Légat ou de l'évêque.

Voici, d'après les archives de nos presbytères et celles des capucins de Chambéry, le cérémonial qui fut suivi dans cette circonstance : L'évêque, revêtu des ornements pontificaux, et assis devant la porte de notre église, interrogeait le converti agenouillé à ses pieds. Celui-ci répondait à ses questions et terminait par un acte de foi sur chacun des articles du Symbole ; quand tous les habitants d'une localité ou d'une paroisse avaient satisfait à ses interrogations, le prélat lisait l'exorcisme et faisait le signe de la croix sur le front de chaque nouveau catholique en disant : « Reçois le signe de la croix du

---

(1) *Ibid.*, p. 89 à 93. R. P. Bouverat, prêtre, en fut le promoteur. Ce fut lui qui écrivit ces mots au fronton de ce petit sanctuaire : « O vous qui passez ; priez pour les trépassés. 1617. Pierre Bouverat. »

Christ et du Christianisme, signe déjà reçu que tu n'as gardé, mais que, trompé, tu as renié. »

Aussitôt les portes du saint lieu s'ouvraient devant la multitude qui allait se prosterner au pied du maître-autel, élevé dans l'avant-chœur actuel; c'est là, selon la tradition, que fut répétée d'une voix unanime ou séparément, la formule suivante, inscrite en tête de plusieurs registres paroissiaux de cette époque : « Le cœur contrit et humilié, moi (nom de la personne) je reconnais et confesse devant la sainte Trinité, en présence de toute la Cour céleste et de vous ici témoins, que j'ai gravement péché en embrassant les erreurs des hérétiques, particulièrement celles-ci : (principales erreurs). Mais par la grâce de Dieu qui me voit en ce moment, de ma libre, spontanée et sincère volonté, j'abjure, regrette et anathématise ces erreurs et toutes celles qu'enseignent les hérétiques ; j'accepte la profession de foi de S. Eminence; et, de cœur et de bouche, je promets sincèrement de toujours tenir cette croyance que la sainte Église romaine tient, observe et enseigne ; tout ce que j'ai affirmé, je le jure sur ces saints Évangiles, et que Dieu entende mon serment! » Le renouvellement des interrogations et des renoncements du baptême succédait à cette émouvante confession ; puis l'évêque terminait la cérémonie par cette sublime prière : « Seigneur, Dieu Tout-Puissant, Père de N.-S. J.-C., qui avez daigné tirer votre serviteur du mensonge de l'erreur hérétique, et le rappeler au giron de votre sainte Église, vous, Seigneur, faites descendre sur lui, du haut des cieux, le divin Paraclet, l'esprit de sagesse et d'intelligence, l'esprit de conseil et de force, l'esprit de science et de piété, environnez-le de la lumière de votre splendeur, et, au nom de N.-S. J.-C., marquez-le du signe de la croix pour la vie éternelle. Ainsi soit-il. »

Les hérésiarques et défenseurs principaux de l'erreur faisaient une abjuration particulière du point de la doctrine qu'ils avaient enseignée ou propagée...

Au sortir de l'église éclataient les accents de la musique instrumentale, mêlés aux cris de joie des enfants du peuple, et aux hourras de la foule délirante. On s'embrassait, on chantait, le peuple avait retrouvé le Dieu de ses pères (1).

Comme les églises de Saint-Hippolyte et de Saint-Augustin n'étaient ni l'une ni l'autre assez vastes pour contenir la foule, on avait élevé, sur la place attiguë à cette dernière, un immense oratoire en charpente que l'on décora avec tout le soin possible (2).

Les processions se succédaient sans interruption ; elles faisaient chacune une heure d'adoration, et écoutaient un sermon que prononçaient tour à tour saint François, le P. Chérubin, les PP. Galisius et Jean Saunier. La procession d'Évian avait en tête une troupe de personnes habillées en anges, chargés des instruments de la passion de J.-C. Ces anges montèrent sur un théâtre dressé à côté de l'église de Saint-Augustin, chantèrent la Passion et représentèrent le prophète Elie se dérobant à la persécution de Jézabel, et recevant d'un ange, le pain qui relevait ses forces défaillantes.

Là, saint François parla à chacun de nos ancêtres, il répéta et inscrivit tous les noms de nos familles. Ces noms, il les a immortalisés en les envoyant au Souverain

---

(1) Quelques protestants helvétiques n'ont vu dans ces jours de fête, qu'une vaine cérémonie sans importance aux yeux de nos pères. Même pour un seul converti, cette cérémonie avait solennellement lieu en présence du clergé et du peuple. Personne n'était admis qu'après des épreuves plus ou moins longues, selon le rôle qu'il avait rempli dans l'hérésie et la valeur des témoignages apportés en sa faveur. Que quelques habitants se soient faufilés dans l'église par spéculation, c'est fort possible, et cela ne prouve rien. « Si l'on défalquait, dit M. Truchet, des conquêtes du protestantisme au XVIe siècle, tout ce qui vint attiré par l'appât du gain doublé de l'appât de la débauche plus facile, il lui resterait peu de chose, disons plutôt qu'il n'eût jamais existé. » Ajoutez encore, chez nous, la crainte de la confiscation et la terreur qu'inspirait l'épée bernoise.

(2) Cette place s'étendait sur l'emplacement de l'ancien collège que l'on voit encore maintenant. Le 19, samedi des Quatre-Temps, Mgr de Granier réconcilia l'église de Saint-Augustin, consacra plusieurs autels, conféra la confirmation et les Ordres, récupéra la pierre du maître-autel de cette église qui servait de table commune de notre Hôtel-de-Ville et plusieurs autres objets sacrés offerts spontanément par les protestants, enfin il bénit une multitude de croix que chaque procession emportait, pour les placer sur les avenues des chemins de sa paroisse.

— 249 —

Pontife à Rome, où ils figurent encore dans les archives du Vatican. Ce sont là les rubis de sa couronne d'apôtre-docteur (1).

Pendant ces fêtes, François de Sales reçut du cardinal légat et de S. A. le Duc de Savoie les plus hauts témoignages d'estime et de satisfaction. Il faut lire aussi (2) les beaux exemples de foi ardente et de piété vraie que donna Charles-Emmanuel à tout son peuple. L'édification fut universelle et profonde.

A la fin des Quarante-Heures, François fit replanter, sur notre place de la Croix, l'étendard du salut jadis renversé par le vandalisme bernois. Le Duc s'y aida de ses propres mains. En quelques jours le culte ancien fut réorganisé à Thonon; notre Saint demanda et obtint de son évêque et de son prince la réunion à l'église de Saint-Hippolyte des trois anciennes paroisses de Saint-Jean-Baptiste de Concise, de Saint-Etienne de Tully et de Saint-Marcel de Marclaz, devenues aujourd'hui chapelles rurales. Les limites fixées alors par l'apôtre à notre commune et

---

(1) Mgr Granier avait désigné douze ecclésiastiques pour recueillir les noms des nouveaux convertis ; mais l'encombrement fut tel qu'on ne put guère inscrire que les chefs de famille, tant hommes que femmes, épouses ou veuves, au nombre de 2324. On peut encore les voir à la bibliothèque vaticane sous le n° 5503. Un catholique allemand les imprima à Leipzig en 1843 et l'Académie salésienne les a publiés de nouveau dans le second volume de ses *Mémoires* en 1880. Ce tableau comprend 48 paroisses ou localités du Chablais et 14 du baillage de Ternier. Celles de Gaillard n'y figurent pas, parce que ce baillage ne fut restitué au duc de Savoie que par le traité de Lyon du 7 janvier 1601. Mais avant la fin de la même année les huit paroisses de Gaillard étaient revenues au catholicisme. Quoique tous réunis dans la même liste, les catholiques de Thonon n'avaient pas tous abjuré le même jour; on sait que la conversion du baron d'Avully, du ministre Petit, du syndic Pierre Fornier, de Ferdinand Bovier, etc... précéda l'abjuration de MM. Joly, Després et du colonel Brotty (d'Antioche). Thonon y est dit siège de l'évêque « *Thonon hodie episcopi sedes.* » Dès 1598, grâce à saint François, on était en recours auprès de Rome pour que la capitale du Chablais devînt le siège définitif de l'évêque et de son chapitre cathédral. Plus Thonon lui a coûté, plus François a acquis de droits à son amour. Il ne fallut rien moins que les énergiques protestations d'Annecy pour le retenir dans cette dernière ville.

(2) *Vie de Mgr Granier*, p. 189. *Vie du P. Chérubin*, p. 154.

à notre paroisse ont été respectées par le mouvement des âges et des révolutions. Ces frontières sont encore celles que saint François leur assigna lui-même.

Au jour du départ du légat, arrivèrent les députés de Berne, réclamant le libre exercice de la réforme, principalement à Thonon (1598). Le conseil ducal, saint François et Jean-François Berliet, président de la chambre des comptes de Savoie, rejetèrent cette prétention. Comme les envoyés insistaient pour le maintien de trois ministres : « Eh bien ! j'y consens, répondit le Duc, à condition que vous receviez aussi à Berne, à Lausanne et à Genève, les prédicateurs que j'y enverrai ! » Les députés trouvèrent la condition inacceptable : les protestants ne voulaient la tolérance que chez les catholiques.

Le rétablissement des curés, des églises et des presbytères fixa d'abord l'attention du Souverain. Par lettres patentes du 5 octobre de la même année, le Duc nomma une commission composée de l'Évêque du diocèse, de François de Sales, de Claude d'Angeville primicier de la Roche, vicaire général, et de noble Claude Marin, procureur fiscal du Chablais, et la chargea de dresser l'inventaire de tous les revenus ecclésiastiques aliénés ou non aliénés sous la domination étrangère. Les sommes provenant de ces mêmes revenus, pendant trois ans, devaient servir à la reconstruction des autels, des églises et des presbytères. Toutes les cloches transportées au fort des Allinges par les hérétiques, rentrèrent au pouvoir des paroisses respectives (1).

D'Angeville et l'avocat Marin déterminèrent l'état des bénéfices avant 1536, les frais indispensables pour les réparations les plus urgentes, destinant à cet effet les anciens revenus encore existants.

Cependant quelques habitants persistèrent dans l'erreur calviniste. Le 6 octobre Charles-Emmanuel les rassembla à l'hôtel de ville de Thonon. Là il exposa publiquement son ardent désir de les voir rentrer dans le sein de l'Église ca-

---

(1) Grillet, t. II, p. 25.

tholique et leur accorda six mois pour délibérer, déclarant que, ce délai passé, ils eussent à sortir de ses États (1). Cette conduite du prince à l'égard de ce petit nombre de récalcitrants souleva les plaintes et les blâmes de toutes les puissances protestantes de l'Europe. Charles-Emmanuel résista aux menaces et aux supplications ; il ne voulait pas, et avec raison, tolérer dans ses États les partisans déclarés des Bernois et des Genevois ses ennemis qui avaient eux-mêmes, ainsi que nous l'avons établi, refusé toute valeur internationale aux traités qu'invoquait l'hérésie. Quelles rigueurs n'avait pas exercé Henri VIII contre les catholiques? N'était-ce pas l'épée des Bernois qui avait maintenu la Réforme dans nos bailliages? Pour imposer leur culte aux populations du Chablais, n'avaient-ils pas usé de menaces et de violences (2) ? Et à cette époque même, Genève ne déployait-elle pas les mesures les plus sévères pour empêcher les catholiques de rester sur son territoire, et ceux qui en étaient sortis, d'y rentrer (3) ? Charles-Emmanuel était donc bien dans son droit en rétablissant dans ses provinces reconquises ce que la violence y avait aboli. La tranquillité publique, le besoin de paix, l'intérêt de son peuple demandaient ces mesures et justifiaient cette conduite, qui est, du reste, en tout point conforme au droit public de cette époque, droit exercé par les hérétiques eux-mêmes. On a crié, alors, et par défaut d'examen, on crie encore à la persécution d'autant plus haut qu'on en a moins le droit. Thonon vit-il jamais les bûchers de Michel Servet de Genève, les échafauds dont l'Allemagne était hérissée, les férocités d'Henri VIII? N'avions-nous pas le plus haut intérêt, encore une fois, à éloigner de notre pays des partisans et des espions de Berne et de Genève? Aussi le 12 octobre Charles-Emmanuel portait le décret suivant : 1° Tout possesseur de biens ecclésiastiques dans les bailliages de Chablais et de Ternier ne peut plus les confier à loyer ou à ferme, qu'à des catholiques, sous peine de confiscation ; 2° Tout hérétique maltraitant, menaçant

---

(1) Grillet, *Diction. hist.*, t. III. p. 417.
(2) *Mém. publiés par l'Acad. salés.*, t. III, p. 153.
(3) *Hist. de Genève*, par M. Fleury, t. II, p. 188 et suiv.

ou insultant un catholique ou celui qui désire le devenir, est puni d'une amende de 100 livres ou d'une autre peine au choix du juge; 3° Tout protestant est incapable de tout emploi et de toute dignité civile; celui qui en est revêtu, en sera dépouillé, s'il persiste dans l'erreur. Les biens ecclésiastiques ne serviront qu'à l'entretien du sacerdoce et aux besoins du culte.

Un mémoire de saint François fit encore adopter les ordonnances suivantes : L'exercice de la religion protestante est interdit : défense aux hérétiques d'assister aux prêches hors des frontières; défense de retenir les livres prohibés ; ordre aux parents protestants d'élever leurs enfants dans le catholicisme.

Ces ordonnances si injustement appréciées devinrent bientôt sans objet ; car les sieurs Brotty, Joly, Deprez et quelques autres récalcitrants de la première heure, ayant entendu plusieurs conférences de François avec les ministres, et constaté la défaite de ces derniers, renoncèrent volontairement à l'hérésie. Ainsi finit le protestantisme en Chablais.

Dès le 12 novembre 1598, des lettres patentes du Duc ordonnèrent de reconstruire les églises et établirent à Thonon un collège confié aux Pères Jésuites. Un peu plus tard François de Sales partit pour Rome, avec le vicaire général du diocèse, François de Chissé de Polinge.

De son côté, le pape Clément VIII révoqua la concession des biens ecclésiastiques faite en 1575 à l'ordre des Saints Maurice et Lazare (1).

Les chanoines augustins de Ripailles reprirent possession de leur domaine et rouvrirent les portes de l'église d'Amédée VIII. Dès 1602, Thomas Pobel, un de leurs prieurs, présent au sacre de saint François, revendiqua en vain l'entière exécution du bref révocatoire ; les chevaliers possé-

---

(1) Arch. de la Ste-Maison. Cependant, le 15 février 1582, Charles-Emmanuel ordonne de remettre au sieur Saudry, trésorier de l'ordre des SS. Maurice et Lazare, une vigne dépendant d'une chapelle *des Altariens*, fondée dans l'église de Thonon et possédée ci-devant par Jacques Bergerat, et François Vuillard (*Arch. roy.* de Turin).

dèrent jusqu'à la Révolution des revenus dépendant de la commanderie de Ripailles (1).

En remplacement de la collégiale de Viry précédemment détruite, le Pape institua dans notre ville, par sa bulle du 23 novembre 1599, un corps d'ecclésiastiques, appelés les chanoines de la sainte Maison; cet établissement formait une *université complète* (2) où l'on enseignait toutes les sciences, et dont il sera plus amplement parlé ailleurs.

Disons seulement que cet établissement devint une pépinière d'illustrations théologiques et scientifiques (3).

Mgr Claude de Granier convoqua le synode diocésain au commencement d'avril de l'an 1600, afin d'entendre les ecclésiastiques légitimement pourvus de bénéfices dans notre région. Il n'en trouva que sept : François de Sales, curé de Corzier ; le primicier d'Angeville, prieur de Douvaine ; le doyen de Lornay, curé de Thairy; Thorens, prieur de Draillant ; Michel d'Echallon, curé de Collonges et d'Archamps; Pierre Mugnier, curé de Saint-Julien, et François de Borgal, curé de Beaumont.

L'évêque vint ensuite dans notre ville, comme délégué apostolique, accompagné de ses deux vicaires généraux d'Angeville et de Chissé, en vue de procéder avec saint François et Charles de Rochette, premier président du Sénat, au rétablissement des curés du Chablais et des bailliages (4).

Mais Charles-Emmanuel ayant chassé les Français du marquisat de Saluces, la guerre éclata et ceux-ci, sous la conduite de Lesdiguières, s'emparèrent de la Savoie, du pays de Gex, de la Bresse et du Chablais.

Deux ans auparavant (12 novembre 1598), Charles-Emmanuel, attribuant au manque de fortifications suffisantes, les désastres des dernières guerres, avait ordonné

---

(1) Arch. dép. d'Annecy. Somm. des fiefs, Chablais.
(2) Voir le chapitre intitulé : l'Université chablaisienne.
(3) L'école de théologie de Chambéry, qui jouit d'une grande réputation sous la conduite des Pères Jésuites, fut érigée le 16 février 1664, par messire Louis Gilette, préfet de la Sainte-Maison de Thonon.
(4) Arch. de la Sainte-Maison et *Hist. de saint François*.

au seigneur d'Avully de clore notre bourg de bonnes et fortes murailles. En conséquence, le 22 du même mois, son fermier du sel en Chablais avait reçu l'ordre de payer exactement « tous les maîtres chappuis et massons travaillant aux barricades de la ville » (1).

On recula les portes ; les faubourgs de la Croix, de Vallon et de Saint-Sébastien furent enclavés dans les nouveaux remparts.

A la mi-novembre 1600, deux places seules tenaient encore : le fort de Sainte-Catherine au bailliage de Ternier, et la forteresse des Allinges.

Le gouverneur de cette dernière place était Pierre-Jérôme de Lambert, successeur du célèbre baron d'Hermance ; il avait sous ses ordres N° Ferdinand Bouvier, ce gentilhomme calviniste qui, étant gouverneur de Chillon, avait formé, en 1589, le projet de chasser les Bernois du pays de Vaud (2).

Plusieurs gentilshommes du Chablais, tels que le baron d'Avully et le frère du sergent-major N° Jean Bovier, avaient quitté leurs manoirs pour se jeter dans la forteresse. Ils s'exposèrent ainsi, par patriotisme, à la vengeance des Français, qui prirent leurs biens et pillèrent leurs châteaux

Sommé de se rendre, Lambert répondit par un refus énergique. Le 6 décembre, Henri IV lui écrivait : « Je veux croire que vous serez bien conseillé, que de ne pas tenir contre une si forte et puissante armée que la mienne... Veuillez donc, vous tenir pour bien avisé, il y va de votre bien et avantage... » (3). Lambert voyant que la résistance devenait impossible, signa le 12 décembre les conditions de la capitulation : Voici les plus importantes :

1° La garnison sortira du fort avec tous les honneurs de la guerre... 2° N° Jean Bovier et son frère seront rétablis dans leurs biens ; 3° la religion catholique sera maintenue en Chablais.

Cette dernière clause n'était pas inutile ; car les Gene-

(1) *Pièc. justific.*, n° 8.
(2) *Armorial*, de M. A. de Foras. Art. Bouvier.
(3) *Rev. savois.*, janvier 1865.

vois intriguaient auprès d'Henri IV afin d'obtenir la cession du Chablais, ou au moins le libre exercice de la religion protestante dans cette province. Les archives de Genève prouvent que le bruit du rétablissement du prêche calviniste à Thonon avait couru sur nos rivages (1).

Le pape Clément VIII offrit sa médiation. Le traité de paix signé à Lyon en 1601, conserva au Duc le marquisat de Saluces et la Savoie céda à la France la Bresse, le Bugey, le Val Romey et le pays de Gex, et sept villages le long du Rhône.

Charles-Emmanuel chercha une compensation à cette perte, par une entreprise sur Genève. Ses ancêtres avaient dès longtemps exercé sur cette ville des droits très véritables; Genève les avait indignement méconnus à l'époque de son apostasie; d'ailleurs cette ville était l'asile des mécontents et des conspirateurs, un foyer de révolte; il tenta de s'en emparer par surprise. La nuit (22 décembre 1602) 300 hommes escaladèrent les remparts; mais les mesures échouèrent. Après un combat inégal, ils furent massacrés. Cette conduite fut une faute politique, mais non une violation du droit des gens, ainsi que l'ont avancé quelques auteurs; car Genève n'avait pas été comprise dans le traité de Lyon, entre la Savoie et la France, et la guerre existait encore entre le Duc et cette république. Après cet évènement, les Genevois firent des excursions sur notre territoire. Tout fut pacifié par le traité de Saint-Julien (21 juillet 1603) (2).

Le 25 octobre 1600, le bref pontifical relatif à la réorganisation du culte catholique s'accomplissait. On rétablit dès lors trente-cinq églises paroissiales.

La célébration du Jubilé de l'année sainte eut lieu à Thonon, par concession de Clément VIII, aux mois de mai et de juin 1602; le gouverneur de Savoie Messire d'Albigny, les députés du Sénat et de la Chambre des comptes, l'Évêque de Genève y arrivèrent le 24 mai.

Après avoir mis les chanoines de la Sainte-Maison en possession du prieuré de Saint-Hippolyte, l'ouverture des

(1) Arch. de Gen., lettre d'Henri IV, vol. VIII, p. 797.
(2) Fleury: *Hist. de l'Egl. de Gen.*, t. II, p. 171.

grandes indulgences se fit avec les cérémonies observées à Rome pour l'ouverture de la Porte-Sainte.

« L'évêque de Genève, dit l'abbé de Baudry, revêtu pontificalement, tenant un petit marteau d'argent à la main, accompagné de ses prêtres assistants, et précédé des pénitenciers et des ecclésiastiques qui étaient venus à cette fête de divers endroits, donna commencement au jubilé par l'ouverture de la porte de l'église. Il était suivi du gouverneur de Savoie, des commissaires nommés par le Duc, des députés du Sénat et de la Chambre des comptes, des syndics de la ville de Thonon, du juge-mage, du lieutenant, de l'avocat fiscal, du procureur fiscal et d'une si grande affluence de peuple, qu'on assure qu'il y avait plus de 20,000 personnes. Cette cérémonie se fit avec une pompe extraordinaire : la bourgeoisie était toute sous les armes et l'on peut dire que les concerts de musique, les fanfares des trompettes, les carillons des cloches, les décharges de mousqueterie et les autres marques de joie semblaient porter jusqu'au ciel les élans de l'allégresse générale. Toute l'artillerie du château des Allinges se fit entendre et porta à Genève et au pays de Vaud la nouvelle de ce triomphe. »

Cent soixante processions accoururent de la Savoie, de la Suisse, du Vallais et de la France, entre autres celles de Nantua, de Belley, de Bourg, de Lyon et de Saint-Claude. Genève leur accorda le passage dans ses murs à condition de voiler les croix et les bannières (1). Ce fut

---

(1) Le nombre des pèlerins s'éleva à près de 300,000. Cent confesseurs entendirent les confessions dans les églises, et jusque dans les coins des rues. On compta 62,000 communions. Pendant deux mois, il arriva journellement de 4 à 500 étrangers. Il eût été facile aux Genevois et aux Bernois exaspérés, de tenter quelque surprise. Aussi des corps de garde furent-ils postés aux portes de la ville, sur les places publiques, au bord du lac, outre de nombreuses sentinelles aux clochers des deux églises et sur le haut des tours de Charmoisy et de St-Bon. Genève essaya de se venger en défendant d'apporter des vivres à Thonon, mais les mesures étaient prises, rien ne manqua. Genève livra des billets de logement à 100,000 pèlerins. Vers ce temps (2 juillet 1602) un pèlerinage des habitants de Thonon à N.-D. d'Hermone, inaugurait cet ancien sanctuaire au culte de Marie.

alors que les derniers calvinistes de nos campagnes revinrent à la foi de leurs ancêtres.

Les offrandes recueillies pendant les deux mois du jubilé s'élevèrent à plus de vingt mille écus d'or ; dix mille furent employés à racheter de la ville de Fribourg les biens-fonds du prieuré de Saint-Hippolyte, hypothéqués par les Bernois, et le reste servit à l'acquisition des dîmes aliénées des principales églises du Chablais.

Le R. P. Chérubin obtint pour la seconde fois un jubilé, en cour de Rome, pour l'année 1607 ; nos paroisses et les pays voisins s'ébranlèrent encore à la voix de saint François. Berne et Genève eurent recours à la calomnie en faisant de Thonon, un pays infecté par la peste.

A l'appel du saint évêque, notre lac se couvrit de barques, et nos chemins, de pèlerins accourus du Piémont, de l'Italie, de la France, de l'Espagne et de la Suisse (1). Saint François profita de cette circonstance pour rétablir à Thonon les confréries du Saint-Sacrement et de la sainte Vierge (1607). Il inscrivit son nom en tête, et conduisit nos pères, au nombre de plus de 400, vénérer les reliques de saint Claude dans le Jura (2).

François, devenu évêque (1602), n'oubliait pas ses chers habitants de Thonon, il venait souvent les visiter. Le 20 septembre 1603, il fit dans l'église de Saint-Augustin plusieurs ordinations ; il donna la tonsure à 8 jeunes gens, conféra les ordres mineurs à 4, le sous-diaconat à 3, et la prêtrise à 9 ordinants.

Le 24 septembre 1611, le 3 octobre de la même année, le 14 décembre 1614, d'autres ordinations se firent aussi à N.-D. de Compassion (3).

---

(1) P. Fidèle de Thalissieu.
(2) Perennès, t. II, p. 231.
(3) Arch. de l'évêché d'Annecy. La peste se faisait alors un peu sentir à Thonon ; quelques cas sont signalés dans les registres paroissiaux.

CHAPITRE X

ARTICLE PREMIER

1622-1700

SOMMAIRE : *Le XVIIe siècle à Thonon et en Chablais, 1622-1700.* — Mort de saint François. — La famine. — Invasion de 1630. — Les Français en Chablais et à Thonon. — L'éboulement du mont Forchiez. — Fête de la béatification de saint François de Sales. — Réjouissances publiques à l'occasion du mariage de Charles-Emmanuel II. — Autre octave en l'honneur de saint François de Sales, canonisé par Alexandre VII.

Les joies de l'époque furent troublées en 1609 par une tempête qui s'abattit sur Thonon et le Chablais. L'Université chablaisienne, dont le dévouement se montra à la hauteur des circonstances, distribua des vivres aux plus nécessiteux, fit de fortes remises à ses amodiateurs ou fermiers, et employa à sa papeterie et à ses martinets le plus grand nombre de bras possible (1).

Elle possédait alors à la *place des Arts*, le *martinet à papier*, les *meules à huile* et à *chenevoz* (chanvre), puis à Ripailles, le *martinet à faux* où l'on battait le fer, où l'on fabriquait des faux et autres instruments d'industrie et d'agri-

---

(1) Reg. des délibérations de la Ste-Maison, que je dois à l'extrême obligeance du savant conservateur du musée de Chambéry, M. L. Rabut (4 sept. 1609).

culture (1). Plusieurs scieries se mouvaient encore sur l'Oncion, et dépendaient de son conseil souverain. Cette eau était très forte, car, le 10 avril 1578, François Clerc avait obtenu du conseil municipal d'élever une muraille pour recevoir l'eau sortant du *forneau des bornels de la ville* et la réunir à celle de l'*Anfion*. Ses imprimeurs, ses *passementiers* ou fabricants de tissus précieux composés d'or et de soie, ses médecins, ses apothicaires, ses étudiants communiquaient à notre ville une aisance et une activité qu'elle retrouvera difficilement. Sous la direction de l'apôtre du Chablais, Thonon devenait ainsi une cité ouvrière modèle (2).

Au mois de juillet 1622, saint François arrivait encore à Thonon pour bénir le mariage du seigneur Albert de Lullin avec Catherine de la Baume Saint-Amour dit de Bruge. Il n'avait plus que quelques mois à vivre. Le 28 décembre suivant, jour des Saints-Innocents, il expirait à Lyon dans la chambre du jardinier du monastère de la Visitation. On sait que Victor-Amédée Ier s'écria à cette nouvelle : Le plus grand homme de l'Europe est mort! On peut se demander en effet, quel est l'homme du xviie siècle qui réunit dans la même mesure tous les genres de mérite. Il eut de son temps la palme de l'éloquence et de la littérature; l'empereur d'Allemagne, le roi d'Angleterre, Henri IV roi de France, Rome, les protestants même l'enviaient à la Savoie ; la voix publique le canonisait de son vivant, et depuis deux siècles et demi son tombeau est assiégé (3) de pèlerins.

Thonon, témoin des merveilles de sa vie, demandait à grands cris sa canonisation; aussi avait-il aussitôt sollicité et obtenu l'honneur de placer sur le sépulcre du Saint l'épitaphe suivante :

« A l'honneur de Dieu tout-puissant et tout bon et du bien-heureux François de Sales, etc..., la ville de Thonon délivrée des erreurs de Calvin et rendue à la tres-sainte

---

(1) Pierre Gilette, économe de l'Académie, vendait, le 2 juin 1610, à François du Gerdil de Taninges, 35 liasses de faux *(Ibid.).*
(2) Voy. l'Université chablaisienne, 1609-1610.
(3) Mercier, *Souvenirs histor.*, p. 395.

Eglise catholique, apostolique et romaine, par ses soins, sa doctrine et ses œuvres, a dressé ce trophée à cet incomparable serviteur de Dieu qu'elle tient pour son apôtre, son libérateur, et son charitable réparateur ! »

C'est à saint François de Sales que Thonon, dans le XVII° siècle, a dû ses meilleures fêtes et ses plus belles institutions. Cette époque a vu surgir dans notre cité l'Université chablaisienne ou la Sainte-Maison, la Visitation et d'autres établissements que nous étudierons dans les faits intimes de leur fondation et de leur existence.

Malheureusement, il y a des ombres au tableau, et Thonon eut, un peu plus tard, de cruelles épreuves que nous aurons à rappeler.

En 1629, les évêques de Genève, de Bourges, de Belley et de Maurienne arrivèrent dans nos murs en vue de procéder aux informations requises pour le procès de béatification de saint François. La famine y sévissait d'une manière terrible (1629-1630). Les routes étaient couvertes de cadavres d'individus morts de faim. Faute d'aliments, on recourait à l'herbe des champs pour ne pas périr. « Dans cette détresse extrême, nos prélats, dit J. Dessaix, se distinguèrent par leurs œuvres de charité, et au milieu de ces calamités publiques, ils firent pleuvoir sur le peuple les plus abondantes aumônes (1). » Après la famine vint la guerre. En effet, l'année suivante (1630), le duc de Savoie, malheureux dans ses tentatives sur Genève, guerroyait pour la conquête du Montferrat, et attirait à notre pays une nouvelle invasion des armées françaises.

Le 12 mai 1630, Louis XIII pénètre en Savoie à la tête de vingt mille hommes : Chambéry, Annecy et Rumilly sont pris en quelques jours; Thonon et le fort des Allinges ouvrent leurs portes et restent occupés jusqu'au mois de juin de l'année suivante.

Or, ces troupes étrangères se trouvaient composées en grande partie de réformés calvinistes, pour qui rien n'était

---

(1) *Evian-les-Bains et Thonon*, p. 28.; *Hist. du couvent de la Visitation*, mss. voyez le *Chablais*, 24 février 1878.

sacré, et qui eussent volontiers profité de la victoire pour venger sur nos maisons religieuses les récents échecs de leur secte en Chablais.

La Visitation de Thonon fut, dans cette circonstance, pleinement sauvegardée par une femme de grand mérite. R^{de} Sœur Marie-Françoise Humbert, supérieure de ce monastère, avait coopéré à l'éducation des enfants de la Maison de France (1), sous la direction de Madame la comtesse de Saint-Georges. Son ancien élève devenu le roi Louis XIII, l'honorait d'une estime toute particulière. Elle s'adressa donc au monarque français qui lui accorda le privilège de sauvegarde durant l'occupation entière. La Visitation devint aussitôt un lieu d'asile où se réfugièrent toutes les dames et demoiselles de la ville et des environs (2), qui pouvaient redouter les brutalités de la soldatesque.

Enfin, le traité du 30 mai 1631, compléta celui de Cherasco et rendit la Savoie à son légitime souverain. Dès l'année suivante, on trouve mentionnés dans nos registres les soldats du Duc (14 mars 1632). Nous avons signalé déjà la famine et la guerre ; la peste n'était pas éloignée.

Dès l'année 1628, le fléau s'était abattu sur la France, sur l'Italie et sur une partie de la Savoie. Le bassin du Léman n'eut pas trop à en souffrir; mais onze ans plus tard, en 1639, la peste reparut en Chablais pour y exercer de cruels ravages (3). Le mal revêtit à Thonon un caractère épidémique et contagieux qui fit prendre les plus grandes précautions. Les personnes atteintes du fléau et les malheureux qui avaient eu des contacts avec elles, se voyaient isolés dans

---

(1) Née à Besançon, elle s'était fait remarquer par sa piété. Henri IV et la reine Marie de Médicis l'avaient appelée à cette charge (*Ibid.*).

(2) « Belle compagnie, mais onéreuse après un temps de disette, et sûrement accablante si le départ des troupes n'eût bientôt rendu la liberté aux respectables captives. » *(Ibid.)*.

(3) Le 9 mars 1640, Claude Veyer « *maître papetier à la papeterie de la Ste-Maison* » demande un rabais de 6 ducatons... vu la disette de 1638 et vu « qu'aussi l'année suivante 1639 serait survenue la contagion qui l'aurait aussi empêché d'avoir des toyles ou pattes à cause des défences, et à cause qu'il a esté malade cy près de trois mois » (Délibérations du Vén. Chapitre de la Ste-Maison). Voir aussi les Registres paroissiaux où sont signalés des cas de peste à Concise et à Thonon, en 1639.

leurs habitations avec défense d'en sortir. Une grande partie des habitants, effrayés du nombre des victimes, sortirent de nos murs et allèrent construire des cabanes du côté de Vongy (1).

On évitait, autant que possible, les assemblées ou réunions nombreuses, par crainte de la contagion.

Le 4 janvier 1640, le vénérable chapitre de la Sainte-Maison délibérait s'il devait élever un autel au bas de l'église près de la porte de N.-D. de Compassion ou devant la chapelle des confrères, afin de convoquer en plein air le peuple aux offices divins. Il résolut de « mettre des barrières devant la grande porte, jusqu'à ce que soit ordonné autrement » (2).

L'épidémie sévissant avec une intensité croissante, ordre fut donné à chacun de rester chez soi ; l'église fut fermée, et les prêtres y pénétraient sans descendre à la rue (3).

Le maître de musique des enfants du séminaire, Jean Dian, très effrayé, sollicite, le 4 avril suivant, du vénérable chapitre, et obtient la permission d'aller vivre dans son habitation en ville avec sa femme et sa belle-mère.

L'établissement venait probablement de perdre un ou

---

(1) *Ibid.* Le 6 mars 1640, le chapitre de la Sainte-Maison délibère « si l'on feroit rabbais aux dismiers de champagne pour 1640, ensuite de la perte qu'ils devaient avoir fait du costé de Vongy, à cause de la peste, et des cabanes qui estoient aux champs, où estoient les dîmes » *(Ibid.*, fol. II).

(2) *Ibid.*

(3) « A esté proposé pour savoir si l'on entreroit par la nef de l'église Notre-Dame, ou non, et si l'on boucheroit dernier le chœur de la dite église? A esté conclud que l'on intimeroit et défendroit au marillier (marguiller) de la susdite église qu'il resserreroit la petite porte tout aussy tost qu'il serait entré pour aller au clocher, et que l'on relèveroit la muraille de dernier le dit chœur; et que l'on feroit faire une porte en la chapelle de Mme de Charmoisy pour entrer par la porte entrant à la petite voûte près de la neufve sacristie, et par conséquent l'on feroit faire un passe-partout pour entrer en l'église afin de ne se mesler avec le peuple. » Delibérations du 4 janvier 1640 (Arch. de la Ste-Maison).

Le même jour, on demande si on doit prendre un maître de musique pour les enfants du séminaire, et l'on « a résolu que le moins que l'on se chargeroit de gentz, *pendant ce temps de contagion*, seroit le mieux, et partant l'on a conclud que l'on attendroit qu'il plaise à Dieu nous délivrer *du dit mal contagieux.* » *(Ibid.)*

plusieurs de ses membres (1). Au mois de juillet (1640), l'épidémie entrait dans une période décroissante, et, dans sa séance du 22, le conseil de la Sainte-Maison intimait à cet artiste l'ordre de rentrer à la fin de septembre (2).

On accusa alors les juifs d'empoisonner les fontaines, et, sans l'énergie des autorités, plusieurs de ces malheureux eussent été massacrés ; car leur quartier subit un siége dans toutes les règles (3).

L'épidémie sévissait toujours; les moyens humains semblaient inutiles : on se résolut à recourir aux moyens surnaturels, à Dieu et à sa sainte Mère. Par l'organe de son premier syndic N^e Deprez, Thonon fit vœu de solenniser la fête de l'Immaculée-Conception, si le fléau cessait.

Dès lors la contagion disparut insensiblement, puis la délivrance arriva vers la fin de novembre 1640.

Pendant que l'autorité se réfugiait ainsi sous la puissante protection de la Vierge immaculée, nos maisons religieuses, et surtout les Visitandines, animées par leur sainte Fondatrice arrivée depuis peu dans nos murs, ne cessaient de s'offrir à Dieu comme victimes expiatrices.

Ce fut alors que la Mère de Chantal ressentit le poignant regret de ne pouvoir envoyer ses religieuses au chevet des pestiférés. Accablée d'austérités et de fatigues, elle tomba

---

(1) On accorda, à cette occasion, au dit maître de musique · 1° 300 florins annuels payables en argent ou en nature ; 2° un char de vin rouge pour le prix courant de 14 ducatons ; 3° les dettes de pharmacie contractées pendant sa maladie de 1638 *(Ibid.)*, « à condition qu'il rendrat diligemment son debvoir, tant aux offices de l'Eglise qu'à l'enseignement des enfants du séminaire — au temps présent dangereux de peste. » *(Ibid.)*
Ce maître harcelait le chapitre de demandes ; aussi fut-il résolu dès le 22 mai 1641, qu'on le remplacerait par un ecclésiastique musicien (Voy. Sainte-Maison ou l'Université chablaisienne de Thonon).

(2) *Evian-les-Bains et Thonon*, par J. Dessaix, p. 25.

(3) *Ibid.* p. 25 ; *Hist. abrégée de la Visitation*, mss. Colonna; le *Chablais*, 9 mars 1878. Par bonheur Amédée VIII, dans ses *Statuta Sabaudiœ* (publiées en 1430), avait ordonné leur séquestration des chrétiens, depuis le coucher du soleil juqu'à son lever dans un quartier fermé et sûr. Ils portaient sur l'épaule gauche, comme signe distinctif, une roue partie de drap rouge et blanc *(Statuta Sabaudiœ)*.

malade elle-même et subit une douloureuse saignée (1).

Remise de son indisposition au bout de quelques jours, elle quitta ses filles spirituelles en leur laissant, dans un dernier entretien fait au chœur de la chapelle, l'assurance qu'aucune d'elles ne périrait par le fléau. En effet, malgré une grande imprudence commise par le chirurgien du monastère, cette terrible peste ne franchit pas le seuil du couvent.

Dans nos campagnes, les victimes furent si nombreuses que les cimetières devinrent trop étroits. Une simple croix de bois signale encore çà et là, les champs qui servaient de cimetières dans ces terribles temps de mortalité.

Cinq ans auparavant (11 avril 1635), la paroisse de Lullin avait été le théâtre d'une catastrophe non moins fatale.

A cinq heures du matin, disent les registres, eut lieu un tremblement de terre ; du pied du Mont-Forchier s'écroulèrent des masses de terrain qui ensevelirent 19 maisons, 2 moulins, 64 personnes « tant grandes que petites sans compter les passants » (2).

En 1656 les troupes savoyardes campaient dans nos murs. Ce n'était pas encore un présage de paix (3).

---

(1) « Les religieuses imbibèrent de son sang un linge qu'elles renfermèrent précieusement dans un coffret de noyer qui fut, après sa béatification, exposé au chœur, avec quelques boucles de ses cheveux, des étoffes et autres objets qui avaient servi à sa personne. » *(Ibid.)*

(2) Signé Pierre de Lavenay. Le 4 mars 1584, si l'on en croit J. Dessaix *(Evian-les-Bains...* p. 101), un éboulement semblable avait enseveli, au village de Bret (près de Saint-Gingolph) 122 personnes. Ces faits semblent analogues à celui qui bouleversa en 1806, la vallée de Goldau (Suisse). A la suite de pluies très abondantes, tout un flanc de la montagne de Rossberg s'écroula, ensevelissant nombre de villages, d'églises et d'habitants. Plus récemment, par la même cause (10 sept. 1881), la montagne de Tchiergel au canton de Glaris s'effondrait sur le village d'Unterwald et donnait la mort à deux cents habitants. La haute Tarentaise n'oubliera pas de longtemps l'épouvantable avalanche qui avait englouti peu auparavant le hameau des Brévières, en y faisant de nombreuses victimes.

(3) (20 février 1656). Le procureur patrimonial du Chablais promet à N° Jean-François Gresoud, *munitionnaire*, de lui fournir des blés et vins nécessaires aux troupes envoyées en Chablais. Le susdit Gresoud s'engage à son tour à livrer 70 rations pour chaque vaisseau de froment *(Arch. roy.* de Turin). Ce fut ce François Gresoud qui donna le nom de rue Gresoud à la rue St-Sébastien, à cause des bâtiments qu'il y possédait.

Il était temps qu'un événement heureux, que quelques fêtes joyeuses vinssent soulager et réconforter le pays. Il était réservé à saint François de Sales de faire luire sur nous ce rayon de lumière et de joie sereine.

La béatification de notre Saint ayant été fêtée à Annecy le 30 avril 1662 par une octave solennelle, tous les autres monastères de la Visitation s'empressèrent de célébrer une octave semblable. A Thonon, la Mère F. Avoie Humbert, supérieure, s'y employa, malgré ses 89 ans, avec la plus grande ardeur. La fête attira beaucoup de monde et ranima puissamment le souvenir du saint apôtre du Chablais.

L'année suivante 1663, Madame Royale Christine de France, duchesse de Savoie, qui avait toujours eu la plus grande dévotion en notre saint évêque, son premier aumônier, lui en donna une preuve plus éclatante encore. Cette digne fille d'Henri IV, dans l'intérêt de la paix entre ses deux patries, avait préparé pour le Duc son fils une alliance française, et Françoise Magdelaine d'Orléans, fille de Gaston, frère de Louis XIII, était devenue sa fiancée. Comme si elle eût pressenti sa mort prochaine et voulu mettre sous la protection de saint François le dernier vœu de son cœur maternel, la Duchesse, d'accord avec son fils, choisit Annecy pour la solennité de la bénédiction nuptiale. Mgr d'Arenthon d'Alex bénit l'union de Charles-Emmanuel II avec la princesse d'Orléans, le 3 avril, dans l'église paroissiale de Saint-Maurice, toute voisine du château.

Thonon, ville aimée des princes de Savoie, et toujours fidèle, vit dans cette union une fête de famille et voulut en faire sa réjouissance. La place Château fut naturellement désignée pour servir à la démonstration « tant parce qu'elle
« commandait sur le lac, et que le feu devoit estre vû et
« aperçeu par ceux du pays de Vaux, que parce que de-
« puis l'année 1655 cette place ayant esté accordée à la
« ville par la bonté de S. A. R. et ensuite applanie, ajus-
« tée, et embellie d'arbres de son mouvement et par ses
« soins, quoique aux dépends de la bourgeoisie » (1). Le

---

(1) Relation imprimée de la fête, signée : V. E. R. V. S.

feu de joie préparé sur cette place était, selon l'usage du temps, un appareil à quatre faces soutenu par quatre piliers et composé de quatre rangs d'architecture superposés. Une porte était percée sur chaque face. On comprend qu'il y avait place pour armoiries, devises et inscriptions nombreuses. Nous n'en rapporterons que deux. La première était en l'honneur du Duc et de sa jeune épouse, elle disait :

Gaudio — castis Caroli-Emmanualis, — Flammis — felicibus Christinæ Borboniæ — consiliis, — August. Franciscæ Valesiæ — Nuptiis — Parto et æternum firmato Consules — Tononenses hunc ignem festum — sacravere.

La deuxième rappelant le souvenir du bienheureux Amédée, né à Thonon, portait : Quod bellum destruxit — quod hæresis contempsit — quod tempus neglexit — paucis ab annis in honorem beati — Amedei hic nati Tononiensium — laboribus et mox Caroli-Emmanuelis — et Franciscæ Valesiæ nuptis — decoratum fuit.

« Enfin, le dimanche 17 du mois de juin, les nobles syn-
« dics accompagnés du Conseil... marchèrent vers l'église
« Notre-Dame, précédés de la bourgeoisie en armes, où
« M. de Charmoisi, capitaine de la ville voulut payer de
« sa personne... De là, les nobles syndics, précédés comme
« devant et suivis de tout le peuple allèrent mettre le feu
« au bûcher... »

L'octave célébrée en 1662, dans l'église de la Visitation de Thonon, à l'occasion de la béatification de saint François de Sales, n'avait été que le prélude et l'attente d'une autre beaucoup plus joyeuse qui se célèbrerait lorsque les honneurs de la canonisation seraient enfin décernés à notre saint apôtre. On attendit ce décret jusqu'en 1665. Cette année là, l'église de Saint-Pierre au Vatican, célébra seule la gloire du nouveau Saint, mais l'année suivante, à commencer par celle du premier monastère d'Annecy, toutes les églises de la Visitation lui consacrèrent une octave solennelle. La Visitation de Thonon célébra la sienne du 21 au 29 novembre, la Mère Aimée-Bénigne de Lucinge étant supérieure de la Maison. Si notre livre comportait ce genre de minutieux, mais très-édifiants détails, nous aimerions à reproduire textuellement une très-belle relation de ces fêtes faite au moment même, par l'aumônier de la Visitation (1). A lire ces pages émues qui se sentent impuissantes à redire tout ce que nos ancêtres avaient témoigné d'attachement profond, de dévotion sincère à saint François pendant ces fêtes, on les aurait prises pour la peinture d'un temps passé sans retour. Mais, Dieu soit béni ! naguère il s'est célébré parmi nous plusieurs fêtes analogues, à la gloire de saint François, et avec le même bonheur nous avons admiré et les mêmes élans de l'amour et les mêmes témoignages de la dévotion de tous envers notre bon Saint.

Signalons au moins deux ou trois détails dans les fêtes de 1666. Chose remarquable ! La milice urbaine, composée des bourgeois de Thonon, et qui se prodigua pendant ces jours, avait « à sa tête M. de Brotty, capitaine de ville, « qui n'oublia rien pour témoigner ses profonds respects « à celui qui avait opéré une si éclatante conversion en la « personne de Monsieur son père. »

Les prédicateurs, sans se répéter jamais, n'eurent tous qu'un même discours : l'éloge de saint François. On a gardé les noms de M. de Compeys, père spirituel du monastère, qui ouvrit la neuvaine ; de M. Deleschaux, de la Sainte-Maison ; du Père Cécile de Maurienne, capucin ; du Père Braillard, minime ; de M. Merlin, très digne ecclésiastique...

« Pendant toute la neuvaine vous eussiez vu un flux et « reflux continuel de personnes empressées à baiser, à « travers une fine glace, les précieuses reliques du Saint, « enchâssées dans un grand cœur de vermeil doré parfai- « tement bien fait. » Dès le premier jour, l'étendard du Saint (2), qui avait été déployé sous la coupole de Saint-Pierre au jour de sa canonisation et que le Saint-Père avait ensuite gracieusement offert à la Visitation d'Annecy, avait été processionnellement porté dans l'église de

---

(1) Voir cette relation intégralement reproduite dans : *Apostolat de saint François de Sales à Thonon*, p. 362.
(2) Voir sur cet étendard : *Notice historique sur les précieuses reliques de saint François de Sales*, Annecy, 1865, p. 63 et suiv.

Thonon et de là dans celle de la Visitation où il demeura jusqu'à la fin. « Combien d'exclamations ! combien de « larmes de joie répandues devant cette précieuse ban- « nière par ces bons vieillards convertis par notre saint « Apôtre ! » Ils s'écriaient hautement : « Oh ! voilà le vrai « portrait ! ah ! voilà l'image de celui que nous avons vu à « tout moment en danger d'être lapidé, martyrisé pour la « gloire de Dieu et le salut de nos âmes ! Ah ! c'est bien lui « qui allait jour et nuit par les rues, exposant sa vie pour « nous tirer des ténèbres de l'hérésie ! Leurs paroles étaient « animées d'une affection si ardente que ceux qui en « étaient témoins en étaient attendris jusqu'aux larmes. » Heureuses fêtes, qui laissent toujours dans une ville de si durables et salutaires souvenirs !

ARTICLE II

1685-1689

SOMMAIRE : *Les Luzernois.* — Leur origine. — Les trois vallées de Luzerne, de Saint-Martin et d'Angrone. — Révoltes. — Ordre du duc, 1685. — Ils se retirent à Genève. — Invasion en Chablais. — Les habitants de Bernex les chassent. — Ravages et incendies. — Le col de la Creusaz. — Pillages et profanations au Biot, à St-Jean-d'Aulps, aux Gets, etc. ; la retraite. — Thonon en armes. — Retour en Suisse.

L'étrange événement qui se présente maintenant devant nous se passa en 1689.

Nous voulons parler de l'invasion des Luzernois de Pignerol, appelés Vaudois, du nom de Pierre Valdo, auteur de cette secte (1). Cet hérésiarque, après avoir fait une fortune considérable à Lyon, s'était mis à dogmatiser dans cette ville vers l'an 1160, et avait bientôt recruté de nombreux partisans.

Ceux-ci envahirent le Dauphiné, le Languedoc et la Catalogne, ajoutant à l'hérésie le fanatisme et la révolte. Chassés de toutes parts, ils prirent et fortifièrent les trois vallées de Luzerne, de Saint-Martin et d'Angrone en Piémont. A travers les siècles, leur insolence et leur audace grandirent encore au contact des hérétiques leurs coreligionnaires de France réfugiés chez eux, ce qui obligea le duc de Savoie, dès le mois de novembre 1685, à donner un ordre qui obligeait les étrangers à sortir de ces vallées dans quinze

(1) Extrait : 1° des registres de la paroisse de la Touvière d'Evian ; 2° de la lettre de M. de Blonay à S. A. R. Victor-Amédée ; 3° *Courrier du Chablais*, 8 déc. 1868, feuilleton de C. Dufour.

jours. Loin d'obéir, les Vaudois prirent les armes. Nos troupes combinées avec celles de Louis XIV les enveloppèrent, en tuèrent un grand nombre et les dispersèrent. Victor Amédée les ayant bannis, ils s'enfuirent à Genève et dans la Suisse.

Le 18 juillet 1689, les dragons de la garnison d'Evian furent appelés en Piémont. Informés que la frontière était dégarnie, les Luzernois pénétrèrent en Savoie pour rentrer aussitôt dans leurs vallées.

Le 20 septembre, une première colonne de 800 hommes, parmi lesquels beaucoup de réfugiés ou religionnaires français abordent à Hermance sous la conduite du ministre Arnauld (1). Leur vue excita d'abord plus d'étonnement que de crainte : « Dieu vous bénisse, » disaient les paysans du Chablais en les voyant débarquer. Et le curé leur ouvre même sa cave pour les désaltérer. Mais ils signalent bientôt leur passage par la dévastation et des brutalités, surtout à Hermance et à Nernier. Sous la conduite d'un capitaine habile et résolu, ils dispersent tour à tour les troupes envoyées à leur poursuite, franchissent les passages difficiles tels que le col du Voiron, gardé par 200 paysans sous les ordres du châtelain de Boëge et d'un moine de l'Ermitage ; tous deux deviennent prisonniers. Ils emmènent de force d'un district à l'autre, comme ôtages, les personnes importantes de la localité, tels que les prêtres et les nobles. Dans ce nombre figurent le seigneur d'Allinges-Coudrée, habitant Sciez, et le fils du comte de Foras, du Bourg-Neuf de Ballaison, aujourd'hui commune de Douvaine. Lorsque la résistance s'organise contre eux, ils forcent leurs ôtages, probablement le couteau sur la gorge, d'écrire

---

(1) Le 15 août 1689 était le jour fixé pour le rendez-vous général, dans la forêt de Prangins, près de Nyon ; le chef militaire de l'expédition, le capitaine Bourgeois, n'ayant pu s'y rendre, essaya de franchir plus tard le lac avec un nouveau détachement. Mais l'alarme était donnée, et le commandant, arrêté par l'autorité bernoise, fut jugé et exécuté sur l'esplanade de Nyon, pour apaiser la colère de Louis XIV *(Revue des Deux-Mondes,* 1ᵉʳ janvier 1869, Hudry-Ménos).

(2) *Ibid.*

à leurs confrères en seigneurie de maintenir la route libre (1).

Mais au sommet des Alpes les troupes savoyardes, informées de leur marche, les attaquent et les dispersent.

Le 21 septembre, une seconde bande semblable à la première traverse le lac à l'extrémité opposée et tente une descente en face de Leucon, entre Meillerie et Saint-Gingolph. Le rivage est gardé par quelques barques, dont le petit nombre enhardit les religionnaires. Ils engagent le combat et montent vainqueurs à Thollon, d'où les habitants s'enfuient éperdus. De là ils gagnent le col de Creusaz, y allument de grands feux, et passent une partie de la nuit dans les orgies, au son des tambours, des trompettes et hautbois. Le lendemain, à l'aube du jour, le comte de Blonay, seigneur de Saint-Paul et commandant des troupes chablaisiennes, se hâte de réunir environ 300 hommes tant cavaliers que fantassins, et se précipite sur eux à l'improviste pendant la nuit. Leur camp est attaqué sur deux points opposés, enserré dans deux murs de fer, puis incendié (2).

Réveillés par le feu et les crépitements de la mousquetade, les Vaudois ne songent qu'à fuir. « Vive Savoie, s'écrient-ils, qu'on nous laisse le passage, nous ne voulons rien de plus ! » On ne leur répond pas, et le carnage continue.

---

(1) Voici une de ces lettres, celle du marquis de Coudrée : « Ces messieurs, dit-il, sont arrivés ici au nombre de 2,000 ; ils nous ont prié de les accompagner *pour rendre compte de leur conduite*, et nous pouvons vous assurer *qu'elle est en tout modérée*. Ils paient tout ce qu'ils prennent et ne demandent que le passage. Ainsi, nous vous prions de ne point faire sonner le tocsin, ni de battre la caisse, et de faire retirer votre monde, au cas qu'il soit sous les armes. » Cette lettre, dit la *Revue*, portée à Viuz, ouvrit le passage jusqu'à Cluses ; mais les habitants de cette ville parurent en armes, sur les fossés et les rochers du voisinage. Le combat devenant imminent, un billet de M. de Foras à ses confrères eut un nouveau succès. Ils traversèrent la Savoie et rentrèrent dans leur vallée en battant, à Salbertrand, les troupes de Louis XIV (L'*Israël des Alpes*, par Hudry-Ménos, à qui je laisse la responsabilité de son article dans la *Revue* citée, p. 66-70).

(2) Ce glorieux fait d'armes valut aux habitants de Bernex le beau nom de Bourla-kam, *brûle-camp*, qu'ils portent encore. Peut-être est-il dû à leur valeur ; selon la tradition, ils se seraient précipités d'un pré voisin sur le camp des Vaudois, après avoir guetté depuis la veille les mouvements de l'ennemi.

Animés de l'énergie du désespoir, les fuyards dissimulent leur retraite derrière un pli de terrain ; là ils se reforment et fondent sur la cavalerie chablaisienne qu'ils mettent en déroute. L'infanterie déconcertée, abandonnée et dispersée à son tour, leur cède ainsi libre passage.

Cette victoire coûta aux Vaudois près de 300 morts et un nombre considérable de blessés. Ceux qui ne donnaient aucun espoir de guérison furent déposés dans une grange remplie de foin et livrés aux flammes par leurs coreligionnaires, sans doute pour les soustraire aux représailles des indigènes.

Dans la milice savoisienne les pertes se réduisirent à deux morts et cinq ou six blessés.

Irrités de cet échec, les ennemis portent à Bernex le pillage, la ruine, le massacre et l'incendie. L'église, le presbytère et le village entier de Trossy disparaissent sous les flammes. Les paysans terrifiés échappent au carnage en fuyant vers les montagnes. Les vieillards surpris sont égorgés (1).

La procession séculaire sur le lieu du combat, et le *Libera* chanté annuellement le lundi de Pentecôte au pied de la Croix du col de Creusaz, entre le mont Benand et le mont César, sont un souvenir de prières que la paroisse de Bernex consacre aux victimes qui furent nombreuses.

Cependant l'alarme se répand au loin, et les chemins se couvrent de charriots emportant des familles cherchant un asile. Peu rassurés de leur côté, les Luzernois se jettent dans les défilés des montagnes en continuant leurs atrocités.

Au Biot, les registres de la confrérie du Saint-Sacre-

---

(1) En voici un indice, tiré des registres de Bernex : « Le 22 septembre 1689, les religionnaires ont coupé la tête vers les granges de Benand, à André Borquier, âgé de 70 ans, et le 24, a été sépulturé dans le cimetière de Bernex, par le Rd Délétraz, curé de Chevenoz; en son absence, le même jour, ils volèrent et pillèrent l'église et la cure, après avoir incendié les deux tiers de la paroisse. — Cachat. »

(2) *Courrier du Chablais*, 1868.

ment renferment un récit lugubre du passage de ces terribles sectaires (1).

A Saint-Jean d'Aulps, l'église et le couvent sont dévalisés ; ils massacrent le religieux commis à la garde de la maison (2). Tous les autres ont pris la fuite.

L'église des Gets voit les mêmes actes de vandalisme.

Dans cette dernière localité, sur les flancs du Mamelon dominé par l'antique château des barons de Faucigny, s'élèvent encore des pans de redoute dressés, dit-on, pour leur fermer le passage.

Informés que les habitants de Cluses, de Sallanches et des environs s'étaient massés en grand nombre à l'entrée de ce pays pour les arrêter, les Luzernois rebroussent précipitamment chemin et viennent à la faveur des ténèbres, camper au village d'Armoy, au-dessus de Thonon. L'effroi s'y répand aussitôt : la partie faible des habitants part pour Evian, et l'autre se dispose bravement à faire son devoir.

Les Luzernois, informés de ces dispositions, s'empressent de regagner la rive suisse dans les mêmes bateaux qui les avaient amenés.

---

(1) Regist. du Biot.

(2) « Après avoir saccagé la chapelle, dit M. le très regretté docteur Lochon, l'un des envahisseurs se disposait à souiller la châsse de Saint-Guérin, lorsqu'il reçut un violent soufflet d'une main invisible qui l'étendit mort sur les dalles. Suivant la légende, la cloche s'ébranla d'elle-même pour sonner vigoureusement l'alarme et les paysans rassemblés en toute hâte, firent arme de tout et sauvèrent l'abbaye » (Mss. Lochon). MM. Lullin et Gaberel présentèrent, en 1864, à la Société d'histoire et d'archéologie de Genève, divers rouleaux de parchemin provenant de l'abbaye d'Aulps, *accompagnés d'un plan de l'expédition vaudoise* (*Journal de Genève*, n° 241, 1864). Avis aux travailleurs !

ARTICLE III

SOMMAIRE : Nouvelles invasions. — Vexations et malheurs. — Paix de Riswick. — Nouvelle alliance. — Le comte de la Feuillade et les syndics de Thonon. — Le fort des Allinges. — Paix. — Voyage du roi à Thonon, à Evian et en Chablais.

Le bruit des armes ne devait pas cesser longtemps dans nos campagnes.

Les procédés tyranniques de Louis XIV à l'égard de notre souverain Victor-Amédée II, poussèrent ce prince dans la ligue d'Augsbourg. On se prépara à la guerre et les fortifications de Thonon furent en partie relevées (1). Mais il était trop tard. Le monarque français envahit brusquement le Piémont, gagna la bataille de Staffarde et la Savoie fut occupée. Les troupes ennemies, entrées dans le Chablais, 1690, s'emparèrent sans coup férir du fort des Allinges, et des villes de Thonon et d'Evian. La contribution de guerre imposée fut de 79,496 francs. Pendant l'occupation, on eut à subir tant de vexations et d'exactions, que ces deux dernières cités se cotisèrent plusieurs fois, pour offrir des sommes d'argent au gouverneur des Allinges (2). La capitation et les déprédations du soldat mal contenu exaspéraient la population; la misère envahissait la contrée.

Enfin, Victor-Amédée II accepta, le 29 août 1696, le traité de Turin, confirmé en 1697 à Ryswick. Ce fut une joie universelle.

Le 27 septembre suivant, le comte Thomas, capitaine

---

(1) Du Bourget: *Mém. militaires sur les frontières de la France, du Piémont et de la Savoie.*
(2) Dessaix : *Evian-les-Bains*, p. 14.

des gardes du corps, maréchal général des armées ducales et commandant de la Savoie, envoyait à notre ville l'ordre d'occuper le château des Allinges, abandonné par les Français. On nomma aussitôt un capitaine qui alla, à la tête de 120 hommes, reprendre possession de la forteresse. Aussi, dès le 3 octobre de la même année, Thonon envoya une députation auprès du souverain pour lui témoigner le bonheur que cette ville éprouvait de rentrer sous sa paternelle domination (1).

Hélas ! Thonon n'était pas au terme de ses épreuves. La paix de Ryswick ne dura pas, car la succession au trône d'Espagne occasionna une nouvelle rupture.

D'abord défenseur de la cause de Louis XIV et du jeune élu Philippe V, le duc de Savoie paya l'impéritie des généraux français en assistant au désarmement de ses troupes. Louis XIV, infidèle à ses promesses, tenta même de s'emparer de la personne de ce prince. La guerre étant donc rallumée, la Savoie fut traitée en pays conquis, et Victor-Amédée II entra dans l'alliance de l'empereur d'Allemagne, à la stupéfaction de l'Europe entière.

Le marquis de Cursinge, commandant du Chablais (1703), prévoyait une occupation, et le pays se trouvait sans défense. Sur son conseil, Thonon, par lettre du 8 octobre, supplia le duc de confier « au corps helvétique » la garde de la province, ou tout au mois de permettre de demander la protection du même corps. La grande âme d'Amédée II se révolta à cette pensée. Les Suisses n'étaient-ils pas nos ennemis jurés ? « On prendra les mesures convenables à la sûreté de la Savoie. » Telle fut sa réponse (2).

Néanmoins, Chambéry avait ouvert ses portes au maréchal de Tessé, et Annecy, d'abord pris par Marcilly, puis délivré par le marquis Joseph de Sales accouru à son secours, devait bientôt succomber. A cette nouvelle, notre ville s'adresse, le 17 octobre, à l'évêque de Genève, le priant d'user de son influence « afin d'être traitée avec douceur et

---

(1) Mss. de la Sainte-Maison.
(2) *Ibid.*

modération. » Le recours est adressé au maréchal de Tessé qui demande, le 29 novembre, qu'il soit envoyé une députation de la province à Chambéry, pour prêter serment de fidélité au roi de France. De plus, comme de nombreux Chablaisiens défendaient la cause nationale sous les ordres du marquis de Sales à Annecy, il exigea, par un manifeste, que tous abandonnassent leur drapeau. Cet ordre ne s'exécutant pas, il menaça, par une lettre du 7 décembre, de se venger sur les maisons, les châteaux et les familles des gentilshommes, officiers et soldats qui s'obstinaient dans leur fidélité à leur souverain (1).

Annecy s'étant rendu le 14, les Français s'avancèrent sur la Roche et arrivèrent à Thonon le 18 du même mois. Aussitôt les vivres montèrent à un prix exorbitant (2).

Le comte de la Feuillade fut député pour recevoir le serment de fidélité de notre ville, que les syndics prêtèrent le 5 janvier (1704). L'entretien d'un capitaine et d'un lieutenant du régiment-dragon d'Autefort, pendant 150 jours du quartier d'hiver, nous coûta 2,370 florins (3).

Le 28 mars, La Vallière demandait à notre ville le logement de sept compagnies du régiment de Tarnault, qui arrivèrent en effet le 30 du même mois, sous le commandement du lieutenant-colonel Barnaud. Cependant, le duc de Savoie envoyait en vain le baron de Saint-Rémy pour nous tirer de cette oppression ; la capitation, inconnue chez nous, fut portée, en 1704, à 3,599 florins. C'est alors que le fort des Allinges fut démoli, selon toute probabilité, puisque nous voyons les troupes d'occupation séjourner à Thonon et Evian (4).

(1) Journal mss. de la Sainte-Maison.
(2) « Le gros pain fut porté à 1 sol 6 deniers, le pain moyen à 2 sols et le pain blanc à 7 sols 6 deniers. Le prix du froment, qui était à 11 florins fut d'abord porté à 13. Il n'était qu'à 9 florins la coupe le 2 novembre 1702, et le 4 janvier 1703, l'avoine à 40 sols de France la coupe, le foin à 30 sols de France le quintal. » (Ibid.)
(3) Voici leur repas du 9 février : « Grosse truite, gros ombre, taxés 9 sols, grosse perche et petite truite, taxés 3 sols, poisson blanc, petit ombre et petite perche 10 sols. » (Ibid.)
(4) Voir *les Allinges,* par l'abbé Gonthier, tom. III des *Mém. de l'Acad. salés.,* p. 163.

L'année 1705 vit le prix des vivres monter encore (1) et celle de 1706 amena, le 28 janvier, la compagnie de Caralla de Vaupallières en quartier d'hiver à St-Jean-d'Aulps; une autre à Abondance; neuf compagnies du régiment de la Reine à Thonon (27 février) ainsi que deux bataillons de marine (5 octobre).

Comme on le voit, on était encore loin de la paix. En 1707, Thonon et le Chablais dépensèrent 181,755 livres pour casernement de 15 bataillons d'infanterie en quartier d'hiver dans les cantons de la Savoie, plus 100,000 livres pour réparations de chemins stratégiques et autres mesures imprévues (9 février) (2).

Le second bataillon du régiment de Bretagne nous arriva le 15 juin et celui des Albigeois séjourna dans nos murs pendant l'hiver de 1709 (3).

Cette occupation de 1703 à 1713 aigrit profondément nos populations. Nos municipalités étaient criblées de demandes vexatoires; les ressources disparaissaient, et le rigoureux hiver de 1708 à 1709 vint encore ajouter au malheur du temps, en nous apportant la disette. Les bandes ennemies se livrèrent plus d'une fois au pillage dans les habitations éloignées de nos hameaux et même dans la ville. Les conflits paraissaient imminents, car au moindre succès des alliés contre la France, le cri de vive Savoie! retentissait dans nos vallées. Enfin la paix d'Utrecht, conclue le 22 septembre 1713, donna au duc de Savoie la couronne de Sicile qu'il échangea cinq ans plus tard contre le titre de roi de Sardaigne.

Nous jouîmes alors de quelques années de tranquillité, et nos princes en profitèrent pour cicatriser les plaies de

---

(1) Le 8 octobre, le vin rouge salvagnin vieux est à 14 sols, le blanc vieux à 8 sols, le rouge vieux à 10, le *salvagnin* nouveau à 10, le blanc à 9 et le rouge à 7. (*Ibid.*) Le 30 décembre 1706 le foin se paie 40 sols le quintal.

(2) Prix des denrées (1707) : « La grosse viande, 26 deniers, le mouton 9 sols 6 deniers » 23 avril. (*Ibid.*)

(3) *Ibid.* (le 17 novembre) « servagnin vieux 8, rouge vieux 6, servagnin nouveau 6, blanc nouveau 4, rouge nouveau 4, blanc vieux 8. »

la patrie en réorganisant l'administration (1). Bientôt d'abondantes récoltes firent oublier les années de disette et les vivres revinrent à leur prix ordinaire (2).

Le roi Victor-Amédée II arriva dans nos murs le 12 juillet 1724, pour assister au mariage du prince de Piémont avec la princesse de Hesse-Rheinfels.

« La princesse, dit la chronique Thononaise déjà citée, fut épousée au nom de S. A. R. par le marquis d'Eutrève, colonel du régiment des gardes, le 23 juillet, à Rottenbourg dont elle partit le lendemain. Le chevalier de Blonay, écuyer du prince, alla la complimenter à Bâle, de la part de S. A. R. et du roi. »

L'évêque de Sion, suivi (des autorités du Vallais) arrive au commencement d'août, pour complimenter le roi et le prince. Le roi prit les eaux d'Amphion qui lui furent très salutaires; il donna 100 louis pour la réparation de l'église paroissiale d'Evian. Le 11 août arriva à Thonon le 1er bataillon du régiment aux gardes. Toute la cour arriva enfin d'Evian à Thonon le 14 ; elle aborda à Rive sur les quatre heures du soir. « Le bataillon des gardes était en parade sur la *Place Château*. Le conseil de ville eut l'honneur de faire sa cour le matin du 15 ; la princesse arriva le 17 à Lausanne et le 18 à Morges pour y dîner. Le marquis de Rivaz... s'y rendit pour la complimenter de la part du roi. Sur les deux heures de l'après-midi du 19, la princesse partit de Morges avec une suite de 18 à 20 bâtiments; mais malheureusement un orage l'obligea à rentrer dans le port. Le roi fit partir le chevalier de Villette, écuyer de

---

(1) Ce fut Victor-Amédée II qui établit les intendances dans ses Etats. Il divisa la Savoie en six provinces comprenant en 1723, époque de cette création, 634 communes habitées par 337,184 individus. Etienne Graffion devint intendant du Chablais en 1733. François Monet, conseiller du roi, intendant de justice et des finances en Chablais, fut nommé à l'intendance de Suze en 1724, et remplacé par Claude-François Goybet.

(2) « Froment 4,06 sols la coupe, » 17 janvier 1721. Pain blanc 1 sol 8 deniers, 11 avril 1722. Au passage du roi, 1724 : vin rouge vieux, 4 sols le quarteron, le servagnin 6 sols (7 août 1724). Froment 5 florins 4 sols la coupe. Pain blanc, 1 sol 9 deniers. »

S. A. R., pour la complimenter et s'informer de l'état de sa santé. »

« La princesse partit de Morges le 20 à 6 heures du matin, suivie de 40 et plus de bateaux. Le prince... monta sur son bâtiment, et alla à sa rencontre accompagné de plusieurs autres bâtiments. Il rejoignit celui de la princesse sur les huit heures; ils arrivaient à Thonon sur les neuf heures; on fit un pont à Rive de 80 pieds de longueur. »

« Des cris de joie, des applaudissements unanimes accueillirent cette princesse. Son arrivée fut annoncée au bruit du canon; le bataillon des gardes se trouva rangé à son passage sur la *Place Château*; un courant de bonheur électrisait cette population chablaisienne accourue de toutes parts. Les cris de *Vive le roi! le prince! et la princesse!* partirent d'un million de bouches et se propagèrent jusqu'aux limites de la ville. Le bruit des canons se mêla à ces acclamations, le cliquetis des armes, le balancement des drapeaux, le roulement de tambours, tout annonça : *Le roi vient!* Le meilleur des rois reçut en ce moment les respects et les hommages de son peuple, les témoignages les plus expressifs et les plus enthousiates de l'amour et de la fidélité de ses Chablaisiens. »

« Le peuple fut au comble de la joie, on trouve une esquise de tout ce qui s'est passé dans les registres (1). »

« Le mariage fut célébré le même jour par l'évêque de Genève, Mgr de Bernex. Le conseil de ville complimenta la princesse le 21, et la cour partit le 22 de Thonon. » (2).

Le roi passa encore à Thonon le 17 juillet de l'année suivante pour aller prendre les eaux d'Evian. Il en repartit le 6 août. Il y reparaît encore le 12 juillet 1726, y séjourne un mois jusqu'au 8 août.

On a de la peine à se former une juste *idée* de l'élan, de l'enthousiasme populaire et des démonstrations de joie avec lesquels on accueillait nos anciens souverains. On voyait

(1) Voy. Registre de la municipalité, époque citée.
(2) Extrait, mot à mot, d'un Mss. de la Sainte-Maison, que je crois de la main de l'*intendant Pescatore*.

en eux les pères de leurs peuples ; il était peu de familles d'Evian et de Thonon avec lesquelles ils n'eussent les relations les plus paternelles et les plus intimes (1).

En 1725, le Vallais imposait une taxe sur les objets et bestiaux provenant de Savoie. Le mécontentement devint universel. En conséquence, le roi ménagea une conférence à Thonon entre ses délégués, le marquis d'Arvillars et d'autres gentilshommes, et Mre Blatter, secrétaire d'Etat du Vallais, accompagné de Mre Biollo banneret, de la même contrée.

La Commission réunie le 2 octobre, se sépara le 13, sans avoir tranché la question pendante (2).

Le bruit des armes retentissait de nouveau à nos portes, Victor-Amédée II, désireux de repos, abdiqua la couronne en faveur de son fils, Charles-Emmanuel III, le 3 septembre 1730. Mais son épouse, la marquise de Spino, ne put s'y résoudre. Le nouveau roi prenait les eaux d'Evian durant l'été 1731, quand il apprit tout à coup que l'ancien monarque songeait à retirer son acte d'abdication et à reprendre les rênes du gouvernement.

Aussitôt le jeune roi, franchissant les Alpes, fit arrêter son père : il fallait sauver la paix publique.

Victor-Amédée mourut à Mont-Calier le 31 octobre de l'année suivante.

La même année 1732, l'équilibre européen, ce rêve des diplomates du xviiie siècle, était encore une fois perdu. La guerre de succession de Pologne s'ouvrit ; notre roi se mit à la tête des alliés pour soutenir Stanislas Leckzinski, chassé de son trône par Pierre-le-Grand, et le sang chablaisien arrosa de nouveau les plaines de la Lombardie (1734). Ce fut le traité de Vienne du 18 novembre 1738 qui mit un terme aux hostilités.

---

(1) Parcourir à ce sujet les archives des Clarisses d'Evian.
(2) Mss. de la Sainte-Maison.

CHAPITRE XI [1]

1742-1748

Sommaire : *Les Espagnols en Chablais.* — Succession d'Autriche ; traité de Turin, 1742. — Victoires. — Lettres du roi à Thonon. — Invasion. — Contributions. — Misère. — Les députés de Thonon, d'Evian et du Chablais. — Réduction des impositions. — Nouvelle députation. — Nouvelles demandes. — La Savoie livrée à la fureur espagnole. — Les vingt-cinq braves de Thonon. — Leur grâce. — Dom Bernard Destrada à Thonon. — Plaintes et suppliques des habitants de Thonon. — Evian, — Le cadastre. — La capitulation. — R^d Pignier. — Bataille de Campo-Santo. — Mort du comte d'Allinges. — Paix d'Aix-la-Chapelle. — Les affranchissements. — Grêle de 1771. — La Révolution.

Le bruit des armes cesse pendant quelque temps. L'Europe respire. Charles-Emmanuel emploie cette paix à réparer les maux de la guerre. Il fonde deux bourses pour Thonon et Evian, au collège de Turin, puis deux autres en faveur de la province du Chablais.

Charles VI, dernier rejeton de la maison d'Autriche, mourut en 1740, laissant à sa fille, la célèbre Marie-Thérèse, son immense héritage, en vertu d'une pragmatique, garantie par les cours d'Europe. Mais bientôt les ambitions se produisent : la France, la Prusse, la Bavière, la Pologne, l'Espagne et les Deux-Siciles négocient, et se liguent tour à tour, en vue de partager les possessions de la monarchie autrichienne. Marie n'a que ses fidèles Hongrois ; néanmoins elle entreprend de conjurer l'orage.

---

[1] Ce chapitre est extrait, en grande partie, des délibérations municipales de Thonon ; des Mss. de M. Joseph Rollier et des archives de la Sainte-Maison.

Au milieu de ces démêlés, Charles-Emmanuel convoite la Lombardie. L'Espagne lui en offre la partie bornée par l'Adda. Devenu sage par expérience, craignant d'ailleurs que l'anéantissement de l'Autriche ne mette ses Etats à la merci de ses puissants voisins, il ne prend aucun engagement. L'Autriche, de concert avec la France et l'Espagne, assigne les Milanais, Parme et Plaisance, à l'infant dom Philippe. A ce moment notre prince n'hésite plus, il fait aussitôt alliance avec Marie-Thérèse, pour lutter contre la prépondérance croissante des Bourbons en Italie. Le traité de Turin est signé le 2 février 1742. Mais comme la Reine, assaillie au nord de ses Etats par de nombreux et puissants ennemis, s'exposait à laisser la péninsule sans défense, Charles-Emmanuel se réserve de séparer, au besoin, ses intérêts de ceux de son alliée, en l'avertissant deux mois à l'avance. Il n'a pas l'intention de changer ses conventions; il craint seulement d'y être forcé par les circonstances. Il voulait sauver les intérêts de Marie-Thérèse, si la chose était possible, sans toutefois succomber avec elle, en cas de revers en Allemagne. Tel était son projet. Il lui était impossible de soutenir seul, en Lombardie, le poids de la guerre contre l'Espagne, Naples et la France. La clause stipulée n'indispose point la cour de Vienne. Elle connaît la loyauté du monarque Piémontais. L'Europe poussa un cri d'étonnement, en le voyant braver ainsi de puissantes nations, et s'attacher à une princesse abandonnée. Le parti qu'il prit en faveur de la justice sauva ses intérêts :

Aussitôt la nouvelle d'une prochaine levée de boucliers se répand en Chablais; un grand nombre de Savoyards volent sous les drapeaux. Charles-Emmanuel joint ses 29,000 hommes à 11,000 dont la Reine dispose pour la défense de la Lombardie. Jamais l'armée de la maison de Savoie n'avait été si nombreuse, si belle et si fière. Aussi sa marche ressembla-t-elle à un triomphe. En quinze jours les Etats du duc de Modène sont envahis, ses places fortes soumises et l'ennemi s'enfuit sur tous les points. Modène et la Mirandole se rendent en laissant leurs garnisons pri-

sonnières. Les archives de Thonon renferment deux lettres de notre souverain ; l'une du 30 juin 1742, datée du camp de Modène ; l'autre du 23 juillet suivant, datée du camp de la Concordia. Il annonce à notre conseil municipal l'heureux événement de la prise de ces deux places, et l'invite ainsi que le clergé et le peuple, à rendre de publiques actions de grâces au Dieu des victoires. Après ces deux brillants faits d'armes, sa marche sur Bologne et Rimini s'opère, sans que le général de l'armée hispano-napolitaine ose se mesurer avec lui. Effrayé, le roi d'Espagne pense opérer une puissante diversion en chargeant son fils dom Philippe d'envahir les Etats du roi. Trente mille Espagnols traversent les Pyrénées et viennent tenter le passage des Alpes ; mais c'est en vain : les montagnards Vaudois leur barrent le passage. Obligés de prendre une autre route, ils fondent sur notre malheureuse Savoie sans défense. C'était la sixième invasion depuis celle de François Ier et des Bernois. Dom Philippe établit son camp à Valloire en Maurienne. De là il exige une énorme levée de contributions dans tout le duché, malgré la misère régnante par suite d'une récolte manquée. Le 8 septembre 1742, une estafette apporte à l'adresse des syndics de Thonon, deux proclamations, parties le 6 du même mois, du camp de Saint-Jean-de-Maurienne. L'une commence ainsi : « Ignace
« François de Glimes de Brabant, baron de Samar, seigneur
« de la Fallice, commandeur de Belvis dans l'ordre d'Al-
« cantara, capitaine général des armées de Sa Majesté
« Catholique et de la principauté de Catalogne, lieutenant-
« colonel des gardes Valonnes et commandant général
« de l'armée qui est en Savoie, sous les ordres du Séré-
« nissime l'infant Dom Philippe, etc. ». Il ordonne ce qui suit, avec injonction de le mettre à exécution dans le terme de cinq jours : 1° à toutes les villes, bourgs et autres lieux de Savoie et des provinces voisines, d'envoyer leurs députés pour jurer l'obéissance et régler les contributions nécessaires à l'entretien de ses troupes ; 2° à tous les habitants en possession d'armes, de poudres et d'autres munitions de guerre, de les expédier à son quartier général. Il y a une excep-

tion : les nobles se serviront de fusils de chasse et de pistolets ; 3° Il défend sous peine de mort, toute correspondance directe ou indirecte avec le roi de Sardaigne, avec ses ministres et ses sujets, sans une permission écrite de Son Altesse Royale.

L'autre proclamation émanait de « Dom Conon de Samo « de Ville, marquis d'Ensenadaz, commandeur de Pietra « Buena de l'ordre de Calatrava et de Carrizolo, dans celui « de Saint-Jacques, du conseil de Sa Majesté Catholique, se-« crétaire de l'amirauté d'Espagne et des Indes, Intendant « général de l'armée et marine, secrétaire de l'Etat et de « guerre de Mgr Dom Philippe, grand amiral et généra-« lissime des troupes d'Espagne et d'Italie. » Elle prohibe l'exportation des blés hors de la Savoie, exprimant la crainte qu'ils ne manquent aux indigènes et à l'armée des envahisseurs. Dès lors, les proclamations espagnoles se succèdent sans interruption. Le conseil de Thonon délègue auprès de Son Altesse Royale, le comte de Sonnaz, premier syndic, et l'un de ses conseillers, spectable Michaud, protomédecin de la province. La ville d'Evian commet à son tour le baron de la Bâtie et l'avocat Bugnet. Partis le 11 septembre, ils arrivent le 13 à Chambéry, où ils reçoivent des lettres de recommandation du marquis des Marches, du comte de Montjoie et de l'évêque de Grenoble. Le quartier général ayant été transporté à Aiguebelle, nos députés se dirigent vers cette ville, accompagnés du marquis de Saint-Michel et du seigneur de Gerbaix. Là, ils tracent en présence de Dom Philippe et de ses officiers, un tableau si affreux et si émouvant de la misère de notre malheureux Chablais, que les trois mille vaisseaux de froment et neuf mille d'orge et d'avoine imposés d'abord, sont réduits à cinq cents vaissaux de froment et quatre cents d'orge et d'avoine.

Mais, à peine une partie est-elle payée, qu'arrive une proclamation suivie d'une nouvelle réquisition de 1,337 vaisseaux de froment et de 2,675 vaisseaux d'orge, d'avoine et de seigle, qui devront être transportés au camp par nos communes désolées. On manque du nécessaire, et il faut subitement trouver des provisions en abondance! Quel dut être l'embarras de nos députés ! Ils sont atterrés en considérant le peu de jours accordés pour l'approvisionnement, le transport des denrées et vu le nombre de chevaux exigés.

Dans l'embarras où ils se trouvent pour satisfaire à ces demandes en nature, ils offrent de se libérer en argent. On négocie des emprunts : la population se montre admirable de courage et de dévouement. Cependant Charles-Emmanuel apprend, au-delà des Monts, le sort de ses provinces transalpines ; n'ayant plus d'ennemis à combattre en Italie, il remet le commandement général de son armée au général Louis d'Allinges et revient à marches forcées sur Turin à la tête d'un corps d'élite. Sans s'arrêter dans cette ville, il se hâte de fortifier le Mont-Cenis et toute la frontière du Piémont, et vole au secours du berceau de ses ancêtres, divisant son corps d'armée en deux colonnes (1). L'une entre par le Mont-Cenis, dans la Maurienne ; l'autre par le Petit-Saint-Bernard, dans la Tarentaise. A la nouvelle de son approche, les Espagnols se retirent sur le territoire français, sous la protection du fort de Barraux. La ville de Thonon apprend cet heureux résultat le 14 octobre. Le surlendemain 16, elle députe son premier syndic, le comte de Sonnaz, porter au roi l'hommage de sa fidélité et l'expression de la joie universelle causée par son retour. En moins de trois mois, Charles-Emmanuel avait triomphé de deux grandes armées espagnoles, sur des points bien différents : refoulant la première dans le royaume de Naples et la seconde, dans les gorges du Dauphiné. Jusqu'ici, rien de plus habile et de plus glorieux.

Nos troupes libératrices doivent être sustentées ; une ordonnance du 18 octobre demande exactement la quantité de subsistances réclamée par Dom Philippe, c'est-à-dire

---

(1) Les jeunes conscrits furent versés dans l'armée commandée par le comte d'Allinges. Son Excellence François-Louis-Emmanuel d'Allinges-Coudrée, comte d'Apremont..., fut colonel des dragons de Genevois, gouverneur de Valence en 1735, vice-roi de Sardaigne en 1738, enfin, lieutenant-général du comté de Nice en 1741.

1337 vaisseaux de froment et 2675 d'orge, de seigle et d'avoine. Thonon livrera à lui seul 438 quarts de froment et 876 d'autres grains. Le tout sera transporté à Annecy dans trois jours. L'amour de la patrie fait des merveilles ; 109 coupes vont êtres expédiées, quand arrive un contre ordre. Bientôt (30 octobre, 17 novembre et 19 décembre) le roi ordonne le dénombrement des chevaux, mulets, bœufs et charriots de la province ; il a besoin d'argent, de draps, de couvertures, de gardes-paille, de fourrages, etc., il demande le tout à son peuple fidèle. Il fait un appel suprême ; tous les hommes de 18 à 60 ans se tiendront prêts à prendre les armes au premier signal. La première phase de la guerre espagnole est terminée ; arrivons à la seconde.

Charles-Emmanuel, en chassant les Espagnols, eût pu les poursuivre sur le territoire français ; il s'arrêta à la frontière. Le roi de France, sans exercer des hostilités contre lui, permit cependant à l'armée envahissante le passage sur ses terres. Un officier français vint féliciter le duc de sa délicatesse à respecter l'ennemi sur un territoire neutre. « Je le dois au roi mon frère, répondit Charles, « mais j'espère qu'il empêchera les Espagnols d'abuser de « la position qu'ils occupent pour inquiéter ma frontière. » Malgré la rigueur extraordinaire du froid, Charles-Emmanuel repasse les Alpes, laissant dans les neiges du Mont-Cenis une partie de ses meilleurs soldats ; grande faute qu'il reconnut et pleura. Tandis que notre armée retourne en Piémont, l'ennemi massé sur la frontière, reçoit de grands renforts, envahit de nouveau notre pays et le ravage pendant six ans. Le 1ᵉʳ janvier 1743, il occupe déjà la province du Genevois. A Saint-Julien, vingt-cinq jeunes gens de Thonon s'opposent au torrent dévastateur et ne cèdent qu'au nombre et à la force. Ce fait leur attire un arrêt de bannissement. Le pillage et l'incendie de notre ville sont résolus. L'archevêque de Grenoble et la marquise des Marches, notre compatriote, se traînant aux genoux de Dom Philippe, supplient le vainqueur de pardonner. Thonon est sauvé : mais l'arrêt de bannissement de nos frères est maintenu. Notre municipalité reçoit d'Annecy un manifeste du commandant espagnol le chevalier Flodorp. Il demande un député au sujet des approvisionnements à fournir. On délègue encore le premier syndic, le comte de Sonnaz. Le 4, paraît un manifeste du comte de Sada, gouvernenr de Chambéry, requérant deux députés des conseillers les plus notables et de la première distinction, chargés de recevoir ses ordres. Le comte de Brotty de Neuvecelle rejoint de Sonnaz parti l'avant-veille; et, d'Annecy, tous deux vont remplir leur délicate mission à Chambéry. Le même jour, un troisième manifeste est adressé à toutes les communes du Chablais pour qu'elles aient à expédier sur Annecy 1,337 coupes d'orge et d'avoine (1). Le quatrième manifeste exigeait la liste de tous les officiers et soldats congédiés ou non, et la remise immédiate, aux châtelains respectifs, des habits, munitions et armes militaires dispersés dans la province. Un cinquième manifeste demande de fournir en cinq jours la déclaration de la quantité de grains, de froment, d'orge, de seigle, d'avoine, de foin, de paille et du bétail de chaque maison et le nombre de personnes composant chaque famille. Enfin le 12 janvier arrive à Thonon Dom Bernard d'Estrada, en qualité de ministre des finances et de la guerre. Tous les effets du gouvernement sarde lui sont remis. Il exige 400 lits dans le couvent des Minimes converti en hôpital général; 500 autres pour les casernes établies à l'hôtel de ville, dans la maison des Arts et dans plusieurs autres habitations particulières; de plus, le logement de 950 chevaux à Thonon et dans les communes voisines. Bientôt on annonce l'arrivée de trois régiments de cavalerie, soit de trente-six compagnies composées chacune de trente-trois hommes. Ces troupes entrent en Chablais dès le 24 et s'échelonnent sur différents points : à Douvaine, à Thonon, à Evian, à Meillerie et à Abondance. Les soldats ravagent les campagnes, volent le bétail, tuent les habitants,

---

(1) Ce chiffre de 1337, qui revient toujours le même, soit dans les demandes espagnoles, soit dans celles de Charles-Emmanuel, était basé sur la quote-part des impositions ordinaires fixées par le gouvernement sarde.

et personne n'ose se défendre contre leurs brutalités. Les ordres des chefs aux municipalités sont toujours accompagnés de menaces souvent mises à exécution. Un jour, écrasé par les exigences de la fiscalité et de la soldatesque, Thonon fait entendre ses plaintes : il remet au gouverneur cette désolante supplique :

« Monseigneur,

« Les pauvres habitants de Thonon recourent à votre
« protection contre les cavaliers de Saint-Jacques, qui pil-
« lent et volent tous les fruits des arbres et des vignes,
« poires, pommes, courges, haricots, de même que les jar-
« dins. Les officiers le leur ont défendu, mais ils s'en mo-
« quent et menacent de battre et de tuer les paysans,
« quand ils veulent se plaindre. Ils ont tué un paysan dans
« un village qu'on appelle Anthy, lequel défendait ses
« arbres ; ils ont volé pendant l'hiver plus de trente mou-
« tons ou brebis et même des vaches, et si on ne les caserne
« pas, ils vont voler les vignes et autres fruits et jardins ;
« les officiers n'en sont pas maîtres. Ils nous font autant
« de mal qu'une tempête, ils nous mettront hors d'état de
« payer les impôts et les contributions. Nous supplions
« donc Son Excellence de vouloir bien donner ses ordres
« pour qu'on ne nous fasse plus de mal. Les syndics n'o-
« sent rien dire, pour ne pas s'attirer la troupe à dos et
« de crainte que le mal n'empire encore. C'est la pure
« vérité. »

« Nous prions Dieu pour la conservation de Son Excel-
« lence. »

Signé : Les pauvres habitants de Thonon.

Les désordres cessent quelque temps et recommencent bientôt. De nouvelles suppliques restent sans réponse et sans effet. Les régiments de Numancia, les dragons à pieds de Mérida, les dragons de Frise à cheval, etc., se succèdent tour à tour. Le régiment de Calatrava, cantonné à Evian, observait la discipline militaire ; la ville s'en ap-

— 289 —

plaudit d'abord ; on le vit partir avec regret. A son retour, quelques vols mécontentèrent la population. Appelé pour une nouvelle campagne, il revint une troisième fois à la fin de 1744, et disparut pour toujours en mars 1745. Les exigences des Espagnols augmentaient de jour en jour. Avant 1744, notre souverain n'avait jamais imposé au pays plus d'un million neuf cent quatre-vingt-huit mille livres de contributions. Le ministre d'Espagne en retirait, à la fin de 1745, trois millions neuf cent septante-huit mille livres, outre le logement, la viande et les ustensiles que les habitants de la campagne étaient obligés de fournir, sans compter cent soixante mille quintaux de paille pour les chevaux. De 1728 à 1738 on avait dressé le cadastre pour le Chablais (1). Il est douloureux de reconnaître que cette création grandiose, alors unique en Europe, servit au ministre d'Espagne pour quadrupler momentanément nos impôts. La capitation, inconnue chez nous, fut portée à 2 livres par tête (2). Qu'on ajoute à ces calamités une épizootie terrible qui ravagea le bétail (1743) (3), la grêle, qui fut plus désastreuse encore sur plusieurs de nos localités, et l'on comprendra la situation désolante du pays.

Heureusement, nos maisons religieuses se dévouèrent pour le salut des pauvres. M. l'abbé Pignier, préfet de la Sainte-Maison, fut la providence de Thonon. Plus d'une fois on le vit, animé d'une charité toute apostolique, se dépouiller de ses vêtements et quitter ses chaussures pour les donner aux nécessiteux. Dans ces temps de calamités où la guerre était comme permanente dans notre pays, à l'exemple de saint François de Sales, il se fit tout à tous, paya la capitation des insolvables, vendit ses possessions particulières, intercéda auprès du vainqueur ; en un mot, il se montra le père et le sauveur du peuple (4).

(1) Voy. *Notes et Pièces just.*, n° 9 ; Ducis, *Mém. sur la Savoie*, 25. 30, 44.
(2) Capitation, du latin *caput* : tête, signifie taxe par tête.
(3) Voir nos histoires Mss. des communes du Bas-Chablais, surtout Ballaison, Douvaine, Massongy, etc.
(4) Le 28 septembre 1744 il est délivré au sieur Gachi, receveur de la capitation, par l'entremise de Rd Pignier, prêtre de la Sainte-Maison, 100 livres 1 sol 9 deniers, pour la capitation de 160 pauvres, requise en juil-

Selon une tradition chablaisienne, le laboureur aurait vengé ses droits violés, en égorgeant çà et là dans les hameaux écartés, les soldats ennemis devenus odieux par leur indiscipline et leurs vexations (1). Evidemment, il dut se produire des rixes partielles, des conflits, des meurtres ; c'était inévitable ; mais, supposer un vaste complot, un massacre général, c'est avancer un fait public et considérable, pour lequel il n'existe aucune preuve authentique, soit dans nos registres paroissiaux soit ailleurs. Cette assertion serait donc contraire à la vérité et à la critique historiques (2).

Une autre armée espagnole était refoulée du côté de Naples. Dans cette campagne, le comte d'Allinges, généralissime des troupes, se montra digne de la confiance de

let, août et septembre ; le 15 décembre, même année, 64 livres 15 sols, capitation de 87 pauvres, demandée en octobre, novembre et décembre (Mosset, receveur) ; le 8 janvier 1745, 31 livres 13 sols, capitation de 56 pauvres, exigée en janvier (Cuneat, exacteur) ; le 5 mai 1745, 42 livres 13 sols 5 deniers, capitation de 78 pauvres, en mars, mai et des arrérages de janvier, février (Violand, receveur) ; le 6 mai 1747, les ressources sont déjà bien épuisées, cependant, il paie 18 livres 1 sol 4 deniers, capitation de 45 pauvres en mars, avril (Boëjeat, exacteur) ; le 11 mars 1748, 31 livres 15 sols, capitation de 68 pauvres, pour les mois de mars et avril (Margel, receveur) ; le 14 mai suivant, 33 livres 15 sols, comme capitation de mai et juin, pour 72 pauvres (Pierre Margel, receveur) ; le 27 juin 1748, le sieur Margel, exacteur de la capitation pour l'imposition extraordinaire, reçoit encore de Rd Pignier, 31 livres 6 sols, exigés de 64 pauvres ; et le 28 juillet suivant 66 livres 19 sols, capitation des mois d'août et de septembre, pour 120 pauvres (Pissot, receveur). Tous ces indigents de Thonon ou des hameaux reçurent donc 420 livres 18 sols, somme très considérable au xviiie siècle. La liste de ces pauvres qui reçurent encore chacun une livre à la mort de Rd Pignier sont ainsi répartis : quartier de la Croix 43, rue du Vallon 17, rue des Augustins, Grand'Rue 28, rue St-Sébastien 17, place de la Halle 38, faubourg du Château 45, rue Chancer 27, Rive 34, Concise 37, Vongy 18, Tilly 19, Corzens 20, Morsy 8 (Arch. de la Sainte-Maison).

(1) Comme pièces justificatives voyez les *Hist. Mss. de nos communes chablaisiennes*, entre autres celle de Sciez. *Revue sav.* 1873, 94, 101.

(2) La Savoie fut occupée par les Espagnols en 1589, 1590, puis en 1595 et enfin en 1602. L'occupation de 1742 à 1748 fut la dernière. Nos registres paroissiaux de Thonon (1743-1744), mentionnent plusieurs soldats espagnols morts à Thonon, comme ils mentionnent d'ailleurs plusieurs décès de soldats de la légion de Savoie, de 1739 à 1742, sans jamais fournir aucun indice de massacre.

son souverain; les combats livrés en 1743 le couvrirent de gloire. Il fit encore des prodiges de valeur à Campo-Santo (8 février), où il tomba mortellement blessé, laissant nos armes victorieuses. Le Roi lui conféra aussitôt le collier de l'Annonciade, avec les grades de grand écuyer de Savoie, d'inspecteur général de la cavalerie et des dragons de son armée. D'Allinges expirant, recueillit le reste de ses forces, pria Joachim-Joseph d'Allinges-Coudrée, son neveu, d'exprimer au Roi ses sentiments d'attachement, de gratitude et de fidélité, puis la mort mit fin à sa brillante carrière, dans la ville de Modène, le 23 février 1743. La campagne de 1745 ne fut pas heureuse; une série de combats ensanglantèrent l'Italie; Charles-Emmanuel, obligé de battre en retraite, prend une terrible revanche devant Plaisance, et la paix est enfin signée au mois d'octobre 1748. Les Espagnols évacuèrent la Savoie qui jouit de la paix jusqu'à la Révolution française de 1792. Charles-Emmanuel et Victor-Amédée III, son fils, firent oublier ces grandes épreuves par de sages réformes et par une administration intègre et paternelle.

La féodalité nous avait laissé des charges onéreuses qui pesaient sur les biens et sur les personnes de la grande majorité des sujets. Charles-Emmanuel III, devançant les souverains de l'Europe dans la voie des améliorations, voulut affranchir ses peuples des servitudes féodales. Malgré la résistance d'un grand nombre de seigneurs, ses édits du 20 janvier 1762 et du 2 mars 1763 abolirent les servitudes personnelles. Celui du 19 décembre 1771 décréta l'extinction générale des fiefs dont relevaient les maisons et les biens d'une multitude de particuliers et de communautés (1). Il fut publié à Thonon au mois de mai suivant (2).

(1) Mercier, *Souven. histor.*, p. 437.
(2) Registres de la municipalité de Thonon.
Aux archives départementales d'Annecy, on trouve les affranchissements suivants en faveur des particuliers de Thonon : par Henri d'Epagny, baron de Monthoux (1762); par la famille de Blonay, par la Sainte-Maison (1763); par l'abbaye d'Aulps (1764, 65, 66); par les de Rochette, par le marquis de Saint-Michel de Marclaz (1765, 67); par les de Coudrée (1766);

L'année 1771 fut malheureuse ; la grêle anéantit les récoltes du Chablais et du Faucigny. La cour de Turin nous envoya des blés que R^d André de Passier, natif de Bonneville, fut unanimement appelé à distribuer à nos populations, à cause de son intégrité hautement reconnue (1). L'intendant Pescatore se multipliait pour arrêter la diffusion des brochures subversives, et accomplir les réformes et réparations exigées par les circonstances. Une inondation emporta deux arches du pont de la Dranse en 1790. D'abord remplacées par un pont de bois, il les fit reconstruire deux ans plus tard. Les travaux, relatifs aux trois élargissements de ce pont, s'exécutèrent de 1792 à 1844. Le même intendant coupa le clos des RR. PP. Capucins, non sans une vive opposition de ceux-ci, pour ouvrir à la Grand-Rue le débouché actuel. Auparavant l'issue était par la rue des Granges et le Chemin vieux. Il aligna et améliora la route de Thonon à Évian d'après les plans qui existent encore chez M. Jules Guyon. Un souffle malsain de liberté passait sur nos monts ; la guerre de l'indépendance d'Amérique (1773-1783), voyait quelques Chablaisiens voler au-delà de l'Atlantique, entre autres Hudry Claude de Fessy, qui devint capitaine-commandant d'une compagnie équipée à ses frais (2).

La Révolution française arrivait avec l'année 1792. Le récit en sera fait dans une publication postérieure (3). Il nous reste à parler dans celle-ci de quelques créations et établissements intimement liés à l'histoire de Thonon, et dont il n'a encore été fait mention qu'incidemment et sans détails.

En 1781, nous dit le baron Vignet des Etoles, dans un intéressant mémoire (4), Thonon était doté de plusieurs

par les Barnabites (1767). On n'en trouve aucun dès l'édit de 1770. François de Bellegarde, marquis des Marches, seigneur de Cursinges, avait des droits sur le four de Thonon, sur le château et sur les terres aux environs.

(1) Grillet, t. I, p. 389.
(2) *Ibid.*
(3) Le chevalier Rollier Joseph nous a laissé une notice manuscrite sur la Révolution en Chablais.
(4) Arch. de la Sainte-Maison.

VUE DE THONON & DU CHABLAIS

établissements religieux qui enserraient la ville de tous côtés : La porte de Genève s'ouvrait sous la voûte servant de communication entre le couvent et l'église des Annonciades; entre celle-ci et les Minimes il n'était d'autre espace que le chemin des Allinges. Le monastère et le verger de ces derniers touchait par un mur mitoyen au clos de la Maison-des-Arts, séparé par le seul chemin de Crête des possessions de la Visitation. Le couvent des Ursulines, rapproché de celui des Visitandines, arrivait jusqu'à la route d'Évian où commençaient les dépendances du monastère des Capucins; ceux-ci se reliaient à leur tour aux possessions du château de Mont-joux, par le chemin de Rives, possessions limitrophes du grand clos des Chartreux de Ripailles (derrière la rue Vallon), et des Annonciades. Nous allons tracer brièvement l'histoire de ces communautés.

CHAPITRE XII

RIPAILLES

Sommaire : Coup d'œil rétrospectif. — Louis de Savoie meurt en 1482. — Aymon et Sébastien de Montfalcon. — Invasion bernoise de 1536. — Ripailles encore place de guerre. — Expédition contre Genève en 1582. — Sancy. — Thomas Bergeret et Vespasien Gribaldi, archevêque de Vienne. — Les chartreuses de Vallon et de Ripailles. — Saint François de Sales. — Notice sur Vallon ; Privilèges. — Les vallées de la Dranse, d'Abondance, de Saint-Jean-d'Aulphs, etc. — Propriétés de la Chartreuse de Vallon-Ripailles. — Etat et vue de Ripailles au XVIII° siècle. — Suite chronologique des Prieurs.

Nous avons vu la fondation du prieuré de Ripailles faite par Amédée VIII le 17 juin 1410, et l'organisation de cette maison religieuse qui servit bientôt de retraite à son illustre fondateur (1434). Berceau de l'Ordre de Saint-Maurice, elle fut encore le théâtre de scènes importantes, au moment où vingt-cinq pères du Concile de Bâle vinrent offrir au duc la tiare de Saint-Pierre. Mais, les invasions bernoises et genevoises passèrent sur elle comme la herse aux dents de fer, pour tout disperser et détruire.

Ripailles avait perdu sa ferveur première (1). Déjà au

(1) Le pape Martin V, l'an II de son pontificat, avait pris le prieuré de Ripailles sous sa protection. En 1458, le 30 sept. sont présents à une vente les chanoines de Ripailles suivants : Jean de Bona, prieur, Léger Grangerii, Antoine Cholerii... Burdini, Claude de Balmis, Pierre Rosset, Henri d'Haberes, Paul du Pas (de Passu), Mermet *Mussi*, Pierre de Villars et Jean du Pressoir, ou du Truel (de Torculari). Le 2 juillet 1421, on trouve Jean Bourgeois (Borgesii) premier prieur du prieuré de Ripailles. A une époque antérieure à 1421, un Rd Mesre Peronel *Salavuard* était prébendier de Ripailles (Notes de M. A. de Foras).

XVᵉ siècle le prieur ne rendait pas avec régularité le compte prescrit chaque année, et les revenus sortaient, paraît-il, du sein de la communauté. Aussi Amédée IX le bienheureux se plaint-il, en 1468, dans une lettre adressée à l'abbé de Saint-Maurice, d'une telle omission datant de l'année 1455 (Le couvent, ajoute-t-il, est aussi mal régi au spirituel qu'au temporel.) (1). Louis de Savoie (petit-fils d'Amédée VIII), devenu roi de Chypre, d'Arménie et de Jérusalem, y vint rendre le dernier soupir, au mois d'août 1465, « après avoir donné, dit Guichenon, de merveilleux exemples de piété et de constance dans ses infortunes » (2). Vers cette époque, Ripailles vit deux de ses prieurs ou abbés monter sur le siège épiscopal de Lausanne : Aymon et Sébastien de Montfalcon (3).

La tourmente de 1536 dispersa nos religieux, saccagea le couvent et ses dépendances (4).

Le prieur Jacques du Platre (de Plastro) se réfugia, en 1544, à Saint-Maurice et fut admis au nombre des chanoines de l'abbaye (5). Dès lors, Berne s'attribua les propriétés des Augustins qu'elle s'obligea à rendre par le traité de Lausanne du 30 octobre 1564, ainsi que les titres et anciennes chartes échappées au pillage et emportés chez elle (6).

(1) Lecoy de la Marche, p. 48.
(2) Guichenon, p. 544.
(3) Besson, p. 104. Rd Messire Aymon de Montfalcon, prieur de Douvaine, etc...., fonda et dota une chapelle sous le vocable des *SS. Second, commandant et Maurice, primicier* de la Légion thébéenne, dans le cimetière de Douvaine (2 juin 1486). Ce curieux document a été publié par M. A. de Foras dans les *Mém. de l'Acad. salés.*, t. III, p. 359 et suivantes.
(4) Lecoy de la Marche, p. 50.
(5) *Liber Sabaudiæ*, fol. 1. Arch. de l'abbaye de Saint-Maurice.
(6) Le duc Emmanuel-Philibert, par procuration du 7 juin 1567, chargea trois de ses conseillers, de cette dernière mission, Etienne Cadet, *Florentin Detardi*, Barthélemi Deville. Le 24 juin, on fit l'inventaire de tous les titres trouvés aux archives de Berne, concernant les bailliages de Thonon, de Gex et de Ternier. On y voit figurer, touchant Ripailles, 12 rôles de parchemins, des volumes de reconnaissances, des contrats d'albergement, etc. De plus, il fut convenu que si plus tard on découvrait d'autres documents de même nature, ils seraient également restitués de bonne foi. Cette clause a son importance et il y a lieu de revendiquer encore aujourd'hui auprès de « messieurs de Berne » certaines pièces oubliées. Avis à notre Conseil général !

Tous ces biens, nous l'avons vu, passèrent à l'Ordre des Saints Maurice et Lazare en vertu de deux brefs pontificaux, l'un du mois d'avril 1575, l'autre du 24 juin 1579. Emmanuel-Philibert, grand-maître de l'Ordre, approuva le tout à Turin, le 7 avril 1576. Cette aliénation était contraire à la clause contenue dans l'acte de fondation (1). Bientôt le château d'Amédée VIII est rendu à son ancienne splendeur. Les fortifications se relèvent à vue d'œil; le mur d'enceinte descendant au bord du lac est reconstruit ou réparé, puis défendu par des tours menaçantes qui protègent en même temps un magnifique port bâti à neuf (2).

Deux galères sont équipées pour commander au Léman. Ripailles va donc redevenir roi du Lac, et porter au loin la glorieuse croix de Savoie peinte au frontispice de son église : Yvoire reçoit d'importantes améliorations. Charles-Emmanuel, successeur de Emmanuel-Philibert, fit achever tous ces travaux (3). Sans attendre la rupture de la paix, il revendiqua ses droits sur Genève. En vertu de ses ordonnances, le gouverneur de Ripailles est chargé spécialement des intérêts de la couronne : ces gouverneurs furent en 1534, M. Louis de Brotty; en 1570 et 1585 les vaillants Guigues et Philibert de Compois ; en 1589, le baron de Borgo Ferrero, dont nous avons parlé ailleurs, puis Charles de Compois sous l'épiscopat de saint François de Sales (1608) (4). Dès 1582, ce dernier dirige contre Genève une

---

(1) Le conseil de l'ordre étant transféré à Turin, l'éloignement des propriétaires occasionna la ruine du domaine.

(2) Dans l'intérieur de l'une de ces tours (connue sous le nom de tour du Noyer), a poussé un arbre vigoureux, vraie fleur dans un vase percé de meurtrières. A ce sujet une légende (Voir Dessaix: *Evian les-Bains et Thonon*).

(3) C'était donner un prétexte à la reprise des hostilités ; car le traité de paix défendait aux deux parties d'établir « aucune forteresse, l'une contre l'autre, ni aussi aucun appareil de guerre à une lieue près des frontières. » Convention de Lausanne, art. 15. Berne, il faut le dire, en faisait autant.

(4) *Mém. de la Soc. d'hist. et d'arch. de Chamb.*, t. VI, p. 141. La famille de Compois, qui remonte à Pierre de Compois, chev., qui vivait en 1244, eut l'honneur de compter plusieurs de ses membres comme gouverneurs de Thonon et d'Allinges. Ce fut Charles de Compois qui obtint, en 1619, de la Chambre des Comptes, une inhibition à toute

expédition clandestine qui se lie particulièrement à l'histoire de Ripailles. Voici le récit qu'en fait Guichenon (1).

« Pendant que le Duc travailloit en Italie à acquérir une ville rebelle au Pape, Estienne de Féterne, seigneur de Compois, gouverneur du chasteau de Tonon, faisoit une entreprise pour S. A. sur Genève, par le moyen d'un nommé Du Plan, bourgeois de Tonon, qui s'estoit retiré à Genève, et y avoit acheté une maison proche de la Porte du Lac, où il faisoit hostellerie. Compois avait un frère gouverneur à Ripaille, où se faisoient les préparatifs nécessaires pour l'exécution de ce dessein : le Duc y envoya Jean-Baptiste Vivalda, chevalier de l'ordre de Saint-Jean de Jérusalem, lieutenant des arquebusiers de sa garde, suivi de 600 provençaux, commandés par Espiard et Boucicaud, qui devoit se rendre à Ripailles secrettement. Les Bernois, qui en eurent quelque vent, y mandèrent des gens pour s'en informer, à la sollicitation des Genevois. Le gouverneur de Ripaille fit cacher les soldats; tellement que les députés de Berne, ne voyant point d'apparence d'armement, s'en retournèrent, et ainsi, il y avoit espérance que, le soupçon des Bernois levé, l'entreprise devoit avoir un bon succès. Mais quelques uns des soldats de Ripailles, qui estoient de la nouvelle opinion s'estant retirés à Genève déclarèrent ce qui s'estoit fait, ce qui donna nouvel ombrage aux Genevois qu'il n'y ait quelque party formé contre eux. »

L'entreprise ayant échoué, Charles-Emmanuel résolut d'attaquer ouvertement Genève, et fit avancer des troupes jusqu'à deux lieues des remparts. Le roi de France, ayant déclaré qu'il protègerait la ville, le Duc en fut pour ses frais et dut attendre une occasion plus favorable. La malheureuse expédition de Sancy (1589), puis de nouvelles guerres, entretinrent le trouble dans nos contrées

---

personne de n'approcher du parc de Ripailles, pour la chasse, qu'à une distance d'un quart de lieue, sous peine de mille livres d'amende. Par décret du 20 mai 1620, on ordonna que cette amende serait payable au gouverneur de Ripailles, pour réparation de la muraille du parc.

(1) Guichenon, p. 711.

jusqu'à la paix de Lyon en 1601 (1). Le traité réglant les différends de Charles-Emmanuel et d'Henri IV, portait que les sujets de l'un et de l'autre parti rentreraient dans la paisible jouissance de leurs biens (2).

Aussi le conseil de l'Ordre des SS. Maurice et Lazare délégua-t-il immédiatement Thomas de Berghera, chevalier et receveur de ladite milice, en vue de rétablir ses possessions dans le duché du Chablais (3). Les biens entourant le Château de Ripailles étaient généralement tombés dans un pitoyable état (4). Les bâtiments restèrent délabrés et les terres en friche, à la suite du passage de Sancy. Pour y remédier, Thomas Berghera céda, le 24 novembre 1603, le célèbre clos qui nous occupe, en albergement ou emphitéose, à Révérendissime Vespasien de Gribaldi, archevêque de Vienne, moyennant 600 florins de Savoie de cens annuel, et certaines améliorations du domaine expressément mentionnées dans l'acte (5). Une transaction du même jour rétrocéda l'albergement, durant la vie de l'archevêque, à Garin Mugnier et à Jacques Rebut, bourgeois de la ville de Thonon. Ils devaient payer chaque année 600 écus d'or.

Charles-Emmanuel ne trouve rien de mieux, à la mort de R^d Pobel (6), que d'offrir le prieuré de Ripailles à François

---

(1) Voir plus haut: évènements du xviie siècle.
(2) *Hist. de la réunion à la France, de la Bresse, du Bugey*, par Jules Baux, p. 78.
(3) Arch. de la Sainte-Maison. L'acte de donation est du 30 juin 1601.
(4) Le clos comprenait 16 poses de vignes, 4 poses d'utins, 3 poses de terre, 5 setiers de prés et marais.
(5) « A la condition expresse que le dict seigneur archevesque albergataire, méliorerait de mieulx en mieulx les susdits biens à luy albergés, en y faisant faire des melioransses nécessaires, en bon père de famille. »
Vespasien de Gribaldi, né à Evian, devenu en 1569 archevêque de Vienne, en Dauphiné, descendait d'une famille originaire de Chieri (Piémont), qui vint habiter en Chablais. Voyant le trouble qu'excitait dans son diocèse la réforme calviniste, et persuadé que son zèle ne pourrait opérer aucun bien pour la religion catholique, il résigna son archevêché et se retira dans sa patrie. Il fut un des consécrateurs de saint François en 1602, et mourut à Evian en 1608, dans le château où il était né, aujourd'hui transformé en caserne de gendarmerie.
(6) Thomas Pobel, prieur des Augustins, figure au sacre de saint François de Sales en 1602.

de Sales lui-même (1). L'apôtre refusa. Toutefois, désireux de rendre la vie à cet établissement, il pria Charles-Emmanuel d'établir sur les ruines des Augustins, l'ordre puissant des Chartreux et d'unir le couvent de Ripailles à celui de Vallon (2). Dans une vallée resserrée, espèce de gorge jetée au cœur des montagnes qui séparent le Chablais du Faucigny, sur le territoire de Bellevaux, existait un prieuré célèbre, celui de Vallon (3). Il dut son origine à quelques disciples de Saint-Bruno arrivés là, en 1136, sous la conduite du frère Hugues, premier prieur de la communauté naissante. Girod de Langin, Pierre de Ballaison et Pierre de Cervens, leur abandonnèrent irrévocablement en 1138, la propriété et possession « du désert de Vallon » avec toutes ses appartenances et dépendances (4). Ce monastère fut peu à peu doté par la maison de Faucigny, dont l'un de ses membres, Aymon, est appelé *fondateur* de l'établissement ; puis au XIIIe siècle, par les comtes de Savoie et de Bourgogne (5). A la même époque, faveur assez rare, les Chartreux de Vallon validaient eux-mêmes leurs propres contrats et ceux de leurs hommes-liges, moyennant un droit pécuniaire (6) ; ils rendaient aussi la justice et appliquaient toutes les peines. Seul, le dernier supplice était réservé au souverain. Cet important privilège accordé en vertu d'une charte du comte Philippe de Savoie, donnée à Evian en l'année 1284 (7), s'exerçait par le moyen d'un corps d'officiers, composé d'un juge, d'un procureur d'office, d'un greffier, d'un châtelain, d'un curial et d'un métral. Les évêques de Genève et Lausanne, cons-

---

(1) Abbé Marsollier, *Vie de saint François*, t. II, p. 49.
(2) *Ibid.*
(3) Voir sur ce sujet : *Notice*, de Ménabréa, *Mém. de l'Acad. de Sav.*, série 2e, p. 241, et Lecoy de la Marche : *Notice*, p. 68, 69.
(4) Soit d'un territoire très étendu d'après la délimitation insérée dans l'acte. Lecoy, *Doc.*, n° 10.
(5) Ce dernier leur accorda « six charges de grand sel, en son pays de Sailins, à payer chacun ou a la quinzaine de Pasques pour porter à leur maisons. » Lecoy, *Doc.*, n° 2.
(6) Lecoy, *Doc*, n° 13. *Revue sav.*, p. 80, 1861.
(7) Sommaire des fiefs, Chablais, Vallon. Lecoy, p. 70.

titués protecteurs de Vallon (1), frappaient d'excommunication les téméraires qui osaient léser les droits de l'établissement et des religieux. Ainsi ces moines pouvaient vivre tranquillement dans l'exercice de la prière et du travail des mains ; ils traçaient des routes, défrichaient nos forêts, déblayaient les ruines amoncelées par les barbares, remplaçaient nos landes incultes par de riantes prairies et d'abondantes moissons ; ils conservaient le dépôt sacré des sciences et des arts, et civilisaient les populations groupées autour des monastères.

Cet établissement de Vallon disparut sous les coups des Vandales de Berne en 1536.

Emmanuel-Philibert, rentré en possession de ses Etats, vendit les biens restants de cette Chartreuse pour une somme de 2,400 écus, afin de fournir les fonds nécessaires à la construction du fort de l'Annonciade, près de Rumilly (29 septembre 1569). Les quelques débris subsistants, étaient de si peu de valeur, que le chapitre général de l'Ordre les distribua le 14 août 1576, entre les chartreux de Mélan et ceux de Pommiers. Cependant bientôt la maison de Pommiers obtient (1598) de Charles-Emmanuel, la réintégration des religieux dans leurs anciennes propriétés de Vallon, par rachat successif de chaque lieu en particulier, au prix de 200,000 florins environ (2). Enfin, sur les instances de saint François de Sales, le prince décrète l'union des deux maisons de Ripailles et de Vallon. Les lettres patentes du 12 octobre donnent à l'Ordre « le parc de Ripailles tout clos et environné de murailles, soit 50 journaux de terres et une petite demy lieue de circuit avec batiments » (3). Les nouveaux propriétaires ne furent définitivement mis en possession de ce domaine qu'en 1624, par le président de

---

(1) D'après bulle de Jean XXII, pape.

(2) Quand les lettres patentes du 1er avril 1607 (entérinées au Sénat le 6 sept. de la même année), les remirent en possession régulière, les terrains et les bâtiments étaient dans le plus misérable état (Arch. départ. Chablais, Vallon).

(3) Mss. du XVIIe siècle (Biblioth. Thuisset). Relation de cette fondation.

la Roche (1). Ce nouvel établissement porta les noms de Chartreuse de l'Annonciade, Chartreuse de Savoie, Chartreuse de Ripaille-Savoie, Chartreuse unie de Vallon et Ripailles, etc. Il comprenait le château, le parc et une partie seulement de l'ancien domaine des Augustins.

L'Ordre des SS. Maurice et Lazare garda le reste, ce qui occasionna plusieurs procès, soit contre les procureurs des Chartreux, soit contre les maisons de Compey et de Monthoux, qui élevaient des prétentions sur Ripailles. La Chartreuse restaurée comptait dix religieux et cinq frères, nombre égal à celui des anciens chanoines Augustins (2). Les seules clauses onéreuses qu'imposa le souverain, étaient des anniversaires et des messes quotidiennes que l'on célébra fidèlement. Le prieur de Vallon, Dom Laurent de Saint-Sixt, garda la même dignité à Ripailles (3).

Appropriation du local, réparations des bâtiments, entretien, puis embellissement du parc ; tels furent ses premiers soins (4). Les tours, dont trois restaient encore intactes, les appartements intérieurs de l'antique manoir, plus ou moins délabrés, conservèrent longtemps les traces du passage barbare des armes bernoises ; toutefois, allant au plus pressé, on rétablit partout les toitures (5).

L'ancienne église servit pour les offices divins jusqu'en 1762. A cette époque, les religieux construisirent celle d'aujourd'hui, qui n'a jamais été achevée, et donnèrent aux

---

(1) D'après Grillet (III-200) ils auraient été installés en 1614, par l'évêque de Genève. Le transfert est ordonné par lettres patentes du 12 octobre 1623, suivies d'autres lettres du 24 avril 1624, puis du procès-verbal de la mise en possession, terminé le 26 mai de la même année (Arch. départem. d'Annecy. Vallon, Chabl. Lecoy, p. 75).

(2) Nous n'avons pas l'acte original de la donation du duc, mais d'autres pièces comblent cette lacune.

(3) Il s'intitule successivement prieur de Vallon, recteur de Vallon, prieur de Ripailles, prieur ou recteur des deux chartreuses unies (différents actes).

(4) Arch. de Ripailles. *Prix faits.*

(5) En 1702 seulement arriva la permission au prieur de réparer la tour du pape Félix (Lecoy).

cloîtres la disposition actuelle (1). Les fours, les granges et les rustiques s'élevèrent rapidement; les avenues ensevelies sous les ronces se rétablirent; le mur d'enceinte fut renouvelé en partie, et percé de portes à l'extrémité des principales artères (2).

Les maraudeurs cessèrent leurs dégâts, après la condamnation, par le juge-mage de Chablais, d'un nommé Maurice Guend, que le prieur surprit un jour « avec ung autre homme incogneu, barbu » coupant du bois, et qui franchirent le mur pour s'enfuir, malgré les inhibitions et penonceaux du souverain (3). Nos chartreux possédaient encore d'autres faveurs, telles que : l'exemption des droits de péage et de gabelle sur les objets d'usage domestique (4); le don annuel de la part du prince, par son officier à ce commis, d'une certaine quantité de sel (5); la réception

---

(1) Le cloître fut conservé tel que le représente le cadastre de 1730 (cadastre de Thonon). Chacun décora sa porte de la devise de son choix, selon la coutume des enfants de Saint-Bruno. Le distique suivant de Tibulle, frappa, un jour, l'attention des évêques de Belley et de Genève, venus en visite à Ripailles :

Tu mihi curarum requies, tu nocte vel atrâ
Lumen et in solis tu mihi turba locis.

Vie de saint François, par Cotolendi, 1686. L'à-propos avait su sanctifier ces paroles profanes. (Lecoy, *ibid*.)

(2) Seront tenus.. exserter et nettoyer une allée de 30 pieds de roy, de largeur, et de la longueur... dempuis la grande porte du parc jusqu'à l'autre muraille du dict parc... tirez les bois y estantz, chênes, érables, épisnes, buyssons (Prix faits de 1626. Lecoy, p. 78).

(3) Le souverain avait en effet mis ses penonceaux sur les murs du couvent, et réservé au juge-mage toutes les causes de première instance intéressant les Chartreux (Informations contre M. Guend, en 1625. Lettres patentes du 15 nov. 1596. — Arch. départem. de la Hte-Savoie. — Lecoy, p. 79).

(4) Lettres patentes du 3 mars 1584 *(Ibid)*.

(5) Nous nous imaginons difficilement le prix du sel chez nos ancêtres, et son rôle important dans leur vie matérielle. Chartes, légendes et traditions populaires sont d'accord à ce sujet. Charles-Emmanuel leur octroya 12 minots de sel de 120 livres payables de six mois en six mois, par Michel Magneran, gabellier général et ses successeurs, dans les greniers de la ville de Thonon (Lettres patentes du 18 mars 1627). La Chambre des comptes de Savoie refusa l'entérinement, vu que 12 minots de sel blanc représentaient 360 florins, et de sel rouge 460 florins, libéralité excessive menant à la ruine de la gabelle. Le duc insista par lettres de jussion (4 mars 1628) et la Chambre accorda seulement 4 minots par provision et pendant le bon plaisir de Son Altesse (Arrêt du 6 sept. 1628).

annuelle de six charges de la même matière provenant d'une opulente dotation du comte de Bourgogne au XIII° siècle, etc. (1).

Ainsi constituée, la chartreuse de Ripailles vécut cachée et tranquille pendant deux siècles, jusqu'à sa destruction.

Voici la description de Ripailles à l'époque où nous sommes de son histoire, vers 1786 (2). Venant de Thonon par le chemin de Concise, nous apercevons au nord-ouest, du côté du lac, la porte principale du monastère. A gauche s'allonge une chenevière, à droite se dresse une maison, soit l'hôpital des pauvres.

Outre les bâtiments claustraux et l'ancien château d'Amédée VIII, un enclos de 128 hectares environ dépend des religieux. Après l'entrée de la porte, aujourd'hui ombragée par deux grands marronniers, nous voilà dans la grande cour entourée de différentes constructions disposées en fer à cheval. A gauche l'ancienne église et le cimetière supprimé dès 1762, ont fait place à un magnifique pavillon destiné aux hôtes extraordinaires. A l'opposé, l'antique pavillon d'Amédée VIII et sa tour principale se relient aux nouveaux bâtiments ; chacun des petits jardins longeant l'aile droite, communique à un appartement surmonté d'une tour ; ce sont les logis des six chevaliers. Vis-à-vis, s'élève l'église et le cloître nouvellement construits ; le marbre est prodigué dans les ornementations de l'église, et son portail est surmonté des armoiries de Savoie, de la tiare et des

---

(1) Cette rente passa en 1536 aux religieux réfugiés à l'abbaye de Pommiers, par autorisation du Sénat de Savoie. Bientôt, le privilège accordé jadis d'introduire dans le duché, du sel de provenance étrangère contrairement aux édits de l'Etat, ayant été retiré, nos chartreux étaient contraints de vendre, à bas prix, ces six charges de sel à Salin même. Enfin, Charles-Emmanuel II leur renouvela cette précieuse permission le 8 juillet 1673.

(2) Le *Theatrum Sabaudiæ* publié en 1726 nous donne une idée très inexacte des édifices, parcs et dépendances de Ripailles : distance et proportions fausses, tourelles déplacées, tout est disposé pour le coup d'œil seulement. Le plan construit à la même époque en vue du cadastre est beaucoup plus sûr. L'état actuel des lieux fait d'ailleurs reconnaître leur disposition ancienne.

clefs de Saint-Pierre (1). Les fossés subsistent encore partout, si ce n'est dans l'espace qu'occupent la cour et le cloître.

Au nord-ouest, l'enclos s'étend jusqu'aux portes du hameau de Saint-Disdille. Derrière l'église principale, s'ouvre une seconde église, puis un chemin conduisant à diverses dépendances de la chartreuse, telles que : moulin, scierie sur l'Oncion, deux granges, lavoir, forge, etc. A proximité des rustiques, se trouve l'entrée d'un parc de 65 hectares de bois de chênes (2). Neuf belles allées se prolongent au loin, présentant çà et là, dressée dans la solitude, la croix du Sauveur.

Quelques arbres séculaires, aux cîmes majestueuses, remontaient à l'heureux temps du séjour d'Amédée VIII (3). Le tout est entouré de prés verdoyants, puis confiné par le lac, Saint-Disdille et la Dranse (4).

Les chartreux en font leur promenade hebdomadaire appelée *spatiament*.

Du côté de Thonon, les fossés sont la limite des possessions de l'établissement. Cette propriété est formée de l'hé-

---

(1) Entrez aujourd'hui ; le foin est entassé jusqu'à la voûte, dont les moulures semblent dater d'hier. L'autel et les boiseries ont été transportées, en 1803, dans l'église de Saint-Germain, à Genève, où on les voit encore; plusieurs autres débris du même édifice ont été dispersés à Lausanne et aux environs.

(2) D'après le cadastre de 1730, il comprend 180 journaux de Chablais, dont chacun est de 36 ares.

(3) Beaulacre, *Journal helvétique*, juin 1741. Il en existait encore quinze ou vingt à cette époque.

(4) Vers 1680, un canal dérivait de la Dranse, passait à Thuisset (château de Foras) où furent récemment découverts des débris de cet aqueduc et arrivait à Ripailles. Le duc de Savoie accordait en effet, le 20 mars 1458, à Mermet Brigand, la permission d'élever un battoir sur ce courant de la Dranse, malgré une résistance très vive des syndics de Thonon (Arch. roy. de Turin.) Un Pierre Brigand, de Concise, dans son testament du 24 juin 1513 fait un legs à la Confrérie de Saint-André, en demandant à être sépulturé dans la chapelle de ce saint, élevée dans le cimetière de Saint-Hippolyte de Thonon (Arch. Thuiset). En 1532, le 30 juin, les syndics et le conseil de Thonon prennent des mesures de salubrité publique au sujet du cours de l'Oncion qu'il s'agit de maintenir libre à travers Thonon.

— 305 —

ritage des chanoines Augustins dont a été cependant détaché le domaine composant la commanderie de Ripailles qui appartient à l'Ordre des Saints-Maurice et Lazare.

Les chevaliers de cette milice avaient aussi aliéné antérieurement la rente des anniversaires de Ripailles et le lot albergé à l'archevêque Gribaldi, terrain voisin *des tours*.

Mais les religieux avaient un fonds beaucoup plus considérable provenant du prieuré de Vallon : à Bellevaux, les montages du grand et du petit Souvroz, de Vésinaz, de Belmont, avec prés, bois, rochers, soit l'ancien désert de Vallon, *eremus Vallonis* (1). A Fessy, lieu dit Vallonais, deux maisons et dépendances ; à Thonon, une maison de la rue de la Croix ; à Mieussy, bâtiments et jardins ; à Lucinges, champs et pâturages ; à Vailly, maison, soit pied à terre pour aller de Vallon à Ripailles ; diverses redevances à Bellevaux, à Boëge, à Cervens, à Fessy, à Lucinges, à Lully, à Vigny et à Thonon.

Tout ce vaste domaine comprenant 3,717 journaux, soit 1,368 hectares, fut déclaré franc d'impôts et classé parmi les biens de l'ancien patrimoine de l'Église (2).

Notre monastère subsista jusqu'en 1793. Une publication subséquente nous apprendra comment, à cette date, les Chartreux de Ripailles se retirèrent à la Part-Dieu, canton de Fribourg et ce que sont devenus dès lors les immeubles et les dépendances de ce célèbre couvent. Il fut vendu comme bien national et adjugé le 24 messidor an IV (12 juillet 1796) à un certain Charles Amand. Celui-ci a fait élection d'ami le 4 vendémiaire an V (25 septembre 1796) en faveur des citoyens Wil, Trolliet et Penchaud, qui l'ont revendu au général de division comte Dupas, par acte du 10 avril 1809 (Arminjon not^{re}) pour 250,000 francs.

Nous donnons ici la suite chronologique des prieurs de Ripailles dès l'année 1623 (3) :

---

(1) Menabrea, *Chartreuse de Vallon, Doc.*
(2) Voy. *Pièc. et Not. justificat.*, n°s 9 et 25.
(3) Lecoy de la Marche, p. 85.

I	Dom Laurent DE SAINT-SIXT, prieur à Vallon en 1614, à Ripailles de......	1623 à 1647.
II	D.	Pierre DE DURCIN............	1649 - 1662.
III	D.	Charles-Emmanuel JACQUES..	1663 - 1681.
IV	D.	Jean-Paul LOMBARDET........	1682 - 1687.
V	D.	Antoine BOUCHARD...........	1688 - 1689.
VI	D.	Jean-Baptiste ARNAUD........	1691 - 1692.
VII	D.	Daniel PRIVÉ...............	1692 - 1696.
VIII	D.	Claude GUICHENON...........	1696 - 1699.
IX	D.	Luc DE LEURETIÈRE..........	1699 - 1705.
X	D.	Raphaël RAMEL..............	1708 - 1714.
XI	D.	Jean GRIFFON...............	1715 - 1734.
XII	D.	Honoré REVOUX..............	1741 - 1745.
XIII	D.	Laurent FAVRE..............	1756 - 1767.
XIV	D.	Jean-François MÉLOS........	1786.

CHAPITRE XIII

Hôpitaux et divers Instituts religieux.

ARTICLE PREMIER

SOMMAIRE: Les hôpitaux de Thonon en 1443, 1471, 1536, etc. — Donation de N° Philibert Favre, etc. — Nouvel hôpital au XVIII° siècle. — Les quatre hôpitaux de Thonon, en 1792.

La charité publique a toujours été pratiquée dans notre cité. Nous l'avons vue se produire, sous différentes formes, à travers les âges que nous venons de parcourir. Les visites pastorales de 1443 et de 1471, mentionnent l'hôpital de Thonon fonctionnant d'une manière régulière; Berne dilapida une partie de ses revenus (1536-1569) (1). Monseigneur Jean-François de Sales le visita le 21 juillet 1624. Il était alors placé sous le vocable de saint Nicolas et de saint Bernard, et chargé de recevoir tous les pauvres qui survenaient, leur fournissant une subsistance gratuite pendant trois jours (2). L'université chablaisienne ouvrit dans sa *maison des Arts* un établissement de charité, qui donnait du travail et des vivres aux indigents de la contrée. L'ancien hôpital possédait, en 1663, trois poses de vigne sur le territoire d'Anty; deux pièces de terre à Morsy et à Marclaz. Les syndics retenaient quelques fonds

---

(1) Voir visites de 1443 et de 1471, et domination bernoise.
(2) Arch. de l'Evêché d'Annecy.

contestés ; ils eurent à en rendre compte aux prêtres de la Sainte-Maison, par ordre de l'évêque (1). Quelques années auparavant (1650), un juge-mage du Chablais, N° Philibert fils d'Antoine Favre, natif de Bourg-en-Bresse, seigneur de Féliciaz, léguait à l'hôpital toutes ses maisons, ses granges, ses vergers, ses prés, ses terres, ses bois de Thonon et de Brécorens, tous ses immeubles en Chablais à l'exception d'une vigne et d'une maison située dans notre ville ; de plus, 1,000 ducatons à percevoir sur les communes de Lullin et de Vailly, pour l'entretien des pauvres étrangers ou bourgeois de Thonon, et pour « quatre flambeaux de cire blanche destinés à l'accompagnement du Saint-Sacrement porté aux malades (2). » En conséquence, Mgr d'Arenthon d'Alex ordonna à l'économe Mre de Genève, d'ajouter aussitôt six lits garnis. Vers la même époque, Louis, fils d'Abraham-François Dubouloz, avocat au Sénat de Savoie, et Pierre David (30 juin 1692) enrichirent de leurs biens le refuge des indigents (3). Au milieu du xviiie siècle, RR. Pignier et Laurent de Saint-Agnès, préfets de la Ste-Maison, chargeaient les PP. Barnabites et quelques dames de la bourgeoisie de Thonon, de faire des collectes dans la ville pour le soulagement des pauvres (4). Les recettes furent si abondantes, que l'on s'empressa de louer une partie de l'hôtel de ville, qui prit le nom d'Hôtel-Dieu. Quatre religieuses s'y dévouaient avec zèle au service des malades. Divers dons et legs augmentèrent cette pieuse fondation ; elle atteignait vers 1782 1,500 livres de revenus annuels (5). Quand survint la révolution, Thonon possédait donc dans ses murs quatre hôpitaux distincts : l'ancien hôpital, la maison des Arts avec 6,000 livres de rente nourrissant 36 pauvres, l'hôpital Favre-Feliciaz avec 500 livres de revenus, et l'Hôtel-Dieu. Le

---

(1) Arch. de la Sainte-Maison.
(2) *Ibid.*, et Mss. Pescatore. Il mourut le 19 novembre 1650 (Reg. par. de Thonon).
(3) Mémoires de la Sainte-Maison (Arch. du presbytère de Thonon).
(4) Mss. Pescatore.
(5) *Ibid.*

premier était administré par la municipalité ; le second par le Chapitre de la Sainte-Maison ; le troisième par un conseil composé du préfet de la Sainte-Maison, du juge-mage, de l'avocat fiscal, des deux syndics, des RR. PP. Capucins, des RR. PP. Barnabites et de l'avocat de ville ; le dernier enfin, par les mêmes personnages, moins les PP. Capucins et les Barnabites (1).

A proprement parler, chaque couvent ou chaque monastère de notre cité était *un hôpital permanent*. Les pauvres recevaient l'aumône à Ripailles, les lundi et vendredi de chaque semaine ; chacun d'eux recevait deux livres de pain. Les autres jours, ils la recevaient dans chacune des maisons religieuses de Thonon, c'est-à-dire chez les RR. PP. Barnabites, les Capucins, les Minimes, les R^{des} sœurs Visitandines, les Annonciades et les Ursulines. Les religieux vivaient sobrement et donnaient aux indigents le fruit de leurs économies, de leurs jeûnes et de leurs mortifications. La Révolution emporta toutes ces maisons de bienfaisance et mit à leur place les acquéreurs de leurs biens. Ces nouveaux maîtres furent-ils aussi généreux que les moines et les religieuses ? La réponse est connue de tout le monde.

(1) Etat de Thonon avant la Révolution française. *(Ibid.)*

ARTICLE II

LA VISITATION

Sommaire : *La Visitation.* — Saint François à Thonon en 1622 et M{^{lle}} Dufour d'Evian. — Conférences. — Résistances, approbations. — La petite colonie part d'Annecy, son itinéraire. — Accueil à Evian. — La clôture. — Avantages de Thonon. — La Visitation à la rue Vallon. — Sympathies. — La disette. — Acquisition de la rue St-Sébastien. — Nouvelles dispositions. — Transaction avec les sœurs Ursulines. — Acquisition des Annonciades, difficultés. — Les murs de clôture actuels.

En 1604, saint François de Sales et madame de Chantal se rencontraient à Dijon. Six ans furent employés à tracer les grands linéaments d'un institut nouveau où la perfection des vertus ascétiques devait devenir accessible à tous, en remplaçant les rigidités de la règle par un surcroît de vie intérieure. Le 6 juin 1610, il était établi à Annecy.

Douze ans plus tard, au mois de juillet 1622, saint François avait béni à Thonon le mariage d'Albert-Eugène de Genève, marquis de Lullin, avec Catherine de Bruges. Les fêtes de cette union rassemblèrent dans nos murs l'élite de la noblesse du pays. Parmi les dames d'Evian se trouvait une demoiselle « Dufour » (1) personne distinguée par ses talents et sa rare piété. Elle eut une conférence avec le saint évêque, et en obtint la grâce qu'elle souhaitait : une place au monastère de la Visitation.

Aussitôt elle court porter cette bonne nouvelle à sa

---

(1) Dufour, famille noble d'Evian.

sœur aînée, la seule qu'elle possédât, et à madame Prévost, sa belle-sœur, demeurée veuve depuis peu et sans enfants.

Dieu sait prédisposer les âmes. Quoiqu'elles n'eussent jamais échangé aucune communication entre elles au sujet de leurs dispositions respectives, toutes trois prirent à l'intant même l'invariable résolution de dire au monde un éternel adieu.

Cependant, les demoiselles Dufour avaient un frère, leur unique frère, dans la Compagnie de Jésus. Elles réclamèrent ses conseils et sa présence à un moment si solennel. Celui-ci, voulant éprouver leur vocation, prétexta l'impossibilité d'un voyage et se fit attendre deux longues années. Il arriva enfin, sonda leurs dispositions avant d'approuver cette sainte entreprise, puis partit pour Annecy non dans le seul but d'obtenir les trois places des nouvelles postulantes, mais aussi pour représenter à qui de droit que leurs possessions et biens d'Evian pouvaient largement suffire à la fondation d'un nouveau monastère.

La sainte Mère Jeanne-Françoise Frémiot de Chantal (1) examina longuement cette proposition dans laquelle elle crut entrevoir le doigt de Dieu. Munie de l'approbation de Mgr Jean-François de Sales, frère et successeur de l'apôtre du Chablais, elle accepta cette offre sous la condition que les trois pieuses postulantes viendraient à la source même de l'institut cultiver une vocation si bien soutenue. Elles arrivèrent à Annecy le 8 décembre 1624, jour de l'Immaculée-Conception, et reçurent la vêture religieuse le 22 février suivant.

La sainte Fondatrice, à la vue des vertus de ces novices, ne douta plus que le bienheureux François de Sales ne présidât du haut des cieux à une entreprise à laquelle il avait mis la première main sur cette terre, par ses sages conseils

---

(1) Veuve de Christophe de Rabutin, baron de Chantal (Récit tiré de l'*Hist. abrégée de la Visitation*, publiée dans le *Chablais*, au mois de février 1878, par M. le comte Amédée de Foras, auteur du savant ouvrage l'*Armorial de Savoie*. Elle fut composée en 1789, sur la demande de l'intendant Pescatore, par l'abbé Colonna).

— 312 —

à mademoiselle Dufour. Aussi les Visitandines du Chablais l'ont-elles toujours invoqué comme fondateur spécial de leur maison. Inspirée de Dieu et de concert avec l'évêque, la Mère de Chantal quitta Annecy le 4 août 1625 pour prendre le chemin d'Evian à la tête de sa pieuse colonie composée des huit religieuses suivantes :

R^{de} sœur Magdeleine-Elisabeth de Lucinge, compagne de voyage de la sainte Fondatrice. Elle ne devait pas demeurer continuellement attachée à ce nouveau monastère.

R^{de} sœur Marie-Françoise Humbert, supérieure de la jeune communauté.

R^{de} Françoise-Agathe de Sales, élue Assistante.

R^{des} Anne-Louise Desportes, Marie-Magdeleine de Musy, Françoise-Marguerite Richard, choisies conseillères.

Enfin la R^{de} sœur novice, Jeanne-Françoise Bérandier, que sa haute piété avait appelée à l'honneur de diriger les R^{des} sœurs Dufour et Prévost.

La première journée de marche se termina chez M. le baron d'Arenthon, Philippe de Lucinge, père de la religieuse de ce nom ; et la matinée de la seconde, au château de Brens, appartenant à N^e Gaspard de Sales, père de la R^{de} sœur de ce nom.

Le soir du même jour, 5 août, la *Philothée* de saint François, madame Louise Duchatel (1) veuve de Jean-Claude de Vidonne, seigneur de Charmoisy, Marclaz... accueillit avec amour une partie de cette pieuse phalange dans sa demeure princière, tandis que l'autre partie recevait une généreuse hospitalité d'un allié de la famille de Sales, Jean-Baptiste Marin, procureur fiscal du Chablais (2).

Thonon fêta comme des envoyées du ciel, les filles spirituelles de son apôtre. Le lendemain 6 août, la marquise

(1) Sortie d'une famille normande (Voyez la *Philothée de saint François*, par M. J. Vuy, ancien président de la cour de cassation de Genève).
(2) M. Marin avait épousé Marie-Marthe de Sales et se trouvait à la fois beau-frère de la sœur de Sales et gendre du dit seigneur de Brens. *(Ibid.)*

— 313 —

de Lullin et les Nes dames de Charmoisy et de Brotty (1) les présentèrent au gracieux accueil des habitants d'Evian. Elles furent processionnellement reçues au son des cloches par le clergé et par le prieur de Blonay (2) et immédiatement conduites à leur chapelle où ce dernier prononça un discours adapté à la circonstance. Aussitôt après la bénédiction du Saint-Sacrement, on procéda à l'organisation du monastère. La clôture était établie au bout de trois jours de visites exigées par les bienséances. La sainte Mère de Chantal consacra trois semaines à affermir cette maison de prières, lia avec les religieuses Clarisses les plus étroites relations d'amitié et quitta le Chablais en remettant entre les mains de la Providence la communauté naissante.

Bientôt surgirent des difficultés. Les RR. PP. Jésuites qui devaient arriver pour diriger la nouvelle Visitation ne purent accomplir leur projet. Thonon possédait dans ses murs la Sainte-Maison, soit l'Université chablaisienne, ce chef-d'œuvre de saint François, composée de plusieurs corps de religieux travaillant à un même but, à la continuation de son apostolat. Aucune congrégation de femmes n'y avait encore paru.

Malgré le dévouement et l'attachement des Eviannais, les religieuses visitandines demandèrent leur translation dans notre ville; l'Evêque et la sainte Fondatrice applaudirent aux raisons qui plaidaient pour ce changement.

La vertueuse Dame de Charmoisy avait fait reposer son amour et ses espérances sur cet essaim de la ruche salésienne : elle lui abandonna à bas prix sa vaste demeure de la rue Vallon (3) en lui procurant en même temps la cession de la maison contiguë du seigneur de Brotty.

Un magnifique tabernacle dû tant à ses largesses qu'à

---

(1) Probablement Claudine-Gabrielle de Laudes, femme de Maurice de Brotty, seigneur de Nernier. *(Ibid.)*

(2) Problablement Rd Jean-François de Blonay, prieur de Saint-Paul, frère de la Mère Marie-Aimée de Blonay, une des premières religieuses de la Visitation, morte en odeur de sainteté en 1649 (Sa vie a été imprimée à Paris en 1663). *(Ibid.)*

(3) Cette maison qui passa ensuite à la Ne famille de Lort, n'est autre que la maison actuelle de M. Thiébaud, et de M. Fréchet-Bordeau.

celles de l'infante Marguerite de Savoie, partait de Turin à l'adresse de la Visitation de Thonon (1).

La réception des Visitandines venant d'Évian eut lieu à la nuit tombante du 16 juillet 1627. Ces religieuses, afin d'éviter tout éclat, arrivèrent dans les voitures du marquis de Lullin, accompagnées de son épouse et d'autres dames de distinction. Elles furent néanmoins reçues par R^d Messire de Châtillon et par les prêtres de la Sainte-Maison. Le lendemain, les syndics et les magistrats vinrent offrir leurs compliments et leurs services (2). La messe solennelle, l'exposition du Saint-Sacrement et la joie de la population donnèrent à cette journée tout l'éclat d'une grande fête. La clôture devint absolue le 26 juillet (3). Par privilège, Madame de Charmoisy put toujours entrer et sortir à loisir, en sa double qualité de bienfaitrice et de *Philothée* de saint François.

Bientôt des demoiselles de première distinction de Thonon, du Chablais et de la Savoie accoururent à la rue Vallon (4) pour s'enrôler dans cette pieuse famille. Charles-Emmanuel Ier approuva l'établissement le 23 juillet 1628, l'enrichit de concessions et de prérogatives et s'en déclara le protecteur. Le Sénat ratifia tous ces avantages le 15 février et la Chambre souveraine, le 1er avril 1629.

Hélas ! la disette sévissait dans nos murs. La sainte Mère de Chantal accourut, déchargea la communauté de quelques religieuses qu'elle envoya dans une nouvelle

(1) L'infante Marguerife offrit une chaîne d'or, Mme de Charmoisy, ses plus belles bagues... Mme Royale Christine de France fit transporter le tabernacle en Maurienne ; le prince Thomas, de Maurienne à Genève, et le marquis de Lullin, de Genève à Thonon. Ce tabernacle était « la seule pièce dorée », qui figurait en 1789 dans la chapelle de l'Institut à Thonon. *(Ibid.)*

(2) La permission de s'établir avait été gracieusement accordée auparavant.

(3) Le premier jour, toute personne est admise aux visites usitées ; le deuxième jour, on n'admet que les femmes, et, le troisième jour, les dames seules.

(4) Cette rue a conservé son nom ; mais la rue *Chantecoq* actuelle portait, vers 1730, le nom de rue *Dufrêne*, à cause de la vieille famille bourgeoise de ce nom qui l'habitait. Une autre rue porta le nom de rue des *Serraillons* ou des *Serruriers* (Note de M. A. de Foras).

— 315 —

maison de Provence et pourvut aux besoins temporels les plus pressants.

A la famine vint s'ajouter l'invasion française de 1630, pendant laquelle la R^{de} supérieure Marie-Françoise Humbert fut un vraie providence (1). Cette digne supérieure acquit en 1633 de N^e Jean-Jacques Forestier, seigneur d'Yvoire, « un pourpris consistant en grange, maison, jardin, verger et vigne aboutissant du côté du lac sur la rue Saint-Sébastien » (2).

Une petite rivière, l'*Oncion*, traversait, comme aujourd'hui cette propriété : on avait l'espérance fondée d'en reculer les limites, et de pouvoir l'enclore. Les religieuses étaient disposées à abandonner le tumulte de la rue Vallon pour la solitude de Saint-Bon. Rien ne manquait à ce projet, sinon le consentement de la Mère de Chantal. Cette affaire lui parut très importante ; aussi délégua-t-elle, vu son absence de la Savoie, R^{de} Marie du Châtel (3), supérieure du monastère d'Annecy. Celle-ci vint sur les lieux, déclara insuffisantes les acquisitions faites, tout en indiquant les moyens d'éviter les inconvénients de la rue Vallon. Néanmoins, l'entreprise réussit en 1636. La R^{de} Mère Claude-Catherine de Vallon (4) (qui avait succédé à la R^{de} sœur Humbert), sut si bien ménager les circonstances que N^e François Déprez consentit à échanger ses bâtiments, places, jardins, vergers et vignes de la rue Saint-Sébastien contre les maisons de Charmoisy et de Brotty moyennant une indemnité convenue (5).

A la suite d'une acquisition si importante, les religieuses exécutèrent des réparations en s'efforçant de donner à ces

(1) Voyez les détails de cette occupation au chapitre des évènements du XVIIe siècle.
(2) Ce n'était pas la rue Saint-Sébastien actuelle. Voyez le *Plan de Thonon au* XVIIe *siècle*.
(3) Baronne Marie du Chatel, sortie d'une noble famille de Chambéry, cinquième religieuse de la Visitation, morte à Annecy, le 22 décembre 1687. *(Ibid.)*
(4) Fille de N^e Guy Joly de Vallon, dont le fils devint seigneur de Vallon. *(Ibid.)*
(5) François de Prez, fils de N^e Antoine de Prez (autrefois premier syndic à Thonon) fut plus tard encore premier syndic. *(Ibid.)*

vieux bâtiments une apparence régulière et conservèrent une antique chapelle sur l'emplacement de celle qui existe actuellement.

Le 30 avril 1637, elles y vinrent chanter les louanges du Seigneur.

Le lendemain, l'on procéda, selon les règles, à leur établissement.

Mais à peine la communauté y était-elle installée que de nouvelles complications s'élevèrent au sujet d'une maison enclavée, avec ses granges et cours, dans les possessions du monastère.

Cette maison appartenait à N° François Petchoud, qui demanda un prix énorme qu'il jugeait lui-même inacceptable. Heureusement, nos Visitandines l'acceptèrent sans aucune réclamation.

La R^{de} Mère de Chantal, instruite de ces résolutions, voulut juger les choses par elle-même. Elle entreprit donc un troisième voyage en Chablais, passa quelques semaines à la nouvelle maison, et travailla avec ardeur au plan du monastère et de la chapelle (1).

Peut-être prévoyait-elle des obstacles, car elle exhorta ses chères filles à mettre aussitôt la main à l'œuvre et à choisir des supérieures capables de mener l'entreprise à bien. Ce dernier avis fut entendu. L'année suivante (1638), on appela sa parente, R^{de} sœur Marie-Aimée de Rabutin, à la charge de supérieure, en remplacement de la R^{de} Mère de Vallon. La sainte Fondatrice détacha volontiers cette religieuse fervente et capable de sa communauté d'Annecy, pour en faire le plus ferme appui de la congrégation de Thonon. Ce choix fut des plus heureux. Cependant, toujours en garde contre ses propres lumières, la nouvelle élue sollicita l'année suivante (1639), la visite de la sainte Mère de Chantal.

Les R^{des} Ursulines, établies depuis peu à Thonon dans le

---

(1) L'abbé Colonna ajoute en 1789 : « tels qu'on les tient ici de sa propre main, sans avoir encore pu les faire exécuter dans leur perfection. » C'est pour cela que le monastère de Thonon est peut-être celui qui est le plus conforme aux constitutions des saints Fondateurs.

voisinage de la Visitation (1), avaient demandé une transaction au sujet de certaines places qu'elles désiraient posséder. La sainte Fondatrice arriva sur ces entrefaites. Plutôt que de changer ses plans antérieurs, elle préféra acquérir de N° Bernard de Lyvet (2) une vigne qu'elle leur abandonna en grande partie pour cimenter l'union des deux communautés.

Nos Visitandines essayèrent en vain de retenir au milieu d'elles la sainte coopératrice de saint François; sa sollicitude l'appelait ailleurs.

Elles reçurent pour la dernière fois ses précieux conseils, lui offrirent des habits neufs, afin de conserver comme des reliques ceux qu'elle portait et elles lui dirent un dernier adieu. C'était son quatrième et dernier voyage en Chablais.

L'année 1639 nous apporta la peste; la Visitation n'eut à pleurer aucune victime (3).

Les supérieures qui succédèrent à la R^{de} Mère de Rabutin, savoir : R^{des} Claire-Hippolyte Joffard, Françoise-Angélique Courtet, Marie-Gabrielle Braillard, Marie-Antoinette de Vozery, firent successivement construire les clôtures, la maisonnette des lessives sur l'Oncion et les grands dortoirs du couvent.

Vinrent ensuite les évènements qui donnèrent au clos son étendue actuelle.

La R^{de} Mère de Vozery était morte le 8 octobre 1657.

La R^{de} Mère Humbert vivait encore après avoir porté vaillamment pendant 30 ans le poids de la supériorité dans plusieurs monastères naissants de France et de Savoie. Ses anciennes filles de Thonon l'appelèrent, malgré ses 86 ans, par une élection unanime, le 14 novembre suivant, à la tête de leur monastère. Elle vint aussitôt, jeta les fondements de l'église actuelle en l'honneur de saint François, jouit du spectacle à jamais mémorable de sa solennelle béatification; puis, sentant ses forces faiblir, elle pria humble-

---

(1) Dans la maison Guillet-Monthoux ou maison Lacroix actuelle. Voy. *Ursulines*.
(2) Ascendant direct de la famille actuelle de ce nom. *(Ibid.)*
(3) Voyez le chapitre des *évènements du* XVIIe *siècle.*

ment ses compagnes de jeter leurs vues sur une plus digne qu'elle et abdiqua sa charge de supérieure. Peut-être avait-elle entrevu à l'horizon des nuages gros de tempêtes !

Quoi qu'il en soit, les Annonciades célestes de Saint-Claude, fuyant devant les guerres de la Franche-Comté, étaient venues se réfugier à Thonon (en 1637), sans savoir où elles pourraient se fixer (1). Elles habitèrent d'abord la maison de Bellegarde qui menaçait ruine ; puis elles achetèrent tout à coup du seigneur de Sonnaz des terres et des bâtiments vainement demandés par la Visitation, situés au sommet de la rue Saint-Sébastien, au lieu dit Chancot (2). A cette vue, les Visitandines se hâtèrent d'acquérir du marquis de Lullin, une grange et un jardin pour séparer par un espace de huit toises leur clos du domaine des nouvelles venues ; mais il était trop tard, et bientôt elles virent s'élever à deux pas une nouvelle bâtisse qui dominait tous les alentours et projetait son ombre jusque dans l'enceinte du couvent. On conclut que l'une des deux communautés devait renoncer au terrain, et on élut à la Visitation une femme énergique et intelligente, capable de lutter pour l'intérêt commun, savoir : la R^{de} Mère Aimée-Bénigne de Lucinge, professe du premier monastère de la Visitation d'Annecy (fin de l'année 1663). Pendant deux ans, la Mère de Lucinge porta cette cause devant les tribunaux de la Savoie. Enfin, Charles-Emmanuel II prit connaissance des faits et nomma une commission chargée de prononcer en dernier ressort. Une transaction du 7 mars 1666 termina le différend en adjugeant à la Visitation les terres et bâtiments de Sonnaz contre ceux qu'elle avait acquis du seigneur de la Mare, sur la place de la Croix et où s'éleva bientôt le nouveau monastère des Annonciades.

(1) Voy. plus loin : *Annonciades célestes.*
(2) Rue *Chancort*, plus exactement *Chancot*, dont on a fait *Chantecoq*. Une branche de la famille de Gerbaix-Sonnaz s'est établie à Thonon par François-Michel de Sonnaz, nommé juge-mage du Chablais, le 5 janvier 1651. Cette famille a fourni dans ces derniers temps quatre frères, tous généraux de l'armée piémontaise. Elle est représentée aujourd'hui par M. le baron Hippolyte de Livet.

Dès lors, les murs de clôture furent terminés, et nos Visitandines élevèrent sur le terrain contesté un charmant oratoire de Notre-Dame de Lorette qu'elles avaient voué à la sainte Vierge au cas d'un accord pacifique.

Il existe encore au devant de leur cimetière.

La même année (1666), la Visitation voyait accourir une multitude innombrable de pèlerins pour célébrer la canonisation de saint François.

En 1752, elle rendit de splendides honneurs à sa Fondatrice, qui venait d'être déclarée Bienheureuse. Cette solennité fut dignement couronnée en 1767 par les fêtes de la canonisation de sainte Jeanne-Françoise de Chantal.

Jusqu'à la Révolution de 1792, la ferveur régna à la Visitation de Thonon, qui pouvait servir de modèle à tous les monastères du même Ordre.

La Révolution allait disperser cette sainte communauté.

ARTICLE III

LES MINIMES

SOMMAIRE : *Les Minimes.* — Fondation d'Albert de Genève. — Acquiescement de la municipalité. — Résistance du Sénat de Savoie.— Règlement avec la paroisse. — Fondation de leur maison (hôpital actuel). — Lutte.

Albert de Genève, marquis de Lullin, gouverneur du Chablais, etc., fonda à Thonon le 25 avril 1636 un monastère de Minimes, soit de religieux de Saint-François de Paule. Cette nouvelle maison devait comprendre huit religieux, avec une dotation de 250 florins pour chacun, soit 2000 florins annuels (1) outre 100 livres tournois pour l'entretien des bâtiments et autres dépenses nécessaires. Le pieux fondateur et sa femme Catherine de Bruges demeuraient solidairement obligés jusqu'au paiement total de cette somme.

Victor Amé avait approuvé cet établissement par lettres patentes du 12 juin 1636. Le conseil de ville de Tho-

---

(1) Arch. de la Sainte-Maison. Le contrat ne leur assignait que 800 livres de revenu annuel, le Sénat exigea cette modification. Aussi, par acte postérieur, le marquis leur donnait-il 1218 pistoles, 1088 florins et 200 ducatons à percevoir sur divers domaines des environs. La pistole valait dix francs de notre monnaie, le florin, 1 fr. 80 cent., et le ducaton 16 fr. 50 cent. (Arch. Thuiset.)

Ces religieux reçurent tous ces revenus du marquis de Lullin à la date citée, à condition de chanter chaque mercredi une messe de *requiem* ; de dire une messe basse tous les jours *dans sa chapelle de la Batie*, à l'heure fixée, pour le fondateur. Quatre religieux devaient en outre chanter les vêpres dans sa chapelle.

non y donna son consentement le 5 avril suivant : « A condition que lesdits R^{ds} Pères ne feront aucune *queste*, suivant la promesse par eux faite aux syndics, de ne pouvoir tenir aucun bénéfice de l'Église acquis, et n'y posséder autres fonds ni ressources que ceux de leur fondation, ny multiplier le nombre de huit religieux, sinon estant que de proportion de chaque religieux l'on augmentera la fondation à rate de 250 florins par religieux... » (1). Le R. P. Déchamp, provincial de l'Ordre, présente encore une requête au conseil le lendemain (6 avril), puis une seconde au souverain Sénat le même jour.

Le procureur de la Perrouze (9 avril); le collège des RR. PP. Barnabites (12 avril); les Ursulines (16 avril); la Visitation (id.); le Plébain de Thonon (27 juin), acquiescèrent tour à tour à l'établissement de cette maison religieuse. Mais, l'autorité ecclésiastique, la Sainte-Maison et le souverain Sénat de Savoie ne se montrèrent pas si bien disposés à l'égard des nouveaux venus. Il fallut des lettres de jussion de Victor Amé datées du 4 juillet de la même année pour obtenir du Sénat l'entérinement de ses lettres patentes du 12 juin. Le Duc lui ordonna de s'exécuter « promptement et sans délai... vu le dépeuplement des maisons religieuses et des pieuses fondations de ses ancêtres en Chablais, comme les abbayes de Filly, du Lieu, de Bellerive, des prieurés de Dovenoz, de Draillans et d'Armoy et du décanat d'Anthy » renversés par l'hérésie.

Le Sénat obéit, à condition que les religieux ne pourraient ni bâtir, ni s'installer avant le plein paiement des sommes promises (12 septembre 1636) (2).

Sept jours auparavant, un des vicaires généraux du diocèse accordait aussi toute latitude au R. P. Déchamp « d'ériger et d'édifier un monastère avec pouvoir de choisir le lieu de l'église, de planter la croix, de poser la première pierre, etc. » (3). Mais la communauté, est-il

---

(1) Moret, secrétaire (Arch. de la municipalité).
(2) Arch. de la Sainte-Maison.
(3) Arch. de la Sainte-Maison.

dit, devra transiger dans l'année avec le R⁴ Plébain et les RR. PP. de la Sainte-Maison pour la *conservation des droits paroissiaux.*

Le 7 septembre, les prêtres de la Sainte-Maison considérant « que la moisson du Seigneur était abondante et et les ouvriers peu nombreux », consentirent à cet établissement, à condition qu'il ne leur porterait aucun préjudice tant au spirituel qu'au temporel.

L'arrangement suivant fut accepté des deux parties : Les révérends Pères Minimes ne célèbreront aucun office divin, n'accompliront aucun exercice de la confrérie du Saint-Sacrement aux heures de la grand'messe, des sermons, des vêpres et des processions de la paroisse. Ils ne sortiront jamais processionnellement de leur église et de leur cloître sous quelque prétexte que ce soit. Au cas d'une sépulture dans leur dite église, les droits paroissiaux d'ensevelissement, de luminaire, etc., demeureront à la Sainte-Maison.

Ce fut alors (1635) que le marquis de Lullin dota Thonon d'un établissement qu'il possède encore aujourd'hui : *de son hospice civil et militaire* qu'il bâtit pour être confié à nos religieux Minimes.

Cet édifice est le plus beau monument du xviie siècle que l'on trouve en Chablais.

La première pierre fut bénite en 1635 (1). La communauté nous arriva du couvent de Besançon.

Au mois de juin 1703, le vénérable chapitre de la Sainte-Maison réclamait des révérends religieux Minimes différentes prestations de reconnaissances, de devoirs seigneuriaux à raison du fief de saint Hippolyte.

L'accord était rompu ; un procès commença, dura longtemps au grand scandale de la population, et les ressources s'épuisaient dans de stériles chicanes.

En 1718 le marquis de Coudrée leur servait annuellement 1,600 florins.

---

(1) Regist. paroiss.

ARTICLE IV

LES ANNONCIADES

SOMMAIRE : *Les Annonciades*. — Guerres de Franche-Comté. — Leur établissement ; résistance du Sénat de Savoie. — Elles bâtissent au quartier de la Croix. — Leur maison aux Vieillards et aux Frères de Marie.

Dans le comté de Bourgogne avait pris naissance une congrégation de pieuses filles sous le vocable de l'*Annonciation de la sainte Vierge;* elles furent appelées pour cela ANNONCIADES CÉLESTES.

Saint François de Sales leur avait témoigné beaucoup d'estime et de bienveillance en 1612, en les recommandant tout spécialement aux faveurs de l'archiduc de Flandre (1).

Pendant les guerres de la Franche-Comté, un incendie ayant détruit leur couvent de Saint-Claude, 23 religieuses de cette maison se réfugièrent à Thonon (2). Dans ce nombre, se trouvaient quatre religieuses allemandes venues d'un couvent d'Alsace qui subit le même sort (1637).

Ces religieuses habitèrent d'abord plusieurs endroits de la ville... entre autres la maison Bellegarde, les bâtiments de Sonnaz à deux pas de la Visitation, comme nous l'avons dit, en parlant de ce dernier établissement.

Charles-Emmanuel II, considérant « la singulière dévotion de la royale Maison de Savoie au sacré mystère de l'Annonciation de la sainte Vierge », les autorisa à s'établir

---

(1) Mercier, *Souven. hist.*, p. 307.
(2) Voy. lettres patentes de Charles-Emmanuel, *Pièc. justific.*, n° 22.

dans notre ville, sans aucune dotation (lettres patentes du 15 septembre 1650).

Elles adressèrent dans le même but une requête au Sénat de Savoie, et une autre aux nobles syndics de Thonon. (décembre 1650).

Le conseil municipal ne les admit qu'autant qu'elles ne recevraient de sujets qu'à proportion de leurs revenus, qu'elles préfèreraient les filles de la cité, qu'elles ne feraient aucune quête et contribueraient à toutes les charges ordinaires (22 janvier 1651).

Cependant le Sénat éleva une vive opposition contre ce nouvel établissement ; il refusa d'enregistrer les lettres du Souverain, sous prétexte que Thonon renfermait déjà d'autres instituts de femmes, et que d'ailleurs c'était un nouveau fardeau imposé à la localité. Il fallut un coup d'autorité de la part de Charles-Emmanuel pour vaincre cette résistance du Sénat. Un premier ordre de jussion, daté du 6 décembre 1655, demeura de nouveau sans succès; mais un second, du 4 septembre 1656, mit fin à toutes les tergiversations et le Sénat entérina les lettres ducales le 9 novembre 1656 (1).

La Maison-Mère de Saint-Claude passait à nos religieuses nouvellement arrivées, certains revenus annuels (2). Mais elles avaient de plus à construire une maison sur le domaine du seigneur de la Mare récemment échangé avec les Visitandines (3). Le fondateur des RR. PP. Minimes, Albert-Eugène de Lullin, devint encore en cette nécessité le grand bienfaiteur des Annonciades célestes. Il ouvrit les trésors de son inépuisable charité, et bientôt l'année 1688 vit s'élever au bout de la ville, au lieu dit *Vers la Croix*, un grand et long bâtiment flanqué d'une chapelle ; c'était le nouveau monastère (4). En 1718, cette maison était solidement assise en Chablais; elle possédait des biens-fonds considérables, payait les tailles, selon

(1) Signé Fréchet.
(2) Mss. Pescatore. Lettres patentes du 6 déc. 1655.
(3) Voy. *Hist. de la Visitation.*
(4) Arch. de la Sainte-Maison.

ses constitutions, et possédait 26 religieuses et onze domestiques ou sœurs converses. Dès la révolution de 1792, elle changea de destination : on y logea les vieillards infirmes, et aujourd'hui ses murs transformés abritent le pensionnat des RR. PP. Marianites.

ARTICLE V

LES URSULINES

Sommaire : *Les Ursulines.* — Appel des syndics. — Difficultés. — Leur logement. — Education des jeunes personnes. — Construction de leur monastère ou du quartier dit actuellement les *Ursules.* — Etat en 1718, etc.

Les syndics de Thonon ayant appelé des Ursulines pour donner « l'éducation aux petites filles (1), » ces religieuses arrivèrent et s'installèrent dans l'ancienne maison des N^{es} de Guillet de Monthoux, sans demander de permission à la municipalité. Celle-ci se plaignit amèrement de cette conduite le 16 avril 1636 (2).

Au mois de juillet suivant, elles représentent à S. A. R. qu'ayant été établies en ce lieu « par sa bonté et commandement, elles n'ont pu se loger sinon dans une vieille maison de louage qui menace de ruine et péril imminents, aboutissante dans le lac, éloignée de la ville et d'un abord fort difficile et incommode. » En conséquence, il est de toute nécessité de bâtir une église et un monastère convenables afin que l'institut puisse facilement élever et instruire les jeunes filles, ayant d'ailleurs « dès le peu de temps qu'elles y sont introduites, par leurs très soigneuses instructions, attiré au giron de notre mère l'Eglise romaine, quelques-unes de leurs pensionnaires venues de Genève et des lieux circonvoisins atteints d'hérésie » (3). Mais elles sont pau-

---

(1) Turin, Mss. de la bibliothèque du roi. *Etat des bénéfices du Chablais. (Mém. de la Soc. d'hist. de Chambéry,* t. 6.)
(2) Regist. de la municipalité.
(3) Délibérat. du vén. chapitre de la Sainte-Maison.

vres ; l'achat d'un emplacement a déjà épuisé une partie des ressources de la communauté. Elles supplient donc le souverain de leur permettre de tirer des masures de l'ancien château de Thonon les pierres et les matériaux nécessaires à cette construction, à l'exemple de la congrégation des prêtres de la Sainte-Maison (1).

La réponse partit du camp de Romagnan le 28 juillet 1636. S. A. R., en donnant toute liberté à ce sujet, priait ces derniers de n'apporter aucun empêchement à cette sainte entreprise. Aussi, dans sa séance du 16 août suivant, le vénérable Chapitre de l'établissement décide-t-il que ces dames « pourront faire prendre et se servir des pierres qui sont abattues à la *droiture du passage public tirant vers l'église des RR. PP. Capucins tant seulement ;* ce fait, pourront faire abattre des autres pierres aux lieux que de temps en temps leur sera marqué » sans toutefois toucher jamais aux matériaux nécessaires à ses futurs bâtiments.

Elles mirent aussitôt la main à l'œuvre et esquissèrent le quartier dit aujourd'hui des Ursules, par les imposantes constructions qu'on peut encore y admirer.

Cependant, trois ans plus tard (1639), un échange de de terres avec les Visitandines, semble prouver que ces constructions n'étaient pas achevées.

On sait que la fameuse dame Guyon vint à la fin du xviie siècle s'installer à Thonon, et qu'elle infecta de ses poisons quiétistes le barnabite Lacombe, aumônier des Ursulines et ces religieuses elles-mêmes. L'évêque remédia au mal, en obligeant ces deux visionnaires à quitter son diocèse (2). En 1718, cet établissement renfermait 40 religieuses, huit domestiques. Son revenu de 4 mille florins se trouvait insuffisant (3).

---

(1) *Ibid.* 1636. « Sauf à excepter les pierres de taille que la congrégation des R[ds] prêtres de la Sainte-Maison de Thonon, trouvera être nécessaires pour la fabrique de leur demeure et logis *qui sont à faire.* » Signé: Sœur CLÉMENCE de SAUREL, dite de la Présentation, supérieure.

(2) Mercier, *Souv. histor.,* p. 279.

(3) Etat des bénéfices du Chablais, Turin, ou *Mém. et Doc. savois.,* tome 6.

CHAPITRE XIV

SOMMAIRE : Personnages principaux de Thonon et du Chablais : Aiazza ; N°˚ seigneurs d'Allinges et de Blonay ; membres de l'université chablaisienne devenus écrivains de l'époque ; Daviet ; les Dubouloz, Frézier ; seigneurs de Genève-Lullin ; Leyat ; Mudry ; Passerat ; Vandaux, Monseigneur Rey, etc.

Dans le cours de cette histoire, nous avons esquissé quelques traits des nobles figures des Souverains de la Maison de Savoie qui se sont particulièrement montrés les amis et les bienfaiteurs du Chablais. Nous nous proposons, dans le présent chapitre, une étude très succincte des principaux personnages qui ont honoré notre province par leurs talents, leur science, leurs vertus et leurs bienfaits.

R^d Aiazza Vespasien, né à Turin, devint abbé d'Abondance, en 1605. Il était célèbre par ses profondes connaissances en jurisprudence, en philosophie, en théologie et surtout en littérature. On a de lui plusieurs lettres savantes, publiées soit en latin, soit en français (1).

La grande famille d'Allinges, l'une des plus célèbres qu'ait produit le Chablais, a fourni une pléiade de personnages distingués, parmi lesquels nous signalerons : Henri d'Allinges, fondateur du couvent de Saint-Dominique de Genève, au treizième siècle ; Guillaume II d'Allinges-Coudrée, ambassadeur de Savoie à la cour d'Aragon, en 1462 ; Jacques d'Allinges, premier marquis de Coudrée, colonel du régiment de Montferrat (1655), général de l'armée de Savoie, qui donna, au siège de Commore en Hongrie, les preuves d'une indomptable valeur ; S. E. Joseph-Marie

(1) Voy. Grillet: *Abondance*; Augustin Chieza dans son *Catalogue des écrivains piémontais, savoisiens et niçards*, p. 109, édition 1790.

d'Allinges-Coudrée qui suivit encore la carrière des armes et, après différents grades, arriva à celui de général de cavalerie, de commandant général du duché de Savoie ; il fut envoyé extraordinaire de la cour de Turin à Vienne, à Paris et à Londres (1713) ; Jean-Amédée d'Allinges-Coudrée, chancelier de l'Ordre de l'Annonciade ; S. E. François-Louis-Emmanuel d'Allinges-Coudrée, comte d'Apremont, colonel des dragons de Genevois, puis successivement gouverneur de Valence (1735), de Novare (1736), vice-roi de Sardaigne (1738), lieutenant général du comté de Nice (1741) et lieutenant général des armées sardes à la bataille de Campo-Santo (1743), où nous l'avons vu succombant glorieusement après avoir assuré une grande victoire (1).

Une autre famille célèbre dans l'histoire de saint François de Sales, la N^e famille d'Avully, voisine d'Allinges, possédait, à la fin du seizième siècle, un grand homme qui fut converti par l'Apôtre du Chablais, et qui contribua puissamment à ramener sa patrie au catholicisme : N^e Antoine de Saint-Michel, baron d'Avully. Le pape Clément VIII le félicita, par bref du 20 septembre 1596. D'abord juge du consistoire de Thonon, ses talents et sa science l'avaient bientôt placé à la tête de ses coreligionnaires. Sa conversion porta un coup fatal au protestantisme en Chablais. Il a publié : *Motifs raisonnés de la conversion du baron d'Avully*, Lyon, 1596, vol. in-8° ; *Lettre du seigneur d'Avully à M. de Charanson maître auditeur en la Chambre des comptes de Savoie, touchant la dispute d'un ministre de Genève avec le Père Chérubin*, Lyon, 1598, vol. in-12 ; *Armures offensives et défensives pour défendre, par l'Écriture sainte et par la tradition constante des Pères, les dogmes de l'Église catholique, avec des poésies sur la messe luthérienne qui fut chantée à Carlostad*, Lyon, 1602, vol. in-12 (2).

---

(1) Voy. Besson, Mss., t. II, p. 365, Grillet, art. *Allinges ; Armorial de Savoie*, par A. de Foras, art. *Allinges*.

(2) La noble famille de St-Michel existait en Savoie dès le XIIe siècle ; elle a fourni un chancelier de Savoie : N^e Pierre de Saint-Michel, qui vivait en 1490... (Galiffe, *Notice généalog.*, t. I, p. 367).

Un autre protestant converti, Théodore Archimbaud, suivit son cours de théologie au séminaire de la Propagande à Rome, devint curé dans le canton de Fribourg, puis prêtre de la Sainte-Maison de Thonon. Il a édité : 1° *Réfutation d'un livre intitulé : Cantique sur les principales erreurs de la religion romaine, par le ministre Bénédict Pictet, avec un abrégé historique des progrès que les prédécesseurs de ce ministre ont fait dans Genève depuis l'an 1532 jusqu'à 1535;* 2° *Une description curieuse de la sortie des religieuses de Sainte-Claire, réfugiées à Annecy,* Fribourg, 1728, vol. in-12 ; 3° *Soliloque d'un pécheur pénitent,* 2 vol., Lyon, 1752. Sa sœur, Magdeleine-Olympie Archimbaud, avait déjà fait imprimer à Fribourg en 1719 : *Exposition de la doctrine catholique sur les matières de controverse,* vol. in-12 (2).

L'illustre famille de Blonay d'Évian a produit aussi plusieurs personnages distingués, nous lui consacrerons un article spécial (3).

L'Établissement de l'Université chablaisienne à Thonon nous amena plusieurs écrivains de mérite, parmi lesquels nous citerons : Le R. P. Gambarini Maurice, capucin, né à Pignerol, qui professa, pendant de longues années, la théologie dans nos murs et y publia : 1° *Antidote contre le catéchisme de Genève* (Thonon, chez Marc de la Rue, 1601); 2° *Commentaire sur les œuvres de saint Bonaventure* (Turin, 1607).

Notre concitoyen Nicolas Fernex, dont nous avons déjà parlé, commissaire des religieux du Saint-Bernard en Chablais, écrivit la *Vie de saint Bernard de Menthon* (Marc de la Rue, 1602, 1615).

---

(2) Grillet: *Diction. histor.*, art. *Thonon,* ne donne pas le lieu de leur naissance.

(3) Voyez *Notes et Pièc. justificat.*, n° 23. Évian est aussi la patrie de Vespasien de Gribaldi, archevêque de Vienne, issu d'une famille originaire de Chieri, en Piémont. Nous l'avons vu figurer maintes fois dans cette histoire. Il mourut en 1608, à Évian. Rd François-Etienne Joudon, chanoine de la Cathédrale de Genève et professeur de théologie au collège d'Annecy, naquit aussi à Évian. Il composa, en 1773, une dissertation latine sur le péché originel, contre les protestants, et une version grecque de l'épître de saint Paul aux Romains (Grillet).

Le R. P. Barnabite Pierre Deprez, qui fit imprimer vers 1640 : *Panegyricus in laudem Ven. Francisci Salesii*, ou *Panégyrique en l'honneur de saint François de Sales.*

Le capucin François d'Orlié, qui donna au public : *Les Merveilles de N.-D. du Charmet en Maurienne* (Besançon, 1648).

R^d Nicolas Deleschaux, prêtre de la Sainte-Maison, qui dédia à Mgr Jean d'Arenthon d'Alex, évêque de Genève, l'ouvrage suivant : *Difformités de la Religion prétendue réformée* (Annecy, 1695, in-12).

Le fameux Père Lacombe, dont le nom est devenu célèbre au sujet des erreurs de Molinos qu'il renouvela avec Madame Guyon, était prévôt des Barnabites, et il transigea, en cette qualité, le 6 septembre 1677, avec le Préfet de la Sainte-Maison et le Père de Thiollaz vicaire des Capucins, au sujet des règlements de cet établissement, proposés par Madame Royale Jeanne-Baptiste de Savoie-Nemours. Il publia : *Orationis mentalis analysis, deque variis ejus specibus* (Vercellis, 1686).

R^d Claude-François de Genève, né à Thonon, était un prêtre distingué par ses connaissances en histoire et en mathématiques ; appelé à la cour de Victor-Amédée II en 1713, il fit paraître les ouvrages suivants : 1° *Catalogue historique du vieux et du nouveau Testament et des auteurs célèbres qui ont écrit l'histoire ecclésiastique grecque et latine* (Turin, 1707); 2° *Abrégé de l'histoire des quatre monarchies et des dignités romaines* (Turin, 1716); 3° *Relation du couronnement de Victor-Amédée II, duc de Savoie, roi de Sicile, fait à Palerme* (1713); 4° *Recueil historique et géographique sur le royaume de Sicile* (Turin, 1714); 5° *Grande carte du diocèse de Genève, dédiée à Mgr de Bernex* (1720).

R^d Dom Sigismond Quisard, barnabite, issu de l'ancienne famille Quisard de Massongy (1), publia : 1° *Sermons sur*

---

(1) Cette famille remonte à Jean Quisard, damoiseau (selon Guichenon, il s'appelait Jules, d'après une ancienne généalogie), qui épousa le jour de la saint Jean-Baptiste 1263, Bernarde de Ballaison, et reçut pour dot de la dite Bernarde, un tènement à Massongy (Hist. mss. de Massongy).

les *Évangiles du Carême* (2 vol. in-12, Annecy, 1720);
2° *Panégyriques et autres sermons* (Annecy, 2 vol. in-12, 1726).

D'autres citoyens de notre ville se distinguèrent au XVIIIme siècle.

François Daviet de Foncenex, né à Thonon en 1734, fut l'un des premiers membres de la société de Turin (1757); de l'académie royale des sciences de la même ville (1778). D'abord brigadier dans l'armée du roi de Sardaigne, il devint gouverneur de Sassari et commandant de la marine sarde à Villefranche. « Son père, nous dit Grillet, qui avait les connaissances les plus étendues en littérature et en philosophie, prit le plus grand soin de son éducation, ainsi que de celle de l'abbé Daviet, son autre fils. Le chevalier de Foncenex, s'étant rendu à Turin, eut pour maître et pour ami le célèbre La Grange, et fit de tels progrès dans l'étude des mathématiques, qu'il fut reçu très jeune dans la marine du roi de Sardaigne. Son penchant pour vivre éloigné du tracas des affaires, lui fit refuser les emplois lucratifs que lui offrirent Catherine II et le grand Frédéric. La même insouciance pour sa fortune et pour son avancement, le détermina également à ne point accepter la charge de contador général que le roi de Sardaigne voulait lui donner à son retour de Sassari, où il s'était distingué pendant qu'il fut gouverneur de cette ville. Décoré de la croix de l'Ordre militaire des Saints Maurice et Lazare, nommé commandant de la marine sarde en 1772, il n'eut d'autres succès contre les Barbaresques que d'avoir déconcerté en 1783, par son intelligence et par son courage, une flotille algérienne qui voulait l'attaquer et l'arrêter dans sa course, lorsqu'il retourna de Londres avec la frégate *le Saint-Victor*. »

Il mourut accablé de malheurs, à Casal, en août 1799. Mathématicien célèbre, il fut en relation avec tous les relasavants de son époque, et publia : 1° *Mémoire sur les logarithmes des quantités négatives* (dans le 1er volume des *Miscellanea Taurinensia*, 1760); 2° *Éclaircissement sur les quantités imaginaires* (ibid., vol. 2, 1761); 3° Récit d'une foudre ascendante éclatée sur la tour du fanal de Villefranche (1789, voyez Bibliotéca oltramontana, juillet 1789) ; 4° *Principes fondamentaux sur la mécanique, avec de nouvelles réflexions sur les quantités imaginaires* (Turin, 1799).

Le frère du précédent (N) Daviet de Foncenex, après après avoir suivi les cours du collège du cardinal de Brogny à Avignon, devint chanoine de la cathédrale de Genève. Il était littérateur et helléniste célèbre, et fut choisi pour prononcer à Annecy :

L'Oraison funèbre de Charles Emmanuel III (Annecy, 1773, in-4°).

La famille Dubouloz a produit à son tour, plusieurs hommes distingués :

R^d François-Louis Dubouloz, curé de Massongy de 1735 à 1743, est auteur d'un savant *Commentaire sur la Genèse* (Cet ouvrage est resté manuscrit en 7 vol. in-4°).

Le célèbre avocat Louis Dubouloz, à qui le comte Corte, professeur de jurisprudence à Turin, prédit de grands succès dans le barreau. On voulut en effet le nommer professeur à l'Université ; mais l'amour de la patrie le ramena dans la maison paternelle.

R^d Jacques-François Dubouloz, élève de la Sapience à Rome, chanoine de la cathédrale et vicaire général du diocèse de Genève. Nous le verrons, dans une étude postérieure sur la Révolution Française, figurer avec distinction parmi les illustres persécutés de 1793 (1).

La paroisse de Bons est le lieu de naissance de M. Claude Frezier, qui publia en 1788 : *Oraison funèbre qui donne des réponses pertinentes à toutes les questions proposées* touchant à l'avenir, pourvu qu'elles soient susceptibles d'affirmation ou de négation.

Du même lieu était originaire, par ses parents, M. Amédée-François Frezier, qui naquit à Chambéry, où son père conseiller du Duc, enseignait le droit. Après avoir suivi son cours de philosophie en Savoie, sous la domination française, il

---

(1) Voy. *Hist. mss. de la Révolution française en Chablais,* par le chevalier J. Rollier, de Thonon.

alla étudier la jurisprudence à Paris. Ses parents désiraient qu'il devînt avocat; mais les sciences exactes répondaient mieux à ses tendances naturelles. Devenu célèbre dans cette branche, il fut reçu dans le génie en 1707, puis envoyé en Amérique pour visiter les colonies espagnoles du Chili et du Pérou. De retour en Europe, il publia une intéressante relation de son voyage dans les Antilles et dans la mer du Sud. Inspecteur des fortifications de Saint-Malo et de Saint-Domingue, décoré en 1728 de la croix de Saint-Louis ; lieutenant-colonel quelques années plus tard, puis directeur général de toutes places fortifiées de la province de Bretagne (1764), il se retira enfin à Brest pour y jouir d'un légitime repos après cinquante ans de services rendus à la France ; il mourut le 6 octobre 1773.

Ses ouvrages indiquent de vastes connaissances et une érudition extraordinaire.

Ce sont les suivants : *Voyages dans la mer du Sud et sur les côtes d'Amérique* (in-4°, 1766, traduit en hollandais par Verburge et imprimé à Amsterdam, in-4°, 1718) ; 2° *Réponse à la préface du P. Feuillé* (in-4°, Paris 1727) ; 3° *Traité théorique et pratique de la coupe des pierres et des bois pour la construction des voûtes* (3 vol. in-4°, figures, Strasbourg, chez Dulsecker 1737. Cet ouvrage, très estimé des ingénieurs et des architectes, a été réimprimé en 1769). 4° *Traité des feux d'artifices pour les fêtes publiques et pour la défense des places de guerre* (vol. in-8°, 1747): 5° *Eléments de stéréotomie* (2 vol. in-8°, Paris, 1759) ; 6° *Dissertation historique et critique sur les ordres d'architecture* (in-4°, Paris, 1770) ; 7° *Traité sur l'architecture et la construction des anciennes églises* (1).

La grande famille de Genève-Lullin, la plus illustre de Thonon, n'a pas moins honoré notre ville que celles d'Al-

---

(1) Voyez la *France littéraire*, vol. 1, p. 272 et vol. III, p. 50 ; le nouveau *Dict. hist.*, vol. III, p. 604, d'où cet article est tiré, augmenté sur des notices de famille qui nous ont été communiquées le 20 mai 1790 par M. Noyton, alors vicaire à Bons, en Chablais. Grillet, *Dict. hist.*, art. *Bons*.

linges, de Blonay, etc. ; c'est pourquoi nous lui réservons une page spéciale aux pièces justificatives (1).

Un curé d'Allinges, R^d Grillet Nicolas, docteur en théologie, publia en 1630 : *Histoire de la Bonne Fontaine, auprès de la Roche* (2).

Un saint religieux dont le Chablais devint la patrie d'adoption, saint Guérin, second abbé d'Aulps, mourut évêque de Sion. Nous aurons occasion d'en parler ailleurs (3).

La vallée de Boëge, réunie au Chablais en 1860, a fourni à son tour un contingent d'hommes marquants parmi lesquels nous citerons :

Dom Hilaire de Saint-Jean-Baptiste *Leyat*, né à Boëge même, qui prit l'habit des Feuillants à Pignerol en 1627, et devint successivement prieur d'Abondance et de Lémenc. Collaborateur de Guichenon et de Charles-Auguste de Sales, Dom Hilaire Leyat cultiva les études historiques et composa : *le Tableau généalogique des princes de la maison de Faucigny et des familles qui en descendent* (mss. in-folio, 1660).

Compilation des antiquités de Lémenc (id.); *Catalogue des abbés d'Abondance de 1108 à 1665* (id.); *Annales latini ducatûs Sabaudiæ* (id.).

Boëge a encore vu naître : M. Fontaine Joseph, membre correspondant de l'Académie des sciences de Turin (1784), professeur de philosophie et chanoine de la collégiale d'Annecy, auteur de plusieurs ouvrages, entre autres d'un *Nouveau Plan de mathématiques*, etc.

M. Duchêne, qui a publié un *Mémoire sur l'agriculture en Savoie*, accompagné de plusieurs autres sur différents sujets d'économie politique (1790) (4).

R^d François Mudry, Mineur observantin, né au Biot, pu-

---

(1) Voy. *Pièc. justificat.* n° 24.

(2) *Pourpris historique de la maison de Sales*, p. 44, et Grillet, art. *Allinges*.

(3) Voy. *Pièc. justificat.*, n° 10, et *Vie de saint Guérin*, par le chanoine Ruffin.

(4) Grillet, art. *Boëge*.

blia : *Annotationes in privilegia fratrum Minorum de observantia* (Lyon, 1645, vol. in-8°) (1).

La famille Passerat, habitant le château de Troches, commune de Douvaine, descendait, d'après Grillet, d'une ancienne famille patricienne de la république de Lucques. François Marc Antoine Passerat, conseiller d'Etat, chevalier de la Chambre des comptes de Savoie, épousa Anne-Louise, héritière de Gaspard Rouer de Saint-Séverin (2), dont le petit-fils, Louis-Joseph-Joachim Passerat, se distingua dans les guerres du Piémont à la fin du xviiie siècle et devint colonel du régiment de Maurienne (1796).

La commune d'Habère-Poche a vu naître, le 11 juin 1717, Vaudaux Pierre négociant, qui alla se fixer à Estavayer, près de Fribourg en Suisse. Il a publié un *Essai sur l'abolition des parcours* ou pâturages communs (vol. in-8°, Lausanne, chez M. A. Fischer et Luc Vincent 1805) (3).

Nous devons signaler ici deux peintres de mérite qui séjournèrent en Chablais, quelques années avant la Révolution française :

Dominique Olivieri, né à Turin, qui vers 1786, reproduisait dans ses peintures les sites les plus pittoresques des environs de Chambéry, de Thonon et d'Evian, pour en orner *la vigne de la Reine.*

(1) *Ibid.*, art. *Aulps.* Un Me Jacques Mudry, notaire ducal et chatelain de la vallée d'Aulps, habitait au Biot en 1610 (Regist. paroiss. du Biot). Hon[e] Philippe Mudry épousait à Thonon, le 2 avril 1621, N[e] Marie Marin, de Thonon, dont une fille, Gabrielle, épousa N[e] et puissant François de Gerbaix de Sonnaz (Reg. paroiss. de Thonon).

(2) Nous avons avancé, p. 138, d'après le Mss. Rollier, que l'un des premiers titulaires des grandes charges d'Amédée VIII, était un *Chablaisien:* Robert de St-Séverin. Or, d'après une indiscutable généalogie dressée par M. A. de Foras, c'était précisément l'époque où cette famille venait de se transporter de Naples en Piémont. M. Rollier aurait-il possédé des documents ignorés sur ce sujet?

(3) Habères est le berceau des familles de Vaudaux de Thonon et du Chablais : Hon[e] Pierre (ou François Vaudaux, alias Cohendoz), d'Habères, fut reçu bourgeois de Thonon, le 31 septembre 1576. Il acquit, le 16 mars 1685, des hoirs de feu Maurice Balland de Jussy (Sciez) une maison située à la Grand'Rue, au devant du temple et place de Saint-Hippolyte (Inventaire d'Aulps).

Pierre Ecuyer, en 1788, donnait les vues de Thonon, d'Amphion, du bois de Blonay, de Meillerie, de Saint-Gingolph (Bibliothèque ultramont. mars 1789, p. 319).

Avant 1792, naquirent à Thonon, Joseph Dessaix (1), qui devait arriver au grade de général; le général Chastel son cousin germain; le général Joseph-Marie de Foras; puis à Evian, Pierre-Louis Dupras, lieutenant-général et commandant de la Légion d'honneur, etc., qui tous, à des degrés divers, se sont distingués pendant les guerres de la Révolution et de l'Empire.

Pierre-Joseph Rey naquit à Mégevette, en Chablais, le 22 avril 1770. Son père, Etienne Rey et sa mère, Joséphine Meynet, le formèrent de bonne heure à la vertu. Il fut élevé au Sacerdoce à Fribourg, le 23 avril 1793. Zélé missionnaire durant la Révolution française, il devint après le Concordat de 1801, vicaire, puis chanoine de l'église cathédrale de Chambéry. Préconisé évêque de Pignerol le 24 mai 1824, il fut appelé à l'évêché d'Annecy le 2 juillet 1832. Sa mort, couronnant une vie pleine de bonnes œuvres, arriva le 31 janvier 1842. Monseigneur Rey est la gloire la plus pure du Chablais; ses œuvres oratoires, en cinq tomes in-12, ont été publiées par Perisse frères, libraires à Lyon (2).

---

(1) La famille Dessaix, originaire de Marignier (près de Bonneville), reçut des lettres de bourgeoisie de la ville de Thonon le 28 juin 1708, dans la personne de Philippe Dessaix, qui avait épousé Louise, fille de feu Jacques Gentoz, notaire, veuve de J.-B. Michaud, chirurgien et bourgeois de Thonon (*Le général Dessaix*, par J. Dessaix et Folliet. p. 441).

Il nous reste à dire, en finissant, qu'une des branches de la maison *de Gerbaix-Sonnaz*, qui appartient au Chablais, a souvent donné à l'Etat et à l'Eglise des personnages distingués: il en a été parlé ailleurs.

(2) La vie de Monseigneur Rey a été écrite avec beaucoup de goût, par M. l'abbé Ruffin, chanoine d'Annecy.

CHAPITRE XV

L'université chablaisienne de Thonon ou la Sainte-Maison.

ARTICLE PREMIER

Sommaire : Opportunité de la Sainte-Maison. — Œuvre précieuse pour Thonon et Thonon favorable à cette œuvre. — Bulle d'érection. — Règlement dressé par Saint François de Sales. — Les quatre sections ou facultés. — Confrérie de N.-D. de Compassion. — Lettres patentes de 1601. — Ressources et privilèges. — Oppositions. — Délégués ducaux. — Le P. Chérubin, délégué apostolique. — Accord unanime.

On sait quel grand intérêt notre siècle attache aux questions de l'instruction publique, de l'industrie, de l'ouvrier et aux autres problèmes sociaux.

Or, dès la fin du 16me siècle, la petite ville de Thonon devint, par l'initiative et le zèle de l'apôtre du Chablais, le centre d'une œuvre qui éclipsait d'avance, tout ce que les siècles postérieurs devaient faire dans notre pays, en faveur de ces grands intérêts. Mais, pour donner la fécondité et pourvoir à la durée de l'établissement qu'il méditait, l'Apôtre lui assigna pour principal but, la gloire de Dieu et le salut des âmes. Il venait de ramener le Chablais au giron de l'Eglise ; il s'agissait donc d'assurer les fruits de ce laborieux apostolat.

Dans ce but, il conçut le projet et provoqua la fondation d'une *Université* avec ses précieuses ramifications, plus connue sous le nom d'*Institution de la Sainte-Maison ;* conception admirable, qui, n'eût-elle pas même obtenu tout son épanouissement, ne suffirait pas moins, seule, à illustrer son auteur. On ne peut contester que, autant l'établissement d'une Université catholique à Thonon était précieux pour les intérêts religieux de cette ville et du Chablais au début de leur retour au catholicisme, autant il était favorable à leurs intérêts matériels. Placé aux frontières de Genève, de la Suisse, de la France, non loin de l'Allemagne et de l'Italie, un grand établissement universitaire ne pouvait manquer d'attirer à Thonon un nombreux concours d'étudiants, et par là même la prospérité et l'abondance. Mais il faut convenir d'un autre côté, que Thonon, par la salubrité de son climat, par la beauté de son site, par la facilité des communications, semblait naturellement destiné à en devenir le siège.

Déjà, dès l'automne de 1598, après que le Chablais eut abjuré l'hérésie, on vit un premier prélude de cette œuvre importante, lorsque, sur la motion du saint prévôt de Sales, le Duc de Savoie dota Thonon d'un *mont de piété* et d'une *Auberge de vertu* (1). Mais ce ne fut que l'année suivante qu'on formula ce projet avec les principaux traits qui devaient le caractériser. C'était en 1599. Le jeune Apôtre du Chablais était de retour de Rome, où il avait traité les plus importantes affaires et subi devant le Pape son brillant examen d'admission à l'épiscopat. Ayant eu le regret de voir échouer le dessein de fixer le siège de l'évêché à Thonon, où le zèle de l'évêque et de son Chapitre eût pu consolider et poursuivre plus efficacement la restauration religieuse de cette province, il s'arrêta incontinent

---

(1) Le Mont-de-piété, nécessité par les suites de la guerre et par les charges qui grevaient les propriétés, devait s'ériger à l'aide d'un impôt de deux florins à percevoir sur chaque pièce de huit septiers de vin vendu en Chablais. L'Auberge de vertu était destinée à soustraire les sujets du Duc aux exigences de l'industrie étrangère, à les préserver du contact des hérétiques de Genève et de Vaud, et à maintenir le numéraire dans le pays.

au projet d'établir la Sainte-Maison de Thonon. Voici le plan sommaire de cette œuvre, tel que l'exposa saint François de Sales en présence de Mgr de Granier, de ses principaux collaborateurs et d'autres personnages considérables. Son neveu et biographe, Charles-Auguste, le rapporte dans les termes suivants :

« Puisque la cité de Genève, par le concours des peuples, et principalement catholiques, a beaucoup de commodités temporelles, et que ceux qui sont en son voisinage, difficilement peuvent se passer de son commerce à achepter ou vendre, d'autant qu'on ne peut pas bonnement treuver des choses vénales sinon en icelle ou à Lausanne, qui n'en est pas distante, et est une autre retraicte d'heretiques ; de là est que les peuples et principalement ceux qui sont nouvellement convertis à la religion catholique, ayans besoing de telles commoditez, et ne peuvans estre secourus que par les mesmes heretiques, sont tous les jours tentez et incitez par iceux de quitter la foy catholique, et retourner à la fausseté de leur doctrine. Les autres circonvoisins, qui excedent le nombre de cent mille personnes, s'ils veulent apprendre quelque mestier, ou bien entrer au service de quelqu'un, ont accoustumé de s'en aller à ces villes-là ; et les enfans du mesme voisinage, pour y apprendre les sciences et les arts liberaux. Mais ce qui est plus miserable et plus dangereux, pour perdre les ames aussi bien que les corps, c'est que si quelqu'un oublieux de son salut, et se retirant de la foy orthodoxe, se retire en cette miserable cité de Geneve, il treuve incontinent des biens, une femme et autres commoditez temporelles ; comme au contraire, si quelqu'un habitant de la mesme ville recognoit la vraye lumiere de la foy, tous ses biens sont confisquez à la Seigneurie. De là est, qu'un grand peuple s'y est retiré pour avoir de quoy vivre ; et d'autres n'osent pas en sortir, qui toutesfois promettent d'embrasser la religion catholique, pourveu qu'on leur baille le moyen de se nourrir autre part. C'est pourquoy, si l'on erigeoit et instituoit à Tonon une maison de tous arts et sciences ; en laquelle, comme en une université publique, elles fussent enseignées, et principalement la Théologie scholastique, les controverses, les cas de conscience, les Traditions des sainctz Peres, et les sainctes Ecritures, et qu'on y receust et eslevast ceux qui sortant des tenebres de l'heresie, entreroyent dans la lumiere de la verité, et fussent imbus et instruits des preceptes de la foy catholique ; et de la sorte, apportassent quelque fruict à la maison, duquel on puisse avoir des marchandises et autres choses venales ; et que ceux qui alloyent à Geneve, y vinssent les prendre, pour la plus grande commodité ; et qu'en cette société on receust des personnes de tout sexe, condition et profession (toutesfois qui vescussent catholiquement) et qu'en icelle chacun exerçast le talent de son art et science, et pensast à divers moyens pour la conversion des heretiques. Certes, ce seroit une tres-bonne chose pour la propagation de la foy, et pour le salut des ames. » (1)

L'évêque et toute l'assemblée applaudirent à ce projet et décidèrent d'en demander l'approbation à Ch.-Emmanuel. Ce grand Prince fit le meilleur accueil à cette ouverture et promit son concours efficace au succès de cette œuvre. Restait à obtenir l'autorisation de Rome. C'est ce que s'empressèrent de faire par des suppliques séparées et pressantes l'évêque, l'apôtre du Chablais et le P. Chérubin, capucin (2). Le pape commit l'examen de cette importante affaire au cardinal de Givry, qui, de son côté, y déploya autant d'activité que de bienveillance.

Enfin, après les plus mûres délibérations et l'accomplissement de toutes les formalités préliminaires, le pape Clément VIII, par bulle du 13 septembre 1599, érigea perpétuellement et institua la Sainte-Maison de Thonon, dont il confia le gouvernement à un préfet et à sept prêtres séculiers qui devaient suivre la règle de la congrégation de

---

(1) *Vie du B. François de Sales*, par Charles-Auguste, liv. IV, pages 232-233, édition de 1634.
(2) Le P. Thalissieu et M. de Baudry disent que le P. Chérubin partit pour Rome pour presser cette affaire. Charles-Auguste dit, que ce religieux écrivit à Rome dans ce but sans mentionner ce voyage. Du reste le P. Chérubin fut très dévoué et très utile à cette œuvre, et suppléa de son mieux Saint François de Sales pendant son séjour de 9 mois à Paris.

l'Oratoire de Rome ; il lui accorda tous les privilèges, immunités, indulgences et faveurs dont jouissaient les autres universités catholiques, spécialement celles de Bologne et de Pérouse ; lui unit à perpétuité les trois prieurés conventuels de Saint-Jeoire, près Chambéry, de Nantua et de Contamine-sur-Arve ; la mit sous la sauvegarde spéciale du Saint-Siège, lui donnant pour premier protecteur en titre le célèbre cardinal Baronius. Sa Sainteté établit pour préfet de cette maison l'initiateur et le directeur de l'œuvre, le prévôt François de Sales, avec plein pouvoir de rédiger, de concert avec ses prêtres, toutes sortes de statuts et règlements, de les modifier selon les exigences du temps et des choses, de les interpréter, et au besoin de leur en substituer d'autres devenus plus opportuns.

Les lettres Apostoliques, portant établissement de la *Sainte-Maison*, ne furent pas plutôt arrivées, que saint François, chargé de son organisation, se mit résolument à l'œuvre. D'abord, il plaça sous le vocable de Notre-Dame de Compassion l'église de Saint-Hippolyte, dont relevait celle de Saint-Augustin destinée au collège. Ensuite, il étudia soigneusement les règles de l'Oratoire de Rome, qui devaient servir de base aux constitutions du nouvel institut de Thonon ; puis il communiqua ses desseins à son évêque, à Mgr Gribaldi, archevêque et comte de Vienne, à l'abbé d'Abondance Vespasien Aiazza, à son cousin et collègue dans l'apostolat Louis de Sales, à deux chanoines docteurs en théologie, à deux pères de la mission des capucins, à Thomas Berghera, chevalier de la milice des SS. Maurice et Lazare, à Claude Marin, procureur fiscal du Chablais, et à plusieurs autres théologiens et prédicateurs de la parole de Dieu. Eclairé de ces conseils, il rédigea et signa de sa main, sur la fin de 1599, les règles et constitutions suivantes :

a) L'Office se commencera à quatre heures et demie du matin, de Pâques à Toussaint, et au point du jour, le reste de l'année. Aux fêtes de première classe et aux fêtes de la Ste-Vierge, on le chantera tout entier ; les autres jours, on se contentera de chanter les trois dernières petites heures, avec vêpres et complies. Les premiers lundis de chaque mois, se dira une messe pour les défunts.

b) Diverses amendes punissent les absences du chœur, à moins toutefois que le ministère ne les ait demandées (1) ; on y paraîtra toujours en soutane, en surplis, en bonnet carré, et avec une tonsure bien marquée.

c) Chaque jour sera célébrée une messe à quatre heures du matin, si ce n'est les deux premiers et les deux derniers mois de l'année ; aux veilles des fêtes de Notre-Dame, il y aura le chant des Litanies de la Vierge. Les moindres prescriptions du cérémonial de la cathédrale de St-Pierre de Genève s'observeront avec le plus grand soin (2).

d) Toute la matinée, le sacristain demeurera en sacristie, en vue de recevoir les prêtres venant célébrer ; par ses soins, les habits et les ornements d'église seront parfaitement propres ; il les exposera au soleil quatre fois l'année, balayera le saint lieu deux fois la semaine, changera les purificatoires tous les huit jours ; les amicts, tous les quinze ; les aubes, tous les mois ; les nappes, tous les deux mois ; il lavera les calices, tous les trois mois. Il prendra ses mesures pour que les enfants servant les messes suivent exactement les cérémonies ; il veillera à leur assiduité, à leur modestie et leur procurera des vêtements décents. Enfin, il possèdera un inventaire exact de tous les objets de la sacristie et de l'église, dont il rendra annuellement compte.

e) L'utilité du prêtre étant proportionnée à son instruction, tous les prêtres, sans exception, prendront part chaque lundi, à une conférence sur les cas de conscience et les cérémonies, et tous les mercredis, à une seconde, embrassant l'observation des règles et l'administration du spirituel et du temporel.

f) La réfection réunira tout le monde à une table com-

---

(1) Nous nous dispensons d'énumérer ces amendes, ainsi que de rapporter d'autres détails secondaires que l'on peut lire dans les *Œuvres complètes* de S. François de Sales, par l'abbé Migne, tom. v, col. 242, 243, 244.

(2) Même observation, col. 244.

mune ; l'Écriture Sainte sera lue le premier quart d'heure, et un autre livre de piété, le reste du repas ; tous ensemble prendront ensuite part à la récréation d'une manière sainte et édifiante.

g) Personne ne sortira de l'établissement sans indiquer le lieu de la visite ; on sera toujours rentré le soir au son de l'Angelus (1).

Vient ensuite l'énumération des devoirs de chaque dignitaire : Le Préfet a l'autorité suprême. Il avertira les défaillants ; s'ils sont rebelles, il les traduira devant le chapitre, recueillera les suffrages, imposera des peines, des amendes. Il a deux voix au chapitre. Le Plébain est curé ; il est chargé d'administrer les sacrements, de faire le prône et le catéchisme de chaque dimanche. Il préside le chapitre, en l'absence du préfet, et possède une voix et demie. Le Portier sera revêtu d'une robe bleue ; il n'ouvrira à aucun étranger sans la permission du préfet. Il n'y a qu'une porte et qu'une clef à la maison, laquelle clef sera gardée, le jour par le portier, la nuit par le préfet. Deux prêtres seront délégués pour faire les aumônes sans tromperie.

Chacun d'eux pourra prendre annuellement 30 jours de vacances.

Personne ne peut posséder quelque bénéfice réclamant la résidence au delà de trois mois, sans l'autorisation du Souverain Pontife. Les honoraires seront distribués de la manière suivante : au Préfet 100 écus d'or ; au Plébain 100 ducatons ; au sacristain 800 florins ; et à tous les autres 250. On pratiquera l'abstinence la veille des fêtes de Notre-Dame. L'élection du préfet appartient au conseil de la congrégation. Il doit avoir trente ans et posséder son doctorat en théologie et en droit. Le plébain sera élu au concours, comme les autres curés du diocèse, selon les décrets du Concile de Trente. Néanmoins, dans cette épreuve, seront préférés les prêtres de la congrégation. Un trésorier général rendra ses comptes en plein chapitre, tous les six mois. Les Jésuites du Collège auront 400 écus d'or, etc.

---

(1) Voir Hamon, *Hist. de S. Franç.*, pag. 378-379 et pour ce qui suit, Migne, tom. v, colon. 250-251-252.

Les sept jeunes gens du séminaire porteront une soutane bleue, à laquelle on ajoutera une croix de St Maurice brodée sur le bras droit. Les prêtres porteront aussi sur la poitrine une croix de St Maurice en émail, suspendue à un ruban vert.

Telles furent, à l'origine, les constitutions que le préfet traça à ses prêtres de la Sainte-Maison de Notre-Dame de Compassion de Thonon. Plus tard, l'expérience et le temps lui firent ajouter quelques points à ces sages règlements. Mais ces huit prêtres de la *Sainte-Maison* auxquels était destinée la règle précitée ne formaient encore qu'une section de l'institut nouveau ; car, à l'instar des grandes universités, l'établissement de Thonon fut divisé en quatre sections ou facultés principales.

I°. — La faculté de Théologie, composée d'un préfet et sept prêtres, chargés du ministère paroissial à Thonon, et de sept enfants de chœur, premier noyau du séminaire naissant (1). Les prêtres devaient aussi donner les premières leçons de grammaire et de belles-lettres.

II°. — La deuxième section est celle des *prédicateurs*, qui est un prolongement de la faculté de Théologie. Sa destination est d'aller annoncer la parole de Dieu sur les divers points du diocèse. Cette fonction fut confiée aux Pères Capucins, incorporés dès lors à l'établissement, sous le titre de Missionnaires apostoliques (2).

III°. — La troisième section embrassait l'enseignement primaire et secondaire, ainsi que les facultés de droit et de médecine, qui ne tardèrent pas à fonctionner.

IV°. — Enfin, la quatrième section était celle des *arts et métiers*. Voici ce qu'en dit l'abbé de Baudry :

(1) On sait que de cette école sortirent le cardinal Gerdil, Ngrs Biord et Rey, et bien d'autres personnages considérables.
(2) Innocent XI révoqua plus tard leurs privilèges de Missionnaires apostoliques. Sur la demande de Mgr d'Arenthon et d'après une décision de la Congrégation *de propaganda fide*, ces pères furent assujettis, à teneur de la bulle *Superna* de Clément X, à subir un examen et à recevoir une approbation régulière de l'Ordinaire. (Notes Mss. de Mgr Magnin).

« On voulait que cette maison servît de refuge pour les pauvres convertis, afin qu'ils ne fussent pas tentés de retourner à leur erreur, par l'appât des avantages temporels que les Genevois ne manquaient pas d'accorder à ceux qui venaient dans leur ville abandonner la religion catholique, et on voulait aussi que ceux de Genève qui penseraient à se convertir y trouvassent une ressource contre la misère à laquelle les réduisaient leurs concitoyens ; car en ce temps, quiconque renonçait dans Genève au protestantisme voyait aussitôt ses biens confisqués au profit du fisc. »

« On voulait que les personnes du commun qui désireraient se mettre en état de gagner leur vie en apprenant quelque art ou métier, ou de quelque autre manière, ne fussent pas obligées d'aller les apprendre chez les hérétiques, ou de s'y placer en qualité de domestiques, au grand péril de leur foi ; mais qu'elles trouvassent dans cette maison tous les secours nécessaires pour apprendre tout ce qu'elles voudraient, et se mettre en état de gagner honnêtement leur vie. »

« On voulait y faire des établissements de toutes sortes d'arts et métiers, afin d'y recevoir des gens de tout sexe, de toute condition et de toute profession, qui s'y emploieraient chacun selon son état, ou à enseigner les sciences, ou à exercer quelque métier ; on avait intention de leur fournir le lieu et les choses nécessaires à leur travail, en se réservant pour les dépenses de la maison, une partie de leur profit. »

« On voulait y établir un magasin de toutes sortes de marchandises qu'on aurait vendues à un prix très-modéré, afin que les catholiques du pays ne fussent pas obligés d'aller en acheter dans les villes de Genève ou de Lausanne, où le commerce avec les hérétiques pouvait être très-nuisible à leur foi » (1).

---

(1) *Œuvres de S. François de Sales*, par l'abbé Migne, tom. VI, coll. 1268 et suiv.

Cette partie du grand projet ne put être sérieusement réalisée que plus tard (en 1680).

Comme auxiliaire de l'Université, fut établie la Confrérie de N.-D. de Compassion, canoniquement érigée par l'autorité du Souverain Pontife et enrichie de grandes faveurs spirituelles. Les efforts constants de ses membres devaient tendre à seconder les missionnaires ou ecclésiastiques employés à la conversion des hérétiques, par leurs prières, par leurs travaux, par leurs aumônes, par la diffusion de bons livres et la destruction des brochures calvinistes. Bon nombre de prélats et de cardinaux romains s'enrôlèrent sous sa bannière, et le 3 juillet 1601, Charles-Emmanuel, sa famille et une grande partie de la noblesse savoyarde acceptèrent ses livrées. Cette grande association, dont le siège principal était à Rome, participait aux riches indulgences accordées à l'université de Thonon, principalement à l'indulgence plénière attachée à toutes les fêtes de la sainte Vierge, suivant la teneur de la bulle d'érection du 13 septembre 1599. Le 20 août 1601, le conseil de la Confrérie adressa aux évêques d'Italie, et peut-être même, dit M. le Ch^{ne} Truchet, à ceux des autres contrées, un résumé de cette Bulle, avec un exposé succinct du but de la nouvelle institution. Il pria en même temps les prélats de porter ces œuvres à la connaissance de leurs diocésains. On fit le plus bienveillant accueil à cette demande, et cette sainte légion se développa rapidement au-delà des monts (1).

La guerre qui survint au sujet du Marquisat de Saluces retarda un moment l'exécution des lettres apostoliques ; mais le 31 juillet 1601, après la conclusion de la paix, le duc Ch.-Emmanuel délivra des lettres patentes qui vinrent enfin réaliser l'important projet de saint François de Sales.

Les jésuites, attendus dès la fin de 1599, ne tardèrent pas à venir occuper le collège et l'église de Saint-Augustin, sous la haute direction du préfet, saint François de Sales. C'est à eux qu'était dévolu l'enseignement supérieur de la philosophie, de la théologie, de la morale, des controver-

---

(1) *Hist. du P. Chérubin*, Truchet, p. 189.

ses, de l'Ecriture Sainte et des langues. Leur communauté, composée de six membres, n'enseigna d'abord que la grammaire et selon les vœux du Saint-Siège, elle se livra en même temps à l'exercice de la prédication. Le P. Monnet, de Bonneville, fut placé à la tête de cette petite colonie et les premiers émoluments furent fournis par le Souverain Pontife. Saint François avait proposé de leur assigner 400 écus d'or annuellement pour leur traitement.

On verra qu'ils ne tardèrent guère à quitter Thonon et à être remplacés.

Mais c'est dès l'année 1601 que l'œuvre, jusqu'alors faible, faute de paix et de ressources suffisantes, put prendre son essor et réaliser le bien qu'on s'en promettait.

Voyons les principaux privilèges et moyens de subsistance de l'Etablissement. Outre la somme de douze mille écus, que S. A. donna aussitôt (1599) pour la construction de la Sainte-Maison, il faut y ajouter celle de huit mille qu'affecta à cette œuvre un gentilhomme nouvellement ramené au catholicisme (1). Voici d'autres effets de la munificence du Souverain. Non content de confirmer les anciennes donations, ce prince y ajoute les suivantes, par ses lettres patentes de 1601.

Il remet au préfet et aux sept prêtres ou chanoines attachés à la Sainte-Maison, une grande habitation qu'il a élevée pour leur logement derrière le chœur de l'église paroissiale, sur l'emplacement qu'occupe aujourd'hui l'orphelinat de Lort, à l'angle des rues de Lort et Chantecoq (2).

L'université naissante reçoit de la libéralité du prince les arrérages des tailles dues par les Genevois, le produit des amendes et des confiscations, les revenus de la confrérie de Tully, les legs de François Echerni pour l'entretien de douze pauvres écoliers de Thonon, 8,000 écus d'or légués

---

(1) Ch. Aug., liv. IV, p. 234, édit. de 1634.
(2) De là une ruelle, appelée de nos jours Impasse de l'Eglise, aboutissait directement au sanctuaire.

par Charles III, 8,000 écus d'or payables en huit années, la décime des dons et récompenses accordées en Savoie, tous les droits et *privilèges de l'auberge de vertu* de Turin, enfin les prieurés de Saint-Jeoire près Chambéry, et de Contamine-sur-Arve (1).

Des lettres patentes données, à Turin, le 5 janvier 1602, apportèrent de nouveaux privilèges. Voici les principaux :

1° L'Université déterminera l'époque de quatre foires accordées à la ville par S. A. Dans ces circonstances, elle établira à son profit les règlements et droits qu'elle jugera à propos. Ses personnes, ses chevaux, son bétail, ses denrées, ses marchandises sont à jamais exempts de toute imposition, péage, gabelles, etc.

2° Les membres ont le droit, comme moyen de sûreté :

a) De porter des armes et d'en faire usage, comme les militaires, sans abus toutefois au préjudice d'autrui.

b) De chasser à l'arquebuse et autrement.

c) De pêcher dans les lacs et rivières, pourvu que ce soit au profit de l'établissement.

d) De dresser un règlement de pêche du lac Léman, avec rétribution proportionnée de la part des habitants.

e) De posséder des boucheries, des fours, des moulins et autres choses propres à un tel corps.

3° Si les enfants deviennent tellement nombreux qu'on ne puisse les recevoir, les maîtres-artisans de Bonneville les recevront par obligation, moyennant une somme raisonnable pour leur entretien.

4° Le nouvel établissement a le pouvoir :

a) D'élever dans tous les états des *monts de piété* où il sera loisible à chacun, de déposer son argent, ses deniers, pour les livrer au commerce.

b) D'établir seul, des poids et mesures à l'usage du public, en Chablais et dans les bailliages de Ternier et Gaillard.

---

(1) Celui de Nantua ne fut jamais réuni à notre établissement parce qu'il entra dans le territoire français par le traité de 1601.

c) De défendre aux marchands de vendre, sans sa permission, les marchandises sortant de ses ateliers, afin de fermer aux étrangers la voie des contrefaçons. Même marche pour les denrées qu'elle se réserve de négocier elle-même, et pour les livres sortis de son imprimerie.

5° Les chefs et préfets des *Arts et métiers* possèdent le droit de visiter, annuellement une ou deux fois, tous les artisans et ouvriers habitant en deçà des monts, d'examiner leurs ouvrages, et de punir les fraudes par des amendes applicables à l'université.

6° Le souverain cède à la nouvelle institution le décime des mines d'Arnod au duché d'Aoste, et le privilège d'exploiter toutes les mines découvertes ou à découvrir en Savoie.

7° Les dernières guerres ayant fait aliéner un grand nombre de biens, meubles et immeubles à vil prix, Charles-Emmanuel prolonge pour trois ans, le droit de rachat octroyé, après la conclusion du traité, à condition que le deux pour cent reviendra à la Sainte-Maison substituée au vendeur en cas d'absence d'héritiers rédimants.

8° Elle a le droit d'épave et celui de ban, dans les bailliages (1), ainsi que celui d'autoriser l'établissement de nouvelles boutiques dans les mêmes lieux.

9° Les marchands et fournisseurs de l'établissement peuvent étendre leurs approvisionnements en deçà et au delà des monts, par préférence aux étrangers, et empêcher la sortie des denrées et marchandises.

10° Les dernières guerres ayant anéanti le bétail, et les pâturages étant abandonnés, le Duc autorise l'Université à envoyer ses troupeaux dans toutes les montagnes de la Savoie, à raison de 10 pour cent des bêtes qui y paissaient aux temps passés.

(1) D'Épave, c'est-à-dire, que tous les biens abandonnés sans légitimes propriétaires lui appartiennent ; de *ban* ou *droit* de se *réserver* la vente de certains objets pendant un temps déterminé. (Voy. *Franchises*.)

11° Il lui abandonne la grande place de la halle de Thonon et toutes les autres places et lieux publics des bailliages où elle pourra tenir foires et percevoir des redevances sur les marchands. Elle sera préférée dans le louage des boutiques dont elle aura besoin.

12° Il cède pour l'établissement de l'université l'Hôtel-de-Ville et ses dépendances. Si d'autres bâtiments sont nécessaires, elle prendra, à un prix convenable, les habitations avoisinantes. Il lui réunit, avec le consentement du Saint-Père, tous les biens du Prieuré de Saint-Hippolyte de Thonon, du doyenné d'Anthy et tous les bénéfices ecclésiastiques des bailliages.

13° Elle jouira en souvenir de sa fondation, du droit de grâce de deux condamnés à mort, moyennant une modeste aumône dont « on fera joie et réjouissance aux fêtes de la sainte Vierge » (1).

14° Les communes qui concourront à la construction de ses bâtiments auront la faculté d'y envoyer un nombre d'enfants proportionné à la somme livrée.

15° Les bannis et galériens pourront implorer la clémence du souverain qui commuera leur peine moyennant certains travaux à exécuter en faveur de la nouvelle maison.

16° Les fondations pour collèges, les bourses, les commanderies, les droits et rentes qu'ont les princes de Savoie et autres personnages de leurs Etats, dans quelque lieu qu'elles soient, appartiendront à la nouvelle institution qui recherchera et poursuivra les détenteurs, toutes les fois que ces ressources recevront une destination autre que celle qui leur est propre.

17° Le collège de Savoie à Avignon lui est uni et dépendra entièrement d'elle.

18° Afin de n'être pas obligé de demander à l'étranger

---

(1) Ils ne pouvaient être pris parmi les coupables « de lèse-majesté divine ou humaine, de fabrication de fausse monnaie et d'assignats et autres crimes atroces. »

— 353 —

les choses nécessaires à l'établissement, il défend aux habitants du Chablais et des bailliages de sortir les « denrées, marchandises, blé... » sans sa permission (1).

Charles-Emmanuel délégua à Thonon, le 2 février suivant (1602), Clément Vivaldo, second président du Sénat de Piémont, et Antoine Brayda, pour mettre à exécution les décrets rendus, surtout relativement au prieuré de Saint-Hippolyte et aux bénéfices ecclésiastiques cédés à notre établissement. Quelques jours plus tard, arrivèrent de nouvelles instructions que nous résumons :

1° L'église de Saint-Hippolyte portera dorénavant le titre de Notre-Dame de Compassion. Huit prêtres, observant les règles des Pères de l'Oratoire, la desserviront. Les prêtres de la ville et du voisinage seront engagés à s'y agréger pour être employés dans l'enseignement ; les vicaires suppléeront les curés dans leurs paroisses.

2° Les Jésuites donneront les grandes leçons de philosophie, de théologie, de morale, de controverse et de langues ; ils établiront des cours publics suivant la promesse verbale faite au Souverain et toucheront 36 écus d'or chaque mois, de la libéralité du Souverain Pontife. Les prêtres de la Sainte-Maison dispenseront les petites leçons des humanités et des belles-lettres (2). Les deux délégués choisiront les autres professeurs et maîtres des arts mécaniques.

3° Le Duc ordonna expressément à ses délégués d'appeler au sein de la nouvelle Université chablaisienne des hommes célèbres dans la science de la médecine et des chirurgiens distingués « afin qu'il y ait toujours leçon ordinaire » sur ces matières (3). Ils soigneront gratuitement les pauvres.

(1) Les mêmes droits et privilèges seront accordés aux « auberges de vertu » à établir en Savoie, sous la dépendance de notre université.
(2) Pièc. justificat., n° 17.
Les capucins enseigneront aussi s'ils le veulent (est-il dit), la théologie, les langues.... mais le duc les désire plutôt dans la prédication.
(3) Leurs traitements se constitueront « par communes distributions (de leurs gages) sur le Chablais, Genevois, Faucigny qui se sert quasi en

23

— 354 —

Une pharmacie, montée dans l'établissement même, servira encore gratuitement les indigents, faisant des crédits à ceux qui pourront payer plus tard.

4° Le Souverain déterminera ensuite le périmètre que pourront occuper les nouveaux bâtiments; il veut que leur « assiette soit bien dressée, même en manière de fortification. » A cet effet toutes les maisons, lieux, placés s'étendant de l'église actuelle de Saint-Hippolyte et de la rue de Lort jusqu'au lac, pourront être expropriés moyennant une juste indemnité. Le couvent des Capucins occupera la *gallerie* ou grande écurie, les jardins et les passages du château (1).

5° Vivaldo et Brayda installeront aussitôt les différents corps de l'établissement, selon les instructions remises au P. Chérubin. Ils résoudront les difficultés naissantes, fixeront les prix que les hôtels et les magasins ne pourront dépasser durant les fêtes du Jubilé et la fondation de l'Université, outre une imposition en faveur de cette même Université. Ils rechercheront ceux qui seront devenus bourgeois ou alliés des protestants pour éviter les impôts; les rebelles, les usuriers des dernières guerres, les relaps dans l'hérésie, etc. qui rachèteront leurs crimes par de grosses sommes au profit de la même institution (2). On recher-

tout des hérétiques, y mettront pour sa part la noblesse, étant œuvre pie. » Dès lors, les hérétiques (ils avaient abusé de leur situation) ne peuvent plus exercer chez nous la médecine, la chirurgie et la pharmacie. *(Vie du P. Chérubin,* Truchet.)

(1) On devra « prendre la gallerie ou grande écurie avec toute la clôture des jardins et passages du nostre chasteau pour le couvent des capucins ; afin que cela soit enclos par des murailles, et du corps de la dite Sainte-Maison, tirant droit derrière nostre chasteau, et de là en avant pour y enclore en quarré toute la vieille ville de part et d'autre dès le lac, comme il est de besoin...... ce qui seroit pour limiter la dite Sainte-Maison. »

(2) Voici les motifs de cette mesure rigoureuse ; les individus « ont dérobé et endommagé les choses du patrimoine ducal, procuré la ruine des chapelles, églises et œuvres pies..; en peu de temps, sans apparence d'autres moyens humains par le maniement des choses ecclesiastiques, *ils se sont enrichis et les ont converties en leur particulier.* » *(Ibid).* L'étude impartiale des faits et documents officiels prouve cette assertion. Il existait dans nos terres de grands brigands dont je pourrais

chera non moins diligemment toutes les donations faites en sa faveur et dont les titres sont perdus, surtout celle du baron d'Avully. Le souverain Pontife tranchera les réclamations de quelques ecclésiastiques et des chevaliers de Saint-Maurice, etc.

6° Les délégués, en vue d'activer la marche des choses, s'adjoindront des substituts : Le président Favre, Dasnières et Crespin, du Sénat de Savoie ; les conseillers Berthier, Carel, l'avocat patrimonial Bossier, de la Chambre des comptes. Ils devaient, en passant à Saint-Jean de Maurienne, prendre possession au nom du nouvel établissement des legs de Bonaventure Fournier. Ces dernières instructions sont datées de Turin, le 4 février. Le 6, un nouveau conseil, où figure le nonce du pape, arrête des mesures définitives. Mais le Sénat et la Chambre des comptes, les deux cours souveraines, firent une vive résistance à l'entérinement des lettres souveraines. Parmi ces nombreux privilèges, disaient-elles, les uns lésaient les droits inaliénables de la couronne en matières d'impôts, d'amendes, de justice; d'autres blessaient les intérêts des commerçants et des péages de Suze ; d'autres enfin, les droits propres et la juridiction du Sénat et de la Chambre des comptes.

On modifia quelques articles. Les membres du nouvel établissement déléguèrent alors à Turin, Jean Déloise, prêtre, et Ferdinand Bonier, laïque, avec mission de faire à Charles-Emmanuel l'acte de reconnaissance des droits de la Couronne.

D'après l'arbitrage, le Duc possède le droit de patronage sur l'établissement et sur les bénéfices ecclésiastiques qui en dépendent, et celui de nomination des ecclésiastiques attachés à l'institution.

Tous les actes relatifs au pouvoir judiciaire relèvent de ses juges et des cours souveraines.

citer les noms de famille encore existants qui n'avaient pas rougi de marcher à la trahison, à l'apostasie, à la tyrannie de leurs concitoyens pour s'enrichir aux dépens de la misère commune.

Les membres de l'établissement abandonnent les droits régaliens compris dans ces privilèges, etc.

Enfin, on pria S. A. d'élire tour à tour, les deux cours souveraines comme magistrats, officiers et protecteurs temporels de l'établissement, afin d'éloigner tout prétexte de discorde.

Le Père Chérubin, commissaire et délégué apostolique, et député de S. A. S., approuva ces déclarations le 25 novembre 1602, à condition que les articles fondamentaux des lettres patentes et les revenus demeureraient dans leur état primitif, que le Conseil de l'institution, celui de la ville, et saint François approuveraient le tout.

Les lettres ducales du 2 décembre suivant statuèrent définitivement que des laïques, sous l'autorité souveraine, administreraient les biens et le temporel de l'œuvre de la même façon que l'église de N.-D. de *Savone ;* que l'établissement serait sous la protection et le patronage du Duc ; qu'il possèderait les privilèges de l'auberge de Turin sans dépendance, toutefois, vis-à-vis de cette maison ; que les commissaires élus du Sénat et de la Chambre des comptes trancheraient les questions secondaires et difficultés naissantes ; qu'on choisirait des administrateurs qui auraient, avec ses membres, le droit de bourgeoisie ; qu'il supporterait les impositions ordinaires ; qu'enfin, son sceau et les armoiries de la ville représenteraient, en souvenir de la conversion du Chablais, *N.-D. des sept douleurs* (1). Philippe-Emmanuel, fils aîné du souverain, en fut nommé le chef et préfet général.

Le 21 décembre 1602, les syndics et conseillers de Thonon réunis aux députés des jésuites, des capucins, des prêtres et des professeurs de l'œuvre naissante, ratifièrent par un acte authentique les déclarations des délégués, conformément à la demande du P. Chérubin.

Saint François, de retour de Paris et devenu évêque de

---

(1) Voir à ce sujet *Pièc. justificat.*, n° 12.

Genève, s'empressa d'approuver le tout, le 25 du même mois.

Nous venons de voir, d'après des documents officiels, le projet de l'université ; elle a ses règles, ses privilèges. Voyons dans quelle mesure ces plans ont été réalisés.

ARTICLE II

Sommaire : Etat de l'établissement 1602-1603 ; ses revenus. — L'imprimerie. — Le prieuré de S¹-Hippolyte et Fribourg. — Plans et règlements du 31 décembre 1603. — Les sciences universitaires, etc. — L'Héberge ou Hospice, ses revenus. — Embarras financiers. — Difficultés des Jésuites avec la municipalité ; leur départ. — Mécontentements, procès et dépenses. — Pierre Gillette, amodiateur universel. — Les préfets de 1603 à 1616. — Progrès.

L'institution sortait de ses langes.

Sur la fin de la même année (1602-1603), elle possédait un préfet, docteur en théologie, enseignant la morale ; un plébain et six prêtres ; un collège et quatre professeurs ; une école d'arts et métiers, avec des imprimeurs, des fabricants de papier, des mécaniciens ou serruriers, des passementiers, des armuriers, etc... (1).

(1) En 1603, Marc de la Rue y imprimait les *Constitutions synodales* de Saint François, et deux ans plus tard la *Vie de Saint Bernard de Menthon*, par Nicolas Fernex. Selon la tradition, cette imprimerie se trouvait à l'angle du quartier de la Croix et de la rue Vallon. Tout en s'occupant de livres scientifiques ou religieux, elle ne négligeait pas cependant les récits de faits merveilleux à l'usage du public. Ainsi elle édita, en 1609, une brochure intitulée : *Miracle arrivé dans la ville de Genève en ceste année (1609), d'une femme qui a fait un veau, à cause du mépris de la puissance de Dieu, et de Mᵉ Saincte Marguerite*, brochure curieuse réimprimée à Paris et à Angoulême en 1858. (*Léman*, 1865, n° 19.)

Le 16 octobre 1609, Marc de la Rue est accusé devant le Chapitre de la Sainte-Maison d'avoir réduit en lingots et vendu dix-huit livres de plomb et matière « dont les lettres et caractères de l'imprimerie sont faictes ». Ordre est donné de résilier le contrat. Il vient lui-même renverser cette calomnie en prouvant que la dite matière est venue, sur une commande, de pays étrangers. Une papeterie existait dans le voisinage ; car, le 9 avril 1610, François Vulliet demande à ce qu'on y exécute d'importantes réparations. L'Imprimeur recevait, comme salaire, de l'établissement 40 ducatons annuels *(Délibérat. de la Sainte-Maison.)*

Son conseil d'administration était composé du conseiller de l'ordre des SS. Maurice et Lazare, du préfet, du plébain, de deux ou trois prêtres de la congrégation et du procureur.

Les capucins prédicateurs et missionnaires, dirigés par le commissaire apostolique, recevaient cinq écus d'or mensuels.

Ses revenus comprenaient : les aumônes du Souverain Pontife, du Duc de Savoie, des fidèles; les propriétés du prieuré de Saint-Hippolyte (1) et les maisons unies à notre

(1) Berne l'avait cédé à la ville de Thonon (1537) pour l'entretien de l'Hospice, des ministres et des écoles, arrangements que ratifia Charles Emmanuel, moyennant la somme de 35,000 florins que Thonon emprunta de la ville de Fribourg afin de la compter au souverain (25 août 1584) (Voy. *Pièc. just*. n° 11 et 18.)

Le prieuré fut hypothéqué. Thonon ne put se libérer de cette dette, malgré les pressantes instances de ses créanciers ; et l'affaire alla au Sénat de Savoie (sept. 1602).

Les 9 et 10 septembre 1602, notre conseil députa un certain nombre de ses membres, entre autres, M. Pierre Fornier, pour arrêter un compte définitif qui se montait à 7780 écus d'or, 40 sols, capital et intérêt. Il n'y avait aucun moyen d'effectuer ce payement sinon l'aliénation des revenus de la ville. On eut recours au P. Chérubin et à N° Sgr Antoine de S¹ Michel, Sgr d'Avully, procureur du nouvel établissement, qui venait de recueillir 20,000 écus d'or effectifs d'aumônes et d'offrandes pendant le grand Jubilé de 1602. Mais le 7 octobre, le conseil de la ville de Thonon avait arrêté que le conseil de la ville était incorporé à celui de l'Université pour régir et administrer tous les biens et revenus de l'Etablissement réunis à ceux de la ville, que la ville abandonnait tous ses biens et revenus du prieuré, de la cure de Tully, ses fours, boucheries, moulins, à condition *que la Sainte-Maison paierait la dette de Fribourg, etc. (Pièc. just*. n° 12.)

A la prière du Rd P. Chérubin, Fribourg résolut en plein Conseil, d'apporter sa pierre à l'université naissante et accorda une réduction de mille écus d'or (6.700 restaient à solder).

En retour on lui accorda deux places gratuites à la nouvelle école des sciences, arts et métiers, et l'on convint que les premières sommes provenant de la traite des sels, lui seraient remises.

Des 20,000 écus d'or du jubilé, la moitié racheta les bénéfices du Chablais aliénés par les Bernois, et le reste éteignit les emprunts de Thonon, en dégageant le prieuré des hypothèques de Fribourg.

Thonon devenait par le fait même, débiteur de la Sainte-Maison, qui dès lors avait droit à tous les revenus et biens communs. Trois ans après (1605), elle n'en avait encore obtenu qu'une partie.

Le Père Chérubin et Claude Marin reviennent de Fribourg, munis d'une quittance entière, les constituant en lieu et place de cette ville (14 mai 1605, *Pièc. just*. n° 13). De plus, les édits souverains de 1601, 1602, 1603 et une transaction solennelle ordonnaient la restitution des bénéfices

établissement, savoir : l'abbaye de Filly, la collégiale de Viry, ruinée en 1589, la plébainie de Thonon, les prieurés de Bonneguête et de Bellentre en Tarentaise. Ce dernier lui fut donné par la bulle du 10 avril 1602.

Nous avons donné le texte des constitutions rédigées, en 1599, par saint François. D'autres furent publiées le 31 décembre 1603 et signées : Charles-Emmanuel (1). En voici une courte analyse :

Art. 1er. — Le nouvel établissement est uni à l'ordre des SS. Maurice et Lazare. Les privilèges et faveurs leur sont communs. Le Grand-Maître de l'Ordre est son protecteur et défenseur. Les chevaliers soutiendront partout ses intérêts. En retour, les membres de la Sainte-Maison porteront l'image de N.-D. de Compassion, enchâssée dans la croix qui leur est propre, et voueront une dévotion spéciale à Saint-Maurice.

Art. 2. — Ils vivront en commun, selon les statuts de l'Oratoire ; desserviront les deux églises de Thonon, avec plein pouvoir d'être députés dans le même but, hors de la ville ; ils seront au nombre de huit, et jouiront des revenus portés par le bref du 24 mars 1599. Les petites écoles de

---

ecclésiastiques, comme nous l'avons vu. C'est pourquoi, le 24 juin suivant (1605) notre conseil lui abandonne tous les biens, rentes et revenus du prieuré, ses fruits perçus pendant les trois dernières années, toutes les possessions de la cure de Tully et de la Confrérie du St-Esprit de la ville de Thonon, et autres rentes diverses perçues dans nos murs. Berne avait remis et loué à la ville de Thonon : 1° Les montagnes de la Chèvrerie du *Foron et Vesinaz* dépendantes de Vallon pour 2000 flor. d'introge et 1000 fl. d'autre part; 2° les biens de la cure de Tully pour 120 fl. annuels.

Thonon paya les intérêts des sommes : intérêts et sommes que Philibert-Emmanuel se réserva le 4 octobre 1569, en approuvant les dits albergements, vu les frais à supporter pour la réparation... des... forteresses tant du fort de l'Annonciade près de Rumilly que d'autres... *Pièc. justif.* n° 14 et 15.

(1) Elles portent ce titre : *Constitutions et ordres pour les règlements et progrès de la Sainte-Maison de Notre-Dame-de-Compassion de Thonon*. Le préambule annonce que Charles-Emmanuel et le nonce, l'évêque de Bovino, agissant au nom du Souverain-Pontife, ont rédigé ces règlements, après maintes délibérations, et d'accord avec le cardinal protecteur de l'institution. Le nonce se charge d'obtenir l'approbation de Sa Sainteté. (Manuscrits Pescatore. *Pièc. justif.* n° 16. Cette pièce a déjà été résumée par le Chne Truchet, *Histoire du P. Chérubin*, p. 227, 228.)

grammaires et humanités leur sont remises. Le conseil les nomme au scrutin secret, en recevant des preuves de la capacité de chacun. L'union fraternelle et l'accomplissement des emplois respectifs sont recommandés à tous.

Art. 3. — Les RR. PP. capucins se chargeront spécialement des prédications et missions, soit à Thonon et dans le Chablais, soit dans les terres du Vallais, de Fribourg et au-delà du lac. Leur supérieur, soit commissaire, que nomme le général de l'Ordre, les choisira. Deux résideront dans les villages autour de Genève, un troisième à Hermance pour le Bas-Chablais. Vu le vœu de pauvreté qui les astreint, leurs maisons, leurs meubles et autres choses d'usage ordinaire, appartiennent à la nouvelle institution. Celle-ci fournira ce qui est nécessaire, tant à Thonon que dans les missions ; la dépense de chaque Père est portée à 6 écus d'or par mois. Le R. P. supérieur et son compagnon sont de droit membres du conseil de l'établissement ; toute affaire, traitée sans leur consentement et assistance, est nulle.

Les matériaux du château détruit en 1580 serviront à la construction de la Sainte-Maison, et, spécialement à celle du couvent des capucins, qui s'étendra sur les galeries, soit écuries et places adjacentes. Le cours d'eau qu'entretient la ville, de temps immémorial, devant la forteresse, sera maintenu (1).

Art. 4. — L'instruction de la jeunesse est confiée aux RR. PP. Jésuites (2). Leur supérieur et son compagnon deviennent semblablement membres du Conseil, qui déterminera aux étudiants les familles où ils pourront prendre pension. Les cours se suivront à l'Hôtel-de-Ville, où sont déposés les meubles, les denrées appartenant à l'établissement. On ne réservera qu'une salle pour les réunions du Conseil de ville. Ce bâtiment sera nommé : *Maison Notre-*

---

(1) Il s'agit évidemment ici de l'ancien cours d'eau des remparts.

(2) « Leur est donnée la charge des lectures, afin que, par leur piété et doctrine, ils puissent faire progrès signalés en l'instruction de la jeunesse.... ils devront par tous les moyens y avancer les bonnes lettres. » (Voy. *Pièc. Justif.* n° 16.)

Dame. Ils enseigneront les cours de philosophie, théologie, Écriture-Sainte et controverse, puis la jurisprudence soit le droit civil et canonique, la médecine et les langues. Ils sont chargés du catéchisme, et de la doctrine chrétienne aux jours de fêtes, des réponses aux attaques hérétiques, de la correction des livres et des compositions des traités populaires. Les 436 écus d'or annuels du Souverain Pontife, etc., entretiendront six religieux, et l'établissement sustentera les autres, à raison de six écus d'or par mois. Ils ne s'emploieront qu'aux fonctions ci-dessus spécifiées. Thonon fournira l'habitation, ou, s'ils en ont une, le mobilier. Les cours sont donnés au nom de l'établissement, et selon le règlement arrêté par le conseil. En cas de besoin, des ecclésiastiques de l'institution pourront suppléer les Jésuites.

Art. 5. — Le séminaire, soit faculté théologique, a pour but de pourvoir le pays de bons pasteurs. L'établissement, dit la Sainte-Maison, fait les règlements et choisit les employés ecclésiastiques et laïcs. Sont admis les enfants privés de fortune et doués de talents ; « on renvoie les rudes et les grossiers à l'auberge des Arts. » On en admettra quelques-uns du Vallais. Ils seront au moins sept, en l'honneur des 7 douleurs de Marie, dont ils porteront l'image dans la croix de Saint-Maurice. Le prieuré de Saint-Hippolyte entretiendra le séminaire. Le duc accorde à l'institution 2000 écus d'or annuels à percevoir sur le décime que le pape a concédé pour trois ans. Cependant, la dette de Fribourg doit être payée ; Sa Sainteté permet de prendre sur les grands bénéfices ecclésiastiques pour le séminaire. On autorise tous les diocèses de Savoie à constituer des fondations en faveur de leurs jeunes élèves.

Art. 6. — Le produit des amendes pourvoira aux frais de l'imprimerie.

Art. 7. — Le droit sur la sortie du vin est destiné aux traitements des médecins, des apothicaires et des chirurgiens.

Art. 8. — Le mont-de-piété est encouragé.

Art. 9. — L'héberge, hospice et maison de refuge, recevra les hérétiques désirant entrer dans le sein de l'Eglise catholique. Chacun exercera un art mécanique selon ses capacités, conformément aux règlements de l'établissement. Ses revenus se tireront : 1° du produit et du commerce de l'hospice ; 2° de la fondation de François Echerny, dont nous avons déjà parlé ; 3° des aumônes de Filly et Ripaille, à condition de prendre dans la première localité des enfants pour les instruire (1) ; 4° de la fondation du Sgr d'Avully ; 5° des aumônes des fidèles. On peut les recueillir au moyen de troncs placés dans tous les lieux publics des États.

L'église des Augustins sera réparée aux frais du prieuré de ce nom. Quant à celle de la paroisse, le chœur et le *Sancta Sanctorum* seront entretenus aux frais de l'établissement ; la ville est chargée du reste de l'édifice.

Paul V et Urbain VIII approuvèrent ces constitutions par leurs bulles du 1er août 1606, et du 14 juin 1625 (2).

Dès l'ouverture du collège, le Saint-Siège avait pourvu à son entretien avec une libéralité digne du père commun des fidèles (3).

On put acheter la maison Bellegarde, *entre le château et la Halle* (4), *où les RR. PP. Jésuites s'installèrent.*

(1) Saint-Julien en Maurienne possédait un prieuré dépendant de celui de Saint-Jeoire. Il passa à l'Ordre des SS. Maurice et Lazare, puis à la Sainte-Maison, qui (en 1617), le remit au Chapitre de Saint-Jean. Thomas Bergerat, Sgr de Villars le-Bas, avait fait de grandes dépenses au sujet des intérêts de l'Ordre des SS. Maurice et Lazare et des paroisses du Chablais ; en retour, l'Ordre lui céda l'Abbaye de Filly et 600 ducats de Savoie. Bergerat vendit ses droits au chapitre de Maurienne pour 2,700 ducats de Savoie, et le Chapitre les échangea avec la Sainte-Maison, contre le prieuré de Saint-Julien. (Truchet, *Vie du P. Chérubin*, p. 383.) Ainsi passa l'abbaye de Filly à la Sainte-Maison.

(2) Bullaire de la Sainte-Maison. Arch. du presbytère de Thonon. La première confirme la donation du prieuré de Saint-Hippolyte. Un rescrit du 27 juillet chargea l'official de Genève de la mise en possession.

(3) « Le Pape, écrivait S. François (le 1er septembre), pour venir en aide à l'œuvre de Thonon, a résolu d'y entretenir six jésuites à ses frais, et m'a ordonné de leur remettre aussitôt après leur arrivée, 36 écus d'or par mois, à raison de 6 écus d'or pour chacun, à prendre sur les revenus du Piémont. » La communauté recevait donc annuellement 432 écus d'or. L'écu d'or valait 3 francs 68 centimes de notre monnaie. La somme donnée par le Saint-Père montait donc à 1589 francs par an.

(4) Les Bellegarde, dit M. A. de Foras, *Armorial*, art. Bellegarde, possédaient à Thonon en tout, ou du moins en grande partie : 1° les bâtiments et maisons appartenant maintenant à M. Baurain ; 2° l'ancienne maison

Mais le trépas de Clément VIII mit bientôt (1605) un terme à ces libéralités en supprimant leurs moyens de subsistance. Le duc, de son côté, leur avait promis 10,000 écus pour réparation de l'église des Augustins ou ancien collège, et pour construction d'une maison. Les réparations s'opérèrent, mais le bâtiment du collège ne put s'élever et la somme promise ne fut jamais payée. Les bons sentiments du prince ne pouvaient suffire. Cette détresse n'avait point permis à l'apôtre du Chablais de donner des professeurs pour toutes les branches renfermées dans le programme de l'université. On ne put donc pas enseigner toutes les sciences, et les fils de saint Ignace se bornèrent à la grammaire et aux belles-lettres.

L'administration civile de Thonon réclamait l'exécution du programme universitaire dressé par la bulle de Clément VIII (13 sept. 1599), qui prescrivait l'enseignement

de Ville de Thonon sur la place de laquelle a été rebâti l'Hôtel-de-Ville actuel. Ils vendirent leur maison à la commune vers 1535 ; mais, il y eut de longs procès à ce sujet. Par transaction du 15 février 1574 (Arch. Foras), Jean de Bellegarde (fils de Claude) renonça à toute prétention sur cette « Grande Maison » lui venant des droits de N^e Simon de Bellegarde, son oncle. La Communauté de Thonon, en échange, renonça à l'opposition qu'elle faisait à cause des droits de Misselerie, à l'inféodation de Saint-Disdille, en juridiction haute, moyenne et basse, que Jean de Bellegarde avait obtenue de S. A. par lettres patentes du 16 octobre 1571. Elle abandonna la propriété litigieuse des terrains vagues et îlâges dans le lit de la Dranse abornant la propriété de Saint-Disdille, mais, elle se réservait le droit de pâturage sur une partie de ses îlâges, et surtout, elle spécifiait que le dit Seigneur de Saint-Disdille maintiendrait un chemin à chariots le long de sa propriété, entre Saint-Disdille et la rive du lac pour arriver au port « dez Concize, Vongier, Tullier et d'ailleurs ». Jean de Bellegarde étant mort, et, son frère Pierre lui ayant succédé, et obtenu de S. A. une nouvelle inféodation de Saint-Disdille et du village de Vongy, par patentes du 6 octobre 1681, il y eut une nouvelle transaction entre lui et les N^e syndics de Thonon le 15 mars 1582 (Arch. Foras), ratifiant la précédente dans tout son contenu... Malgré les termes si clairs de ces actes, un récent arrêt de la cour d'appel de Chambéry vient, après 300 ans d'usage, de priver les habitants des trois hameaux de Vongy, Tully et Concise, de ce chemin public, qui est attribué aux propriétaires de Saint-Disdille.

Quant à l'Hôtel-de-ville, le 11 déc. 1815, un soldat d'un régiment de chasseurs italiens y mit le feu par imprudence ; l'un d'eux mourut dans les flammes. (*Reg. paroiss.*)

de la théologie, de l'Écriture sainte, des cas de conscience, de la jurisprudence, soit du droit canonique et civil, de la médecine et des langues (1602-1604).

Les constitutions de Saint Ignace prohibaient l'enseignement de la médecine que réclamait spécialement notre Conseil municipal. Les exigences de ce dernier nécessitaient donc un personnel plus nombreux, et personne ne s'offrait à l'entretenir.

Les Jésuites exerçaient le ministère de la prédication dans les communes voisines. Le Conseil municipal obtint, du Sénat de Savoie, un arrêt qui leur interdisait le ministère sacré en dehors de la ville. Dès lors, ils résolurent d'abandonner et le collège et l'église des Augustins (1605) (1). Saint François fut vivement affecté de cette conduite des Bourgeois de Thonon à l'égard des Jésuites.

Le Conseil appela des régents laïques, qui répondirent si peu aux besoins de la contrée et aux principes de la science, que nous verrons bientôt l'administration locale remettre son collège entre les mains de l'évêque, le sollicitant de le confier à un ordre religieux.

Tandis que la section scientifique subissait une éclipse à son berceau, celle des prédicateurs recevait un développement considérable. Une station de capucins fut établie sur les ruines du palais ducal, sous la direction du P. Chérubin, en 1602 (2). Saint François consacra, en 1617, l'église de ce nouveau couvent.

Cependant, les revenus de l'établissement n'étaient pas considérables, en 1609. Il les perçut d'abord directement, mais les biens relevant de différentes juridictions éloignées les unes des autres, les procès succédèrent aux procès, les dépenses aux dépenses, et l'on contracta des emprunts au lieu de faire des économies. Le Conseil chercha un amodiateur, soit fermier universel. Ce fut R^d Pierre Gillette, vice-préfet de l'institution, qui signa un bail de trois ans (27 mars 1609).

(1) Registre des délibérations municipales de Thonon (date susdite).
(2) Voy. *Pièc. justif.* n° 3.

— 366 —

Il devait retirer les revenus (les décimes et collectes du Piémont exceptés), payer les dettes et subvenir à de nombreuses charges (1). Le Conseil ducal ratifia cette convention, le 25 avril suivant, à condition que l'amodiateur rendrait annuellement ses comptes, que le surplus des dettes se prélèverait sur le prix du bail, et non sur les capitaux ; si le Duc reprenait l'enclos et les artifices de Ripailles, une réduction proportionnelle serait faite.

Charles-Emmanuel confirma cet arrangement le 1er mai (1609), et commit, le 27, le Sénat de Savoie pour juger tous les procès survenant sans aucun jugement préliminaire des tribunaux inférieurs. Ajoutons à ces revenus, le produit des collectes perçues hors de nos terres (2). Ces ressources, je le répète, étaient insuffisantes, vu les frais de construction de la Sainte-Maison, du monastère des capucins, et des divers établissements qui devaient composer cette institution colossale. D'un côté, charges énormes ; de l'autre, revenus sans proportion. Aussi, saint François proposa-t-il dès lors, l'introduction des pères de l'Oratoire comme étant très propre à prévenir une décadence prématurée.

Cependant, l'établissement prospéra tant que le Saint fut préfet. Selon M. Vittoz, il avait abdiqué cette charge en

---

(1) « Il donnera annuellement, est-il dit : 1° 3,300 ducatons, dont 200 chaque trimestre, et le reste : moitié à Noël, moitié à la Saint Jean-Baptiste ; 2° 18 muids de froment et 4 de seigle, 2 de fèves et 2 d'avoine, à Noël ; 3° 12 chars de vin blanc, 1 de servagnin (clairet) : 12 de vin rouge, et un autre encore de vin rouge à la Saint-Martin, pour le procureur de la ville ; 4° 12 charretées de foin à la Saint-Jean-Baptiste, 5° trois livres de chandelles de cire blanche aux 4 fêtes de Notre-Dame, à celle de Noël, Pâques et Fête-Dieu : — Il offrira 2 fois par an, à deux fêtes de Notre-Dame, un bouquet à tous les seigneurs, Prêtres et Officiers de la Sainte-Maison ; Il soutiendra à ses frais, tous les procès nécessaires ; et, à l'expiration du bail, il rendra les titres et reconnaissances en due forme — Pierre Gillette donna pour caution solidaire Gui Joly, Sgr de Dusilly, » (Truchet, *Vie du P. Chérubin*, p. 233.)

(2) Le 18 février 1607, un capucin avait déjà envoyé 2175 ducats. (Truchet. *Vie du P. Chérubin*, p. 234.) Arch. du Sénat et des capucins de Chambéry. *(Ibid.)*

faveur du plébain R^d Jean-Balthazar Maniglier, vice-préfet de 1599 à 1603 (1).

Ce fut le nouveau préfet, au dire du même auteur, qui travailla avec le plus d'ardeur au développement de la confrérie de N.-D. de Compassion.

Mais bientôt (mai 1608), il abandonna cette charge pour aller remplir les fonctions de curé effectif de Serraval. Un homme remarquable par sa doctrine et sa sainteté lui succéda : R^d Claude Grandis, originaire d'Annecy, docteur de l'université de Louvain (2). Il enseigna quelque temps la théologie aux nouveaux prêtres de la Sainte-Maison qui lui furent envoyés, fut nommé chanoine de la cathédrale et curé de Douvaine, puis il mourut à Annecy au mois de juillet 1617. Saint François lui dit un jour qu'il changerait volontiers son âme contre la sienne à l'heure de la mort (3). Ce fut lui qui donna aux offices divins toute leur magnificence.

Les registres mortuaires de 1610 signalent le décès d'un musicien ou organiste dans l'église de Thonon (Cymbalesta in ecclesia) (4).

Les vœux si souvent exprimés par l'Apôtre du Chablais, étaient donc en partie exaucés, et la nouvelle institution avait déjà un orgue qui mêlait sa grande voix à celles des chanoines et des sept enfants de chœur.

R^d Grandis eut un soutien et un ami dévoué dans R^d Messire Pioton, natif de Thonon, avocat au Sénat de Savoie, à qui saint François avait recommandé particuliè-

---

(1) Le 19 juin 1602, il signait au livre de N.-D. de Compassion de Thonon : « Balthazard Maniglier, vicaire de François, préfet. » Vittoz, p. 206-207. Cependant le *Mémoire Mss.* des R^{ds} Préfets de la Sainte-Maison (Arch. de la Ste-Maison) ne porte pas R^d Maniglier au nombre des *préfets*.

(2) On le voit signer Claude *Grand* dans les délibérations du chapitre 9 novembre 1609, 9 avril 1610, etc.

(3) Mém. des R^{ds} Préfets (*Ibid.*) Il fut sépulturé à l'entrée de l'église des frères mineurs de cette ville (Besson, p. 106).

(4) *Reg. Paroiss*. Les prêtres de la Sainte-Maison achetèrent l'orgue actuel au prix de 700 écus en 1672 : L'un d'eux, R^d Claude Tavernier, construisit le jubé à ses frais. (Délibérat. du chapitre de la Sainte-Maison.)

rement les intérêts de l'établissemement le 9 novembre 1610 (1).

Un fascicule des délibérations du vénérable Chapitre de la Sainte-Maison, que nous devons à l'extrême obligeance du savant M. Rabut, conservateur du musée de Chambéry, nous permet de suivre pendant trois ans (1609-1611) la marche progressive de notre établissement. R^d Pierre Gillette y figure comme l'âme de l'administration. Chargé, le 14 septembre 1609, de retirer les obligations, titres, etc., concernant différents revenus, il dut recourir, plus d'une fois, à des arbitrages, entre autres, à celui de l'archevêque de Vienne, pour recouvrer les rentes du prieuré de Contamines.

C'était du Conseil de la Sainte-Maison que sortaient les décisions souveraines qui tranchaient tous les différends. Dans les circonstances graves, on nommait une commission, composée d'hommes capables, avec plein pouvoir d'agir. Un cas de ce genre se présenta, le 29 mars 1610, pour un échange proposé entre le prieuré de Saint-Jeoire et Me Hector Millet, seigneur de Challes ; puis un autre, quelques jours plus tard, afin d'éteindre un procès désastreux.

Les difficultés succédaient aux difficultés. Après avoir rendu, le 8 avril suivant, à Jean Rebut les arrérages des cens et laods du prieuré de Thonon et de la cure de Tully, R^d Gillette sut si bien transiger avec les RR. PP. Jésuites de Chambéry, touchant une dîme de Saint-Jeoire, et, avec le Chapitre de Tarentaise au sujet d'une cense du prieuré de Bellentre (15 mai), qu'on le nomma bientôt économe et recteur à vie du prieuré de Saint-Jeoire (28 juillet 1610).

La *Sainte-Maison* venait d'acquérir une habitation, près du château, *rue Crolacul* (février 1610), puis une autre d'André Meynet ; la situation financière du prieuré de Bellentre était pitoyable et une dette figurait chez Madame

---

(1) Plus tard, l'avocat Pioton devint prêtre et confesseur des religieuses de la Visitation d'Annecy. (*Ibid.*)

— 369 —

Dufoug, c'est pourquoi le nonce protecteur exigea, le 28 juillet, un rôle exact des revenus de l'établissement. Ce rôle avait été dressé l'année précédente (24 novembre 1609), et portait 3,300 ducatons d'actif, 30 muids de froment, 25 chars de vin, 6 chars de foin et 2 muids d'avoine. Mais, les charges s'élevaient à 8,288 florins (2), non compris 2,000 florins dus à Fribourg, et 15,619 dus à des marchands de Lyon.

L'année suivante (24 mars 1611), Mgr Gribaldi, archevêque de Vienne, avançait 900 livres dues par notre établissement à des négociants lyonnais, pour différentes fournitures livrées à la *section des Arts*. Celle-ci possédait, en effet, un *passementier* dont le compte du 12 novembre 1609 porte qu'il a employé « 14 onces de soye écharbottée, 50 onces mises en rocquet, » et le 4 août 1610, pour 750 florins de soye, pour 42 florins de filozelle et soie, etc. (2). Cependant, les revenus étaient considérables : Au-dessus de la ville, la Sainte-Maison possédait, d'après une amodiation faite le 22 octobre 1609, à Jacques Vullié : 1° un martinet à papier ; 2° la meule à huiloz (huile) et chenevoz (chanvre) ; 3° le « martinet à faulx de Ripailles » et une scierie. Ce dernier martinet, le plus important de tous, fut visité pour être réparé, le 27 septembre 1610, par le plébain, R^d Jean de Châtillon. Il possédait alors « quatre enclumes de fer, quatre soffiets, deux forges, deux olières de cuivroz, onze paires de tenailles, un batteran et quatre marteaux ». L'arbre nouvellement construit faisait battre « trois grands marteaux sur les enclumes » (3). Outre ces revenus, la Sainte-Maison

(1) Délibérat. de la Sainte-Maison. Le médecin y figure pour 400 florins, l'apothicaire pour 100. (*Ibid.*)

(2) Le 8 juin 1610, Garin Mugnier s'engage envers la Sainte-Maison « pour l'entretenement de lort (l'or) des draps de soye » qui se fabriquaient au quartier des arts. (*Ibid.*)

(3) *Ibid.* Le vénérable chapitre albergeait, le 19 août 1611, les *grangeages, martinet, rasse* et biens de Ripailles, avec cours des eaux de la Dranse et de l'Oncion. (*Ibid.*) Après la désastreuse campagne de 1870, de riches industriels chassés des bords du Rhin, passèrent en Chablais et à Thonon, demandant un courant d'eau assez fort dans un lieu propre à l'établissement de diverses manufactures. Le locataire de l'*Hôtel*

recueillait, en 1610-1611, divers héritages de peu d'importance ; elle en profita pour accorder une pension à R^d Bernard de Mont-Piton, curé de Reyvroz (9 nov. 1610), pour habiller les enfants du séminaire et faire des rabais considérables à son fermier *du Carroz*, à cause d'une tempête survenue (9 juillet 1611). Un commissaire général venait demander au Conseil de l'établissement, le 1er août suivant, le changement de son sceau, et l'érection, à ses frais, d'un mont-de-piété et d'un séminaire à Chambéry. On oubliait trop que les amodiateurs payaient rarement, et qu'une bonne partie des biens de ses maisons sujettes, telles que le prieuré de Contamines, se trouvait encore dans les mains des Chevaliers des SS. Maurice et Lazare.

---

d'Europe, arrivé récemment au pays, ne sut leur indiquer d'autres lieux que les embouchures de la Dranse dont l'endiguement exige des sommes très-élevées. S'il eût connu l'Oncion, ses chutes, ses avantages et ceux de Ripailles, Ripailles serait peut être aujourd'hui une cité ouvrière de 1000 à 1500 habitants.

ARTICLE III

SOMMAIRE : Claude de Blonay. — Règlement de 1615. — Saint François et le collège des Barnabites. — Michel de Foras. — Le Plébain supprimé. — Louis Gillette, ses talents. — Construction de la Sainte-Maison (presbytère actuel). — Sentence arbitrale. — Détresse et charité. — Visite de 1646. — Procès des Barnabites.

R^d Claude de Blonay succéda à R^d Grandis, en 1616 ou 1618.

D'abord marié, il eut, selon Charles-Auguste de Sales, neuf enfants, dont l'un fut la célèbre Marie-Aimée de Blonay. Ayant perdu son épouse, il entra dans les ordres, devint prieur de St Paul, de Peillonnex, chanoine de St Pierre de Genève et curé de Sciez (1). Saint François sanctionna, en 1615, les constitutions primitives de la Sainte-Maison par des articles complémentaires déterminant des amendes pour ceux qui s'absentaient de l'office, de la messe, du sermon et des autres cérémonies du chœur (2).

La municipalité thononaise, mécontente de l'enseignement des régents laïques, successeurs des Jésuites, venait de remettre le collège entre les mains du saint évêque. Il s'empressa d'appeler les RR. PP. Barnabites, qui prirent

---

(1) Arch. de la Sainte-Maison. — *Reg. paroissiaux*. Son contrat de mar. est du 12 juillet 1598 (Armorial de Sav. par A. de Foras. *Hist. Mss. de Sciez.)*

(2) Le préfet percevait 100 écus d'or, le plébain 100 ducatons, le sacristain 40, et chacun des prêtres 300 flor.

possession de l'établissement par ordre de Charles-Emmanuel le 10 avril 1616.

Voici l'analyse de l'acte passé le même jour : (1)

Le nouveau corps religieux est uni à la Sainte-Maison ; il jouira de l'Eglise de Saint-Augustin, dite des SS. Maurice et Lazare, ainsi que des places, cimetières, jardins et bâtiments voisins ; percevra annuellement 1000 ducatons de 7 florins (monnaie de Savoie) ; prendra son bois aux forêts de la Sainte-Maison ; possèdera voix délibérative au conseil, chantera les divins offices, administrera les sacrements de pénitence et d'eucharistie, prêchera la parole de Dieu, etc.... ; entretiendra trois régents idoines pour les classes de grammaires, et d'autres encore pour enseigner la rhétorique, la dialectique, la philosophie, les cas de conscience, l'Ecriture-Sainte et la langue hébraïque (2).

Sont présents : R^d Messire Vespasien Gribaldy, archevêque de Vienne, surintendant de la Sainte-Maison ; Vespasien Ayazza, abbé commandataire d'Abondance ; R^d Mes. Claude de Blonay, préfet ; R^d Jean de Châtillon plébain ; R^{ds} Mes^{res} Pierre Bouverat, Claude Bottard, Thomas Maupan genevois converti par saint François, devenu prêtre, Claude Magnin, Maurice Avrillon, prêtres, et N^e Claude Marin, procureur fiscal de S. A. R. Le contrat se passe dans une des magnifiques salles du palais des Marquis de Lullin. Une convention moins solennelle réunit saint François, les principaux membres de l'institution et le procureur des Barnabites, dom Juste Guérin, pour déterminer les privilèges et les fonctions des nouveaux venus (3). Le saint évêque les mit en possession du collége quelques jours plus tard (sept. 1616). Cette maison d'éducation fut, jusqu'à la Révolution, la plus brillante de la Savoie. Elle enseignait la théologie, la philosophie, la physique, les belles-lettres, la grammaire, la latinité et toutes les langues étrangères. Elle ex-

(1) *Mém. de la Soc. d'arch.*, t. VI, p. 28, et Arch. de la Sainte-Maison.
(2) Les Barnabites célèbreront une messe quotidienne pour la Maison de Savoie, une hebdomadaire, pour les défunts de la même famille, et un anniversaire. (*Ibid.*)
(2) *Ibid.*

cellait dans la théologie dogmatique et la langue grecque. Pendant un siècle et demi, les élèves y accoururent de l'Allemagne, de la Suisse, de la France et de l'Italie. Cette réorganisation suffit pour illustrer l'administration de R^d Claude de Blonay, qui mourut bientôt à Thonon (3 novembre 1622) (1).

L'année précédente (12 juin 1621) l'apôtre du Chablais relatant au duc une visite qu'il a faite dans notre établissement, lui expose la nécessité d'institutions permanentes, indispensables à son développement (2). Le 3 février et le 25 avril 1622, il sollicite encore la venue des Pères de l'Oratoire (4); le 17 octobre suivant, il conjure Charles-Emmanuel de procéder à la suppression du prieuré de Contamine, dont les biens doivent entretenir les collèges, principalement celui de Thonon, et meurt le 28 décembre 1622, sans avoir pu mettre la dernière main à l'université chablaisienne (4).

Suivant les intentions de Clément VIII, le P. Chérubin avait passé en Vallais, après avoir donné sa démission de commissaire apostolique, vu que ce dernier personnage devait résider ordinairement dans nos murs. Les deux fondateurs de l'université disparaissaient donc simultanément. Ces deux pertes étaient irréparables. Les difficultés se présentaient nombreuses, la place de préfet demeura vacante jusqu'en 1627. On jeta alors les yeux sur un homme capable de consolider l'institution chancelante, sur R^d Mes. Michel de Foras, allié par sa famille à toute la noblesse savoyarde. Le 22 septembre 1627, il prit possession de la double charge de préfet et d'administrateur de l'établissement (5). Sa préfecture fut une époque de régularité et de

(1) Son testament est daté du 2 novembre (1622). Il nomma héritier universel son fils Jacques. Selon ses ordres, son corps fut transporté au tombeau de ses ancêtres, dans l'Eglise de Saint-Paul au-dessus d'Evian. (*Reg. parois. de Thon.*)

(2) *Collect. Datta*, t. II, p. 304.

(3) *Ibid.*, p. 325, 328.

(4) Une lettre du 27 mars (même collect.), sans indication d'année, porte que le Saint attend un bref du pape « pour ranger en meilleur ordre qu'il se pourra toutes affaires de la Sainte-Maison. »

(5) *Reg. de la par. de Th.* Il ne faut pas le confondre avec Michel de

— 374 —

réorganisation. Le 6 février 1630, il appelle R^d Messire Louis Gillette (1), recteur du prieuré de Saint-Jeoire, au nom de la Sainte-Maison, afin de lui faire rendre compte des intérêts spirituels et matériels de la communauté confiée à ses soins. R^d Messire François Meynet, secrétaire du vénérable chapitre de la congrégation, voit son traitement porté à 200 florins pour des travaux destinés à rétablir l'ordre dans les finances (2). Les absences du chœur sont punies de fortes amendes, qu'il applique aux pauvres nouvellement convertis (3) (1631). S'il est bon envers l'indigent, il est aussi jaloux des privilèges de la Sainte-Maison, il sait résister avec vigueur aux empiètements de la ville (4). En 1632, il soutient deux procès, l'un contre les rois du papegai, l'autre contre les usurpateurs des biens du prieuré de Bonneguette, et passe en Piémont pour terminer ces différends. Pendant son absence, mourut le plébain R^d Jean Châtillon. Plusieurs prêtres de l'établissement avaient des prétentions à cette charge, à la préséance, à l'autorité et au traitement de plébain. R^d Bouverat, que saint François avait eu en singulière amitié, fit statuer que chacun remplirait la charge de plébain à son tour, en ayant une part égale au traitement. Aucun étranger ne devait être admis à cette place, sinon à défaut de tout autre membre de la congrégation (5). Malgré cet arrangement, N^e Guérin Tour-

Foras son père, S^{gr} du Bourg-neuf converti à la foi catholique par Saint François de Sales, le 1er octobre 1598.

(1) Originaire du Comté et diocèse de Nice et d'abord chanoine régulier de Saint-Augustin audit prieuré. Ses qualités extraordinaires le signalèrent à l'attention du nouveau préfet. (*Mém. sur les Préfets de la S. M.*) Les chanoines de la Sainte-Maison étaient en 1630 : R^d M. J. Châtillon Plébain et vice-préfet, Pierre Boverat, Gaspard Dunant, Claude Meynet, P. Bojat, George Batailleur. (Délibération du chapitre de la Sainte-Maison, folios 1 et 2) R. Messire Jⁿ Gaspard Deprez alias de Corcy absent subit une correction capitulaire en 1632. (*Ibid.*, fol. 4.)

(2) *Ibid.* f. 2.

(3) Fol. 3.

(4) En 1632, il poursuit la ville pour infractions de la sauvegarde. (*Ibid.*, f. 3.)

(5) On avait ainsi sept plébains indépendants au lieu d'un seul. La ville réclama et l'affaire fut portée devant le souverain Sénat de Savoie. On ne connaît pas le résultat de ces démarches ; en tout cas, la charge de curé ne devait être rétablie qu'en 1774, par le règlement de Mgr Biord.

nier, syndic de Thonon, N° Antoine Desprez et spect° Michel Mathieu, conseiller de la ville, réclamaient la plébainie (6 sept. 1636), en faveur de R^d Mes. Jean-Georges Batailleur, bachelier de la Sorbonne (1). On nomma celui-ci économe et l'orage fut dissipé.

Au mois d'août, une ordonnance capitulaire avait déterminé les jours de prédication, où chaque chanoine de semaine devait faire entendre la parole de Dieu (2). R^d Mes. Michel de Foras était mort le 20 novembre 1635. Son successeur fut R^d Mes. Louis Gillette. Homme d'une sagacité rare et d'une prudence peu commune, ainsi qu'on a déjà pu s'en convaincre, Gilette devait achever l'œuvre de son prédécesseur ; il aimait les splendeurs des fêtes religieuses, la musique et les arts. Aussi s'empressa-t-il d'appeler, le 20 août suivant, 1636, un maître de musique, savoir : M° Pierre Balthazard Vite, natif de Belley, pour donner des leçons aux enfants du Séminaire (3). Mais bientôt une plus vaste entreprise fixa son regard : La construction de la Sainte-Maison ou du presbytère actuel. Le duc lui ayant abandonné les matériaux de l'ancien château, il mit aussitôt la main à l'œuvre en faisant démolir les dernières masures de la vieille forteresse et jeter les fondations de la nouvelle habitation (4). Les travaux furent poussés avec vigueur.

Pendant ce temps, les nobles syndics et bourgeois de Thonon faisaient entendre de vives réclamations au sujet de l'heure des messes et des prédications, du rétablissement du plébain et du choix des enfants du Séminaire, ainsi qu'au sujet de différents revenus ou grangeages remis à la Sainte-Maison. Le nouveau préfet, secondé par Messire Cleradius, marquis de Genève-Lullin, y mit un terme par

---

(1) Délibération de la S. M. Il mourut curé de Marin en Chablais (*Ibid.*, fol. 36, 38).

(2) *Ibid.*, fol. 35. Vers le même temps (3 nov. 1636), Rd Mre J^n Gaspard Déprez alias de Corcy étant mort, R. Mre Pierre du Chancy fut nommé à sa place. (*Ibid.*, f. 40.)

(3) *Ibid.*, fol. 5 et 6.

(4) *Ibid.*, fol. 6.

une sentence arbitrale du 7 août 1637 (1). Il calma ensuite les rivalités de quelques chanoines, en décidant que chacun se placerait au chœur par rang d'ancienneté. (20 sept.)

Les malheurs de l'époque vinrent encore retarder le développement de l'institution. Mais, au milieu des calamités publiques qui affligeaient le Chablais, notre établissement se distingua par ses œuvres de charité. Aux pauvres, aux pestiférés, les chanoines portèrent leurs consolations, leur pain, leur vin, à tel point que le R^d Préfet se vit obligé de retirer les clefs de la cave, en déclarant le 26 mars 1638, que toutes les ressources étaient épuisées, et que « ces jours derniers par charité avoit esté entretenue la table commune de la congrégation » (2).

Saint François avait laissé son cœur à ses enfants. La Sainte-Maison ouvrait ses portes à tous les indigents, mais, hélas! elle ne pouvait plus les nourrir. Le chapitre décida

(1) Voy. *Note et pièces justificat.*, n° 19. On pourra juger de l'importance de la protection du marquis de Lullin par le document suivant daté du 13 janvier 1621 : « La demeure de M. le marquis de Lullin « étant en Savoye est pour l'ordinayre à Thonon au duché du Chablais, « de laquelle duché et bailliage de Ternier et Gaillard le dict seigneur « est le gouverneur. Dans la dicte ville de Thonon, il a grande mayson « sur laquelle il a juridiction omnimode, soulz le titre de la Petite « Bastie, laquelle mayson a de fort belles appartenances joignantes « à la dicte Bastie, tant en jardins, grande quantité de vignes, verger, « pré, et terres.

« — Aussy tout le revenu du chateau du d^t Thonon, tant en rentes, « eschutes et greffes que aultres esmollumentz despendants de la judi-« cature maje de tout le baillage de Thonon, les mollins de la dicte « ville du d^t Thonon. Audessus du d^t Thonon à une heure de chemin, il « a le chateau et juridiction de Corsinge..... le marquisat de Lullin... la « baronie de la Bastie.... Mornex, juridiction et terres en dépendant... « le château de Boringe... une rente de 600 écus d'or en Savoye... terres « et rentes de Borgogne... marquisat de Pancarlier en Piémont... pré-« tentions en Flandre et en Borgogne... Les revenus des dictz biens sont « de 8 à 9 mille escuz... sans compter... Aussy est-il tenu grand riche en « pierreries et argenteries, beaux meubles et tapisseries tant en Savoye « que Piémont... Observations importantes pour terminer. Il est aussy à « considérer que l'on peut paroistre et vivre à meilleur marché d'une « moytié en Savoye qu'en France en consideration des commodités du « païs, tant en denrées blé, vin, chair, vollaille, fromage, beurre, forrage, bois qu'autres choses, se porra même clairement voire par ceux qui traverseront le pays. » (*Mss. Piccard.*)

(2) Délibération du Vén. chapitre de la Sainte-Maison, fol. 6 et 7.

en gémissant, le 16 juillet 1640, qu'aucun étranger n'y demeurerait à l'avenir plus d'un jour (1). Par surcroît de malheur, le notaire Mathieu de la Saulge, chargé de retirer les arrérages, était mort sans rendre aucun compte, et une partie en fut perdue (2). Cependant les bâtiments de la Sainte-Maison étaient à peu près achevés (16 juillet 1640), et les constructeurs réclamaient des sommes considérables.

On se décida à vendre une habitation des hoirs de feu Jean Meynet, léguée à l'établissement depuis peu de temps ; les sommes en provenant furent employées au payement des dettes et à diverses réparations de l'église de Saint-Hippolyte et de la chapelle de l'Hermitage (3).

Le nouvel établissement avait été approprié aux besoins de la congrégation : on porta donc de nouveaux règlements intérieurs touchant le personnel de la communauté, les domestiques, le secret auquel étaient tenus les membres du chapitre (4), la résidence (5) des prêtres, les leçons de musique (6) (1642, 3 janvier), le traitement du médecin (7), les aumônes, les enfants du séminaire (8).

Du vénérable chapitre de l'Université chablaisienne partent les décisions définitives, qui tranchent les difficultés des maisons soumises à sa juridiction. C'est lui qui, le 10 septembre 1636, renvoie R^d Pierre Pugin du prieuré de Saint-Jeoire (9); et, cinq ans après, R^{ds} André Bonnefoy et Jean-Baptiste Jacques (1641), soit à cause de leur

---

(1) *Ibid.*, fol. 8. Cette délibération porte les noms de R^{ds} Louis Gillette, Pierre Bojat, F. Gaspard Dunand, François Meynet, Jacques Duret, Jacques Mugnier et Etienne Mugnier.

(2) *Ibid*, 7 ter.

(3) On répara à l'Hermitage la chapelle du Collombier (qui existe encore), la cuisine basse, le poile (*sic*), etc., fol. 8 (*Ibid.*)

(4) *Ibid.*, fol. 8, 9.

(5) R^d Mre Mugnier subit une correction capitulaire p^r une absence (22 mai 1642.)

(6) Le Maître de Musique entretenu par la congrégation apprendra « le plain-chant, et, si besoin est, la musique aux révérends prêtres de la congrégation (*Ibid.*, fol. 48, 50, 51). »

(7) Fol. 10.

(8) Le 8 août 1640 il est décidé qu'on fera des soutanes aux enfants, savoir: à Gabriel Meynet, à Poget, et au petit Rouge (n^r) *Ibid.*, fol. 9 bis.

(9) *Ibid.*, fol. 19, 20, 21 et 71.

grand âge, soit pour infractions à la règle; c'est lui qui nomme R^d Messire Gaspard Grillet (9 mars 1641), R^d Jean Ducret (4 juin 1652), chanoine, du même monastère (1); c'est lui, enfin, qui délègue son représentant, R^d Bouverat, à Bellentre (25 septembre 1645), ou R^d Ducretet, pour dissiper les orages accumulés par la discorde. Il commande et il sait se faire obéir (2). Cette vaste administration ne l'empêche pas d'accomplir ses plans d'organisation et de sages réformes. De 1642 à 1646, il s'occupe des réparations et agrandissements de l'ancien prieuré bénédictin « joignant à l'église de la dite Ste Maison », et, par ses soins, cette dépendance est rapidement transformée (3); l'église a son *maniglier* et horloger (23 mars 1641) savoir : Hon. François Gauthier ; un docteur en médecine est attaché à l'institut (3 janvier 1642), Me Bernaz (4).

Charles-Auguste de Sales, qui visite la Sainte-Maison, les 6, 7 et 8 septembre 1646, n'apporte pas dans son procès-verbal de nouvelles lumières sur l'Université. Elle reconnaît la juridiction ordinaire « quoad jura spiritualia et parochialia », la préséance du Préfet, et autres disposition du règlement tracé par saint François de Sales. Chaque prêtre dessert la paroisse pendant sa semaine, ainsi que l'église de Tully et son annexe de Concise unies à notre établissement (5).

(1) Le 4 janvier (1641), il votait des remerciements à Rd Gillette, vice-prieur de cette Maison (*Ibid.*, fol. 42), le 8 février 1651 et en 1653, il approuvait des échanges de fiefs appartenant à Saint-Jeoire et à Bonneguette fol. 64 et 74) ; le 30 septembre 1653, il nommait Rd Pernet chancelier de Saint-Jeoire (fol. 57), puis, Rd Tavernier, recteur de la chapelle de N.-D. de Contamines (fol. 104), etc.

(2) Rd Mre Pierre Bouverat, prêtre et Bourgeois de Thonon, succède à Rd Jacques Duret, décédé le 4 janvier 1640, et Rd Mre Jacques Comte, natif de Cranves-Sales, est attaché à notre établissement. Rd Messire Jean Pernet devient contrôleur des revenus de la Sainte-Maison en 1642, puis chanoine le 3 janvier 1643. Rd Meynet, secrétaire mort, est remplacé par Rd Claude Tavernier, et Rd Pierre Boëgeat, par Rd Georges, avocat. (Délibérat. fol. 70)

(3) *Ibid.*, 25, 29, 56.

(4) Gillette fondait, à la même époque, une messe hebdomadaire par un capital de 930 florins. (*Ibid.*)

(5) La congrégation entretient le luminaire, le chœur et la sacristie de

Les vastes plans de saint François étaient loin d'être réalisés, cependant les principales charges se trouvaient remplies : l'administration paroissiale revêtait un certain éclat ; les RR. PP. Barnabites enseignaient au collège les sciences et les arts libéraux ; de nombreux ouvriers occupaient les chantiers et martinets de Ripailles et de l'Oncion ; des médecins, des pharmaciens du pays nous avaient délivré des services de l'étranger.

Le Préfet, Louis Gillette, demandait aux Barnabites une nouvelle impulsion à l'académie des sciences, et l'entière exécution du programme universitaire du 10 avril 1616, vu qu'ils retiraient les 1000 ducatons annuels qu'on leur avait assignés sur la mense du prieuré de Contamines, et sur les censes de l'abbaye de Filly (1). De plus, un bref d'Urbain VIII (20 mars 1625) avait supprimé les douze prébendes de Contamines au profit des collèges d'Annecy et de Thonon, à condition que ces deux dernières maisons recevraient un nombre de religieux égal à ceux de ce prieuré, et cette clause n'avait point été exécutée. Un procès s'en suivit. Les Barnabites alléguèrent la modicité de leurs ressources, et en appelèrent à Charles-Emmanuel II, qui par sentence du 25 septembre 1653, obligea le conseil de la Sainte-Maison à leur compter 370 ducatons de supplément. On réclama contre cet arrêt, mais le souverain le confirma. Toujours, d'un côté, charges énormes ; d'un autre, revenus insuffisants. L'ambition et la rivalité avaient suscité des querelles et épuisé le trésor public. Voilà pourquoi on ne put pas donner à l'entreprise de l'Apôtre du Chablais tout son développement et lui assurer tous les fruits qu'il s'en était promis.

l'Eglise paroissiale ; la paroisse entretient la nef et le clocher. Parmi les fondations, je remarque une grand'messe des Très-passés fondée. le 2 juin 1605, par Gaspard de Genève, marquis de Lullin.

(1) Par contrat du 4 octobre 1617, la sacrée religion des Saints-Maurice et Lazare avait cédé l'abbaye de Filly au corps de la Sainte-Maison et au chapitre de la cathédrale de Saint-Jean-de-Maurienne. Ce chapitre se départit de tous ses droits sur cette abbaye, en faveur de la Sainte-Maison. Celle-ci lui remit en échange le même jour le revenu du prieuré de Saint-Julien en Maurienne, qui dépendait du prieuré de Saint-Jeoire, uni à la Sainte-Maison par le Pape Clément VIII.

ARTICLE IV

Sommaire : Gillette et François de Compois. — Visite de 1663. — Sécularisation du prieuré de Saint-Georges. — Arbitrages de 1677. — Fondation de la Maison des Arts par Messire de Rossillon. — Inauguration en 1680. — Construction du collège des Barnabites. — Dantand et la chapelle de Vongy. — Décès. — Le collège de Thonon en 1729 et le cardinal Gerdil. — Arts mécaniques. — Plans et obstacles. — Manufactures de draps.

La sentence souveraine, dont nous venons de parler, semblait devoir nécessiter la démission du préfet Gillette. Les adversaires qu'il s'était créés en défendant les droits de l'établissement (1) essayèrent en vain de lui substituer R^d Messire François de Compois. Le vénérable Chapitre de l'Université voulait aussi le développement des plans primitifs de l'Apôtre du Chablais; il soutint son préfet (28 juin 1652) (2). L'autorité ecclésiastique avait donné à R^d de Compois la cure d'Allinges ; R^d Gillette mit fin à la lutte en le nommant son coadjuteur, avec future succession, le 25 avril 1656 (3).

Mgr Jean d'Arenthon d'Alex, dans sa visite pastorale, semble constater l'extinction de ces divisions intestines. Il séjourna dans nos murs, les 25, 26, 27, 28 février 1663,

---

(1) Le Comte de Sonnaz soutenait les Barnabites, et le marquis de Genève-Lullin, les prêtres de la Sainte-Maison (*Délibérations de la Sainte-Maison*).

(2) Il déclara obreptices les lettres du Souverain présentées par R^d Naz, prêtre de Thonon, lettres qu'on avait obtenues pour accomplir cet acte. (*Ibid.*)

(3) Cependant, l'année suivante, R^d Gillette ayant renoncé à son canonicat de Saint-Jeoire en faveur de R^d Jean-Jacques Gillette son neveu, des protestations partirent du collège des Barnabites et du château de Sonnaz (*Ibid.*) (6 janvier 1658).

parcourut nos villages, ordonna la reconstruction de l'église de Tully, inspecta les chapelles de Saint-Bon, du Cimetière, de la Crypte, de N.-D. de Consolation, de Saint-Antoine, de N.-D. de Pitié et de Saint-Grat, de Saint-Jacques-le-Majeur, de Saint-Claude, de Sainte-Magdeleine, de N.-D. de Compassion, de Saint-Pierre, de Thuiset, etc. (1). Il prescrivit la restauration de la chapelle de Saint-Jacques-le-Majeur, qui s'élevait sur l'emplacement de la chapelle actuelle de Saint-François, de façon à ce qu'elle devînt le pendant de celle de N.-D. de Consolation (présentement de la Sainte-Vierge). Suivant ces dispositions, ces deux sanctuaires formèrent la tête des basses nefs actuelles de l'église de Saint-Hippolyte (2). Il ordonna de faire le catéchisme, tous les dimanches à Thonon, et tous les mois à Concise ; de dresser un inventaire des reliques de la paroisse ; défendit, sous les peines les plus graves, de tenir le marché, les dimanches et fêtes, autour de l'église, ou d'y retirer des objets peu convenables (3). Mais, la bonne volonté du Prélat ne pouvait doter l'Université des ressources nécessaires qui lui faisaient défaut. Il est bien probable cependant que sa puissante intervention auprès du Souverain fut la cause de la sécularisation et de l'union du prieuré de Saint-Georges ou Saint-Jeoire à l'établissement qui nous occupe (4). Elle eut lieu par ordre de Charles-Emmanuel, le 2 novembre de la même année (5). Cette antique maison comptait douze chanoines réguliers de Saint-Augustin, et un curé ou vicaire perpétuel ; elle adopta les règles de notre institut et jouit des mêmes privilèges. Quelques difficultés s'étant élevées au

---

(1) Voyez *Eglise de St-Hippolyte et chapelles de Thonon* en 1663 et 1718. *Pièc. justificat.* n° 35.
(2) *Ibid.*
(3) *Ibid.*
(4) Le Prieuré avait fait, le premier, des démarches dans ce but longtemps auparavant (1636). Le Conseil de la Sainte-Maison avait donné son agrément à ce projet par délibérations du 10 septembre 1636, et du 30 juillet 1640, « sous le bon plaisir de Sa Sainteté et de S A. R. » La chose traîna en longueur jusqu'en 1663. (*Délibérat. du chap. de la Sainte-Maison.*)
(5) Un bref pontifical du 3 novembre 1667, confirma cette transformation.

sujet de la situation de cette nouvelle fille, une transaction passée, sous l'arbitrage du même prélat, statua, le 15 mars 1668, que la maison-mère possèderait, à perpétuité, le droit de nomination à toutes les places du prieuré, que les deux préfectures ne pourraient être réunies sur une même tête (1), et que Saint-Georges abandonnerait à Thonon une de ses prébendes et l'un de ses prêtres, en ne conservant que les revenus ordinaires des autres (2). Cet accroissement semblait devoir conduire l'œuvre de saint François à un épanouissement prochain. On s'empressa, avec ces nouveaux revenus, de construire le chœur actuel de l'église de Saint-Hippolyte, qui fut achevé en 1668, le rétable de l'autel, la table de la communion (1676), et le tabernacle (3).

R^d Gillette se retira bientôt au prieuré de Saint-Jeoire, où il mourut et fut enseveli le 7 novembre 1674, à l'âge de 79 ans (4). R^d Joseph de Rossillon de Bernex lui succéda. Il était fils de N^e et P^t Sgr Charles-Aimé de Rossillon, marquis de Bernex, et de N^e Dame de Michel de la Paluz, et frère de Michel-Gabriel de Rossillon, mort en odeur de sainteté sur le siège épiscopal de Genève. Le nouveau préfet avait eu connaissance des vastes projets des fondateurs et de son prédécesseur, R^d Gillette. Les chanoines de la Sainte-Maison, les Barnabites, les Capucins, les Syndics et le Conseil de la ville en demandaient toute la réalisation compatible avec la modicité des revenus. Il fallait donc les connaître, et procéder à une organisation nouvelle. Ainsi, la question des Barnabites et de leurs rentes serait définitivement tranchée.

(1) On admit une exception en faveur de R^d Gillette qui en était le recteur perpétuel.
(2) Les Préfets et membres de la Sainte-Maison avaient en outre la préséance sur leurs nouveaux frères (*Arch. de la Sainte-Maison*).
(3) Thonon avait alors un sculpteur, Pierre Jay, qui répara la chapelle des Allinges (10 nov. 1676.)
(4) L'année 1670 fit de nombreux vides dans la communauté : Le 17 juillet 1670, Rd Mre Jacques Bourgeois succédait à Rd Tavernier, mort ; Rd Joseph Marie de Rossillon, nommé vice-préfet, à feu Rd Pierre Bouverat, Rd Mathieu Mugnier, chanoine de Saint-Jeoire, à Rd Jean Grand.

Le sénateur d'Oncieux fut délégué le 12 juin 1676, pour dresser, sur les lieux, l'état des bénéfices. Les 11 septembre et 9 décembre de la même année, le Sénat ordonnait l'amodiation de tous les revenus, à savoir : des prieurés de Saint-Hippolyte, de Bellentre, de Bonneguête, de Contamines, de Saint-Jeoire, des abbayes de Filly, du Lieu, des biens de la cure de Tully, de l'Hermitage, de Chessy, etc. La sentence s'exécuta aussitôt (1), et l'on procéda au remaniement des plans d'études et des règlements, et à une nouvelle distribution des biens de l'établissement.

Madame Royale Marie-Jeanne-Baptiste, mère et tutrice duc Amé II, établit, dans ce but, une Chambre composée des principaux prélats et ministres de ses Etats (6 septembre 1677). Parmi ces arbitres figurent : R^d Messire François Amé Milliet, archevêque de Tarentaise et Conseiller d'Etat... l'évêque de Genève, Jean d'Arenthon d'Alex ; le premier président au Sénat de Savoie Messire François Bertrand de la Perrouse ; le second président Messire François Gaud ; N^e Charles-François-René de la Chiesa, Messire de Cincent, etc. Chaque congrégation de l'établissement envoya des députés à Chambéry, au palais du Conseiller d'Etat, de la Perrouse (2).

Voici les différents articles de cette importante transaction :

1° Le Conseil ordinaire se réunira les lundis de chaque

---

(1) Le 1er février 1677, on afferma *la mense de Contamines*, au prix de 1000 ducatons, non comprises les prébendes monacales à payer aux Barnabites, les aumônes accoutumées, et autres charges de la fondation du prieuré. Ces prébendes comprenaient 13 chevallées de vin blanc, 13 coupes de froment (mesure de Faucigny), 20 flor., 7 sols, 6 deniers et 100 fagots de bois (*Arch. de la Sainte-Maison*). Les autres bénéfices furent aussi affermés.

(2) Les prêtres de la Sainte-Maison déléguèrent : Rd Mre Joseph-Marie de Rossillon ; les bourgeois de Thonon, Rd Etienne Mugnier et Rd Lacombe (procuration du 14 août 1677); les Capucins, Rd P. Bernard d'Annecy, ex-provincial de Savoie, et le P. de Thiolaz, vicaire au couvent de Chambéry (procure du 27 juillet 1677) ; les RR. PP. Barnabites : Rd François Lacombe, Clément Ribiollet, Jean-Claude Martin ; le conseil de Thonon : N^e François de Joly de Vallon, spect^e Michel Morel, syndic de la ville, et spect^e Pierre Louis Frézier (procuration du 11 août 1677).

semaine, au son de la cloche, dans la grande salle de la Sainte-Maison.

2° Y assisteront : les évêques de Genève ; les gouverneurs du Chablais ; le chevalier grand'-croix de la religion des SS. Maurice et Lazare, nommé à cet effet, par S. A. R. ; le préfet ; en son absence, le plus ancien des prêtres ; le juge-mage du Chablais ; à son défaut, son lieutenant ou le plus ancien gradué ; deux prêtres de la Sainte-Maison, dont l'un sera toujours secrétaire ; le R^d P. gardien des Capucins ; en cas d'absence, le vicaire avec le compagnon qu'il choisira ; le prévôt des PP. Barnabites, ou, s'il est en voyage, son remplaçant et un confrère du même ordre ; le premier syndic de la ville, à son défaut, le second ; à défaut du second, le syndic déposé et l'un des fiscaux de la province de Chablais, et deux directeurs laïques nommés par le Conseil tous les deux ans. Tous ont voix délibératives et droit d'entrée, si ce n'est ces deux derniers qui ne paraîtront qu'à l'appel du Conseil, pour des questions d'économie, de commerce ou de revenus annuels. Les juges-mages fiscaux assisteront en robe de palais ; les R^{ds} prêtres, en manteaux longs ; et les autres, en habits décents.

3° Le R^d préfet et les ecclésiastiques, tant séculiers que réguliers, occuperont le côté droit de la table, et les laïques, le côté gauche, dans l'ordre cité plus haut.

4° Ceux-ci ne pourront rien déterminer sans les ecclésiastiques, ni aliéner aucun bien, ou l'appliquer à d'autres usages que celui de la fondation ou à ceux déterminés par les présents articles.

5° Si le juge-mage recevait du Souverain ou de ses magistrats des propositions pressantes, il en donnera avis au préfet qui « sonnera un conseil extraordinaire ».

6° Toutes les délibérations seront consignées au « Livre des séances », déposé sur la table, et signées par chacun des assistants.

7° Le Conseil ordonnera un classement régulier de tous les titres, papiers, mémoires et documents des archives de la Sainte-Maison, ainsi que l'achèvement de l'inventaire général déjà commencé.

8° On ne pourra sortir un titre des archives, qu'avec le consentement du Conseil, en inscrivant sur un livre à part, le nom de l'emprunteur.

9° La Chambre des archives fermera à trois clefs, dont l'une sera remise aux R^{ds} préfets et prêtres ; la seconde, aux R^{ds} PP. Capucins ; la troisième, aux R^{ds} PP. Barnabites.

10° Les préfet et les prêtres continueront à vivre en commun, et à remplir les fonctions pastorales, suivant la teneur des constitutions de 1603 et des statuts de 1613.

11° Ils pourront recourir à Rome, en vue d'obtenir l'érection de l'église de N.-D. de Compassion en collégiale. Le Conseil les appuyera dans cette démarche, à condition toutefois qu'ils garderont leurs règlements, surtout celui de 1615, dû à la plume de saint François de Sales.

12° Cette érection ne préjudiciera en rien, au droit de juridiction ordinaire de l'évêque de Genève sur l'établissement, ni à la réunion de la Sainte-Maison à l'ordre des SS. Maurice et Lazare.

13° Jusqu'à cet évènement, on observera les constitutions de 1603, avec les modifications de 1615 ou autres jugées convenables par l'évêque de Genève ou le préfet.

14° Celui-ci ne procèdera à aucune formalité ou sentence contre ses prêtres, sans l'assistance de deux d'entre eux (1), plus d'un troisième nommé par le Chapitre.

15° Comme marque de l'union de l'établissement à la S. Religion des SS. Maurice et Lazare, le préfet et ses prêtres porteront « sur leurs manteaux longs une croix des SS. Maurice et Lazare, de taffetas blanc, sur laquelle apparaîtront l'image de N.-D. de Compassion, et une petite croix d'or (du même genre), suspendue à la boutonnière de leurs soutanes. »

16° Ils veilleront à ce que les enfants du séminaire soient élevés à la vertu et à la science ; ils étudieront la musisique (2) et suivront les cours du collège.

---

(1) Dont l'un choisi par le chapitre, l'autre par le préfet.
(2) En 1715, parmi les trois prêtres ajoutés à l'ancienne fondation, se

17° Le Conseil, en les choisissant, préfèrera ceux des pauvres gentilshommes du Chablais et des bourgeois de Thonon. On députera de temps en temps un prêtre pour les surveiller ; ceux qui n'auront pas les dispositions requises seront renvoyés.

18° Les R^{ds} préfet et prêtres jouiront de leurs anciens bénéfices et acquisitions postérieures. Ils percevront les droits accoutumés sur le moulin de Saint-Bon et le bois du Cabaret (1) ; ces revenus sont destinés à leurs traitements et entretien, et à celui des enfants et des domestiques. Ils prélèveront, sur ces revenus, 300 ducatons annuels, destinés à la maison des Arts (2).

19° Les offices divins, les prédications de l'Avent, du Carême et des fêtes solennelles auront lieu à leurs frais, comme dans le passé. L'entretien de la sacristie, et autres charges, seront maintenus sur le même pied.

20° Quand le Conseil de l'établissement enverra les capucins prêcher en quelque lieu, il leur fournira tout le nécessaire, outre l'aumône du luminaire et autres qu'ils ont la coutume de recevoir.

21° Les R^{ds} PP. Barnabites jouiront, au nom de la Sainte-Maison, des revenus de l'abbaye de Filly et du prieuré de Contamines, pour plein et entier paiement des 1000 ducatons à eux promis dans le contrat de réception du 12 avril 1616 ; ils solderont en retour annuellement 300 ducatons à la maison de l'alberge, soit 2100 florins.

22° Cette somme sera versée par quartier de 525 florins.

23° Sauf aux R^{ds} PP. Barnabites d'acquérir un fonds rapportant 400 ducatons annuels, d'où la Sainte-Maison retirera 290 ducatons.

24° Ils enseigneront par trois instituteurs, prêtres ou séculiers, et à leurs frais, la classe de cinquième substi-

---

trouve un musicien que l'établissement entretient (Turin, *Arch. du roy*, p. 12).

(1) Moulin de Saint-Bon ou Maigroz actuel « à la réserve du cours d'eau, masure et plaçage de la papeterie. » (*Arch. de la Sainte-Maison*).

(2) Cette somme devait être payée entre les mains du directeur « de l'auberge, quartier par quartier, à savoir 525 flor. chaque trois mois ». (*Ibid.*)

tuée jadis au cours de langue hébraïque, et les classes de quatrième et de troisième.

25° Ils donneront un de leurs religieux « pour enseigner les humanités, un autre pour la rhétorique, deux pour la philosophie, deux pour la théologie positive, scholastique, morale et les cas de conscience », et entretiendront le nombre de religieux prescrit au contrat de 1616.

26° Ils bâtiront un collège en vue d'établir séparément les dites classes, et ce collège, dit de la Sainte-Maison, dépendra du Conseil de cet établissement. En attendant, on continuera les basses classes dans la maison de ville de Thonon.

27° Si de nouvelles difficultés s'élèvent, on les tranchera au moyen du contrat de réception de 1616.

28° Les R^{ds} préfet, prêtres et PP. Barnabites, donneront, tous les neuf ans, un état exact de leurs bénéfices et bâtiments.

29° Et recevront aussitôt « les terriers et cottets » de tailles qui les concernent respectivement.

30° Tout procès, toute discussion cesse dès l'heure présente ; toutefois les RR. préfet et prêtres rendront leurs comptes comme héritiers de R^d Messire Louis Gillette.

31° Les R^{ds} PP. Barnabites se départiront de leurs prétentions sur la maison Bellegarde à eux adjugée par l'arrêt de 1653, et aliénée par les R^{ds} prêtres. En retour, ces derniers tiennent « quittes les PP. Barnabites de l'amortissement qu'ils avaient demandé au sujet de l'acquisition, (faite par les D^{ts} PP. Barnabites), des biens du Sr Rogliaz, dont ils promettent de passer reconnaissance. »

32° Les R^{ds} préfet et prêtres feront l'office pour ceux qui éliront sépulture dans l'église des SS. Maurice et Lazare, en percevant les droits présentement admis.

33° Un local étant nécessaire pour installer provisoirement la maison *des arts ou de l'alberg*, on occupera de suite la maison de ville, contiguë à l'hôpital, moyennant un juste loyer en faveur des pauvres.

34° Sont assignés à cette nouvelle institution : les anciens revenus de l'hôpital ; les aumônes de Filly, que le

Duc avait concédées par lettres patentes du 31 juillet 1601, (avec engagement de former les enfants de quelques communes intéressées aux arts mécaniques) (1) ; les rentes des 24 pauvres de Ripailles ; celles des pauvres écoliers de François Echerny, et la fondation du seigneur d'Avully.

Les arbitres et les parties apposèrent conjointement leurs signatures au présent acte, passé à Chambéry, le 6 septembre 1677. Madame Royale Marie-Jeanne-Baptiste approuva cette transaction, le 9 du même mois, par lettres patentes que le S. Sénat de Savoie entérina le même jour.

Une ère nouvelle s'ouvrait pour l'institut ; les obligations et les règles étaient nettement tracées, les divisions disparaissaient ; cet arrangement était l'œuvre du nouveau préfet, R^d de Rossillon.

Son amour des malheureux fit de lui le fondateur de l'*Alberg* ou maison des Arts, dont saint François avait en vain demandé et tenté l'érection (2). R^d Gillette lui avait laissé une fondation pour un aumônier destiné à instruire et soutenir ces indigents, ces ouvriers sans pain. Mais les revenus étaient insuffisants. Le préfet fit un appel à la noblesse, à la bourgeoisie, au peuple, et sa voix trouva un écho dans les cœurs. — Entre autres bienfaiteurs, citons un gentilhomme du Faucigny, Messire de Cornand, commandant ou préside au fort des Allinges, qui légua, à sa mort, tous ses biens à cette grande œuvre. Ils rendaient en 1715, 2000 florins annuels (3).

L'heure de la Providence arrivait, l'inauguration eut

---

(1) Ces anciennes aumônes soit portions de dîmes des paroisses d'Yvoire, Nernier, Filly, Messery et Massongy, appartenaient primitivement à l'abbaye de Filly, qui inaugura de bonne heure les œuvres de charité sur les bords du Léman. En 1715, elles ne rapportaient que 12 muids de froment (Turin, *Arch. roy.*, paq. 12).

(2) Rd de Rossillon se distingua surtout par sa charité envers les pauvres et son zèle pour la décoration des églises. Il bâtit une chapelle à Thônex, une autre à Chêne, releva celle d'Annemasse, de Challonges-en-Semine et de Château-Blanc, à trois kilomètres de Genève. La plupart furent placées sous le patronage de N.-D. de Compassion, en souvenir de notre église paroissiale.

(3) Turin, *Arch. roy.*, paq. 12. *Chablais*.

lieu en 1680. « Le Refuge des Convertis s'ouvrit ; l'Hôtel-
« de-Ville fut paré magnifiquement, l'on dressa un repo-
« soir fort superbe dans la salle du Grand-Conseil où le
« Saint-Sacrement fut porté processionnellement. Dans
« la convocation d'une procession générale faite le jour de
« Saint-Michel 1680, Mgr Jean d'Arenthon d'Alex invita
« les curés du Chablais d'y assister, qui furent au nombre
« de quarante, tous revêtus de chapes et dalmatiques,
« tenant des cierges ardents à la main ; ils assistèrent à
« la messe pontificale. A une heure après-midi, dans la
« même église de N.-D. de Compassion, ils vinrent assister
« aux vespres, à l'issue desquelles l'on commença la pro-
« cession générale qui fut accompagnée d'une grande
« affluence de monde venue de toute part. Le préfet porta
« le Saint-Sacrement à l'Hôtel-de-Ville, dans le reposoir ;
« il harangua et fit l'éloge de Madame Royale Jeanne-Baptiste
« de Savoie, mère, tutrice et régente de Victor-Amé II.
« Son sujet fut la charité qu'elle avait eue pour les pau-
« vres ; il s'étendit amplement, selon le trait de son élo-
« quence ordinaire. Après quoy on mit en possession les
« pauvres, de leur maison au devant de la quelle le Sgr
« grand conseiller, sénateur d'Oncieux, avait fait dresser
« une fontaine de vin, où chacun en puisait abondamment.
« Il donna mesme un souper qui répondait à la magnifi-
« cence d'un sénateur de Madame Royale (1). »

La maison dont il s'agit était un vaste bâtiment qu'on venait d'élever près de la *Bastie*, palais du marquis de Lullin (2).

Dès 1667, les Barnabites avaient construit, à leur tour, le collége de la Sainte-Maison, soit ancien collége actuel ; Thonon se transformait sous l'énergique impulsion du conseil de l'université (3). La maison des arts fut l'objet de sa

---

(1) *Délibérat. de la Sainte-Maison.*

(2) La Maison des Arts et refuge « eut *bientôt* un vaste bâtiment, et joint à iceluy un grand emplacement du palais de l'anciennne maison de Lullin » Plan de la Sainte-Maison... par le baron Vignet des Etoles. (*Arch. de la Sainte-Maison.*)

(3) Malgré toutes ses recherches, ce dernier n'avait découvert aucun

sollicitude. On y établit, en 1700, une manufacture de draps, mais elle n'eut pas beaucoup de succès. Quinze ans plus tard, l'institution a progressé : « Là, les pauvres filent, car-
« dent et peignent la laine ; quatre des plus grands tra-
« vaillent sur des métiers à bas et les font très bien ; un
« des maîtres faict le droguet et le drap, un autre la toile,
« et un autre doit y faire des *venises* pour nappes et ser-
« viettes » (1). On a résolu d'y introduire encore d'autres métiers utiles à la province, tels que ceux de tailleur, cordonnier, tanneur, chapelier, chamoiseur. Le conseil a statué que l'on ne recevra à l'avenir que des « gens propres au travail » dont l'apprentissage ne dépassera pas quatre ans. Le fermier général appellera quatre nouveaux maîtres. On établira, si c'est possible, deux directeurs responsables.

Pendant ce temps, les prêtres effectifs ou agrégés de la Sainte-Maison continuaient à édifier Thonon et le Chablais par leurs vertus qui rappelaient celles de leur fondateur, saint François de Sales. Le 22 mai 1704, était mort R^d Charles Dentand, prêtre agrégé, homme selon le cœur de Dieu, qui s'était dévoué au salut des âmes. Il rebâtit la chapelle de Vongy qui s'était écroulée le 29 mai 1629, en écrasant une personne sous ses décombres (2), et il employa sa fortune et ses peines à instruire et à soulager les pauvres et les infirmes (3). L'année 1713 fut encore plus fatale à la

---

titre touchant les revenus de 24 pauvres de Ripaille et ceux des 12 pauvres écoliers ; il ne pouvait en jouir.

(1) Venises, synonyme de *damassé* (Turin, *Arch. roy.*, paq. 12). Fondation et état de la Sainte-Maison. (Voy. aussi *Mém. et Doc. de la Soc. d'Hist. et d'Arch. de Chambéry*, t. VI.)

(2) Arch. Thuiset.

(3) R^{dus} Dom. Carolus d'Entend sacerdos aggregatus Stæ Dom. Thononiensis, verus Dei cultor, ab omni opere malo semper se abstinuit. Sacerdos factus, saluti animarum totum se devovit, capellam in vicino pago ædificavit, cui pro rusticis cathechisandis redditum assignavit, et in ea sicut in cæteris Thononii finibus panem verbi divini quotidie frangens invictà prætientià omnes enutrivit, pondus diei et æstus animo læto portans pro pauperibus infirmis in sudore languentibus indumento proprio frequenter se spoliavit : Tandem magna operans, et magnam se esse nesciens repositam sibi justitiæ coronam adepturus obiit quinqua-

congrégation ; elle nous enleva le 27 mars, le préfet, Joseph-M. de Rossillon ; au mois d'avril, R⁴ Ruffy, et, au mois de mai, R⁴ Fulgod. Le premier, tout dévoué au culte de Marie, se fit remarquer, en outre, comme nous l'avons dit, par son amour des indigents et par son zèle à élever des temples au Seigneur (1), ainsi qu'on peut le voir dans les lignes ci-dessous consacrées à sa mémoire (2). Le second et le troisième avaient grandement édifié leurs compagnons par leur patience et leur résignation dans les souffrances (3). R⁴ Frezier, maître de musique, allait, à son tour, chanter les éternelles louanges du Créateur en

gesimo, lugente ipsius mortem universâ civitate Thononiensi, die 22 maii 1704. (Communiqué par M. l'abbé Brand.)

(1) Ce fut lui encore qui construisit en 1681 la voûte de notre église de Saint-Hippolyte si remarquable par ses treillages de guirlandes, ses fleurs, ses fruits et ses cupidonneaux sculptés, ainsi que la façade avec ses deux fresques du goût de l'époque. *(Délibérat. de la S. Maison*, fol. 35.)

(2) Per illustris ac Rev. admodum D. Joseph-Maria de Rossillon, sanctæ Domûs Thononiensis præfectus, marchio de Bernex, virtute non minùs quàm stirpe clarus, morùm candore, ingenii perspicacitate, et exempli probitate conspicuus. Hic cùm a teneris annis Dominum in partem hæreditatis assumpsisset, pretioso castimoniæ dono et insigni in Deiparam pietate præfulsit. Spiritualibus autem ac vivis Christi templis, officiis charitatis præstitis, cœpit oculo benefico materialia conspicere, in quibus extruendis aut ornandis numquam lætior quàm cùm amplos patrimonii et beneficii sui redditus hausisset ; aliaque namque funditùs extruere, alia labentia consolidare, consolidata præclaris ac superbis decorationibus illustrare studium fuit, decorem domus Dei adeo diligens ut propriis mallet deesse necessariis, quàm piis non obtemperare desideriis; hypodagris postremò doloribus laborans, in tribulationibus gloriabatur. Tandem inter charos Episcopi amplexus obiens, justæ ac tenerrimæ dilectionis fraternæ exhibuit indicia et Ecclesiis ac pauperibus moriens æque ac vivens se liberalem beneficum præstitit. Thononienses illum ægre dolentes amiserunt die 26 martii 1713 ætatis suæ anno 68. (Il fut sépulturé à la crypte de l'Egl. parois. (*Note de M. A. de Foras.*)

(3) R. D. Ruffy, præsbiter Stæ Domus Thonon. cum gravissimis et longævis doloribus hypodagris afflictaretur, non contristari sed consolari sæpe visus est ; vere existimans tribulationes et angustias ad ingressum cœlorum esse necessarias, Deumque magis homini favere cùm illum flagellis cædit, quàm cùm illum consolationibus replet. Obiit mense aprili 1713.

R. D. Fuljod Sanctæ Dom. Thon. Presbiter, mansuetudinem urbanitati adjungens in ipso ætatis flore, post piam et laudabilem vitam febrim hecticam æquo animo ferens, summo omnium mœrore lætus ipse obdormivit in Domino 5a maii 1713.

1716 (1). R^d Hudry, confesseur distingué, recevait la récompense de ses travaux quatre ans plus tard (1720) (2) ; et R^d Marcet, après avoir dépensé sa fortune en libéralités envers les malheureux, entrait en possession de la récompense promise au juste (10 décembre 1723) (3).

Le nouveau préfet, R^d Messire de Fésigny, digne successeur de R^d Rossillon, augmenta le nombre des enfants du Séminaire qui arriva, en 1715, au chiffre de neuf. Les Barnabites enseignaient toutes les matières et acquittaient toutes les charges portées par la transaction de 1677 ; ils chantaient tous les jours l'office dans leur église des SS. Maurice et Lazare. En 1718, ils étaient au nombre de trente religieux. La congrégation des prêtres de la Sainte-Maison avait alors droit de nomination aux cures de Vailly (dépendant autrefois de Saint-Hippolyte), de Saint-Cassien, de Balby, de Curienne, dans l'arrondissement de Chambéry ; elle nommait en outre les préfets et chanoines de Saint-Jeoire, son économe et deux prêtres de la fondation Gillette, dont l'un devenait aumônier de la maison des Arts (4). En 1722, le sieur Bouquet, de Turin, proposait au conseil l'établissement d'une nouvelle manufacture de draps dans cette dernière maison. Celui-ci, dans sa réponse du 29 novembre de la même année, lui en fait pressentir les désavantages et les inconvénients : les laines d'Allemagne étant trop grossières, celles de France et d'Espagne trop dispendieuses, etc., etc.

(1) R. D. Frezier Presbit. piè affectus laudes divinas quas modis musicis ore cecinit, corde retinuit, cathedrali et Thononiensi Ecclesiæ utiliter inservivit qui dum saluti animarum invigilare, et vicarii partes obire paraverat, post exercitia seminarii quibus devotè interfuerat ante synodum, ad patriam reversus, in ardentem febrim incidit qua confectus obiit in ipso ætatis flore 1716.

(2) R. D. Hudry præsbiter Sanctæ Dom. Thonon. primó pusillos edocere, non dedignatus est deindè in confessionibus Monialium audiendis a superiore accersitus accuratè suo munere perfunctus est 1720.

(3) D. Marcet, ex præsbyteris Stæ Dom. Thonon. sacerdos suæ conditionis non immemor, nec turpis lucri cupidus, quod de Christi patrimonio suppererat, dispersit et dedit pauperibus in quos beneficus obiit 19 decembris, sacramentis refectus, 1723.

(4) 1718. *Etat des bénéfices de la province de Chablais*. Turin. Bibliothèq. du Roi. *M. et Doc. de la Soc. d'Hist. de Chambéry*, t. VI.

— 393 —

Sur ces entrefaites, le préfet R⁴ de Fésigny, mourait, laissant à R⁴ Messire de Pignier, chanoine de la Sainte-Chapelle de Chambéry, le soin de remplir ses desseins (1724). Par lettre du 23 mai 1729, le marquis de Coudrée manifestait au conseil l'intention du Roi d'y voir intaller une tannerie, ainsi qu'une fabrique de bas et de coton. Messire Le Plat, conseiller de S. M., réclamait encore, le 15 février 1730, des renseignements pour de nouvelles manufactures utiles au Chablais. Mais les fonds ne pouvaient suffire ; car les 300 ducatons annuels que payaient les prêtres de la Sainte-Maison furent réduits, par ordre du Roi, au commencement de 1733 à 500 florins (1). Les invasions espagnoles anéantirent d'ailleurs ces espérances. La section des sciences se débattait dans d'inextricables difficultés. Les RR. PP. Barnabites avaient reçu en 1729 l'édit du roi Victor-Amé II qui plaçait tous les collèges de ses Etats sous la dépendance de l'université de Turin, en lui attribuant le droit de nomination des professeurs brevetés par l'université. En retour, ils étaient payés par le trésor public. Les Barnabites se trouvaient ainsi déchargés de l'enseignement des sciences, objet de leur incorporation à la Sainte-Maison. Ils possédaient des revenus dans ce but, nous l'avons vu. Cette mesure amena des réclamations et de nouveaux procès. Thonon, qui s'était d'abord réjoui (2), fit bientôt entendre des plaintes par l'organe de son premier syndic, Daviet de Foncenex, et par Michaud, conseiller, député ; il voulait conserver son collège, son plan d'études, et ne pouvait souffrir que ses enfants allassent demander à d'autres cités les connaissances et les lumières qu'il possédait chez lui (3). Le roi Charles-Emmanuel III, las de ces luttes, chargea le conseil de la Sainte-Maison, par billet du 12

---

(1) L'Avocat général avait fait au Sénat de Savoie une remontrance à ce sujet le 2 décembre 1732. Elle est ténorisée dans les registres consulaires de la Maison des Arts, le 10 du même mois.

(2) L'édit du roi étant arrivé au mois d'octobre, et le roi ayant confié aux syndics la direction des écoles de notre ville, « On fit la cérémonie de la prestation du serment des professeurs, à la Sainte-Maison, le 12 novembre, au son de toutes les cloches (Mss. de R⁴ Pignier).

(3) Turin, *Arch. royal.* Thonon.

août 1751, de donner un état exact des biens, revenus et charges des RR. PP. Barnabites et autres membres de l'université. On le fit aussitôt. Il commit le P. Gerdil, alors provincial des Barnabites, pour le Piémont et la Savoie, ancien élève de notre collège (1), avec le comte Bertodan, patrimonial de la Sacrée Religion des SS. Maurice et Lazare, pour trancher le différend. Le futur cardinal n'eut pas à se flatter, des bons procédés de notre administration municipale, dans les correspondances relatives à cette affaire (2). Enfin, un arrangement fut conclu le 13 août 1766, approuvé par le roi, le 15 octobre suivant, et entériné au Sénat de Savoie le 2 novembre de la même année. Il portait, parmi ses articles, les suivants :

1° Les R^{ds} PP. Barnabites entretiendront quatorze religieux profès de leur ordre, selon le contrat de réception du 12 avril 1616, dont ils observeront les conditions ainsi que les articles approuvés par Madame Royale en 1677, sauf ceux de l'enseignement.

2° De ces religieux, l'un sera professeur d'Ecriture-Sainte, l'autre, de géométrie et d'arithmétique, le troisième, de philosophie et de rhétorique, un quatrième sera directeur spirituel des écoliers.

3° Outre les 300 ducatons annuels, dont ils sont grevés par l'art. 21 de la transaction de 1677, ils paieront encore, à perpétuité 1,000 florins annuels à la Maison des arts, vu qu'on les décharge de six professeurs, dont trois régents de grammaire, et, d'autres religieux prescrits aux articles 24 et 25 de la transaction.

4° Ils céderont le bâtiment construit pour les classes en exécution de l'art. 26, en demeurant néanmoins chargés de la manutention.

---

(1) Il y étudia la grammaire et les langues, les années 1728, 1730. Il était né à Samoëns. Disons que c'est Gerdil, élève du collège de Thonon, que le savant pape Benoît XIV choisit pour collaborateur dans la composition de son immortel ouvrage *de la Canonisation des Saints*. C'est encore l'élève du collège de Thonon que le premier scrutin du Sacré-Collège, tenu à Venise en 1800, appelait sur le trône de Saint-Pierre.

(2) *Reg. de la municipalité.*

— 395 —

5° Les autres articles, auxquels on ne déroge pas, sont confirmés ; moyennant ces conditions, les RR. PP. jouiront de leurs biens, anciens et nouveaux.

Cet arrangement, porté par billet royal du 9 mars 1768, au conseil de la Sainte-Maison et notifié par le commandeur, baron de la Bâtie, fut ténorisé le 30 avril suivant dans les registres consulaires.

La Maison des arts reçut par là une nouvelle impulsion. Son conseil avait passé, le 22 mai 1763, des conventions avec Jean Georges Bothalter, natif de Joguelang (canton de Saint-Gall), et habitant à Lausanne, en vue d'établir une manufacture de toile, mouchoirs, cotons, etc.

Une chose manquait : c'était un plan qui fût adapté aux besoins des temps et des circonstances, tout en demeurant conforme aux constitutions primordiales de 1603. Le 9 mars 1768, le Roi chargea le conseil et le baron de la Bâtie de préparer cette amélioration. Un état fut dressé le 18 mai suivant. Les revenus nets de l'établissement étaient de 5,277 florins, qu'on employait à l'entretien de 36 pauvres (1). Bientôt, l'expérience prouva que ces indigents, plus ou moins paresseux, ne donnaient point des membres utiles à l'agriculture et aux arts ; le fermier seul y trouvait son profit. On proposa donc de supprimer cette ferme, de payer aux pauvres l'apprentissage des métiers utiles au public, d'exercer la même charité envers les prosélytes en leur donnant des maîtres capables et vigilants (2). Enfin, on offrit de soulager les pauvres familles, de faire des avances aux artisans désireux de doter le pays de manufactures, et d'établir un pensionnat de 12 jeunes gens pour les élever dans les sciences. Par ordre du souverain, une commission, assistée de

(1) Le fermier les faisait travailler à son profit à raison de 6 sols par jour, soit pour 3942 florins, le reste des 5277 flor. était appliqué aux prosélytes des pays étrangers *(Mss. de la Sainte-Maison)*.

(2) Messire Vignet, baron des Etoles, qui écrivait en 1781, nous assure « que ces revenus furent souvent employés à élever des pauvres dans la fainéantise, et à donner des secours aux personnes de l'un et de l'autre sexes perdues de mœurs et de fortune, qui, étant chassées des pays protestants voisins, venaient, sous le masque de vouloir abjurer ou abjurant en effet, vivre aux dépens de la piété trompée. » *(Arch. de la Sainte-Maison.)*

l'évêque de Genève, examina ce nouveau plan le 6 juillet suivant, le rectifia et détermina les moyens d'exécution. Elle prit la résolution suivante : On acceptera les prosélytes qui voudront se convertir ; ils recevront des secours proportionnés à leurs besoins. En attendant un plan plus étendu, on apprendra des métiers aux pauvres, surtout aux habitants de Sciez, Filly, Chavanex, Yvoire, Excenevex, Messery, Nernier et Massongy, dont les aumônes ont été réunies à la Maison des arts par la transaction de 1677. Malgré cette décision, l'œuvre ne progressa pas (1). On appela des ouvriers pour établir des manufactures ; de nombreux obstacles se présentèrent, et les ordres du Roi, arrivés au conseil le 15 mai 1776, arrêtèrent ce projet. La même année, Charles Berra, de la vallée de Mos, province de Biella, créa une nouvelle manufacture de draps. L'établissement lui prêta 30,000 florins dont 18,000 tirés des revenus de Meillerie et de Montjoux (2). Une tentative du même genre fut renouvelée sans beaucoup de succès en 1787 (3). La Révolution allait tout renverser.

---

(1) Par lettres patentes du 18 mars 1775, l'Intendant du Chablais fut délégué pour prendre connaissance des causes qu'avait à soutenir la Maison des Arts contre ses débiteurs, et Mᵉ François Dubouloz en fut nommé Receveur, par billet royal du 1ᵉʳ mai, et ordonnance du conseil de l'Ordre de Saints Maurice et Lazare du 15 du même mois (1775). *(Mss. Pescatore).*

(2) Voy. *Pièc. justificat.*, n° 36. Le droit d'entrée de certaines étoffes de laine fut augmenté (29 décembre 1778) et, pour accélérer les causes litigieuses de cette maison, le roi en commit la connaissance à l'Intendant du Chablais, par lettres patentes du 7 juin et 19 juillet 1776.

(3) Guillaume Picco en devint l'auteur, avec les avantages accordés au sieur Berra. Le baron de la Bâtie en était nommé directement surintendant sous la dépendance du conseil de l'Ordre des Saints Maurice et Lazare. Des lettres patentes du même jour conféraient encore à l'intendant de Thonon la connaissance de tous les procès qui pouvaient surgir à ce sujet.

ARTICLE V

SOMMAIRE : De Pignier et Laurent. — Réunion de l'abbaye d'Abondance à la Sainte-Maison. — Nouvelles ressources. — Règlement de Mgr Biord, 1774. — Dichat : Projets ; difficultés. — Coup d'œil rétropectif.

Si la Maison des Arts, cette partie intégrante de l'Université chablaisienne, rêvée par saint François de Sales, arrivait à son plein développement, elle le devait, en grande partie, aux ressources matérielles que lui apportèrent, en 1762, les revenus de l'abbaye d'Abondance et ceux du prieuré de Saint-Jeoire ou Saint-Georges, près de Chambéry. Nous avons déjà vu ce dernier accepter la règle de nos prêtres, et sa sécularisation s'opérer en 1668.

R^d Pignier était mort en odeur de sainteté (1751, 14 mai), léguant, à l'église de Saint-Hippolyte, et aux pauvres 4,000 livres distribués dans des temps de calamités (1). Trois prêtres l'avaient précédé dans le tombeau : R^{ds} Baud (1730), Jean Gaillard (1732) et R^d Michel Sant (2). Les mal-

(1) Voir *Invasions Espagnoles* (1742-1748). Il fut sépulturé à Saint-Bon, soit au cimetière actuel, le 15 mai, lendemain de sa mort. *(Reg. parois.)*
(2) R. D. Baud, præsb. Stæ domûs Thonon, varia dedit virtutum exempla sui partes officii explendo, in choro assiduitatem, in audiendis confessionibus zelum, in fratribus ædificandis curam, in sustinendis morbis patientiam, in mortis lege subeundâ animi demissionem et in sacramentis suscipiendis devotionem demonstravit. 1730.

R. D. Joannes Gaillard, unus e præsbyt. Stæ Domûs Thononii, primis sacerdotii annis militum catervæ ad audiendas confessiones præpositus, e bellico tumultu ad Stæ domûs quietem superiorum beneficio translatus, domesticæ pietatis exempla non neglexit, et ut suis in temporalibus prodesset, a quibus spiritualia sumebat obsequia, dùm in primariam Sabaudiæ urbem Domûs suæ jura experturus abit, mortem ibi invenit pie sacramentis refectus die 1732.

R. D. Michael Santus, præsbyt. Stæ Domûs Thonon. nedum in bonorum operum meritum, favorem aut humanam gratiam requireret, in

heurs publics et leurs suites réduisirent l'établissement à un état déplorable : on fut obligé de suspendre le traitement des prêtres, faute de ressources, la discipline en souffrit. La Providence nous ménageait un homme à la hauteur des circonstances : R^d Messire François Laurent, fils de feu Marie-Joseph Laurent, natif de Chambéry.

La situation était difficile ; il l'exposa au Roi qui demanda les comptes et un état des biens. Les revenus des R^{ds} Préfets et prêtres furent reconnus insuffisants. En conséquence, Charles-Emmanuel sollicita du Souverain-Pontife la bulle du 3e des ides de mai 1762. Analysons cet important document :

Ordre est donné aux religieux Feuillants qui vivaient, depuis 1607, dans l'antique abbaye d'Abondance, de se retirer au prieuré de Lémenc, près Chambéry (1). La mense abbatiale de ce monastère est unie à la Sainte-Maison de Thonon, avec tous ses droits, dépendances et revenus (2), que l'on appliquera, selon les sages dispositions du Conseil de l'Ordre des SS. Maurice et Lazare, à la plus grande utilité et au plus grand développement de ce second établissement (3). Celui-ci, en retour, soutiendra et entretiendra les moines transférés au prieuré de Lémenc. Le Préfet de la Sainte-Maison prendra le titre d'abbé commendataire d'Abondance, et il jouira de toutes les prérogatives, honneurs, prééminences, droits, tant spirituels que temporels, dont jouissait ce dernier (4).

Par la même bulle, le prieuré de Saint-Jeoire, avec ses

---

abscondito eleemosinas dispensabat, et quod foris de virtutibus ecclesiasticis demonstravit, soli Deo placere cupiens, intentionem in mente reservabat. Æger factus divinæ protinùs se conformavit voluntati et mortem vicinam inspiciens, sacramentis cum adstantium fratrum suorum ædificatione susceptis, hanc libenter et cum sereno vultu suscepit dominicâ palmarum 1739 vel 1737.

(1) Bullaire de l'Ordre des Saints Maurice et Lazare *(Arch. de la Sainte-Maison*, p. 33). Voyez notes sur l'abbaye d'Abondance aux *pièces justificatives*, n° 10.

(2) Sont exceptés de cette union les bénéfices dépendants de ce monastère. (*Ibid.*, p. 45.)

(3) *Ibid.*, p. 41.

(4) *Ibid.*, p. 43.

— 399 —

propriétés, droits, fruits, bénéfices, etc., se trouve réuni à la Sainte-Maison. Celle-ci enverra trois prêtres et deux vicaires originaires de la partie de Savoie dépendant du diocèse de Grenoble, pour remplir les fonctions paroissiales aux églises de Saint-Jeoire, Trivier et Chignin, soumises au dit prieuré (1). Leur nomination appartiendra à notre institut chablaisien; leur approbation et institution, à l'évêque de Grenoble. Ils célèbreront les messes et anniversaires promis et accoutumés, moyennant une pension à vie proportionnée à leurs besoins (2); en cas de départ ou de translation, on les remplacera par quatre prêtres, et l'on fournira aux églises désignées tous les vases, ornements et autres objets nécessaires à la décence du culte (3). Enfin, les pensions des prêtres venant à cesser, la Sainte-Maison ajoutera quatre prêtres à ses religieux.

Grâce à ces nouveaux revenus et à un prêtre habile, son procureur, en qui il avait toute confiance (4), le Préfet, R^d Laurent, de Sainte-Agnès, combla rapidement les déficits. Cependant, par la mauvaise volonté de l'abbé Palassi de Silvâ, économe de tous les bénéfices consistoriaux, il fallut encore attendre huit longs mois avant d'obtenir la main-levée du monastère d'Abondance. Les dettes étaient payées; les comptes mis à jour couvrirent même les dépenses extraordinaires de la bulle pontificale; la situation matérielle se trouvait donc rétablie. Mais le saint abbé de Pignier avait laissé se relâcher les liens de la discipline; R^d Laurent mit aussitôt la main à l'œuvre en projetant un nouveau règlement. Le Roi et l'évêque de Genève, Mgr Biord, le secondèrent dans sa sainte entreprise (5). Ce der-

(1) *Ibid.*, p. 41.
(2) *Ibid.*, p. 42.
(3) *Ibid.*, p. 43.
(4) Rd Chastel. Ce fut lui qui alla à Turin, Grenoble et Genève, en vue de se concerter avec les évêques respectifs sur les moyens à prendre pour faire desservir les paroisses dépendantes d'Abondance, et de Saint-Jeoire. Destiné à la charge d'abbé d'Abondance avant son union, il refusa pour un plus grand bien, et accepta, en 1766, le doyenné de la Sainte-Chapelle de Chambéry, avec la croix des Saints-Maurice et Lazare et 400 l. de pension. Il mourut miné par les chagrins. *(Mss. de Vignet.)*
(5) Mgr Biord (Jean-Pierre), né à Châtillon-sur-Cluses, avait suivi tous

nier en avait d'ailleurs déjà inspiré l'idée, à la suite des conférences qu'il avait eues, au mois de juillet 1768, avec les membres de la Sainte-Maison. Il dressa lui-même les articles suivants, qui furent reçus, le 12 février 1774 :

1° On accorde deux voix au Préfet dans les assemblées.

2° La Congrégation enverra deux de ses prêtres pour desservir la paroisse, l'un en qualité de curé, l'autre, de vice-curé.

3° On en choisira un troisième destiné à la charge de sacristain.

4° Un quatrième, comme directeur des séminaristes.

5° Un cinquième, comme procureur.

6° Deux, pour directeur la Maison des Arts, où ils seront logés, et un autre présidera à l'Hôtel-Dieu.

Suivent les obligations de s'édifier mutuellement, d'informer le Préfet des progrès de l'œuvre dont on est chargé, et autres qu'on peut voir aux *Pièces justificatives* (1).

Le Conseil de l'établissement, en vertu de la transaction de 1677, avait le droit de choisir les enfants du séminaire. Nous l'avons vu, les gentilshommes de la province et les bourgeois de Thonon devaient être préférés, lorsqu'ils étaient nécessiteux. Le nouveau règlement confiait cette nomination au préfet assisté du commandeur. D'un commun consentement, ils pouvaient même renvoyer les élèves dénués de dispositions convenables et incorrigibles. Au mois d'avril suivant, 1774, le Conseil se pourvut auprès du Roi, afin d'être maintenu dans son droit de nommer et de renvoyer les séminaristes. Toute représentation fut inutile. L'abbé Laurent se retira ; ce fut un malheur, car il s'était concilié l'affection universelle.

R^d Messire Dichat, fils du sénateur de ce nom, lui succéda. Il était alors chanoine de la cathédrale et curé de Saint-Julien (2). De mœurs sans tache, d'une piété exemplaire, il eut un mauvais conseiller : le commandeur de

les cours du collège de Thonon, y compris ceux de théologie dogmatique, où il révéla cette supériorité de doctrine si connue.

(1) N° 21.
(2) Ce bénéfice valait 2000 liv. en 1781. *(Mss. Vignet.)*

…rait du plan de l'interieur
…glise paroissiale de
…ville de Thonon

L'Eglise a 2232 pied ½ sur quoy otés pour les bancs de Messieurs les sindics et de la justice et l'escalier des Catacombes — 10 p. reste 2162 p. ½

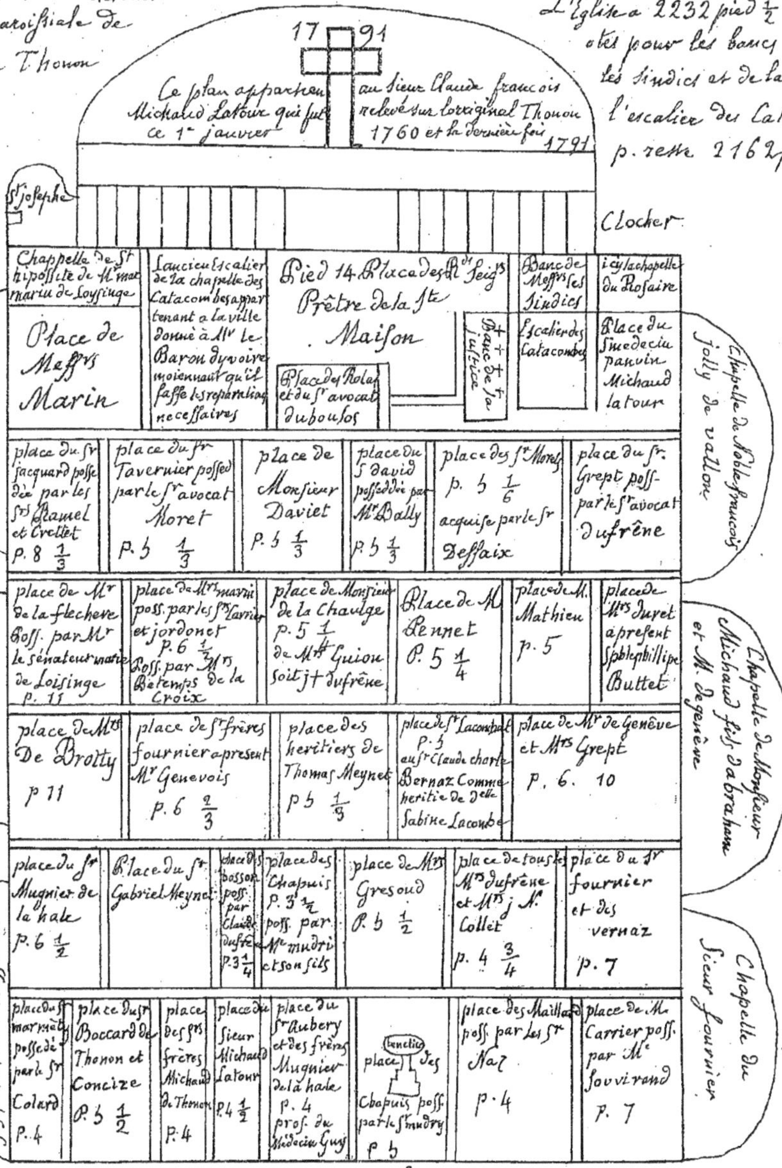

1791
Ce plan appartien au sieur Claude françois Michaud Latour qui fut relevé sur l'original Thonon ce 1er janvier 1760 et la derniere fois 1791
St Joseph
Clocher
Chappelle de St hipolite de Mr marin de Loysinge
l'ancien Escalier de la chapelle des Catacombes appartenant a la ville donné à Mr le Baron d'yvoire moiennant qu'il fasse les reparations necessaires
Pied 14 Place des Rds Seigrs Prêtre de la Ste Maison
Banc de la justice
Place des Rolas et du sr avocat duboulos
Banc de Messrs les Sindics
Escalier des Catacombes
icy la chapelle du Rosaire
Place de Messrs Marin
Place du Sr medecin panvin Michaud latour
Chapelle de Mr de marquis de St Michel
Chapelle de Noble françois Jolly de vallon
place du sr jacquard possedée par les srs Hamel et Crettet p. 8 1/3
place du sr Tavernier possed par le sr avocat Moret P. 5 1/3
place de Monsieur Daviet P. 5 1/3
place du s david possédée par Mr Bally p. 5 1/3
place des srs Morel p. 5 1/6 acquise par le sr Dessaix
place du sr Grept poss par le sr avocat dufrêne
place de Mr de la flechere Poss. par Mr le sénateur marin de Loisinge p. 11
place de Mrs marin poss. par les srs Carrier et jordonet p. 6 1/2 Poss. par Mrs Betemps de la Croix
place de Monsieur de la Chaulge p. 5 1/4 de Mrs Guion soit jt dufrêne
Place de M Pennet P. 5 1/4
place de M. Mathieu p. 5
place de Mrs duret a present sphle phillipe Buttet
Chapelle de Mr de broty et de Mr Marin
Chapelle de Monsieur Michaud fils d'abraham et M. Degenève
place de Mrs De Brotty p 11
place des srs frères fournier a present Mr Genevois p. 6 2/3
place des heritiers de Thomas Meynet p 5 1/3
place des sr Lacombe p. 3 au sr Claude charle Bernaz comme heritier de delle Sabine Lacombe
place de Mr de Genêve et Mrs Grept p. 6. 10
place du sr Mugnier de la hale p. 6 1/2
Place du sr Gabriel Meynet
place du sr bosson poss. par Claude dufrêne p. 3 1/4
place des Chapuis p. 3 1/2 poss. par Mr mudri et son fils
place de Mrs Gresoud P. 5 1/2
place de tous les Mrs dufrêne et Mrs j. N. Collet p. 4 3/4
place du sr fournier et des vernaz p. 7
Chapelle de St amed fille par justre et Rd Seigr joseph marie de Rossillion
Chapelle du sieur fournier
place du sr marmet possedé par le sr Colard P. 4
place du sr Boccard de Thonon et Concize P. 5 1/2
place des srs frères Michaud de Thonon P. 4
place du Sieur Michaud Latour P. 4 1/2
place du sr Aubery et des frères Mugnier de la hale p. 4 poss. du Médecin Guy
benetier
place des Chapuis poss. par le s mudry p 5
place des Maillard poss. par les sr Naz p. 4
place de M. Carrier poss. par Me Jouvirand P. 7

C. Michaud Latour
il m'a cousté trois livres quatre sols huit denier

NOTES
ET
PIÈCES JUSTIFICATIVES

NOTES ET PIÈCES JUSTIFICATIVES

DOCUMENT N° 1

Lettres patentes de franchises accordées par le Comte Philippe de Savoie, le 1ᵉʳ décembre 1268

Philippus Sabaudie et Burgondie Comes notum facimus universis presentes litteras inspecturis quod nos pro nobis et successoribus nostris donamus et concedimus hominibus nostris de Thonon qui modo habitantes sunt et commorantes in eadem villa vel qui commorari voluerint in parte nostra nobis continginte libertatem et usagia infra scripta que sunt hec.

Siquis per annum et diem juratus exstiterit sine calomnia repetentis postea habendus (sit) ut burgensis. Si infra annum et diem repetitus fuit et probatus fore repetentis villa non debet eum retinere. Probationis enim modus talis est.

Primo debet probare hominem suum esse talliabilem vel non talliabilem ad eum pertinere jure hereditatis emptionis dotis vel donationis per juramentum suum cum (coram) tribus testibus idoneis vel duobus idem jurantibus et qui ita viderint et audierint. Homines nostri talliabiles non debent recipi ad juramentum dicte ville sine consensu nostro speciali.

Item burgenses possunt condere testamenta sua et quos

volunt de jure heredes constituere exceptis usurariis manifestis quorum bona quecumque decedentium sunt in voluntate Domini nisi habeat filium vel filiam de uxore legitima et tunc filius vel filia habebit immobilia et mobilia erunt in potestate Domini. Leydam habebit Dominus videlicet de blado sed in quo ibi hactenus dari consueverit. De bove et vaca habet dominus unum denarium de Leyda. De equo mulo jumento quatuor denarios, de asino et asina duos denarios, de porco ove mutone hirco et capra obolum, de vitulo capreolo agnello qui venditur duos solidos vel ultra, obolum. Si venditur inferius nichil. De pannis telis mercibus et de iis que in mercato venduntur ad pondus quia mercatores (et) tacones fori solvent alia leyda non debetur de predictis.

Si autem aliquis recedat de foro qui aliquid de quo leydam debuit vendiderit et leydam asportet debet domino sexaginta solidos de banno nisi infra noctem ipsam reddiderit.

Dominus habet furnos et molendina in villa. Burgenses debent molere in predictis molendinis et furneare in dictis furnis.

In cujus rei testimonium presentibus litteris sigillum nostrum duximus apponendum.

Datum et actum apud Chillion in crastinum sancti Andree apostoli anno Domini millesimo ducentesimo sexagesimo octavo.

(Mss. Pescatore.)

Lettres patentes du comte Amédée, datées de Chambéry, 1301.

Nos Amedeus, Comes Sabaudie, notum facimus universis presentes litteras inspecturis quod nos volentes discretos et fideles burgenses nostros ville Thononii omni prosequi gratia et favore volumus pro nobis et nostris successoribus et concedimus eisdem burgensibus pro se et successoribus in perpetuum quod a manu mortua sint liberi et immunes et quod quandocumque ipsos burgenses nostros et eorum successores seu aliquem eorum decedere contingeret bona sua quecumque sint ratione pravitatis usurarie vel occasione quia dicerentur in vita sua contractus usurarios celebrasse per nos vel nostros aliquathenus saisiantur nec eorum heredes vel successores super eisdem bonis per nos vel nostros occasione predicta aliquathenus molestentur impediantur vel etiam perturbentur et si forte aliquod in contrarium fieret illud ex nunc ut ex tunc volumus esse et decernimus irritum et inane.

Mandantes tenore presentium et precipientes ballivis et judicibus nostris Gebenn. castellano nostro Thononii qui nunc sunt et qui pro tempore fuerint ut hanc nostram concessionem et libertatem inviolabiliter observent et in contrarium nichil facere actemptent vel presumant.

Confitentes nos pro gratia et libertate predictis a dictis nostris burgensibus quadraginta libras gebenn. habuisse et plenarie recepisse de quibus nos tenemur plenarie pro contentis.

In cujus rei testimonium sigillum nostrum duximus presentibus apponendum.

Datum Chamberii die lune post festum sancti Gregorii anno Domini millesimo trecentesimo primo.

Expeditum per dominum Amblardum.

(Mss. Pescatore.)

DOCUMENT N° 2

L'Eglise de Saint-Sébastien (ou de l'Ancien Collège)

L'église de Saint-Sébastien, fondée par Amédée VIII en 1429, mesure 38 mètres de longueur sur 10 de large; elle se faisait remarquer aux temps de sa splendeur primitive par une architecture svelte et élégante : « Elle n'a, nous dit Melville Glover (1), qu'une seule nef accolée de deux petites chapelles latérales formant les deux bras de la croix. L'une de ces chapelles, vendue pendant la Révolution, sert aujourd'hui de boutique, l'autre renferme un autel dédié à la Vierge. De légères colonnettes circulaires transformées aujourd'hui, par l'addition de mortier, en ignobles pilastres carrés, remontaient jusqu'à la voûte pour y recevoir les nervures qui divisaient l'église en quatre travées, sans y comprendre l'abside dont la forme pentagone faisait converger les nervures en une seule clef de voûte au-dessus du maître-autel (2). Les trois ouvertures de l'abside étaient ogivales et divisées en deux par de légers meneaux, dont la partie supérieure se découpait en gracieux méandres. La nef était flanquée du côté septentrional, par une autre chappelle, par la sacristie dont l'architecture est encore intacte, et par un clocher dont la partie supérieure a disparu. Une corniche recevant la portée du toit couronnait dans tout son pourtour, la partie supérieure de l'édifice, et en complétait l'ensemble monumental. »

En 1617, un membre de la célèbre famille de Genève-Lullin dont nous parlerons plus loin (3), Gaspard de Genève, marquis de Lullin et Pancalier, fonda une chapelle sépulcrale sur le côté droit de cette église, chapelle que saint François de Sales consacra le 24 juillet de la même année. Ce fait est rappelé par une inscription gravée sur une plaque de marbre de Saint-Triphon, haute de 1 m. 10, large de 0 m. 90. La voici :

---

(1) Nous devons ici des remerciements et une mention spéciale à cet auteur dont nous n'avons souvent fait que résumer ou emprunter le récit au sujet de la charte de Conrad-le-Salique, p. 57, note 2, *des Augustins de Thonon*, p. 144, etc...

(2) *Ibid.* La partie inférieure des colonnes de l'abside, encloués dans l'autel lorsqu'on mutila l'église, témoigne encore de leur légèreté. Le meneau des fenêtres a été coupé, pour former les ouvertures carrées telles qu'elles existent aujourd'hui. La partie supérieure de la fenêtre qui est du côté de l'épitre, montre encore extérieurement les méandres que l'on n'a fait disparaître qu'à l'intérieur.

(3) *Not. et Pièc. justificat.*, n° 24.

« *A Dieu très bon et très grand*

« L'an 1617 et le 24 juillet, très-révérend père en Jésus-Christ François de Sales évêque et prince de Genève a consacré à la divinité et au nom très-auguste et adorable de Jésus rédempteur cette chapelle et autel, que pour satisfaire sa piété en notre Sauveur, a érigé, orné et doté à ses frais très illustre et très éminent Gaspard de Genève, marquis de Lullin et Pancalier, chevalier du très célèbre ordre de l'Annonciation de la Mère de Dieu, commandant général de toutes les gardes du sérénissime duc Charles-Emmanuel, chargé par le même sérénissime prince Charles-Emmanuel de trente-deux légations auprès des souverains pontifes, des empereurs, des rois, des républiques et d'autres grands princes, fonctionnaire émérite en diverses charges ; dans laquelle chapelle il a fondé par acte public, et avec les rentes convenables, une messe quotidienne, un anniversaire annuel, un pour lui, un autre pour sa très chère épouse Marie de Hornes, avec les répons du rituel de l'Eglise au catafalque orné de quatre flambeaux, et, tous les vendredis du carême, le chant du *Miserere*, et, les samedis du même temps, l'antienne *Salve regina*, et enfin l'entretien de la chapelle et des ornements. Les clercs réguliers de St-Paul ont accepté la fondation. »

Quand la chapelle des Genève-Lullin fut affectée à une industrie, cette inscription fut encastrée dans l'un des murs du cloître des Minimes soit de l'Hôpital actuel, fondé par Albert-Eugène de Genève, petit-fils du précédent (1).

Une autre inscription funéraire de Gaspard de Genève-Lullin, trouvée dans l'escalier de la crypte de l'église de Saint-Hippolyte (église paroissiale actuelle), est conservée dans l'établissement des Minimes ; elle fait pendant à la précédente, sur le même mur. La voici dans son vieux style :

« *Icy gist*

« Gaspard de Genève marquis de Lullin et Pancalier

(1) Voyez *Ibid.*, n° 24.

baron de la grande et petite bastie, seigneur de Coursinge Cervens Buringe Dralliens et conseigneur de Charmoisy, seig. aussi de Reuils Ronchault en la comté de Bourgougne chevalier de l'ordre de l'Annontiade gouverneur et lieutenant general pour S. A. S. au duché d'Auste et cité d'Ivrée son chambellan et conseiller colonel de toutes ses gardes et de 4000 Suisses.

« Après avoir par la grace de Dieu faict le cours de sa vie en servant en guerre sa dicte A. et aux legations et ambassades suyvantes a sçavoir vers les empereurs Maximilien père, Rudolph et Mathias ses filz tant en diettes imperiales qu'aultrement ayant prins l'investiture du dernier de tous les estats de la dicte A. vers les rois de France Charles IX, Henry III, Henry IV et Louis XIII tant pour mariage nativités du dict dernier que de paix generale de Vervins, suivy sa ditte A. en Espagne se mariant avec l'infante donne Catherine et ayant eu charge d'aller prendre au dict pays et ramener et servir les serenissimes princes Victor et Philibert issus de ce mariage.

« En Angleterre pour la coniouissance de l'advenement en celle couronne de Jacques roy d'Ecosse et Anne de Dannemercq sa femme.

« Vers les archiducs d'Autriche Hernest et Albert en Flandres aussy vers les électeurs et princes de l'empire et en diverses diettes des ligues suisses.

« Finalement chargé d'annees LXX

« A rendu son ame à Dieu son créateur, et son corps en cette sépulture ce iourdhuy »

Ce héros, dont les jours avaient été si bien consacrés au service de sa patrie, expira dans nos murs le 23 juin 1619 (1).

---

(1) Pour de plus amples détails voy. *Pièc. justificat.*, n° 24.

DOCUMENT N° 3

Amédée IX, sa béatification

En traversant les rues de notre ville, saint François de Sales avait bien souvent invoqué le bienheureux Amédée IX né à Thonon. Le 16 septembre 1609, il écrivit au duc Charles-Emmanuel Ier que la ville de Seurre (duché de Bourgogne) avait dédié une chapelle au Bienheureux ; l'année suivante (1610), il représentait à un gentilhomme conseiller du roi que « puisqu'il est né dans ce diocèse, il seroit convenable qu'il (Amédée) eût dans le diocèse sa première maison et son premier oratoire » (1). Pour le succès de la cause de Béatification, il écrivit au pape Paul V, au Duc et à la Congrégation des rites (1612), puis au cardinal Maurice (1615). Cette pensée le préoccupa encore pendant tout le cours de l'année 1616 (2). Enfin, le 9 juillet 1617, il lui consacra un autel, nous dit Benoit XIV, dans l'église des Capucins de Thonon (3), chose que le savant auteur de la *Canonisation des saints*, signale comme très digne de remarque. Le procès-verbal suivant nous apprend en effet, que saint François dédia cette église à saint François d'Assise et au bienheureux Amédée, duc de Savoie :
« Anno dominicæ incarnationis 1617, 9 mensis julii, reverendissimus Dominus Franciscus de Sales episcopus Gebennensis consecravit ecclesiam fratrum capucinorum Tononii, dicavitque Beato Francisco et Beato Amedeo ; eodemque die, duo altaria consecravit et dedicavit Beatæ Mariæ Conceptionis ac Beato Carolo, in quibus reliquias condidit BB. martyrum legionis Thebæorum, ac decem millium martyrum et spongiam aspersam sanguine Sancti

---

(1) Vittoz : *Apostolat de saint François à Thonon*, p. 279-280.
(2) *Ibid.*, p. 283-293.
(3) *Opera omnia*, libr. II, cap. 24, § 14 ; *De Beato Amedeo*. Cette chapelle se trouve dans la maison Anthoinoz actuelle.

x

Caroli. Præsentibus R. P. Dominico Camberiaci commissario generali provinciæ missionis ac R. P. Dominico guardiano couventus Tononii. » (1)

Le même jour, le saint évêque consacrait près du même couvent, sous le vocable de l'Assomption de la sainte Vierge, la chapelle actuelle du cimetière, érigée par le prêtre Bouverat (qui habitait le quartier Saint-Bon), en mémoire de l'enfant ressuscité en ce lieu par l'apôtre du Chablais (2). Amédée IX fut béatifié par décret d'Innocent XI, le 3 mars 1677. Ses reliques reposent dans l'église de Saint-Eusèbe de Verceil. Il mourut dans cette ville le 30 mars 1472. Les Prêtres de la Sainte-Maison lui érigèrent, la même année 1617, l'autel qui subsiste encore au bas de l'église paroissiale (3), à côté de ces fonts baptismaux, où le bienheureux avait reçu le sacrement de baptême.

---

(1) *Ibid.*, § 14, num. 47.

(2) Sur le fronton furent gravés ces mots :

O VOUS QUI PAR ICI PASSEZ,

PRIEZ POUR LES TRES-PASSÉS

Pierre BOUVERAT, 1617.

(3) La superficie de l'église de Thonon est de 500 mètres de vide, pouvant contenir 1200 personnes à peine; elle est donc insuffisante et ne peut recevoir qu'un cinquième de la population. Aux temps de saint François, la population dépassait 2000 âmes. Dès lors, l'église a été agrandie du sanctuaire et des basses-nefs ; saint François avait demandé cette faveur au souverain en lui écrivant : « Un grand nombre se va perdant, faute de commodité spirituelle. » Du côté droit de la chapelle de Saint-André repose un autre membre de la Maison de Savoie : Marie-Jeanne-Baptiste de Savoie, décédée à Morges, au canton de Vaud, et ensevelie en ce lieu en juin 1705.

DOCUMENT N° 4

Le Château-lès-Thonon

François de Compey, seigneur de Gruffy, de Prangins, de Draillant et de la Chapelle-lès-Thonon et Marin, fils aîné de Sébastien de Compey et de Françoise de Montchenu, vendit le 7 avril 1518, la seigneurie de la Chapelle dite du Château-lès-Thonon, à Charles, à Jean et à François de Saint-Jeoire, au prix de 1800 florins d'or ; celle de Draillant, le 18 juin 1519, au seigneur de Lullin ; celle de Gruffy, le 16 mars 1522, à Spectable Maréchal. (Costa de Beauregard.) On croit que la seigneurie de Prangins, inféodée par le duc Amédée VIII, à Jean de Compey, fut possédée par les descendants de ce dernier jusqu'en 1509. C'est par elle sans doute que François de Compey commença l'aliénation générale de ses domaines. Au reste, depuis l'année 1523, on ne connaît plus rien de la vie de François de Compey. Son alliance et sa postérité sont également inconnues. Le château de la Chapelle-lès-Thonon et Marin, qui s'appelait aussi Maison-forte de Leyoz, a appartenu successivement aux seigneurs d'Allinges, de Saint-Jeoire, d'Hermance, et a passé aux de Blonay peu de temps avant la révolution. C'est dans ce château que s'est ourdi le complot contre les Cypriotes, sous le règne du duc Louis et d'Anne de Chypre. Il a été incendié par les Bernois dans la deuxième invasion. Il n'était pas encore relevé de ses ruines à la fin du xviiie siècle, quand il est venu en la possession des de Blonay.

DOCUMENT N° 5

Inventarium Confectum per venerabilem virum Dnum Johanem Don Villers sacristam prioratus Thononensis.

In nomine Domini amen. Anno a Nativitate ejusdem Domini sumpto anno millesimo quingentesimo tertio, indictione sexta cum ipso anno sumpta ; et die quindecima mensis septembris intra Chorum ecclesiæ parrochialis Thononii in presentia honorabilium virorum Joannis Guilleti Antenati, et Petri Cobarti sindicorum dictæ villæ Thononi nec non reverendi Domini Jacobi de Malvenda juris utriusque Doctoris, Nobilium Francisci de Bellagarda, Defili brigandi Francisci Joli, Petri Joly, honestorum virorum, Mathei Amedei, Petri Mestresati, Amedei Chopini, Petri Michaudi, Domini Ludovici Deplastro religiosi, et domini Nicodi Berfacti capellani et plurimorum virorum, constitutus personaliter venerabilis in Domino Joannes Don Villiers sacrista prioratus Thononii, qui sciens, gratis, prudens, non cohactus nec deceptus quovismodo, nullisque vi, dolo, metu, nec quavis alia fraude, machinatione, in aliquo seductus nec circumventus, imo de suis juribus atque factis ad plenum ut decet informatus pro se et suis successoribus in dicta sacristia quibuscumque confitetur publice, et manifeste recognoscit, ac si esset in vero judicio, seu coram suo superiore propter eos evocatus et personaliter constitutus, penes se ipsum in custodiam a jam dictis sindicis stipulantibus nomine dictæ villæ Thononii, vere tute præsentandi et custotiendi, sine diminutione venditione, alienatione et permutatione. Videlicet libros, reliquias, calices, et ornamenta subscripta. Et primo unum librum pargaminun novum, videlicet unum missale: item unum missale antiquum, item duos libros de sanctis et Dominicis : item duos libros epistolarum, unum completum et reliquum non completum. Item unum graduale, unum Psalterium, unum librum bibliæ, unum parvum Psalterium. Item unum librum in quo describuntur Evangelia. Item unum librum ordinarium ad usum ipsorum monachorum unum librum novum, videlicet responsoriorum duos libros responsoriorum de sancto Hypolyto, item unum librum responsoriorum de officio corporis Christi. Item unum librum appellatum collectarum, unum missale antiquum, et unum missale etiam antiquum. Item unum librum ordinarium. Item unam casulam duas tunicas et unam chappam de Damas verd. Item unam casulam de damas noir, unam casulam veluti nigri, unam casulam albam de damas, unam casulam griseam de satin, unam casulam de panno rubro, unam casulam panni verd, duas casulas panni violetti, duas tunicas de suaz viridi pauci valoris, duas chappas, unam rubram et alteram griseam pauci valoris, unam bonam chappam veluti nigri, unam casulam de pluribus coloribus de suaz sur le verd, unam casulam rubram pauci valoris, unam coperturam altaris brodatam ad lacus Sabaudiæ ad ponendum supra altare, unam stolam et unum manipulum de suaz blanche, unam stolam de suaz verda, unam stolam et unum manipulum de damas nigrum, unum conforonum bonum, unum manipulum nigrum, unam stolam rubram, unum manipulum nigrum de suaz, unam coperturam pauci valoris ad ponendum supra altare. Item tredecim albas garnitas. Item undecim albas non garnitas. Item duo gozapia seu mantillia, et duas servietas simul existentes. Item unum celum supter gozapia dimidium linteamen pauci valoris, octo mapas tam magnas quam parvas. Unum mantile et duas servietas simul existentes supra altare, duo mantilia et duas servietas, duo mantilia pauci valoris, unam baretam de crepoz deauratam circumcirca ad ponendum supra caput sancti Hypoliti. Unam aliam baretam de crepoz pauci valoris, unam aliam servietam etiam pauci valoris. Unum corporale cum suo estuy deaurato unum estuy de veluto, unam baretam de crepoz, unam mapam de lino brodatam in duobas angulis, duo linteamina garnimenti altaris, duas baretas de crepoz et de lino brodatas, duas servietas figuratas, unam baretam, unum parvum pannum de sua rubra seu de satino, ubi est depictum seu brodatum caput sancti Hypoliti portandum in baculo crucis unum calicem de argento cum patena deauratum, donatum per nobilem Matheum joly, unum calicem cum patena de argento unum calicem cum patena etiam de argento ad usum capellæ Domini nostri donatum per propriam uxorem nobilis Philiberti fornerii. Item caput sancti Hypoliti munitum argento, brachium sancti Grati cum pede argento munitum cum duobus angelis, item alas unius ex dictis angelis in quadam bursà rubra existentes duas paces garnitas argento seu argentatas, duo pulvinalia seu cruralia brodata de argento seu figurata. Item unun surpeletum, unum pulvinal de duobus coloribus. Item tres pannos mortuorum, unum de satino nigro cum cruce de damas blanc, alium de suaz rubra et alium pauci valoris. Item duo candelabra de lecto. Item unum linteamen quod ponitur ante crucifixum. Item curtinas quæ ponuntur de quadragesima. Item unum breviarium antiquum ad usum ipsorum monachorum stapiatum chatenis in formis. Item unam casulam panni violetti habentem crucem de bombacina violetta et nigra. Item unam casulam cum diacono et subdiacono, tribus stolis et tribus manipulis de satino viride figurato de veluto nigro cum pluribus floribus diversi coloris, tribus albis et tribus amictis donatis per Nobilem Guillelmum Joly burgensem gebenensem, una cum quodam panno mortuorum donato par ipsum Nobilem Guillelmum, confratriæ sancti Andreæ et confratribus ejusdem, cum pacto quod dictus sacrista, teneatur communicare parentibus dicti Nobilis Guillelmi Joly de eodem satino viridi figurato prout supra. Item duas campanas, item duas hydryas seu Eyguerias. Item capam sancti Antonii. Item unam casulam de fustennaz figuratam uná cum manipulo et stola. Sequuntur reliquiæ sanctorum in duobus vel tribus coffris diversi coloris existentibus. Primo de S^{to} Christophoro, de S^{to} Blasio, de Sta Catharina, de S^{to} Theodulo, de S^{to} Albino, de Sta Maria-Magdelena et de S^{to} Pantaleone, simul scriptas, de SS. Philipo et Jacobo, de vestimentis et ossibus S^{ti} Suplicii, de S^{to} Mauritio et S^{to} Hypolito, et S^{to} Georgio, de vestimento S^{ti} Joannis Evangelistæ, de S^{to} Nicolao, de Sta Agatha, de Sta Barbara, de Sta Anna, de S^{to} Joanne-Baptista, de S^{to} Hylario, de S^{to} Bartholomeo, de S^{to} Andrea et de S^{to} Elusio, de S^{to} Theodolo, de S^{to} Antonio, de S^{to} Laurentio, de S^{to} Rustico, de S^{to} Sebastiano et Sta Barbara, in quamdam parvam cassiam. Iterum de Sta Barbara de lapide montis calvarii, de ligno S^{tae} Crucis, de S^{to} Sebastiano, de S^{to} Vincentio ordinis fratrum prædicatorum, de beato Bernardo, de S^{to} Ignoscentio socio S^{ti} Mauricii, de S^{to} Antonio Abbate de capite unius ex decem millibus martyribus, de S^{to} Prisco, de S^{to} Gregorio, de S^{to} Mauritio, de Sta Anna, de S^{to} Maximo, de S^{to} Hypolito Episcopo, de capite S^{ti} Hypoliti confessoris, duas parvas cruces de argento ubi consistit in altera ipsarum de ligno S^{tae} Crucis ut fertur, de S^{to} Thoma de Cantorbery, unam bursam de veluto rubro cum agnus dei, ornatam de perlis, et botonis deauratis. Quatuor bursas diversi coloris. Quinque coffros parvos, item quamdem quessiam verream garnitam infra certis lapidibus munitam vigenti et totidem brevetis. Item duo corporalia diversi coloris. Item unam magnam quessiam in qua consistunt plures reliquiæ in quibus non comperiuntur breveta. Item unam custodiam corporis christi de argento. Item tres coperturas magni altaris novas de satino perseo donatas per reverendum Dominum Andream de Malvenda priorem ipsius prioratus, in quibus alma seu insignia ejusdem sunt apposita. Item unam casulam cum diacono et subdiacono de veluto nigro donatam per Nobilem Matheum Joly sub pactis descriptis in inventario prædicto recepto per discretum virum Ludovico de Malliato notarium. Promittens autem supra dictus Dnus Joannes Don Villers sacrista pro se et suis jamdictis successoribus juramentum suum manu ejus dextra pectus more religiosorum tangendo gratis præstitum, subque expressa et hypotecata obligatione bonorum suorum mobilium et immobilium præsentium et futurorum quorumcumque, ejus modi inventarium ac omnia universa et singula supra et infra in eodem contenta et descripta, ratum rata, gratum grata, firmum et firma habere perpetuo et tenere, et numquam per se vel alium contra facere dicere ire, vel venire, volenti modo in aliquo consentire, sed contrariantibus totaliter obviare. Quinque libros, reliquias et garnimenta ecclesiæ supra scriptos et tenere seu habere per ipsum ut supra confessat, bene et ydonee servare et custodire, necnon de ipsis, bonum legale et justum computum reddere communitati indictæ villæ Thononii seu procuratoribus et sindicis ejusdem si quando ac toties quoties parte eorumdem fuerit requisitus, renuncians, etc.

(Archives de la Sainte-Maison de Thonon).

DOCUMENT N° 6

Les Ministres protestants en Chablais

L'apostasie protestante, fondée sur le libre examen, n'enfantait que rixes et discorde, non seulement parmi les simples citoyens, mais aussi parmi ses promoteurs les plus ardents. Le Chablais en vit quelques exemples. Jérôme Bolsec, réfugié français qui était venu à Genève professer la médecine et les idées des novateurs, voulut combattre la doctrine de Calvin sur la prédestination; mais, par l'influence toute puissante de celui-ci, il fut chassé de cette ville. « Heureux d'en être quitte pour la peine du bannissement (car le fier novateur faisait brûler ses adversaires), il se retira à Thonon qui dépendait de Berne » (1) (1551). On y plaignit son sort (2). Mais, ayant mal observé le silence qui lui avait été imposé, Calvin le fit chasser de nos murs. Dans le voisi-

(1) Magnin, *Hist. de l'établiss. de la Réf. à Gen.*, p. 345.
(2) Picot, *Hist. de Gen.*, t. II, p. 17.

nage d'Allinges, une paroisse composée de Draillant et d'Orcier dépendait de Berne pour le temporel, et de Genève pour le spirituel.

Raymond Chauvet, délégué de Genève, pour remplacer provisoirement Niauld, ministre de cette paroisse, prêcha et administra la liturgie selon l'usage de cette dernière ville et non suivant celui de Berne (1554). Le Bailli de Thonon le fit incarcérer, puis en avisa son gouvernement de Berne qui approuva cet acte de vigueur, déclarant que sa liturgie seule devait être observée dans son territoire. Genève revendiquait le même droit. Une conférence tenue à Lausanne le 15 juillet suivant, confirma l'usage Bernois à Draillant. Raymond Chauvet récupera son cheval saisi et sa liberté, en payant les frais de sa détention (1). Quelque temps après, Berne chassait encore du Chablais quatre ministres qui avaient prêché la prédestination. Le 25 octobre 1580, il fallut un ordre du gouverneur du Chablais pour obliger Thonon à accepter les prédications du ministre Pierre Nyault, et le conseil dut se résoudre à le protéger par tous les moyens possibles contre ses fidèles, qui prétendaient au nom de l'Évangile « lui donner fâcherie » (2).

Suivant la tradition, les habitants de Bellevaux, revenus au catholicisme, précipitèrent dans le *Breyon* le ministre qui leur avait été imposé.

En 1539, les Bernois ayant placé un ministre protestant à Lullin, dont le territoire était en litige, les Faucignerans, conduits par un nommé Dumoulin, envahirent Lullin, et firent le prédicant prisonnier. La duchesse de Nemours le fit remettre en liberté, à la réclamation de Berne. Les Faucignerans étaient venus l'année précédente (1538) jusqu'à Ripailles, qu'ils avaient saccagé.

---

(1) Magnin, *Ibid.*, p. 377.
(2) Délib. municip. fol. 398.

DOCUMENT N° 7

Les Voirons

Le contrat d'entrée en religion du sieur Louis Saillet de Burdignin, nous apprend que le 1ᵉʳ novembre 1744, le R. P. François Jordan, natif et bourgeois de Thonon, était prieur du couvent des Voirons; trois religieux résidaient avec lui : le R. P. Claude Gantin, natif et bourgeois de Chambéry; le P. Nicolas Blaix, natif et bourgeois de Thonon, et le P. Ch. Dunant, natif et bourgeois de Montmélian *(Mém. et doc. de la Soc. d'hist. et d'arch. de Chambéry*, t. I. p. 15.)

Le catalogue et obituaire des religieux de Saint-Dominique de Chambéry nous permet d'établir la listes suivante des prieurs de Voirons (p. 10, 14, 23, 24, 26, 36, 54, 56, 58, 59):

    P. F. Claude Léger du Verromey (Valromey), prieur pendant 6 années et quelques mois, mort le 21 mai 1654.

    P. F. Christophe Crochon, mort 12 octobre 1662.

    P. F. Hugues Noé Marchand.

    P. Hiacinthe de Rochette.

    Albert de la Balme de la Roche.

    François Blanc, predicator generalis conventus *Vorionensis* (1743-1746).

    R. P. Dutrue, *præfuerat conventibus Annessiensi et Vorionensi* (1766).

    Joseph Ignace Vulliod *Vorionensis erat*.

DOCUMENT N° 8

Patentes du Duc de Savoye pour faire clore de murs la ville de Thonon, du 12 novembre 1598. Titres des Archives de la Sainte-Maison de Thonon.

Charles-Emmanuel par la grâce de Dieu Duc de Savoye, Chablais etc. Scavoir fesons que nous étant certiorés tant pour l'avoir vu qu'autrement que notre ville de Thonon pour n'avoir été close et muraillée a souffert ci-devant plusieurs ravages et ruines par les mains de nos ennemis en cette guerre prochainement passée et que pour éviter ci-après tels malheurs et inconvénients au dit Thonon qu'il seroit nécessaire pour être ville capitale de notre duché de Chablais que la dite ville fut close et suffisamment muraillée même pour y être le siége de notre justice exercée par notre juge-mage, comme aussi seroit très requis que le Seigneur Rev^{me} Evêque de Genève réside au dit Thonon pour faire vivre tous nos dits sujets du dit Chablais sous la crainte et service de Dieu en la S^{te} foi C. A. R. et que néantmoins ladite justice tant séculière que spirituelle, n'y aussi les habitants n'y oseroient plus faire habitation assurée pour manquement des dites murailles à cause qu'ils sont voisins d'autres provinces tenant autre Religion et désirant sur ce donner un remède perpétuel pour les vivants et successeurs quelconques après toutefois participation à notre conseil étant duëment informé de la qualité, continuation d'affection et fidèles services de notre très cher bien aimé et féal Seigneur d'Avully, avons icelui par ces présentes commis, et commettons pour faire clore de bonnes et suffisantes murailles la dite ville de Thonon de hauteur et épaisseur convenable à la forme du dessein et projet qui lui sera donné de notre part, et pour ce faire appellera tous ceux qui pour ce faire seront à appeler, les-

quels il contraindra, et fera contraindre par toutes voïes
duës et raisonnables de faire rassours, charriage de chaux,
pierres, sable et bois, même fournir et payer les massons,
sur ce nécessaire des amendes qui proviendront de la
Commission par nous donnée au Seigneur de Charanson au
dit Chablais que autres quelconques en ladite province,
même les restats à exiger de la condamnation des monoyés,
commandant à M. Dufour exacteur d'icelles amendes et
autres présents et à venir de delivrer au dit Seigneur
d'Avully ou le Rôle d'icelles pour les faire recouvrer pour
faire payer les matières et prix faits nécessaires avec les
circonstances qui en résultent selon le département qu'en
sera fait par notre très cher bien aimé et féal le juge-mage de
Chablais p$_{nt}^{e}$ n$_{re}^{c}$ procureur fiscal auquel ordonnons de ce
faire, même de consiniver personnages fidèles pour tenir
conterosle de ladite fabrique, commandant aussi à tous nos
ministres, officiers, vassaux et sujets qu'en ce faisant ils
prêtent toute aide et faveurs au dit Seigneur d'Avully, et à
ses députés et commis, car tel est notre vouloir, non
obstant que les présentes ne soient vérifiées afin de ne retarder cette notre intention. Donné à Thonon ce 12 novembre 1598. Signé : Charles-Emmanuel.

Ces patentes ne furent entérinées à la Chambre des
comptes que le 19 décembre.

**Ordre du Duc pour les barricades de la ville de Thonon,
du 12 novembre 1598. Titres des Archives de la Sainte-
Maison de Thonon.**

Le duc Charles-Emmanuel ayant grandement à cœur
cette affaire commença par provision à faire faire des barricades en la dite ville de Thonon avec ordre et mandat de
sa part au fermier du sel à payer les ouvriers dont voici la
teneur.

« Charles-Emmanuel par la grâce de Dieu Duc de Savoye,
Chablais etc. A notre bien aimé et féal le fermier du sel

de Chablais, salut. Nous vous ordonnons par ces présentes qu'aïez à payer tous les maîtres chappuis et massons travaillant pour la fortification et barricades de notre p$_{nte}^{c}$ ville de Thonon à bon compte à tant moins de notre ferme du sel, et c'est durant le dit travail, et ainsi que par les mandats du Seigneur d'Avully, vous sera ordonné desquels accompagné et leurs quittances serés acquitté et déchargé en notre Chambre des comptes de Savoye, ainsi que très expressement le leur commandons.

Donné à Thonon le 22 novembre 1598. Signé : Charles-Emmanuel. »

DOCUMENT N° 9

Le cadastre

Depuis le moyen-âge, tout travail entrepris pour asseoir les impôts, ou tout registre, tout rôle servant à les percevoir, prit le nom de *cadastre* (1).

Les contributions étaient payées par portion égale ; et pour constater les paiements, le mistral marquait les recettes par des incisions sur une bûche de bois. De là, le mot taille, payer la taille.

Avant l'année 1738, les impôts n'avaient pas d'assises bien régulières et bien équitables en Savoie. La noblesse, le clergé et plusieurs villes jouissaient de très larges exemptions. Cet état de choses donnait lieu à de nombreuses réclamations. Victor-Amédée II, pour rétablir l'équilibre, ordonna une péréquation générale soit du territoire, soit de l'établis-

---

(1) Cadastre *(capistellum,* en latin), signifiait registre où étaient inscrites les redevances du serf à son seigneur,

sement du cadastre dans les lieux où il n'existait pas encore ; car beaucoup de villes, entre autres Thonon, avaient déjà accompli cette tâche.

Ce travail prodigieux, qu'aucune nation n'avait encore osé entreprendre, coûta dix ans de labeurs et des sommes considérables. Il fut exécuté avec une perfection qu'est loin d'avoir atteint le cadastre de 1808 fait dans le seul but d'asseoir l'impôt foncier. Un premier édit du 9 avril 1728, ordonna la création du cadastre et supprima tous les privilèges d'exemption d'impôts dont jouissaient les villes, la noblesse et le clergé. Les contributions furent réparties sur tous les biens ruraux, excepté sur les biens véritablement féodaux et ecclésiastiques, qui formaient un trentième de la propriété territoriale (1).

Le cadastre est composé : 1° d'une carte topographique à l'échelle de 1 pour 2372 où sont figurées par numéros toutes les parcelles de terrains ; 2° d'un livre de numéros portant le nom du propriétaire, la qualité de culture, le nom du lieu, la contenance en mesure de Savoie et la taille royale basée sur le cinquième du revenu net, déduction faite de 1/76. Le cadastre s'est perpétué jusqu'en 1860 au moyen d'un livre de transport tenu par le secrétaire de la commune chargé en même temps des mutations qui se font aujourd'hui par les percepteurs et les contrôleurs des contributions (2).

Un premier cadastre de Thonon fut dressé en 1656 et 1657. Il est signé par de Genève, notaire, Frossard Jean-Jacques, Bernard Charles ; un second en 1722, par M° Louis Reveyron, commissaire des extentes et bourgeois de

---

(1) Les possesseurs de biens ecclésiastiques ou féodaux, pour s'assurer de l'immunité de la taille, constatèrent l'origine de leur propriété et produisirent les titres sur lesquels ils l'appuyaient. Ce recueil de déclarations dressées à cette occasion par les délégations de chaque province, contient des citations de pièces et documents très anciens et une foule de renseignements qui peuvent, au besoin, remplacer les originaux.

(2) Il en existe un double aux archives départementales d'Annecy avec le livre des numéros, des estimations, des calculs, des triangles de chaque parcelle, de la taille, de la gabelle et de la récapitulation.

Chambéry. Il fut dressé de nouveau en 1836, puis en 1875 (1).

DOCUMENT N° 10

Les Vallées d'Abondance et d'Aulps

Le Haut-Chablais est composé de trois vallées principales, arrosées par trois rivières qui se réunissent sous Reyvroz, à deux lieues en amont de Thonon, pour former la Dranse qui se jette dans le lac Léman. Ces trois vallées ont été défrichées et cultivées par trois ordres religieux.

Dans la première, au levant, existait l'abbaye de N.-D. d'Abondance. Suivant la tradition, à la fin du VI° siècle, S. Colomban vint en cet endroit, lorsqu'il fuyait devant les poursuites de Théodoric ou Thierri, roi de Metz et d'Orléans (2).

Plus tard, en 1108, l'abbaye de Saint-Maurice en Vallais y envoya une colonie de ses chanoines réguliers de Saint-Augustin. Elle fut gouvernée par un abbé très illustre par sa naissance et l'éclat de ses vertus, le bienheureux Ponce de Faucigny. Notre-Dame d'Abondance eut sous sa juridiction vingt-deux abbayes ou prieurés répandus dans di-

---

(1) Je dois ces notes à l'extrême obligeance de M. Vailly, secrétaire de la mairie de Thonon (1882).

(2) Entre l'abbaye et la Chapelle, Albanis de Beaumont signalait, en 1804, des bancs de grès quartzeux qui renferment plusieurs filons de pétrole ou poix minérale.... Ce pétrole, fondu et distillé produirait une excellente huile pour les réverbères et résine pour la peinture comme cela se pratique en Angleterre (*Léman*, 1er août 1875.)

Selon la carte géologique de la Haute-Savoie, par M. Alphonse Favre, les chaînes de montagnes du Chablais appartiennent aux terrains jurassiques crétacés et tertiaires.... c'est-à-dire aux terrains de sédiment (*Revue des Deux-Mondes*, t. LVI°, p. 403)

verses provinces, parmi lesquelles on compte : Sixt, Filly, Grandval, Gerville en Bourgogne, Entremont, Peillonnex, Le Val d'Iliez, Gironde, Le Chapitre de Saint-Ours d'Aoste, etc. Affiliée à la célèbre abbaye de Saint-Germain des Prés, elle fêtait chaque année, le 8 mars, l'anniversaire de la concession de cette faveur.

La commune d'Abondance était une espèce de république qui avait son caractère et sa juridiction.

La justice y était exercée par des magistrats qu'on appelait *consuétudinaires*. C'était un corps composé de chefs de familles des divers hameaux et d'un président, chef de famille, qu'on appelait syndic. Le mot *consuétudinaire* vient du mot latin *consuetudo* (coutume, usage), parce qu'ils jugeaient d'après les coutumes et les usages reçus dans le pays. Ils prononçaient en matière civile et criminelle. Leur tribunal était à l'entrée de la commune, à l'endroit qu'on appelle encore aujourd'hui *Sous le Pas*.

Le 15 janvier 1476, les consuétudinaires exilent un Jean Marolan de la paroisse d'Arromont en Vallais, après l'avoir déchargé faute de preuves, de plusieurs chefs d'accusations portés contre lui. « Cognoverunt et sententiaverunt consuetudinarii, cognoscuntque et sententiant ipsum Joannem delatum esse bannitum, et quem baniaverunt de Valle ipsâ Abundantiæ per unum annum ; quod verò ad alia in ipso processu contenta, quia non probantur nec fuerunt justificata, hoc ideo ipsum Joannem delatum absolverunt et absolvunt. »

« 1483. Consuetudinarii, sedentes pro tribunali, cognoverunt et sententiaverunt ipsam Peronetam esse condemnandam... et bona sua confiscata dictis viris pertinere debere. »

« 10 septembre 1502. Ipsi scindici et consuetudinarii, quoniam eisdem constat dictam Claudiam crimen hæreseos et multa alia delicta ex ejus spontaneâ confessione commisisse, per hanc eorum definitivam sententiam et cognitionem sententiaverunt et pronuntiaverunt, cognoverunt et declaraverunt dictam Claudiam in eorum presentiâ per præfatum nobilem mistralem in dicto loco *Passûs Abundantiæ* constitutam et adductam fore et esse ignis incendio in loco talia fieri assueto concremandam in tantum quod anima ipsius Claudiæ à corpore separetur, bona veró ejusdem Claudiæ, quibus de consuetudine et jure eorum scripto ex successione in gradu propinquiori pertinebunt. »

29 octobre 1522. Ils renvoient absous un Claude Andreri, accusé et non convaincu d'avoir tué Aimon de Arloz curé d'Abondance... « Nos scindici et consiliarii prædictæ vallis Abundantiæ vigore libertatum nostrarum pro tribunali in loco passûs sedentes, secuto more locali nostri antiquissimi usûs, participato priùs peritorum consilio, cognoscimus unanimiter et sententiamus te Claudium Andreri penès manus officiariorum Reverendissimi Domini Abundantiæ detentum ab intitulatis et carceribus esse absolvendum, quem itaque ab intitulatione et detentione prædictis absolvimus et liberamus, et sine aliquo costu expensarum abire volumus. »

30 janvier 1557. Ils absolvent presque dans les mêmes termes Claudine Alby, accusée et non convaincue d'avoir tué une fille de Maurice Curdit...

23 janvier 1562. Nous scindiques, prodromes, et communiers de la Vaux d'Abondance procédant comme en tel cas avons eu de coutume, ordonnons, connaissons et par notre définive sentence prononçons toi Antoine Brelat enqueruz devoir être, par les officiers de Révérend seigneur Monsieur d'Abondance, remis aux mains du maître exécuteur de la justice, et être par icelui dépouillé tout nu depuis le nombril en sus et être battu de verges publiquement ès lieux où seront gens congrégés pour voir la justice et mené d'ici jusqu'au lieu accoutumé de *Soüs-les-Saix*, auquel lieu tu demanderas à Dieu pardon de ton offense et remercieras la justice de ton bon châtiment, et en après celà fait connaissons toi devoir être banni de la dite Vaux et des limites d'icelle pour le terme d'un an et d'un jour, rière la dite Vaux durant le dit terme tu ne te trouveras...

13 octobre 1524 ou 16 octobre 1525. Fiat manifestum

quód, cùm Vallis Abundantiæ et homines ejusdem regantur jure consuetudinario et per formam franchesiarum dictæ Vallis Abundantiæ, in quibus cavetur quód officiarii contra hominem dictæ Vallis Abundantiæ non debeant procedere... proptereà delicta plura et maleficia remanent impunita; quód plures homines vagabundi et inutiles ibi Abundantiæ remaneant, et quamvis valde sint suspecti, contra eosdem per officiarios nulla fit justitia nec inquisitio propter præmissa, ea propter Guillermus Pellicerii mistralis Abundantiæ apud scindicos dicit se non posse facere justitiam ratione præmissorum... qui quidem scindici nominibus suis et totius vallis et com^{tatis} Abundantiæ ac totius reipublicæ, faciunt instantiam in manibus dicti nobilis Guillermi Pellicerii mistralis Abundantiæ conquerendo de omnibus vagabundis ut ministretur justitia; item et ut in eosdem possit ipsa justitia ministrari, requirunt et consentiunt quód præfatus nobilis mistralis et sui officiarii unâ vice duntaxat faciant unam generalem inquisitionem in dictâ valle contra omnes et singulos homines vagabundos seu malefactores occultos et alios de criminibus diffamatos... in quâ sumantur informationes secretæ tam super maleficiis ipsis quam super famâ et diffamatione ipsorum vagabundorum; item quód in dictis informationibus sumendis realiter intersint prædicti quatuor scindici, ità quód sine ipsis per dictum nobilem mistralem aut ejus officiarios circa præmissà nihil fieri possit; item quód homines qui per dictas informationes reperti fuerint esse vagabundi, criminosi aut aliis de criminibus diffamati possint de eorum vitâ et moribus interrogari per dictos officiarios in præsentiâ dictorum scindicorum, et quód possit contrà eos procedi secundùm formam franchesiarum dictæ vallis, non autem aliàs procedatur, et quód ista facultas et modus procedenti et inquirendi pro hâc vice duntaxat tantùm fiat et procedat de liberâ voluntate dictorum scindicorum et universitatis, ità quód non debeat neque possit trahi in consequentiam nec in futurum fieri sine novâ eorum largitione et voluntate expressà; item quód dicta largitio et modus inquirendi non debeat durare nisi hinc ad festum Purifica-

tionis Beatæ Mariæ proxime futuræ duntaxat et non ultrà; item quód si quid super eisdem fiat contra præmissa, vel etiam omissis supradictis solemnitatibus, vel alterâ earumdem, illud sit et esse debeat ipso jure nullum nulliusque momenti.
(Note extraite des manuscrits de M. Rollier.)

La vallée du milieu est celle de Saint-Jean d'Aulps, illustrée par les vertus et les miracles de saint Guérin. Au onzième siècle, quelques religieux de l'abbaye de Molesme en Bourgogne, s'acheminèrent vers le lac Léman, descendirent sur notre rivage de Chablais, s'engagèrent dans les gorges de la Dranse, puis le long de cette vallée appelée *Alpes* ou *Aulps* à cause des riches pâturages qui en tapissaient les versants. Ils habitèrent d'abord des huttes éparses sur les flancs de la montagne. Vers 1094 ou 1103, le comte de Savoie Humbert II, leur donna une terre franche d'une lieue de longueur, du consentement des sires Girard d'Allinges et Gilion de Rovorée, possesseurs de plusieurs fiefs dans ces hauts lieux (1). La famille de Rovorée, aujourd'hui éteinte, remonte comme celle d'Allinges à une époque très reculée : c'était une des plus riches et des plus puissantes de notre province (2). Dès lors le monastère s'élève, prospère rapidement et devient important dans l'ordre de Cîteaux. A Guy, premier abbé, succède Guérin, venu aussi de Molesme. Il dirige saintement la communauté naissante pendant 50 ans, devient évêque de Sion en Vallais et meurt dans son abbaye d'Aulps en 1150. Ses reliques sont depuis sept siècles le but d'un pèlerinage très fréquenté (3). L'illustre saint Bernard de Clairvaux et le

---

(1) Voir *Notice de l'abbaye d'Aulps,* par Menabréa (*Mém. de l'Acad. de Sav.*)

(2) Elle a donné quatre abbés réguliers au monastère d'Aulps : Humbert en 1269, Guillaume en 1309, Jacques en 1348, Aymon en 1350, tous les quatre distingués par leur grande régularité. — On voyait encore à Thonon, il y a quelques années, une rue de Rovorée, qui porte aujourd'hui le nom de rue du Marché.

(3) Voir *Vie de saint Guérin*, par M. le chanoine Ruffin.

bienheureux Humbert III comte de Savoie, visitèrent cette sainte maison (1).

DOCUMENT N° II

Accord entre les seigneurs de Fribourg, la ville de Thonon et la Sainte-Maison, portant obligation en faveur des seigneurs de Fribourg, du 19 septembre 1602.

Comme soit que les nobles et prudens sindics et communautés de la ville de Thonon ayent ce jourd'hui passé et arrêté compte final avec les illustres et magnifiques Seigneurs advoyés, et Conseil de la ville de Fribourg pour tout ce qu'ils peuvent devoir à leur bourse de munitions, tant en capital, interest, que toutes autres depenses et missions, ayant assisté aud^t compte, les Nobles Pierre Fournier sindic, Noble et puissant Guy Joli Seigneur de Vallon Arzillier etc., et M. Jean Dufrène, M. Ducal du conseil privé dud^t Thonon garnis de puissance requise de la qu'elle la teneur sensuit. L'an de salut courant 1602 et le 10 septembre par devant moy no^e Ducal sous signé, et presens les sus nommés, temoins établis et constitués en leurs propres personnes, les Nobles et honorables Pierre Michaud sindic de la presente ville et communauté de Thonon, et avec lui noble françois Joly, et Noble Antoinoz de Giez,

(1) Celui-ci, dans les loisirs que lui laissaient les affaires du gouvernement, aimait à venir dans ce monastère, prier au milieu des cénobites. Un secrétaire du duc Emmanuel-Philibert devint religieux dans le monastère d'Aulps. Il demeura l'ami du prince, dans le cloître comme à la cour. « Il vécut dans un si grand mépris de soy-même et une si grande pureté de mœurs, qu'il s'attira la confiance et l'amitié de ses frères qui l'eslurent pour *abbé* » nous dit la *Chron. manuscr. de l'abb. d'Aulps*. Il fut le quarante-unième abbé et occupa le siège abbatial pendant treize ans et mourut en odeur de sainteté.

XXIX

M. Claude Belpois, M. Pierre Vernaz, M. Nicolas Guigonnat, M. Jean fevrat, M. Claude et Jean Cler frères, M. Hipolite Debout, M. Michel Liffort, M. Jacques fevrat, M. Jean-françois Guichard, discret Antoinoz Bechevet, honorables louis fournier, Mauris Pethoud, Justin Beaud, Jean Rigaud, Pierre Gutard, Servet Chenevier, Claude Jean, et Bernard Beshaud, françois Coutoz, ainé Mercier, pierre echendoz, Jacques Maurons, Maurice Vernaz, discret Jean Pariat, Pierre et Jean Pepin frères, Claude Mourons, Abraham Gui, et Antoine Meynet, Bernard Guichar, Thomas et françois Meynet frères, honorable Claude forestier, Claude Deterraux, Jacques Piüot, Pierre Favre, Claude Gresoud, Claude Ravier, François Volland, Claude Forestier, tous bourgeois de la presente ville et communauté de Thonon, tant du Conseil étroit que général d'icelle, et tant à leurs noms propres que de tous les autres Bourgeois et Communiers d'icelle absens, par les quels promettent faire ratifier le contenu du présent acte, étant requis, a peine de tous damps, les quels sachans de tous leurs bons grés, pour et au nom de lad° ville et communauté et successeurs, en icelle, ont faits, établis, et constitués, et députés, comme ils constituent, et établissent et deputent leurs, et de lad° communauté, et ville, vrais procureurs ou sous et de leurs affaires negotiateurs speciaux, et généraux, l'une des qualités, ne dérogeant à l'autre ny aucontraire, à savoir noble pierre fornier, autre sindic de lad° ville et communauté de Thonon, Noble et puissant Guy Joly seigneur de Vallon et Daczilly et M. Jean Dufrêne; noble Ducal du conseil privé de lad° ville, icy present, et la charge de la presente, procureurs acceptans, et c'est pour et au nom de lad° ville et communauté se transporter à Fribourg canton de Suisse, et y étant faire compte avec lad° seigneurerie de fribourg, de tout ce en quoy lad° ville et communauté de Thonon, leur peut être tenus, tant en principal que interest et autres accessoires, comme que ce soit de tout le passé jusqu'aprésent, en traiter et accorder comme mieux verront être à faire, et expédient avec la ditte seigneurerie, et generalement faire, dire, negocier, et autrement besogner en ce fait et qu'en depends tout ainsy que si tout le corps de la d° ville y etoit pour ce fait specialement au d^t lieu assemblé et ou le cas requis mandement plus special que par les presentes n'est exprimes, advenant, ratifiant, confirmant, et approuvants les d^{ts} seigneurs constituants, tout ce que sera par les d^{ts} seigneurs delegués, et constitués en ce fait compté, calculé, transigé, et autrement negocié par leurs sermens par chacun d'eux entre mes mains prêtés, et sous l'obligation de tous, et un chacun les biens de la d° ville, et communauté de Thonon, sous et avec toutes autres et dües promesses, et sermens, et rathibitions et relevations, et renonciations, et droits à ce contraire et clausules requises, fait et passé à Thonon, en conseil general, en présence de Noble Pierre Demané de Samoëns, hon^{te} Pierre Verney, hon^{te} Jacques Tavernier, et françois Adol, residens au dit Thonon, temoins connus et requis, en foy de quoi leur ont été expédiées les presentes sous l'impression du scel commun de la d^{te} ville et signature de moy, Pierre Rolaz, notaire ducal et secretaire de la dite ville, scellé du sceau du d^t Thonon, et sous signé Henry Rollaz, par lequel compte étant le cotage assomé tant le capital que les interests jusques au jour de la cense de cette année, comme aussy les parcelles de Missions, le sommaire general sans comprendre quelques articles contentieux, et revenu à sept mille sept cent et quatre-vingts écus d'or pistolles de juste poid et valeur, et quarante sols de Savoye, de laqu'elle somme leur Excellence et neanmoins pour respect de bonne voisinance ont quitté et relaché, les quatre-vingt et deux cent quarante sols, laissant aussi couler toutes prétentions touchant les restants articles non liquides, en tant l'autre somme restante fut accordée, ce qu'on leur fit ouverture recevable des moyens pour toucher leur payement, autrement que cette relaxation fut de nulle valleur, mais n'ayant les d^s seigneurs de Thonon presentement les moyens de payer d'autre façon, lorsque par abandonation de leurs biens communs entrevenant noble et puissant seigneur Antoine de St-Michel, seigneur d'Avully et Vigny, assisté du reverend et devot pêre Chérubin de

Maurienne, capucin, a l'exhortation, moyen et prière du quel le tout est transigé au nom de la devotte et charitable maison d'aberge fondée en l'honneur de Dieu et notre dame de Compassion et des Sept douleurs en la d° ville de Thonon, constant de sa procure cy-après, tenorisées l'an 1602 et le 9 septembre devant moy notaire Ducal sous signé; et présents les temoins cy-bas nommés, le vice-préfet et autres deputés de l'oratoire et conseil de la Ste-Maison de notre dame de Compassion, fondée à Thonon pour la propagation de la foy et religion Catholique Romaine, lesquels de leurs bons grés et même délibération, ont fait et constituent leur procureur general et special, l'une qualité ne derogeant à l'autre n'y au contraire savoir Noble et puissant Antoine de St-Michel, seigneur d'Avully et Vigny presens, la presente charge acceptant, et c'est pour et au nom de la Sainte-Maison de notre dame; aller à fribourg canton des Suisses, là étant traitter, faire, negocier, tout ce qu'il y verra être expédient et necessaire à former des memoires que les d^{ts} constituants lui feront livrées et generalement faire, traitter, et negocier au dit lieu, tout ainsy comme les dits constituants feroient, si en personne ils étoient; et si ont promis les d^s constituants au d^t seigneur d'Avully, que en cas que le dit seigneur d'Avully fasse quelque caution ou obligation au nom de la d^{te} Maison au d^t cas tous, et un chacun les biens à la d^{te} Maison appartenant tant par hypoteque qu'autrement, lui demeureront assignés et hypotequés, jusques à ce il soit entièrement satisfait, où bien evictionné de tout ce qu'il aura pour la d^e Maison, obligé où cautionné, et le tout ou fait les d^{ts} constituants avec promesse par eux fait avoir agré tout ce que par le seigneur d'Avully sera fait et negocié, le relever de toute succombs avec puissance en cas de besoin, substitué procureur en son lieu, qu'aye autant de puissance que lui, renonciations, et clausules requises; fait et passé à Thonon dans la d^{te} Maison de notre dame, présents, Noble Pierre Denarié et Marc delarüe temoins, et moi, d^t notaire recevant, bien que d'autres mains soit écrit, au pied de la qu'elle est le sceau de d^{te} Ste-Maison, et la signature du noble

Dufrêne, et plus bas pour la plus grande approbation, françois Chérubin conseiller de la d^{te} Ste-Maison, Petit Jean, pour le d^t vice prefet, lequel se seroit présenté de recevoir et accepter des Nobles Syndics et conseil de la ville de Thonon, leurs biens, et d'assurer ces dits Seigneurs de fribourg la somme restante après telle gratification, moyennant il plût à leurs excellences que pour avancer la devote et sainte intention de cette Maison ; à l'exemple d'autres potentas catholiques, lui faire quelque aide, faveur et avancement ; et outre ce que le droit des premiéres obligations, avec leur antidatte clausules, et contenir resteroient toujours en leur force et vigueur, tant contre les sus désignés conseil et communauté, que contre les premières hypoteques sans deroger aucunement à icelles, n'y aussy à l'état du procès pendans encore indecis au Souverain Sénat de Savoye, entre les d^{ts} magnifiques Seigneurs de Fribourg et les predis sindics de Thonon se contentant le d^t seigneur d'Avully, pour la devote Ste-Maison, et tous les biens d'icelles, fussent aussy obligés pour le même payement et noltemment ainsi que notre St Pére le Pape a octroyé grande commodité pour la traite du sel qui sera conduit et transité de ça les monts, et ses quartiers, à quelle intention sera depeché de la part de la d^e devote Maison un agent en Italie pour avancer la levée du d^t sel, ils permettent que des premiers deniers qui proviendront de la vente et debitation du d^t sel, l'entière somme et demande des d^{ts} Seigneurs de fribourg en soit payée et decirée, où bien si pour la presente année tel commence ne pouvoit être mise en effet, ou que l'on ne pût obtenir le transit outre les états de Milan, les deniers qui sont mis en garde entre les mains des d^{ts} Seigneurs de fribourg leur demeureront toujours en déduction, soit de payement de leur somme, mais étant le passage de Milan obtenir ce que les affaires du dit sel fussent avancées, L'argent sus d^t soit fourni et rendu entre les mains du d^t chatelain de St Mauris pour servir de fond à la conduite du d^t sel, et au réciproque quand le sel auroit passé les Alpes, les dits magnifiques Seigneurs de fribourg pourront commettre un agent qui recevra la quantité de sel proportionnée à leur somme, pour la vendre, debiter et en retirer leur contentement ; le quel agent seroit néanmoins comptable à la d° devote Maison de son entière negociation, remettant, et laissant tout le profit à icelle, evau reciproque, vû que les dˢ Seigneurs de fribourg ne participant en rien au profit et avancement de telle vente du sel, les frais et missions raisonnables de la conduite de l'agent depuis fribourg jusques à Sᵗ-Mauris, et les depens du dᵗ Agent de fribourg seroit à la charge d'icelle devote maison, même l'interest raisonnable de la somme restante devroit être payé, aux dˢ Seigneurs de fribourg à râte du capital, et jusques au tems qu'ils seront payés ; et outre tout ceci, a été aussy convenu que le Seigneur d'Avully et les sindics modernes avec les sus nommés Seigneurs de la ville de Thonon se rendront en leur fait propre et particulier, débiteurs de telle somme restante, et de l'interest qu'en proviendra, aussy que pour la gratification que les dˢ seigneurs feroient à la dᵉ Maison d'abberge, de laisser à leur ville et canton deux places pour entretenir deux jeunes personnages selon qu'ils seront capables, soit pour les études, où bien pour être nourris en apprentissage de quelque art et metier ; sur ce les dˢ Seigneurs de fribourg, s'étant ce jourd'huy resolus en leur conseil de soulager la dᵉ devote maison, et de lui quitter en l'honneur de Dieu et de notre Dame pour l'avancement de la bonne intention de Sa Sainteté la somme de mille semblables écus d'or pistollés, et comme magistrats catholiques avancer et favoriser le bien d'icelle devote maison, et se montrer toujours bons voisins et amis, leur restant par ainsy à payer six mille sept cent ecus pistollés d'or, bons et pesants, moyennant que le dᵗ restant leur soit entièrement et sans ultérieure facherie et empeches, payée et delivrée ; autrement si l'on recommencoit les anciennes difficultés et oppositions, les dˢ Seigneurs de fribourg entendant comme aussy, et protestant expressement de ne se deporter aucunement de leur droit, et que telle donation, et celle de la ville de Thonon soit alors nulle ; mais alors telles donnations revoquées, les dˢ particuliers seront aussy acquittés et exempts du dˢ financement. Pourtant est que le dˢ seigneur d'Avully, au nom de la dᵉ notre dame D'abberge, et les dᵗˢ deputes de Thonon, consentant à tout ce que dessus promettent et s'astraignent par leurs sermens, sur leurs honneurs et bonne foy, chacun en sa qualité, aussy sous l'obligation respectivement de tous leurs biens, tant generals que particuliers; meubles, immeubles, presens et avenirs quelconques, de satisfaire chacun de son côté, tout ce que le peut touchér, savoir est, les dˢ députés de la devote maison de laisser es dˢ Seigneurs de Fribourg, tout l'argent qu'est maintenant à leur garde, la solution, et acquit de leur dette quand le tirage du sel ne pourroit être effectué, hormis les depens raisonnables du voyage d'Italie, qu'en devront étre levés avant toutes choses; et quand le sel seroit conduit deça les monts d'en remettre, et consigner une quantité de charges proportionnées à leurs dettes ès dˢ Seigneurs de fribourg où à leur commis, d'avantage aussy d'exempter et degrever le venerable chapitre Sᵗ Nicolas de fribourg, envers les R. Sʳ prevot de Montjoux de telle somme qu'ils accorderont par ensemble pour les revenus des églises que le dˢ Sʳ de Montjoux à pardeçà, étent d'entretenir deux jeunes enfans des bourgeois, où sujets des dᵗˢ Sʳˢ de fribourg, en mêmes conditions comme d'autres de leurs qualité en la dite devote maison d'abberge, et ceux de Thonon de leur part qu'ils procureront par effet la caution et obligation particuliére de l'autre Sindic absent, comme le dˢ Sʳ d'Avully et les prenommès députés de la ville de Thonon, ont de leur part consenti ratifié et approuvé le cottage de ce que dessus, tout en bonne forme, et du côté des dˢ seigneurs de Fribourg, est imposée l'obligation de faire tenir l'argent au dˢ Sᵗ Mauris, tout à l'instant qu'ils seront avertis des députés et avancement du transi du sel en Italie, pour fournir au dépends des voitures; aussy de commettre tel personnage confident pour recevoir le sel de ditte Maison, ce tout sous l'obligation reciproque dulifonction de toutes costes et missions, promettant de toutes parts avec toutes solemnités, et obligations requises d'avoir et tenir les présentes pour fermes et valides, sans jamais faire, dire, n'y venir au contraire, en manière que ce soit; même les d⁸ députés de la Ste Maison obtiendront le plus brief, lettres de ratification, tant de sa société que du Serenissime duc de Savoye, et à cet effet demeurant la clause de constitut en faveur des d⁸ Seigneurs de fribourg en son entier, ainsy qu'a défaut d'observation et accomplissement des présentes, se pourront transporter, sur leurs hypothéques, et mutuellement renoncer à toutes exceptions et bénéfices contraires; singulièrement au droit disant, générale renonciation n'être valide sans la speciale devant miser le tout en bonne foy, et sans cavillation; en foy de quoy nous l'Advoyer et conseil de la d^e ville de fribourg, aussi nous les d⁸ députés de Thonon, avons apposés les Sceaux secrêts des d^es villes, et les notres particuliers, avec le signet du secretaire d'Etat sous signe, et des parties intéressées, le dix et neuvième du mois de septembre, l'an mil six cent et deux, fait et passé au d^t fribourg, en présence de R^d et devot f. Cherubin, de Maurienne de l'ordre des Capucins, Noble et prudent Pierre Ducret, Docteurs ès-droits, avocat au siege de Chablais Octave Almery natif de Piemont habitant a Thonon, François Krummestal n^ot, Petter Tocthesman, Xansès Brodard, Ludeny Zoller, tous bourgeois de fribourg, et françois Truffin Bourgeois de Stavayé qui ont tous signés avec Maulmocet, n^e.

(Manuscrit Pescatore.)

DOCUMENT N° 12

Extrait des conventions, traité, et accord, entre les Rev^{ds} et venerables viprefets et conseil de la S^{te} maison sous le vocable de notre dame de compassion, fondée à Thonon, d'une, et les nobles sindics et conseil de la ville, et communauté de Thonon, d'autres des parties. (1602).

Au nom de la très sainte et individue Trinité du Pêre, du Fils, et du St Esprit. Amen. A tous presents et avenirs, aux quels les presentes parviendront soit notoire, evident et manifeste, comme ainsy soit qu'il ait plu à la saintete de notre St Pêre le papé Clement huitieme, et à L'Altesse de Monseigneur le Duc de Savoye Charles Emmanuel, notre souvrain Seigneur et prince, faire fondation et création d'une maison de refuge, pour les convertis à la S^{te} foy catholique, apostolique et Romaine ; en la présente ville de Thonon, sous le titre de Notre Dame de Compassion, soit des Sept douleurs, la qu'elle il leur auroit plu par leurs bontés liberales dotter de plusieurs concessions et dottations tant de privileges que revenus ; et qu'etant la ditte ville et communauté de Thonon reduite à de grandes nécessités, et charges de dettes, à cause des frais et incommodités des guerres passées, qu'il lui auroit convenu de supporter, n'ayant moyen autrement de subvenir à leur d^{e} necessité, et au payement des d^{es} dettes, que par le moyen de l'alienation des biens de leur communauté, desirant qu'iceux, tombent et reviennent plutôt entre les mains, et la faculté de la Ste Maison, en consideration du zele et honneur qu'ils ont, que cette S^{te} œuvre soit erigée en la d^e ville, lieu de leur nativité et demeure et d'autre part les R^{ds} et venerables viprefets et autres administrateurs de la d^e Ste Maison, desirant assister la dite ville et communauté de tous leurs pouvoirs, s'employant charitablement aux biens et repos d'icelle, ont comordablement, par ensemble convenu et traité, respectivement arrête, comme s'ensuit, par part perpetuel et irrevocable, à l'effet de quoi ainsi est que, ce jourd'huy septième du mois d'octobre, an de salut courant mil six cent et deux, par devant moy Pierre Rollaz de la d° ville de Thonon notaire Ducal Secretaire d'icelle, Sous Signé, et es presence des Sus nommés temoins, se sont en leur personne propre, établis et constitués venerable Messire Jean Petit prêtre, agissant au present acte en qualité de lieutenant specialement etabli et deputé, du Reverend d^t viprefet de l'oratoire de la Ste Maison, Rnd père Cherubin prefet de la maison de Reverends pêres capucins commis et specialement deputé pour la fondation de la Ste Maison, fondée par les lettres pattentes emanées du Rev^{sime} Seigneur nonce apostolique, dattées à Turin, le troisième janvier mil six cent et deux, signé Canardius Epis^{us} Josoliensis, et plus Favianus Pernettus Secretarius de mandato, düement scellées, aussy par lettres missives du Seigneur cardinal Aldobrandini de sa propre main, Signées dattées à Rome le vingt six janvier, mil six cent et deux, comme aussi par mandat instructif touchant la fondation de la Ste Maison Emané de son Altesse, addressant au Seigneur president Vivalde, au Seigneur president Barade, signé Charles Emanuel, donné à Turin le quatrième fevrier mil six cent et deux, düement scellé, et contresigné Rochiardy, aussy Rnd père Gabriel de Montcallier de l'ordre des capucins, venerable Messire Pierre Bojax prêtre de l'oratoire de la Ste Maison, aussy Noble et puissant Antoine de St Michel Seigneur d'Avully, en qualité de procureur de la Ste Maison, comme appert d'icelle procure, reçüe, stipulée par Messire Jean Dufrêne no^e ducal, en datte du neuvième jour du mois de septembre dernier, agissant tous ensemble pour et au nom de la d^e Ste Maison et successeurs recteurs en icelle, promettant d'abondant chacun d'eux seul, et pour le tout sans division, faire loüer et ratifier, confirmer, et approuver le contenu du present acte, au grand conseil de la d^e S^{te}

Maison, toutes fois et quantes de ce faire seront requis, à
peine de tous depens, dommages, et intérêst d'une part,
comme aussy les Nobles et hon^{bles} Pierre Fornier et Claude
Belpoys, sindics de la d^e ville et communauté de Thonon,
et avec eux Noble et Spectable Claude Depraz Docteur és
droits Lieutenant du d^t juge mage du Chablais; Noble et
puissant Guy Joly Seigneur de Vallon, et les hon^{bles} Pierre
Michaud, André Meynet Jean Dufrêne, Pierre Dubouloz
greffier Ducal de Chablais, Nicolas Guigonaz, Charles
Levraz, et Claude Combarz, Bourgeois de la d^e ville de
Thonon, nommés, convenus et spécialement elus en conseil general, tenu le jour de hyer pour la passassion du
present acte, comme appert de la conclusion du d^t conseil
aux pieds des presentes, par teneur inserée, d'autres des
parties, promettant aussy faire avoüer et ratifier le contenu
du présent acte par le conseil de la d^e ville, à requète et
aux peines que dessus les quels sçachants, prudens, et
bien avisés, ét de leurs affaires, negoces, droits et actions,
chacun en son endroit bien informés et certiorés, pour et
au nom, et en la qualité que chacun d'eux respectivement
agit, és tant qu'il lui touche et appartient, ont respectivement transigés, et comme dit est, arrête comme cy après
premièrement que les sindics et conseils ordinaires de la d^e
ville et communauté de Thonon annuellement élus par le
general, selon la coutume observée cy devant, sera incorpore, uni conjoint avec celui de la Ste Maison, à la
charge toutefois et conditions expressement réservées, que
le conseil d'icelle maison, quant aux seculiers seulement,
seront elus des Bourgeois de la ville, fesant tous un même
corps et non divers, et sans qu'aucun etranger puisse entrer en icelui, que premier ne soit reçu Bourgeois; et c'est
pour regir administrer et gouverner tous les biens et revenus de la Ste Maison que ville de Thonon, cy après
ensemblement unis avec toutes fois la participation et avis
des sieurs Ecclesiastiques de l'Oratoire de la d^e Maison,
même en l'assistance et presence du d^t prefet ou viprefet
d'icelle, soit de son lieutenant, ont en outre traite et convenu que la d^e ville rapportera tous et un chacun ses biens

et revenus communs, tant ecclesiastiques que seculiers à la d° Ste Maison, comme le prioré de St Hipolite de Thonon, cure de Tully, confrerie du d^t Thonon en l'etat qu'ils sont, les revenus des fours, Boucherie, laides et moulins, avec leur honneur et charge et autre revenus de la d° ville et communauté, de quelle espèce, qualités et condition qu'ils soient, tant meubles qu'immeubles, noms, et actions et credits, moyennant quoy et en conformité de ce, icelle de d° Ste Maison, et à cette charge, acquitte la d° ville, tant envers la Seigneurerie de fribourg, de sept mille sept cent ecus d'or pistollées, item de trois cent ecus d'or pistollées dûs à Genéve, que consequemment de tous autres dettes, dû par la d° ville et communauté, à qui que ce soit, des quels sera baillé et fait Rat à part; et en supposant par la d° Ste Maison et conseil sus d^t toutes les charges de la d° ville publiques et nécessaires, comme mieux sera avisé par le dit conseil, demeurant le tout comme sus est dit, uni et conjoint ensemble, la d° Ste Maison, conseil, et ville de Thonon, ensemble leurs revenus avec honneur et charge, et de rapporter le tout à la d° communion, et sous les expresses reserves suivantes, au profit de la d° ville, du commun consentement des d^es parties, mises, et apposées; premièrement que les priviléges, franchises, et immunités de la d° ville et communauté de Thonon, comodées par les très illustres Comtes et Ducs de Savoye nos souvrains princes, demeureront dans leur force et vigeur, et seront observées de point en point selon leur forme et teneur, sans aucunement contrevenir et moins les enfeindre n'y qu'il soit inové aucune chose au prejudice d'iceux ains au contraire, si le besoin que la d° Ste Maison les puisse faire emplifier, item que tous contracts qui seront par cy après faits, seront scelés des sçeaux tant de la d° Ste Maison que de la d° ville, où vraiment les d^ts deux sçeaux seront unis ensemble, ainsy que mieux sera avisé par le d^t conseil, item que les d^ts sindics et conseil seculiers, feront les Bourgeois et habitants de la d° ville privatoirement des ecclesiastiques, à leur façon accoutumée, item qu'il sera annuellement employe un chart de vin

XL

blanc, de celui des dixmes du prieuré et cure de Tully, et six écus d'or pour le tirage du pape-Gay des arquebusiers suivant la coutume de tous temps observée; item que le Roy des arquebusiers de la d^e ville, sera exempt et franc du payement d'aucune lois dixmes ou censes et fournages, dependant de la d^e union, aussy comme est accoutumé du passé à forme des franchises, item que les sindics et secretaires de la ditte ville et Ste Maison tant modernes qu'avenirs, joüiront des mêmes privileges, imiminutés et exemptions que les précédents en ont cy devant joüis et à l'accoutumé, item que tout ce qui a été fait et negocié par les précédents sindics et conseils de la d^e ville de tout le passé jusqu'a présent, aura lieu et demeurera en ses force et vigueur, sans prejudices des droits pour la retraction des biens alienés en remboursant les sommes, item que les Bourgeois de la ditte ville, ne payeront que moitié lots des acquis, qui seront par eux faits des biens mouvants du fief du d^t prieuré, cure de Tully, et autre direct de la d^e union item que pour raison de la montagne de Vallon, Foron, et dependances d'icelles, les d^{ts} nobles et bourgeois en joüiront comme cy devant ils en ont accoutumés, et la d^e Ste Maison en pourra aussy joüir, ayant du bétail, pour l'hopital d'icelle, car ainsi que dessús a été entre les d^{es} parties respectivement dit, conclu et arrêté, sauf neanmoins en tout et partout le bon plaisir et vouloir de S. S. et de Son Altesse aux quels tous les d^s nobles Sindics, conseil et Bourgeois de la ville de Thonon, comme aussy les administrateurs de la d^e Ste Maison, se sont soumis et soumettent; promettant à cette cause les prenommées parties, et chacune d'icelle respectivement, au nom et en qualité quelles agissent, et tant qu'il leur touche, et appartient pour eux chacun d'eux, et leurs predits par leurs serments, par chacun d'eux prêté, savoir, par les d^s Srs Ecclesiastiques, *manus ad pectus opposita more Religiosorum,* et par les d^s Seigneurs d'Avully nobles Sindics et autres Sus nommés sur les S^{tes} Ecritures de Dieu, par chacun d'eux manuellement touchées, et sous l'expresse obligation et générale hipotheque de tous et un chacun les biens et revenus, droits, noms, et action tant de la d^e Ste Maison que de la dite ville et communauté, presents et avenirs, que pour l'observation du present contract chacun en son endroit se constitue tenir l'entier contenu du present publique acte de transaction et union, et toutes choses contenües, narrées et écrittes, avoir et perpetuellement tenir pour agreables, stables, permanentes, fermes, bonnes et vallides, sans jamais vouloir venir à l'enfeindre directement où indirectement, publiquement ny occultement par eux ni par autres personnes interposites, en jugement ny dehors, ainsi aux contrevenants où contrarier, veuillants de tout leur pouvoir obvier et defendre, notamment de rapporter les aveux comme sus est dit, à peine de tous dams, depens, dommages, interêst, qu'à défaut des choses promises s'en pourroient ensuivre par le contrevenant d'avoir à payer et supporter, renonçant par même moyen les d^es parties et chacune d'elles respectivement au nom et en qualité qu'ils agissent, et leurs predits par vigueur de leurs serments, et obligation de biens que dessus, à tous universels et singuliers droits et lois à ces presentes contraires, à la loi des rescisions, à tous reliefs et benefices d'absolution de serment, et restitution en entier, au droit par le quel aux errants et blessés en leur contract subvenû et autres lesions et generalement à tous autres droits et lois, par et en vigueur des qu'elles, tant de fait comme du droit de coutume, et autrement aider et valloir, leur pourroient à aller faire dire ou venir contre le present contract en son contenu maximement au droit disant contract fait hors jugement et non devant la justice ordinaire de la generale renonciation, non valloir force que précede la spéciale, veuillant les d^es parties leur être fait des choses prémises à chacune d'elles en acte d'une même substance et teneur fait et passé dans ladite ville de Thonon, dans la maison du d^t noble et respectable Claude Deprez, presens à ce noble et spectable Pierre Ducret, docteur és droits, avocat au Siége mage de Chablais, Noble Jacques De Rochette de la Bonneville en faussigny, hon^te André Allemand, Mermet, Natey, resident au dit Thonon, Jean feu Pierre Borey, et

Claude feu Nicolas Thonioud de Megevette, temoins connus aux choses premises assistants requis et appelles.

Teneur de la d° Conclusion de Conseil.

Du dimanche sixième jour du mois d'octobre, en l'année de salut courant mil six cent et deux ; etant les nobles et hon^{bles} Sindics, conseil et Bourgeois de la présente ville de Thonon excedant les deux parts, les trois faisant le tout des Bourgeois de la d° ville assemblés en conseil general au son de la grande cloche, en la maison de ville, en la présence, assistance de M. le juge mage de Chablais, aux fins de faire nouvelle section de sindics, conseillers, et autres officiers et administrateurs du bien publique, suivant la coutume, et après avoir invoqué le St Nom de Dieu et de la glorieuse vierge Marie, ayant oüi la S^{te} predication, et remontrances faites par le reverend pére Cherubin de l'ordre des Capucins auroit été procede à la nouvelle election de Sindics conseillers, et autres officiers publiques ; ce qui auroit été remontré et mis en fait par le d^t premier Sindic, comme par le malheur, violence et injure de la guerre de la d° ville et communauté de Thonon se trouvoit engarriée à de grandes, notables, et égreges sommes d'argent, tant à Fribourg, Genève, qu'ailleurs occasions des quelles dettes souffroient de grands interests et depens insuportables, et puisque par le vouloir de Dieu, il auroit plú à la bonté de notre St Pére le pape, et de Son Altesse souvraïn Seigneur et prince, fonder en la presente ville de Thonon, une maison de refuge pour les convertis à la S^{te} foy et religion catholique, apostolique et romaine icelle dotter et orner de plusieurs dottations et revenus ; qu'il seroit fort utile et necessaire, tant pour l'avancement de cette S^{te} œuvre et maison, que pour le soulagement de la d° ville et communauté, et payement de ses dettes, d'unir, joindre et incorporer les biens, droits et revenus de la d° ville, tant ecclesiastiques qu'autres, à la ditte Sainte-Maison afin que par le moyen d'une telle union, la d° ville et communauté pût recevoir soulagement et repos, et la d^e Ste Maison reçoit plus d'avancement, même pour obvier aux dissentions qui pourroient survenir entre la d^e Ste Maison, et la ville et communauté étant desunis et séparés l'un d'avec l'autre, occasion tant de la repeticion de leurs droits respectivement qu'autrement, ce que murement consideré et premedité par la noble assemblée, ont unanimement, *una voce dicentes*, dit, conclú et arrêté ; la dite union ne pouvoir redonder qu'au grand soulagement de la dite ville et communauté, pour ce qu'en suivant le proverbe ancien qui dit *unio fortis, divisio vero fragilis,* icelle union se devoir faire sans aucun retard, et pour ce effectuer, auroient nommés, choisis et elus les Nobles et hon^{bles} Fornier et Claude Belpoys modernes sindics, noble et spectable Claude Deprez Docteur ès droits, lieutenant dans la judicature mage de Chablais, noble et puissant Guy Joly Seigneur de Vallon, Pierre Michaud, André Meney, Jean Dufrêne, Pierre Dubouloz greffier Ducal de Chablais, Nicolas Guigonnaz, Charles Levraz, et Claude Combar tous Bourgeois de la d^e ville, aux quels ont donnés tout pouvoir, pleine puissance et authorité de transiger, negocier et autrement contracter et arrêter avec les S^{rs} viprefet conseillers de la d^e Ste Maison des biens, droits et revenus de la d^e ville et communauté, ainsy que leurs prudences connoitront être plus expedient et necessaire pour le soulagement, repos et tranquillité de la ditte ville et communauté, sauf en tout et partout le bon plaisir et vouloir de Sa Sainteté, et de Son Altesse, aux quels ses humbles Bourgeois de sa d^e ville de Thonon se soumettent, avec promesse d'avoir ágré, et ratifier tout ce que par eux sera en ce fait, contracté, arrêté, et autrement besogné et négocié, et de les relever pour eux et leurs successeurs, s'il y échoit, des quelles choses premises, moy sous signé notaire Ducal et secretaire de la d^e ville, ai en la presence du S^r juge-mage, et par commandements des d^s nobles sindics et conseil general aux sus d^s nommés commis et elus, concedé acte pour leur servir et valloir en tems et lieu, sous ma signature et impression du scel commun de la d^e ville pour la plus grande corroboration donné au dt Thonon, en conseil general, Rolluz secretaire donné par copie extrait sur son propre original, düe collation faite, et combien d'autre main soit écrit. Ainsi est : signé Rolluz not°.

Et moy Joseph Perroud notaire royal collégié sous signé à requête de Mᵉ Joseph Marié Betemps procureur au siége mage de Chablais, et à requête du conseil de la ville de Thonon, ai fait extraire le present double sur celui à moy exhibé par le dt Mᵉ Betemps, et après l'avoir düement collationné, et sur les requisitions du dt Mᵉ Betemps en sa qualité, et du dit conseil je l'ay signé et expédié pour l'office du Tabellion à Thonon, quoique d'autre main soit écrit. Signé Perroud notaire avec paraphe.

Je sous signé, Jean Antoine Carron secretaire insinuateur, au bureau du Tabellion de Thonon, ay insinué le present, à la requision de Mᵉ Joseph Marie Betemps en sa qualité, au registre des ecritures de main privée, et ai reçu trente sols pour les droits d'insinuation, à Thonon le second aoust mil sept cent cinquante quatre. Signé Carron insinuateur commis avec paraphe; ainsy est : Delacroix l'ainé, substt insinuateur, Thonon ce vingt cinq juin 1790.

(Manuscrit Pescatore.)

DOCUMENT N° 13

Cession en faveur des seigneurs de Fribourg par la Sainte-Maison de Thonon, du 14 may 1605.

A tous soit notoire comme ainsi que les nobles sindics, conseil et communauté de la ville de Thonon eussent passés obligation en faveur des illustres et puissans seigneurs de la ville et canton de Fribourg, en Suisse, de la somme de trois mille et deux cents écus d'or pistollées à cause du prest pour la préservation et maintenance de leurs revenus du prieuré de Saint-Hippolite, comme est contenu au contrat obligatoire reçu et signé par honorable et prudent seigneur Withiclin Rechterman, lors secrétaire du d^t Fribourg, du 13 aoust l'an 1583, pour assurance du payement de la qu'elle interest d'icelle, et autres accessoires, les d^s Seigneurs Sindic, et conseil de Thonon, auroient obligés et hypothequés tous et un chacun les biens et revenus de la d^e ville, et le terme du payement de la d^e somme étant des longtemps expiré, les d^s illustres et magnifiques seigneurs de fribourg n'en pouvant être payés seroient été contrains faire proceder à levation, criées et subastations des biens communs, et revenus de la d^e ville et communauté du d^t Thonon, et nottamment du prieuré St Hypolite fondé audit Thonon, et generalement de tous les autres biens appartenant à la d^e ville de Thonon, et après plusieurs procedures faites pour les d^s magnifiques Seigneurs de fribourg par voye de justice contre les d^s de Thonon par contrat du 20 et 5 Septembre 1598, reçu par Mr Mugnier no^e de la ville de Thonon, auroient consentis qu'a faute du payement de la d^e somme principale, interest et accessoires liquidés, et arrêtés par le d^t contrat, icelles subastations eussent lieu autant que resulte du d^t contrat; et comme Son Altesse de Savoye, environ le dit temps se trouvant au dit Thonon, pour l'avancement du retablissement de la religion catholique, apostolique et Romaine, rière le balliage du d^t Thonon, il auroit fait entendre de sa propre bouche aux Seigneurs ambassadeurs de fribourg, qu'il ne vouloit que le d^t prieuré fut possédé par eux, n'y par la d^e ville de Thonon, ainsy que le payement des sommes dües aux d^s Seigneurs de fribourg, par la d^e ville de Thonon fut fait d'ailleurs afin qu'ils s'en departissent; et qu'étant remise la d^e Religion Catholique au d^t Thonon, comme il étoit anciennement, l'ayant dédié à la fondation de notre Dame de Compassion; à la qu'elle comme zélateur de la sainte Foy catholique il l'auroit du depuis remis avec leurs droits à lui appartenans sur icelui, et pour le recourt du payement de dette des d^s Seigneurs de fribourg, lui auroit donné provision sur les biens des d^s seigneurs de Thonon, ainsy qu'il resulte des patentes de Sa d° Altesse du 10 et 9 de 9ʙʳᵉ 1598, sur la qu'elle provision, les dˢ de Thonon plaidans contre les magnifiques Seigneurs du dᵗ fribourg, tant pour le principal, interest et accessoires de la dᵉ somme ; de la qu'elle ils n'auroient oncque voulû faire aucun payement, seroient ensuivi grandes procedures, tant par devant le Souverain Sénat de Savoye que ailleurs et grands frais et depends suportés par les dˢ Seigneurs de fribourg, pendant les quelles iceux des Seigneurs auroient étés priés par le Rᵈ Père Chérubin prédicateur de l'Ordre des Capucins pour obvier aux emoluments de l'arrest qui etoit prest d'étre rendù au dit Senat, de surseoir les dᵉˢ procedures, en consideration que les Sindics du dᵗ Thonon auroient priés et requis les officiers de la dᵉ Sᵗᵉ Maison notre Dame de Compassion les vouloir aider et sortir de telle facheries et de ce dette, avec offre de bailler à la ditte Maison de leurs biens en recompense, si que les Seigneurs de fribourg meus de compassion inclinant à telle priere, auroient fait faire compte avec la dᵉ ville de Thonon de toutes choses contenant ladite dette, et fut icelui compté et arrêté à la somme de sept mille sept cent écus d'or pistollées, aux conditions portées par le dᵗ contrat ; de la qu'elle somme ils s'obligent ainsy qu'est contenu en l'acte reçu et signé Montenacle du 10 et 9 7ᵇʳᵉ 1602, et par le dit acte baillerent quelques cautions, et pour payement d'icelle somme relâcherent les biens communs de la dᵉ ville de Thonon à forme des precedents contrats, et pour le soulagement de la dᵉ ville de Thonon, la dᵉ Sᵗᵉ Maison se chargea du dᵗ dette, et entra en la place des dˢ Seigneurs de fribourg, moyennant l'assurance que leur en fit la Sᵗᵉ Maison sous la caution du seigneur d'Avully et autres personnages au nom de la dᵉ ville, et la remission que réellement leur fut faite pour le dᵗ dette de toutes les sommes d'or et d'argent et des aumõnes ceuillies en la bassine du grand jubilé, celebré au dit Thonon l'an 1602, s'etant du depuis la dᵉ Sᵗᵉ Maison par diverses voyes et manières mise en devoir de satisfaire la sus dᵉ Somme de sept mille sept cent écus avec les interests courant d'icelle à raison de cinq pour cent, dès la datte du d^t contrat obligatoire du dit 10 et 9 7bre, l'an mil six cent deux, Signé Montenacle tellement que les d^s Seigneurs du d^t fribourg se tiennent pour ce regard bien contens de la d^e Ste Maison, et mal satisfaits des d^s de Thonon qui ayant promis de relacher promptement leurs d^s biens communs, pour payer la d^e somme de sept mille sept cent ecus d'or pistollées, et interest courans, n'en auroient tenus compte, et en sont toujours saisis non obstant diverses poursuites faittes par les d^s Seigneurs de fribourg, par lettres et messages à eux envoyés; ensorte que après plusieurs sommations et procédures faittes contre les d^s de Thonon, la Ste Maison n'ayant voulu permettre ultérieures facheries tant aux d^s Seigneurs de fribourg, qu'à la d^e ville de Thonon, elle auroit envoyé des députés en cette ville du d^t Fribourg, à sçavoir Noble Claude Marin, procureur fiscal pour Son Altesse de Savoye, au pays de Chablais, à ce specialement deputé par les officiers et Conseil de la Ste Maison apparait de sa procuration reçüe et signée par Mr Mugnier, n^e, du 6me jour du present mois de may 1605; et Noble et Spectable Pierre Ducret, Docteur ès-droits, et avocat en Chablais, et des Conseillers de la d^e Ste Maison qui se sont présentés pour faire compte final de la somme düe des interest échùs de la d^e année 1602, jusqu'à ce jourd'hui ayant remontre, et fait apparoir par écrit que les d^s de Thonon n'ont aucunement daignés venir pour faire le d^t compte, n'y apporter les deniers des revenùs des prises des d^s biens des quels ils sont saisis sur la sommation de ce faire à eux faitte par les officiers, et conseil de la d^e Ste Maison; et à ces fins ont les d^s deputés fait compte tant du principal du d^t dette que censes encorües et accessoires au contentement des d^s Seigneurs du d^t fribourg, les quels ne voulant que la d^e Maison ne succombe sous le fardeau de ce dette, et de diverses pertes, et dommages souffert pour n'avoir reçu des d^s Thonon les biens ceddés et remis pour payement de la d^e somme, ont voulu passer le présent acte en faveur de la d^e Ste Maison; pour ce, est il que le 14 may l'an 1605, Nous le lieutenant et conseil de la ville et canton du d^t Fribourg, par ces presentes signées des mains du Secrétaire de notre d^e ville, et düement Scellées de notre Sceau secret, confessons avoir eù et reçù tant en argent qu'en obligations des officiers de la d° Ste Maison notre Dame de compassion de la ville de Thonon, en la présence et stipulation du d^t Rnd père Cherubin, et du d^t Noble Claude Marin procureur fiscal pour son Altesse de Savoye en Chablais, administrateur et procureur de la d° Ste Maison, du d^t Noble et spectable pierre Ducret icy present et acceptans pour et au nom de la d° Ste Maison, et successeurs d'icelle à savoir la somme de sept mille sept cent écus d'or pistollées, non compris les quatre vingt et deux écus de même espèce quittés au d^t Thonon, en la qu'elle les d^s Sindics et communauté du d^t Thonon, nous étoient obligés et redevables par la sus d^{te} obligation, et par le dit compte final, arrêté par les d^{ts} nobles Sindics de Thonon, et procureurs d'iceux le dit jour 19 7bre 1602, et la cause, et interest d'icelle, dez le dit jour jusqu'à present à raison de cinq pour cent, sans y comprendre les frais et depends supportés de la d° Ste Maison, de la qu'elle somme totale de sept mille sept cent ecus d'or pistollées, comprenant dans iceux les mille ecus de même espèce ceddés, et par nous quittés à la d° Ste Maison, en l'honneur de Dieu et de Notre Dame de compassion, et pour l'avancement de la bonne intention de Sa Sainteté comme est pour ce par le d^t contrat, et obligation du d^t 19 17bre 1602, et des interest en dependans, revenans pour deux ans et huit mois, à mille vingt sept écus d'or pistollées, l'un la valeur de trente et un Baches, selon le court du present, qui font huit florins monoye de Savoye ; nous tenons pour bien payés contens, et bien satisfaits pour les officiers de la d° Ste Maison, comme aussy de tous accessoires encourrùs de tous le temps passé jusqu'à present, et en quittons les d^s Seigneurs Sindics de Thonon, et la d° Ste Maison, moyennant le payement susdit fait par la d° Ste Maison de ses propres deniers, et promettons la tenir quitte envers et contre tous, sans jamais par cy après leur en rien demander, et les signes de vrai quittance, et moyennant le payement susfait avons rendus, remis et ex-

XLIX

pedié en suivant l'ordonnance et determination du petit et grand Conseil de notre d^e ville du d^t fribourg du 4 9bre 1604, au predit noble Claude Marin, au nom de la d^e Ste Maison, Notre Dame de compassion du d^t Thonon, les contrats d'obligations subastation par le compte final, et autres titres et piéces fesant en notre faveur, de toutes les qu'elles piéces, toutes fois du vouloir, et consentement du d^t Rnd pére Cherubin, et des d^s nobles, Claude Marin, et Ducret nous sommes retenus copies düement collationnees, sur leurs propres originals et vidimés, comme il appartient, et est de coutume en ce pays par Rnd Messire Antoine Dupaquier Docteur en théologie et droit canon chanoine en l'Eglise Collégiale St Nicolas du d^t fribourg, vicaire general et officier de l'eveché de Lausanne, à forme de l'inventaire Signé par le d^t Rnd pêre Cherubin et notre general françois Desgranges le troisième jour du présent mois 1605 pour nous en servir avec le tems si le besoin fait, contre qui il appartiendra et comme verrons par raison, et à ces fins avons ceddés, quittés, remis et transporté, ainsy que par les presentes nous ceddons, quittons, remettons et transportons à la d^e Ste Maison Notre-Dame de compassion, officiers et administrateurs d'icelle, tous, et un chacun nos droits, noms et actions que nous avons et pouvons avoir contre les Seigneurs et d^{ts} Sindics, conseil et communauté de la d^e ville de Thonon, et leurs cautions nos debiteurs, et sur leurs biens, tant en général qu'en particulier, tant en vertu des d^{es} obligations et contrast du 20 et 6 7bre 1598, subastations qu'autres sus remis, au predit Noble Marin Claude, en façon que ce soit, et mettons en notre propre lieu et place la d^e Ste Maison, même en droit d'anteriorite d'hypotheque sur les biens des d^s de Thonon qu'ils possédoient en l'année 1583, datte de la première obligation à la qu'elle anteriorité n'avons ousques derogés, et la constituons notre procureur special et irrevocable, comme en notre fait, et chose propre pour poursuivre les d^s droits, et remboursement des d^{es} sommes avec pouvóir d'en passer une ou plusieurs quittances, en faveur de qui il appartiendra, et de faire et dire, tout ainsy que ferions si en propres personnes y étions, et que eussions pû faire avant la stipulation des presentes, et ce avons fait avec expresse reserve que la d⁰ S¹ᵉ Maison laissera à la présente ville et canton de Fribourg les deux places en la d⁰ S¹ᵉ Maison pour y être aux depends d'icelle ditte S¹ᵉ Maison entretenir deux jeunes personnages selon qu'ils seront capables, soit pour les etudes des lettres, apprentissage de quelque metier, à forme du dᵗ contrat et obligation du 10 et 9 7ᵇʳᵉ 1602, au quel nous n'entendons aucunement deroger par la presente cession concernant le dit entretenement des dˢ jeunes personnages, n'y à la donation des susdits mille ecus à la d⁰ S¹ᵉ Maison ; et promettons par foy et serment avoir les presentes pour agreables sans jamais y contrevenir en la façon, et manière quelconque par nous, où nos successeurs, avec foy de verité avons expediées les presentes, au dᵗ noble Claude Marin, au nom, et comme procureur, et administrateur d'icelle d⁰ S¹ᵉ Maison, signées par le secretaire de notre d⁰ ville, le jour et ans, que dessus nous retenons un double d'icelle pour nous en servir pour les peines fesons en notre faveur contre qui et appartiendra, et comme verrons à faire par raison. Signée : Montenacle.

(Manuscrit Pescatore.)

DOCUMENT N° 14

Transaction passée entre la ville de Thonon et la S¹ᵉ maison de Thonon au sujet des dimes du prieuré de S¹ Hipolite et de la cure de Tully, du 24 juin 1605. philipé nô⁰.

Comme ainsy soit que son Altesse heureusement regnant auroit remis par pattentes signées de sa main en datte du 2ᵈ mars 1584, la possession et tenute du revenu et jouissance des biens dependans du prieuré de S¹ Hipolite de la ville de Thonon, durant son bon plaisir et aux conditions qu'il sera loisible à sa d° Altesse de quand bon lui semblera rendre et restituer la Somme de trente cinq mille florins net legitime accessoire, en la qu'elle étoit tenu la communauté de Thonon pour cause de la perception et jouissance des sus d^s revenus et par ce moyen rentrer en la possession et jouissance des d^s biens fruits et revenus, et que feu d'heureuse memoire Emanuel Philibert père de sa d° Altesse par patentes Signées de sa main du 14 8bre 1569, eusse infeudé et abbergé à la dite ville de Thonon les fruits et revenus de la cure de Tully, pour le prix et somme y contenus, et ce pendant que l'hérésie regnoit ès pays et duché de Chablais, laqu'elle comme il auroit plu à sa divine bonté de remettre les d^s pays, à la primitive foy et église catholique apostolique et Romaine, et c'est moyennant l'assistance faveur et secours de son Altesse, duquel il auroit plu à Dieu se servir pour l'extirpation de l'hérésie, et pour conserver la d° religion et foy catholique et Romaine, afin de donner moyen aux Ecclésiastiques et autres, fesant pour la conservation et augmentation du service divin, auroit plût à la d° Altesse, moyennant la volonté et permission de Notre St Père le Pape, instituer et fonder la S^{te} maison de Notre Dame de Compassion, en la ville de Thonon au Duché du Chablais, et à icelle unir et incorporer les biens et revenus du d^t prieuré de St Hipolite et cure de Tully, comme par pattentes signées de sa main, en datte du dernier juillet 1601 et autre du 6 janvier 1602 et encore par autres patentes de 29 9bre 1603, toutes vérifiées au Souverain Senat et chambre des comptes de Savoye, en vertu des qu'elles patentes la d° Ste Maison auroit pris l'actuelle et réelle prossession tant du prieuré de St Hipolite que cure de Tully, que aussy de leurs biens fruits, et revenus en dépendants du sçu et consentement de la ville de Thonon, qui en auroit fait et passé cession et rémission en faveur de S. A. encore à la d° Ste Maison, comme par acte du 25me Septembre 1599, signé par les d^s Sindics, et reçu par Me Guigonat no^e et autres du 9 7bre 1603, et encore par autre déclaration du 6 novembre 1601, et que la d° Ste Maison a été en partie possesseresse des fruits et des revenus dependans d'icelui ; et sauf des aliénés par la d° ville au préjudice desquels dottation faite par S. A. cession et rémission susd° et autres droits qui competent à la d° Ste Maison, les dits Sindics et communauté de la ville de Thonon ont spolié de leur propre authorité, la d° Ste Maison. Sur quoi icelle Ste Maison auroit intenté procès contre les d° Sindics et communauté de Thonon, duquel procès les parties seroient tombés et traités amiable par devant l'Excellence Monseigneur d'Arbigny lieutenant général pour son Altesse deça les monts à l'assistance et présence du Seigneur Derochette premier président au Senat de Savoye, les Delaroche premier président à la chambre des comptes, les présidents Dulugniat et Sénateurs faire arbitre respectueusement convenus et appelés, à ce par Sa d° Excellence le Seigneur avocat général et patrimonial de Son Altesse, les quelles parties auroient comparus assistés de leur avocat, et a été remontré de la part de la Sainte Maison le d^t Spolio, et comme il eut plu à Son Altesse donner ordre pour le remboursement de la d° somme de trente cinq mille florins et accessoire par elle retiré de la d° ville de Thonon à cause du d^t prieuré par mandat octroyé et expedié à la d° ville de Thonon du 23me 7bre 1599, à la d° Ste Maison, et non obstant la requête et instante prière de la d°ville de Thonon, Icelle Ste Maison a payé et satisfait au nom de la d° ville, non seulement tant de la somme de trente cinq mille florins et accessoires, pour la qu'elle le dit prieuré étoit remis à la d° communauté, mais la somme de Sept mille sept cent écus d'or pistolées, en la quelle la d° ville de Thonon étoit obligée à la Seigneurie de fribourg, par obligation du 19me Septembre 1602. Signé Montsenat, par renovation d'autre precedente obligation désignée ensemble les interest de la d° somme de l'année 1602, revenant à la somme de douze cent écus d'or, pour le payement des quelles sommes le d^t prieuré et tous autres biens et revenus de la ville étoient obligés, étant la d° ville molestée par la d^{te} Seigneurie de fribourg et poursuivie par devant le Sénat, où la d° cause étoit assignée en audience prets à

juger et pour lever la d^e communauté du d^t dette et moles-
te, inclinant à la d^e prière, auroit fait le sus dit payement
en et des deniers provenus, tant des aumônes que offrandes
faites lors du St Jubilé de Thonon, en l'an 1602; ainsy
que resulte par acte de quittance et cession passée par la
d^e Seigneurie de fribourg, en faveur de la d^e Ste Maison, en
datte du 14 may dernier reçu et signé de Montchenat, et
pour ce regard concluoit la d^e Ste Maison, à la reintegrande,
maintien et retien de tous les biens, fruits et revenus de
la cure de Tully, et du dit prieuré, en deduisant et pre-
comptant, les d^s trente cinq mille florins et accessoire, sur
cette ditte somme payée à la Seigneurerie de fribourg, à la
charge que la d^e ville de Thonon sera tenue rachetter tous et
un chacun les biens qui se trouvoient avoir été aliénés des
d^{ts} benefices, à leurs propres frais et depens, et iceux mettre
et retablir à la d^e Ste Maison, et leur en passer revente,
comme ayant droit de son Altesse. Comme aussi le rembour-
sement du surplus de la d^e somme, qui excede la somme
de trois mille écus pistolées, et les d^{ts} Sindics au contraire
auroient fait offre de rétablir la d^{te} Ste Maison en la possession du d^t prieuré et cure de Tully, en l'etat qu'il est à
présent, et leur en passer revente, avec cession de droit,
pour les biens aliénés, sans être tenù au reachept ni à aucune eviction ni maintenance, attendu que le prix d'iceux
a été employé pour le service de S. A. comme ils feroient
apparois par une réelle décharge de la d^e ville, et que d'ailleurs il leur seroit impossible de faire le reachept des d^{ts}
biens causant la pauvreté en la quelle la d^e ville se trouve
être réduitte, suppliant Sa d^e Excellence les S^{rs} arbitres de
faire considération, sur les quels differents parties oüies,
ils auroient jugé et arbitré, comme cy après est contenù, à
quoi les d^{es} parties auroient respectivement acquiescé pour
bien de paix, pour ce est il que l'an ce jourd'huy vendredy
vingt quatrième juin 1605, par devant moy no^e apostolique
et Ducal de Chambery Sous Signés et presents les temoins
bas nommés établis et constitués en leur personne, Noble
françois Joly dit d'Anthy premier sindic de la ville de Thonon, Noble Guy Joly Seigneur de Vallon, et Mr Claude

Combara Bourgeois de Thonon no^e Ducal procureur et au nom de la ville et communauté du d^t Thonon comme appert par acte de procuration en datte du 22 may dernier reçu et signé par Mr Rollaz no^e Ducal, et secretaire de la ville de Thonon cy bas tenorisée d'une part et noble Claude Marin procureur fiscal de S. A. en Chablais administrateur de la d^e Ste Maison, et procureur à ce specialement fondé pour les affaires et conservateur d'icelle par acte reçu et signé par Me Guérin Mugnier no^e Ducal du 23 may dernier, aussy cy bas tenorisé et avec lui le R^{end} père Cherubin capucin, et Mr Daniel Jacques procureur au Souverain Senat de Savoye, et de la d^e Ste Maison, les quels ont transigés et convenùs comme cy après. Savoir en premier lieu ont renoncés et renoncent à tous procès, acte et procedure par cy devant fait, occasion du sus d^t different, depens respectivement supportés compensés en suivant la d^e ordonnance arbitramentale, faite par les d^s Seigneurs arbitres, et par eux signée cy après tenorisée teneur de la d^e ordonnance arbitramentale, que les Syndics de Thonon reviendront et feront retrocession en faveur de la d^e Ste Maison notre Dame fondée au dit Thonon. Comme ayant le droit de Son Atesse de tous et un chàcun des biens fonds, rentes dixmes, et autres quelconques dependans du prieuré de St Hypolite, à la forme qu'ils sont accoutumés d'être perçus suivant l'acte devant et reservations du dit reachept, fait et passé en l'année 1584 et ce fesant, vuideront et relacheront à la d^e Ste Maison, droit ayant comme dessus de Sa d^e Altesse, de tous ceux des d^s biens qui se trouveront en être de présent et non encore aliénés, és semblablement les biens dependants de la cure de Tully en quoiqu'ils consistent et c'est promptement sans retardation, et sans y mettre aucune difficulté et par même dit moyen rendront tous les droits, biens concernant le prieuré, et cure de Tully, et pour le surplus des autres biens qui se trouveront aliénés, en fera le dit procureur general de Son Altesse la d^e instance et poursuite par devant le Senat, contre les possesseurs et detenteurs, afin de les remettre et reunir au dit revenu de la Ste Maison suivant la bonne volonté de Son Altesse, dans une année prochaine avenir, et pendant icelle année, à la charge que si les d^{ts} biens ne se pouvoient reunir et remettre à la d^{te} Ste Maison dans les temps susdits d'une année, en tout ou en partie, iceux Sindics demeureront tenus et obligés à maintenir, et feront bon au profit de la d^e Ste Maison ce qui ne pourra se reunir et remettre comme dessus, et sans que la d^e Ste Maison soit tenüe à aucune garantie pour les d^s biens aliénés, et ce qui ne pourroit dépendre, de même seront tenus les d^s Sindics de rendre et restituer dans la quinzaine après la passassion du présent contrat à ceux de la d^e Ste Maison, les fruits par eux perçus es biens du d^t prieuré pour les trois dernières années sachant en brief ce qu'ils auront retirés ; lesquels fruits seront mis à compte de l'interest des sommes dües à fribourg par les d^s Syndics, chargeront encore et remettront les d^s Sindics à la ditte Ste Maison, les biens fruits et revenus dependans de la Confrerie du St Esprit, ensemble tous titres de la ditte confrérie, pour être affectés à la chapelle de notre Dame de Compassion, sur le grand autel de l'Eglise de Notre Dame du d^t Thonon auquel lieu sera retablie la dite confrérie, et moyennant ce que dessus ceux de la Ste Maison rendront et restitueront aux dits Sindics les obligations tant des sommes principales, que des interest et depens és quels la d^e ville et communauté de Thonon étoit tenue et obligée à la Seigneurerie du canton de fribourg, avec la quittance entière des d^{es} sommes principales, dommages, interêst et depens ; des quelles prières, sera fait copie authentique en faveur d'icelle Ste Maison, partie où ses procureurs à ce appelés pour servir à la Ste Maison en tems et lieu, à faute d'observation des choses sus d^{es}, demeurant aussy par même moyen Sa d^e Altesse à la d^e Ste Maison acquittée de la somme de trente cinq mille florins renforts de monnoye depens et accessoires, que pouvoient pretendre les d^s Sindics, occasion de la d^e vente, et sans qu'ils en puissent jamais pretendre ni demander, en signe de quoy rendront le mandat de Sa d^e Altesse, à la d^e Ste Maison pour avoir payé au nom de Sa ditte Altesse les d^s trente cinq mille florins et legitimes accessoires, et sauf aux dits Sindics de pouvoir recourir à Sa d^e Altesse, pour ce qu'ils pretendent avoir fourni par son commandement et pour son service, outre les charges ordinaires et extraordinaires; iceux Noble françois Joly premier Sindic, Noble Guy Joly et Mr Claude Combard procureur sus d^t, les quels de leurs bons grés, pure, franche et liberale volonté en la d^e qualité en suivant le d^t acte de reachept, fait et passé au profit de Sa d^e Altesse par les Sindics et communauté de Thonon en datte du mois de mars 1584, ont vendús et retrondés, comme par les presentes vendent et retrondent purement, simplement, perpetuellement et irrevocablement à la meilleure forme et manière que vendition se peut faire à la ditte Ste Maison de notre Dame de compassion de Thonon, comme ayant droit de Sa d^e Altesse, le dit Noble Claude Marin procureur fiscal Sus d^t, present et acceptant au profit de la d^e Ste Maison, comme administrateur et procureur d'icelle Ste Maison et sans préjudice des autres droits de la d^e Ste Maison, qui lui peuvent competer d'ailleurs sur les d^t prieurés et cure, à savoir tous et un chacun les biens fonds, fruits, ventes, dixmes et autres quelconques appartenants et dependants du prieuré de Saint Hipolite fondé en la ville de Thonon, et de la cure de Tully, à forme qu'ils sont accoutumés être perçus et exigés pour iceux tenir et posseder par la d^e Ste Maison d'hor en avant, et perpetuellement, comme de leurs biens et choses propres, et c'est pour ce moyennant le remboursement fait par la d^e Ste Maison, à la d^e Communauté de Thonon, des sommes qu'elles se trouvoient avoir delivré au profit de Son Altesse par la vente et infeudation faite en faveur de la d^e ville et communauté de Thonon par Sa d^e Altesse du d^t prieuré et cure de Tully, bonté et renfort de monoye et accessoire legitimes, que les dits Nobles Joly et Mr Combard confesseur, moyennant le payement de Sept mille sept cent écus d'or pistollées, fait par la d^e Ste Maison à la Seigneurerie de fribourg, à la qu'elle la d^e ville de Thonon, étoit tenue et obligée, par acte obligatoire reçu et signé, stipulé par Mr Antoine Demontenar no^e et Secretaire d'état de la d^e

Seigneurerie de fribourg, datté du 19me 7bre 1602. Que moyennant aussy le payement fait par la d^e Ste Maison, et des propres deniers d'icelle, provenus d'aumônes par la d^e Ville et communauté de Thonon envers la Seigneurerie de fribourg, des intérêst de la d^e Somme principale de Sept mille Sept cent écus d'or, dés le jour 19 Septembre 1602 jusqu'à present, grace fait de surplus de ce qui se trouve avoir été payé, par la d^e Ste Maison outre la somme que la ville de Thonon pouvoit avoir tiré du prieuré et cure de Tully, les d^s Noble Joly et Mr Combard, s'en sont revetus et en outre invetu le d^t Noble Claude Marin procureur fiscal en qualité Sus d^t et ce par la tradition d'une plume à ecrire à la manière accoutumée le constituant à ces fins leur procureur special et general, pour iceux biens et revenus, jouir et posseder, et d'iceux en prendre la reelle et actuelle possession, la qu'elle il pourra prendre dès à present, et quand bon lui semblera, et sans autres ecritures, ni mandat special de juge, n'y autres dès à present avec promesse faire par les dits Nobles Joly et Combard, en qualité d^e d'accomplir et faire accomplir de point en point, tout l'arrêt du contenû, en la sentence arbitramentale et articles cy devant écrits, même de rendre et restituer à la d^e Ste Maison et administrateur d'icelle tous les droits, titres, reconnaissances du dit prieuré et cure de Tully, dans un mois prochain, et aussy de rendre et restituer à la d^e Ste Maison, dans le d^t temps d'un mois à commencer ce jourd'hui les fruits par eux perçus és biens des d^s prieuré et cure de Tully, pendant les trois années dernières ; comme aussy de faire rendre et retablir à la d^e Ste Maison, tous les biens aliénés du d^t prieuré par la d^e Ville, iceux maintenus et faire bon à la d^e Ste Maison, suivant l'article de la Sentence arbitrale, et dans le temps porté par icelle, le tout à peine de tous depens, dommages et interêst, sous l'obligation de tous les biens de la d^e ville et communauté de Thonon, qu'ils se constituent tenir, pour l'observation des presentes, et moyennant ce que dessus, le dit noble Claude Marin a presentement, en signe de vray et legitime payement des sommes par la d^e Sentence arbitrale, rendu et restitué au d' Noble Joly et Combard procureur sus dits, la première obligation passée en faveur de la Seigneurerie de fribourg, par noble et puissant Seigneur Antoine Dalinge, Conseigneur de Coudré, et feu M' Angelin Excofier, procureur de la ville de Thonon, dattée à fribourg le 13 aoust 1583, reçu et signé par M' Fechterman Secretaire de fribourg, portant la somme de trois mille deux cent ecus pistolées, ensemble autres obligations, pour renovation de la sus d^{te} en faveur de la d^e Seigneurerie de fribourg, de la somme de six mille ecus pistolées, passés par les dits syndics de la ville de Thonon, reçu et signé par M' Guerin Mugnier no^e Ducal, en la datte du 25 Septembre 1598, portant hipotheque ensemble, la sus d^e obligation et contract passé le d^t jour 19 Septembre 1602, de la somme de Sept mille Sept cent ecus sus designés et encore quittance generale des Sommes portées par la sus d^e obligation faite par la d^e Seigneurerie de fribourg, contenant cession de droit en faveur de la Ste Maison, du sus dit dette, contre la d^e ville de Thonon, reçu par le dit Montchenar, scellé en boëte et datté au dit fribourg, le 4 may dernier, des quelles obligations, és titres et quittance sus designés, ont été fait extrait, en faveur de la Ste Maison, collationné aux originaux par moy d^t no^e et procureur des d^t Noble Joly et Combard, et remis au d^t Noble Claude Marin, pour servir à la ditte Ste Maison, à forme de la d^e Sentence arbitrale ; des quels droits et titres, les d^{ts} Nobles Joly et Combard en qualité Sus d^{te} quittencent et promettent faire tenir quitte la d^e Ste Maison, envers et contre tous, comme aussy ils quittent en la ditte qualité et promettent tenir acquittée Sa d^e Altesse, et la d^e Ste Maison des d^{es} Sommes pour les quelles ils tiennent le prieuré et cure de Tully et accessoires légitimes d'icelles, et moyennant ce, ont iceux Noble Joly et Combard réellement remis au d^t Noble Claude Marin, le sus dit mandat que la d^e Altesse leur avoit expedié, pour leur remboursement, pour s'en servir, ainsy que la d^e Ste Maison verra à faire, et ont en outre les dits Nobles Joly et Combard cedé et remis à la d^e Ste Maison les biens et revenus de la confrérie du St Esprit, pour être affectés hypothequés et appliqués suivant et à la forme de la d° Sentence arbitramentale, et des quels ils se sont devetus, et en ont invetus le d¹ Noble Claude Marin en sa ditte qualité par la tradition d'une plume à écrire à la manière accoutumée, et le tout fait à forme de la d° Sentence arbitrale, et ce ont fait les parties respectivement avec toutes autres promimissions, serment prêté ès mains de moy d¹ No°, sous l'obligation sçavoir les dits Nobles François et Guy Joly, et M² Claude Combard procureur de la d° ville de Thonon de tous et un chacun les biens d'icelle ville et communauté, présents et avenirs quelconques ; les dits en la ditte qualité, ils constituent tenir et posseder pour l'observation des presentes, et le dit Noble Claude Marin procureur sus dit de la d° S¹º Maison de Thonon, avec la même clause de constitut, pour l'observation du contenu au présent contract, et les quels biens ils se soumettent à toutes leurs renonciations à tous droits, par les quels ils pourroient venir au contraire, et autres clauses requises, firmées et corroborées par le Serment sus dit, fait et passé à Cognin, hors la ville de Chambéry aux Cloitres du couvent des R^ends P.P. Capucins en presence de honorables Melchior Vattaykin marchand de la ville de Chambery, M² Melchior Chavasse praticien de la presente ville et hon¹º George Polliens de Vulpillière en Genevois habitant à Thonon, temoins à ce requis et appellés, et qui ont signés la minutte avec les d^es parties contractantes, sauf le dit Polliens qui n'a signé, pour ne savoir ainsy ; signé françois Joly Sindic, sans prejudice d'autres droits, j'ay signé le présent en qualité sus d¹º Joly, Combard, Marin, Jacque, frère Cherubin de Maurienne Capucin presents, Melchior Battaglin present, Chavasse present et de moy Claude Phillipé no° apostolique et Ducal, et secretaire de la presente ville de Chambery sous Signé.

(Manuscrit Pescatore.)

DOCUMENT N° 15

Infeudacion des revenus de la cure de Tully en faveur de la ville de Thonon par le prince Emanuel Philibert le 4 octobre 1569.

Emanuel Philibert, Par la grace de Dieu, duc de Chablais, Aouste et Genevois Prince de Piemont, à tous presens et avenirs Salut, sçavoir fesons mes chers bien aimés fidèles sujets, les Bourgeois, manans, habitants et communauté de notre Ville de Thonon pays de Chablais, nous avoir très humblement remontré : comme du tems de l'occupation faitte dans nos états par les Seigneurs de Berne, leur furent abbergés et remis les montagnes de la Chevrerie, foron et Vesina dépendant de Vallon, moyennant la somme promise de deux mille florins d'introge pour un coupt reduitte assense de cinq pour cent, outre mille florins payés lors réellement, et sous réservation d'un florin de cense, où servis annuel, et en outre leur auroit baillé les revenus et biens de la cure de Tullier pour cent et dix florins annuels, étant les sommes principales, encourües et dües, par le moyen de la cense, pendant la retardation du payement accordé à raison que dit, et de cinq pour cent revenant toutes les icelles censes à deux cent dix florins, les quelles ils desireroient extinguer, en payant à notre profit, quatre mille deux cent florins prix capital des d^{es} Censes; nous supplions très-humblement les recevoir à ce faire, et pour validité de leurs dus droits iceux leur vouloir confirmer, et pouvoir d'expédition convenable, à cette cause considerant les grands frais qu'il nous convient supporter pour la réparation d'aucunes nos forteresses, et nouvelle fabrique de citadelle, tant de l'Annonciade près notre ville de Rumilly que d'autres prés notre ville de Bourg nagueres recom-

mancées pour la garde et tuition de nos pays et états,
repos, et tranquilité de nos sujets et bien public, attendû
le danger des guerres et troubles que de quelques tems
sont en aucuns états proches aux nôtres, et que pour para-
chever, et mettre à chefs les d^es citadelles soit requis fournir aux frais grandement importunés, pour aux quels plus
commodément satisfaire, et suppléer par même délibération
de notre conseil d'état par le fait et narré susdit, étant
bien informés et avertis du contenû des dits abbergements
et droits, ainsi et du temps que dit et fait par les dits
Seigneurs de Berne, à la communauté de Thonon et suffi-
semment assurés de nos droits, veulliant gratifier et
reconnaître nos dits feaux sujets de Thonon, qui ont toujours inclinés à toutes obéisances pour notre service, étant à
ce moyen dignes de respect, et pour autres causes de con-
siderations legitimes, à ce nous mouvons, avons de notre
certaine science, plaine puissance et authorité souveraine et
avis de nôtre Conseil declare, et declarons avoir agreables
les d^ts abbergements et droits, les quels respectivement
comme bonnes et valables ratifications, et approuvons,
voulons, et nous plaît iceux sortir leur plein et entier effet,
selon leur forme et teneur, et de nouveau en tant que de
besoin pour nous et nos successeurs, avons abbergés,
ceddés, et remis, comme par ces présentes, abbergeons,
ceddons, quittons, remettons de plein droit à nos chers
bien aimés et fideles sujets les Bourgeois, manans et habitants de la communauté de Thonon, et à leurs successeurs à perpetuité les d^es montagnes, aussi les biens et
revenus de la d^e cure de Tullier, droits et appartenances
quelconques, generalement et universellement pour la d^e
Communauté, leurs d^ts successeurs deshormais en jouir
plainement et paisiblement, comme de leurs autres biens
et revenus communs, et sous le nom et appelation d'icelle,
aux quels à ces fins, nous joignons, unissons, et incorpo-
sons, irrévocablement, les d^es montagnes, biens, et revenus
de la d^e cure de Tullier, leurs appartenances et dependances, et ce moyennant le payement réel que la d^e communauté de Thonon sera tenue faire de la d^e somme de quatre

mille deux cent florins, pour le total prix de rehamption des d^es censes ès mains de notre ami et féal Phillippe Delamarche, Tresorier de la d^e fabrique du fort de l'Annonciade pour le recepissé, et quittance du quel, que la d^e communauté prendra et retirera, et elle demeurera suffisamment acquitté; ainsi que dés a present, comme dés lors, nous l'acquittons ensemble de la cense conventionnelle, que pendant la retardation du payement des d^ts Capitaux, à cause d'iceux avoir été accordé : à raison des cinq pour cent revenant à deux cent dix florins annuels, laquelle demeurera levée et extinguée, comme nous la levons et extingons, et déchargeons d'icelle cy après la d^e communauté, nous reservant toutefois la cense feodale où servis, que de nouveau nous imposons par les biens de la d^te cure de Tullier, pour raison du present abbergeage la quelle cense où servis annuel, la d^te communauté sera tenue payer annuellement à nous et à nos successeurs, et sous icelles tiendrons et nous reconnaîtrons en fief noble, à cause de notre chateau et domaine du dit Thonon, les d^es montagnes et biens sus abbergés, les quels sous le dit fief noble leur infeodons par ces d^es presentes à la charge que pour raison du dit fief noble, la d^e communauté de Thonon nous fera et prêtera les foy, fidelité, et hommages dûs. Si donnons en mandement, à nos amis et feaux Conseillers les gens de notre chambre des comptes que de nos d^es presentes, et à eux exhibées; ils reçoivent, verifient, authorisent, et omologuent, et du fruit et benefices d'icelles, ils fassent permettre et souffrent jouir plainement et paisiblement, et irrévocablement les d^ts Bourgeois, manans, et habitants, et communauté de Thonon, et successeurs d'iceux, sans leur faire n'y donner, permettre être fait, n'y bailler aucun détourbe, ou empêchement, imposant quant à ce, silence perpétuel à notre ami et féal procureur patrimonial en la ditte chambre, présent et avenir, au quel mandons et enjoignons prêt à consentement à la d^e vérification et omologation sans difficulté, modification n'y restriction aucune. Sauf les charges et droits sus reservés. Car tel est notre vouloir, non obstant tous édicts, statuts, règles, ordonnances et autres choses à ce contraires, aux quelles, et à la dérogatoire de la derogatoire, quant à ce avons derogés et derogeons, par ces presentes, les quelles en temoin de ce avons octroyées, signées de notre main, et fait sceller de notre scel à Chambery le quatrième jour d'octobre 1569. Signé : Emanuel Philibert, et Sous Signé : Calune.

Je Phillippe Delamarche Tresorier de la fabrique du fortin de l'Annonciade confesse avoir eû et reçû de Messieurs de la ville de Thonon, par les mains de Noble françois joly Seigneur de Vallon, la somme de quatre mille deux cent florins, et c'est pour le prix de l'abbergement sus dict le quel a été ordonné devoir être payé entre mes mains, pour employer à la d° fabrique, des quels quatre mille deux cent florins comme bien content et satisfait, je quitte les dits de Thonon, en foy de ce ai Signé la présente de ma main propre, à Rumilly le 30 octobre 1569 ; et encore que que d'autre main soit écrit, ainsi Signé : Phillippe Delamarche.

Les présentes ont étés omologuées à la Chambre des Comptes les 17 décembre 1569 et les 25 juin 1576. Signé : Frollion.

(Manuscrit Pescatore.)

DOCUMENT N° 16.

Lettres de Mandement de S. A. au Senat de Savoie pour l'exécution des Ordres touchant l'Etablissement de la Sainte Maison de Thonon ; 31 décembre 1603.

Charles Emanuel par la grace de Dieu, Duc de Savoye, Chablais, Aouste et Genevois, Prince de Piemont etc.

A nos très-chers bien aimez feaux Conseillers, les Gens

tenans nos Senat et Chambre des comptes en Savoye. Salut.

Aïant fait, avec l'avis des gens de notre Conseil, les décrets et ordonnances cy attachées, et signées de notre main, tant par notre autorité souveraine touchant l'Etat temporel, qu'avec celle de Notre S. P. le Pape en tout ce qui concerne l'état spirituel, selon le pouvoir qu'il en a spécialement donné à Son Eminence le Nonce résident près notre personne, aussi par lui signé pour l'Etablissement et forme de la Ste Maison de N. D. de Compassion fondée à Thonon, le tout attaché aux presentes. Et désirant qu'icelles ordonnances aïent lieu, et sortent leur plein et entier effet, sans aucune longueur ou difficulté quelleque ce soit. A ces fins par ces présentes vous Mandons et ordonnons qu'aïez par notre pouvoir et autorité souveraine faire le tout exécuter sans dilation, ou figure de procès, selon l'entière forme et teneur d'icelles ordonnances, ni user d'aucune limitaōn, restriction ou adjonction, ainsi le requerant le Service de Dieu et Nôtre ; et afin d'y avoir recours ferez enregistrer le tout dans vos Registres. Et enjoignons aux Commissaires choisis des corps de nos dits Senat et Chambre des Comptes sur la dite Sainte Maison ou au premier d'iceux ou autre Subrogé qui se pourra transporter sur les lieux de procéder à l'execution des dites choses ordonnées a pur et à plein, selon leur coutume de faire observer les ordres et décrets nonobstant oppositions ou appellations quelconques et sans préjudices d'icelles, à cause et en tant qu'il attouchera au temporel et laïc par les voïes ordinaires de Justice, et en ce qui regarde l'état ecclésiastique prêter main à l'exécution des mandemens de S. S. selon qu'il sera raisonnable et nécessaire : de ce faire vous donnons tout pouvoir et autorité, et mandement spécial, nonobstant toutes choses à ce contraires aux quelles avons pour cette fois dérogé et dérogeons : Car tel est notre plaisir. Donné à Turin le dernier jour de décembre mil six cent trois.

étoit signé : C. Emanuel. V^a Achiardi

Constitutions et Ordres pour le Reglement et progrès

de la Ste Maison de Notre Dame de compassion de Thonon, que dès à présent on observera, et en tant que le besoin seroit pour quelques Chefs concernant l'Etat spirituel, le Très Illustre et Rev^{me} Nonce Soussigné promet de s'emploïer envers S. S. pour la confirmation d'iceux et S. A. en ce qui lui touche, commande la totale observation comme il s'ensuit.

Afin que la Ste Maison de N. D. de Compassion fondée pour l'Exaltation de Notre S^{te} foi Catholique Apostolique et Romaine puisse recevoir accroissement en l'honneur de sa divine Majesté, et reverence de la glorieuse Vierge Marie Mère de Notre Sauveur, et Expugnatrice de toutes hérésies ; et que d'icelle sorte le salut des ames qui en sont infectées, Son Altesse Serenissime comme fondateur d'icelle, déclare par ces présents articles son expresse Intention sur la forme qui se doit garder. Et sur ce commandement, pour le regard du pouvoir temporel, et obligeant à l'obéissance d'iceux tout ce qui depend de la souveraineté temporelle. Et pareillement le Très illustre et Rev^{me} Evêque de Bovino Nonce de Sa Sainteté soussigné resident près la personne de S. dite Altesse agissant en ce fait, et commandant de la part de Sa d^e Sainteté à tous ceux qui sont sous la juridiction spirituelle, selon la charge et pouvoir exprès et particulier reçu sur ce de la part de N. S. Père, et de l'expresse intention de l^{me} et Rever^{me} Cardinal Protecteur d'icelle Ste Maison auprès de Sa dite S^{té} ont avec meure consideration et deliberation etabli et fait les ordres suivants émanez du pouvoir spi^{uel} et temporel Souverains, pour servir de règlement à icelle Ste Maison. Et afin que la mémoire en demeure à perpetuité et à la posterité, S. A. ordonne que par les corps souverains dela les monts, à savoir du Senat et Chambre des comptes, ils soient enregistrez dans leurs Registres pour y avoir recours, quand en sera besoin, sous peine à tous ceux qui ne l'observeront, de désobéissance, Mais comme la dite Ste Maison est composée de divers membres, à sçavoir, d'une congrégaōn de Prêtres, missions apostoliques de Prédicateurs, étude des Lettres, en Université, Seminaire et heberge des Arts ; le tout sera mis peu à peu en effet bien distingué et regi, comme est dit ci après, selon la forme de la fondaōn, jouste le pouvoir des moïens qu'il y aura; sans qu'aucun prenne occasion d'opposer contre icelle Ste Maison, ce défaut d'aucuns des exercices designez, la laissant en toute liberté de faire le tout comme il lui sera plus commode suffisant pour tous ses droits la simple mise en possession.

I. Des Prêtres de la Ste Maison

1. — Premièrement concernant le corps des prêtres de la Ste Maison à la forme de la Bulle de fondaōn, il se commencera en la publicaōn des ordres au Conseil d'icelle pour la principale chose, comme l'âme de tout l'œuvre, sans plus le retarder lesquels et tout ce qui dépendra d'iceux en communauté religieuse pour accomplir la d^e Bulle de fondaōn : autrement ceux qui ne se reduiront et incorporeront à icelle communauté ne pourront avoir en l'Eglise de la Ste Maison part ni portion, ni utilité aucune, moins appartenir à icelle par Eglise, excepté lorsque par le conseil ils fussent députés ailleurs à faire service aux affaires du corps de la dite Ste Maison. Mais d'autant qu'on desire qu'elle soit appuiée à la Religion des S. S. Maurice et Lazare, Avons avisé sous le bon plaisir de S. S^{té} qu'il y ait union en la dite Ste Maison et icelle Religion : de manière qu'avec toute participaōn de Privileges et faveurs de l'un et de l'autre respectivement, tant la dite Religion comme le grand Maître d'Icelle qui sera de tems en tems des Ser^{mes} ducs de Savoïe seront hônorés du titre de Défenseurs et Protecteurs d'icelle Ste Maison pour la propagaōn de Notre Ste Foi Catholique Apostolique et Romaine; et ce avec la communication des Privilèges, comme est dit, et des armoiries en cette façon de part et d'autre. A sçavoir que l'on prendra une Croix des S. S. Maurice et Lazare, selon la coutume ordinaire, un peu grande, et au dedans une petite Notre Dame de compassion avec sept épées comme sept raïons, que le dit chevalier devra porter. — Dont en consequence de ceci tous

les ecclesiastiques d'icelle Ste Maison seront aussi vraiment tenus pour les prêtres de l'Eglise Magistrale et couvent d'Icelle Religion de S. S Maurice et Lazare : et en porteront quelque dévote marque avec celle de N. D. de compassion, en faisant les offices divins en l'Eglise de St Augustin du dit Thonon qui est apresent du tout abandonnée, à la quelle Sa Sainteté est suppliée de changer le titre St Augustin à celui de Notre Dame de Compassion, et de S. Maurice, et l'ériger en l'eglise magistrale du couvent de la dite Milice S. Maurice, aux dépens de laquelle elle sera réparée et décorée honorablement ; appartiendra néanmoins la dite Eglise avec l'autre paroichialle du dit Thonon au corps de la Ste Maison par vertu de la susdite Union. Et sera mis au grand autel une Image de N. D. de Compassion jointe à celle de S. Maurice et au bas, sera peinte l'image de S. S^{té} et de S. A. comme fondateur. Et dans le conseil de la dite Ste Maison seront toujours admis quelques Chevaliers de S. Maurice en signe de la dite Union.

2. — Les dits Ecclesiastiques s'efforceront de servir la Paroisse de Draillans pour curé et vicaire, pour être à présent abandonnée de tout pasteur, avec l'action et recours sur les biens anciens destinés pour la portion congruë, dont sera fait un nouveau département des biens Ecclesiastiques. Et son Altesse supplie sa Sainteté de vouloir bailler commission pour revoir quels prêtres auront de plus des biens ecclesiastiques pour l'appliquer aux Eglises abandonnées.

3. — Et afin de montrer par œuvres dignes cette belle union les dits Chevaliers de S. Maurice embrasseront avec ardeur toutes les affaires d'icelle Ste Maison pour la propagaōn de Notre Ste Foi Catholique en tous les lieux où sera besoin tant dedans que dehors les Etats de Savoïe ; Et réciproquement la Ste Maison honorera la memoire de S. Maurice en la joignant à son nom en tous lieux où elle pourra s'élargir et avoir des membres : Et les Prêtres de la dite Ste Maison en porteront quelque signe et indice ; comme aussi les personnes d'icelle Ste Maison qui ne peuvent obtenir le de-

gré de chevalier, auront une demi croix, comme est de coutume aux autres Religions, ou au moins quelque marque inférieure à celles des Chevaliers nobles et illustres de sang. Semblablement toutes les parties et dépendances de la Ste Maison auront les marques communes de N. D. de Compassion et de S. Maurice en signe de cette union. Et la dite Religion aidera de ses biens et moïens ce s^t Œuvre.

4. — Par ce présent article est recommande perpétuellement l'œuvre et dessein de cette Ste Maison au Grand Maître de la dite Religion de St Maurice et Lazare, et à tout le corps d'icelle afin que par son aide et assistance la S^{te} foi catholique se puisse amplifier, non seulement en païs voisin du chef de l'hérésie ; mais généralement, là ou l'on pourra faire progrès pour la gloire de Dieu et salut des âmes, avec expresse réserve, que nul des Biens d'icelle Ste Maison ne se puisse appliquer à autre usage, qu'aux exercices de sa fondation cy mentionnez.

5. — Pour l'entretenement decent et convenable de tout le corps des dits prêtres, du Chef d'iceux et dépendances, lesquels Sa Sainteté par ce Brief du vingt et quatrième mars mil cinq cent nonante neuf, ne veut être moins de huit, à leur assignant le dit entretenement sur les biens contenus au dit Brief, afin que ce bon œuvre ne defaille, son Altesse met à son élection d'y fournir elle même, pour n'aggraver la Religion de S. Maurice, laquelle par le dit Brief y étoit obligée, et en déclarera sa volonté ailleurs par expéditions à part.

6. — Toujours quelqu'un des dits Ecclesiastiques sera curé en Chef, selon l'approbation de l'ord^{re} avec ceux qui sont députés pour coadjuteurs selon leur tour et rang, et seront aussi approuvés du dit Rev^{me} Ordinaire Diocesain, lequel avec les commissaires de Son Altesse sur la Ste Maison, est commis de nouveau pour faire entièrement accomplir, et sortir effet icelui Brief selon la teneur sans retardation. Et ne se fournira aux dits Ecclesiastiques argent

ou autre chose qu'en corps de communauté, et rien en particulier.

7. — Nul autre ne pourra excercer telle fonction de curé s'il n'est du corps des Ecclesiastiques de la Ste Maison ou dépendant d'icelle comme seroient les ecclesiastiques distribués en d'autres lieux pour les affaires communes, aggrégés néantmoins à ce S^t Œuvre : Et tacheront iceux ecclésiastiques, tant qu'il leur sera possible de se conformer aux Coutumes, mœurs et Règles de Prêtres réformés de l'Eglise de Dieu selon que le tems, lieux et affaires d'icelle Ste Maison le leur permettront; aïant à ces fins leurs Statuts à part, selon les louables Institutions des Religieux de l'Eglise de Dieu, qui leur servira de modèle et patron, dont ils pourront recevoir d'autres à cette profession, selon les facultés qu'il y aura. Mais tous les biens de fondaōn demeureront unis à tout le corps et non à aucun particulier d'eux, déclarant de la part de Sa Sainteté que la vie commune entre eux, et exercices contre les hérésies et hérétiques sera la vraie nature de cette congrégation portée par la dite Bulle de fondaōn, encore qu'il y défaille quelqu'autre chose pour la circonstance des lieux et temps qui ne se pourront accomplir.

8. — Se façonneront aussi les dits Ecclésiastiques le mieux qu'ils pourront aux lectures et etudes des lettres, fonctions sacerdotales, petits sermons qu'ils feront en imitant ceux de l'oratoire de Rome, allant deça et de la aux villages, même lorsqu'ils seront multipliez en nombre. Et aideront les Prédicateurs des Missions, selon qu'ils en seront recherchez : Et le conseil de tout le corps de la Ste Maison les y voudra emploïer, prenant à eux la charge comme leur sera assigné du conseil de la lecture de grammaire, et petites leçons d'humanités.

Nul par faveur des grands, et avec quelles provisions ou recommandations que ce soit pourra être admis au dit corps, s'il n'est digne et utile à la Ste Maison, et observateur des Statuts, sinon à la nomination de Son Altesse, pourvu qu'ils soient approuvés de l'Evèque et de la plus grande part du corps du conseil de la dite Ste Maison.

9. — Pour ce est defendu aux ecclésiastiques de la part de Sa Sainteté, et aux Séculiers de la part de Son Altesse de recevoir aucun qu'à voix secrettes par tout le conseil de la Maison, étant bien examinée la vie et conditions de chacun, hormis ceux qui auront fait la probation du noviciat entre iceux Ecclesiastiques qui seront admis ou renvoyés à la façon des autres ordres Religieux. Ceux qui auront été reçus, et ne se trouveront propres à telle vocation, pourront aussi être renvoïez et licentiez honorablement. Et à ces fins, sera chacun des dits Ecclésiastiques soigneux d'aider icelle Ste Maison par toutes les voïes possibles, selon le talent reçu de Notre Seigneur, pour ne multiplier avec fraix inutilement. Et qui n'exercera sa charge loüablement sera demis d'icelle sans autre difficulté ou change : n'étant trouvé expédient qu'il demeure en Icelle.

10. — Son Altesse a agréable d'attirer quelqu'un de la province du Valais au dit Corps ; selon qu'on trouvera être à propos ils y seront admis : Et pour fuir toute confusion entre les divers ordres des Ecclésiastiques qui sont les ouvriers spirituels de cette Ste Maison unis ou dépendans d'Icelle en quelque façon, entre lesquels doit être grande union et accord ensemble, est déclaré qu'à chaque corps d'iceux sont appropriez aussi divers offices, lesquels ne se pourront changer aucunement, sans licence, ni s'ingérer de celui de l'autre dès la présente détermination.

Pour ce tous les dits Ecclesiastiques et prêtres de la Ste Maison auront la charge des petites Ecoles, leçons de Grammaires et d'humanité du Seminaire, comme aussi du service des deux Eglises de Thonon, selon qu'il sera après ordonné des offices divins, des sépultures, de l'administration des sacrements, petits sermons familiers, catéchisme, Exercices spirituels et des autres fonctions auxquelles ils seront appellés et trouvés propres par tout le conseil de la Ste Maison, tant dedans l'état de Savoïe qu'ailleurs aux missions, desquelles choses Ils seront de s'acquitter fidèlement, et ne pourront les refuser y étant trouvez idoines. Et toutes Chapelles, fondations et droits ecclesiastiques des deux églises du dit Thonon, ne pourront appartenir qu'à la Communauté des prêtres, auxquels sera licite admettre Ecclésiastiques — pensionnaires qui se voudront façonner aux choses spirituelles.

De la prédication de la parolle de Dieu et des Missions.

1. — Les R. R. P. P. Capucins de la Mission apostolique de cette Ste Maison, comme dépendans d'icelle en conformité de ce qu'il a plu au St Siége apostolique déjà leur assigner l'office de la Mission avec très-grand et signalez privilèges au singulier bénéfice des âmes, et réputation de cette Ste Maison, auront l'office et charge particulière des missions et prédications de la parolle de Dieu tant dedans que dehors la ville de Thonon, Balliages et lieux dépendans, comme dans le Valais, et dela le lac es terres de Fribourg, et hors l'Etat de Savoie généralement où l'on pourra prêcher et établir notre Ste Religion en quelle langue que ce soit : Et ce sous l'obéissance du R. Père leur supérieur et comm^{re} de tout leur ordre, comme déjà à été fait et gardé jusques ici.

Lequel Commissaire devra faire résidence ordinaire au dit Thonon, au moins pour la pluspart, comme le Chef de toutes les Missions, ou au moins dedans les lieux des dites Missions : Et appartiendra à lui fournir des Religieux et des Pères idoines et necessaires selon les Règles de l'Ordre, et nécessité de ce S^t œuvre; les prenant aux provinces que bon lui semblera, selon son pouvoir et autorité, aux fins qu'au moins en deux langues françoises et allemandes il y ait prédicaōn.

2. — En tous conseils, affaires, et actions d'Icelle Ste Maison seront toujours appelez au moins deux des dits pères les plus apparents, comme le R. P. Supérieur et le compagnon qu'il élira : autrement les dits conseils et

affaires sont déclarez nuls, et du tout invalides, sans l'assistance et intervention des dits pères et leur consentement, lesquels pourront avoir deux voix délibératives en tous les dits conseils et assemblées; Et ce attendu qu'en iceux ne se traite qu'affaires concernantes la propagaōn de la Ste Foi et conversion des âmes.

3. — Pour l'entretenement de ces pères et des prédicateurs principalement, et de leurs compagnons ; veu qu'il leur est impossible vivre d'autre façon rierre les païs des dites Missions, pour ne perdre le grand bien que la prédicaōn de la parolle de Dieu par voïe de tels Religieux selon la volonté de Sa S^{té} et du très R. P. Général de leur ordre déjà sur ce déclaré : est ordonné qu'il sera pris pour leur nécessitez sur ce que S. A. voudra ordonner ci-après, comme par expedition à part sera contenu : Et ce pour satisfaire à la teneur du susdit Brief de Sa S^{té} du 29 Mars 1599. Et tous les dits biens pour cet entretenement seront unis en propriété à la Ste Maison qui aura soin par voïe d'aumône tant seulement bailler aux dits pères de la Mission, voire encore pour bâtir hospice et logis; étant cette fondation perpétuelle. Et le Conseil de la Ste Maison aura la charge de tout, qui ne devra manquer à tel entretenement, et leur pouvoir d'onque aumone ordinaire ; Déclarant par ce décret, que par les prédicateurs mentionnez au dit Brief désormais seront entendus les dits pères capucins comme auteurs de cette S^{te} Œuvre et les premiers qui ont fait progrès es dits lieux pour la Ste Foi catholique auxquels desormais voulons que l'office de la prédicaōn appartienne en toute cette œuvre et ses dépendances.

4. — Mais pour se conformer à la disposition de Sa S^{té} qui commande qu'il n'y ait moins de trois prédicateurs dans les Balliages, et davantage, s'il en est besoin, voïant que la nécessité y est toute évidente, est déterminé que jouxte le pouvoir du dit Brief qu'il y doit avoir 4 prédicateurs des dits pères capucins, comme du tout nécessaire dans l'Etat de Son Altesse laquelle en fait instance : l'un pour prêcher

ordinairement dans Thonon, deux dans les Bailliages de Ternier et Gaillard, comme aussi pour approcher de Gex la Genêve, et l'autre à Hermance pour la terre basse de Chablais. Et a chaque predicateur selon la coutume du dit ordre, et encore de trouver son compagnon, et se paiera pour chaque père y comprenant le vivre, vestier, logis, livres affaires des dites missions, et pour faire autre chose au benefice de la Ste Maison, à raison de cinq écus d'or le mois : Et ce que par eux sera épargné, ils pourront l'appliquer à la fabrique des hospices et logis.

5. — Le lieu destiné à Thonon pour l'Habitation des dits pères seront les Galeries du chateau du dit Thonon, c'est à dire, l'Ecurie avec tous leurs placcages dehors et dedans l'Enclos des murailles du chateau de la dite Galerie aux environs : et se faire bâtir en forme de couvent avec les officines et une petite Eglise ce que la Ste Maison retient en propriété comme chose dependant d'icelle. Advenant qu'iceux Pères ne voulussent y avoir monastère formé, il servira toujours d'hospice et logis aux dits predicateurs de la Mission. Et pourront se servir a la fabrique du dit hospice, et des autres parties de la Ste Maison de toutes les pierres du chateau de Thonon ruiné, le cours de l'eau auquel d'ancienneté la ville Thonon, était obligée pour le dit château sera maintenu et entretenu jouxte les anciens priviléges qu'avoit icelui château, dont sera suivi, comme a été observé anciennement avant la ruine des guerres. Et s'il est besoin d'autres lieux, l'on pourra prendre en païant, ou bien rendant ce qu'ils ont couté d'achat.

6. — Est encore déclaré que toutes les choses meubles et immeubles destinées aux pères capucins en toutes les provinces des missions, pour se conformer à leur Régle seront à la Ste Maison, laquelle en prend le total domaine, propriété et actions Juridiques; et leur en prêtera l'usage d'icelles tant seulement, afin que l'ordre des dits pères Capucins soit l'un des ouvriers spirituels perpétuels de la Sainte Maison, au bénéfice de la S^{te} foi catholique, dont à

ces fins la dite Ste Maison fera encore l'aumône aux dits pères pour tout ce qu'ils y auront de besoin, tant à Thonon qu'en tous les lieux des Missions : Et outre cet office Iceux pères favoriseront à leur pouvoir le progrès des affaires de cette Ste Maison en tous les lieux qu'ils en auront commodité de toutes les provinces de leur ordre, Laissant liberté aux dits pères nommer tel qu'ils voudront pour manier l'argent assigné qu'ils pourront prendre sur les deniers qu'ils voudront et serviront du bois mort de Ripaille.

III. Des Leçons de Sciences et bonnes Lettres

1. — Les R. R. P. P. Jesuites seront aussi coopérateurs de cette S^{te} Œuvre pour le grand bien qu'ils apportent avec leur piété et doctrine : Et seront suivies les instructions de S. A. du premier Février 1602 adressées au Président Vivalde pour les articles y contenus, sauf l'onzième, treizieme, quatorzième, quinzième et vingtième, qui sont tracez : Mais tous les autres seront suivis et observez, et les commissions de S. A. leur feront sortir leur effet, selon les précédentes commissions, réduisant le tout en bonne forme.

2. — Fait pour ce est donné aux dits R.R. P.P. la charge des lectures de la Ste Maison afin que par leur piété et doctrine Ils puissent faire progrès signalé en l'instruction de la jeunesse qui abordera au dit lieu, dont ils devront tacher par tous moïens d'y avancer les bonnes lettres, selon aussi que mieux semblera au conseil de la Ste Maison d'établir bon reglement, forme et police pour la propagaōn de la S^{te} foi, selon l'intention de la Bulle de Sa Sainteté; au corps duquel conseil il devra intervenir leur supérieur et son compagnon. Mais afin que la Ste Maison qui supporte des grands fraix se puisse encore prévaloir de quelques commoditez, ne pourront les enfants pensionnaires ou cameristes être remis à d'autres personnes qu'à ceux qui seront

LXXV

deputez par la Ste Maison, toutefois qui seront commodes et voisins des dits Pères pour visiter iceux jeunes enfants, les règles leur faisant faire les répétitions, et pourvoïant à leur avancement, comme ils verront pour le mieux.

3. — Et a ces fins seront pris à louage, ou achettez comme semblera au conseil tous maisonnements et lieux nécessaires pour telle commodité proche d'eux, achetant toutefois le tout, au nom et profit du corps de la Ste Maison, selon qu'il sera taxé raisonnablement la valeur des dites maisons, ou païant loüage ou fruit des deniers selon le taux du Sénat.

4. — Les dits R.R. PP. Jesuites auront la charge encore de faire les grandes lectures plus hautes et publiques au dit lieu de Thonon dans la dite Ste Maison au lieu qu'elle elira et au nom d'icelle, qui se pourra servir du corps de la Maison publique de la dite ville à elle adjugé par arrêt de la chambre des comptes du 9e aout 1603, pour être propre à cet effet, et de mieux en mieux se dressera joignant autre maisonnemens. En laquelle maison de ville comme batie de ceux qui avoient usurpé le païs de Chablais devolüe à S. A. étant reservez les lieux des lectures, sa dite Altesse veut être la propre Résidence du Corps de tout le Conseil la demeure des officiers, la retraite des biens, meubles, magasins, des denrées et de tout ce qui appartiendra à cette fondaōn. Et s'appellera la Maison de Notre Dame ; dont en signe de ce és lieux apparents sera posée l'Image et armes d'onc Croix St Maurice avec arme N. D. de Compassion au dedans, laissant toutefois une salle pour servir au Conseil de ville du dit lieu, lorsqu'il s'assemble en tant seulement.

5. — Seront envoïez par les dits R.R. P.P. au dit Thonon pour la lecture gens doctes et capables à telles fonctions de lectures publiques ; afin qu'ils soient utiles à l'avancement de ce S^t Œuvre : Et surtout les six pères qui seront maintenus par Sa Sainteté seront choisis des plus habiles propres à tel effet, pour être la provision destinée à cela

suffisante, afin qu'ils fassent comme est ordonné, les lectures de philosophie, théologie scholastique de l'Ecriture S^{te}, et théologie positive : comme encore la leçon de contreverses contre les heretiques, laquelle y sera continuelle. Ils prendront aussi le soin du catéchisme et doctrine chrétienne pour le jour des fêtes publiques, et autrement quand bon leur semblera ; et de répondre aux attaques des heretiques et des libelles contre l'Eglise, et de bouche aussi selon les occurences qui se presenteront à la journée pour tout ce qui concernera cette S^{te} Œuvre, s'aidant selon leur commodité à la correction des livres selon les occurences, dressant aussi petits traitez pour semer parmi les pauvres peuples seduits par les ministres et fausses doctrines.

6. — Pour l'entretenement de ces pères se prendra pour le nombre de six, des deniers de Sa Sainteté à laquelle toujours appartiendra au moins de fournir à l'entretenement de ce nombre. Et pour chacun père à raison de six écus d'or le mois pour les fonctions et offices susdits tant seulement : Et le dit argent sera mis és mains du conseil de la Ste Maison, et afin qu'iceux pères n'aïent à solliciter, ou puissent être divertis à autres charges, qui empêchent l'avancement des lettres et leçons en lieu si proche des adversaires de Notre Ste Religion. Et pour l'entretenement des coadjuteurs necessaires aux P.P. Jesuites jusqu'au nombre de deux ou trois, la Ste Maison suppléera et fournira à iceux en bled et en vin ensemble d'autres denrées ou argent et choses necessaires à l'entretenement de ces coadjuteurs comme mieux semblera au dit conseil; comme aussi de convertir l'argent susdit en telles choses.

7. — Donc tous les dits Pères entretenus par Sa Sainteté résideront à Thonon pour les fonctions et charges susdites des lectures et exercices contre les hérétiques ; et ne pourront être distraits ni occupez ni envoïez ailleurs, sous pretexte d'aucune predicaōn de careime, ou d'autre cause ni confessions ni negoces quels qu'ils soient, hormis changez en autres pères par les dits Supérieurs qui devront toujours pourvoir des personnes capables pour telles lectures, et

fonctions sus dites. Laissant à la volonté et avis du conseil qu'un seul père puisse faire deux lectures. Le supérieur desquels residera au dit Thonon et sera l'un des six sus dits entretenus.

8. — La ville de Thonon de son côté, pour le profit qu'elle en recevra devra au moins payer et fournir l'habitaōn commode pour les loger, ou bien quand ils seront pourvus d'autre part, Elle prêtera les meubles et vesseilles de maison necessaires aux dits Pères, comme S. A. leur commande de faire, selon la distribution qu'en feront les sindics de ville. Toutefois quand il seroit besoin, comme les dits Pères Jesuites, ne pourroient suppleër au cours des dites lectures, avoir d'autres personnages tant ecclesiastiques que seculiers pour satisfaire à quelque lecture que ce soit, la dite Ste Maison les pourra appeler à cette charge, la leur faisant exercer en la meilleure forme qu'il sera avisé par le Conseil, jouxte la forme de la bulle de fondation, et principalement par les prêtres qui seront du corps de la Sainte Maison qui pourroient avoir la charge des petites lectures, comme sus est dit, selon qu'il sera avisé par le dit Conseil.

9. — Et pour ce toutes les lectures se devront faire au nom de la Ste Maison, à sçavoir de la grammaire, des lettres humaines, mais aussi de la philosophie, Théologie, de l'Ecriture Sainte, des Controverses contre les hérétiques, des cas de conscience, et en après celle de la Jurisprudence, Medecine, des langues, et autres professions, de la bulle de fondation, des quelles la dite Ste Maison jouïra sans difficulté, mais la totale disposition des dites lettres appartiendra de droit au conseil de la dite Ste Maison lequel selon les occurences pourra joindre en un seul lecteur deux leçons.

10. — Et toutefois en cas de necessité pourront être emploïez a telle fonctions les ecclesiastiques unis à la dite Ste Maison, tant pour les lectures qu'autres choses qu'on leur commettra. Mais pour limiter l'article troisième sus mentionné des Instructions susdites l'on déclare que ceux

ci seront les Curez de Bons, Alinges, Fessy, Doveine, Crosy et Fier selon le talent reçu de Dieu, dont seront mis aux Cures gens capables selon la nomination qu'en sera faite; afin qu'aucuns d'iceux soient idoines aux dites lectures. Et sa Sainteté est suppliée unir le tout ensemble, accordant que par bons vicaires ils puissent desservir leurs bénéfices, a quoi la dite Ste Maison leur prêtera secours pour le pouvoir faire.

IV. Du seminaire de la sainte maison.

1. — Le Seminaire sera dressé pour instruire des enfants aux choses ecclesiastiques, afin de pourvoir les dits païs, Etats de S. A. et circonvoisins de bons pasteurs pour les âmes, dont le régime et gouvernement d'icelui Seminaire appartiendra de droit a Icelle Ste Maison, laquelle pourra établir au mani^{mt} d'Icelui tels Ecclesiastiques et seculiers qui seront trouvez plus à propos, et dresser statuts et reglemens pour l'avancement d'Icelui, auquel selon la conscience d'un chacun seront admis les pauvres enfants; mais doüez de capacité et d'habileté d'esprit, renvoïant les rudes et grossiers à l'heberge des arts pour y apprendre quelque métier. Et sera encore permis d'y mettre enfans pensionnaires convicteurs des personnes riches, pourvu qu'ils païent leur pension du vivre et vêtir raisonnablement, comme ordonnera le conseil.

2. — Son Altesse se contente que selon les moyens du dit Seminaire on y admette quelques-uns des enfants de la province du Valay, et selon les aumônes des fidèles accroitre le nombre des dits jeunes enfants, lesquels au moins devront etre sept, destinez au nom et reverence des sept douleurs de Notre Dame; et porteront tous dehors la maison un robe bleuë avec l'image de Notre Dame de Compassion sur une croix S. Maurice: Et seront les jours des fêtes assistans aux offices divins, priant Dieu pour la prosperité de S. A. de ses Ser^{mes} Enfants, et repos des âmes

de ses Ser^{mes} predecesseurs. Et se dressera une librairie commune pour la dite Ste Maison, à laquelle serviront les deniers provenant du droit accordé de la decime des donnatifs dela les monts, et autres qui seront à propos.

3. — L'Entretenement du dit Seminaire sera pris du revenu dudit Prieuré St Hipolite jusqu'à ce qu'il y ait provision ferme d'autre part. Et d'autant que S. A. bien memorative d'avoir permis en la dite fondaōn de degager le dit prieuré pour l'appliquer et unir à la dite Ste Maison, comme à present elle le veut accomplir, Se contentant de donner à la dite Ste Maison deux mille ecus d'or tous les ans à prendre sur le subside ou soit decimes ecclesiastiques que Sa Sainteté lui a accordé dernierement pour trois années à commencer dès l'an de concession : à la charge neanmoins que l'argent de la dite decime qui se prendra tant deça que dela les monts se païera la dette de la Seigneurie du canton de Fribourg dont le dit prieuré demeure pour icelui hipothequé, arrivant à la somme de telle assignation ou environ selon le calcul qui en sera fait avec qui appartiendra par l'Avocat patrimonial de Sa dite Altesse, lequel tiendra main que les biens d'icelui prieuré soient en leur premier et ancien etat, en païant la somme portée par le contrat d'hebergement et non autre, Et moïennant ceci, S. A. demeure dechargée de la dite dette et acquittée des deniers qu'aura païé la dite Ste Maison aux dits Seigneurs de fribourg pour sa dite Altesse, et quand la dite Ste Maison auroit deboursé pour la ville de Thonon plus grande somme de deniers que celle du dit contrat d'hebergement, la dite ville fera bon le surplus, on donnera des biens selon l'estimation d'experts a la rate de l'argent deboursé par la dite Ste Maison.

4. — Sa Sainteté est suppliée pour le bien de la S^{te} foi catholique riere les Etats de S. A. accorder par provision l'entretenement du dit Seminaire comme sus est dit, sur les grands bénéfices ecclesiastiques tant deça que dela les monts, selon la forme de la dernière concession. Et sera

loisible à tous ceux des dioceses de Savoie d'y faire des fondations pour l'instruction des choses ecclesiastiques.

5. — L'imprimerie devra être en icelle Ste Maison pour semer ecrits et livres a l'exaltation de notre S^{te} foi, a laquelle sont destinées les amendes adjugées par l'arrêt du 9me d'Aout mil six cent et trois, qui se païeront toujours des 1ers deniers de la dite Ste Maison.

6. — Le Medecin, apoticaire et chirurgien de la dite Ste Maison pour le bien general de tous, sera maintenu selon l'article 7me des Instructions sus mentionnées, ou bien se prendra sur le droit de l'extraction du vin.

7. — L'exercice continuel d'exorciser les malins esprits sera en la dite Eglise en lieu devot et sequestré. A quoi vaqueront deux ecelesiastiques du corps de la dite Ste Maison, ou des prêtres unis.

8. — Nul des dits ecclesiastiques ou seculiers ne s'appropriera les choses de la dite Ste Maison.

9. — Le Mont de pitié s'avancera pour oter l'occasion de sortir de l'Etat les moïens, et le droit à icelui appliqué sera recherché selon les moïens et les provisions de l'année 1598.

5. — De l'héberge, hospice et maison de refuge.

1. — Pour donner aussi à ce S^t Œuvre plus grande reputation et se conformer à la Bulle de fondâon en attirant les pauvres infectez d'hérésie au giron de la Ste Eglise : il y aura maisonnement et logis dependans de la Ste Maison destinés pour un hospice heberge ou maison de refuge ; au quel lieu sous bonnes regles et discipline de mœurs seront reçus et defraïez ceux qui viendront recevoir instruction pour notre S^{te} foy ; et ce l'espace de tems qui sera jugé convenable par le conseil de la Ste Maison. Néanmoins pour mieux y faire reluire le bon exemple et suppor-

ter les fraix et pour autres dignes considérations, il y aura au dit lieu selon que le pouvoir d'icelle Ste Maison ira croissant, l'exercice et travail des arts mechaniques pour y faire travailler et occuper les personnes selon leur vocation, principalement les jeunes enfants qui seront admis par avis du Conseil qu'on instruira aux dits arts pour le service de tout le corps de la dite Ste Maison et dependances, en donnant par ceci commodité aux personnes qui catholizeront d'y travailler selon les dons reçus de Dieu : Observant les statuts et reglemens qui seront sur ce dressez par ledit Conseil, lequel toujours se devra souvenir que la fin de cette fondâon est principalement d'aider ceux qui veulent embrasser notre S^{te} foi Catholique. Partant ils tacheront d'aider et favoriser ceux qu'ils trouveront en être dignes, et le tout selon les moyens d'icelle Ste Maison, et à mesure du profit qui pourra reussir des arts et metiers, duquel la meilleure partie se devra appliquer à ceci ensemblement une part de ce qui peut revenir du profit du commerce des marchandises en quel lieu que ce soit. A quoi s'adjoindra la libéralité des aumones des fidèles en tous lieux qu'on pourra les recueillir. Donc en tous lieux des Etats de Son Altesse deça et dela les Monts, ils les pourront chercher, mettre caissettes et troncs aux lieux publics, et des boëttes aux hotelleries et boutiques. Et dehors l'Etat les chercheront sous la protection de Sa Sainteté, et ne pourront être empêchez; ains avec bonnes sauvegardes pour la conservation de ce qui sera donné.

2. — Ne ce donnera plus haut d'un ecu ou environ a ceux qui se catholizeront; mais tant ceux qu'autres de la Ste Maison ne seront mis aux tailles, ne possedant biens en fond.

3. — Pour l'entretien du dit lieu y sont destinées les choses suivantes. En premier lieu la fondation faite par feu François Escherny de Thonon avec les fruits d'icelle dès la remise des biens et fonds d'icelui lesquels biens et fruits seront recherchez et fait payer ensemble tous les fruits et droits dependans de la confrerie de Tully jouxte l'ancienne

fondation et cottet qui s'en trouveront, et appliquez à cet œuvre.

4. — Davantage y sont formellement destinées les aumônes de Filly et Ripailles ; et se rechercheront les biens qui â ce etoient destinez les années passées pour les joindre sans aucune difficulté et sur tout ce qui étoit pris pour entretenir les vingt-quatre pauvres, droits de l'hopital du dit Thonon, en tous lieux quels qu'ils soient, reservant les commoditez des dits pauvres, lesquels on devra accroître et elargir. Et prendront encore aucuns enfans du mandement de Filly pour les instruire au dit lieu a mesure de l'aumone qui se faisoit autrefois au dit mandement; le tout selon l'avis du Conseil de la Ste Maison.

5. — La Fondation des pauvres faite par le S^r d'Avully devra aussi avoir lieu et s'appliquer à ceci, et dependre de cette heberge, auquel appartiendra de faire rechercher d'iceux biens droits et fondation contre qui appartiendra, et de s'en mettre en possession. Et en cas que l'escriture de la fondation fut égarée, le dit S^r d'Avully sera sommé de faire nouvelle declaration de sa volonté selon les instructions faites au president Vivaldy, et ceux qui devront à la Ste Maison, ce apparoissant düement païeront sans figure de procès, moïennant cauttion, comme aussi appartenant à cette Institution tout le revenu qui peut procéder des aumones cuëillies au St Jubilé célébré au dit Thonon, pour avoir été dédiées à telle fin. Et les donnations d'aucuns particuliers seront recherchées et accomplies. A quoi tiendront main les Commissaires de Son Altesse lesquels subrogeront d'autres en leur lieu aux affaires à eux commises, ne pouvant vaquer.

Des églises et maintien d'icelles.

1. — L'Eglise maintenant abandonnée dite St Augustin à laquelle Sa Sainteté est suppliée de changer le titre, sera réparée bien honorablement, afin d'y etre officié par les

prêtres de la Ste Maison, comme sus est dit : Ce qui se prendra sur les revenus d'icelle Eglise qui sont au dit païs. Et pour l'entretien, fabrique d'icelle, de son clocher, de son horloge, et d'un clerc ou deux, comme d'un marguillier qui en ait charge, se païera ce que sera besoin et taxé par le conseil et commissaire, sur le revenu du dit prieuré appellé des Augustins.

2. — L'Eglise servant de paroisse sera maintenue quant au chœur et *Sancta Sanctorum*, aux depens de la Ste Maison, pour appartenir aux prêtres d'icelle la cure des âmes du dit Thonon. Mais la nef, le clocher, l'horloge, se maintiendront aux dépens de la communauté, comme lui est commandé de le faire, selon les coutumes des catholiques. Et seront devant et derriere les placages des dits deux Eglises à bonnes portes serrées à clefs avec les dépendances de toutes parts, afin d'y loger les ecclesiastiques, et tous les bâtiments, places, et lieux dépendans seront reunis ; et en tant de besoin d'autres et païant jouxte l'estimation d'experts seront achettez et y appliquez sans difficultés. Et l'on avertira d'oter toutes choses profanes dans les susdits enclos : Et même n'y seront admises femmes pour y habiter selon les ordonnances ecclesiastiques. La fabrique qui s'y fera d'ordinaire sera favorisée, comme aussi la cloture de la ville très-necessaire pour ce S^t Œuvre, laquelle Sa Sainteté désire favoriser, et aussi Son Altesse, selon les moïens contenus en ses provisions precedentes, même de l'extraction des denrées, dont est faite protestation, qu'aucun traité avec qui que ce soit n'y puisse préjudicier.

VII. — Des bénéfices ecclésiastiques.

1. — Sa Sainteté est suppliée de donner recompense aux modernes possesseurs des biens ecclesiastique unis à icelle Sainte Maison : Et son Altesse se contente qu'elle en jouïsse sans aucune difficulté de delais et longueurs etant pourvus et qu'iceux biens, et tous autres que tiendra la dite S^{te}

Maison ne soient chargez d'aucuns subsides et decimes ecclesiastiques pour être dediées à la propagation de notre S^{te} foi, comme aussi l'exempte de tous emolumens et sceaux d'ecriture en tous les tribunaux de la justice.

2. — Et d'autant que sa dite Altesse agrée cette sainte Œuvre en consideration de la sus dite Union avec la religion des SS. Maurice et Lazare, voulant l'assister de ses moyens, et pour l'avancement d'icelle, elle se contente de donner à la dite Ste Maison, comme aussi lui donne la somme de deux mille ecus d'or de revenu toutes les années, se païeront sur la Gabelle du sel, la moitié deça les monts, et l'autre moitié en Savoie, suivant les expéditions qu'a part en seront faites : Et se continuera de les prendre comme dessus, jusques à ce que Sa dite Altesse lui donne en revenu pour semblable somme quelques fonds à son election, ou des commandes de la dite Religion St Maurice.

3. — Et le dit revenu s'emploiera principalement à l'entretenement de huit prêtres de la dite Ste Maison susnommez comme aussi des Pères Prédicateurs des Missions apostoliques, et encore ailleurs comme par le Conseil de la dite Ste Maison sera ordonné. Et moyennant le païement de la susdite somme de deux mille ecus d'or, Son Altesse demeurera acquittée envers la dite Ste Maison de toutes autres promesses et assignations quelconques de deniers qu'icelle eut signées, lesquelles dès à present seront tenues pour nulles et de tout invalides, sauf des choses ci-devant narrées et reservées és presens articles.

4. — Nulle cession des droits de la dite Ste Maison excedant dix écus ne sera valable, n'étant ratifiée par tout le corps du Conseil general. Et ne pourra aucun avec provision que ce soit de Sa Sainteté, où de Son Altesse obtenir chose appartenant à la dite Ste Maison n'etant jugé expedient du dit Conseil.

5. — Tous ceux qui manieront les deniers tacheront les emploïer en honnete et licite commerce sous peine d'etre responsables des interêts. Il y aura deux Recteurs laïques residens a Thonon, lesquels sont à present Claude Marin

procureur fiscal, et honorable Pierre Fournier : Et soit iceux soit les autres officiers, lesquels Recteurs ne feront chose importante sans l'avis du Conseil.

6. — Mais d'autant qu'il y a plusieurs cas auxquels par cette declaration on ne peut bailler forme, pour ne laisser rien en arriere, le tout est remis pour en disposer au Conseil de la Ste Maison, auquel de droit appartiendra de gouverner et regir toutes les affaires d'icelle, etant cette manière trouvée pour la meilleure et plus assurée ; lequel Conseil d'icelle, est composé des Reverendissimes Prelats, des RR. Pretres d'icelle Ste Maison, des PP. Prédicateurs et Recteurs des Missions, et des Srs Magistrats de Son Altesse, et des personnes laïques qualifiées, auxquels est donnée toute l'autorité necessaire sur toutes les affaires de la dite Ste Maison. Et leurs ordres, lections et dispositions feront foi et jugement en dehors : Comme aussi les personnes par eux choisies seront legitimement créées etant assemblez au nombre de sept, y compris les Ecclesiastiques, sans l'aveu et ratification duquel Conseil, nulle promesse ou traité d'aucun particulier officier d'icelle Ste Maison, ne sera valable n'étant avoüé ; Et les Ecclesiastiques ne feront rien sans les laïcs, ni les laïcs sans les Ecclesiastiques, nonobstant toutes choses a ce contraires, auxquels est dérogé d'autorité souveraine. Car tel est le vouloir de son Altesse.

Donné a Turin le penultième jour du mois de decembre, et de l'année mil six cent trois.

Étoit signé : Charles Emanuel.

Io D. Paolo Vescovo di Bovino Noncio di N. S. Papa Clemente Ottavo, presse il Sere^{mo} Sr Duca mi affatighero con tuto l'affeto accio li sopradetti articoli sian approbati, è confermati da S. Sta.

V° F Milliet Pro Cancel°.

Roncas
Franc^s Loyra Secr^{us} curie Ill^{mi} nuntii.
p^{ti}

Muni du grand Sceau de S. A. et de celui du Nonce,

De la Maison des Arts.

La quatrième fonction du college de la Ste Maison etoit d'établir une maison de refuge pour les nouveaux convertis et pour l'etablissement des manufactures. Cette maison aussi appelée la maison des Arts ne commença à prendre naissance qu'en 1677. En effet dans l'article 33 de la transaction du 6 7bre de la même année, il est dit : et d'autant qu'il est necessaire pour donner commencement à la maison des Arts et de refuge, d'avoir un logement dans la ville de Thonon propre à cet effet, l'on se servira de l'appartement de la maison de ville qui est contigue à l'hopital, et c'est par provision tant seulement jusques à l'établissement de l'Université, ou jusques à ce que l'Etablissement, et maison des Arts soit batie. Pour l'entretien et subsistance de cette Maison de refuge on obligea les prêtres de la Ste Maison à une annuité de 300 ducatons ainsy que les Barnabites (1) on assigna aussi les anciens revenus de l'hopital de Thonon, l'aumone de Filly que le Duc avoit donné pour cet établissement par patentes du 31 juillet 1601, les revenus de la fondation de 24 pauvres de Ripaille, ceux de cette feuille par François Echerny pour 12 pauvres Ecoliers, et les revenus d'une fondation faitte par le Seigneur d'Avully. Le Conseil de la Ste Maison fut chargé de s'informer des revenus de toutes ces fondations, mais on ne put decouvrir aucun titre au sujet des revenus de la fondation des vingt-quatre pauvres de Ripaille ainsi qu'il a été observe dans le plan que le Conseil de la Ste Maison de concert avec Monseigneur Biord Evêque de Genève proposa le 6 juillet 1768, pour le rétablissement de cette maison. Les 300 Ducatons dûs par les prêtres de la Ste Maison furent reduits au commencement de 1733 à 300 livres, ensuite des ordres du Roy motivés dans une remontrance que l'avocat General fit au Senat de Savoie le 2 X^{bre} 1732

(1) Article 18 et 21.

tenorisée dans les Registres du Conseil de la Ste Maison le 13 du même mois. Il y a eu dans cette maison une manufacture en drap en 1700, Laquelle n'eut pas beaucoup de succès. Il y a eu plusieurs projets formés en 1722, en 1729 et en 1763. Le Roy par billet du 9 Mars 1768 chargea le Conseil de la Ste Maison de concerter un plan avec le commandeur Baron de la Batie pour retablir cette maison des arts.

DOCUMENT N° 17

Patentes du Duc de Savoye pour la mise en possession de la Ste Maison.
Titres des Archives de la Ste Maison de Thonon.

Charles Emanuel par la grace de Dieu Duc de Savoye, Chablais, Aoste et Genevois, Prince de Piemont à nos trèschers bien aimés et feaux Conseillers d'Estat Vivalde et Senateur Brayde : Salut.

Etant resolu de n'apporter plus aucune dilation au plein effet d'une si sainte et profitable entreprise comme celle qu'il plaît à Dieu ces années passées nous inspirer d'instituer et fonder une maison de retraite et refuge en notre ville de Thonon au Diocèse de Chablais pour ceux qui devoyés du droit sentier du Salut quittant leurs erreurs s'y voudroient retirer pour être instruits en la foi C et R. et reçus au giron de notre Mère S^{te} l'Eglise ains pourvoir de telle maniere à l'execution de tout ce que nous avons jusques ici résolu, conclu, et ordonné, fait et disposé pour l'assuré établissement d'une œuvre si importante au bien des âmes égarées, et avancement de la Religion Catholique dedans et dehors nos Etats que tout retardement cessant, on commence dès à présent d'en retirer le fruit attendu et désiré si que la maison se trouve effectivement fondée, érigée, formée et établie suivant le dessein de notre intention lors et quand le jubilé par Notre St Père le Pape octroyé en nos Etats delà les Monts et autres circonvoisins viendra à être publié, ouvert, célébré et solennisé en notre dite Ville de Thonon, Voulant obvier à toute longueur et difficulté et pouvoir par la plus expéditive et sûre voye à la prompte execussion de tout ce que dessus, confiant en plein en votre zele, piété et dévotion au Service de Dieu affection et fidélité qu'aves démontré au nôtre. Nous, à ces causes vous avons commis ordonné et député, commettons, ordonnons et députons par ces présentes tous deux ensemble et chacun de vous en l'absence de l'autre a part pour effectuer les choses susdites, voulons que soudain arrivés au dit Thonon mettiés en pleine possession, saisine et jouissance réelle et actuelle la d° Ste Maison de N. D. de Compassion par nous fondée en notre dite ville de Thonon de tous et un chacun les biens meubles, immeubles, fonds, rentes, revenus, droits authorisés, prérogatives, privilèges et concessions quelconques à icelle par Nous jusques à huïs en quelque façon que ce soit donné, cédé, remis et appliqué ou assigné suivant le contenu en nos patentes de fondation, dotation, et erection de la d° Ste Maison, et autres du depuis expédiés tant en forme d'ampliation déclaration ou donation nouvelle que portés par mémoires, ou instructions particulieres signées de Notre main, faisant si besoin est, appeler par devant vous tous ceux qui seront appelés pour l'effectuelle remission des biens, revenus et choses susdites, et entiére exécution de notre vouloir contraignant par toutes voyes ceux qui seront à contraindre, et vuidants tous proces intentés ou qu'on pourroit intenter pour ce regard procedant sommairement à l'instruction jugement, et décision d'iceux jusques à sentence definitive et exécution d'icelle inclusivement laquelle nous vous avons commise et attribuée, commettons et attribuons, et icelle interdite et défendue à tous autres juges et magistrats quelconques, et les jugements par vous donnés, et exécution d'iceux a vous dès à présent comme dès lors validés et authorisés, validons et authorizons, et voulons être de tel effet force et vertus comme si faits et donnés étoient par notre Senat de Savoye à l'érection et établissement du quel avons pour ce regard cette fois seulement et sans y préjudicier en autres choses ni le tirer en conséquence derogé et derogeons et à quelconque autre dit, ordonnances, restrictions, mandements, deffense, arrets, lettres et autres choses à ce contraires voulons par même moyen pourvoir et donner ordre à tout ce qui concernera les préparatifs de la célébration du St Jubilé en Notre ville de Thonon, ensemble de faire commandements, injonctions de par nous avec imposition de peines tant pécuniares que autres si metier est à toutes personnes de quelques qualités ou conditions qu'ils soient nommement aux Chatelains Curiaux et officiers inférieurs, comme aussi aux villes, villages, et communautés, Sindics d'icelle et autres particuliers tant en spécial que général pour ce qui concernera le bien du service de Dieu et notre, tant au dit acte de mise en possession, établissement, et erection de la dite Maison qu'entant le surplus qui sera requis pour la solennité du St Jubilé provision de victuailles et denrées à cet effet, restauration de l'Eglise de St Hypolite, designation et meublement des maisons propres à recevoir les pelerins en ces circonstances, appartenances, et dependances quelconques et ce non obstant toutes oppositions, appellations, ou contradiction qui puissent tant soit peu suspendre, intervenir ou retarder l'entière exécution des choses susdites, de ce faire vous avons donné et donnons plein pouvoir, puissance, authorité, commission et mandement special mandons et commandons à tous nos magistrats, justiciers, officiers et sujets que à vous deux, ou à chacun de vous à part en ce faisant ils obéissent et attendent diligemment, prêtent et donnent tout confort et aîde requise, et prison, si metier est. Car tel est notre vouloir non obstant toutes choses à ce contraires. Donné à Turin.

Signé : Charles Emanuel.

Confirmation des dites Patentes du 2 janvier 1602.
Titres des Archives de la Ste Maison de Thonon.

Charles Emanuel par la grace de Dieu Duc de Savoie, Chablais, Aoste et Genevois prince de Piemont etc à nos très chers bien aimés et feaux conseillers d'Etat et 2de President en notre Senat de Piemont Noble Clement Vivalde et Jean Antoine Braida Conseiller Senateur, et Vicaire Général pour la justice deça les monts encore que le pouvoir et authorité qu'avons déjà donné pour la mise en possession de la Ste Maison de N. Dame de Compassion de Thonon de tous les biens que nous lui avons donné, assigné ou appliqué jusques icy, soient si amples qu'ils puissent et se doivent étendre à tout ce que vous a été declaré de Notre volonté tant de bouche que par instructions signées de notre main, et néanmoins pour obvier à toutes difficultés ou retardement qu'on pourrait faire ou apporter en exécution de plusieurs choses que nous désirons d'autant plus être effectuées, qu'aïant été ci-devant commises tant à feu Mre Auditeur de Charanson que à quelques autres de nos officiers, nous en aurions obligé notre parole à Notre St Pêre le Pape en confiance qu'elles sortiront leur plein et entier effet, ce que n'ayant succédé selon notre désir et intention à l'occasion de l'interuption de la paix et guerres depüis ensuivies. Nous à cette cause vous avons de nouveau commis et deputons par ces presentes commettons et deputons plus spécialement, injoignons, commandons qu'ayés à proceder avec toute diligence 1° à la mise en possession actuelle, réelle, perquisition, recherche, et de couvrements de tous et un chacun des biens et revenus du prioré St Hypolite de notre ville de Thonon du Doyenné d'Anthy membres d'iceux, appartenances et dependances quelconques tant qu'ils se trouveront en être qu'ailleurs, et ensemblement de tous autres biens droits et revenus que trouverez et reconnoîtrez, avoir été distraits, occupés, et demembrés, induëment alienes au préjudice detriment ou diminution tant du dit Prieuré et Doyenné d'Anthy que de tous autres bénéfices, Chapelles, Confréries, fondations d'aumônes générales laïques et œuvres pies qui auront et se trouveront avoir été fondées ou par ci-devant observées et usitées en l'Eglise et Monastère tant de la dite ville de Thonon que autres de notre Duché de Chablais et Bailliages de Ternier et Gaillard à cette fin aussi qu'aïant découvert et éclaircis par titres et documents, si faire se peût, et à faute d'iceux égarés durant ces guerres, par la déposition des personnes qui s'en trouveront mémoratives et par toutes voyes probables les droits, biens, et revenus susdits vous ayez à remettre et appliquer au Corps de la Ste Maison N. D. pour en jouir entiérement et paisiblement desormais au bien de nos peuples, service de Dieu et exaltation de notre Ste Foy suivant le dessein de notre intention 1re et en participant cette intention avec Notre très cher bien aimé féal Conseiller et orateur l'Evêque de Genève unissiez d'effet par même moyen le revenu ci-devant destiné pour l'entretenement tant de 8 Prêtres en l'Eglise du Prieuré du dit St Hypolyte, comme pour celui des Prédicateurs destinés ès susdits Bailliages ci devant pour l'édification de nos sujets et si quelqu'un prétend tant en ceci qu'autres choses, même la ville de Thonon, d'avoir quelque droit d'achapt des dits biens leur présenterés les fruits perçus de la fondation de François Echerni et les commodités perçeuës en payement déjà fait de la valeur de son principal par diverses manières leur offrant le surplus afin que rien ne retarde cette exécution de notre volonté de remettre les choses susdites en leur 1er état. Conformement à notre intention avons déclaré étant aussi bien memoratif qu'aurions autrefois donné, assigné, et appliqué plusieurs et diverses amendes et confiscations et tout restats de decime et tailles rière les dits bailliages au bien, profit, erection, et avancement de la d^e Ste Maison lesquelles néantmoins pour la calamité des guerres auroient laissé les coupables en impunité au préjudice du service de Dieu et de la justice et perte de ses moyens, voulons qu'icelles selon les memoires signés de notre main à part soient par vous diligemment recherchées, et examinées et de même que le surplus des choses sus dites, converties unies et adjugées et faites payer au bien et utilité de la dite Ste Maison, comme aussi généralement toutes les amendes et confiscations que par vous ou par autres juges nos officiers et justiciers quelconques se donneront, ou adjugeront par ci après, rière notre dit Duché pour quelque crime, contravention, delict ou cause que ce soit à nous apprtenant, car des dites choses avons fait et faisons donation à la Ste Maison et les ferés jouir de quoy faire et pour tout ce que dessus nous avons donné plein pouvoir authorité et mandement special et conformément à notres plus amples commissions non obstant toutes oppositions ou appellations quelconques et toutes choses quelles quelles soient au contraire aux quelles par cette nous derogeons. Car tel est notre absolu vouloir. Donné à Turin le 2 Février 1602.

Signé : Charles Emanuel.

(Manuscrit Pescatore.)

DOCUMENT N° 18

Patentes concernant le prieuré de St Hipolite reuni à la ville pour 35000 florins le 2 mars 1584.

(Manuscrit Pescatore.)

Charles Emanuel, Par la grace de Dieu, Duc de Savoye, Chablais, Aoste, et Genevois, Prince et Vicaire perpetuel du S^t empire Romain, Marquis en Italie prince de Piemont à tous ceux qui les presentes verront : Salut. Comme du tems de l'usurpation et détention du Duché de Chablais et terres adjoutes par les Seigneurs du canton de Berne, les Sindics de la ville et communauté de Thonon ont peü obtenir d'eux Seigneurs de Berne le revenu du prieuré St Hipolite du dit lieu de Thonon sous plusieurs charges et astrictions déclarées par les lettres sur ce faites, et depuis la restitution faite à feu de très heureuse memoire, notre tres honoré Seigneur père par les lettres pattentes du dixième fevrier, mil cinq cent soixante huit ; notre tres honoré Seigneur père a continué aux d^ts suppliants la tenüe et possession des revenus du d^t Prieuré et jouissance d'iceux, durant son bon plaisir, aux charges et conditions aussi y declarées ; des quels fruits et revenus, ils ont aussi des lors joüis à forme des d^tes lettres, à la qu'elle jouissance et perception des d^ts fruits et revenus, ils nous auroient très-humblement requis et supplié leur vouloir continuer perpetuellement par cy après moyennant quelque prix raisonnable, et sous grace redemptive pour nous et nos successeurs au dit Duché, à la charge de supporter les charges aux qu'elles ils étoient tenus cy bas declarées ; pour le cas que nous inclinant liberalement à la d^e requête et consideration de l'entière fidelité zèle et affection des dits sindics et communauté envers nous et notre personne, avons de notre certaine science, grace spéciale et authorité Souveraine, et par l'avis de notre conseil d'etat auprès de nous, constitué delaissé et remis, constituons, delaissons, et remettons perpetuellement, et a toujours la pleine entière paisible et pacifique possession de tous et un chacun les biens fruits, proufits, revenus émoluments et tous autres dépendant du d^t Prieuré St Hipolite de Thonon de qu'elle espece et dénomination qu'ils puissent être soyent hommes, Dimes, rentes, censes, prés, terres, vignes, bois, maisons, granges, vergers, jardin, teppes, harpage, paturages et autres quelconques, et en outre les pièces de bois et teppes declarées et confinées aussi lors sur ce fait par feu notre Seigneur père, et avons fait et faisons tant en considérations de ce que dessus que pour et moyennant la somme de trente cinq mille florins monoye de Savoye, la quelle les d^ts sindics et communauté de Thonon seront tenus payer entre les mains de notre Tresorier amé et feal conseiller et controlleur general de nos finances N^e Loüis Bruno lequel sera tenu nous en compter et en rapporter de lui bonne et suffisante quittance d'icelle Somme ; nous en tenons pour bien content et satisfait par façon que iceux Sindics en demeureront suffisamment dechargé et acquitté aux charges autre fois suivantes, à savoir qu'il sera loisible à nous et à nos successeurs, au d^t Duché perpetuellement et quand bon lui semblera, rendre et restituer la d^{te} Somme de trente cinq mille florins et tous loyaux couts et legitimes accessoires, et par ce moyen rentrer en la possession et jouissance des d^{ts} biens fruits et revenus du d^t Prieuré, et pendant le temps que iceux Sindics et communauté de Thonon tiendront et seront en jouissance d'iceux biens et revenus, si non autrement ils seront tenus payer annuellement les pensions et entretenement des ministres, hopitaux, Recteurs des écoles, maniglier, orloge, et conducteur de l'eau de la d^e ville et chateau. Si de ce donnons en mandement par les d^{es} presentes à nos tresoriers bien aimés et feaux conseillers, à ce requis tenant notre chambre des comptes en Savoye, que de notre presente consideration et remission de fruits et de tout le contenu cy dessus, et laissant joüir et user pleinement et paisiblement les d^s sindics et communauté sans permettre qu'il leur soit fait aucun détourbe où empechement de prendre à ce verification des presentes incontinent et sans aucune dilation et sans permettre qu'il soit pris ni exigé pour icelle cause aucun émolument, attendu qu'il tombe à notre charge de le restituer, car tel est notre vouloir, non obstant tous édits ordonnances édits reigles de chambre, et generalement toutes choses que pourroit faire au contraire, et voulons être cy tenus pour suffisamment exprimé à toutes lesquelles à la dérogatoire de la derogatoire y contenu, avons derogés et derogeons voulant le present servir à notre d^e chambre, première, seconde, troisième et prompte jussions. Donné à Turin le 2^d jour de mars 1584. Signé : Charles Emanuel.

Copie de quittance du Trésorier.

La qu'elle somme de trente cinq mille florins de Savoye,

moy Sous Signé Conseiller Controlleur general des finanses en Savoye des M^{es} auditeurs à la Chambre des comptes, et jadis tresorier general les ai reçus des Sus d^{ts} Sindics de la Communauté de Thonon pour les causes cy dessus contenues, et plus Reçu huit cent septante cinq livres pour les droits de la tresorerie dont les quitte, à Chambery ce 25 aoust 1584. Signé Bruno.

DOCUMENT N° 19

Sentence arbitrale entre les Rev^{ds} prêtres de la Ste Maison, et les Nobles Sindics et conseil de Thonon
(Manuscrit Pescatore)

EXTRAIT

Des réponses faites par les Subarbitains, arbitres, et amiables compositeurs Sous Signés, aux articles des demandes des Nobles Sindics et Bourgeois de la ville de Thonon, aux Sieurs de la Ste Maison, contenant la decision d'icelles.

Les Sieurs de la Ste Maison celebreront les Messes et offices divins, aux temps et heures portés par leurs constitutions et établissements, áfin de donner commodité aux habitans de la ville d'y assister.

EXTRAIT

Des demandes que font Messieurs les Sindics Nobles, et Bourgeois de la ville de Thonon, à Messieurs les reverends prêtres de la congregation de Notre Dame de la compassion fondée au dit Thonon.

Premiérement, demandent a L'etablissement pour dire les Messes, és heures qu'ils sont obligés et les qu'elles ils disent à leur gré, sans considérer la commodité du peuple, toute fois à la distinction de L'hyvers et de L'été.

2

Sera Satisfait à la deman-demande portée par l'article, suivant l'offre faite par le prefet.

2

Demandent que les prêtres de la congregation assistent aux processions avec le surpli et bonnet és quelles marchent les Nobles Sindics avec leur bâton, afin qu'il n'y arrive scandale ny tumulte, comme arriva le Jeudy Saint dernier, que M^r pierre Boegeaz, empecha que les d^s Sieurs prêtres n'y assistassent, quoique partie d'eux en eût volonté.

3

Sera Satisfait aux conventions faites par devant le Seigneur Marquis de Lullin pour ce regard.

3

Demandent que concernant les predications que les conventions faites à Thonon, en l'année dernière, mille six cent trente six dans le palais, et en presence de L'Excellence de Monsieur le Marquis de Lullin signées par lui, et tous les membres du corps de la Ste Maison, Seigneurs Sindics Conseillers de la ville soient inviolablement observées avec reparation condigne que l'on demande de l'alteration que l'on à fait au d^t traité l'année presente.

4

La pièce mentionnée au

4

Demandent une pièce de

présent article demeure à la S^te maison qui en joüira.

terre autrefois huttins, donnée par Messieurs de Berne, pour faire un hopital pour les Lepreux, comme par contract que l'on produit dans le sac, la qu'elle pièce ils possédent.

5

Le contenu au present article sera ponctuellement gardé et observé, conformement aux constitutions de la Sainte Maison.

5

Demandent que les enfants des Bourgeois soient preferés à tous autres, pour entrer au Seminaire, sauf quand il s'en presentera des nouveaux à convertir, et à défaut de L'un et de L'autre, de ceux de la province.

6

Le present article concerne les interêst de S. A. R., et les Sieurs procureurs generaux et patrimoniaux, et neammoins sera donné extrait aux Nobles Sindics de la Bulle du pape, afin d'en solliciter l'observation, auprès des d^s Sieurs procureurs fiscaux et patrimoniaux.

6

Demandent la Bulle de la cueillette des aumônes qui se sont faites, et se font en Italie, les quelles sont applicables et employables en la d^e ville, de quoi elle ne s'est encore prevallüe, et qui redonde à son prejudice et irreparable, de quoi sont responsables Mes^rs de la Ste Maison, qui doivent s'en être prevallus, où quelqu'un du corps de la d^e Ste Maison.

7

Comme au précédent article.

7

Demandent avoir la fondation de la maison d'auberge, et son établissement, puisque le tout doit redonder au profit de la d^e Ville de Thonon.

8

De même que les deux precedents.

8

Demandent les constitutions et ordres établis tant pour le spirituel que pour le temporel.

9

Attendu que la communication se trouve avoir été faite, il se trouve avoir été suffisamment satisfait à la demande portée par le present article.

9

Demandent les lettres et pattentes de quatre foires franches dans la ville de Thonon, à elle accordées, et des quelles elle ne joüit qu'en partie, et sont les d^e Messieurs de la Ste Maison, saisis des d^{es} pattentes, la quelle est designée dans l'arrêt produit dans leur sac.

10

Attendu que la d^e obligation se trouve avoir été remise aux Sieurs Sindics, qui ont avoué d'en être saisis, à été suffisamment satisfait à la demande et néammoins les S^{rs} de la Ste Maison communiqueront aux dits Nobles Sindics, la pattente du 24 7bre 1599, concernant le remboursement de huit mille écus, en faveur des Srs Sindics, où se partageront par par serment de ne sçavoir « nec dolo desiisse habere », et les Srs Sindics remettront l'inventaire des droits et lettres de la Ste Maison signées *Jacques*, presentement exhibées, contenant douze feuillets moyennant une bonne et suffisante décharge qui leur en sera faite par le préfet.

10

Demandent la restitution de L'obligation, de la quelle Messieurs de la Ste Maison doivent s'acquitter d'envers Messieurs de fribourg de la somme de huit mille ecus, tant en principal qu'interêst, et ainsy qu'ils sont tenus par la force du traité entre eux fait.

11

Le présent article sera accoulé avec la cinquième des demandes des S^rs de la d^e Ste Maison, et la réponse faite à icelui, employée pour ce regard à cet éffet, les Srs Sindics payeront la somme de deux mille florins. Sur la quelle sera faite compensation des loüages de cinq années de la Maison de Ville, à raison de trois cents florins par an, et ce tant sur le principal qu'interêst à la forme du droit, et à rate du tems, en faisant apparoir les Srs Sindics de l'assensement passé à Munery de la d^e Maison de la Ville en düe forme, de quoi étant fait compte et payement du restant des dits deux mille florins, les S^rs de la Ste Maison rendront l'obligation de S. Michaud, entre les Srs Sindics, et toutes autres pièces, concernant la d^e creance et passeront quittance en faveur des Srs Sindics.

11

Demandent encore la restitution d'autre obligation, portant la somme de deux mille florins, la quelle aujourd'huy ils demandent quoique payée par le moyen des loüages de la maison de la ville, à cet effet que l'on somme partie de produire les comptes de Mr Mugnier qui l'avait admodiée pour leur service à raison de trois cent florins par an, la quelle on soutient, qu'ils ont possedée environ neuf ans tant par admodiation qu'autrement.

12

Les Sieurs de la Ste Maison, rendront tous papiers et actes, concernant la Somme de deux mille cinq cent florins par eux prêtée pour

12

Demandent la restitution d'une obligation de deux mille cinq cent florins, contenüe dans le traité fait avec ceux de la Ste Maison, sic

la liberation d'hon^te pierre Cloz, mentionné à la d^e sentence arbitrale du huitième janvier mille six cent et six, où se purgeront par serment de ne les avoir, « nec dolo desiisse habere. »

gné par Mr Mugnier, mise dans le sac cotté n° 10.

13

N'y à lieu à la demande portée par le présent article.

13

Demandent les arrérages d'un char de vin blanc, et six ecus d'or annuellement dús aux enfans de la ville, et au Roy des Arquebusiers, le jour de leur tirage, comme par acte passé par devant Me Rollaz, l'année mille six cent et deux.

14

Ayant les S^rs de la Ste Maison avoües qu'ils ont dùs demander la permission à la ville, de faire les batiments mentionnés en l'article, ainsy que fait presentement le d^e Sr Prefet, les Srs Sindics approuvent ce qui a été fait pour bien de paix, sans le tirer en conséquence.

14

Demandent reparation et dedommagement d'une nouvelle œuvre fabriquée à la part des S^rs de la Ste Maison, il y à eù deux mois, et sur une des grandes rües de la ville, ils ont fait construire deux angives de quatre pieds de large, passant outre l'interdit à eux intimé de la part des Nobles Sindics et Conseil de la Ville qui sont en possession d'avoir la connaissance de tout nouvel œuvre fabriqué sur les rües, le quel œuvre à été tolleré, sous l'esperance que donna Monsieur le Marquis aux Sindics, qu'il feroit recourir les S^rs de la Ste Maison, par devant les Srs Sindics et conseil pour obtenir la permission, à quoy ils n'ont satisfait, ains repondù que la rüe étoit à eux, à cet éffet l'on les somme de produire leurs titres qui ne peuvent prejudicier aux ordres politiques de tous magistrats.

15

Feront les Srs Sindics apparoir leurs droits, et titres soit pour le domaine direct, soit pour l'utile des fonds mentionnés en l'article pour sus iceux être procedé et être à ce oüis les S^rs deffenseurs.

15

Demandent aussi le grangeage de Chessy, qui appartient à la ville en toute propriété, avec restitution des fruits, des l'occupation du d^t grangeage, qui ne fut jamais bien d'Eglise, ains des pauvres, bien de la ville qui l'avoit abbergé à divers particuliers, qui en payoient les tailles, et est maintenant reparti sur le pollet, quoique Messieurs de la Ste Maison en soient detenteurs, la reconnaissance du dit grangeage qu'en fesoient les possesseurs en faveur de la ditte ville et communauté en fait foy.

16

Feront les dits Srs Sindics leurs demandes specifiques et certaines pour sur icelles être pourvú et à ce oüis les S^rs de la Ste Maison.

16

Demandent les arrérages des tailles *de la maison du mont* qu'ils possedent par acquis, aussy de pierre Cheddal *Clerici Jean Meynet* et les grangeages *des Echerny*, toutes lesquelles maisons ne furent jamais biens d'Eglise, et payoient leurs tailles tant ordinaires qu'extraordinaires de la qu'elle cotte s'est chargée la ville, à quoi doivent avoir égard Messieurs de la Ste Maison, qui d'ailleurs chargent la ville des fonds qu'ils ont levés à des particuliers, qui payoient toutes tailles, les quelles cottes pouvoient arriver environ à vingt florins par quartiers, qui redondent au grand prejudice de la ville de Thonon.

17

Regardent le S^r procureur patrimonial, au quel néammoins les Srs Sindics et Conseil pourront fournir des mémoires.

17

Demandent l'application de trois cent écus d'or donnés par Monsieur le comte Catinaz, pour la reparation et élargissement du chœur de l'Eglise parroissiale du d^t Thonon, les quels auront grandement profités, puisqu'ils sont entre les mains de ceux qui lisent l'Evangile et très braves économes, reste seulement la ville offensée de ne jöüir de telle reparation qui devroit être faite.

18

Avouent la bonne volonté de la ville en leur endroit, la quelle ils tacheront de reciproçer et de les servir et assister suivant leur pouvoir et possession.

18

Demandent qu'ils ayent à reconnoitre que les Sindics de la ville de Thonon, ont toujours promis ce bien de la Ste Maison. Cela se voit et se prouve par l'augmentation des revenus de la d^e Ste Maison, notamment la *dixme de L'arpaz*, la quelle il y à environ vingt cinq à trente ans, ne valloit environ que quinze coupes moitié froment, moitié avoine et à present vaut cinquante quatre coupes bon bled, telle augmentation provient des abbergements qu'ont fait les Sindics des communs de la ville, quoique telle dixme appartient plutôt à l'hopital qu'à la Ste Maison, protestant qu'en tant que la Ville soit alterée en la possession de ses dits privileges, qu'ils retireront eux mêmes tous les d^s abbergements pour les remettre en commun tout comme auparavant, ce qui causera à Messieurs de la Ste Maison plus de perte d'une année, qu'ils ne pourront esperer du dixme de dix ans pretendu des Sindics et arquebusiers.

19

A été cy devant decidé en l'article dixiéme des presentes demandes.

19

Demandent les sommes capitales de l'abbergement à eux fait par feu S. A. S^{me} Emanuel Philibert de la cure de Tully, puisque par la fondation et traité en suivi, ils sont obligés de rendre les sommes principales avec protestes des interêst dûs par la Ste Maison, pour la d^e somme capitale, dès qu'ils sont en possession de la cure de Tully.

20

La Ste Maison exhibera la pattente du remboursement des huit mille écus accordés par feu S. A. de glorieuse memoire aux dits Srs Sindics à la forme cy devant ordonnée, et les parties oüies être pourvû.

20

Demandent étre remboursés de trois cent écus d'or pistoles dües à Genêve, comme par traité du septième octobre mille six cent et deux : Rollas notaire.

21

Attendu l'instance pendante au Senat pour la plebanie, sera procedé à forme de l'arrêt qui sera rendu, et cependant tous les prêtres de la Ste Maison en particulier seront tenus et obligés d'administrer les Sts Sacrements, et de faire les autres fonctions de curé, de quoy le dit préfet demeurera responsable.

21

Demandent le retablissement d'un plebain auquel ils puissent s'adresser pour les necessités qui arrivent pour l'administration des Sts Sacrements, et qui reponde des manquements qui en pourroient arriver.

22

Regarde le Sieur procureur patrimonial, au quel les Sindics fourniront des memoires pour la poursuite et execution du present article.

22

Demandent que les Sieurs prêtres et administrateurs de la Ste Maison ayent à recevoir et établir les deux Seminaires qu'ils sont obligés de recevoir par le traité fait avec Messieurs de fribourg.

23

A été répondu au douzième article des demandes des Sieurs de la Sainte Maison portant que les Sieurs Sindics maintiendront les fontaines, bains d'eau ; et les S^{rs} de la Ste Maison, l'horloge avec sa chambre et montre.

23

Qu'ils maintiendront l'horloge, la montre, et la chambre du dit horloge.

24

Les Sieurs de la Sainte Maison gratifieront les Bourgeois de Thonon, de la moitié des lots des acquis qu'ils feront du fief de la Sainte Maison, après l'expiration de la ferme courante ; en consideration de ce que iceux de la Sainte Maison joüissent des droits de Bourgeoisie et participent aux bois et communs de la Ville, comme les autres Bourgeois, en quoi ne leur sera rapporté aucune difficulté.

24

Que les Bourgeois ne payeront que la moitié des lots, pour les acquis qu'ils feront des biens se mouvant du fief du Prieuré et cure de Tully, puisqu'ils joüissent des privileges de la Bourgeoisie.

Nous Surarbitraires, arbitrateurs et amiables compositeurs respectivement convenus par les parties, icelles pleinement oüies avec leur Conseil, avons été d'avis, et en tant que pouvons de leur consentement dit et ordonné, et arbitré sur les demandes et prétentions respectives ainsy qu'il est porté et contenu aux reponses par nous faites à chacun des articles des d^{es} demandes pour la decision d'icelles; en foy de quoy nous avions signé les d^{es} réponses comme notre Sentence, et pour la prononciation avons commis Mr Antoine Dubourgel; Signé: Dufrenay Surarbitraire, René Dupert et Fichet arbitres, Montgeloz et Nicolliers Conseils, mis à côté des nobles Sindics et Bourgeois de la ville de Thonon servant de sentence et decision d'icelles, faites par les Sieurs Surarbitres, arbitrateurs, et amiables compositeurs Susnommés, ont été lues et prononcées par moi sous signé à ce par eux commis, ès Messire Loüis Gillette prefet de la Ste Maison de Thonon, et Noble et Spectable Michel Mathieux Sindic, Noble Maurice De Brotty, conseigneur de Nernier, capitaine des gardes de Son Altesse, et Noble Antoine Deprès, Me Guerin Tavernier, et Mr Pierre Moret députés de la ville de Thonon, lesquels y ont consenti, acquiescé et promis l'observation en foy de souscript; à Chambery le dix aoust mil six cent trente sept, signé Loüis Gillette, Mathieux Sindic, Deprès, Tavernier et Moret; collation faite. Signé: Dubourgel Secretaire.

Et moi Joseph Perroud notaire Royal Collegié et Greffier de la judicature mage de la province de Chablais au Tribunal de Thonon, ait fait extraire le present double partie, par Me Joseph Marie Betemps, et l'autre partie par le sieur jean François Guyon de la presente ville de Thonon; et ensuite de la commission à moi adressée par M. le Juge Mage par son ordonnance de ce jourd'huy, rendüe entre les Reverends Seigneurs prefet et prêtres de la Ste Maison de Thonon, et demoiselle Françoise Marie Favroz, veuve du sieur André de Degenêve, et spectable françois Degenêve son neveu, en présence et à requête du dit Me Betemps procureur de ces derniers. J'ai collationné le present double sur le dit extrait düement signé par le dit M' Bourgel, à moy exhibe par le dit M' Betemps; et l'ayant trouvé conforme à icelui, sauf que j'ai laissé en blanc à la page ci contre, parce que dans ce même endroit le dit extrait s'est trouvé dechiré; je lai signé et expedié au dit M' Betemps, en sa dite qualité et suivant ses réquisitions, lui ayant aussy donne acte de la non occupation des dits Reverends Seigneurs prefets et prêtres de la Ste Maison de Thonon, pour n'avoir comparu ni personne à leur nom à l'heure fixée par la susd^{te} ordonnance, ni à celle d'après; en foy de quoi j'ai signé au Greffe de Thonon le vingt sept du mois de juin, mil sept cent quatre; Signé Perroud no^{e}, et greffier en la d^{e} judicature Maje. Reçu du dit M' Betemps deux livres dix sols non compris le papier. Signé : Perroud.

Et moy secretaire Insinuateur, sous Signé, certifie avoir levé la presente Sentence arbitrale de mot à mot sur le double que m'en a remis M' Joseph Marie Betemps, et après düe collation sur icelui, je l'ai rendu au dit M' Betemps, après l'avoir levé pour le tabellion de la presente ville; Thonon, ce second aoust mille sept cent cinquante quatre. Signé : J. A. Carron, Secretaire insinuateur, commis avec paraphe.

Je sous signé Substitut Insinuateur certifie avoir extrait la presente transaction et la sentence arbitrale, qui la suit, sur les doubles mis à l'insinuation du 2^{d} aoust 1754, insérés aux fol^{os} onze et suivants du second registre des ecritures privées, dont les droits ont été payés par M' Betemps no^{e} qui les à insinués le dit jour, à forme du verbal du sieur Carron insinuateur düement signé, en foy de quoi j'ai signé le present düement collationné, et levé par onze Seigneurs français. Antoine Pescatore, Intendant de la province de Chablais, ce vingt cinq juin mille sept cent quatre vingt deux. Delacroix l'ainé.

DOCUMENT N° 20

Marclaz et la Philotée.

Nous ne pouvons passer sous silence une famille dont fit partie Madame de Charmoisy, cette *Philothée* pour laquelle saint François de Sales a composé son admirable livre de l'*Introduction à la Vie dévote*.

Un seigneur chablaisien, Charles de Charmoisy Marclaz et Villy, se trouvait à Paris au service du duc de Nemours. C'était un homme très-distingué que Henri IV essaya plusieurs fois d'avoir auprès de lui, à sa cour. Ce jeune seigneur y connut la femme d'un haut mérite qui devait être sa compagne dévouée et devenir savoisienne par son mariage : elle s'appelait Louise Duchatel. Elle était fille de feu noble Jacques Duchatel, écuyer seigneur d'Hattevillette en Normandie, et une des demoiselles d'honneur de la duchesse douairière de Guise, Catherine de Clèves. Son mari l'amena habiter le château de Marclaz, situé à vingt minutes de Thonon, sur la route de Genève.

M. de Charmoisy fut un ami intime du célèbre jurisconsulte le président Favre et de François de Sales dont il était encore parent. C'est dans ce château de Marclaz que le saint Apôtre du Chablais réunissait souvent les habitants les plus influents de cette province pour discuter avec eux sur la doctrine de la Réforme et les amener à rentrer dans le sein de l'Église.

Après l'extirpation de l'hérésie, François devenu évêque de Genève ne cessa point ses relations avec cette famille. Pendant que M. de Charmoisy était appelé comme ambassadeur par le duc de Savoie, tantôt en Suisse, tantôt en France, sa femme recourait souvent aux conseils de son sage directeur dans les différentes positions où elle se trouvait. L'évêque qui savait qu'elle aspirait à une sainte vie, lui écrivait ses avis sur ce qu'elle avait à faire pour sa sanctification dans l'exercice de ses devoirs de mère, au milieu du monde. Il l'appelait dans ses lettres : *ma petite cousine.* De son côté, Madame de Charmoisy recueillait et conservait avec soin jusqu'aux moindres de ses billets ; elle les lisait assidument, et les portait avec elle dans toutes ses courses, comme son livre de méditation.

Un jour, étant à Chambery pour suivre un procès, elle les communiqua à un savant et saint religieux, le P. Fourier qui les transcrivit. Bientôt des copies de ces précieux manuscrits se répandirent dans le monde et revinrent sous les yeux de leur auteur. On pria alors l'évêque de les faire imprimer pour le bien des âmes. Il y consentit, et après quelques modifications et additions, il les livra au public en remplaçant le nom de sa *chère petite cousine* par celui de *Philothée* avec le titre d'*Introduction à la Vie dévote.*

Cet admirable ouvrage eut un succès extraordinaire en Savoie, en France, en Italie et partout : on le traduisit aussitôt en plusieurs langues, et il devint, comme il l'est encore, le manuel non-seulement des chrétiens vivant dans le monde, mais encore des religieux ensevelis dans les cloîtres.

Un savant avocat du canton de Genève, M. Jules Vuy, vient de publier la vie de cette dame ; voici ce qu'il en dit à la page 251 : « Faut-il s'étonner que des historiens pro-
« fondément pieux (1), aient placé Madame de Charmoisy
« au même rang que la mère de Chantal et d'autres femmes
« illustres qui ont vécu dans la solitude du cloître, plus
« ou moins à l'abri des écueils de cette terre, au nombre
« de ces femmes si grandes par l'esprit, par le cœur et
« le caractère, plus grandes encore par la sainteté de leur
« vie et l'intimité de leur union avec Dieu. »

Ainsi cet ouvrage qui devait être connu du monde entier, que l'on dit être presque à la hauteur du livre de l'*Imitation,* doit son origine aux correspondances de l'Apôtre

---

(1) Bougard, t. I, p. 195.

du Chablais avec une dame distinguée habitant un château de notre Province.

Les biens de Marclaz ont dû appartenir anciennement à la famille d'Allinges; car, les biens de Charmoisy, dépendant de la seigneurie de Marclaz, passèrent dans la maison Ravais par le mariage d'Agnès d'Allinges, avec Jean de Ravais, secrétaire du comte de Savoie, à la fin du xive siècle. Gasparde de Ravais, dame de Charmoisy, fille de N° et puissant Louis de Ravais, épousa, vers 1520, Amblard de Vidonne, conseigneur de Folliet, Novéry, etc. Celui-ci possédait la maison forte de Marclay qui passa successivement à Charles fils d'Amblard, à Jean Claude mari de la *Philotée*, à Henri leur fils, et enfin à Catherine fille et héritière d'Henri. Celle ci porta les biens de Marclaz et de Charmoisy à F çois Melchior de Mont-Vuagnard, puis à Victor Amé de Maréchal de la Val d'Isère, baron de St Michel, et probablement encore à son troisième mari Janus de Bellegarde. Enfin cette seigneurie échut successivement aux familles de St Michel, de Seyssel, Caron et Deville.

DOCUMENT N° 21

Règlement de la Ste Maison.
(1774)

Le pape Clément VIII en érigeant, sur les instances du Sersme Duc Charles Emanuel Ir, la Ste Maison de Thonon, pour procurer une asile aux hérétiques qui voudroient embrasser nôtre Ste religion, donna le soin de cet établissement à une Congrégation composée d'un préfet et de sept prêtres vivant comme ceux de l'oratoire de St Philippe à Rome, et nomma pour premier préfet St François de Sales.

Le feu Roi, de glorieuse mémoire, ayant reconnu que

les sept prêtres ne pouvoient suffire à tous les devoirs de cette œuvre pie, et que ses revenus étoient aussi insuffisans, à remplir toutes les Charges, obtint du pape Clément VIII, l'union de l'Abbaye d'Abondance et du prieuré de St Jeoire à la Ste Maison, et une augmentation de quatre sujets, à la Congrégation des prêtres. Ensuite de ces dispositions le prince voulant perfectionner un si s^t ouvrage de la piété de ses prédécesseurs, et lui ayant plû de nous notifier ses intentions par son billet du 9 mars 1768, etc.

CHAPITRE Ier

De la distribution des emplois des prêtres de la Ste Maison

1

Le Préfet devra faire observer les réglements de la Congrégation : il veillera à ce que les prêtres se conduisent d'une manière régulière, et s'acquittent des emplois qui leur auront été confiés.

Ce sera à lui d'assembler la congrégation, et de nommer l'avant veille des fêtes de la Ste Vierge et des autres fêtes solennelles, ceux qui devront ces jours là faire les offices divins. Il aura deux voix dans les assemblées de la congrégation, et si pour cause d'absence où d'autre légitime empéchement, il ne peut y assister, il sera représenté par le plus ancien des prêtres ainsi que dans toutes les autres fonctions de son emploi, mais sans prérogation de deux voix.

2

Il appartiendra à la congrégation de destiner les prêtres aux autres emplois ; deux des d^{ts} prêtres seront choisis pour desservir la Paroisse, l'un en qualité de curé et l'autre de vice-curé ; on préférera ceux qui auront plus de capacité, et paraîtront s'être mérités la confiance du peuple. Ils ne pourront cependant en exercer les fonctions sans l'approbation de l'évêque, ni être changés sans son consentement, qu'il ne donnera qu'après avoir pris connoissance des causes légitimes qui rendent ce changement nécessaire.

Chaque jour de dimanche, ils devront faire alternativement une instruction ou prône, où du moins pourvoir à ce qu'elle soit faite par quelqu'un des autres prêtres ou des agrégés.

Comme le curé ne peut se dispenser de faire souvent ses aumônes aux malades pauvres de la paroisse, et que les offrandes qui se font à l'occasion des Baptêmes et mariages ne forment pas un objet suffisant à pouvoir exercer sa charité, la congrégation, avec le consentement du commandeur, lui faira consigner chaque année une somme proportionnée aux circonstances des temps, pour l'employer en aumônes aux pauvres malades, qu'il est dans le cas de visiter des quels le curé tiendra une note pour la présenter, s'il en est requis, à l'Evêque et au Préfet.

3

Celui qui sera nommé sacristain exercera cette charge pendant trois ans, les quels étant passés, il pourra être continué, si on le juge convenable, tout comme il pourra être changé pour des causes légitimes, avant que les trois ans soient expirés.

Il devra en cette qualité percevoir les dons et legs qui se fairont par intervalle à la sacristie et que les prêtres sont en coutume de donner à leur entrée, et généralement tous les revenus tant fixes que casuels de la sacristie, de même que le casuel de la cure à l'exception des offrandes qui se font au curé à l'occasion des Baptêmes et des mariages ; de tout quoi le sacristain tiendra un régistre portant recette, et dépense, pour en rendre compte à la fin de chaque année, pardevant le préfet, le commandeur préposé aux intérêst de la Ste Maison et un député de la congrégation des prêtres.

Ces revenus seront employés à la fourniture du luminaire et du blanchissage des linges de l'Eglise, à l'entretien et réparation d'icelle, au payement des Marguillers et autres dépenses qui étaient précédemment à la charge du sacristain, ce qui restera de ces revenus à la fin de chaque année, sera mis en fond pour en acheter des ornemens, linges et vases sacrés.

Comme il arrive souvent, que des personnes pauvres, ou peu aisées ne sont pas en état de payer les droits du casuel de la cure, le sacristain pourra, de l'avis du curé, leur en faire grâce, ou du moins leur faire un rabais suivant le degré de leur pauvreté.

Il expédiera suivant les loix et usages du pays, les extraits des Régistres qu'il tiendra des baptêmes, mariages et sépultures, et ces régistres seront signés par lui ou par le curé.

Il faira un inventaire des meubles, vases sacrés, ornemens et linges de la sacristie, des quels il sera chargé, il les soignera, en rendra compte chaque année, et procurera qu'il soient promptement fournis à ceux qui voudront célébrer; il aura soin de conserver avec propreté les vases sacrés, de faire blanchir les linges, et de tenir tout ce qui a du rapport à la sacristie et qui sert à la décoration de l'Eglise, avec la décence prescrite dans les constitutions synodales du diocèse.

4

L'un des prêtres sera destiné pour la direction des Séminaristes, et devra en conséquence faire observer le règlement qui sera dressé pour eux; il veillera soigneusement sur leur conduite, mœurs et éducation, en allant les visiter plusieurs fois le jour dans leur chambre; il aura en même tems l'attention à ce que le maître qui leur sera donné, remplisse aussi son devoir à leur égard.

5

On nommera, pour procureur de la maison, un des prêtres qui soit expert dans le maniement des affaires temporelles; il exercera cet emploi pendant trois ans, et même au delà, si on le croit avantageux; il agira toujours de concert avec le préfet, auquel il remettra chaque mois la note de sa recette et de la dépense, en l'informant de l'état de la Maison et à la fin de chaque année, il rendra son compte à la congrégation.

6

On choisira deux autres prêtres, pour leur confier la direction de la maison des arts, suivant le réglement particulier qui sera fait à cet égard; et afin qu'ils puissent mieux y vaquer, ils seront logés et nourris dans la maison des arts; ils ne se rendront aux offices de l'Eglise que les jours de dimanche et autres fêtes, et en attendant qu'ils exercent leur emploi, ils devront assister aux offices comme les autres.

7

L'un des prêtres sera élu directeur de l'Hôtel-Dieu, et en cette qualité il sera spécialement chargé de procurer aux malades les secours spirituels et temporels, en conformité du réglement de ces hopitals.

CHAPITRE II

Des prêtres en général.

Les prêtres de la congrégation tacheront de se servir mutuellement de bon exemple, et d'édifier le public par la pratique des vertus propres à leur état; ils suivront la discipline du diocèse.

Lorsque quelqu'un des prêtres ayant un office particulier ne pourra y vaquer à cause de maladie ou de quelqu'autre légitime empêchement, le préfet destinera un des autres prêtres pour suppléer aux fonctions de celui qui est empêché.

Chaque prêtre sera obligé d'informer le Préfet des progrés de l'œuvre particulière qui lui sera confiée, afin que l'on puisse les favoriser, et remédier aux abus et en prévenir toutes les suites.

Outre les devoirs dépendans des offices dont on a parlé ci-dessus, les prêtres de la Ste Maison précheront l'annuelle de trois ans en trois ans; à cet effet la congrégation nommera, deux ans d'avance, ceux qui devront prêcher, en préférant les prêtres les moins occupés par leur emploi particulier, et qui possèderont mieux le talent de la chaire ; la congrégation continuera cependant aux capucins la même rétribution qu'elle leur donnoit ci-devant, en se réservant l'obligation subsidiaire de leur ministère pour la prédication lorsque les prêtres de la Ste Maison ne pourront l'exercer.

Ils devront, chaque jour, chanter Tierce, la Grand'-Messe, Vêpres et Complies : Tierce à dix heures, et ensuite la Grand-Messe qui devra être chantée tous les lundis pour les trépassés : Vêpres à trois heures après-midi, et successivement Complies, mais pendant le Carême ils diront Vêpres après la Grand-Messe et Complies, à cinq heures. Les jours des fêtes solennelles *primæ Classis* et en toutes celles de la glorieuse Vierge Marie ils réciteront aussi Matines, Laudes et Prime qu'ils commenceront à cinq heures du matin en tout tems de l'année : tous les samedis, et veilles de la Ste Vierge, ils réciteront les Litanies environ le soleil couchant, ils diront une Messe, entre quatre et cinq heures, et six heures, depuis la Toussaint jusqu'au premier d'avril; ils célébreront une seconde messe à sept heures et demie, et la dernière messe commencera après l'évangile de la Grand-Messe.

Ils ne pourront paroitre au Chœur pendant les offices, sinon avec la soutane jusques aux talons, le bonnet quarré, la couronne, et le surplis de toile blanche qu'un chacun se fournira ; ils devront se conformer au Chœur, et pour la célébration des offices, aux cérémonies et coutumes de l'Eglise Cathédrale du diocèse.

Les jours de fêtes solennelles *primæ Classis* et de celles de la Ste Vierge, le préfet, et s'il est absent ou empêché, le plus ancien des prêtres devra officier, et en toutes les autres fêtes, ce sera l'Ebdomadaire qui faira l'office : à cet effet suivant son rang et à son tour, sera inscrit dans une tablette, pour la célébration des messes, excepté le préfet à cause des occupations multipliées de sa charge, et des deux directeurs de la maison des arts, dès qu'ils seront en exercice de leur emploi.

Lorsqu'il y aura sermon dans l'église, ils y assisteront en se plaçant sur le banc qui leur est destiné, sans qu'aucun puisse s'en dispenser, qu'avec la permission du chef qui ne l'accordera que pour une cause légitime.

Ils fairont tous les mécredis, l'assemblée capitulaire dans la sacristie à l'issue des Vêpres, et chacun sera tenu de sy rendre en surplis, et y sera assis comme à l'office ; elle commencera par *Veni, Sancte Spiritus*, et finira par l'oraison *pro gratiarum actione*. L'on y traitera de l'observance des régles, et de tout ce qui interesse le spirituel et temporel de la congrégation qui nommera un secrétaire pour écrire les résolutions qui seront prises à ce sujet.

Deux fois par mois et au jour qui sera fixé par le préfet, ils devront tenir une conférence, au moins d'une heure sur les matières proposées dans les conférences du diocèse.

Ils mangeront en table commune ; les séminaristes se rendront aussi au même réfectoire, l'un d'entre eux faira la lecture pendant le repas, c'est-a-dire, il lira un article de l'histoire sainte, durant un quart d'heure, et ensuite tel livre de dévotion que le préfet jugera à propos, jusques à la fin du repas. Le directeur des séminaristes aura soin de corriger le lecteur, lorsqu'il faira des fautes dans la prononciation ou autrement, et pour qu'il ne soit pas interrompu, l'on gardera exactement le silence, et un chacun restera à table jusqu'à ce que le repas soit fini. Le prêtre ebdomadaire dira à haute-voix avant le repas le *Benedicite*, et après le repas les graces des clercs, ainsi qu'il est porté par le Breviaire. Le repas étant fini, les séminaristes s'éloigneront en quelque lieu à part, pour que les prêtres puissent se récréer ensemble, par une honnête conversation qui leur doit être particulière.

Il n'y aura dans la maison qu'une porte particulière, à la quelle sera établi un portier qui aura soin de l'ouvrir au son de la clochette ; de jour, le portier tiendra la clef de la porte, et de nuit, cette clef sera gardée par le supérieur.

Quand les prêtres sortiront de la maison, ils diront

toujours au portier où ils vont, afin que s'ils sont demandés l'on puisse savoir où les trouver,

Ils se retireront de bonne heure, soit incontinent après l'*Ave Maria* du soir, et ils ne sortiront la nuit, sauf pour des causes urgentes, et après en avoir averti le Préfet, à l'exception cependant du curé et du vice-curé, qui pour les fonctions de leur ministère sont dans le cas de sortir à toute heure ; mais le préfet ne permettra jamais que ni l'un ni l'autre n'abuse de la faculté que lui donne cette charge.

Ils ne pourront recevoir dans la maison les personnes du sexe, sauf que la nécessité ou la bienséance l'exige, et dans la salle commune destinée à cet effet.

La Congrégation chargera un des prêtres, de veiller qu'il ne se commette aucun abus dans la distribution des aumônes qu'on est en coutume de faire.

Chacun des prêtres pourra tous les ans s'absenter de la ville et de la paroisse de Thonon, pendant trente jours continus ou discontinus à son choix, moyennant qu'il ait concerté avec le Préfet qui devra régler les absences, de façon qu'il demeure toujours à la maison un nombre suffisant de prêtres pour acquiter décemment les charges et offices.

Ils devront, sans difficulté, s'aider entre eux pour les instructions et le service de la paroisse, lorsque le besoin l'exigera, ils seront tous assidus aux offices et à l'exercice de leur emploi respectif, et s'ils n'accomplissent pas leur devoir, ou s'ils se conduisent d'une manière contraire à la sainteté et à la décence de leur état, le préfet les admonestera, et en cas que deux ou trois de ses avertissemens ne produisent pas l'effet que l'on pourrait souhaiter, il en donnera avis à l'Evêque, qui au besoin en informera le Roi, afin que si le cas l'exige, le coupable soit puni, même par l'exclusion de la congrégation.

Les Prêtres agrégés aideront le curé, dans toutes les fonctions de son ministère ; ils assisteront aux offices, et serviront à l'Autel pour les Grand-Messes.

CHAPITRE III

Des Séminaristes

Les Séminaristes seront au nombre de sept, sous les ordres de celui des prêtres qui sera établi leur directeur, et auquel ils devront ponctuellement obéir en tout ce qu'il leur commandera, surtout lorsqu'il s'agira des exercices prescrits par le réglement qui les concerne. Ils recevront aussi avec docilité, les leçons du maître qui leur sera donné pour enseigner aux commençans les éléments de la Grammaire et pour corriger le devoir à ceux qui vont au Collège ; et afin que les uns et les autres puissent avoir plus de tems pour s'appliquer à l'étude, ils seront dispensés d'assister aux offices divins les jours ouvriers. Le Préfet avec le consentement du Commandeur, choisira pour Séminaristes des enfans qui lui paroitront avoir de bonnes inclinations, et il pourra congédier aussi du consentement du Commandeur, les Séminaristes dans lesquels il ne trouvera pas des dispositions convenables, ou remarquera des défauts notables sans espérance d'amendement.

Nous ordonnons aux prêtres et membres de la Congrégation de se conformer au présent réglement, et de l'observer exactement dans tous ses points, sous la réserve néanmoins de l'agrément et de l'approbation de sa Majesté.

Annecy, le 12 Février mil-sept-cent-soixante et quatorze.

(Archives de la Sainte Maison).

DOCUMENT N° 22

Patentes pour les Dames Annonciades de Thonon.
(15 7bre 1650.)

Charles Emanuel par la grâce de Dieu Duc de Savoye,

Chablais, Aouste, Genevois et Montferrat, Prince de Piémont, marquis de Saluces, Comte de Genève, Nice, Asti et Feude ; Baron de Vaux et Faucigny ; seigneur de Verceil, Oncille et Marro ; Marquis d'Italie ; Prince et vicaire perpetuel du St Empire Romain ; Roi de Chypre etc.

Le singulière devotion que la Royale Maison de Savoie a toujours eu au sacré Mystère de la l'Annonciation de la Ste Vierge Mère de Dieu comme à celui qui donna commencement à notre Redemption, et à l'honneur duquel Nos Sere^{mes} Prédécesseurs instituèrent le très noble et très auguste Ordre de l'Annonciade, ayant convoité S. A. R. Victor-Amé notre très honoré Seigneur et père, de glorieuse mémoire de recevoir en ces Etats l'institut de la devote Religion de l'Annonciation, de laquelle il y a deux Monastères établis delà des Monts, dont l'un dans la ville de Chambéry, et l'autre dans celle d'Annecy, et quelques Religieuses de celui de St Claude refugiées dans la ville de Thonon depuis les dernières Guerres qui désolèrent le comté de Bourgogne, lesquelles y ayant été reçues sous la Royale protection de S. A. R. y ont continué leur séjour jusqu'a présent avec tant de conduite et d'édification du Public, que leurs bons et louables déportements les font désirer en la dite ville pour y établir leur demeure permanente, pour la fondation de laquelle les dites Religieuses Nous ont fait humblement demander la permission sur ce requise et nécessaire ; à quoi inclinant tant l'intérêt de la gloire et service de Dieu qui est la fin de ce pieux dessein et le but de nos intentions, que pour la prière qui Nous en a été faite par des personnes qui nous sont très-agréables, et auxqu'elles nous donnerions volontiers la plus grande marque de l'estime que Nous en faisons, eu égard que les dites Religieuses ne sont point à charge à la dite ville, n'étant point mendiantes, mais rentées et fondées de revenus suffisans par le Monastère de St Claude d'où elles sont sorties.

Par ces Pattentes signées de Notre main, de Notre certaine science, pleine puissance et authorité Souveraine, ayant sur ce l'avis de Notre Conseil résident près Notre Personne, Nous avons permis et permettons, et donnons pouvoir aux

dites Religieuses de l'Annonciation refugiées à Thonon d'y
établir leur demeure permanente, et pour cet effet y fonder
un Monastère du dit Ordre, acheter la place et lieu nécessaire pour faire leur Maison avec la clôture et les appartenances, et pour y recevoir des filles et Religieuses,
et faire tous les exercices de leur Institut à la même forme
et manière qui se pratiquent aux autres Monastères du dit
Ordre fondés dans nos Etats, à condition qu'elles ne pourront à l'avenir acquérir des fonds et revenus en Nos dits
Etats que jusqu'à la somme de six cent ducatons tant seulement.

Si donnons et mandons à Nos très chers bien aimés et
Feaux cons[rs] les gens tenants Notre Senat de Savoie de vérifier admettre et authoriser les présentes selon leur forme
et teneur, et d'icelles faire jouir pleinement et perpétuellement les dites Religieuses sans difficultés, voulant que
ces mêmes patentes leur servent pour l'effet ci-dessus, et à
Nos Généraux pour y donner leur consentement de première, seconde, troisieme, finale et peremptoire jussion et
commandements precis, exhortant nôtre très-Révérend très-
cher et devot orateur L'Evêque de Genève de leur donner
pour la même fin l'admissoire en son diocêse, ou pourvoir en tel cas requïs; car ainsi Nous plaît. Donné à Turin le quinzième septembre mil six cent cinquante.

A Nos Seigneurs

Supplient humblement les R[des] Dames de l'Annonciade de Thonon.

Comme ayant plû à S. A. R. les recevoir sous la protection au dit lieu de Thonon au quel elles seraient refugiées
dés quelques années et fait leur résidence, il auroit de nouveau plû à sa dite A. R. leur permettre et donner pouvoir
d'y établir leur demeure permanente, et pour cet effet y
fonder un Monastère dudit Ordre, ainsi, que par patentes
du 15 septembre dernier scelées et signées Charles Emanuel. V[a] Piscina. V[a] Gremery et contre-signés de St Thomas, du bénéfice desqu'elles désirant jouir elles recourent.

A ce qu'il plaise au Senat procéder à la vérification an-
therinement des dites patentes, et ordonner qu'elles joui-

ront du bénéfice d'Icelle selon leur forme et teneur; s'y ferès bien.

Soit montré au procureur Général : fait à Chambery au Senat le 10 X^bre 1650.

Le procureur Général dit la présente requête devoir être montrée aux Nobles Sindics de la ville de Thonon ; à Chambery le 9 X^bre 1650.

Soit montrée aux Nobles Sindics de la ville de Thonon ensuite de conclusions du Procureur Général. Fait à Chambery au Senat le 9 X^bre 1650.

Les Sindics et conseils de la ville de Thonon duement assemblés ayant vü les lettres patentes obtenues de Son A. R. par les R^des Religieuses Annonciades refugiées dans la dite ville ensemble la presente requète et decret, font reponse de se soumettre à ce qu'il sera etabli pour regard de leur admission à l'entherinement des dites lettres, suppliant le Sénat d'avoir égard à l'offre qu'elles font de ne se rendre point mandiantes, et n'être à charge à la dite ville, et par ce étant qu'il sera procédé à l'entherinement d'icelles, que ce soit à telles conditions, et qu'elles n'auront leur nombre sinon à rate et proportion de leurs revenus, et observeront particulièrement de préferer en la réception à leur ordre les filles de la dite ville, et ne prendront établissement d'aucune quête en icelle, et pour regard des fonds qu'elles achèteront ou qu'elles pourroient acquérir par dotation, ou autrement, elles contribueront à toutes charges et autrement suivant l'équité du Sénat, à laquelle ils se rapportent pour le surplus tout ce qui est du bien et d'utilité d'icelle ville. Fait à Thonon en conseil, ce vingt deuxiéme janvier mil six cent cinquante-un.

Charles Emanuel par la grace de Dieu Duc de Savoie, et Chablais, Prince de Piedmont, Roi de Chypre etc. A nos très chers bien aimés et feaux conseillers les gens tenants notre Sénat en Savoie : Salut. Sur ce que les dévotes Religieuses de l'Annonciade réfugiées de St Claude en notre ville de Thonon nous ont remontré que vous ayant ci devant presenté nos patentes en date du 15 7bre 1650, par lesquelles nous leur avons accordé la permission d'établir une maison de leur Institut au dit lieu par les motifs et considérations contenues aux dites lettres patentes, vous aves fait refus de les verifier, et les aves retenues sous pretextes que dans la ville de Thonon il y a déjà d'autres Religieuses. Les Annonciades sont rentées et fondées de revenus suffisans à leur entretien par le Monastère de S¹ Claude, d'où elles sont sorties pour se refugier dans nos Etats pendant les Guerres dernières et que, par consequent, elles ne peuvent être à charge ni donner aucune incommodité à la ville de Thonon, et que d'ailleurs elles sont d'une vie si exemplaire, et vivent avec tant d'édification, qu'elles ne peuvent qu'être très utiles en ce lieu. Nous avons bien voulu vous déclarer plus précisement Nôtre volonté sur leur établissement, lequel nous désirons avoir effet en exécution des dites patentes autant par les motifs ci-dessus que pour la satisfaction des personnes à Nous très agréables, et dont nous faisons une singuliére estime, qui Nous en ont Supplié. Pour ces causes et autres dignes considération par ces patentes signées de Notre main, Nous vous mandons et ordonnons de vérifier et entheriner les dites lettres Patentes du 15 7ᵇʳᵉ 1650, portant l'établissement et permission aux dites Religieuses de l'Annonciation de fonder une maison de leur institut en Notre ville de Thonon, voulons et Nous plaît qu'elles jouissent du contenu et bénéfice d'icelles selon leur forme, et teneur non obstant vôtre arrêt, par lequel vous aves dit n'y avoir lieu, et que les patentes seroient retenues, auquel Nous avons dérogé et dérogeons, et à tout Edit, statuts, reglemens et autres choses à ce contraires, voulant que ces patentes vous servent pour ce que dessus, et à Nos avocats, Procureurs, Généraux, d'y consentir de première, seconde, troisième finale et peremptoire jussion et commandement, car tel est Notre plaisir.

Données à Rivoles le premier jour de décembre mil six cent cinquante cinq.

Charles Emanuel par la grâce de Dieu Duc de Savoie, Chablais, Aoste, Genevois, et Montferat ; Prince de Piemont, Roy de Chypre, etc.

A Nos très chers bien aimés et feaux conseillers les gens tenants notre Sénat de Savoie : Salut. Sur ce que les dévotes Religieuses de l'Annonciation refugiées de St Claude à Notre ville de Thonon Nous ont fait heureusement remontrer que vous ayant ci devant présenté Nos patentes en date du 15 7bre mil six cent cinquante par lesquelles nous leur avons accordé la permission d'établir une maison de leur Institut au dit lieu pour les motifs et considérations contenues en nos dites patentes. Vous aves fait refus de les verifier, et les avez retenues sous prétexte que dans la ville de Thonon il y a déjà d'autres Religieuses, et que celles-ci pourroient être à charge à la dite ville, mais d'autant que nous sommes informés que les dites Religieuses Annonciades ne sont que très utiles à la dite ville de Thonon à laquelle elles n'apportent aucune incommodité ni surcharge pour ne vouloir être mendiantes, étant d'ailleurs d'une vie très exemplaire, et de grande édification au public, Nous avons bien voulu déclarer plus précisement Notre volonté sur leur établissement au dit lieu de Thonon, lequel nous desirons avoir effet en exécution de nos dites patentes autant pour les motifs ci-dessus, que pour la satisfaction des personnes à Nous très agréables, et dont nous faisons une singulière estime, qui Nous en ont suppliées, et à ces fins vous voulons bien en cette affaire contribuer de nos plus grands soins aux pieux desseins que feu S. A. R. mon très honoré père et Seigneur de glorieuse mémoire avait pour l'établissement des dites Religieuses de l'Annonciade dans nos dits Etats de Savoie, ainsi qu'il aurait déjà fait en continuation du grand zèle et devotion que Nos Seren^{mes} prédécesseurs ont toujours portés au glorieux Mystère de l'Annonciation de la très sacrée Vierge Marie notre protectrice et de nos dits Etats, que sur icelui ils auroient fondé Notre très auguste Ordre de Chevalerie. Pour ces causes et autres dignes considérations par ces présentes signées de Notre main, de Notre certaine science, pleine puissance et authorité souveraine, ayant Sur ce l'avis des gens de Notre Conseil résident près de Notre personne, Nous vous mandons et ordonnons de vérifier et entheriner nos dites lettres et patentes du 15 7bre 1650 portant etablissement et permission aux dites Religieuses de l'Annonciation de fonder une maison de leur Institut en notre ville de Thonon, voulons, et il nous plait qu'elles jouissent du contenu et bénéfice d'icelles, selon leur forme et teneur non obstant votre arrêt, par lequel vous avez dit n'y avoir lieu, et les patentes retenues, auquel, et à tous Edits, statuts, règlemens et autres choses à ce contraires, Nous avons derogé et derogeons, et aux derogatoires des dérog^{ts} y contenues, voulant ces patentes vous servir pour ce que dessus et à Nos Avocats et Procureurs Généraux pour y consentir de 1re, 2e, 3e, dernière, finale, et péremptoire jussion et commandement précis, et absolu ; car tel est Notre plaisir, et ainsi le requiert le service de Dieu, le Notre, et du Public. Donné le quatrième jour de 7bre mil six cent cinquante-six.

Jussion au Senat de Savoie de vérifier les patentes accordées par V. A. R. aux devotes Religieuses de l'Annonciation le 15 7bre 1650 pour l'établissement d'une Maison de leur Institut en la ville de Thonon non obstant l'arrêt du dit Sénat portant n'y avoir lieu, et les retenues auquel V. A. R. déroge.

Extrait des Registres du Souverain Senat de Savoie.

Sur les Requêtes présentées céans le dix neufvième décembre mil six cent cinquante, et dix huit de Novembre mil six cent cinquante six par les Révérendes Supérieures et Religieuses de l'Annonciade réfugiées dans la ville de Thonon à fin d'enthérinement et vérification de lettres à elles accordées par S. A. R. le quinzième de Septembre mil six cent cinquante, et quatrième Septembre mil six cent cinquante-six, portant provision en leur faveur de faire construire, et bâtir un monastère de leur Ordre dans la ville de Thonon,

Vü par le Sénat les titres, patentes obtenues par les Dames suppliantes de S. A. R. le cinquième de decembre mil six cent cinquante Signées Charles Emanuel, Visa Piscina, V^a Granery, et contresignées de St Thomas duement scelées, requêtes presentées au Sénat par les R^{des} Sup^{tes} le dixième décembre mil six cent cinquante Signé: Doix; decret du dit jour signé Goddat; Conclusions du Sr Procureur general signé Fichet du dix neuf du dit; decret ensuite signé Janus Deomieu, et contresigné Rahe; signification de requête au bas avec la réponse des Nobles Sindics de Thonon du vingt deux janvier mil six cent cinquante un ; Signe de Piez, de Leurat Sindics et Ducret secretaire; autre requête des R^{ndes} Sup^{tes} Signé Doix pour Carroz procureur; decret du vingt huit novembre mil six cent cinquante deux, Signé Fort: Conclusions du procureur Général du cinq novembre suivant audit et Signé Fichet; Decret du Senat du neufvième du dit decembre Signé Janus Deomieu et contre signé Fort; autres patentes en forme de jussion obtenues de S. A. R. pour les dites R^{ndes} Dames Sup^{tes} Signe Domeny et pour Gomellin; decret du dix neuf novembre mil six cent cinquante six Signé Fichet; le tout ouï et consideré.

Le Sénat ayant égard au précis commandement de S. A. R. entherinant les requêtes des dites R^{ndes} Sup^{tes} a enthériné et verifié les dites lettres patentes selon leur forme et teneur; ordonne quelles jouiront du fruit et bénéfice d'icelles à la charge qu'elles n'acquereront aucun fond dans l'Etat, ni mandieront ni feront aucune quête, moins chargeront la dite ville de Thonon sous quel pretexte que ce soit, et en quel temps que ce soit, de guerre, peste ou famine, ains jouiront de leurs revenus, le tout à forme des dites patentes, lesqu'elles à ces fins seront enregistrées céans et des Edits de S. A. R.

Fait à Chambéry au Sénat, et prononcé au Sr Procureur Général, et à Mr Goucellin procureur des dites Dames Religieuses Suppliantes le quinze décembre mil six cent cinquante six.

(Manuscrit Pescatore.)

DOCUMENT N° 23

La Famille de Blonay.

Elle est aussi ancienne et même plus illustre que celle des Sires d'Allinges. On peut dire qu'elle est de pair avec la plus haute aristocratie de l'Europe. Quelques auteurs la croient issue de la maison souveraine de Faucigny. On ne connait pas l'époque à laquelle elle s'en est détachée ; mais on sait qu'au onzième siècle, les sires de Blonay comme les sires d'Allinges, portaient déjà le titre de princes, ainsi qu'on le voit dans une charte de liberté donnée à l'abbaye d'Abondance, en 1108, où figure en première ligne : « Amedeus de Bloniaco » au nombre des « principum qui testes interfuerunt. » Cette famille s'est divisée en plusieurs branches : Voici ses titres : « Barons de Blonay, « seigneurs de S. Paul, Maxilly, Bernex, Montigny, « Lugrin, La Chapelle-Marin, Grilly, Saviez, etc., mar- « quis d'Hermance, Comtes de Rossillon, dans le Chablais « et les anciens baillages :

« Seigneurs de Blonay sur Vevey, Vidames de Vevey, « seigneurs de Corsier sur Vevey, barons du Châtelard, « seigneurs de Bex, de la Bâtie, Sales, Romanens, Mé- « zières, etc., dans l'ancien Chablais et en Suisse. »

« Barons d'Avise, seigneurs de Planaval, Montmeilleur, « Livrogne, Rochefort, etc., seigneurs pairs du duché « d'Aoste, conseigneurs de Bozel, en Tarentaise, etc., « seigneurs de Joux et de Rahon en Franche Comté. »

Mais parmi les descendants d'Amédée de Blonay et du milieu de ces mâles figures et de ces poitrines bardées de fer qui se distinguaient dans les armées et dans les ambassades sur un cours de huit siècles, nous distinguons les deux personnages suivants :

« Son excellence, le baron Louis de Blonay, né le 11 « avril 1676, chevalier commandeur et grand'croix de

« l'ordre des Sts Maurice et Lazare, premier écuyer et
« gentilhomme de la chambre de sa Majesté, chevalier
« d'honneur de la Reine, fut nommé capitaine de la pre-
« mière compagnie des gentilshommes archers de la garde
« en 1731, maréchal de camp en 1733, vice-roi de Sar-
« daigne en 1742, capitaine général des Galères, gouver-
« neur des vallées de Pignerol et général de cavalerie
« en 1745, grand-maître d'artillerie en 1749.

« Il était chevalier de l'Annonciade qui était l'ordre
« suprême de la maison de Savoie et qui ne s'accordait
« qu'aux princes du sang, aux ministres, aux généraux,
« et aux personnages distingués par de grands services
« rendus à l'Etat.

« Le Baron Louis de Blonay mourut à Évian le 2 mars
« 1755 et fut enterré à St Paul.

Un autre nom brille d'un éclat plus doux. C'est celui d'une de ses parentes et qui fut une des premières religieuses de la Visitation : Marie-Amice de Blonay, née le 13 décembre 1590, se mit à l'âge de 22 ans sous la direction de Sainte Jeanne-Françoise de Chantal et fit sa profession en 1613. Elle était si pure, si pieuse que Saint François de Sales l'avait surnommée « la Crême de la Visitation. » « Elle fut en 1615 l'une des fondatrices de la
« maison de Lyon qu'elle dirigea de 1622 à 1628 ; c'est
« la première année qu'elle était à la tête de ce monastère
« que le Saint Evêque mourut.

« Elle fonda les maisons de Paray, et de l'Antiquaille à
« Lyon, puis elle fut de nouveau la supérieure de Bellecour
« de 1631 à 1637. « L'année suivante elle fut envoyée diriger
« le monastère de Bourg-en-Bresse. Enfin quelques mois
« avant la mort de Sainte Jeanne-Françoise et sur ses
« pressantes instances, sa chère fille Marie-Amice vint
« à Annecy, où elle fut nommée à sa place et selon les
« vœux de la mourante, supérieure du premier monastère
« de l'Ordre. Elle y mourut en odeur de sainteté le 15 juin
« 1649, âgée de cinquante-neuf ans. »

Citons encore en passant : Jacques de Blonay qui publia

en 1708 un ouvrage utile et estimé : *Mémoire et Alphabet d'érudition.*

(Voyez à ce sujet *Nobiliaire de M. A. de Foras.*)

DOCUMENT N° 24

La Famille des N^{es} de Genève Lullin.

Elle descend des comtes de Genevois.

En 1391 Thomas de Genève, baron de Lullin, était chevalier de l'ordre suprême du Collier, général de l'armée d'Amédée VII dans les guerres que celui-ci eut à soutenir contre le Montferrat.

Son fils Guillaume et son petit-fils Janus, aussi chevaliers de l'Ordre du Collier, furent l'un et l'autre grands baillis et gouverneurs généraux du pays de Vaud.

En 1526, un Amé ou Aymon était chevalier de l'Annonciade, conseiller d'État et gouverneur de Verceil. Il possédait les langues savantes, l'histoire et les mathématiques. Le duc Charles III lui confia l'éducation de son fils, le duc Emmanuel Philibert. Le professeur instruisit et éleva si bien son élève qu'il en fit le héros de son siècle et le nouveau législateur de son pays. Il le conduisit à la cour de Charles-Quint qui faisait le plus grand cas de ce gentilhomme chablaisien. Il mourut à Augsbourg en 1551.

Prosper son fils, aussi chevalier de l'Annonciade, fut lieutenant général du duché d'Aoste et colonel des gardes-du-corps.

Gaspard, chevalier de l'Annonciade comme ses ancêtres, est celui qui a fondé dans l'église Saint-Sébastien ou des Augustins, du côté droit, une chapelle sépulcrale pour sa famille. La consécration en fut faite en 1617 par Saint François de Sales. Commandant général des gardes du duc Charles-Emmanuel, il fut chargé par ce prince de trente-deux légations tant auprès des souverains pontifes, des empereurs et des rois, que des républiques de l'époque. C'est en sa faveur que la baronie de Lullin fut érigée en marquisat, en 1597. Il est mort à Thonon le 23 juin 1619. Clérade de Genève, marquis de Lullin et de Pancalier (Piémont), fut aussi capitaine de la première compagnie des gardes-du-corps, général à la tête de 4000 suisses, gouverneur du Chablais, et des bailliage de Ternier et de Gaillard.

Enfin Albert-Eugène, en qui s'éteignit la famille, était général de cavalerie, ambassadeur à Vienne et gouverneur du Chablais. C'est à ce dernier, qu'est due la fondation du beau bâtiment des Minimes et de la vaste Maison-des-Arts. Il est mort à Thonon le 9 août 1664. C'était un véritable ami du peuple et le père des pauvres.

Voici un fragment généalogique de cette famille :

GUILLAUME III, comte de Genève, eut d'Emeraude de la Frasse un fils naturel, nommé Pierre, qui devint le chef des branches Genève-Lullin et Genève-Boringe *(Regest. genev.*, p. 543.) ... 1313-1320.)

PIERRE (1320...), épouse Catherine, fille de Jean de Ternier. *(Sommaire des fiefs.* Arch. département. d'Annecy.

THOMAS, ép. Guillelme de Fernex, à qui fut inféodé, le 11 décembre 1420, le fief de Lullier. *(Sommaire des fiefs.* Arch. départ. d'Annecy.

GUILLAUME, qui reconnaît tenir le 7 août 1429 du duc de Savoie le château de Lullin. (*Ibid.*)

JEAN, épousa Georgette de Viry, 1503. (Voir liste des possesseurs du château, fiefs et revenus de Thonon.)

AYMON, 2 juin 1534. (*Ibid.*)   JEAN, chef de la branche de Boringe, vivait en 1530. (Arch. départ. d'Annecy.)

FRANÇOIS.   GUIGUES, 18 février 1568. (*Ibid.*)

GASPARD, 9 sept. 1584. (*Ibid.*) Inféodation du château de Thonon, 1589-1607...

CLERADIUS (*Ibid.*), ép. Sabines de Hornas, qui fut ensevelie dans l'église des Barnabites le 12 sept. 1645. (*Regest. parois. de Thonon.*)

ALBERT-EUGÈNE,   MARIE (1675), qui testa en faveur de Mme
fondateur des Minimes, 1640.   Royale et Victor-Amé, duc de Savoie.

CHRISTINE, morte jeune.

Si quelque amateur voulait compléter cette généalogie, nous le renvoyons aux Chapitres suivants : 1° *Possesseurs successifs du château de Thonon ;* 2° L'Université chablaisienne ; 3° La Visitation ; 4° Les Minimes ; 5° Les Annonciades ; 6° *Pièces just.*, n° 2, etc.

DOCUMENT N° 25

Biens de Ripailles

La Chartreuse de Ripailles possédait, dit M. Lecoy de la Marche : 1° A Bellevaux, les montagnes du grand et du petit Souvroz, de Vésinaz, de Belmont avec des prés, bois et rochers, en un mot tout ce qui avait dû composer l'*eremus Valonis*, superficie de plus de 1000 hectares, sur laquelle la Chartreuse conservait « la juridiction omnimode, le mère et mixte empire et tous les droits à elle concédés par Philippe de Savoie en 1284. » L'antique résidence des religieux située sur ce territoire, au lieu nommé encore aujourd'hui l'abbaye, avait été relevée de ses ruines, et on y venait souvent de Ripailles après la réunion des deux abbayes.

2° A Vallonnet, commune de Fessy, deux maisons et une tuilerie avec leurs entourages, provenant de la donation faite en 1222 par Thomas Comte de Savoie.

3° A Thonon, une maison avec un magasin, située rue de la Croix, sur un emplacement acheté en 1283 de Gérard Chastrani et deux petits clos aux portes de la ville, l'un appelé *Clos de Vallon*, acquis par un échange avec Amédée VIII, en 1433 ; le second, au lieu dit *La Patenerie*, acheté en 1500 de noble Jean Joly.

4° A Mieussy, un bâtiment avec jardin et prés, acquis au xve siècle de divers particuliers.

5° A Lucinge, des champs et pâturages tant donnés que vendus par les seigneurs du lieu au xiiie siècle.

6° A Vailly, une maison d'acquisition récente, destinée

à servir d'asile aux religieux ou à leurs gens, lorsqu'ils allaient et venaient, par les mauvais temps, de Ripailles à Vallon et vice-versâ ; ce pied à terre se trouvait à moitié chemin entre les deux localités distantes de six lieues l'une de l'autre.

A l'exception de dernier article, tout le domaine que nous venons de détailler, fut déclaré franc d'impôts comme acquis à la Chartreuse avant l'édit de la taille rendu par le duc de Savoie en 1580, et fut placé parmi les biens de l'ancien patrimoine de l'Eglise. Il formait un ensemble d'environ 3714 journaux ou 1360 hectares. La fortune des Chartreux comprenait encore des revenus annuels provenant également du prieuré de Vallon, et se composait de servis en argent ou en nature. Ces redevances dont il serait difficile de fixer la valeur totale, à cause de leur diversité et de la variété multiple des monnaies spécifiées pour leur paiement, étaient à prendre sur des terres, vignes, prés, bâtiments, etc., situés dans les paroisses suivantes : Bellevaux, Boëge, Cervens, Fessy, Lucinge, Lully, Mieussy, Thonon, Vigny. (Lecoy de la Marche, page 87-88.)

DOCUMENT N° 26

Amphion.

Les eaux de cette localité, aujourd'hui si célèbres, furent-elles connues des Romains, comme semble l'insinuer la *Revue savoisienne*, page 75 et 89 (1865) ? C'est douteux. En tout cas, en 1697, R^d Bernard, gardien des Capucins d'Evian, consignait dans son *Mercure aquatique*, les cures merveilleuses qu'elles opéraient. En 1710, la ville d'Evian répara le modeste pavillon rustique qui les abritait. — Nous avons vu plusieurs fois les duc de Savoie passer à Thonon pour aller demander la santé à ces eaux. Le roi Victor Amédée II en fut si satisfait qu'il fit acheter le fonds de terre d'où elles sortaient et chargea l'ingénieur Garella d'établir la fontaine et d'en rendre les abords agréables.

DOCUMENT N° 27

Tolérance religieuse de Berne. — Martyre du prêtre Fau.

Du 7ᵉ octobre 1643. Mᵉ Garin Tavernier, fils d'hᵉ Jacques Tavernier, bourgeois de la ville de Thonon aagé d'environ quarante cinq ans, apprès le serment par luy prestés entre nos mains, Dict et depose questant allë au marché de la ville de Vevey le mardy vingtneufiesme de 7ᵇʳᵉ mil six cent quarante trois jour de la feste de Sᵗ Michel, se treuvant en la place du marché du dᵗ lieu il entendit dire que l'on voulait faire mourir ung prestre ; lequel avait été détenu prisonnier au dᵗ Vevey pour avoyr parlé contre leur religion. Et estant arrivé l'heure de mydy il entendit sonner la cloche laquelle on sonnoit pour faire assembler le le peuple, et estant allé le deposant au devant la maison de ville du dᵗ Vevey, et au lieu accoustumé tenir la, il vit venir la dᵗᵉ justice du costé de la tour de pey qui conduisoit le dᵗ prisonnier et entrerent avec le dᵗ prisonnier dans l'auditoire, et estant le baillif du dᵗ lieu assis avec toute la dᵗᵉ justice, ayant le dit Baillif la masse en main, l'on fit asseoir le dᵗ prestre prisonnier sur ung petit siége au milieu du dᵗ auditoire, puis le secretaire de la dᵗᵉ justice commencat à lire tout haut tout le proces, procedures, dépositions et sentences faites contre le dᵗ prestre nommé dans le dᵗ procès françois Fau; prestre ecclesiastique, lequel par la dᵗᵉ procédure, est accusé par tesmoing avoir dict: Vous tenes la religion de Calvin, votre religion est la religion du diable, et par ung autre tesmoing le dᵗ prestre est accusé avoir dit : Sy vous cognoissies ce que je suis, vous madoreriës comme Dieu ; et par ces responses il leur respond vous n'etes mes juges et mes parties, metté moy.... l'interroge, et je vous fourniray de responces pertinentes, vous n'estes pas mes juges competant, et par la sentence faitte contre luy par la justice du d^t Vevey at esté condamné d'avoir la langue persée et la teste tranchée. Et apprès la lecture de la d^{te} sentence, le d^t baillif print une lettre à luy addressée par l'advoyer et conseil du canton de Berne, de la quelle il fit faire lecture au dit secretaire, par laquelle il mande au d^t Baillif de faire mettre la d^{te} sentence en exécution, la quelle il confirme et authorise de point en point. Et après que toutes les dites lectures ont esté faictes, le d^t prestre fut remis entre les mains de l'exécuteur de la Haute justice, lequel fut par iceluy conduit par le milieu de la ville du d^t Vevey dans le lieu où l'on vouloit le décapiter, le d^t prestre commençat à dire tout haut, au nom du père, du fils et du St Esprit ; je proteste que je meurs pour la foy, religion chrestienne, catholique, apostolique et Romaine, dans la quelle j'ai tasché vous instruire il y a neuf ans ; et sy vous me permettes je vous en diray deux mots : *Et verbum caro factum est*, et disant les dictes parolles avec la plus grande constance et génerositté que jamais l'on aye veue ; et pendant qu'il proferoit les dictes paroles, le lieutenant du chastellain du d^t Vevey : taistoi, blasphemateur, et le baillif commandoit en allemand au bourreau de s'haster vistement, lequel vient promptement avec de petites pincettes en sa main et ung poinçon, et comme le d^t prestre vit qu'on lui alloit perser la langue il dit : messieurs, vous me leves la parolle, *Jesus, Jesus, Maria, Maria, Maria*, et puis donnoit la langue au dit borreau, et à mesme temps le dit bourreau luy prit la langue avec les d^{tes} pincettes ; et incontinent le fit asseoir sur ung petit siége et lui bandoit les yeux de son mouchoir, et tout incontinent le decapita. Quoy faict le premier ministre du dict lieu voulut faire une harangue sur sa mort. Quoy voyant le deposant se retirat incontinent.

Qu'est tout ce qu'il dict sçavoir.

(*Arch. de Thuiset, fourni par M. le comte A. de Foras*).

DOCUMENT N° 28

Les Chevaliers de l'arquebuse de Thonon et d'Evian.

« Si Mre Bordet et vos chevaliers, (présents au tir de Chambéry le 16 du courant,) nous avoient remis la lettre (de Bourg) nous l'eussions ouverte en commun, ou déterminé un jour à cet effet pour l'ouvrir dans nos murs. »

« Vous ne pouvez vous l'approprier, car 1° nous avons possédé de tout temps le privilège du papegeai ; chez vous il ne date que de huit ans ; 2° Thonon est capitale du Chablais.

« Quand donc les sceaux auront été brisés à Thonon, nous nous empresserons d'aller prendre part au concours de votre tir.

« Michaud » « 25 juillet » 1684.

« C'est tout un évènement, écrivait-il le même jour au roi Michaud, que les différends d'un tir jugé par le conseil de ville…. Le porteur de la missive (de Bourg) devait me la remettre comme à son officier supérieur ; agir autrement eût été un procédé fâcheux à mon égard. Si j'eusse assisté aux jeux publics du tir de Thonon à son arrivée, elle eût été lue sur le champ, sans aucune conséquence pour le « titre de capitale » que vous réclamez avec tant de chaleur…. Vous fondez vos droits sur l'ancienneté de votre papegeai. Nous en connaissons bien l'origine. Messieurs d'Allinges par la même raison auraient donc la préséance (1).

Ce n'est pas ici le cas d'une solution de cette question, autrefois vainement agitée devant la cour qui ne l'a pas résolue et ne la résoudra pas (2): Nous vous témoignons notre désir de l'union et de la paix en

---

(1) Cette affirmation est juste. Voy. *Hist. d'Allinges*, par l'abbé Gonthier.
(2) Ceci est inexact ; Thonon fut confirmé dans son titre de capitale du Chablais, par lettres patentes du 6 Avril 1672 (Arch. de Thonon. — *Livre-Maître.)*

différant notre tir jusqu'à dimanche prochain. Vous y êtes invités. Afin d'éloigner tout ombrage, nous irons à votre rencontre aux limites du ressort d'Evian. Là s'opèrera l'ouverture de la lettre (de Bourg) et nous viendrons en compagnie. Si vous acceptez ce parti, écrivez-le moi ; car passé ce temps la lettre sera ouverte et des copies envoyées aux corps respectifs.

« De Varax. »

« A mon retour de Nernier, répond Michaud le 30 juillet 1684, j'ai trouvé votre lettre du 25 courant. Tous ces Messieurs sont résolus à ne point prendre part au tir d'Evian que vous n'ayez préalablement ouvert ici la lettre (de Bourg) en présence de qui bon vous semblera. »

« Michaud. »

« Comme vous n'avez pas assisté à notre tir d'hier, tir retardé en votre seule considération ; nous avons ouvert le paquet renfermant la lettre imprimée ci-jointe. Nous vous envoyons l'original. Nous prendrons ensemble des mesures en vue de ce futur concours, si vous le jugez à propos, sans toutefois mêler les intérêts des deux villes, sinon chacun agira à sa guise. »

« De Varax. »

Mais déjà le bruit de ce différend est arrivé à Chambéry et Janus de Bellegarde, premier président au Sénat de Savoie, pour arrêter toute collision, interpose son autorité.

« Je vous défends, écrit-il le 29 juillet aux commandant, syndics et conseil d'Evian, de rompre les sceaux de la *lettre de Bourg* sans que Son Altesse Royale ait décidé où elle doit être ouverte. Si l'ouverture a eu lieu, je vous interdis toute réponse et toute délibération à ce sujet. »

« Chambéry 29 juillet 1684 (1). »

---

(1) Ce document se rapporte au chap. v, art. 2 page 94.

DOCUMENT N° 29

Possesseurs successifs du Château de Thonon, de ses servis, fiefs et revenus par héritages, donations, investitures ou albergements. (Turin, Arch. de Cour. Inventaire 85.)

     1252 Boniface, archevêque de Cantorbéry. (Donation d'Amé IV.)
2 février 1324 La Communauté de Thonon. (Comptes de Reynaud n° 3. — Franchises.)
26 janvier 1330 Giov. (Jean) de Aussiges. (Investiture et hommage.)
6 mars 1344 Guillaume et Perrod de Chatillon.
21 mars 1344 Jean, fils de f. Mermet de Lucinges. (Bezon, t. 2. Inféodation et investiture.)
30 mai 1344 Mermet de Margencel. (Reconnaissances.)
16 février 1360 Jacques de Savoie, prince d'Achaie, en vertu d'un échange avec Amédée, comte de Savoie. (Bezon, n° 34.)
4 mai 1360 Jacques de Savoie, prince d'Achaie, Demota *(sic)*. (Thonon, Arch. de Cour, Turin, n° 41 et *ibid.*)
22 juillet 1365 Amédée, comte de Savoie. *(Ibid.* n° 32. Echange avec l'abbaye d'Aulps.)
18 juillet 1383 Bonne de Bourbon, veuve d'Amédée, comte de Savoie. (Donation au souverain, *ibid.*, n° 52.)
4 novembre 1385 Le prieur et couvent de Vallon reconnaissent tenir une vigne (près Thonon) à eux donnée par Bonne de Bourbon, comtesse de Savoie.
16 mai 1386 Reconnaissance de Pierre, fils de f. Richard de Compois, seigneur de la

chapelle pour la mistralie de Thonon et pour l'impôt des *langues de bœuf* levé sur les bouchers.

13 août 1421 Amédée du Vernet (du Vernaz). (Investiture de biens féod... *Ibid.* n° 52.)

11 janvier 1422 Henry de la Ravoyre (de Ravoyriâ.) (Investiture. Colomby, n° 18. *Ibid.)*

30 octobre 1426 Reconnaissance d'Hugon Rogini, prieur de Vallon pour la vigne sise près Thonon cédée au couvent par Bonne de Bourbon (1).

30 juin 1427 Amédée, duc de Savoie et le prieur de Ripailles par échange de certains revenus. *(Ibid.)*

9 juin 1429 Amédée, duc de Savoie et Odon de Langin en vertu d'un échange de revenus. *(Ibid.)*

28 juin 1429 Les Augustins de Thonon. (Acte de fondation.)

9 juillet 1429 Amédée, duc de Savoie, et les prieurs et sacristain du monastère de Ripailles. (Convention entre eux.)

20 octobre 1430 L'Hermitage de Lonnaz. (Dotation d'Amédée.)

25 juillet 1433 Amédée de la Fleschère, Jacques Valluquine, Jacquemet d'Eschallens. (Albergements.)

17 octobre 1433 Jean Billot. (Albergements.)

id. Peronette Chavaignier, François Sordat, Jean Benoit d'Anty. id.

id. Hippolyte de Perrerio. id.

id. Thomase Moglie, femme de Mermet Lenguisso. id.

(1) La vigne sur laquelle Amédée VIII devait ouvrir plus tard la *rue Vallon.*

CXXXVII

17 octobre 1433 François de Ardon.   (Albergements.)
   id.   Pierre-Mathieu Pellipot.   id.
   id.   Dominique Blanc.   id.
   id.   Jean Taravelle.   id.
   id.   Jean Tri.   id.
   id.   Hugon Bosson.   id.
   id.   Dominique de Gastaldi.   id.
   id.   Michaud Pactou.   id.
   id.   Jacques Rivette.   id.
   id.   Jacques Deschellette.   id.
   id.   Jacques d'Albon.   id.
   id.   Pierre Champuisy.   id.
   id.   Jean et Rolette Batail-
               lard, mariés.   id.
   id.   Jean Bally.   id.
   id.   Guillaume Popare.   id.
   id.   Thomas de Meruel.   id.
9 janvier 1434 Antoine, fils de Guillaume de Muix.
               (Investiture des revenus.)
2 février 1435 Dominique de Gastaldi, Jean et Jean-
               nette Quardi, mariés, (2 alberge-
               ments.)
13 mars 1435 Pierre de Contella et Pierre de Ano-
               nay.   (Albergements.)
18 mars 1435 Jean Griffon.   id.
   id.   Pierre Sicila.   id.
   id.   Guillaume Piechetto.   id.
   id.   Rodolphe Cautat.   id.
   id.   Peronet Greloux.   id.
   id.   Pierre et Jacques de
               Pouget, frères et *Ma-*
               thea, femme dudit
               Jacques.   id.
   id.   François Favre.   id.
   id.   Jacques Bidal.   id.
   id.   Jean de Relle.   id.
   id.   Henri Morel.   id.
   id.   Laurent Garzon.   id.

18 mars 1435 Pierre de la Tour. (Albergements.)
   id. Pierre Barda. id.
   id. Jean Chevalier. id.
   id. Antoine de Belio. id.
   id. Richard Chambard. id.
   id. Mermet Donat et Jean Bullat. id.
   id. Guillaume Pellissier. id.
   id. Maurice Portier. id.
   id. Henri Pillichet. id.
   id. Aymon le Vieux. id.
   id. Aymon et Jean Dyalli, frères. id.
28 octobre 1436 Antoine de *Becio*. id.
29 mai 1436 Antoine Dupont. id.
17 octobre 1437 Jean Chauderet *de Ginevra* et Thomase Troillet. id.
16 décembre 1437 Les syndics et bourg³ de Thonon reconnaissent tenir du souverain deux moulins sous le château à eux albergés.
19 novembre 1438 Amédée, duc de Savoie et Antoine Muris. (Echange avec la communauté de Thonon.)
3 juin 1445 Louis, duc de Savoie et le pape Félix V. (Donation.)
24 avril 1445 Pierre Morsier. (Laods et ventes de biens féodaux.)
31 mars 1446 Nicod Quinzon. (Albergements.)
22 juin 1447 François de Blonay, seigneur de Saint-Paul. (Investiture de fiefs, arrière-fiefs, hommes, hommages.)
9 février 1451 Michaud Bérard. (Investiture.)
26 novembre 1455 Pierre Guillery. id.
21 décembre 1457 Aymonet Gay. id.
22 février 1459 Aymonette, fille de Jean Pichetoz, bourg³ de Thonon. (Investiture pour une grange et jardin.)

CXXXIX

     François Lancey. (Albergement.)
     Mermonette *(Vulliermete)*, fille de f.
     Jean Pichetoz. (Laods.)
     Claude, Aymon, Simon, fils de f. François Bellegarde. (Biens de leur père.)
6 mars 1461 Bonnecourt Chazous. (Donation d'une maison.)
    1462 Pierre Depraz. (Investiture de biens féodaux.)
25 mai 1503 Acquis de Georgette de Viry et de Jean de Genève, approuvé le 2 juin 1534 en faveur d'Aymon de Genève, fils dudit Jean.
25 août 1523 Claude, Aymon et Simon de Bellegarde. (Laods et investiture.)
8 mars 1527 Enfants de f. Jacques Ploz de Thonon. (Id.)
16 janvier 1528 Claude, Aymon et Simon de Bellegarde. (Id.)
12 juin 1529 Etienne, fils de f. Pierre Pariat. (Id.)
27 juin 1529 Jean Planchan. (Id.)
10 mai 1532 Jean Regis. (Acquisitions de biens féodaux.)
15 avril 1532 Nicod et Hippolyte *Garconis* alias Malbioz de Thonon. (Laods et investiture de biens féodaux.)
8 octobre 1537 Reconnaissance de Jean Forestier en faveur de Berne pour biens possédés d'Aymon de Genève.
25 mai 1544 Nicod et Hippoliyte Garconis, (ut suprà).
27 novembre 1545 Aymon de Rosey.
9 septembre 1567 François d'Allinges de Montfort, seigneur de Coudrée.
18 février 1568 Guigues de Genève, fils de f. Aymon, reconnait tenir maisons, terres, vergers, jardins, d'après partage avec son frère François de Genève,

11 août 1569 François et Françoise Echerny. (Acquis du souverain.)

4 octobre 1569 Syndics et habitants de Thonon. (Albergements de montagnes, de la cure de Tully, des leydes et péages de Thonon.)

23 janvier 1571 Jacques Rebut est fermier des revenus du château de Thonon.

15 mars 1571 Joseph Clément. (Par acquisition du souverain.)

23 décembre 1576 François de Bellegarde est fermier des revenus.

11 juillet 1578 Nᵉ François du Foug. Id.

9 décembre 1579 Pierre de Bellegarde est fermier des revenus avec Hippolyte Vernaz. Le 25 novembre 1582, Nᵉ Gaspard de Montjonier, M. Jean Michon leur ont succédé.

9 septembre 1584 Noble seigneur Gaspard de Genève,
28 octobre 1589 fils de Guy et petit-fils d'Aymon de Genève. (Inféodation de la châtellenie audit Gaspard au prix de 3,000 écus d'or d'Italie. Lettres patentes entérinées le 23 janvier 1585.)

15 février 1607 Id. Erection en fief de la petite Bâtie de Thonon.

26 novembre 1649 Charles-Emmanuel, duc de Savoie, octroya à M. Etienne de Compois, chevalier, au prix de 500 écus, les places et jardins du château de Thonon. (Lettres patentes vérifiées le 8 janvier 1598.) A cette dernière époque, Nᵒ et puissant Charles de Compois, baron de Féternes, gouverneur et préside au château des Allinges, albergea à Claude Couver de Thonon, 3 poses de bois se mouvant du château de Thonon « sises jouxte le chemin de

Thonon au Liaud, lieu dit *Bois de Crête*, près des communaux de la ville.

16 octobre 1693 Noble seigneur Janus de Bellegarde acquiert le fief du château de Thonon et *secrétairie* de Chablais avec ruraux, cures, servis, moulins, cours d'eaux, appendances et dépendances, pour 7000 florins, plus les seigneuries de Cursinges, Cervens et juridiction de la Tour forte de Draillans, unies pour ne composer qu'une *même juridiction* appelée *de Cursinge*, que S. M. Victor-Amédée érige en marquisat avec les deux cinquièmes de la seigneurie de Charmoisy, enfin celle de Boringe avec érection d'icelle en titre de comté. Cleradius fils de Gaspard de Genève (nommé ci-dessus n'avait laissé qu'un fils et qu'une fille, Albert-Eugène de Genève, troisième marquis de Lullin, qui n'eut qu'une fille, Christine, morte en bas âge. La sœur d'Albert-Eugène, Marie, marquise de Pancarlier, épousait N° Charles-François de Valpergues de Masin, le 31 janvier 1628, et testa le 8 octobre 1675 en faveur de S. A. Jeanne-Baptiste, duchesse de Savoie, dont elle était dame d'honneur, en lui substituant Victor-Amédée, duc de Savoie, que nous voyons figurer comme héritier et (1693) vendeur dudit héritage. (Arch. royales de Turin, *Thonon.)*

8 janvier 1694 Le contrat que dessus fut passé en faveur de Janus de Bellegarde pour un seul et même prix de 22,000 du-

catons de 7 flor. Cette famille de Bellegarde jouissait encore de cette seigneurie le 8 février 1751. (Voir affranchissements xvIII° siècle. *Chapitre onzième)* (1).

DOCUMENT N° 30

Leyde de Thonon (1530).

N° quing° tredecimo Ind. 1ª 15 Junii.

Ante domum Viri Egregii Antonii Mermeti ducalis secretarii, presentibusque nobilibus et potentibus viris Francisco de *Novacella* domino Illiaci, Guigone de Novasella *(sic)* Condomino Thollonis, honestis viris Johanne *Chancii* de Larringio juniore, Antonio de Cresto de Chevenoz... Johannes filius quondam Petri Moret de *Ego* parochie Cheveni se presentans coram magnifico viro Petro de Allingio domino Coudree, exponensque quod honestus vir Gabriel Volandi exactor leyde in loco Thononii pro Ill° principe Domino Nostro Sabaudie duce percipi consuete, eumdem Moret, ultra actenus assueta, cum sit homo prefati domini Coudree ad causam Alingii, *arrestavit et assignavit tenturam arrestam personale* in loco Thononii donec et quousque sibi satisfecerit seu persolverit leydam certarum deneriatarum in mercato hodie per ipsum *moret* venditarum et predictus Gabriel Volandi leyde receptor confitens preposita fore vera valens informari an sit homo

(1) On trouve aux archives de la Cour des Comptes de Turin, les reconnaissances faites à cause des châteaux d'Allinges et de Thonon en faveur du souverain en 1408, 1409, 1410, par divers particuliers de Morsy, Gresy, Orcier, Chilliens, Cursinges, Drailland (à l'occasion de l'échange de terres survenu entre les abbés d'Aulphs et d'Abondance et le duc de Savoie), puis par ceux du Lyaud, de Reyvroz, Choisel, Jussy, Charmoisy, Orcier, Lully, Marclaz, Choisy, Essert, Jussier, Bessinges, Allinges.... (Paquet 70).

prefati domini Coudree ad causam Alingii et prefatus dominus Coudree tanquam prenominati Johannis *Moret* Vevey dominus audiens quod ipse Moret est homo suus ad causam Alingii et quod tales homines in toto ducatu Sabaudie sunt exempti ab omni leyda, pontenagio, pedagio et quod habet super eisdem omnimodam jurisdictionem et quod tales homines sibi per quosvis officiarios penes detenti sunt, remittuntur et sine costu ; quare petit eumdem Johannem Moret arrestatum ab omni arresto et absque exactione dicte leyde fienda relaxari et absque costu mixta assueta et consueta et prenominatus Gabriel Volandi leyde receptor premissis actentis eumdem Johannem Moret ab arresto relaxavit et absque solutione leyde, neque costu abire permisit et de quibus premissis omnibus et singulis prefatus dominus Coudree a me notario subsignato sibi fieri et dari presens publicum instrumentum sive litteras testimoniales quod et quas ex meo tabellionatu officio concessi et concedo presenti tenore : datum et actum loco et presentibus quibus supra et me Claudio Pochati notario publico sic fieri et recipi rogatus.

Signé : *Pochati not.*

(Communiqué par M. A. de Foras.)

DOCUMENT N° 31

Liste de quelques baillis, gouverneurs, châtelains et juges du Chablais (1).

BAILLIS

1256   N° Guillaume *de Septemo*, chev[r] bailli du Chablais et du Genevois.

---

(1) Quant aux travaux qui leur incombaient, voy. présent volume, de page 112 à 118. Cette liste a été publiée en grande partie dans le tome vi[e] de la *Soc. d'Hist. de Chambéry*. J'ai pu y ajouter quelques noms.

1288 Thomas de Conflans.
1289 27 mars 1292, 26 mars, Rodolphe Sayod. *(M.D. G. t. ix, p. 321-325.)*
1291 Rodolphe Pyriondi. (Cibrario, *Storia della reale monarchia*, p. 205, 215, t. ii.
1295 Guillaume de Ceponne, chevalier.
1303 N° seigneur Rodolphe de Mont-mayeur.
1306-1307 7 septembre, Jacques du Quart qui fit raser le château de Rovorée. *(Fasciculus temporis.)*
1312 Rodolphe de Mont-mayeur.
1314 Guillaume... qui défendit de molester les monastères de Vallon et d'Aulps.
1316 Guillaume de Chatillon, chevalier, bailli de Chablais et Genevois.
1324-1328 Galois de la Beaume fit fortifier, en 1322, Evian dont il était châtelain pour Amé V *(Hist. mss. d'Evian)*, et prit le château de Ballon au sire de Villars.
1331 Pierre de Saillon.
1331 Aymon de Verdone, bailli de Chablais et Genevois. *(Mém. et doc. de la S. romande, p. 198, t. x.)*
1344 Humbert, bâtard de Savoie.
1360 François Size de la Serraz. (Boccard.)
1361 François de *Prata*, chevalier. (Mss. Pescatore. Cibrario, voy. *Traité d'Evian*, 11 mars 1361.)
1376 Jean de Blonay, seigneur de Saint-Paul.
1415 Amé de Challant, commanda victorieusement l'armée du Duc contre les Vallaisans. (Boccard.)
1431 Jacques de Mouxy.
1447 Jean de Châteauvieux.
1490-1498 Claude de Menthon, seigneur de Rochefort.
1510 Pierre de Rosey Vidomne de Monthey. (Peut-être restaurateur du pont de la Dranse en 1512. Voyez page 218.)
1513 Louis de Compois, seigneur de Féternes.
1515 Jean-François de Blonay, seigneur de Maxilly.

CXLV

BAILLIS BERNOIS

1536 Rodolphe Nægueli.
1540 Nicolas de Diesbach.
1549 8 février, George de Vingarten (1).
1553 Adrien Bourmagarter.
1558 Jean-Jacques Telsperger.
1564 Bauenbach ?? (Jean d'Yvoire Fazy.)

CHATELAINS D'ALLINGE-NEUF ET DE THONON

Guillaume Renard, 1298
Jean Renard, (fils du précédent) 6 mai 1303
Mermet d'Arbignon, 6 février 1309
Guichard Pontzard, 1315-1316
Humbert de Montmayeur, 15 sept. 1316-1317
Jean de Monthey, 1316-1317
Humbert de Chignin, 1317
Eymar Guersi, 14 avril 1320
Albert Bonjour, 22 juil. 1321
Jean Dumont, 4 février 1322
Pernod Sallion, 21 mars 1324
Galois de la Balme, 5 avril 1325

François de Viry, 12 avril 1326
Rodolphe de Blonay, 18 septembre 1328
Conrard, fils de Noble Humbert de Châtillon, 25 mars 1342
Aymon de Pontverre, 26 juin 1345
Lancelot de Châtillon, 6 août 1346
Amed de Viry, 17 novembre 1347-1355
Hugues de Viry, fils d'Amed, 19 février 1355
Aymon Bonivard, 17 mai 1363

---

(1) Le 8 février 1549, George de *Vingarten*, bailli du Chablais, rend une sentence arbitrale dans le différend survenu entre les syndics et bourgeois de la ville de Thonon, Pierre d'Allinges et les pêcheurs ses sujets, relativement à la *vente du poisson, dont la ville de Thonon, en vertu de ses franchises, se prétendait avoir le droit exclusif de faire l'acquisition.* Elle s'appuyait sur les lettres patentes du 2 janvier 1410 (voy. page 87), qui lui donnait le droit de pêche, depuis le château de Rovorée à la Dranse. Il fut décidé que le seigneur de Coudrée et ses sujets, une fois servis, les pêcheurs devraient présenter le poisson à Thonon, avant de le porter ailleurs, sous peine de 5 florins d'amende. Si le poisson se gâtait dans le trajet, Thonon le payait *(Hist. mss. de Sciez).*

J

Rodolphe de Serraval, 1380
Guillaume de Serraval,
    23 février 1381
François de Serraval, 1384
Petremand Ravais, 23
    septembre 1389
Guigues de Ravais, 19
    mai 1397
Pierre Clavellet de No-
    valaise,   19 mai 1400
Amed de Chaland, 1er
    février 1405
Perronet du Pont, bour-
    geois de Thonon, 8
    février 1423
François d'Escortunay
    d'Evian,   8 mars 1424
Pierre Gaillard, 2 août 1426
Pierre de la Frasse, 4
    février 1430
Jean Vieux, 2 juillet 1435
François Ravais, 29
    août 1440
Pierre de la Frasse, 15
    juin 1445

Guiotin de Nores, 1er
    mars 1451
Pierre Serraburse, 27
    mai 1458
Jacques de Bailland,
    seigneur d'Arlod, 1er
    mars 1460
Antoine de Buene, sei-
    gneur de Marigny,
    29 octobre 1465
Hugonin de Montfalcon
    seigneur de Fla-
    xieux,   3 avril 1477
François, fils du pré-
    cédent,   1er mars 1488
Aymon du Rosey, 20
    juillet 1523
Guillaume Perroudet,
    20 juillet 1525
Claude Gouteland, 20
    juillet 1528
Guillaume Perroudet,
    20 juillet 1530
De 1536 à 1567, occupa-
    tion bernoise.

Après 1567, les châtelains ne conservèrent plus guère que les fonctions judiciaires ; les attributions militaires dont ils jouissaient autrefois, furent dévolues à des fonctionnaires appelés capitaines, commandants ou gouverneurs de forteresses. *(Mém. de l'Académ. salés.,* t. III, p. 207.)

GOUVERNEURS DU CHABLAIS

1584 Melchior de Miolans, comte de Montmayeur, baron d'Hermance. *(Mém. hist.,* Costa de B.)
1596 François Melchior de Saint-Jeoire, baron d'Hermance, mort en 1596. Il résidait à Allinges et y reçut saint François de Sales.

1597 Pierre-Jérôme de Lambert. Il assista à la conférence d'Yvoire en 1598.
1600 Nicolas de Harlay, seigneur de Sancy, baron de Montglas, gouverneur du Chablais et des Allinges, nommé par Henri IV.
1602 Claude de Rie, marquis d'Ogliani, chevalier de l'Annonciade.
1608 16 septembre, le baron de la Batie est nommé gouverneur du Chablais, Ternier et Gaillard, en remplacement du marquis d'Ogliani. (Arch. Turin.)
1618 Clériade de Genève, marquis de Lullin. (Grillet.)
1656 Albert de Genève, marquis de Lullin. Du temps de ce gouverneur, le Chablais ne dépendait en aucune façon du gouvernement général de la Savoie. Les édits s'y publiaient et étaient envoyés directement du gouvernement. (Voir Grillet.)
1696-99 Prospert-Antoine d'Arenthon, marquis de Lucinge, chevalier de l'Annonciade.

GOUVERNEURS DE THONON

1567 Etienne de Compois-Féternes, nommé en 1567-1581.
1589 Alexandre de Boutilier, seigneur de Dingy. Il ne résista que trois jours aux Français, commandés par Sancy.
1589 Monsieur de Volfrand, du pays de Vaud, nommé par les Français.
1667 Maurice-Melchior de Brotty d'Antioche.

GOUVERNEURS DE RIPAILLES

1534 Louis de Brotty.
1570 Guigues de Compois.
1585 Philibert de Compois. Il gouverna pour son père depuis 1577 ; mais il ne fut gouverneur effectif qu'en 1585.

1589 Borgo Ferrero.
1608 Charles de Compois.

JUGES DU CHABLAIS

1200 Jean Allavard, juge du Chablais, de Vaud, de Genève et du Valais.
1266 Arnaldus Garsy, — Petrus de Solerio, — Remondus furent juges du Chablais et du Genevois. Il en est parlé dans un acte de 1266, dans la *Gallia christiana*.
1269 Gédéon de Aquabella.
1296 Joannes Alavardo.
1277 Gullielmus Juvenis. (Juvini, *Cartulaire de Haut-Cret.)*
1277 Anselmus de Coquino.
1287 Jean de Rossillon.
1291 Petrus Balistarii in Chablasio et Gebenesio.
1294 Pierre Bailly.
1295 Gédéon de Aquabella.
1300-1302 Humbert de Sales, sire de Lois. *(Mém. de la Soc. d'hist. de la Suisse romande*, t. v, p. 234.)
1307 Pierre de Villens.
1312 Petrus Silvestri.
1312 Bartholomæus de la Mar.
1316 Bellian de la Mar (ad 1319).
1319 Joannes de Montangio.
1323 Valerius de Balmis. (Galas?)
1327 Jean Blanc.
1336 Boniface de Morello.
1342 1343, 8 mars, Pierre Dupont, juge de Chablais et Genevois. (Arch. Thuiset.)
1352 Sébastien de Monthey.
1354 Bastianus de Montejoio.
1356 Pierre Dupont.
1368 Perrod Fabri, docteur en droit.
1396 Jean Anglici.
1410 Benoît Barthélemy.

1433 François d'Aurilliac.
1437 J. Orioli. *(Mém. de la Soc. de la Suisse rom.,* t. v, p. 360.)
1446 Jacobus Rossetti.
1458 Dionise Deronius.
1493 Anthoine de Monthey.
1500 François de Viry, sous-lieutenant-juge d'Evian.
1512 Charles d'Orlier.
1526 Charles Amblard Milliet.
1571 Dominique Suchet.
1576 Jean Suchet, nommé le 20 avril ; il était seigneur de Veygi, et avait épousé Philiberte de Langin ; Françoise, sa fille, avait été destinée en mariage à S. François de Sales.
1621 Philibert Favre, quatrième fils du Président.
1654 François Michel de Sonnaz, nommé le 5 janvier.
1672 Joseph de Bertrand de Chamousset, nommé le 5 juin.
1675 Centorioz de Bertrand de la Pérouse, nommé le 14 août.
1678 Joseph Balland, nommé le 11 août.
1680 Gaspard Balland, nommé le 27 août.
1697 Jacques-François Rebut, nommé par le roi de France. La famille Rebut reçut des patentes de noblesse le 4 juillet 1701.
1699 Antoine Rouph, nommé le 14 août.
1723 François-Nicolas de Ville de Tessy, nommé le 11 novembre.
1726 Gaspard Perrin, nommé le 15 septembre.
1727 Claude-Aimé Roget de Fesson, nommé le 1er octobre.
1730 Hugues Bastian, nommé le 27 janvier.
1738 Pierre-Antoine Dichat de Toisinge, nommé le 2 mai.
1749 Pierre Pacthod, nommé le 20 avril.
1763 Pierre-Louis Vignet, nommé le 27 juin.
1776 François Quisard, nommé le 8 mai.
1787 Jean-Claude-François de Motz de la Salle, nommé le 27 novembre.

(Extrait en grande partie de la *Soc. d'hist. de Chambéry*, t. vi.)

DOCUMENT N° 32

La route d'Evian à Saint-Gingolph, par Meillerie.

On croit généralement qu'avant Napoléon Ier, le village de Meillerie ne pouvait communiquer par terre avec le reste du monde, et que jamais char ni voiture n'avait franchi les rochers appelés le *maupas*.

C'est une erreur. Le chemin, qui suit la côté méridionale du lac Léman et qui traverse Meillerie étant la ligne de beaucoup la plus courte, entre l'Alpe pennine et Genève, il dut y avoir sur cette rive une route carrossable de tout temps, au moins dès la conquête de l'Allobrogie par F. Maximus. Les vestiges de voie romaine observés à Douvaine, Sciez et Thonon d'une part, et, de l'autre, à Vouvry et Porte-de Saix, supposent évidemment leur jonction et leur complément par Evian et Meillerie (1).

Plus tard, les rois de Bourgogne, comprenant l'importance commerciale, financière et stratégique de ce chemin, l'entretinrent avec un soin jaloux et l'améliorèrent sans doute : car il prit dès cette époque le nom de *voie royale*, *via regalis*, qu'il conservait au xiiie et xive siècles, alors que nos princes de Savoie portaient encore le simple titre de Comtes (2).

Ces derniers, devenus maîtres d'une grande partie du royaume Rodolphien, formèrent du Bas-Vallais et du Chablais un seul comté dont St-Maurice était la capitale ; ils n'eurent garde de négliger la route qui reliait ces deux pays. Aussi voit-on, dans le courant du xve siècle, les habitants d'Evian obligés par le procureur du Chablais à venir réparer ce chemin non-seulement jusqu'à Meillerie, mais jusqu'à la limite de St-Gingolph, soit au nant du

---

(1) Ducis, *Rev. sav.*, décembre 1865.
(2) Arch. d'Evian, caisse Bret, passim.

Locon et même au-delà (1). Ils s'y rendirent encore en 1536 sur l'ordre du gouverneur Vallaisan (2).

Lorsque la maison de Savoie eut perdu le Bas-Vallais cette route fut un peu négligée. Elle ne fut point cependant entièrement abandonnée : car le gouvernement français lui-même, durant l'occupation de 1690 à 1696, envoya un ingénieur du nom de Grivelli étudier *les moyens de réparer le grand chemin dans les mauvais pas de Meillerie*. Le syndic de Thonon, en notifiant cette mission aux conseillers d'Evian, leur recommande de donner secours à l'ingénieur et de « *lui bailler un conducteur qui luy puisse faire remarquer tous les endroits nécessaires à reparer pour qu'il n'oublie rien* (3) ».

Mais cette route est soumise à de nombreuses et puissantes causes de détérioration ; ce sont : le choc incessant des vagues qui en minent les assises ; les eaux qui descendent torrentiellement de la montagne, et les rochers qui, se détachant d'eux-mêmes ou qui, ébranlés par la sape et la mine, emportent souvent la voie. Aujourd'hui, avec un budget spécial très-élevé, avec un personnel d'agents-voyers et de cantonniers fort nombreux, les réparations sont immédiates. Alors il n'en était pas ainsi, il fallait attendre le rapport des ingénieurs et les ordres de l'intendant ; d'autre part, le travail était imposé aux riverains qui souvent y mettaient de la négligence ou de la mauvaise volonté.

En 1724, le syndic de Lugrin, François Chastillon, reçut l'ordre de se transporter jusqu'au *mauvais pas* « pour sçavoir le degard (dégât) qu'il y avoit pour faire « reparer le dit chemin » ce qu'il fit le 25 de juin. Le lendemain, 26, il s'aida à « reparer les chemins que la « paroisse doit reparer en son particulier comme vers le « pont du nant de l'alluaz et ès molliex » et il commanda à ceux du Troubois et de la Tour-Ronde d'aller réparer sur le grand chemin « chacun à l'endroit de soi ». Le 28

---

(1) *Ibid.* Enquête de 1448.
(2) *Ibid.*
(3) Cette lettre, du 8 février 1694, est en ma possession.

juin et le premier juillet, il se transporta « dès vers le « nant de torrent jusques proche de Meillerée sçavoir sy « les dits chemins estoient reparez de la largeur de dix « pieds de Roix » et dressa un rôle des défaillants et le remit au châtelain La Roche. Enfin, le 4 juillet, il « revi- « site le chemin de *moz pas* qui n'estoit pas reparez et « qui se debvoit le dit chemin reparer par les honestes « Thony Bouffan, Claude Maistre, Michel Levray et André « Vanel » et il se transporte au domicile des susdits et leur fait commandement d'aller reparer le dit chemin (1).

Je crois que ces ordres furent exécutés, puisque sur le plan cadastral de la paroisse de Lugrin, dressé l'an 1730, la route de Lugrin à Meillerie figure avec une largeur égale dans toute sa longueur.

Dix ans plus tard, sur les devis des ingénieurs Garella et Ravizzoty, plusieurs réparations furent commencées aux endroits les plus dangereux, savoir au Maupas, à la Tallietaz et aux ponts du Locon et de Treslouz « *pour la rendre commode à toute sorte de voiture* (1) ».

Mais, hélas! ces travaux de restauration ne s'achevèrent point ou furent vite détruits et dès lors, pendant plus d'un demi-siècle, on ne traversa plus le maupas qu'à pied ou à dos de mulet : encore ne le faisait-on point sans danger (2).

Aussi quand Napoléon Ier créa la nouvelle route du Simplon et ouvrit un débouché aux habitants de Meillerie, ce fut dans le village un enthousiasme indescriptible en faveur de ce prince, et l'on cite tel personnage qui porta constamment dès lors un chapeau semblable à celui du *petit caporal*, et voulut que ce chapeau fût mis avec lui dans la tombe.

J.-F. GONTHIER.

---

(1) Archives de la mairie de Lugrin. Comptes du syndic.
(1) Arch. du dépar., *Revue Sav.*, 1865.
(2) *Ibid.*

DOCUMENT N° 33

Thuyset.

Cette localité appartenait très anciennement à la famille d'Allinges qui l'avait inféodée à la famille des Choyset : elle portait le nom de Clos des Choyset. Elle passa par vente ou succession à Henri Bochard, qui en reçut abergement en 1485. Le fils de celui-ci vendit ses droits de propriété le 27 janvier 1490 à Jean d'Allinges, seig^r de Coudrée, seigneur direct du fief. Ce dernier, en considération des services que lui avait rendus N° François de Thorens (1), son écuyer, lui fit donation le 22 8bre 1490 de tous ses biens provenus des Choyset « in loco dicto de Chuyset » (2), avec juridiction omnimode, mère et mixte empire, avec tous ses droits de haute seigneurie. — François ayant racheté, et comptant encore racheter tous les biens dispersés de l'hoirie des Choyset, obtint encore le 9. 8bre 1494 dud^t Seig^r d'Allinges le domaine direct et tous droits de seigneurie sur toutes ces parcelles. Le fief de Chuyset ne releva plus dès lors que de la Maison de Savoie. — C'est entre 1490 et 1493 que les Thorens ont agrandi ou rebâti la maison-forte existant actuellement.

Cette seigneurie passa, des Thorens aux de la Fléchère et ensuite à D^{me} Aimée de Prez, veuve et héritière d'Aymé de la Fléchère, Dame de Thuyset et de la Fléchère. Elle se remaria avec N° Louis Marin de Loisinge, sénateur au Sénat de Savoie et en eut deux filles qui épousèrent; l'aînée, dame de Thuyset, Jean Charles de Foras, Seig^r du d^t lieu, du Bourgneuf de Balleyson, conseig^r de Balleyson, etc.; la se-

---

(1) Il appartenait à une ancienne famille des environs de la Rochette, en Savoie.

(2) Ce qui prouve que l'étymologie tirée de *Thuy* est inexacte. Ce n'est qu'au xvii° siècle que, par corruption et par similitude avec le *Th* de Thorens, Chuyset est devenu Thuyset.

conde, D^me de la Fléchère (Concise), épousa 1° François Antoine de Foras, Seig^r de Chesaboix et la Fléchère, lieut^t-colonel du Rég^t des Fusiliers, dont elle n'eut point d'enfants, et 2° N^e François Amable de Lort, qui devint ainsi Seig^r de la Fléchère.

Le château de Foras, au Bourgneuf, près Douvaine, vieille résidence de cette famille depuis qu'elle avait quitté Foras en Genevois, s'était écroulé en 1687; Jean-Charles de Foras vint s'établir à Thuyset, où sa descendance habite encore (1).

Elle conserve avec une légitime fierté les magnifiques patentes de bourgeoisie (2) que la ville de Thonon « *sous payement d'aucunes finances ni regales* » décerna le 19 8bre 1687 à Jean Charles de Foras. Nous y lisons : « Que
« les villes se rendent recommandables non seulement par
« la multitude des habitants mais encore par le séjour qu'y
« font les personnes distinguées par leurs qualités : ... les-
« quels avec l'illustre naissance qu'ils ont de leurs ayeuls
« en ont encore hérité le mérite et la vertu qui les avoient
« placés dans les premières dignités auprès de leurs Sou-
« verains et comme Illustre seigneur Jean Charles, fils de
« feu Illustre seigneur Louis François de Foras seig^r de
« Bourgneuf et de Mussel, conseig^r de Balleyson, est issu
« des ancestres qui après avoir mérité le collier de l'Ordre
« dans le premier établissement qu'en fit Amé sixième de
« glorieuse mémoire ont eu ensuite des marques illustres
« de la grandeur de leur naissance aussi bien que de leurs
« propres merites : toutes ces réflexions nous invitent à luy
« donner des marques sensibles de l'empressement que
« nous avons de le voir establi dans ceste ville par le ma-
« riage qu'il doit conclure avec D^lle Jeanne Marie fille du
« seigneur de Loisinge. Ce que nous ne sommes pas en

---

(1) A l'époque de la Révolution, Thuyset, confisqué comme bien national ne put trouver d'acquéreur : la comtesse de Foras y rentra comme fermière de la nation.

(2) Sur parchemin avec encartement d'arabesques et le sceau de la ville pendant sur ruban de soie aux couleurs du blason municipal.

« estat de faire mieux qu'en le déclarant des nobles bour-
« geois de ceste ville,... etc. » (1).

Il y avait à Thuiset une vieille chapelle bâtie et dotée par les Thorens, sur l'emplacement de laquelle existe l'oratoire actuel.

C'est à Thuyset que sont nés : le Cte Joseph Amédée de Foras, lieutenant colonel du régiment de Maurienne, commandant le corps piémontais qui se distingua au siège de Toulon, dont les histoires font mention ; et son fils le Cte Joseph Marie de Foras, colonel du Rég^t de Savoie, puis général aide-de-camp de S. M. le roi Charles-Albert, premier député du Chablais au Parlement sarde.

Ce dernier est le père de MM. de Foras qui habitent actuellement notre ville.

(Archives de Thuyset).

DOCUMENT N° 34

Traité conclu entre les populations chablaisiennes de la rive droite de la Dranse et les Vallaisans, sous la date du 25 Février 1536.

Montheolense et Aquianense Mandamenta suis cum membris et districtibus sese in Episcopi et patriotarum ultro ac sponte per literas internuntias propulsantia in præsidium atque potestatem dederunt et contradiderunt, solis quatuor reservatis ab illis, et unice tantum a Valesianis in facto restitutionis pro laboris vicissitudine interpositis.

Nos Adrianus — nec non Ballivus — notum fieri volumus, quibus interesse poterit quod, cum jam pridem fortuito casu hostile bellum inter Sabaudiæ ducem et D. Bernenses, occupaverunt vi sibique subjecerunt dominia,

(1) Il reçut des lettres de bourgeoisie de la ville d'Evian, dans le même ordre d'idées, en 1710.

terras, civitates, arces, variasque jurisdictiones citra et ultra lacum Lemanum. Et quia homines communitatum Montheoli, S^{ti} Gingulphi, Aquiani et certarum aliarum communitatum citra dictum lacum a S^{to} Mauritio Agaun. inferius existentium illiusmodi belli metu perculsi atque correpti usque adeo, ut nihil sibi tutum existimaverint et a Principe suo derelicti, ut quid facerent quidque concilii captarent penitus in tanta rerum omnium perturbatione ignorarent, sponte et sine aliqua nostra requisitione repetitis vicibus literis ac nuntiis ad nos destinatis sese nobis, sub tamen certis conditionibus et præservationibus subscriptis videlicet ut conformitas nostræ fidei observetur utrinque et mutuo manu teneatur. Item ut suscipiantur in nostram subjectionem et obedientiam citra corporum et bonorum suorum læsionem et offensam. Item ut libertatibus, immunitatibus, usibus et consuetudinibus, laudabiliter hactenus tempore præfati Illustrissimi principis eorum observatis de quibus legitime constabit gaudere possent et valeant. Item casu quo nutu divino contingeret Præf. Ill. Sab. ducem recuperare patriam per præf. magn. D.D. Bernenses et alios occupatam, eo casu Ecclesia et nos mediante refusione laborum et expensarum ob eam patriam sustentatarum patriam nobis redditam præf. D. Duci restituere dignaremur reddere, obtulerunt nostram protectionem tam fidei quam etiam eorum immunitatum, libertatum ac rerum et personarum tuitionem humillime implorantes. Quibus per nos mature intellectis non potuimus illos, bonis moti respectibus, pro bono convicinandi modo, proque mutua confederatione nos requirentibus ita deserere desolatos, cum justa et licita petentibus, non sit denegandus assensus, quin eos susceperimus in nostros subditos et in eam subjectionem quæ per præservationes, pacta et conditiones solemniter inter nos utrinque conclusas suprascriptas, citra tamen derogationem mutuæ confæderationis prius inter præf. Ill. eorum Principem et nos vallatæ et firmatæ, cuique observantiæ nostræ fidei datæ inhæremus acquiescentes petitionibus eorum sub ea præservatione, et non sumus obligati ad aliquam prænominatæ patriæ nobis sponte redditæ restitutionem nisi prælib. Ill. Sabaudiæ Dux patrias terras, dominia, civitates ac jurisdictiones per præf. magn. DD. Bernenses et alios hoc bello captos et in subjectionem atque obedientiam redactos recuperaverit ac pacifice possederit, ita tamen et tali conditione expresse adjecta, ut laborum ac omnium expensarum ob eamdem patriam nobis redditam sustentatarum nobis integra satisfactio fiat. Quibus præservationibus ut præmittitur, per et inter nos utrinque præservatis inter alios dictarum communitatum a S. Mauritio Agaun. citra dictum lacum Lemanum usque ad aquam Dransiæ tam in plano quam in monte. Homines probi ac honesti viri Antonius Votas, tanquam sindicus et eo nomine h. communitatis Montheoli et Collumberii, et Mermetus Clerici Sindicus, et nomine h. parochiæ Muræ associatis et de consensu nobil. prud. et egregiis viris Ludovico de Montheolo, J. Desiderio Puerniti, Guillermo Gay, Petro Nepotis, pluribusque aliis h.h. dictarum parochiarum ibidem congregatis ad infra scripta peragenda specialiter deputatis, acquieverunt die sexta mensis h. Febr. It. die septima acquieverunt honesti Jacobus Pingnat et Humbertus Bertrandi sindici totius communitatis *Vuoriaci* de consensu Amedei Merio, Petri Noyer, Jacobi Genevey, Francisci Genevey, et Ypoliti filii Melley et plurium aliorum consiliariorum et proborum hominum nec non Michael Cornu et J. Bera syndici communitatis *Vionnæ* de consensu Joannis Garym, Andreæ Sachet, Petri Voutiru atque Artermant. Item die octava acquieverunt J. filius Jacquemiti Fornerii sindici communitatis S^{ti} Gingulphi de consensu Guichardi Rus, Francisci Albi, et Petri Mermodi et plurium aliorum dicti loci, nec non J. Pousun et J. Curdi nomine et tanquam sindici de parochia *Novelli* atque Bernardus Jacquez alias Julliard et Claudius filius quondam Henrici Vutez sindici et nomine hh. Tollom et Mellerie de consensu Michaëlis Vitiz, Andreæ Donet et Berthodi Vusun consiliariorum. Item similiter acquieverunt die nona nobilis Andreas de Varaz et h. Jacobus Pupon sindici et eo nomine hh. villæ et communitas Aquiani fidem facientes ad infra scripta peragenda Instrumento procuræ recepto per providum Guill. Davidis Not. de anno præsenti et die supra adnotata nona Febr. recepto de consensu nobilium et hh. pro majori parte dictæ villæ ibidem existentis. Item die duodecima similiter acquieverunt hh. Claudius Massot et Bernardus Roleti sindici nomine omnium hh. totius parochiæ S^{ti} Pauli de consilio et consensu J. Francisci de Torculari, Andreæ Bocheti et Blasii Bandat nec non A. Rysseri et Andreæ Cardi sindici nomine communitatis et par. de Berney de tamen consensu Bernardi Chevaleri, Fr. Langun, Petri de Carre et Pauli Pinget. — Item — Petrus Baly et Jac. Parrien sindici villæ Fisterne instrumento scripto. — Item — Franc. Floret et Jos. Floret sindici communitatis Marini nomine hh. capellæ de Uncion, de consensu Girardi, Fr. Morat, Macheret, Michaux, de Lanyat, de la Lex. Item die vicesima, Claudius de Portès Troz, Tochet, Garun, Ravissodi, Crespi, Grilliet, Massoz, Crespi, Brelaz, Bocardi, Joram Jornandi, Touli, Courtaz, Tochet cum instrumento. It. J. Charnaveli, Mermetus Mollens, Perodi, Albi, Burdet, Fabri, Martun, Curdis, Regis, Plat, Bertrandi, Exevois nomine *inferioris Abattiæ Habundantiæ* cum instrumento scripto, die 17 h. Item plurimi inter quos Petrus Judon parochiæ Vachessis et Bonævallis. — Item eadem die 20, nob. Domini de Blonay et Jacobus Perrodeti canonici insignis monasterii B. M. V. Abundantiæ nomine totius cap. Instrum. scripsit Petrus de Portis. — It. 22, plurimi inter quos Baly de Furno, Grandis, Bosson, Magnin, Cholex, parochiæ Laringii. It. Petrus de Grangia, (tres) Beney etc., parochiæ Publiaci. It. hh. parochiæ Cheveni. It. parochiæ S^{ti} Joannis Alpium, Verneri, Jaquier, Devanterii parochiæ Dou Byot Vallis Alpium. Item 24, parochiæ Trium Torrentium. It. eodem die plurimi nomine communitatis et parochiæ Illiaci. Item 14 hujus, nobilis Francis. de Blonay pro se et suis. It. nobilis Hugo de Nova sella. It. nob. Lad. de Arsino, D. de Allamant. It. nob. Michael de Blonay. It. nob. Mauritius de Arbignone et de Collumberio. It. nobilis Andreas de Novasella, D. de Valregis, et Franc. de Castellione pro se etc. It. nobilis et potens Amblardus agens suo nomine et nob. Ludovici Ravasii Domini Charmiaci. Hi dederunt in nostros perpetuos et fideles subditos obedientiam ac fidelitatem. — Instrumentum præstaverunt in manibus magnifici viri Jodoci Kalbernatter nostri generalis capitanei ad hoc deputati in nost. not. præsentia. Promittentes nos Adrianus Episcopus pro etc. per juramentum — nec non nos Ballivus, consules oratores, atque communitates per juramenta — dicti homines et nobiles recepti — et suorum honorem et commodum et utilitatem procurare, damnumque etc. quæ subditi facere debent.

Not. Perus Quarti de S^{to} Mauritio et A. de Ponte ac A. de Calbermaten (1).

(FURRER, *Histoire du Vallais*.)

DOCUMENT N° 35

L'Église de St Hippolyte, sa crypte, et Chapelles de Thonon.

La seule inspection de la crypte de l'église de Saint-Hippolyte accuse sa haute antiquité, mais rien dans les fouilles n'a révélé jusqu'ici sa véritable origine. Est-elle simplement du IXe ou Xe siècle? au plutôt ne remonte-t-elle pas beaucoup plus haut, jusqu'au IVe siècle peut-être (2)? Voici la description de cet intéressant monument :

Cette crypte se compose de deux parties : la première correspondant au sanctuaire actuel, ne date que du dix-septième siècle; mais, la seconde correspondant à l'avant-chœur est certainement l'un des monuments les plus curieux de l'époque romane en Savoie. Cette dernière partie

---

(1) En collationnant le traité que nous reproduisons ici, avec le texte du même traité publié par Joseph Dessaix dans *la Savoie historique*, tom. Ier, pages 304, 305, 306, on y remarque des différences de noms, assez notables.

(2) Voy. *Fin de la Domination romaine*.

est disposée en trois nefs, soutenues par douze colonnes, rondes et basses, surmontées de chapiteaux peu élevés et à palmettes. Les Églises romano-byzantines se sont ordinairement élevées sur des cryptes, dès l'an 1000 à 1090. A cette époque, la chapelle souterraine primitive se transformait, dépouillait son style rudimentaire de nécropole, et se reconstruisait soit en partie, soit en entier, pour assurer les fondements du nouvel édifice et prendre son style. La voûte était ordinairement soutenue par des colonnes cylindriques disposées sur deux ou quatre rangs; la corbeille du chapiteau cylindrique, cubique ou conique, présentait des feuilles entremêlées de têtes grotesques, de chimères, de démons, de personnages ou de groupes destinés à symboliser les vices par la difformité de leur physionomie.

Or, tels sont les caractères architectoniques des chapiteaux de notre crypte. Le chapiteau inférieur central porte deux personnages grimaçants mêlés aux feuilles galbées des palmettes qui sont d'une remarquable élégance. A droite et à gauche, s'ouvrent deux couloirs ou escaliers donnant accès depuis l'Église supérieure. C'est dans ces couloirs que se trouvent les tombeaux (1). On peut croire que notre crypte, d'abord nécropole, beaucoup plus ancienne, fut ensuite transformée vers l'an mille en chapelle romane. La grande nef de l'Église qui remonte très-probablement à la même époque, a vu en 1698 ses colonnettes cylindriques transformées, par l'addition de couches de mortier, en énormes pilastres de la Renaissance; ce fut l'œuvre de M. Rossillon de Bernex, préfet de la Sainte-Maison. Une réintégration au style primitif serait vivement à désirer; Thonon s'enrichirait d'un monument de la plus haute valeur. Après avoir signalé les nombreuses familles qui élevèrent, tour à tour, de petits sanctuaires dans les basses nefs de notre église, nous ne pouvons mieux faire que de donner le plan de l'église S¹ Hippolyte et de ses tombeaux (2), en attendant une

---

(1) C'est là aussi qu'a été découverte l'inscription funéraire de Nᵉ Gaspard de Genève-Lullin.
(2) Voyez la planche, à la fin du chapitre xv.

CLXI

étude beaucoup plus étendue sur cet intéressant sujet (1).

La visite pastorale de 1663 est un document précieux sur les Églises de Thonon à cette époque.

Mgr Jean d'Arenthon d'Alex séjourna dans nos murs les 25, 26, 27 et 28 février (2). Les membres de la Sainte-Maison se portèrent à sa rencontre, savoir : le préfet R^d Louis Gillette, Jean Pernet, Etienne Mugnier, Pierre Bombaz, Jean Grandat, Claude Tavernier, Jean Berthier et Nicolas Deleschaux. Le lendemain, il parcourut nos hameaux ; il ordonna d'abattre l'ancienne église de Tully à moitié ruinée, et de la remplacer par une chapelle où l'on célèbrerait une messe basse hebdomadaire (3). Messires Charles de Brotty, seigneur de Nernier, Maurice Boccard, conseiller de S. A. R. syndics de Thonon, et Abraham Michaud réclamèrent différents droits sur l'église de Concise (4).

Il visita ensuite la chapelle de St Bon située hors de la ville (5), et celle du cimetière placée sous le vocable de l'Assomption. Mgr Jean-François de Sales avait uni cette dernière, en 1624, à la Ste Maison qui la desservit dès lors. Messire Maurice Melchior de Brotty s'efforça en vain de prouver qu'il en était le légitime patron. Il défendit expressément, sous peine d'excommunication, de tenir le marché, les dimanches et fêtes, autour de l'église (6). On devait

---

(1) Voir la planche représentant la crypte de S. Hippolyte.
(2) Arch. de l'évêché d'Annecy.
(3) R^d Étienne Mugnier, prêtre de la Ste Maison, la reconstruisit de 1680 à 1681 *(Délibérat. du Chapitre de la Ste Maison.)*
(4) En 1718 cette chapelle, dépendante du prieuré de St Hippolyte, renferme une chapelle sous le vocable de N.-D. de Pitié, de St Louis et de St François de Sales, fondée et dotée par N^e Louis de la Fleschère d'un revenu annuel de 35 florins (test^t du 26 août 1675. Feue Delle Clémence de la Fleschère doubla cette rente par acte du 25 novembre 1683 (Aubéry Notaire). Les biens fonds hypothéqués ayant été emportés par la Dranse, le sénateur de Loisinge affecta d'autres biens le 29 décembre 1696 (D'Estraz Nore). Le droit de patronage appartient en 1718 au château de la Fleschère possédé par Delle Louise Marin de Loisinge. R^d Mathieu Mugnier en était le recteur (Turin, *Etat des bénéfices de Chablais. Biblioth. du Roi.*)
(5) Voir *Visites pastor. postérieures.*
(6) Il défendit aussi aux bourgeois de « tenir fumiers, bois, tonneaux autour de la dite église. » Pour couper court à cette difficulté, R^d Bombat, prêtre de la Ste Maison, demanda à construire un mur afin de fermer l'espace compris entre l'église et la Ste Maison ; les syndics refusèrent,

reconstruire « le chapiteau pour bénir le temps et recevoir les enfants au baptême ». La chapelle de la crypte sous le vocable de la Ste Croix, se trouvait unie au maître-autel. Elle possédait, en 1718, un autel privilégié ; celle de N.-D. de Consolation (actuellement de la Ste Vierge), avait un recteur et des revenus légués par ses patrons, les seigneurs de Charmoisy (1) ; celle de St Antoine située sous le clocher, à droite du chœur était de la présentation des N^{es} Claude et Jean-Baptiste Marin (2) ; celles de N. D. de Pitié (3) et de St Grat ne possédaient plus aucune rente ; celle de St Jacques-le-Majeur fondée en 1616, s'élevait à la place de la chapelle actuelle de St François, elle appartenait à N^{es} Charles-François et Melchior de Brotty S^{gr} de Nernier, qui promirent de la détruire, pour en élever une autre qui fit pendant à celle de N. D. de Consolation (4).

La même année, 1718, N^e Ferdinand Joly élevait une chapelle dédiée à S. Claude, à gauche du clocher ; une autre, de la présentation de N^e Jacques Du Crest portait déjà le vocable de St François (5). Celle de Ste Marie-Magdeleine était de la présentation de Michel Leffort ; elle

disant que c'était *leur ancien cimetière*. Aux temps de St Fçois on sépulturait encore autour de l'église actuelle. *Reg. paroissial.*

(1) Le Recteur était R^d Gaspard-Quiblier. Il devait dire 2 messes par semaine. Il percevait un muid de froment sur la dîme de Reyvroz léguée à l'abbaye d'Aulps par les S^{grs} de Charmoisy, à la réserve du dit muid. Voy. *Pièc. justif.* n° 20 touchant les S^{grs} de Marclaz et la Philothée de St Fçois.

(2) Elle était sans recteur. On devait y célébrer une basse messe tous les vendredis et une grand'messe à diacre et sous-diacre « le jour de la St Antoine » son revenu consistait en une pose de pré à Rivaz.

(3) En 1718 elle est de la nomination du S^{gr} de Vallon. Elle a 40 flor. de revenu et R^d Fçois Michaud, comme recteur.

(4) En 1718 la chapelle des Sts *Jacques, Louis, Gratz* dépend des S^{grs} de Loisinge, de Nernier et d'Antioche. Le seigneur de Nernier lui avait fait une rente de 30 fl. (testament de septembre 1714). Le recteur était N^e Charles de Gribaldi doyen de Samoëns (Turin, *mss de la Biblioth. du Roi: Etat des bénéfices du Chablais et D. S. S.* t. VI.)

(5) La Ste Maison la desservait. Comme la précédente, elle était sans recteur. En 1718 elle est unie au maître-autel, sous le service d'une grand'messe, le jour de la Ste Magdeleine. Elle avait comme revenus une parcelle de vigne à Challonge (Turin, *Biblioth. du Roi: état des bénéfices du Chablais, Mss.* t. VI.)

avait pour revenus 30 fl. annuels, et une demi-pose de vigne à Challonges, au territoire de Thonon (1). C'était la Ste Maison qui la desservait, ainsi que la précédente. Celle de N. D. de Compassion n'avait encore d'autres recteurs que les prêtres de notre établissement. La Confrérie du Rosaire s'y exerçait. En 1718, elle jouissait d'un revenu d'un muid de froment et de 5 quarts de pose de vigne possédés par son recteur R^d Mouchet, curé du Villard. A ce moment, le droit de patronage appartenait au marquis de St Michel quoiqu'étant de la fondation des S^{grs} de Charmoisy. Elle possédait 2 seytorées de pré, proche de la Dranse, une vigne au *cimetière*, léguée par Jeanne Dupuis (?) (2), 30 fl. annuels (monnaie de Savoie) que payaient les confrères pour les services d'usage, 6 flor. de la fondation de D^{lle} Dupuis, etc. (3).

Le château de Thuiset, près de la Dranse possédait encore une chapelle sous le vocable de N. D. de Pitié (4).

N^e Amé, fils de f. N^e Michel de la Fléchère et D^{lle} Jeanne-

(1) Le tout déjà spécifié à la visite pastorale de 1624.

(2) Pour 12 messes annuelles ; elle rapportait 20 flor. L'acte de fondation est du 6 avril 1643 (Arch. de l'évêché d'Annecy.) Le Marguillier percevait un crozat pour sonner la cloche, et les prêtres, 43 crozats pour les messes prescrites (*Ibid*). On sait que le grand autel, sous le vocable de N. D. de Compassion, fut consacré par saint François de Sales le 25 mai 1602, ainsi que les autels de St Hippolyte (ancien patron de l'Eglise), de St Benoît et de St Claude. (Vittoz, *Pèlerinage*, p. 151.)

(3) Le 25 novembre 1612, Rd Messire Garlat Gaspard d'Evian était nommé à la chapellenie de N. D. de Compassion, fondée dans l'église de St Hippolyte de Thonon, vacante par l'entrée chez les capucins de Rd Messire Pierre de Bonnevaux, sur la présentation de N^e S^{gr} Claude de Vidonne de Charmoisy, seigneur de Marclaz. La prise de possession se fit par la tradition du Ferroulx (Arch. Thuiset).

(4) L'emplacement de cette chapelle est encore marqué par un oratoire gothique situé sur l'ancienne route de Thonon à la Dranse. Elle avait été bâtie par N^e François de Thorens, écuyer d'Amédée VIII. A la Réforme, les hérétiques la ruinèrent et dispersèrent ses revenus ; mais Rd Mes^{re} F^{çois} de Thorens la rebâtit et la dota le 1er mai 1625. Le 22 juin 1714, le sénateur Louis-Marie de Loisinge augmenta ses revenus de 20 flor. annuels, hypothéqués sur tous les biens du d^t château (Me Louis de Genève Notaire). En 1718, elle possède 12 ducatons annuels, perçus par le recteur Rd Mes. Fabien Baud, prêtre de la Ste Maison, nommé par le d^t S^{gr} de Loisinge. (Turin, *Mss. de la Bibliot. du Roi : Etat des bénéfices de Chablais, Mss*. — Voy. aussi *Pièc. justificat*. n° 33.)

Françoise de Thorens avaient droit de patronage, et R^d Jean Pernet, prêtre de la Ste Maison, la desservait. Son revenu datait d'un testament du 1 mai 1625. (Gentaz, not^{re}.)

DOCUMENT N° 36

Meillerie et le Château de Mont-Joux à Rive (Thonon).

Au commencement du 18e siècle, le monastère des chanoines réguliers de St-Augustin du St-Bernard possédait plusieurs églises, maisons et prieurés en Chablais : l'église paroissiale d'Allinges et son annexe de Mésinges, le prieuré de Brenthonne et ses dépendances d'Avully et de Vigny, enfin le prieuré ou économat de Mont-Joux à Thonon et celui de Meillerie dans le territoire de Thollon. Ce dernier vit un chapitre général réuni en 1333 (Loge, p. 80), un autre en 1360, où il fut décrété qu'il serait à perpétuité le lieu des sessions capitulaires auxquelles se trouveraient tous les chanoines bénéficiers et non bénéficiers intéressés à s'y rencontrer. En 1374, 43 chanoines y élurent capitulairement un prieur de Mont-Joux ou du St-Bernard (Ibid. p. 201). Un autre chapitre y paraît encore en 1413 (p. 206). — Le monastère du St-Bernard avait des religieux de différentes nations, particulièrement des Suisses et des sujets du Roi de Sardaigne. La nomination du prévôt devint un sujet de discorde. Une bulle de Nicolas V, accordée (1451) à Louis de Savoie, conférait ce droit à nos souverains savoyards. Les Vallaisans prétendirent qu'il avait cessé d'exister dès que le territoire de la prévôté eut passé en 1475 sous leur domination. Le différend fut porté à Rome. Benoît XIV vit échouer toutes les propositions de rapprochement qu'il avait ménagées. Aussi résolut-il, pour éteindre ce long scandale, de supprimer ces chanoines dans les Etats du roi, en unissant leurs biens à la S. Religion des SS^{ts} Maurice et Lazare, chose qu'il exécuta le 14 des Kalendes de sept^bre 1752 (Bullaire de la Ste Maison, p. 120). Ces biens rendaient annuellement environs 2240 écus d'or romains. Il érigea donc deux commanderies, l'une au duché d'Aoste sur les revenus du prieuré de St-Pierre, l'autre en Chablais, sur ceux de Meillerie, Mont-Joux. En 1405, le château de Rive, dit plus tard de Mont-Joux, appartenait à la noble famille de Greysier. A cette époque, Etienne de Greysier de Féterne, fait son testament au bourg de Rives sous Thonon « dans sa maison haute ». Il laisse différents legs aux moines Augustins de Thonon, au curé du *Pont de la Dranse*, sous Tully, aux lépreux de la maladière du *Pont*, etc. — Marguerite, sa sœur, épousa N^e Jean Rovorée ; ainsi passa le château de Rive aux S^grs de Rovorée qui le cédèrent bientôt au monastère du St-Bernard ou de Mont-Joux (Arch. Thuisel). En 1752, l'économat de Mont-Joux (à Rive) était desservi par le chanoine Gros-Carignan ; celui de Meillerie par le chanoine Joseph-Léonard Vaisendaz, l'église d'Allinges par un prêtre séculier comme vicaire perpétuel, et le prieuré de Brenthonne par le chanoine René Quey.

Cette dernière commanderie érigée, selon la bulle de 1752, *pour subvenir et veiller aux besoins et intérêts de la Ste Maison* (Bullaire, p. 129), avait un commandeur qui assistait au conseil en disposant de 1000 livres annuelles. C'était réaliser les constitutions de la Ste Maison de 1603, portant « qu'elle serait unie à la sacrée Religion des SS Maurice et Lazare avec participation aux mêmes privilèges... qu'on admettrait toujours un chevalier au conseil, que leurs armoiries seraient les mêmes... » Cette commanderie fût conférée au baron de la Bâtie, Mre F^çois Antoine de Loys, chevalier de justice de l'ordre de St Maurice par lettres de collation du Roi comme grand-maître, datées du 16 sept^bre 1767, enregistrées au conseil de la sacrée Religion le 10 février 1768 et ténorisées aux registres du Conseil de la Ste Maison le 20 avril suiv^t (Délibérations du chapitre de la Ste Maison).

DOCUMENT N° 37

Bulla Clementis Papæ octavi erectionis sanctæ domus, seu albergamenti scientiarum et artium in oppido Thononiensi, sub invocatione Beatæ Mariæ compassionis seu septem dolorum, necnon unionis et annexionis eidem sanctæ domui trium prioratuum nempe S. Georgii, Nantuaci et Contaminæ.

(Romæ 13 septembris 1599.)

CLEMENS EPISCOPUS, SERVUS SERVORUM DEI

AD PERPETUAM REI MEMORIAM.

Redemptoris et Salvatoris nostri Jesu Christi qui, ut miseros mortales in profundâ errorum caligine demersos ad lumen veritatis attolleret, ac tanquam oves deperditas ad beatorum gregem reduceret, ad hæc infima descendere, et mortale corpus induere dignatus est, vices (licet immeriti) gerentes in terris inter multiplices curas quibus ex pastoralis officii munere assiduè premimur, illa nos potissimum urget, ut ad ea quæ pro militantis Ecclesiæ agro fructuosè colendo, ac vepribus et zizanniis expurgando salutarisque disciplinæ semina instaurando, et a noxiis præservando maximè profutura noscuntur, omni quâ possumus ratione ac diligentiâ intendamus ; et sicut humani generis antiqui Hostis malitia ad destructionem supereminet ; ita ad reparationem nostra sedulò operetur industria.

Accepimus siquidem summo cum animi nostri gaudio, quod proximè lapsis mensibus, non solum totius Ducatûs Chablasii ; sed etiam Balliagii de Ternier, quod civitati Gebennensi ita unitum et connexum est, ut vix ab eâ separari queat, incolæ et habitatores à sexaginta tribus annis citra hæreticæ pravitatis sectatores, divinâ cooperante gratiâ et misericordiâ, sancti Spiritûs afflatu, tanquam e pravissimo in quo Jamdiu dormitaverunt peccati somnio experrecti, ad catholicæ et Apostolicæ Romanæque fidei consortium et communionem, magno cum devotionis fervore, suarumque animarum consolatione unanimiter convolarunt, pristinumque jam suum errorem apertis oculis agnoscentes, Dominumque in lacrymis collaudantes, pseudoprophetarum et pseudoministrorum fallacias et mendacia, toto ore cordeque detestantur, seque indissolubili obligationum nodo dilecto filio nobili viro Carolo Emmanueli, Sabaudiæ Duci, qui tàm præclaro operi obeundo ultró incubuit astrictos agnoscunt; illorumque conversio hujus modi maximum ac fecundissimum Hæreticis, tum in Germaniæ, tum in Gallicis Provinciis commorantibus fructum propterea attulit, quod plurimi ex eis, dictam civitatem, illiusque falsos ministros, tot personarum sibi adeó vicinarum conversioni resistere non potuisse videntes, ad similem conversionem quàm facillimè incitantur, imó et Gebennenses ipsi exindè commoti in suos, seu potius dæmonis Ministros dolosaque eorum dogmata murmurare inceperunt, et nonnulli ex eis Catholicæ Religionis zelo accensi cum tota eorum familiâ, de civitate prædictâ, relictis omnibus quibus ibi potiebantur fortunis, se ad Thononii dicti Ducatûs Chablasii oppidum insigne contulerunt; aliqui veró sub spe similis eorum ad Deum conversionis placidè delitescentes, se ejusdem intentionis et proposili esse declaraverunt, ac fidem catholicam professuros et amplexuros affirmarunt, dummodo Gebennæ perditis bonis omnibus suppetat illis undè, mediante tamen suâ arte et industria, vivere queant; prout etiam aliquorum Ministrorum prædictorum voluntas et intentio ipsam civitatem, ut præfertur relinquendi, per aliquos verbi Dei Concionatores missos explorata fuit.

Undè nobis, tanquam Gregis Dominici sollicito pastori, summæ curæ esse debet, personas hactenùs conversas, in ipsius fidei sinceritate et constantiâ tueri, nec non alias ad ovile Dominicum aspirantes, et quæ à dirâ humani generis hostis, cui inservierant, tyrannide redimi desiderant, in tàm laudabili proposito confovere, reliquosque omnes a Christi fide aberrantes, ad veri luminis splendorem agnoscendum incitare et provocare.

Sed eó Satanæ ministrorum malignitas pervenit, ut diurnas nocturnasque insidias tàm pio operi struere et parare, eidemque omne impedimentorum genus apponere neutiquam desinant; cum enim civitas prædicta ex vicinorum præcipuè catholicorum ad eam concursu infinitis potiatur commoditatibus temporalibus ut vicini ipsi in emendo, seu vendendo vix ejus commercio carere queant, quandoquidem res venales vix alibi comparari possunt quàm in civitate prædictâ, vel quæ ab ea parum distat, et alterum Hæreticorum receptaculum existit, civitate Lausanensi; quo fit, ut iidem populi, et illi maxime, qui in catholicâ religione sunt recentes, cum hujusmodi commoditatibus indigeant et aliorum, quàm ipsorum Hæreticorum auxilio juvari non possint, ab iisdem Hæreticis de Christi fide relinquendâ, et ad falsa eorum sectæ dogmata redeundo quotidie tentantur et incitantur. Alii vero circumvicini, qui numerum centum millium personarum excedunt, si artem aliquam mechanicam addiscere, vel aliquibus scientiis insistere cupiant ad civitates prædictas, tanquam omnibus hujusmodi rebus affluentes confugere, et adolescentes eorum populorum, ac pueri pro scientiis et artibus capescendis eó mitti consueverunt.

Quodque omnium illarum retium, quibus catholicorum corpus et animam venantes insequuntur, periculosius et damnabilius est; si quispiam salutis æternæ oblitus à fide prædicta recedens, ad dictam civitatem Gebennensem se contulerit, bona, uxor, aliæque temporales commoditates ipsi suppeditantur; prout e converso, si quis ipsius civitatis Gebennensis incola ejusdem fidei lumen agnoscat, omnia ejus bona civitati prædictæ Gebennensi confiscantur, et exinde ingens eorumdem circumvicinorum populorum numerus præ annonæ caritate, bellique et aliis temporum calamitatibus, ad dictam civitatem Gebennensem confugerunt ibique, cùm aliunde non habeant, quo vivant adhuc de præsenti commorantur, qui tamen et alii innumeri in eâ commoditatibus predictis fruendi gratiâ tantùm degentes, si illos alibi haberent, piè et catholicè vivere pollicentur.

Et proptereà si in prædicto oppido Tononii una domus, Albergamentum nuncupanda omnium scientiarum et artium, sub invocatione Beatæ Mariæ Compassionis, seu septem dolorum quæ per unum Præfectum, et septem Presbyteros sæculares probatæ et exemplaris vitæ existentes, ac juxta ritum et instituta dilectorum filiorum Presbyterorum sæcularium Congregationis Oratorii de Urbe inibi introducendos regi et gubernari et in quâ, tamquam publicâ omnium scientiarum et artium Universitate, ad instar aliarum publicarum et famosarum universitatum, omnes scientias et artes, præcipuè Theologia scholastica, controversiæ, casus conscientiæ, sanctorum patrum Traditiones, et sacræ Scripturæ publice doceri et legi debeant; ac omnes è densis tenebris hæreseos, ad lucis splendorem accedentes recipi et et educari ac fidei Catholicæ præceptis, omnibusque scientiis et artibus pro cujusque ingenii acumine imbui et institui debeant, illique sic edocti et imbuti, juxta cujusque capacitatem et industriam, fructum eidem Domui afferant, ex quo merces et alia venalia comparentur, et qui ad eas comparandas Gebennam petebant pro majori eorum commoditate, Tononium et ad dictam Domum rebus hujusmodi tunc circumfluentem se conferant; ac in eamdem societatem, cujusvis generis, sexus, conditionis et professionis personæ (catholicè tamen viventes), recipiantur, et in eâ quisque suæ artis aut scientiæ talentum exerceat, variosque modos ad Hæreticorum conversionem excogitet, perpetuo erigeretur et institueretur, illique sic erectæ et institutæ pro ejusdem Domus illiusque alumnorum et habitatorum sustentatione et manutentione, tres prioratus conventuales videlicet S. Jorii, quem Gregorius, tituli S. Augustini Presbyter Cardinalis De Montelparo nuncupatus noster, et Nantuassi, quem Tiberius Mutus, ac Contaminæ locorum, seu oppidorum S. Benedicti, seu alterius Ordinis Gebennensis prædictæ et Gratianopolitanensis, seu alterius Diœcesis, quem Philippus Butius, Clerici dilecti filii, ex concessione seu dispensatione Apostolicâ, in commendam ad eorum vitam obtinent, etiam unirentur, annecterentur, et incorporarentur ; ex hoc profectó ipsorum Hæreticorum conatibus et versutiis obviaretur, ac illorum conversioni, nec non fidei propagationi animarumque prædictarum saluti et securitati plurimùm consuleretur, nec in dictis prioratibus divinus cultus minueretur.

Nos igitur personarum quæ verum iter salutis agnoscunt animarum saluti, fidei Catholicæ exaltationi hæresumque evulsioni consulere, ac aliis in præmissis opportunè providere volentes ; motu proprio non ad alicujus nobis super hoc oblatæ petitionis instantiam ; sed ex certâ scientia au merâ deliberatione nostrâ, et de Apostolicæ potestatis plenitudine, in dicto oppido Tononii, et loco jam ad hoc per dictum Carolum Emmanuelem Ducem concesso, ac per venerabilem fratrem nostrum Claudium Episcopum Gebenensem benedicto, unam domum Albergamentum nuncupandam, omnium scientiarum et artium sub invocatione B. Mariæ Compassionis, seu septem dolorum pro uno præfecto et septem Presbyteris sæcularibus, vitam et instituta prædictorum Presbyterorum dictæ congregationis observaturis, per quos ipsa domus ejusque incolæ et habitatores regi et gubernari, ac illorum bona administrari, necnon in eâdem domo personæ de novo ad Christum conversæ, et reversæ, cujuscumque gràdus, statùs, ordinis et conditionis sint, recipi et educari, ac doctrinâ Christianâ, scientiis, aliisque artibus, et omnibus demùm virtutibus, ad Dei Optimi Maximi beatissimæque ejus Matris honorem tendentibus, per lectores, magistros, aliosque artium et scientiarum hujusmodi peritos inibi constituendos et deputandos imbui et juxta ejusdem domûs statuta vivere et degere, ac in eâ, tanquam publicâ omnium scientiarum universitate, scientiæ supradictæ, ac omnes etiam artes docere, et publice legi et instrui debeant, cum omnibus et singulis privilegiis, immunitatibus, indultis, indulgentiis, concessionibus et gratiis, ad instar aliarum publicarum et præsertim nostrarum Bononiensis et Perusiensis, aliarumque Italiæ Universitatum, et prout illarum scholares, Alumni, magistri, lectores, et alii habitatores quomodolibet fruuntur, et gaudent, Apostolicâ autoritate, tenore præsentium perpetuó sine alterius præjudicio erigimus et instituimus, eidemque domui sic erectæ et institutæ, Prioratus predictos, ex nunc, prout ex tunc, et è contra, cùm primum illos per cessum, etiam ex causâ permutationis vel decessum, seu quamvis dimissionem vel amissionem Gregorii Cardinalis, ac Tiberii, et Philippi prædictorum, respective in Romanâ Curiâ, vel extra, eam vacare, seu commendas ipsas cessare contigerit; ita quod liceat pro tempore existentibus præfecto, et Presbyteris prædictis eorumdem Prioratuum et cujuslibet eorum, postquam vacaverint, ut præfertur, corporalem, realem et actualem possessionem per se, vel alium, seu alios apprehendere, et perpetuo retinere, illorumque fructus, redditus, proventus, jura, obventiones, et emolumenta quæcumque percipere, exigere, levare, arrendàre, locare, dislocare, ac in suos et prioratuum ac domus hujusmodi, necnon Alumnorum et habitatorum ejusdem domûs utilitatem et usus convertere Diœcesani loci, vel cujusvis alterius licentia de super minime requisitâ, autoritate et tenore prædictis, etiam perpetuó unimus, annectimus et incorporamus, prædictamque domum cum illius annexis et dependentiis hujusmodi, necnon personis et aliis ejus Alumnis et habitatoribus sub nostrâ et sedis Apostolicæ, necnon unius ex venerabilibus fratribus nostris S. R. Ecclesiæ Cardinalibus, per eumdem Præfectum pro tempore eligendi, et pro hâc vice sub dilecti filii nostri Cæsaris tituli sanctorum Nerei et Achilei et Domitillæ Presbyteri Cardinalis, Baronii nuncupati, protectione et auspiciis suscipimus.

Eisdem præfecto et Presbyteris, ut prô domûs prædictæ illiusque personarum salubriori directione quæcumque statuta et ordinationes, licita et honesta, sacrisque Canonibus ac Concilii Tridentini decretis minime contraria super receptione personarum ad dictam Domum venientium et recipiendarum, quam divinorum inibi, et in annexis Prioratibus hujusmodi celebratione, ac scientiarum artiumque liberalium et mechanicarum lecturâ, doctrinâ et institutione, et alias, prout eisdem præfecto et Presbyteris benèvisum, dictæque Domus regimini et administrationi magis consultum fuerit, iisdem prius dicto Cardinali protectori ostensis et communicatis, condere, et condita quoties opus fuerit, immutare, limitare, corrigere, ac secundum rerum et temporum qnalitatem interpretari, et illorum loco alia statuta et ordinationes, quoties eis placuerit et visum fuerit, de novo edere et condere, ad quorum observationem singuli de dictæ domûs gremio existentes astricti sint, et esse censeantur plenam et omnimodam autoritatem potestatem et facultatem apostolicâ autoritate et tenore similibus concedimus et impertimur.

Insuper dilectum Filium Franciscum de Sales, præpositum Ecclesiæ Gebennensis in dictæ domûs sic erectæ Præfectum, pro hâc primâ vice, eisdem authoritate et tenore constituimus, et deputamus.

Præterea de omnipotentis Dei misericordiâ, ac Beatorum Petri et Pauli Apostolorum ejus authoritate confisi, omnibus, et singulis utriusque sexûs Christi fidelibus dictam Domum intrantibus, qui verê pœnitentes, et confessi, ac sacra Communione refecti, ejus Ecclesiam singulis B. Mariæ Festivitatum diebus à primis vesperis, usque ad occasum solis dierum hujusmodi visitaverint, et inibi pro pace inter Principes Christianos conservandâ, ac S. Romanæ Ecclesiæ exaltatione, hæresumque extirpatione pias ad Deum preces fuderint, quo dierum prædictorum id fecerint, plenariam omnium peccatorum suorum indulgentiam et remisssionem, auctoritate et tenore prædictis misericorditer in Domino concedimus et elargimur.

Decernentes præsentes litteras nullo unquam tempore de subreptionis vel obreptionis seu nullitatis vitio, aut intentionis nostræ, seu quoquiam alio defectu notari, impugnari, invalidari, ad terminos juris reduci, et in jus, vel controversiam revocari, neque sub quibusvis similium, vel dissimilium gratiarum revocationibus, suspensionibus, limitationibus, modificationibus, aut aliis contrariis dispositionibus comprehendi posse ; sed illas perpetuò validas et efficaces existere, et quoties illæ emanabunt, toties in pristinum statum restitutas, repositas et plenariè reintegratas, ac de novo etiam sub quâcumque posteriori data per Præfectum et Presbyteros hujusmodi pro tempore eligendâ concessas esse et censeri, sicque per quoscumque judices ordinarios et delegatos, etiam causarum Palatii Apostolici auditores, sublatâ eis, et eorum cuilibet, quâvis aliter judicandi et interpretandi facultate et auctoritate, ubique judicari et definiri debere.

Quocirca venerabilibus fratribus nostris pro tempore existentibus Gebennensi et Bellicensi, ac Maurianensi Episcopis per Apostolica scripta, motu simili, mandamus, quatenùs ipsi, vel duo, aut unus eorum, per se vel alium seu alios, præsentes litteras, et in eis contenta quæcumque, ubi et quando opus fuerit, ac quoties pro parte præfecti et presbyterorum prædictorum, vel alicujus eorum fuerint requisiti, solemniter publicantes, et eis in premissis efficacis defensionis præsidio assistentes, faciant auctoritate nostrâ præsentes litteras, et in eis contenta hujus modi plenum effectum sortiri, ac ab omnibus, ad quos spectat, et pro tempore spectabit, inviolabiliter observari nec non præfectum et Presbyteros prædictos illis pacifice frui et gaudere, non permittentes ipsos, aut eorum quempiam contra earumdem præsentium tenorem quomodolibet indebitè molestari ; contradictores quoslibet et rebelles per sententias et censuras et pœnas Ecclesiasticas, aliaque opportuna juris et facti remedia appellatione postpositâ, compescendo ac legitimis super his habendis servatis processibus, sententias, censuras pœnas ipsas etiam iteratis vicibus aggravando, invocato etiam, si ad hoc opus fuerit, auxilio brachii secularis.

Non obstante nostrâ, quatenus opus sit, de unionibus committendis ad partes vocatis, quarum interest, et Lateranensis Concilii novissime celebrati uniones perpetuas, nisi in casibus à jure permissis fieri prohibentis, nec non felicis recordationis Bonifacii PP. VIII prædecessoris nostri quâ cavetur expresse ne quis extra suam civitatem, vel diœcesim nisi in certis exceptis casibus, et in illis ultra unam diætam à fine suæ diœcesis, ad judicium evocetur, seu ne judices à sede predicta deputati, extra civitatem vel diœcesim, in quibus deputati fuerint, contra quoscumque procedere, aut alii vel aliis vices suas commitere audeant vel præsumant ; et in concilio generali edicta de duabus diætis ; dummodo ultra tres diætas aliquis auctoritate præsentium ad judicium non trahatur ; aliisque constitutionibus et ordinationibus Apostolicis, necnon prioratuum et ordinum prædictorum, ac Monasteriorum à quibus Prioratus ipsi forsan dependent, juramento, confirmatione Apostolica, vel quâvis firmitate aliâ roboratis statutis et consuetudinibus, privilegiis quoque, indultis, et litteris Apostolicis illis eorumque superioribus, et personis, sub quibuscumque tenoribus, et formis, ac cum quibusvis etiam derogatoriarum derogatoriis, aliisque efficacioribus et insolitis clausulis nec non irritantibus, et aliis decretis, in genere, vel in specie, ac alias quomodolibet concessis, approbatis et innovatis.

Quibus omnibus etiam si pro illorum sufficienti derogatione, de illisque, eorumque totis tenoribus specialis, specifica, expressa et individua, ac de verbo ad verbum non autem per clausulas generales idem importantes mentio, seu quævis alia expressio habenda, aut aliqua alia exquisita forma ad hoc servanda esset; tenores hujusmodi, ac si de verbo ad verbum, nihil penitùs omisso, et formâ in illis traditâ observatâ, inserti forent, pro sufficienter expressis habentes, illis alias in suo robore permansuris, hâc vice duntaxat, harum serie specialiter et expresse derogamus contrariis quibuscumque; aut si aliqui super provisionibus sibi faciendis de Prioratibus hujusmodi, specialis, vel aliis beneficiis Ecclesiasticis in illis partibus generales dictæ sedis vel legatorum ejus litteras impetrarint, etiamsi per eas inhibitionem, reservationem et decretum, vel aliàs quomodolibet sit processum. Quas quiddem litteras, et processus habitos per easdem, ac inde secuta quæcumque, ad Prioratus prædictos volumus non extendi, sed nullum per hoc eis quoad assecutionem prioratuum, vel beneficiorum aliorum præjudicium generari ; seu si aliquibus communiter, vel divisim ab eâdem sit sede indultum, quod interdici, suspendi, vel excommunicari non possint per litteras Apostolicas non facientes plenam et expressam, ac de verbo ad verbum de indulto hujusmodi mentionem; et quibuslibet aliis privilegiis, indultis et litteris Apostolicis generalibus, vel specialibus, quorumcumque tenorum existant, per quæ præsentibus non expressa vel totaliter non inserta effectus eorum impediri valeat quomodolibet, vel differri, et de quibus, quorumque totis tenoribus habenda sit in nostris litteris mentio specialis.

Proviso quod propter unionem, annexionem et incorporationem, hujusmodi Prioratus prædicti debitis non fraudentur obsequiis, et in eis animarum cura, si qua illis immineat, nullatenus negligatur, neque monachorum et ministrorum numerus minuatur, sed Prioratuum hujusmodi, et dilectorum filiorum conventuum eorumdem supportentur congruè onera consueta; et insuper ex nunc irritum decernimus et inane si secus super his à quoquam quâvis auctoritate, scienter vel ignoranter contigerit attentari.

Nulli ergo omnino hominum liceat hanc paginam nostræ erectionis institutionis, unionis, annexionis, incorporationis, susceptionis, concessionis, impartitionis, constitutionis, deputationis, elargitionis, mandati, derogationis, voluntatis et decretorum, infringere, vel ei ausu temerario contraire, si quis autem hoc attentare præsumpserit, indignationem omnipotentis Dei, ac Beatorum Petri et Pauli Apostolorum ejus, se noverit incursurum.

Datum Romæ apud S. Marcum, anno Incarnationis Dominicæ millesimo quingentesimo nonagesimo nono, Idibus septembris, Pontificatûs nostri anno octavo.

(Ex Bullario piæ domus Albergamenti Thononii, p. 1; nec non ex Annalibus Capucinorum, tom. II, p. 958.)